A *POESIA TODA* OU OS *POEMAS COMPLETOS*: VARIANTES E PRÁTICAS TEXTUAIS EM HERBERTO HELDER

ALEXANDRA COUTS, PH.D.

A Poesia Toda ou os Poemas Completos: variantes e práticas textuais em Herberto Helder
Copyright © 2019 Alexandra Couts & Mecanismo Humano
www.alexandracouts.net
Todos os direitos reservados. Este livro ou qualquer parte dele não pode ser reproduzido ou usado de forma alguma sem autorização expressa, por escrito, do autor ou do editor, excepto pelo uso de citações em trabalhos académicos e em artigos sobre o livro.
Impresso nos Estados Unidos da América
Primeira edição, Fevereiro 2019
Editora Mecanismo Humano
Rolla, Missouri
ISBN-13: 9781796470017

Para ti, Filipe.

Para a Maria, para a Diana

e para a mãe Maria do Nascimento.

AGRADECIMENTOS

Gostaria de agradecer:

à minha família. Filipe, como teria sido sem o teu apoio e paciência constantes?

à mãe Maria, por ser a melhor mãe do mundo, por me ter dado as minhas raízes.

à Maria e à Diana, por serem o centro do meu coração e por me ensinarem o que é o amor verdadeiro.

ao Professor Doutor José Esteves Pereira, por todas as críticas e sugestões durante a realização da minha tese de doutoramento.

à Professora Doutora Helena Barbas pela ajuda de sempre.

ao poeta João Rui de Sousa, por me ter cedido muitos dos raros exemplares de Herberto Helder, da sua biblioteca privada, e ao meu amigo, poeta e editor, António da Silva Oliveira, por me ter cedido o raríssimo exemplar de *A Plenos Pulmões*.

aos funcionários da Rede Municipal de Bibliotecas de Lisboa, em particular, a dos Coruchéus, dos Olivais e da Penha de França, pela vossa amabilidade e celeridade em requisitar os volumes que andavam *desaparecidos* quando a

Biblioteca do Palácio das Galveias esteve fechada para obras.

a todos os estudiosos da obra herbertiana que têm contribuído para a sua divulgação em diversas partes do mundo mas, principalmente, no meu amado Portugal. O meu obrigada, em especial, às pioneiras dos estudos herbertianos.

ao poeta Herberto Helder, pois sem a sua existência, no mundo, este trabalho nunca teria existido.

For such kind of borrowing as this, if it be not bettered by the borrowers, among good authors is accounted Plagiarè.

John Milton (1608-1674)

Your manuscript is both good and original, but the part that is good is not original, and the part that is original is not good.

Samuel Johnson (1709-1784)

I have been correcting the proofs of my poems. In the morning, after hard work, I took a comma out of one sentence... In the afternoon I put it back again.

Oscar Wilde (1854-1900)

Some editors are failed writers, but so are most writers.

T. S. Eliot (1888-1965)

ÍNDICE

AGRADECIMENTOS	III
LISTA DE SIGLAS E ABREVIATURAS	XI
INTRODUÇÃO	1
CAPÍTULO 1. ÀS PORTAS DO LABIRINTO	**5**
1.1. Estado da Arte	5
1.2. Enquadramento Teórico	35
1.3. Objectivos	48
1.4. Delimitação do *Corpus*	50
1.5. Conceitos e Definições	53
1.6. Metodologias	58
CAPÍTULO 2. OS FIOS DE ARIADNE	**65**
2.1. Ou como navegar nos volumes	65
2.1.1. Mapeamento dos volumes: não integrados e integrados	67
2.1.2. Volumes não integrados	68
2.1.3. Volumes integrados	70
2.1.4. Casos Especiais	71
2.1.5. Observações e mapeamento	74
2.2. Textos-base e nove mapas	110
2.2.1. Mapeamento do 1.º texto-base	110
2.2.2. Mapeamento do 2.º texto-base	116
2.2.3. Mapeamento do 3.º texto-base	130
2.2.4. Mapeamento do 4.º texto-base	133
2.2.5. Mapeamento do 5.º texto-base	135
2.2.6. Mapeamento do 6.º texto-base	136

2.2.7. Mapeamento do 7.º texto-base — 144
2.2.8. Mapeamento do 8.º texto-base — 149
2.2.9. Mapeamento do 9.º texto-base — 154
2.2.10. Publicações *versus* versões — 161

CAPÍTULO 3. OU AS TÉCNICAS OBSCURAS — 165

3.1. Que alterações? — 165
3.1.1. Poemas com alterações mínimas — 168
3.1.2. Poemas com alterações médias — 171
3.1.3. Poemas com alterações máximas — 174
3.1.4. Poemas com alterações mínimas e médias — 174
3.1.5. Poemas com alterações médias e máximas — 176
3.1.6. Poemas com alterações mínimas, médias e máximas — 178
3.1.7. Migrações — 179
3.1.8. Movimentações erráticas — 184
3.2. Poemas retocados. Poemas intocados, poemas intocáveis — 187
3.2.1. Poemas intocados retocados — 188
3.2.2. Poemas intocados, intocáveis — 190
3.2.3. Variantes e invariantes. *Editing*: a clareza na obscuridade — 192

CAPÍTULO 4. A OBRA EM LABIRINTO — 197

4.1. De poesia toda a toda a poesia — 197
4.1.1. Mapeamento do total de poemas que integram OC, 1967 — 198
4.1.2. Mapeamento do total de poemas que integram PC, 2014 — 203
4.1.3. Mapeamento dos poemas que integram OC, 1967 e que não integram PC, 2014 — 229

4.1.4. Mapeamento dos poemas que integram PC, 2014 e que não integram OC, 1967 230

4.1.5. Mapeamento dos poemas que integram ambos OC, 1967 e PC, 2014 253

4.1.6. O jogo da combinatória 257

4.2. A poesia toda entre *Um* ofício cantante e os poemas que ficaram completos 263

4.2.1. Poemas que não voltaram a ser integrados 265

4.2.2. Poemas que foram assimilados 267

4.2.3. Dificuldades encontradas e sugestões futuras 268

CONCLUSÃO 271

BIBLIOGRAFIA 275

LISTA DE FIGURAS 329

LISTA DE GRÁFICOS 331

LISTA DE MAPEAMENTOS 333

APÊNDICE A II

MAPEAMENTO DE POEMAS COM ALTERAÇÕES MÍNIMAS

APÊNDICE B XXXIV

MAPEAMENTO DE POEMAS COM ALTERAÇÕES MÉDIAS

APÊNDICE C LXII

MAPEAMENTO DE POEMAS COM ALTERAÇÕES MÁXIMAS

APÊNDICE D LXIV

MAPEAMENTO DE POEMAS COM ALTERAÇÕES MÍNIMAS E MÉDIAS

APÊNDICE E CCXXXVI

MAPEAMENTO DE POEMAS COM ALTERAÇÕES MÉDIAS E MÁXIMAS

APÊNDICE F   CCXLII

MAPEAMENTO DE POEMAS COM ALTERAÇÕES MÍNIMAS, MÉDIAS E MÁXIMAS

APÊNDICE G   CCLIV

MAPEAMENTO DE POEMAS INTACTOS COM ALTERAÇÕES EXTERIORES AO CORPO DO POEMA E/OU MUDANÇAS NA ESTRUTURA DA ESTROFE

APÊNDICE H   CCLXIV

MAPEAMENTO DE POEMAS INTACTOS

LISTA DE SIGLAS E ABREVIATURAS

AV – *O Amor em Visita*

CB – *A Colher na Boca*

P – *Poemacto*

L – *Lugar*

PV – *Os Passos em Volta*

E – *Electronicolírica*

ML – *A Máquina Lírica*

H – *Húmus*

OC – *Ofício Cantante*

MEP – *A Máquina de Emaranhar Paisagens*

RM – *Retrato em Movimento*

AR – *Apresentação do Rosto*

BN – *O Bebedor Nocturno*

VA – *Vocação Animal*

PT – *Poesia Toda*

CA – *Comunicação Académica*

ME – *Movimentação Errática*

CCL – *Cinco Canções Lacunares*

K – *Kodak*

BA – *Os Brancos Arquipélagos*

A – *Antropofagias*

C – *Cobra*

CLO – *O Corpo O Luxo A Obra*

P&V – *Photomaton & Vox*

FL – *Flash*
PP – *A Plenos Pulmões*
CM – *A Cabeça entre as Mãos*
ELD – *Edoi Lelia Doura*
M – *As Magias*
UC – *Última Ciência*
ETC – *ETC.*
EX – *Exemplos*
OS – *Os Selos*
OSOU – *Os Selos, Outros, Últimos.*
DM – *Do Mundo*
DNNC – *Doze Nós Numa Corda*
O – *Ouolof*
PA – *Poemas Ameríndios*
FO – *Fonte*
OPC-S – *Ou o Poema Contínuo — Súmula*
D – *Dedicatória*
OPC – *Ou o Poema Contínuo*
FNCF – *A Faca não Corta o Fogo*
S – *Servidões*
MM – *A Morte sem Mestre*
PC – *Poemas Completos*
PCA – *Poemas Canhotos*
LA – *Letra Aberta*
VI — Volume integrado
VNI — Volume não integrado
VR — Volume reunido

VS — Volume de súmulas

VV — Volume de versões

VAN — Volume antológico

ed. — edição

pub. — publicação/publicações ou publicado/publicados

vers. — versão/versões

vs. — *versus*

dat. — datado

s/d — sem data

s/n — sem número

Tir. — tiragem

INTRODUÇÃO

O presente trabalho[1] propõe-se partir numa viagem ao interior do labirinto, que é a obra poética herbertiana, com o objectivo de contar a sua história textual e de responder a um conjunto de questões até agora não respondidas: quantos textos foram editados pelo autor? Esses textos foram muito ou foram pouco alterados? Existem textos inalterados? Existem textos e livros que *desaparecem*? E, qual a percentagem da sua obra que é absolutamente *original* ou, pelo contrário, repetida, de volume para volume?

Não é objectivo deste estudo analisar poemas e textos segundo uma abordagem literária ou linguística, nem debater as razões que levaram o autor a tomar determinado tipo de decisões no que respeita às suas práticas textuais ou modo de organização dos seus livros em volumes reunidos. Pretende-se, desta forma, expor o que o autor fez e como fez, em vez de especular porque o fez.

---

[1] O ensaio que aqui se apresenta resulta da tese de doutoramento *A Poesia Toda* ou os Poemas Completos*: variantes, flutuações e práticas textuais em Herberto Helder,* em História e Teoria das Ideias, especialidade de Pensamento, Cultura e Política, realizada sob a orientação científica do Professor Doutor José Esteves Pereira, e defendida pela autora na Faculdade de Ciências Sociais e Humanas da Universidade Nova de Lisboa, em 2018. Este ensaio é agora publicado com alterações menores, na sua maioria, gramaticais, bem como actualizações e correcções na bibliografia sobre o autor.

Assim, o Capítulo 1. constitui uma preparação para a entrada no labirinto. Nele serão apresentados os estudos mais importantes realizados, até ao presente, em torno da obra de Herberto Helder, de forma a poder enquadrar-se, teoricamente, a tese que aqui se apresenta, justificando, também, as razões fundamentais da sua existência. Por se tratar de um trabalho até agora nunca feito, teve de se adaptar a maior parte da metodologia, bem como as definições e os conceitos utilizados.

Como se verá, no «Estado da Arte», muito se tem escrito sobre a obra de Helder e, não raras vezes, as análises literárias que lhe foram dedicadas tendem a confundir o narrador, ou o sujeito poético, com a sua pessoa — enquanto figura pública que foi. O que não surpreende, pois, uma vez que Helder optou por ter uma postura peculiar, perante a sociedade, rodeando-se pelas brumas do mistério ou pelas cortinas da privacidade. Enquanto autor, devido às especificidades da sua escrita, ao seu tom bíblico ou profético, sagrado e profano, foi considerado, pela crítica e pelos estudiosos, como obscuro e hermético. Estes acontecimentos constituem factores importantes na transformação de Herberto Helder numa espécie de criatura mítica, e contribuíram, também, para que Helder fosse eleito, ainda em vida, pelos estudiosos e pela crítica, como o maior poeta português da segunda metade do século XX. Em consequência da sua postura e originalidade, não só o autor, como a sua obra, são controversos. E foi desta controvérsia, nomeadamente das alterações textuais feitas por Helder à sua obra, que nasceu a ideia central para este trabalho.

Assim sendo, partindo de um *corpus* que abrange 57 anos de edições e de reedições publicadas pelo autor — do qual se excluem os volumes póstumos — e, partindo dos volumes de «poesia reunida», foram elaborados 23 mapeamentos da obra poética herbertiana. Estes mapeamentos serão os «fios de Ariadne» do Capítulo 2. sem os quais seria impossível explorar o labirinto, compreender a sua arquitectura, ou revelar as técnicas editoriais e textuais herbertianas. No entanto, uma das grandes dificuldades encontradas na realização deste estudo diz respeito à localização de certos volumes ou exemplares que constituem a obra completa de Herberto Helder.

O Capítulo 3. é inteiramente dedicado às alterações textuais realizadas pelo autor. Nele serão clarificados os vários tipos de transformações, bem como outros fenómenos a que se chamou «migrações» e «movimentações erráticas».

Cabe explicitar, por último, no Capítulo 4., o conceito de «poesia toda» em Herberto Helder, isto é, o que realmente significa *isso* perante os cânones, e o que *isso* significa para o autor. Depois, importará comparar a primeira edição dessa poesia, que se apresenta como *toda*, com a sua última publicação, de maneira a compreender o que foi decidido pelo autor como sendo a sua vontade final: quantos poemas e textos se cristalizaram ou chegaram *completos* até ao fim, e quantos poemas e textos ficaram entre os dois volumes.

Espera-se, desta forma, apreender o edifício poético de Helder, na sua forma completa, bem como as técnicas utilizadas por um autor que revê, reescreve e reorganiza a sua obra ao longo da História e do tempo. Por fim, aspira--se poder desmistificar algumas das ideias que foram sendo construídas em torno do nome deste autor polémico cuja obra não se apresenta menos controversa.

CAPÍTULO 1. ÀS PORTAS DO LABIRINTO

1.1. Estado da Arte

Entre 1958 e 2016, Herberto Helder conta com 62 livros[2] publicados em Portugal. Este número inclui todas as reedições com alterações textuais, os cinco livros de versões (ou poemas mudados para Português), uma antologia de poesia moderna portuguesa organizada pelo autor, e quatro livros póstumos. Consideram-se, ainda, os 200 exemplares de *Cobra* — fora do mercado, modificados manuscritamente — dos quais se inclui apenas um exemplar da primeira edição inalterada.

A obra de Herberto Helder tem feito correr muita tinta entre académicos, críticos literários e jornalistas. Os seus primeiros textos foram publicados na *Arquipélago*, do Funchal. Desde então, até ao ano de 2015, e a par das edições em volume, o autor tem publicados cerca de 80 textos em jornais e revistas, dos quais se incluem apenas alguns dos artigos publicados na revista angolana *Notícia*. Para além das colaborações, enquanto autor, Helder

---

[2] São 63 publicações, no total, se se contar com a serigrafia *Kodak*, de 1984.

participou na organização de dois números de duas revistas, tendo sido, também, editor de uma delas.

A sua bibliografia passiva é constituída por teses de doutoramento, dissertações de mestrado, ensaios, recensões críticas e artigos publicados em revistas, maioritariamente académicas, tanto em Portugal como no Brasil mas, também, noutros países como a Inglaterra, a França e os Estados Unidos da América. Desses estudos, destacam-se as teses de doutoramento, as dissertações de mestrado e os ensaios mais significativos.

Em 1979 é publicada em Portugal a primeira obra dos estudos herbertianos, *Herberto Helder: Poeta Obscuro*. Neste ensaio, Maria Estela Guedes faz o levantamento dos assuntos mais importantes da obra herbertiana: o corpo, o poema, o espelho, a voz, a árvore, a criança, a casa, a pedra, a mãe, a cabeça e muitos outros. E daquilo que considera serem as suas temáticas centrais: a vida, a morte, o erotismo, a poesia, o conhecimento, a visão mágica do mundo. Estes levantamentos surgem tentacularmente dirigidos à generalidade da obra, com a intenção de lhe apreender o funcionamento de base e o sentido mais fundo (Guedes, 1979).

Em 1982, também pioneira dos estudos herbertianos, Maria de Fátima Marinho publica, em Portugal, *Herberto Helder: a Obra e o Homem*. Neste estudo são analisadas algumas das modificações de edições até então divulgadas pelo autor, sendo o caso limite o livro de 1977, *Cobra*. Para além de esta ser uma obra pioneira em Portugal no que respeita à investigação da obra herbertiana, é também complementar na tese que se pretende desenvolver, como se verá no «Enquadramento Teórico». A autora foi a primeira estudiosa a escrever sobre as alterações textuais feitas por Herberto Helder a cada nova edição (Marinho, 1982).

Em 1983, Manuel Frias Martins publica, em Portugal, *Herberto Helder, um silêncio de bronze*. Partindo da noção de «poeta órfico», o autor deste ensaio põe em relevo os vários aspectos da abertura da poesia de Helder ao diálogo, à relação com o mundo no quadro do conhecimento humano, que torna a significação possível e necessária, mas também no quadro do discurso do mundo por onde a linguagem do poeta procura a sua transcendência (Martins, 1983).

Em 1986, Maria Lúcia Dal Farra publica, em Portugal, *A Alquimia da Linguagem: Leitura da Cosmogonia Poética de Herberto Helder*. Esta obra é o resultado da tese de doutoramento da autora, defendida em 1979 na Universidade de São Paulo. Conhecido o estatuto «ilegível» da poética herbertiana, o primeiro propósito deste estudo é rastrear, a partir da modernidade, o que a sua postura traz de resistência aos discursos dominantes, na medida em que se afasta do leitor e ocasiona uma mutação na experiência da leitura. Consequentemente, autora procura compreender quais as relações entre «ilegível» e a questão do princípio da não-identidade do poeta moderno. Este trabalho, segundo Dal Farra, não tem a pretensão de ser mais do que uma das possíveis leituras da obra de Herberto Helder (Dal Farra, 1986).

Em 1990, Américo Lindeza Diogo publica, em Portugal, *Herberto Helder: metáfora, texto, metáfora do texto*. Face a uma produção poética de grandes dimensões, em que o tipo de correlação semântica com o real é declaradamente de carácter não-metonímico, Diogo procede à integração semântica de um texto, delimitado, na obra herbertiana, em função de campos de referência interconexos globais. Assim, Diogo aceita a existência de uma certa progressão macro-textual na obra herbertiana, que é visível, e que o próprio não deixa de acentuar quer através de um trabalho de reescrita que parece tender sempre para a forma da *Poesia Toda*, quer através de uma reflexão meta-textual que se manifesta com uma continuidade significativa, quer ainda através da combinação de algumas daquelas modalidades (Diogo, 1990).

Em 1991, Juliet Perkins publica, em Londres, *The Feminine in the Poetry of Herberto Helder*. Trata-se de um estudo do princípio feminino e a sua identificação com a linguagem que tem, como tema central, a identificação da mulher e da linguagem, do poema ou da palavra na poesia herbertiana. É, sobretudo, através do papel mediador — entre homem e mulher, consciente e inconsciente, carne e espírito, criador e criação — que o génio especial do autor é demonstrado (Perkins, 1991).

Em 1995, na Faculdade de Filosofia da Universidade Católica Portuguesa, Agostinho Ferreira defende a dissertação de mestrado em Filosofia, *Os passos em volta de Herberto Helder e a temática da rejeição*. Segundo Ferreira, a marginalidade que tem caracterizado a vida do autor empírico, com a consequente rejeição dos códigos estabelecidos, reflecte-se na obra de Herberto Helder. Nesse sentido, Ferreira pretende trazer alguma luz sobre esta problemática. Ultrapassando a perspectiva estruturalista, Ferreira evidencia a estreita relação entre a vivência do escritor e a vivência das personagens dos seus textos. A rejeição dos códigos estabelecidos, claramente visível nas personagens de *Os Passos em Volta*, apresenta-se, por um lado, como um suporte diegético, e, por outro lado, como projecção da vivência do seu autor empírico (Ferreira, 1995).

Em 2000, João Amadeu da Silva publica, em Portugal, *Os Selos de Herberto Helder: entre a apresentação do rosto e a biografia rítmica*. Este livro corresponde, sem grandes alterações, a uma dissertação de mestrado, apresentada na Faculdade de Filosofia de Braga da Universidade Católica Portuguesa, em Fevereiro de 1995. Segundo o autor, a poesia de Herberto Helder exibe a busca da linguagem perfeita, capaz de transmitir o segredo e a sacralidade da vida, proporcionando uma antevisão do «ouro» e uma saída para o homem. Nesta perspectiva, o *Apocalipse* ganhou nova vida no livro *Os Selos*, porque adquiriu uma significação tendencialmente descontextualizada, dado que sofreu uma leitura, pela parte de Helder, que procurou o universal e actualizou as preocupações do ser humano na terra (Silva, 2000).

Em 2001, Manuel de Freitas publica, em Portugal, *Uma Espécie de Crime:* Apresentação do Rosto *de Herberto Helder*. Segundo o autor deste ensaio, *Apresentação do Rosto* é um livro renegado ou, se se preferir, uma obra que deixou de fazer parte da autobibliografia de Helder. O processo de renegação (e de parcial metamorfose) esteve longe de ser linear. De qualquer modo e, independentemente das considerações estéticas que se possam fazer, surgem questões éticas incontornáveis. De acordo com Freitas está--se, por assim dizer, no cenário de um crime iminente em que o revólver (simultaneamente apontado ao autor e ao leitor) se chama escrita. E talvez não cheguem, para uma ilibação, as «liberdades» que Helder ferozmente aconselha àqueles que o lêem (Freitas, 2001).

Em 2003, Silvina Rodrigues Lopes publica, em Portugal, *A Inocência do Devir*, ensaio a partir da obra de Herberto Helder. Tomando como fio condutor um pensamento do devir, apresenta-se, neste estudo, uma travessia da poesia herbertiana no decurso da qual é dado relevo a certos nós temáticos, e às figuras que os expõem, constituindo-se como centros de irradiação e de múltiplas conexões (Lopes, 2003).

Em 2004 Clara Riso defende, na Faculdade de Letras da Universidade de Lisboa, a dissertação de mestrado em Literatura Comparada, *Livros de folhetos: memória e montagem: os casos de Carlos de Oliveira e Herberto Helder*. Neste estudo, o improvável encontro entre Oliveira e Helder foi dirigido, sobretudo, por um motivo que se destacou como possível ponto de contacto entre as obras analisadas: o carácter fragmentário do texto — as suas potencialidades e implicações na construção de um todo orgânico. Assim, enquanto ramificações divergentes do modelo do livro composto por partes ou folhetos, foram lidos em contexto de complementaridade, e contraposição, os vinte e quatro textos de *O Aprendiz de Feiticeiro*, os fragmentos justapostos em *Photomaton & Vox*, os poemas encadeados de *Ou o Poema Contínuo — Súmula* e, finalmente, os episódios interrompidos de *Finisterra*. Na tentativa de reservar para cada um deles o campo de acção que mais promove o aprofundamento da sua singularidade, os textos foram organizados em pares operativos. Num primeiro momento são aproximados *O Aprendiz de Feiticeiro* e *Photomaton & Vox*, como exemplares únicos de um género sem nome certo, meta-textos irónicos que ocupam um lugar indeterminado entre a poesia e a prosa dos seus autores. Em segundo lugar são colocados, lado a lado, *Ou o Poema Contínuo — Súmula* e *Finisterra*, ambos casos particulares de uma montagem subtil que dá origem a textos novos, recuperando e transformando elementos dispersos e anteriores da obra dos seus autores, combinando-os e (con)fundindo-os numa totalidade condensada. Dentro da irredutível diferença que reveste os quatro textos estudados, a reflexão sobre uma problemática partilhada que os atravessa permite delinear quatro ângulos distintos, quatro possibilidades de construção do livro de folhetos, valorizando a dissemelhança e potenciando a comunicação (Riso, 2004).

Em 2005, João Amadeu da Silva publica, em Portugal, *A Poesia de Herberto Helder. Do Contexto ao Texto: Uma Palavra Sagrada na Noite do Mundo*. Esta obra é o resultado da tese de doutoramento em Literatura Portuguesa apresentada à Faculdade de Filosofia de Braga da Universidade Católica Portuguesa e defendida, nessa instituição, em Dezembro de 2002. A ideia central da leitura desenvolvida neste estudo consiste em perspectivar de que modo, através dos diversos elementos desta poesia, se pode encontrar «uma palavra sagrada na noite do mundo», uma imagem do sagrado na obra literária de Herberto Helder. A poesia herbertiana é, assim, perspectivada como centrando-se especialmente na palavra, enquanto entidade essencialmente criadora desse convívio com o sagrado, enquanto entidade progenitora, capaz de conter em si a maternidade e a filiação da realidade em reconstrução (Silva, 2005).

Em 2005, na Faculdade de Filosofia da Universidade Católica Portuguesa, Vasco Gonçalves defende a dissertação de mestrado em Humanidades, especialidade em Literatura Portuguesa, Moderna e Contemporânea, *Do Cântico dos Cânticos ao cântico de Herberto Helder: o amor como movimento sagrado*. Neste estudo, partindo de o *Cântico dos Cânticos*, de Salomão, em *O Bebedor Nocturno*, e considerando-o um texto da autoria de Helder e não uma tradução do bíblico, o autor procura o sentido do sagrado na obra herbertiana. A perspectiva do sagrado que aqui é procurada não se enquadra na vivência e na definição da relação Deus/Homem e Homem/Deus, mas adquire contornos mais específicos e pessoais. A poesia de Helder possui inúmeros elementos simbólicos e metafóricos que concorrem para aproximar o leitor de uma perspectiva do sagrado na sua poesia: o corpo humano, sobretudo o corpo da mulher; o corpo do mundo, onde se encontram, particularmente, os elementos primordiais (terra, água, ar, fogo) e a noite. Para justificar a força destes elementos na poesia herbertiana e a sua importância, o autor faz uma constante leitura intertextual com *Os Selos*. Assim, Gonçalves procura definir os pressupostos para a sua abordagem: se o texto em causa é tradução ou assumidamente de Helder; que tipo de intertextualidade pode ser considerada; até que ponto *Os Selos* justifica uma intertextualidade «homo-autoral»; qual o contributo que a

Bíblia e o *Cântico dos Cânticos* poderão trazer a este estudo (Gonçalves, 2005).

Em 2007, na Faculdade de Letras da Universidade Federal do Rio de Janeiro, Luís Maffei defende a tese de doutoramento em Letras Vernáculas, *Do Mundo de Herberto Helder*. Segundo Maffei, a obra de Helder pode ser entendida como um longo poema único, o que fica sugerido já pelo título do livro que reúne a maior parte da produção do autor, *Ou o Poema Contínuo*. Logo, a leitura crítica deste poema exige que se investiguem os recorrentes temas que ali se vêem, tais como: o amor, a morte, a maternidade entre muitos, mas sempre tendo em conta a enorme singularidade que estes temas recebem na poesia herbertiana. Além disso, esta poesia traz para si, de modo transformante, discursos de variadas origens, como a religiosidade, a alquimia, a magia natural, a filosofia, a mitologia, etc., e cria, a partir deles, uma fala própria, em que a linguagem poética é reinventada e em nada obedece às fontes a que vai beber. Portanto, realiza-se uma poesia de máxima abrangência, que chega, também, ao estabelecimento de uma tradição bastante própria, que envolve não apenas autores e obras, mas também uma fortíssima peculiarização do próprio idioma (Maffei, 2007).

Em 2007, Diana Pimentel publica *Ver a voz, ler o rosto. Uma polaróide de Herberto Helder*, resultado da sua dissertação de mestrado em Literatura Portuguesa, defendida na Faculdade de Letras da Universidade de Lisboa em 1999.

Este livro tenta observar a relação entre *Apresentação do Rosto* (1968) e *Photomaton & Vox* (1979), para se poder Ver a Voz e Ler o Rosto que nesse movimento de reescrita se revelam. Colecção de textos de Helder que são autobiográficos, meta-textos (prefácios a livros seus), textos de poética (de figuração do autor), textos ecfrásticos (sobre exposições de fotografia ou de escultura, por exemplo) e textos críticos sobre outros autores, de entre a diversidade de registos que podem ser encontrados em *Photomaton & Vox* se o leitor se detiver (em volta de) um retrato do autor enquanto figura de escrita e de leitura (Pimentel, 2007).

No ano seguinte, na Universidade Federal do Rio de Janeiro, Izabela Leal defende a tese de doutoramento em Letras Vernáculas, *Doze nós num poema: Herberto Helder e as vozes comunicantes*. Segundo Leal, os pontos de contacto entre a poética de Helder e a dos autores com os quais dialoga, tanto nos seus livros de tradução, como também em outras práticas, tais como a citação e a «eleição» para uma antologia, demonstram que o poeta constrói a sua própria tradição. A relação do poeta com a língua materna é paradoxal e violenta. Por um lado, precisa de se desprender dela para que encontre o seu próprio idioma, por outro lado, deixará sempre em evidência uma dívida insuperável para com ela. Tal como acontece com o tradutor quando tenta verter uma língua estrangeira para a sua própria, o poeta depara-se com a alteridade na realização de uma actividade complexa: a escrita. O reconhecimento da alteridade é, portanto, fundamental para que se dê a criação, já que é preciso passar pela voz do outro, pelo reino do passado e da tradição, para que ambos, tradutor e poeta, afirmem o seu lugar. A tarefa tradutória pode lançar luz sobre a prática poética porque ambas necessitam de uma espécie de maturação das palavras, um processo de génese e nascimento do autor no seio de uma língua que, apesar de ser sua, se torna também estrangeira pelas alterações que sofre na sua estrutura (Leal, 2008).

No mesmo ano, Tatiana Aparecida Picosque defende, na Faculdade de Filosofia, Letras e Ciências Vernáculas da Universidade de São Paulo, a dissertação de mestrado *Da poética movente: uma prática quinhentista em diálogo com Herberto Helder*. O objectivo desta dissertação é analisar a poética do século XVI, e a poética de Helder. Trata-se de produções artísticas que se assemelham pois, por motivos distintos, privilegiam o processo de criação poética, a obra inacabada, em detrimento do produto final, a obra acabada. Ao mesmo tempo, Picosque demonstra que as categorias vigentes no imaginário do senso comum são insuficientes para explicitar poéticas moventes como estas. Enquanto obra em processo, Picosque constata que a produção quinhentista, sendo um meio de comunicação social, caracteriza-se pela adopção de um princípio cosmológico: o devir. Pela adesão a este princípio, os poemas herbertianos são concebidos enquanto corpos, passíveis de transmutação e, concomitantemente, desencadeadores de transmutação. A poética herbertiana, ao eleger o devir como fundamento universal do existente, aparece em consonância com as filosofias da imanência e da materialidade da comunicação que, por sua vez, desempenham um papel significativo na cena do pensamento contemporâneo (Picosque, 2008).

Em 2009, Rita Miranda defende, na Universidade do Porto, a dissertação de mestrado em Estudos Literários, Culturais e Interartes, ramo de Estudos Comparatistas e Relações Interculturais, *Percursos da Imagem: relações entre a imagem poética e a imagem cinematográfica em Herberto Helder e em Jean-Luc Godard*. Apesar de um ser poeta e o outro cineasta, apesar de trabalharem em duas artes diferentes e, logo, em duas linguagens diferentes, Herberto Helder e Jean--Luc Godard exploram um território comum. A aproximação que a autora pretende estabelecer entre Helder e Godard acentua esse espaço partilhado, pondo em evidência uma relação recíproca entre as duas artes nos dois autores: aqui interessa a relação que Helder estabelece na sua poesia com o cinema e a relação que Godard estabelece no seu cinema com a poesia, a vários níveis; e, principalmente, interessam as ligações que se podem aferir entre estas duas relações. Esta dissertação analisa, assim, uma aproximação entre poeta e cineasta, entre poesia e cinema, poema e filme, tal como é formulada por cada um dos autores. Também analisa como essa aproximação pode ser deduzida do confronto dos modos como ambos os autores estabelecem essa aproximação (Miranda, 2009).

No mesmo ano, Maria Estela Guedes publica, em Portugal e, mais tarde, em 2010, no Brasil, *Herberto Helder: Obra ao Rubro*. Neste ensaio há dois aspectos inusitados: um estrutural e outro biográfico. Nele, a obra herbertiana é analisada de acordo com modelos oriundos da Biologia e uma nova visão da biografia do autor, ainda não atendida pela academia, decorre da pesquisa dos artigos e crónicas que o poeta publicou no jornal *Notícia*, de Luanda, Angola, quando foi repórter em tempo de guerra (Guedes, 2009).

Em 2010, na Faculdade de Ciências Sociais e Humanas da Universidade Nova de Lisboa, Ana Paiva defende a dissertação de mestrado em Estética, *Entre o Húmus e o Sopro*. Este estudo aborda a fertilidade do «húmus» presente no Homem, precisamente nos momentos em que ele age e cria. Este momento participa de um fluxo respiratório semelhante ao da «entrada» e da «saída» do ar. O ar que entra é considerado «matéria-prima» e o ar que sai é considerado «obra». O trabalho é conduzido por um crescimento: no primeiro e segundo capítulos são enunciadas as principais directrizes: o «húmus-estrume», a «mulher-inspiração» (que também se pode traduzir na «árvore») e as implicações que a «vida» tem na «arte». A partir do terceiro capítulo é abordado o estado activo do sonho, como impulsionador da actividade do artista (Paiva, 2010).

No mesmo ano, Rui Torres publica, em Portugal, *Herberto Helder leitor de Raul Brandão: uma leitura de Húmus, poema-montagem*. Este estudo é o resultado da dissertação de mestrado em Literatura Luso-Brasileira, defendida em 1999 na Universidade da Carolina do Norte, Estados Unidos da América. Trata-se da análise intertextual do poema-montagem *Húmus* (1967), de Herberto Helder, no qual o autor re-escreve o romance homónimo de Raul Brandão (1917), fazendo dele o seu húmus textual onde morte e vida, passado e presente, se misturam. Introduzem-se, para isso, conceitos teóricos que explicam esta modalidade discursiva, tais como re-leitura, intertextualidade, metalinguagem e paródia, dando especial importância à leitura do poema enquanto acto comunicativo: escrita e leitura, produção e recepção da obra literária, estes são alguns dos pólos em que a separação entre o poético e o estético se manifestam. Estuda-se ainda Raul Brandão e o seu contexto literário particularmente no que diz respeito à simbologia de *Húmus*, bem como os testemunhos críticos que constituem a poética de Helder legados em prefácios e posfácios a obras suas ou de outros poetas. Uma leitura da simbologia que, atravessando toda a obra do poeta, partilha de redes de significação identificadas no *Húmus* de Brandão também é apresentada, seguindo-se uma leitura do poema de Helder de acordo com uma classificação operacional de algumas transformações operadas por Helder no texto de Brandão. Da leitura comparativa de ambos os textos resulta ainda a desmontagem da montagem de Helder: os 380 versos do poema, seguidos do excerto respectivo do romance, bem como uma versão combinatória estão disponíveis em formato digital, em CD-ROM anexo à obra (Torres, 2010).

Em 2012, Frederico Canuto defende, na Faculdade de Letras da Universidade Federal de Minas Gerais, a tese de doutoramento em Letras: Estudos Literários, *Geo-grafias da Comunidade: investigações a partir do excesso da vida e a margem da multidão*. Este trabalho pensa a questão geográfica na sua especificidade, isto é, no campo literário, como articuladora de um pensamento comunitário espacial a partir de uma leitura cerrada de duas obras seminais portuguesas, o *Livro do Desassossego*, de Fernando Pessoa, e *Os Passos em Volta*, de Herberto Helder. Compreendendo o espaço literário como lugar de produção de territorialidades heterotópicas por uma grafia, aqui denominada geo-grafia, Canuto cartografa-as na sua dimensão comunitária, dada pelo encontro entre um e outro, entre o que se conhece e o que traz um potencial de estranhamento. Essas geo-grafias são expostas em dois guias cartográficos: o mapa, interessado nos movimentos de produção de cada espacialidade produzida nas obras, e o atlas, voltado a compreender os limites desses mapas quando em conjunto. Os mapas, nos quais fluem movimentos literários específicos e singulares, através de vestígios tanto em termos narrativos quanto da grafia e escrita, são os objectos desta tese, que visa expor os modos como Pessoa e Helder fundam comunidades a partir de des--funcionalizações, in-operalizações e transformações na língua pelos espaços. O atlas, por sua vez, dá prosseguimento ao olhar geo-gráfico, na medida em que os mapas que o compõem circunscrevem uma noção de totalidade que tende, ou não, à sua própria dissolução. Pretende-se, assim, vincular a exemplaridade da escrita dessas duas obras a uma noção de comunidade geo--graficamente realizada (Canuto, 2012).

No mesmo ano, Tatiana Aparecida Picosque defende, na Faculdade de Filosofia, Letras e Ciências Humanas da Universidade de São Paulo, a tese de doutoramento em Letras Clássicas e Vernáculas, *Árvore do ouro, árvore da carne: problematização da unidade na obra de Herberto Helder — Análise de poemas d'A faca não corta o fogo*. Neste estudo são seleccionados e analisados alguns poemas desta obra epilogal, problematizando a busca da unidade entre as coisas em matéria de poesia, projecto poético situado num horizonte histórico da mais exacerbada fragmentação. Mesmo sabendo não atingi-la definitivamente, esta busca funciona como mote ou motor que impulsiona a poesia herbertiana, levando-a a reverenciar a linguagem analógica. A autora evidencia os momentos do livro em que este objectivo se apresenta árduo ou quase impraticável, instaurando a tensão entre o desejo de potência criativa e a impotência criativa, obrigando o poeta, muitas vezes, a cantar a sua falta de êxito para com a poesia. Para tal, a autora propõe como metodologia analítica a leitura metapoética dos textos de *A Faca Não Corta o Fogo*, partindo deste ponto para outras temáticas ou questões igualmente relevantes. Assim, destaca os diálogos com a tradição mais evidentes neste livro, a saber: o primeiro romantismo alemão, o poeta alemão Friedrich Hölderlin, os gregos antigos, a *Bíblia*, a lírica medieval e o poeta Luís de Camões (Picosque, 2012).

Em 2012, na Université Sorbonne Nouvelle, Daniel Rodrigues defende a tese de doutoramento em Literatura Portuguesa Contemporânea, *Les Démonstrations du Corps. L'œuvre Poétique de Herberto Helder*. Partindo de *Ofício Cantante* (2009), esta tese analisa a presença do corpo na obra de Herberto Helder, frequentemente considerado obscuro e hermético. Segundo Rodrigues, estas são características tidas, em geral, como um obstáculo à leitura e, tanto permitem, inversamente, a compreensão da criação poética de Helder, como podem ser lidas enquanto experiência corporal. O ponto de partida deste autor divide-se, assim, em duas hipóteses: a primeira propõe que o corpo se confunde com o texto. O segundo propõe que o corpo é uma categoria anterior ao texto, ou uma construção textual. Em ambos os casos, o corpo é uma «demonstração inexplicável», se se usar as palavras do poeta. Segue-se, assim, a evolução das diferentes antologias de Helder para mostrar que oferecem a leitura da totalidade da sua escrita, ou a sua evolução, e que, de facto, inscrevem uma descontinuidade no corpo da sua escrita (Rodrigues, 2012).

Em 2013, na Faculdade de Letras da Universidade de Minas Gerais, Cíntia Ribeiro defende a dissertação de mestrado em Estudos Literários, *Crime de mão própria: o rastro autobiográfico em Photomaton & Vox, de Herberto Helder*. A imagem do crime autobiográfico em *Photomaton & Vox* suscita o diálogo com uma variedade de discursos, da Teoria da Literatura à Filosofia, incluindo, também, a História e o Direito. A partir destes diálogos este estudo descreve como se produz, na obra, uma voz poética extremamente singular, que joga com elementos da autobiografia. Afastando-se, entretanto, das principais vertentes teóricas tradicionalmente voltadas a essa prática de escrita, esta investigação envereda por uma aproximação entre a filosofia de Giorgio Agamben e a obra herbertiana, dando especial atenção à função do rasto como signo da negatividade (Ribeiro, 2013).

Em 2015, na Universidade Federal do Rio de Janeiro, Natasha Furlan Felizi defende a dissertação de mestrado em Letras Vernáculas, *A Face Antropofágica de Herberto Helder*. Este estudo parte de pontos de contacto entre a poética de Helder e a dos autores com os quais dialoga com o intuito de criar uma «tradição» própria. Ao criar essa «tradição», Helder subverte as noções genealógicas implicadas numa leitura historicista da produção literária, que associaria os autores ao momento histórico em que produziram as suas obras, estabelecendo relações de continuidade ou ruptura com escolas e autores de períodos anteriores. Uma das estratégias de Helder para a criação deste cânone próprio é o motivo da antropofagia, presente na sua obra, tanto pelo recurso à temática do canibalismo, da carne e da boca, quanto pela atitude antropofágica em relação a textos de outros autores e expressões vernaculares de Portugal ou do Brasil. Felizi identifica alguns pontos de articulação desta postura com a Antropofagia brasileira [Manifesto Antropófago] criada por Oswald de Andrade, na década de 1920. Três aspectos da antropofagia oswaldiana — o matriarcado, o canibalismo e textos indígenas e africanos — são utilizados para o exame da obra de Helder: a presença das imagens da mãe e da mulher, o motivo do canibalismo e as apropriações de textos alheios e os poemas ameríndios «mudados para português» (Felizi, 2015).

Em 2016, Rosa Maria Martelo publica *Os Nomes da Obra. Herberto Helder ou O Poema Contínuo*. De acordo com a autora, no título *Ou o Poema Contínuo*, que Herberto Helder usou por duas vezes, a conjunção inicial relaciona-se com o nome do autor dizendo ao leitor como ler a escrita de uma vida. Leia-se em Helder o outro nome da obra, o outro nome da «canção ininterrupta». O poeta via na escrita um processo de «nomeação física», de montagem das imagens, a invenção de uma «irrealidade». Em 2013, recuperou um texto anterior para sopesar o caminho percorrido: «cumprira-se aquilo que eu sempre desejara — uma vida subtil, unida e invisível que o fogo celular das imagens devorava. Era uma vida que absorvera o mundo e o abandonara depois, abandonara a sua realidade fragmentária. Era compacta e limpa. Gramatical» (Martelo, 2016).

Em 2018, Alexandra Couts publica *Herberto Helder, Cobra, Dispersão Poética*, resultado da sua dissertação de mestrado em Edição de Texto, defendida na Faculdade de Ciências Sociais e Humanas da Universidade Nova de Lisboa, em 2011.

Na sua investigação, concluída em 2011, Couts apresenta uma edição evolutiva, cujo objectivo principal era mostrar o processo de edição e de reescrita de um dos livros mais controversos de Helder. O ensaio de 2018 já não apresenta o texto integral, na sua primeira versão, mas apenas todas as variantes de *Cobra*, inseridas nos volumes publicados entre 1977 e 2009. Apesar de não incluir o texto integral da primeira versão de *Cobra* (1977), acompanhado das respectivas variantes, são apresentadas todas as técnicas utilizadas para o desenvolvimento do trabalho conluído em 2011. O estudo publicado em 2018, no qual foram corrigidos lapsos e lacunas de transcrição, continua a mostrar o processo de alterações textuais que *Cobra* foi sofrendo, ao longo de trinta e dois anos de publicações, permitindo, assim, uma reflexão crítica sobre o acto da escrita e produção poéticas de Helder (Couts, 2018).

Para além destes ensaios, teses e dissertações, contam--se outros estudos e artigos também eles divulgados, na sua maioria, em periódicos portugueses e publicações académicas portuguesas e brasileiras. Desses estudos e artigos destacam-se:

Em «Para um estudo da realidade simbólica na poesia de Herberto Helder», João Décio (1977), procura fixar os processos criadores ligados à problemática da metáfora e do símbolo, assinalando a constante recorrência aos aspectos da natureza, como a «flor», o «fruto», o «sol», a «lua», que conferem à poesia um carácter elemental num constante apelo à volta das origens. Associados ao carácter simbólico e metafórico, o autor procura detectar os elementos plásticos e sensoriais da poesia de Helder que começam a substituir irresistivelmente o pensar, permanecendo o sentimento constantemente associado àquelas vivências. Décio aponta outros processos poéticos como a anáfora e a intensificação, bem como a preocupação com a metalinguagem e com a organização de uma teoria poética.

Partindo do poema «Em silêncio descobri essa cidade no mapa», inserido na obra *A Máquina Lírica*, «Herberto Helder: a poesia inesperada», Silvia Niederauer (2002) busca desvelar a condição humana através da palavra, o centro primordial e irradiador dos sentidos vários que assume o texto poético.

Em «Dois discursos para um rei», de Teresa Amado (2003), o carácter híbrido da crónica medieval — história e ficção, verdade relativa a níveis diferentes de percepção — encontra em Fernão Lopes formas particularmente interessantes de realização. A *Crónica de D. Pedro* introduz na história do reinado uma intensa e subjectiva tematização da justiça e do amor. Segundo Amado, Herberto Helder partiu da cena mais dramática aí narrada para escrever uma prosa poética sobre o tema da paixão.

Partindo das traduções feitas por Helder a poemas de Michaux, publicados em *Doze nós numa corda*, «Henri Michaux e Herberto Helder: dois poetas em busca da alteridade», Izabela Leal (2004) reflecte sobre o acto de tradução de Helder, observando, depois, as afinidades entre as poéticas de ambos os autores. Para além de alguns dados concretos, como o facto de terem viajado por todo o mundo e de terem entrado em contacto com tradições primitivas, Helder e Michaux compreendem o trabalho poético como uma busca da alteridade, na tentativa de pensar o homem para além dos limites da racionalidade e da identidade. Deste modo, o acto da escrita é entendido como um acto de exílio e de metamorfose.

«Scherzo com helicópteros: A metáfora do voo em Herberto Helder», de Pedro Eiras (2005), parte de um texto de Helder onde se trata de bicicletas e helicópteros propondo a abertura para o imprevisível de um passeio. Entendido como exploração, o passeio confunde-se com a incógnita e só termina quando o explorável se torna conhecido. O autor procura responder como dar conta da fenomenologia do passear, abarcando desde a força das expectativas anteriores até à formação de uma panorâmica, uma assimilação do diverso na percepção simultânea, desde o acto de desocultação até à organização do saber. Este ensaio segue, assim, o exemplo herbertiano, abrindo-se a um plural imprevisível. Seja o ensaio o duplo do passeio, adquirindo por sincretismo os contornos da fenomenologia do passear/voar herbertiano.

A «Tradução e transgressão em Artaud e Herberto Helder», de Izabela Leal (2006), avalia o significado do gesto de inscrição do nome do autor ao lado de outros nomes com os quais compartilha a tarefa tradutória, assinalando alguns pontos de contacto entre a sua poética e a de Artaud. A busca de uma renovação da linguagem representa, para ambos, a possibilidade de uma quebra dos automatismos linguísticos, o que implica a concepção da poesia como uma força viva, transgressora, capaz de actuar sobre as estruturas cristalizadas do discurso.

«Herberto Helder, sim, o poema contínuo», de Luís Maffei (2006b), refere ser notável a peculiaridade do poema inédito que Helder publicou em 2001, em *Ou o Poema Contínuo*. Segundo Maffei, o livro confessa-se, desde a capa, uma súmula, e é aberto por uma «nota» do autor; a mesma capa, que apresenta a reprodução de uma pintura de Goya, estabelece uma intensa relação com o poema inédito que encerra o volume, pois se na capa Saturno devora um filho, um dos temas fulcrais do poema novo é precisamente a ideia de que a relação entre o autor e a sua obra passa por, talvez, uma escolha, e desse jogo optativo fará parte o leitor; se o volume se intitula *Ou o Poema Contínuo*, um olhar mais atento poderá revelar que, acima do nome do livro, está o nome do autor, o que configura um novo sintagma: Herberto Helder ou o poema contínuo.

Em «No reino das mães: notas sobre a poética de Herberto Helder», de Izabela Leal (2008), a relação do poeta com a sua língua materna é paradoxal e violenta. Por um lado, ele precisa desprender-se dela para que encontre o seu próprio idioma, por outro lado, deixará sempre em evidência a sua dívida para com ela. Este trabalho investiga a relação entre presente e passado na construção do idioma poético, utilizando, para isso, a metáfora da mãe e do filho presentes na poesia herbertiana.

De acordo com a mesma autora, em «Herberto Helder e o tradutor libertino», a tradução é uma tarefa inquietante, como já pensava Walter Benjamin no célebre ensaio *A tarefa do tradutor*. Marcado pela alteração da língua de partida e pela interferência provocada na língua de chegada, o acto de traduzir será, portanto, portador de uma força de renovação (Leal, 2009).

As «Palavras em desdobramento na poesia de Herberto Helder», de Sônia Piteri (2009), parte do poema «Em silêncio descobri essa cidade no mapa» (*A Máquina Lírica*,

1964), republicado em *O Corpo o Luxo a Obra* (2000)[3]. Segundo Piteri, Helder desenha um contra-mapa desnorteante com as palavras, que pululam na travessia da escrita, deslocando-se, incessantemente, e ocupando diferentes posições nos versos. A proliferação dos vocábulos que se cruzam em novas combinações, dão origem aos fios cambiantes que se dobram, redobram e se desdobram no tecido da linguagem que Piteri «desfia» neste trabalho.

Segundo Maffei, em «Cobra Cantante» (2009), *Cobra* (1977) é excluído de *Ofício Cantante* (2009). No entanto, o livro existe, e a edição que foi às livrarias permite ao leitor herbertiano conhecer o *Cobra* original, pleno de peculiaridades de leitura. No livro há textos que reapareceram em outros títulos de Helder, numa construção musical-cinematográfica e, entre outras surpresas, um poema final jamais reaparecido que guarda em si diversas obsessões temáticas e estruturais da poesia do autor. Assim, ler *Cobra*, na actualidade, é um gesto de recuperação, de alguma desobediência, mas, sobretudo, percepção da efectiva existência da obra, que ainda se mostra legível, não obstante a sua ausência de *Ofício Cantante*.

Em «Os paradoxos da escrita autobiográfica em *Photomaton & Vox*, de Herberto Helder», Gustavo Ribeiro

---

[3] Trata-se de uma obra de poesia reunida, publicada no Brasil pela editora Iluminuras, com o mesmo título da 1.ª ed., não sendo, porém, uma reedição de CLO.

(2009) atesta ser esta uma obra inclassificável: reunião vertiginosa de textos que vão do poema ao ensaio, do fragmento narrativo ao aforismo, onde o autor desafia qualquer abordagem crítica que se queira fazer, restando sempre como enigma nas mãos do leitor. Ribeiro apresenta, assim, uma leitura do livro a partir da questão autobiográfica, tentando mostrar como esse conceito pode lançar luz sobre certos aspectos do complexo processo escritural de Helder.

Em «Herberto Helder: o mundo como gramática e idioma», Silvana Oliveira (2009) discute em que medida a poética de Helder se constrói no interior de um duplo movimento: por um lado a exposição de uma subjectividade forte e, por outro lado, a tendência radical que o sujeito tem de converter-se em objecto, de se tornar *coisa* até à indistinção.

Em «A poética obscura e corporal de Herberto Helder», Tatiana Picosque (2010) aborda dois aspectos recorrentes na obra de Helder, a obscuridade e a corporalidade, analisando-os, de modo prático, no poema «Um Deus lisérgico». Segundo Picosque, a linguagem obscura, e pretendida pelo próprio poeta, serve um projecto poético coerente: o encontro do corpo do poeta com o mundo, de acordo com a obra herbertiana, é por natureza um acontecimento obscuro. Seguindo esta trilha, o autor selecciona a problemática do corpo como elemento crucial da sua poética. Descendendo da tradição literária que intenta valorizar o papel do corpo na poesia — desde William Blake —, Helder pretende, sobretudo, contestar o dualismo cartesiano também cristão «mente e corpo» que acabou por instaurar, no âmbito literário, poéticas que privilegiam o «pensamento», esquecendo-se do corpo enquanto lugar do trabalho poético.

De acordo com «Entre a tradução e a criação: Herberto Helder e os "Poemas mudados para Português"», de Marco Silva (2012a), o pensamento poético de Helder foi marcado, desde sempre, por uma certa irreverência e insubmissão literárias, sendo a liberdade a sua grande premissa. Desta forma, e partindo de os *Poemas Mudados para Português*, o autor aborda neste texto o conceito de tradução à luz da peculiar mundividência herbertiana, assim como aspectos relacionados com a subjectividade e a fidelidade. Para Helder traduzir um poema de uma cultura primitiva hoje, trazer para o presente algo do passado longínquo, é abrir uma fenda e criar um lugar de onde sobressai uma voz que nem pertence ao poeta original, nem ao poeta tradutor.

Em «A Teoria das Cores de Herberto Helder», Caio Souza (2013) sublinha a relevância do conto «Teoria das Cores» para a reflexão sobre o papel do artista, da arte e do leitor no mundo moderno e contemporâneo. Souza expõe a solução que o autor apresenta de forma engenhosa, com o seu alto poder de síntese, para estas questões.

De acordo com Leal e Dias (2013), em «A importância da metamorfose nas traduções de Herberto Helder», é importante compreender que a tradução é um tipo de metamorfose, porque, para Helder, a metamorfose é a lei que preside toda a criação artística que irá re-significar toda a actividade tradutória. A obra está sempre aberta à tradução e à recriação, revelando a maleabilidade do objecto poético, o que é essencial para a base da metamorfose. Assim, este trabalho reflecte sobre actividade criativa do tradutor e das relações entre a tradução e a metamorfose e como estas podem ser encontradas na obra poética herbertiana.

«O escritor no espaço da obra: o rosto caligrafado — uma leitura de "Apresentação do Rosto", de Herberto Helder», de Ana Cristina Joaquim (2014), é uma leitura de *Apresentação do Rosto*, em que as incursões pela escrita do «eu» são evidenciadas de modo a considerar a metalinguagem envolvida na elaboração subjectiva. Para tal, a autora traça um breve percurso, passando pelos teóricos que pensaram a autobiografia, o autorretrato e a escrita intimista, de modo geral, de forma que a problematização das categorizações genéricas se fazem ver no desenvolvimento da análise textual. Neste artigo são também levantadas questões acerca da constituição do sujeito da escrita mediante as relações estabelecidas entre o «eu» (Autor que se escreve, homem, filho) e os «outros» (leitor que se lê, mulher, mãe).

Foram também dedicados a Herberto Helder vários colóquios, congressos e números de revistas, dos quais se destacam: *Colloque international Herberto Helder: absurdité du centre, continuité du temps*, dias 14 e 15 de Novembro de 2013 na Sorbonne Nouvelle e na Délégation en France de la Fondation Calouste Gulbenkian; *Colóquio Soldado aos Laços das Constelações — dia Herberto Helder* 22, 23 e 24 de Novembro de 2015 no Instituto de Letras da UFF, e, mais recentemente, o *Congresso Internacional Herberto Helder — a vida inteira para fundar um poema*, 21, 22 e 23 de Novembro de 2016, Funchal, UMa — CIERL. A revista *Textos e Pretextos*, dedicou ao autor dois números, a n.º 2, em 2002, e a n.º 17, em 2012; a Revista do Centro de Estudos Humanísticos da Universidade do Minho, *Diacrítica*, de 2009, é inteiramente dedicada ao autor. Está também disponível, desde Novembro de 2016, um acervo com o espólio de Herberto Helder na Faculdade de Letras da Universidade do Porto[4].

Como se pode observar, a maior parte dos trabalhos dedicados ao estudo da obra herbertiana parte de abordagens que são, principalmente, literárias ou do âmbito

---

[4] Existem, no entanto, normas de consulta, não sendo a mesma possível a «todos os leitores de Herberto Helder» que queiram aceder ao espólio «por curiosidade». «A primeira» norma de consulta é «identificar-se, fazer o pedido, dizer o que quer ver e apresentar credenciais. [...] entre as normas, está também a autorização da família. [...] O critério respeita sobretudo as qualidades do curriculum do investigador ou o interesse da sua pesquisa, que se prolonga até à hipótese de publicação. A viúva de Herberto não quer se publique o que Herberto fez como pessoa, que se publiquem coisas soltas, mal estudadas, mal lidas [...] Não são normas tirânicas, mas que exigem algum respeito pelo espólio de Herberto» (Saraiva e TSF, 2016).

da Teoria da Literatura, incluindo, até, os estudos que foram feitos dentro de áreas de estudo mais filosóficas.

Com excepção do estudo desenvolvido por Couts (*Op. cit.*), que é inteiramente dedicado à análise das alterações textuais herbertianas, os outros estudos supracitados dedicam apenas uma parte a esta problemática, não sendo esse, também, o seu objectivo central.

É neste contexto que nasce o presente estudo que, por um lado, dá seguimento ao trabalho já desenvolvido por Couts (*Op. cit.*) e, por outro lado, em vez de se centrar em apenas uma obra do autor, se propõe apontar todas as transformações textuais ocorridas na totalidade de textos que integram todos os volumes de «poesia toda».

A explicitação do tema do presente estudo, o seu aprofundamento e em que aspectos o mesmo difere de todos os estudos anteriores será aprofundada no ponto seguinte, «Enquadramento Teórico».

1.2. Enquadramento Teórico

Antes de os primeiros estudiosos, autores e críticos herbertianos se terem apercebido do processo de alteração a que Helder submeteu a sua obra, é o próprio o primeiro a remeter, nos seus livros, para esta prática de *editing*[5] ou, se se

---

[5] Dada a dificuldade em encontrar uma definição precisa do termo *editing*, para definir o estádio entre a revisão (*revision*) do texto e as provas (*proofreading*), optou-se por manter a palavra inglesa. De acordo com o

preferir, reescrita. Na página ímpar que se segue à folha de rosto de PT, 1973, 1.º volume, pode ler-se o seguinte:

> Em dois volumes se reúnem todos os poemas, tidos pessoalmente como aproveitáveis, que o autor escreveu entre 1953 e 1971. Com a evidente ressalva dos inéditos, os textos foram publicados — em jornais, revistas e livros — entre 1953 e 1972. Introduziram-se neles algumas alterações de composição, e outras ainda na organização dos conjuntos, havendo sido absorvidos por outros. Esta edição pretende-se completa e definitiva (PT, 1973).

Também na folha de rosto e na ficha técnica de PV, 1980 é dada a indicação de que se trata de uma 4.ª edição, emendada[6]. Estes são apenas dois dos muitos exemplos a que se irá recorrer, no curso da presente tese, com o propósito de apresentar os factos e, neste caso, que é o autor, ele mesmo, o primeiro a dar pistas ao leitor acerca das suas técnicas de *editing*.

Glossary of Grammatical and Rethorical Terms, on-line, (2017), *editing*: «*is a stage of the writing process in which a writer or editor strives to improve a draft (and sometimes prepare it for publication) by correcting errors and by making words and sentences clearer, more precise, and more effective. The process of editing involves adding, deleting, and rearranging words along with recasting sentences and cutting the clutter. Tightening our writing and mending faults can turn out to be a remarkably creative activity, leading us to clarify ideas, fashion fresh images, and even radically rethink the way we approach a topic. Put another way, thoughtful editing can inspire further revision of our work.*»

[6] Maria de Fátima Marinho é a primeira autora a escrever que é Herberto Helder quem chama a atenção para as suas emendas: «Apesar de o autor ter chamado pela primeira vez a atenção para as emendas introduzidas em obra sua (4.ª edição, emendada, lê-se na cinta que o livro traz), este processo de autocorrecção já não era novo em Herberto Hélder. "O Amor em Visita", "A Colher na Boca", "Electronicolirica", para só citar os mais representativos, surgem nas 2.ª e 3.ª edições (quando são incluídos em "Ofício Cantante" e "Poesia Toda", respectivamente) com numerosas diferenças em relação à obra original» (Marinho: 1980, 10).

Para além de ter sido uma das pioneiras dos estudos herbertianos, Maria de Fátima Marinho foi, também, a primeira estudiosa a escrever sobre as muitas alterações textuais feitas por Herberto Helder[7], a cada nova edição dos seus livros, e a primeira a introduzir o conceito de «versão» no estudo da obra do autor, bem como os problemas de leitura e crítica literária que esta prática levanta:

> a força transformadora de Herberto Helder não se esgota na originalidade literária dos seus livros: nenhum deles, quando publicado, se torna num produto fixo e imutável. Mal o livro começa a ser vendido, já o autor lhe prevê inúmeras modificações para edições futuras, «rejeitando» a que acaba de publicar. Se compararmos as diferentes edições das suas obras, facilmente verificaremos as alterações de umas para outras. O caso limite é, talvez, o de *Cobra*, cuja edição «oficial» é uma das muitas versões do livro. Cada um dos exemplares oferecidos pelo autor é *único*, o que vem tornar periclitante ou desmoralizante o exercício da crítica, ou simplesmente tornar a sua leitura mais problemática (Marinho, 1982: 21).

Segundo a autora, as modificações, de edição para edição, não são arbitrárias, tornando, por essa razão, difícil uma abordagem estritamente cronológica das obras herbertianas:

> O autor, sentindo-se distanciado das obras anteriores, tenta *aproximá-las* da sua poética do momento. Isto faz com que entre a 3.ª (1970) e a 4.ª edição (1980) de *Os Passos em Volta*, por exemplo, muitos dos textos só se reconheçam através do enredo, havendo uma quase total alteração da escrita. Se

---

[7] Antes da publicação do seu livro de 1982, Marinho já escrevia sobre esta problemática em dois artigos publicados em 1980 e em 1981, respectivamente: «Herberto Helder e "Os Passos em Volta". Re(e)volução da escrita». *Diário Popular,* Suplemento «Artes e Letras», p. 10 e «Herberto Helder: para uma estética de modificação». *Jornal de Letras, Artes e Ideias,* n.º 10, p. 25.

> tivéssemos apenas em conta o estilo ou o léxico, diríamos que a última edição se aproxima mais de *Cobra* ou de *Photomaton & Vox* do que das três edições anteriores (*Idem, ibidem*: 21-22).

No entanto, e, perante estas dificuldades, Marinho propõe fazer um «percurso diacrónico da obra herbertiana, demonstrando como a poética [de Herberto Helder] começa por pôr em causa o texto e a escrita, para em seguida se transformar em metapoética e em texto auto-destruído» (Marinho, 1982:22). Assim, a autora dedica uma pequena parte do capítulo «À Procura do Texto», anotando e comparando algumas destas alterações feitas por Helder em obras publicadas entre 1967 e 1973 (*Idem, ibidem*: 54-57).

Em 2001 é publicado um pequeno ensaio todo ele dedicado a *Apresentação do Rosto*. Neste estudo também Manuel de Freitas nota o processo de reescrita, reordenação, rejeição e recuperação que os textos e poemas de Herberto Helder vão sendo sujeitos. O autor defende que AR é rejeitado por Helder, desaparecendo, por essa razão e a par do desaparecimento de outras obras, da sua autobibliografia. Dadas as especificidades de *Cobra*, Freitas afirma, igualmente, ser este um livro que o autor se recusou a *fixar*.

> [...] é importante sublinhar que, pelo elevado grau de exigência a que é sujeita, a poesia de H.H. é, digamos assim, estruturalmente instável (talvez se pudesse mesmo falar desta obra como uma autofagia demiúrgica). Reparamos, por exemplo, que há textos e livros que *desaparecem* ou que vão sendo reescritos e reordenados no *corpus* lábil da obra herbertiana. [...] A partir de 1970 [...] inicia-se um longo processo de amputação: são trasladados para a terceira edição

> de *Os Passos em Volta*, com algumas modificações, dois textos de *Apresentação do Rosto*, que passam a ter os títulos de «Lugar Lugares» e «Doenças de Pele». Em 1971, são fielmente transcritos para a segunda parte do livro *Vocação Animal* («Festas do Crime») sete textos originalmente incluídos em *Apresentação do Rosto*. 1979 é o ano da primeira edição de *Photomaton & Vox*, onde passaram a figurar, com algumas alterações, quatro textos que pertenciam ao livro de 1968. Entre eles, aquele que lhe servia de epílogo (a fechar, justamente, o capítulo «Os Epílogos») e que passará a chamar-se «(uma ilha em sketches)». [...] os outros textos [são] «recuperados» [e] passarão a intitular-se «(os diálogos)», «(introdução ao quotidiano)» e «(os ofícios da vista)». Ainda em *Photomaton & Vox*, mais precisamente nos textos «(os cadernos imaginários)» e «(as transmutações)», são incluídos excertos igualmente provenientes do livro de 1968 (Freitas, 2001: 17-22).

Depois de ter dedicado uma pequena parte do seu ensaio à análise da movimentação e alteração dos textos de AR, Freitas conclui que este não é um livro «imediatamente renegado, sofrendo, pelo contrário, um longo processo de amputação e reescrita parcial que vai de 1970 a 1994.» (*Idem, ibidem*: 23). Além disso, o autor afirma que «só passados vinte anos é que *Apresentação do Rosto* desaparece da bibliografia pessoal de H.H.» (*Idem, ibidem*: 23).

Também Clara Riso refere, no final de um artigo seu, que alguns textos de P&V são recuperados e outros reescritos. Para além disto, Riso nota que o autor inclui textos inéditos e exclui todos os livros de versões (os poemas mudados para Português), a partir de OPC:

> «(a morte própria)» foi já recuperada duas vezes nas reedições de *Photomaton & Vox* e que desde esse texto final até hoje a escrita voltou a sobrepor-se ao silêncio tanto na edição de textos inéditos como na reescrita de outros anteriores. A última manifestação da «aventura criadora» de Herberto Helder é, à

data, *Ou o Poema Contínuo*, de 2004, uma muito recente edição de *Poesia Toda* que exclui todos os livros de versões e retoma o título de *Ou o Poema Contínuo* de 2001, que assim passa a ser a *súmula* de um livro posterior. Depois do livro de 2001, *Ou o Poema Contínuo* de 2004 marca mais uma etapa na continuidade da escrita, para lá dos sucessivos patamares de finalização da obra, para lá dos vários silêncios finais. Este novo (?) *Ou o Poema Contínuo* é mais uma vez um texto final, tal como «(a morte própria)», *Apresentação do Rosto* e a *súmula* de 2001, entre outros ou todos (Riso, 2004: 58).

No seu ensaio de 2007, resultado da sua dissertação de mestrado em Literatura Portuguesa, em 1999 [8], Diana Pimentel aponta o gesto recorrente de emenda e de correcção discursivas de Herberto Helder em P&V:

> O texto intitulado *(em volta de)* — publicado em *Photomaton & Vox* (com três edições, respectivamente em 1979, 1987 e 1995) — é, para a consideração das questões aqui colocadas, um metatexto essencial à definição da poética de Herberto Helder. Assinale-se, em primeiro lugar, que este texto foi publicado, na sua primeira edição, com o título *(os passos em volta, apresentação do rosto)*. Concebido eventualmente como um *ensaio* sobre as obras do autor citadas no título (estas obras foram editadas em 1963 e em 1968, respectivamente; a segunda das quais foi rejeitada pelo autor e excluída da sua bibliografia), o enunciado titular deste texto foi alterado para *(em volta de)* a partir da segunda edição de *Photomaton & Vox*. Para além de esta ser uma alteração substancial, consequência de um processo de reescrita e de emenda frequente em Helder, a modificação do título opera uma rasura num dos traços mais significativos deste texto, precisamente o facto de se constituir como um ensaio metatextual sobre anteriores obras do autor. De facto, o título deste texto na sua primeira edição permite o reenvio inequívoco do texto àqueles livros (em prosa) de Helder, instaurando-se como um ensaio sobre o processo de escrita, em primeira instância, das obras *Os Passos em Volta* e *Apresentação do Rosto*, mas, em última análise, sobre a poética do autor (Pimentel, 2007: 18-19).

---

[8] Pimentel, D., 1999. *Herberto Helder: hipótese de investigação: estudo sobre o conceito de reescrita em Photomaton & Vox*. Dissertação de mestrado em Literatura Portuguesa, Universidade de Lisboa.

Noutro ponto do seu ensaio, Pimentel detém-se sobre AR, reafirmando o processo de reescrita de fragmentos que migram de uma obra para outra. AR é, assim:

> uma «autobiografia», reescrita, em fragmentos seleccionados, em *Photomaton & Vox* [incluindo] textos explicitamente autobiográficos [que] são os lugares privilegiados para se poder, por um lado, observar os mecanismos textuais e discursivos por que se dá forma ao retrato do autor e, por outro, averiguar da possibilidade de ser esse o modo de dar origem à experiência de escrita (*Idem, ibidem*: 43).

Em 2009, Luís Maffei escreve sobre o fenómeno textual operado em *Cobra*, notando, à semelhança dos autores supracitados, existirem textos que migram para *Photomaton & Vox*, e títulos que são recuperados e, por assim dizer, reutilizados. Neste artigo pode ler-se:

> O «livro, em si mesmo, flutua»: sim, *Cobra* flutua, mas a ideia de flutuação é bastante fecunda para a poesia de Herberto Helder em geral, e começo a suspeitar de que *Cobra* seja, nalguma medida, uma curiosa metonímia para *poema contínuo*, expressão que *Ofício Cantante* não invalida. A propósito, *continua o poema, o ofício*, porque agora, pela primeira vez, a poesia assume-se *completa* (noção diferente de *toda*) na capa do volume de 2009, e a nota de abertura é, por si só, reveladora de uma *continuidade* [...] «o título» é «recuperado» de uma «publicação» vinda à luz por uma editora já «extinta», mas o título, se se encontrava extinto, volta à vida no nobilíssimo lugar de nome da obra inteira, *completa* (Maffei, 2009b: 91).

Para além do já citado, Maffei nota uma prática recorrente em Herberto Helder, na qual é comum a inclusão de poemas inéditos, numa obra, que nem sempre surgem na obra seguinte, para reaparecerem em obras posteriores:

em 2001, Herberto Helder lança uma súmula, de título *Ou o Poema Contínuo*, na qual se encontra um poema inédito. Surpreendentemente, justo na poesia reunida que tem, em 2004, *Ou o Poema Contínuo* como título, o inédito não aparece, para, no entanto, aparecer em 2008, dentro de outro inédito de outra súmula, *A Faca Não Corta o Fogo*. Em *Ofício Cantan*te, o inédito de 2008 está presente, mas, mesmo com tão pouco tempo decorrido, já mudado (*Idem, ibidem*: 92).

Antes de analisar algumas das alterações textuais efectuadas em *Cobra*, Maffei reconhece que:

> a «organicidade» de *Cobra* faz com que o livro seja, para além das «razões espaciais», «uma forma separada», uma forma, portanto, autônoma. Após 2009, isso se torna ainda mais radical. Quem quiser encontrar *Cobra* não mais pode contar com a *poesia completa*, e a autonomia é mais extrema que antes, mas autônoma ainda. Encontrar *Cobra*, se fora da *poesia completa*, é voltar ao livro de 1977, voltar, por exemplo, a «Memória, Montagem». (*Idem, ibidem*: 93).

Em 2016, Rosa Maria Martelo retoma o assunto das práticas textuais herbertianas:

> O título *Ou o Poema Contínuo* foi usado pela primeira vez na «Súmula» de 2001, mas Herberto Helder retomou-o em 2004 para recobrir *Poesia Toda*, abandonando assim a designação que usava desde 1973 para a recolha da sua poesia. [...] quarenta e seis anos depois da publicação de *O Amor em Visita*, o texto de *Poesia Toda*, várias vezes depurado, expandido, refeito, apresentava-se explicitamente como um «poema contínuo», sublinhando a constante reescrita que o reelaborava como texto seguido [...] quer em *O Poema Contínuo — Súmula* (2001) quer em *A Faca Não Corta o Fogo — Súmula & Inédita* (2008), o entendimento da obra como sequência ininterrupta é sugerido pela exclusão dos títulos dos poemas e pelo facto de mesmo os títulos das obras serem apenas objecto de uma discreta menção entre parênteses a seguir aos poemas respectivos (Martelo, 2016: 11-12).

A autora aponta, ainda, a proveniência de textos dispersos que são incluídos, mais tarde, em volume, como, por exemplo, o «preâmbulo de *Servidões* [que] reúne três textos de diferentes proveniências. A história do porco selvagem [...] tinha sido publicada pela primeira vez em 1999, em *Cult — Revista Brasileira de Literatura*, n.º 27, sob o título "A ordem ininterrupta das magias".» (*Idem, ibidem*: 18).

Acerca das suas práticas textuais e editoriais, a autora vai mais longe, quando afirma que Helder não teria tido qualquer intenção de «criar objectos raros para alfarrabistas no modo como as obras foram editadas sem reedições, com os livros rapidamente esgotados.» (*Idem, ibidem*: 21).

Martelo chama também a atenção para o acto de reescrita e organização do autor dentro dos volumes de «poesia toda» e de «súmulas»:

> Ao longo de toda a sua vida, Herberto Helder foi fazendo recolhas dos livros de poesia que publicava: *Ofício Cantante* (1967), *Poesia Toda I e II* (1973), *Poesia Toda* (1981; 1990; 1996), *Ou o Poema Contínuo* (2004), novamente *Ofício Cantante* (2009), e por fim *Poemas Completos* (2014). Publicou ainda duas recolhas selectivas, *Ou o Poema Contínuo — Súmula* (2001) e *A Faca Não Corta o Fogo — Súmula & Inédita* (2008). Em todos esses volumes (que ao contrário das obras singulares tinham tiragens bastante significativas), reescreveu e reorganizou os livros de poesia que até então publicara, algumas vezes de forma muito relevante. Suprimiu textos, transferiu outros para livros como *Photomaton & Vox*, ou para os livros de «poemas mudados para o português», refez e reordenou poemas (*Idem, ibidem*: 21).

De igual importância é a referência de que estes volumes se apresentam como uma reunião de poemas, recolhidos e selecionados pelo autor, em vez de se apresentarem como volumes de poesia completa ou até mesmo obras completas, ainda que os diversos títulos possam sugerir de que se trata de poesia completa:

> Assim, e exceptuando o volume póstumo *Poemas Canhotos*, a poesia de Herberto Helder apresenta-se hoje sob o título *Poemas Completos* (2014), no livro que volta a reunir a poesia publicada desde 1958, mas, e como sempre, sob uma forma que não corresponde linearmente ao que se poderia esperar de um volume de recolha integral de uma obra poética. Ao contrário do que este título pode sugerir — e ao contrário do que também já sugeria o subtítulo «poesia completa» que antes acompanhava *Ofício Cantante* (2009) —, estas recolhas nunca são a simples reedição do conjunto dos livros publicados pelo autor, já que estes foram sofrendo alterações sucessivas e supressões significativas nas várias edições e reedições da «poesia toda» (*Idem, ibidem*: 30).

Martelo, à semelhança de outros estudiosos, refere algumas das práticas textuais herbertianas que, como já referidas, incluem a reescrita, a inclusão ou não inclusão e algumas migrações de textos: «mesmo nos livros mais recentes, recolhidos apenas em *Poemas Completos*, há algumas alterações a assinalar» (*Idem, ibidem*: 31-33). Referindo, igualmente, o caso de *Cobra* (*Idem, ibidem*: 51 e 54), *Antropofagias*, *Vocação Animal* e *Apresentação do Rosto* (*Idem, ibidem*: 53).

Em 2018, Alexandra Couts publica um ensaio inteiramente dedicado ao estudo de *Cobra*. Neste estudo, que é o resultado da sua dissertação de mestrado (Antunes, 2011), para além da inclusão de todas as variantes do texto, a autora inclui, ainda, um exemplar de *Cobra*, alterado manuscritamente por Herberto Helder, com o intuito de reflectir sobre o acto de escrita e de produção poéticas do autor:

> Como é sabido, o autor, em cada nova edição das suas obras, altera textos e títulos, deslocando-os ou até eliminando-os, chegando a, por vezes, recuperá-los de certo livro para incluí--los noutro. *Cobra*, para além destas singularidades, com uma tiragem de 1200 exemplares, teve 200 deles fora do mercado. Destes, não se sabe ao certo quantos exemplares, alterados manuscritamente, terão sido oferecidos por Herberto Helder, nem tão-pouco a quem o autor os terá oferecido. Por estas razões [...] crê-se útil e de grande interesse para leitores, amadores e estudiosos da obra herbertiana mostrar o processo de alterações textuais que *Cobra* foi sofrendo ao longo de trinta e dois anos de publicações. Pretende-se, assim, mostrar todas as variantes do texto, isto é, todas as alterações que este foi sofrendo ao longo de cada reedição, e, desta forma, reflectir sobre o próprio acto de escrita e produção poéticas de Helder. [...] *Cobra* é, sem dúvida, um dos textos mais alterados pelo autor, como se verá durante este percurso pela obra herbertiana, que parte da data da sua primeira publicação, em 1977, indo até à publicação do livro de «poesia toda», *Ofício Cantante, Poesia Completa* [título que foi, aliás, recuperado de uma publicação de 1967, também ela de poesia reunida] — obra na qual *Cobra* se «desintregra» totalmente. Assim, será necessário detectar em que obras se encontra o texto (ou partes dele), identificar os textos que foram incluídos ou excluídos; registar todas as variantes do texto e citar as obras das quais as mesmas foram retiradas. Incluiu-se, ainda, neste estudo, como exemplo, um dos exemplares alterados manuscritamente pelo autor — oferecido a João Rui de Sousa — facto singular que veio acrescentar um maior número de variantes ao texto-base (Couts, 2018: 3-4).

Apesar de centrar a sua investigação em apenas uma das obras do *corpus* herbertiano total, Couts, foi, assim, a primeira estudiosa a registar, sistematicamente, e a publicar todas as alterações efectuadas pela mão de Helder:

> Por se pretender acompanhar toda a evolução de *Cobra*, desde a data da sua publicação, em 1977, até ao último livro editado por Herberto Helder, em 2009, e também pela singularidade desta obra, os textos utilizados para o desenvolvimento do

presente trabalho foram transcritos de um dos exemplares de *Cobra*, sem qualquer rasura manuscrita do autor. Este foi, portanto, o texto-base, sem variantes, ao qual se acrescentaram todas as variantes encontradas no exemplar manuscrito, e em todas as subsequentes. Edições publicadas até 2009 (*Idem, ibidem*: 29).

Depois de percorrer trinta e dois anos de publicações e reedições, Couts confirma que *Cobra* foi «sofrendo transformações bastante peculiares. [...] *Cobra* só existe como um todo na edição de 1977. *Cobra* é, a partir de 1977, "sempre outra coisa", diversa de *Cobra*, a obra.» (*Idem, ibidem*: 29). Desta forma, partindo do registo e análise de todas as variantes do texto, a autora conclui que:

> além das inúmeras variantes apresentadas, existem textos que são eliminados totalmente, outros que são excluídos de uma obra para voltarem a ser incluídos noutra, e que existem textos muito mais trabalhados que outros, como é o caso particular de «Exemplo» e «E Outros Exemplos». É na edição de PT, de 1990, que *Cobra* desaparece como um todo, uma vez que os textos vão sendo desintegrados e incluídos noutras obras (veja-se o caso de «Memória, Montagem.» que, a partir de 1979, migra para P&V não voltando a ser integrado em nenhum outro livro do autor). [...] O ciclo de poemas «Cobra», centro da obra, como pôde ver-se, é o que mais alterações sofre, em termos de variantes, ao longo de todas as edições. Em C-JRS [exemplar alterado manuscritamente], curiosamente, o número de variantes é considerável: as alterações começam e centram-se em «Cobra», sendo que o autor, para além disso, modifica apenas os dois últimos poemas de «E Outros Exemplos» (*Idem, ibidem*: 67-68).

Estes são os principais estudos que, ainda não tendo como discussão principal as alterações textuais herbertianas, dedicam partes de capítulos a esta temática. Destes estudos, o único que se ocupa inteiramente desde fenómeno é o estudo de Couts (*Op. cit.*). O trabalho que se propõe desenvolver continua, em parte, esse estudo.

Como se referiu, o trabalho desenvolvido por Couts permite observar, através do registo de todas as variantes textuais, o modo de construção poética de Herberto Helder: alterações lexicais e composicionais, modificação de títulos, deslocação de textos, textos que foram retirados de uma obra para serem recuperados noutra, ou, ainda, textos que foram excluídos. No entanto, esse estudo centra-se apenas em poemas e textos de uma obra específica. Assim, é de grande importância, não só para a crítica e para os estudiosos, mas também para o público em geral, uma investigação mais profunda que permita uma visão detalhada, minuciosa e abrangente da obra poética herbertiana, organizada e editada pelo autor, em vida, nos seus aspectos técnicos e editoriais. Como é sabido, e como reafirma o presente «Enquadramento Teórico», Herberto Helder, tem um modo muito próprio de trabalhar os seus textos. Em consequência disso, a sua poesia destaca-se, não somente pelo hermetismo, mas igualmente por esse modo de metamorfose textual. E é a história dessa metamorfose técnica/textual que se pretende desenvolver e apresentar, abrangendo, agora, a sua obra poética total.

1.3. Objectivos

Para além de um estilo muito próprio, a poesia de Herberto Helder tem sido destacada, como se viu, pelas suas características instáveis, de alteração constante de textos, poemas e livros inteiros. Segundo os autores referidos no «Estado da Arte» e no «Enquadramento Teórico», todos eles partilham a mesma posição, a de que nenhum poema, texto ou livro escritos pela mão de Helder, é igual aos poemas, textos e livros publicados noutras edições. De acordo com os mesmos autores, conhecidas são, igualmente, as suas «recusas» em reeditar as suas obras.

Dado o panorama editorial relacionado com as técnicas de *editing* de Helder, o trabalho que se propõe desenvolver procura responder a muitas perguntas que essas técnicas levantam e que ainda ninguém conseguiu responder, de forma total e sistemática. De um modo geral e mais abrangente, essas perguntas incluem: quantos textos foram, afinal, alterados por Helder? Esses textos foram muito alterados? Existem textos pouco alterados? Existem textos inalterados? Quantos textos o autor deixa de incluir, desde a primeira publicação do seu volume de «poesia toda», até à última versão deste volume reunido? E qual a totalidade de textos incluídos em todos os volumes de «poesia toda»? Existem, de facto, livros e textos que *desaparecem*? E, por fim, que percentagem da sua obra poética total é absolutamente *original* ou, pelo contrário, repetida, de volume para volume?

Assim, o primeiro objectivo é contar a história destes textos para descobrir, identificar e expor o método de edição e publicação herbertianos. Quer isto dizer que se pretende contar a história da organização da sua obra poética total, e como a sua obra poética total é representada (a totalidade da sua obra poética oficial está representada nos volumes de «poesia toda» que se vão construindo ao longo do tempo sendo, portanto, necessário recorrer a uma ordem cronológica).

O segundo objectivo consiste em identificar, classificar e agrupar todos os textos que integram todos os volumes de «poesia toda». Desta forma pretende-se chegar ao número total de textos de maneira a atingir a obra poética completa.

O terceiro objectivo trata de identificar, classificar e agrupar poemas alterados e, havendo, poemas que não tenham sido alterados.

Desta maneira é possível expor, detalhadamente, a construção poética e organização textual do autor, e compreender, em termos quantitativos, quais as percentagens de textos que foram muito alterados, pouco alterados ou nunca alterados.

Este trabalho servirá de complemento aos muitos estudos existentes da obra herbertiana porque irá mostrar o seu modo de construção textual e a forma como o autor organizou a sua obra em função das suas antologias, isto é, o que o autor ia incluindo e não incluindo até chegar à sua versão final.

A escrita é um processo de *editing* constante, sobretudo, em Herberto Helder, e é esse acto, essa prática, que importa expor, mostrar.

Este trabalho pretende ser acessível não só aos estudiosos e investigadores académicos da obra herbertiana, mas também a todos os leitores de Herberto Helder aos quais esta temática possa interessar, e ao público, em geral.

1.4. Delimitação do *Corpus*

Como já foi referido, o objectivo deste estudo é o de mostrar as alterações textuais feitas por Herberto Helder e verificar, também, o número total das suas publicações, em volume, para confirmar se, na verdade, o autor se recusa ou não a reeditar os seus livros. Foi neste contexto que nasceu a elaboração desta tese. Para tal, foi necessário definir um *corpus* e, por se pretender contar uma história, teve de se seguir uma metodologia (este assunto será sistematizado no capítulo subsequente).

A delimitação do *corpus* é a seguinte:

De um lado, tem-se os volumes integrados dentro dos volumes reunidos, que são todos os textos-base (com algumas excepções explicadas posteriormente).

De outro lado, tem-se os volumes não integrados, dos quais são retiradas as variantes (quando as há) de um texto. Algumas variantes são retiradas de textos de volumes integrados, quando o autor repete a versão de um texto já tido com texto-base.

O ponto de partida é o primeiro volume reunido (OC, 1967), percorrendo-se a obra poética de Helder até se chegar ao último volume reunido (PC, 2014).

Por se querer registar todas as variantes de cada texto, haverá momentos em que terá de se recuar no tempo, para se poder registar as variantes desse texto encontradas na sua primeira publicação, em volume.

O *corpus* deste trabalho inclui os textos publicados em vida (textos póstumos não serão considerados, excepto casos específicos que possam precisar de ser citados) e que estejam acessíveis[9] não só a investigadores credenciados, mas ao público, em geral. Os textos póstumos ficam fora do *corpus*, uma vez que um dos objectivos é observar as alterações textuais efectuadas pelo autor em obras

---

[9] Apesar de se ter recorrido, também, a edições de bibliotecas privadas, incluindo a da autora deste trabalho, com excepção de *A Plenos Pulmões*, de 1981 e de *Kodak*, de 1984, todos os volumes consultados encontraram-se, então, disponíveis, nas seguintes bibliotecas: Biblioteca Nacional de Portugal, na Biblioteca de Arte da Fundação Calouste Gulbenkian, na biblioteca da Faculdade de Ciências Sociais e Humanas, na biblioteca da Faculdade de Letras de Lisboa e na Rede Municipal de Bibliotecas de Lisboa. Ao recorrer a estes volumes conseguiu-se ter uma maior perspectiva de quais estão acessíveis ao público leitor — o que é, sem dúvida, importante, em termos culturais e educacionais.

publicadas em vida. Desta forma, não haverá quaisquer dúvidas relativamente às opções tomadas no que respeita às variantes de cada texto, bem como outras alterações já mencionadas.

O ponto de partida são os volumes reunidos, os quais é necessário explicar a razão da sua escolha para delimitação do *corpus*.

Os volumes reunidos são todas as antologias que reúnem os poemas e textos tidos como mais «importantes» pelo autor. Estes textos representam a sua escolha pessoal, a sua eleição e vontade, ou selecção, últimas. Contudo, a razão que motivou as suas escolhas não é objecto deste estudo, uma vez que o risco de se cair em especulações é demasiado, perigoso e pouco científico.

Partindo dos volumes reunidos, parte-se de uma selecção feita pelo autor: são estes volumes que definem o *corpus* porque neles se vão encontrar todas as versões «definitivas» de cada selecção feita por Helder. E porque essas selecções são oito, teve de se recorrer à incorporação de mais do que um texto-base.

Sendo uma situação menos complexa, recorrer-se-ia à última versão/selecção feita pelo autor e utilizar-se-ia apenas um texto-base. Mas, sendo a obra em estudo escrita, organizada e publicada por Herberto Helder, a situação é muito mais difícil, e, por isso, teve de se adaptar as metodologias em torno daquilo que a estrutura do texto e das publicações ia revelando.

1.5. Conceitos e Definições

Como se referiu, no ponto anterior, teve de adaptar-se as metodologias do trabalho à medida que o mesmo se ia definindo, ganhando forma e crescendo.

De maneira a compreender melhor as metodologias e a análise que se lhe segue, é necessário apresentar os conceitos e definições dos termos utilizados. Note-se que estes conceitos e definições se referem ao presente estudo, tendo sido, também, a ele adaptados, de forma a poder explicar-se o que se fez e como se fez.

Texto-base/textos-base: texto-base é aquele que foi transcrito e que serve de base à soma das variantes; é o texto ao qual se vão adicionando todas as variantes de um texto, sempre que as haja. Porque se parte dos volumes reunidos, respeitando certa ordem cronológica, existem mais do que um texto-base, sendo que o primeiro corresponde a todos os textos publicados no primeiro volume reunido (OC, 1967). Depois disto, sempre que surjam novos textos em volumes reunidos seguintes, esses textos correspondem a novos textos-base sendo, por isso, numerados de acordo com a sua ordem de «entrada». Existem, contudo, dois textos-base que não provêm de volumes reunidos. Procedeu-se assim por razões que caberá explicitar no capítulo referente a este assunto. Por não se tratar de uma edição crítica, crítico-genética ou evolutiva, nenhum dos textos-base será apresentado integralmente mas apenas as partes que foram alteradas com a(s) sua(s) respectiva(s) variante(s).

Primeira versão: a primeira versão de cada texto publicada em volume não integrado.

Primeira versão publicada em volume reunido: excluindo algumas excepções, a primeira versão de um texto ou poema publicados em volumes reunidos, corresponde sempre a um texto-base (o primeiro, o segundo, o terceiro, etc., dependendo da datação).

Variante/variantes: todas as partes de um texto ou poema que variem da sua primeira versão publicada em volume reunido. Algumas destas variantes provêm das primeiras versões do texto publicadas em volumes não integrados e outras variantes provêm de volumes reunidos (quando o autor repete um texto que já foi classificado como texto-base).

Versão/versões: quando um texto foi alterado mais do que uma vez esse mesmo texto passa a ter mais do que uma versão.

Volume reunido/volumes reunidos: cada volume reunido corresponde a cada volume de «poesia toda» ou, como designado em muitos dos livros de Herberto Helder, antologias. São todos os volumes de poesia reunida editados e publicados pelo autor. Esses volumes são oito, no seu total.

Volumes de súmulas: os volumes de súmulas são as antologias das antologias. São súmulas dos volumes reunidos. São volumes aos quais o autor fez uma selecção mais reduzida dos textos e poemas publicados em outras antologias (que, no seu total, são oito). Alguns destes volumes podem conter, também, alguns poemas inéditos até àquela publicação.

Volume integrado/volumes integrados: volumes integrados são todos os volumes que o autor inclui dentro dos volumes reunidos. Assim, a primeira edição de *A Colher na Boca* (CB) é volume não integrado, em 1961 (CB, 1961), e é volume integrado em 1967, quando o autor inclui [integra] *A Colher na Boca* em *Ofício Cantante*, primeiro volume reunido (CB [OC, 1967).

Volume não integrado/volumes não integrados: volumes não integrados são todos aqueles que se encontram «fisicamente» fora dos volumes reunidos. Estes volumes são, geralmente, primeiras edições, mas há também casos de segundas edições, etc. Nota: os volumes integrados são sempre integrados em volumes reunidos. É essa a razão do seu nome.

Livros de versões: são todos os livros traduzidos pelo autor e por ele chamados «versões» ou «poemas mudados para Português». Optou-se por «versões» por ser uma designação mais simples e porque o autor, sempre que se referiu ao seu trabalho de tradução, utilizou os verbos «verter» ou «mudar», em vez de «traduzir».

Volume antológico: antologia de poemas de autores portugueses organizada por Herberto Helder. Apesar de os volumes de versões e de os volumes reunidos serem, igualmente, antologias, optou-se por esta designação para distinguir este volume de todos os outros.

Integra[10]: quando um poema integra determinado volume ou quando um volume [integrado] integra em volume reunido.

---

[10] Neste estudo, optou-se pelos termos «integra» e «não integra» no lugar de se usarem os termos «rejeitado», «excluído», «eliminado», «desaparecido», «assassinado», etc. utilizados, anteriormente, por estudiosos da obra herbertiana. Algumas destas designações são demasiado radicais ou subjectivas. Há vezes em que o autor decide incluir determinado texto num momento, não incluir noutro, e incluí-lo noutro, ainda. Por essa razão, e no âmbito deste trabalho, foi mais *seguro* preferir-se o uso de «integra»/«não integra».

Não integra: quando um poema não integra determinado volume ou quando um volume não integra determinado volume reunido.

Integra parcialmente: quando só parte de um volume não integrado integra um volume reunido. Por exemplo, apenas um dos contos de OPV integra os volumes reunidos. Também referido como «volume integrado parcialmente» ou «volume parcial».

ed. única: que só existe a primeira edição, enquanto volume não integrado.

dat.: o autor datou o texto.

s/d: o autor não datou o texto.

s/n Tir.: a editora não incluiu o número de tiragem daquela edição. Os volumes integrados, por razões óbvias, não têm número de tiragem. A sua tiragem, a existir, é a mesma do volume reunido em que integram.

1.ª pub./ed.: significa que o volume foi publicado pela primeira vez em volume reunido, correspondendo a primeira edição a volume integrado.

1.6. Metodologias

Depois de delimitado o *corpus* do presente estudo, e de se ter apresentado as definições e conceitos nele utilizados, cabe agora expor as metodologias aplicadas.

São 10 as fases ou etapas que conduziram à elaboração deste trabalho. Estas fases incluem 23 mapeamentos[11] da obra de Herberto Helder, publicada em volume, mapeamento de poemas e textos e sua respectiva selecção, classificação e organização. Para além disto, procedeu-se a contagens de livros, textos e poemas com o intuito de se obterem números e, desses números, percentagens. Para uma melhor exposição e explicitação dessas percentagens, recorreu-se a representações gráficas que serão apresentadas nos devidos capítulos.

Na **primeira fase**, procedeu-se ao mapeamento de toda a obra de Helder, publicada em volume, e em vida. Este mapeamento inclui todos os livros de poesia, ficção (ou, se se preferir, prosa poética), livros de versões e uma antologia (de poemas que não os seus ou traduzidos por si).

Na **segunda fase**, procedeu-se à elaboração de uma lista de siglas e de abreviaturas.

A **terceira fase** engloba a transcrição de todos os textos-base e registo de todas as variantes. Note-se que, para a

---

[11] Este é o número de mapeamentos total e suas respectivas contagens que incluem volumes, poemas e ciclos de poemas.

realização desta etapa, uma das mais longas e morosas, foi necessário intercalar-se a transcrição dos textos-base com o registo das variantes. Por exemplo, após a transcrição do primeiro texto-base, que corresponde a OC, 1967, procedeu-se ao registo de todas as variantes provenientes de textos de volumes não integrados que, neste caso, são todos os volumes publicados desde 1958 até 1967. Após o registo das primeiras variantes, seguiu-se o registo das variantes do segundo volume reunido (PT, 1973) e transcrição do segundo texto-base. Procedeu-se desta forma até se chegar ao último volume reunido (PC, 2014). A terceira fase é, portanto, uma tarefa de recuos e avanços ao longo da História, mas, respeitando sempre a cronologia dos volumes reunidos.

Para além do exposto, e por implicar um trabalho exaustivo de leitura, comparação e revisão textuais, esta é também uma fase de revisão constante dos textos, sobretudo a revisão de cada transcrição.

A metodologia utilizada para o **registo das variantes** foi adaptada do já citado trabalho de Couts (*Op. cit.*: 30-31). Assim, em todos os pontos do texto nos quais se encontrou alterações, as mesmas foram sendo registadas, em nota de pé de página do seguinte modo: primeira versão publicada em volume reunido, seguida, com a inclusão de uma seta (→), das versões anteriores e das versões posteriores, com a data correspondente à obra da qual foram retiradas. Este símbolo foi a adaptação que pareceu mais adequada pois sugere a movimentação ocorrida no texto para separar a primeira versão publicada em volume reunido das suas variantes.

Para se distinguirem os volumes não integrados dos volumes integrados, optou-se por o parêntesis recto ([ ) entre volume integrado e volume reunido, como se exemplifica de seguida. O parêntesis recto sugere que a obra que surge em primeiro lugar se encontra dentro da obra que aparece após este símbolo.

Sempre que se refira um volume não integrado: (CB, 1958). CB significa *A Colher na Boca*, 1958. É a primeira edição, portanto, não integra, «fisicamente», *Ofício Cantante*. Integra, posteriormente, e, enquanto texto-base, uma vez que o autor inclui *A Colher na Boca*, de 1958 em *Ofício Cantante*, de 1967.

Sempre que se refira um volume integrado: (CB [OC, 1967). CB significa *A Colher na Boca* integrada ([ ) em *Ofício Cantante*, de 1967. Poderá ser uma versão de (CB, 1958) ou uma repetição e/ou versão do texto (dependendo se determinado texto tem ou não variantes). Se for uma versão, pode dizer-se que é *A Colher na Boca* de 1967, mas nunca (CB, 1967) porque não existe esse volume «físico». O volume que existe, «fisicamente», é (OC, 1967) no qual integra CB.

Quando existe inserção ou eliminação de versos, os

mesmos serão indicados e separados por **/** (separação entre versos) e **//** (separação entre estrofes). As variantes encontram-se organizadas cronologicamente. Para melhor compreensão do título das obras, deverá consultar-se a lista de siglas e de abreviaturas elaborada para este efeito.

Para facilitar a classificação e posterior contagem de textos e de poemas, houve casos em que teve de se numerar e classificar os textos e poemas em ciclos — sempre que o autor não utilizou esse método e usou, por exemplo, asteriscos a separar poemas. Esses textos e poemas tanto funcionam como uma sequência como isolados, e há vezes em que os mesmos textos surgem em sequências diferentes ou separados uns dos outros ou não integrados nesse «ciclo» específico. Por essa razão, optou-se por classificá-los como unos, ou, se se preferir, poemas «isolados».

Depois de transcritos todos os textos-base e apontadas todas as variantes, procedeu-se à triagem dos textos e poemas. A esta tarefa corresponde a **quarta fase** do trabalho. Devido à complexidade das alterações efectuadas pelo autor, e de modo a poder-se proceder a esta triagem, foi necessário classificar os textos e agrupá-los de acordo com a seguinte listagem:

- poemas com alterações mínimas;
- poemas com alterações médias;
- poemas com alterações máximas;
- poemas que combinem duas das alterações

anteriores;
- poemas que combinem as três;
- poemas intactos;
- poemas intactos com alterações de título ou outras componentes que não envolvam o corpo do texto ou poema em si.

Os critérios para a classificação dos textos e poemas serão explicitados nos capítulos em que cada selecção é descrita e analisada. No final de cada triagem procedeu-se à contagem de poemas total de cada grupo.

Por se ter decidido apresentar apenas a parte ou as partes dos textos-base que sofreram alterações junto das suas variantes, e excluir o texto integral deste trabalho (relembre-se que esta não pretende ser uma edição crítica, crítico-genética ou evolutiva), na **quinta fase** procedeu-se à «extracção» das variantes do texto-base integral. Uma vez concluída esta fase, obteve-se, então, as variantes agrupadas de acordo com a classificação referida anteriormente.

Na **sexta fase** procedeu-se ao segundo mapeamento da obra herbertiana, agrupando todos os volumes acompanhados da respectiva história textual, e, de seguida, ao mapeamento dos livros de versões e dos livros de súmulas. Também se mapearam os ciclos de poemas, de todas as obras, incluindo os casos específicos ocorridos nos volumes de súmulas[12]. No final de cada mapeamento, procedeu-se à contagem total dos conteúdos de cada um deles.

A **sétima fase** corresponde ao mapeamento e contagem dos poemas, na sua totalidade, ao mapeamento e contagem dos poemas que integram e dos poemas que não integram, também na sua totalidade, ao mapeamento e contagem de poemas que integram OC, 1967 e PC, 2014, ao mapeamento e contagem de poemas que integram ambos, ao mapeamento e contagem de poemas que integram OC, 1967 e que não integram PC, 2014, ao mapeamento e contagem de poemas que integram PC, 2014 e que não integram OC, 1967. Por fim, ao mapeamento e contagem de poemas que integram OC, 1967, e ao mapeamento e contagem de poemas que integram PC, 2014.

Na **oitava fase** procedeu-se à contagem de textos-base total, a sua organização em grupos e contagem dos elementos de cada grupo, ao mapeamento e contagem dos poemas dos volumes de súmulas e dos poemas dos volumes de versões. Também se procedeu ao mapeamento de dois casos específicos na obra herbertiana a que se chamou

---

[12] Uma vez que os mapeamentos em Apêndices resumem todas as práticas e alterações textuais, incluindo ciclos de poemas, volumes de versões e de súmulas, optou-se por não apresentar alguns desses mapeamentos. Os mapeamentos expostos em Apêndices mostram a totalidade da obra poética herbertiana e todos os acontecimentos nela ocorridos, com excepção dos acontecimentos registados no mapeamento de volumes, que é, primeiramente, apresentado no Capítulo 2. (*Cf.* Mapeamento 2.1.).

«migrações» e «movimentações erráticas»[13].

A **nona fase** corresponde à análise dos resultados obtidos, à realização de cálculos e obtenção de percentagens, e à elaboração de figuras e de gráficos exemplificativos.

A **décima** e última **fase** é dedicada às conclusões a que se chegou, às dificuldades encontradas durante a investigação e elaboração do presente trabalho e à sua discussão final.

---

[13] Pelas razões explicitadas em nota anterior, alguns destes mapeamentos não serão apresentados, embora as ocorrências neles encontradas sejam debatidas no Capítulo 3.

CAPÍTULO 2. OS FIOS DE ARIADNE

2.1. Ou como navegar nos volumes

Como se tem vindo a debater, Herberto Helder recorreu a técnicas de *editing* às quais nem sempre é fácil seguir o rasto. Estas técnicas foram, também, e de certa forma, aplicadas à organização da sua obra. Por essa razão, a mesma, como se verá, foi construída em labirinto. Mas, para entrar nesse labirinto, são necessárias algumas ferramentas. Daí o título «Os fios de Ariadne» porque, sem estes mapeamentos, muito dificilmente se conseguiria entrar e sair desta obra que se organiza em *puzzle* ou em *maze*.

O objectivo deste capítulo é, assim, facultar os primeiros 10 mapeamentos da obra herbertiana realizados e sua respectiva análise.

A elaboração dos primeiros mapeamentos constitui o alicerce da presente investigação, porque foi a partir deles que se construiu o registo total de volumes, poemas e textos. Estes registos permitiram, numa fase posterior, calcular o número de publicações, o número de alterações textuais e a sua natureza, e, por fim, o número de versões de cada texto.

Este capítulo pretende mostrar as técnicas utilizadas, durante a presente investigação, que permitiram avaliar as técnicas utilizadas pelo autor, durante a publicação da sua obra em volume. Assim, mostrar-se-á o que se fez e como se fez para se poder mostrar o que o autor fez e como fez.

O primeiro mapeamento apresenta a história de cada volume, porque foi dos volumes que se partiu, nesta viagem, pelo interior do labirinto. Em termos metafóricos, cada volume representa uma parede que se ergue e na qual os tijolos seriam os poemas e ciclos de poemas.

Neste mapeamento está contida a história de cada volume, bem como a sua natureza, de acordo com a classificação utilizada neste trabalho.

Os nove mapeamentos que se seguem representam a construção dos «fios de Ariadne», nos quais se procedeu ao registo dos textos-base e da anotação de todas as variantes. Repare-se que a anotação das primeiras variantes, e consequente registo dos oito textos-base, bem como das variantes seguintes, todos dependeram do registo do primeiro texto-base. Ele é, por isso, a pedra basilar desta investigação.

Apesar de não se apresentarem, neste capítulo, as variantes de cada poema, optou-se por apresentar o número das suas publicações e versões. Deste modo, mostra-se a frequência que cada poema foi publicado e alterado.

2.1.1. Mapeamento dos volumes: não integrados e integrados

Este mapeamento pretende mostrar quantos volumes existem, na sua totalidade[14] e contar, também, a história textual e editorial de cada um deles. Assim, o mapeamento regista todos os volumes consultados em bibliotecas privadas, municipais, nas bibliotecas da Faculdade de Ciências Sociais e Humanas e da Faculdade de Letras da Universidade de Lisboa, na Biblioteca de Arte da Fundação Calouste Gulbenkian, e na Biblioteca Nacional de Portugal. Alguns destes volumes contêm dedicatórias manuscritas do autor.

Na organização cronológica que vai de 1958 até 2015, encontram-se representados 57 anos [15] de edições e reedições, contando-se um total de 59 volumes não integrados. De acordo com o *corpus* deste trabalho, excluem--se os livros póstumos.

Os volumes sublinhados representam casos especiais: mudanças de título, títulos que se repetem, com pequenas alterações, volumes que integram parcialmente, volumes ou

---

[14] A contagem inclui volumes integrados, volumes não integrados, volumes de súmulas, volumes de versões, volumes antológicos e reedições. Por essa razão, é natural que o número total seja superior ao número de volumes «físicos» indicados na bibliografia activa.
[15] Este é um número aproximado, sendo que o autor morreu a 23 de Março de 2015 e o último volume a ser publicado, em vida (PV, 2015), data de Janeiro de 2015.

partes de volumes que migram para outras obras, poemas que passaram a ser volumes integrados, ou poemas que foram publicados enquanto volumes não integrados. Também se consideram especiais os casos dos volumes integrados que não existem enquanto volumes não integrados. Optou-se por incluir o número total destes volumes no ponto dedicado aos volumes integrados.

No final de cada volume, em mapeamento, pode encontrar-se, num resumo a negrito, a identificação do texto-base e os números das edições. Chama-se a atenção para o facto de muitos destes volumes acumularem duas ou mais designações. Alguns dos casos especiais são apenas títulos de poemas ou partes de livros não constituindo, portanto, volumes.

2.1.2. Volumes não integrados

Dos 59 volumes não integrados, que incluem o total de edições e reedições, 14 são volumes não integrados que nunca integram os volumes reunidos. Destes 14, oito são volumes reunidos, três são volumes de versões e um é volume de súmulas. Para além destes números, dos 59 volumes, existem 45 cujos títulos são repetidos ou duplicados nos volumes integrados em volumes reunidos. Destes 45, um é volume de súmulas, seis são volumes de versões, um é volume antológico e 37 são os restantes volumes de poesia e de ficção ou prosa poética.

Ainda dos 59 volumes não integrados, existem outras informações a reter. Dois desses volumes são edições de autor e 13 são folhetos[16] e serigrafias. Existem 18 livros que foram reeditados e que as editoras referem o número da edição correcta, sete volumes que foram reeditados e que as editoras omitem o número da edição, e um volume que foi reeditado no qual a editora refere o número da sua edição ignorando as edições publicadas anteriormente noutras editoras.

Dez destes volumes são de capa dura, em oposição aos restantes, de capa brochada[17]. Quanto aos números de

---

[16] De acordo com o *Dicionário do Livro*, «folheto é o termo utilizado para designar um documento constituído por uma folha simples ou dobrada geralmente revestida por uma capa em papel; publicação impressa, não periódica, com mais de quatro e não mais de quarenta e oito páginas, sem contar as da capa; publicação impressa não periódica, em geral brochada, constituída por poucas folhas; panfleto; opúsculo; obra com menos de cem páginas ou cinquenta folhas; pequena folha ou brochura de propaganda religiosa, política, cultural, etc.» (Faria e Pericão, 2008: 562). No mesmo dicionário, no verbete «Livro», «segundo a agência portuguesa para o "ISBN (International Standard Book Numbering)" é toda a publicação não periódica com um mínimo de quarenta e cinco páginas e que esteja sujeita a depósito legal; segundo a "ISO (International Standards Organization)" é uma publicação impressa não periódica, com mais de quarenta e oito páginas, sem incluir as da capa, que constitui uma unidade bibliográfica.» (*Idem, ibidem*: 763). Assim, e seguindo a definição da agência portuguesa para o ISBN, todos os livros com menos de quarenta e cinco páginas foram contados como sendo folhetos, embora, para o presente estudo, tenham sido classificados, todos eles, como volumes — para ser-se mais claro e preciso.

[17] O verbete «Capa de Brochura» dá a seguinte definição: «Capa menos rígida do que a de encadernação; é em geral feita de papel ou cartolina.» (*Idem, ibidem*: 200).

exemplares, por cada edição, 21[18] referem os números de tiragens, em oposição aos restantes, que os omitem.

2.1.3. Volumes integrados

São 141 o total de volumes integrados em volumes reunidos. Destes volumes, 66 são apenas integrados, isto é, só existem dentro dos volumes reunidos onde foram publicados pela primeira vez, em volume. Alguns destes volumes, contudo, são volumes aos quais o autor mudou apenas o título. Subtraindo este número a 141, obtém-se 75, que é o número total de vezes em que os títulos de volumes não integrados se repetem dentro dos volumes reunidos[19].

Para além destes 66 volumes, existem 33 títulos[20] que integram outros volumes tais como volumes de súmulas e até volumes não integrados sendo, estes últimos, casos excepcionais que quebram a «regra». Veja-se, por exemplo, o caso de DM, volume integrado e volume não integrado, simultaneamente, mas que se divide em duas partes: OSOU, ciclo de poemas, e DM, a parte inédita da obra. Ora esta divisão, e consequente integração de OSOU, torna a classificação do volume DM ainda mais difícil. Não se pode

---

[18] 22, se se contar com a serigrafia *Kodak*, de 1984, que teve uma tiragem de 20 exemplares.
[19] Estes títulos, como se viu no ponto anterior, são 45. Quer isto dizer os 45 títulos dos VNI irão multiplicar-se num total de 75 títulos quando os VNI passam a VI.
[20] Estes 33 títulos representam um dos casos em que existem títulos a multiplicarem-se, embora, aqui, se multipliquem fora dos VR.

dizer que este é também um volume de súmulas, porque OSOU, para além de ser um ciclo de poemas, provém de uma publicação periódica, portanto, fora do presente *corpus* e da presente metodologia. No entanto, OSOU virá a integrar o volume reunido de 1996, só ali se tornando volume integrado e texto-base: (OSOU [PT, 1996: 573-586; 7.º texto-base). Mas, Herberto Helder chama a atenção para esta sua técnica em 1994 (Mapeamento 2.1.). Como se referiu anteriormente, não é raro encontrar o autor a dar pistas ao leitor no que respeita às suas técnicas de publicação e de *editing*.

2.1.4. Casos Especiais

Se se exceptuarem o número de reedições e todas as vezes em que os títulos se repetem, os casos especiais resumem-se a 32 títulos [21]. Todavia, esses 32 títulos multiplicam-se em reedições, sejam elas em volume integrado ou em volume não integrado.

Como se disse, os casos especiais incluem: mudanças de título, títulos que se repetem, com pequenas alterações,

---

[21] Não confundir este número com o número referido no ponto anterior. No ponto anterior, 33 refere-se ao número total de títulos, incluindo reedições e repetições, que integram outros volumes, tais como volumes de súmulas (CB, P, L, H, ML, CCL, BA, A, EX, OS, FL, CM, UC, DM, OSOU, D, FNCF) e não integrados (DM e OSOU). Neste ponto, 32 refere-se ao número de títulos dos casos especiais, sem contar com reedições ou repetições. Esses títulos são: AV, PV, E, H, OC, ML, MEP, AR, BN, VA, PT, ME, CA, K, CCL, BA, A, ETC, EX, OS, C, CLO, P&V, M, DM, OSOU, FO, OPC-S, D, OPC, FNCF, ELD.

volumes que integram parcialmente, volumes ou partes de volumes que migram para outras obras, poemas que passaram a ser volumes integrados, ou poemas que foram publicados enquanto volumes não integrados.

Já se tratou do assunto dos volumes integrados que existem apenas em volumes reunidos e que, consequentemente, não existem enquanto volumes não integrados. Irá agora compreender-se que casos e quantos são os restantes. Note-se que alguns volumes podem acumular mais do que um destes fenómenos. Por exemplo, VA, para além de ser um volume não integrado, é um ciclo de poemas em volume integrado e, por essa razão, integra parcialmente. Quando VA integra PT, em 1973, integra o volume RM. Assim, VA integra uma obra integrada noutra obra, integrando apenas parte de VA, ou seja, um ciclo de poemas.

Começando pelas mudanças de título ocorridas nos volumes da obra poética herbertiana, elas são apenas duas: E que passa a ML, e P&V que passa a D. Ambas as mudanças dão-se dentro de volumes reunidos. É importante referir que P&V é um caso que acumula mais do que um destes fenómenos, uma vez que também é um título que se repete com pequenas alterações. Depois, contam-se dois títulos de poemas ou ciclos de poemas que mudam de título: ETC, poema que muda de título, e EX ciclo de poemas que também muda de título.

Quanto aos títulos que se repetem com pequenas alterações, são 11: PV, H, OC, AR, BN, PT, A, CLO, P&V, M, OPC-S e OPC (estes dois últimos, são identificados de forma diferente mas conta-se como uma alteração apenas, pois os únicos elementos que os distinguem um do outro, no título, são apenas um travessão e a palavra «súmula»). No caso de OC, o autor, mais uma vez, chama a atenção para a recuperação, em 2009, de um título de 1967. A acrescentar a estes casos, existe o caso particular de ME, que não é volume, poema ou ciclo de poemas, mas apenas um título que se repete, e o caso de C, que se repete enquanto volume (não integrado e integrado) e também enquanto ciclo de poemas. L é igualmente um título usado no interior da obra que lhe é homónima. DM e FNCF são títulos que se repetem dentro das obras homónimas; funcionam como elementos que dividem a obra, nestes dois casos, «ao meio».

Dos volumes que integram parcialmente, contam-se 20: 12 edições de PV, uma edição de AR, uma edição de VA, cinco edições de P&V e uma edição de ELD. Deste último é integrado um texto apenas, o «texto introdutório».

Existem sete volumes ou partes de volumes que migram para outras obras. Esses títulos incluem: AV, PV, AR, VA, K, C e FO. Destes, K e FO partilham as mesmas qualidades, embora K seja volume integrado e FO ciclo de poemas, ambos migram, por uma só vez, dos volumes reunidos, para surgirem enquanto dois volumes não integrados. Abre-se aqui um parêntesis, contudo, para o caso de K que surge como poema montado em serigrafia de João Vieira (K, 1994). AV é um caso interessante porque também ele migra para CB quando este é integrado no primeiro volume reunido (CB [OC, 1967). AV existe apenas enquanto volume não integrado.

Por último, são seis os poemas e ciclos de poemas que passaram a ser volumes integrados. No volume reunido PT, 1990, o poema «Cólofon» passa a ser ETC, o ciclo de poemas «E Outros Exemplos» passa a ser EX, e o ciclo de poemas «Cobra» passa a ser C. Em PT, 1996, o ciclo de poemas «Os Selos, Outros, Últimos.», que integrara a primeira parte de DM, 1994, passa a OSOU, e o ciclo de poemas «(dedicatória)», integrado em OPC-S, 2001, passa a ser D em OPC, 2004.

2.1.5. Observações e mapeamento

À parte de outras subdivisões analisadas nos pontos anteriores, importa reter que o número de volumes não integrados é 59, e que o número de volumes integrados é 141. Somados, ambos, obtém-se um total de 200 volumes.

Como se pode observar, o número de volumes integrados é significativo quando comparado com o número de volumes não integrados. Sabe-se, também, que 45 dos títulos de volumes não integrados se repetem 75 vezes dentro dos volumes reunidos, o que dá um total de 120 títulos. E, no entanto, pondo a obra completa de Herberto Helder numa estante, o total dos volumes «físicos», contando com reedições (que, de si, já incluem títulos repetidos), e excluindo os volumes póstumos, obter-se-iam apenas 59 volumes. A acrescentar a este valor, há, ainda, os 66 títulos que são publicados, pela primeira vez, dentro dos volumes reunidos.

Quanto aos 32 títulos onde ocorrem fenómenos que se classificam como sendo especiais, os seus conteúdos serão analisados, detalhadamente, no Capítulo 3.

Chama-se, igualmente, a atenção para dois factos importantes. O primeiro facto, tem que ver com as antologias. Apesar de se ter optado por classificar apenas uma antologia organizada pelo autor como sendo volume antológico, ELD não é a única antologia existente na obra herbertiana. Todos os volumes reunidos, todos os volumes de súmulas e todos os volumes de versões são, da mesma forma, antologias.

O segundo facto, tem que ver com os poemas e ciclos de poemas que integram os volumes de súmulas. Independentemente da sua classificação diferir das restantes, estes poemas e ciclos de poemas integram parcialmente. E é interessante notar como certos títulos de volumes integrados e não integrados são usados nos volumes de súmulas para nomear esses poemas e ciclos de poemas e assim identificar a(s) sua(s) proveniência(s).

Interessante, também, é o percurso de Herberto Helder enquanto autor dito marginal, no sentido de autor que se coloca à margem, e não no sentido de autor marginalizado, pela crítica ou pela academia, que se assume, no final dos anos 80, um «autor de folhetos»[22], terminar a sua carreira no maior grupo editorial português. As suas edições passaram a ser edições consideradas, por alguns, edições «de luxo», devido à qualidade do papel e encadernação que, como se sabe, encarecem os livros[23].

Segundo os estudiosos e a crítica, Herberto Helder anunciou deixar de escrever em 1968, acontecimento que é incluído em VA (Mapeamento 2.1.), ainda que esse livro tivesse acabado de ser publicado, três anos mais tarde, em 1971.

Mapeamento 2.1. Mapeamento de volumes.

---

[22] «Sou um autor de folhetos. Um dia alguém perguntou-me: porque não reúne tudo? De facto, porque não? E apareceram livros, esse livro "Poesia Toda". O que me surpreendeu não foi o volume, enfim, não tão grande quanto isso, contudo para mim próprio de uma espessura inesperada, não foi o volume do volume mas a sua forma coesa, a coesão interna, isso, claro, surpreendeu-me bastante.» Entrevista escrita por Herberto Helder, publicada, pela primeira vez, para *Luzes da Galiza*, 5/6, em 1987 (1987: s/p).

[23] É a partir de OPC-S, 2001, e ainda na editora Assírio e Alvim, antes de a mesma ter sido comprada pela Porto Editora, que as obras de Herberto Helder começam por ser publicadas em volumes de capa dura. Desde então, e até à mudança do autor para o maior grupo editorial português, contam-se 10 volumes de capa dura, incluindo o já referido, e excluindo os volumes póstumos. Esses volumes são: OPC-S, 2001; FNCF, 2008; OC, 2009; PV, 2009; PV, 2013; P&V, 2013; S, 2013; MM, 2014; PC, 2014; PV, 2015. Estas obras foram também impressas num papel de maior qualidade àquela que o leitor estava habituado em obras anteriores.

Fonte: A. Couts (2017).

AV – O AMOR EM VISITA [VNI que passa a poema dentro de VI]

Publicado pela primeira vez, em volume, em 1958, pela editora Contraponto: (AV, 1958: 1-14); contém citação: «El lector irresponsable, que es el más sólito, patina con los ójos por estas líneas, y cree que se ha enterado, porque no contienen abstrusos signos matemáticos. Pèro el buen lector es el que tiene casi constantemente la impresión de que no se ha enterado bien. En efecto, no entendemos suficientemente esos versos porque no sabemos qué quiere decir el autor con la palavra "amor".» Ortega y Gasset. (AV, 1958: 3); contém a seguinte informação, no final do livro: Este poema foi composto e impresso na Gráfica Sintrense, Lda., e é uma edição do autor para a colecção Contraponto (AV, 1958: 15).

Integra: (AV, 1958: 1-14), (CB, 1961: 29-39), (CB [OC, 1967: 32-41; 1.º texto-base), (CB [PT, 1973: 28-37), (CB [PT, 1981: 30-39), (CB [PT, 1990: 18-25), (CB [PT, 1996: 18-25), (CB [OPC, 2004: 19-27), (CB [OC, 2009: 19-27), (CB [PC, 2014: 19-27).

1.ª ed.: 1958, ed. única, s/d, s/n Tir., Contraponto.

1.º texto-base: CB [OC, 1967, s/d, passa a integrar CB; passa a ser poema, em vez de VI em VR.

CB – A COLHER NA BOCA [VNI e VI]

Publicado pela primeira vez, em volume, em 1961, nas Edições Ática: (CB, 1961). Contém as seguintes referências: «Este livro foi escrito entre Março de 1953 e Maio de 1960»; dedicatória: «Para Edmundo de Bettencourt, mestre de amizade e poesia, E ainda para António Ramos Rosa e Manuel Louzã Henriques, amigos inalteráveis.»; citações: «El lector irresponsable, que es el más sólito, patina con los ojos por estas líneas, y cree que se ha enterado, porque no contienen abstrusos signos matemáticos. Pero el buen lector es el que tiene casi constantemente la impresión de que no se ha enterado bien. En efcto, no entendemos suficientemente esos versos porque no sabemos qué quiere decir el autor con la palavra "amor".» Ortega y Gasset., «Como se haja poemas que não sejam de amor!» (Nota de António Maria Lisboa na margem de um livro)., «Mais Sisyphe enseigne la fidélité supérieure qui nie les dieux et soulève les rochers. Lui aussi juge que tout est bien. Cet univers désormais sans maître ne lui paraît ni strérile ni futile. Chacun des grains de cette pierre, chaque éclat mineral de cette Montaigne pleine de muit, à lui seul, forme un monde. La lutte ele-même vers les sommets suffit à remplir un coeur d'homme. Il faut imaginer Sisyphe hereux.» Albert Camus.

Integra: (CB [OC, 1967: 13-123; 1.º texto-base); contém dedicatória: «A António Ramos Rosa, Edmundo Bettencourt e Manuel Louzã Henriques».

Integra: (CB [PT, 1973: 9-119), (CB [PT, 1981: 11-123), (CB [PT, 1990: 7-92), (CB [PT, 1996: 7-92), (CB [OPC, 2004: 7-102), (CB [OC, 2009: 7-102), (CB [PC, 2014: 7-102).

Ciclo de três poemas, «(A colher na boca)» integra: (CB [OPC-S, 2001: 7-14), (CB [FNCF, 2008: 5-12).

1.ª ed.: 1961, ed. única, dat.: 1953-1960, s/n Tir., Ática.

1.º texto-base: CB [OC, 1967, dat.: 1953-1960.

P – POEMACTO [VNI e VI]

Publicado pela primeira vez, em volume, em 1961, na Contraponto: (P, 1961). Contém anotação manuscrita: «Exemplar n.º 364», com assinatura de Luiz Pacheco. Contém dedicatória: «Ao Luiz Pacheco». Contém citações: «La Poésie ne rythmera plus l'action: ele sera en avani», Rimbaud; «Qui joue a juré», Alain. [ciclo de cinco poemas]

Publicado pela segunda vez, em volume, em 1963, na Guimarães Editores: (P, 1963); mantém a dedicatória e as citações anteriores; mantém o ciclo de cinco poemas.

Ciclo de cinco poemas, *Poemacto* integra: (P [OC, 1967: 125-147; 1.º texto-base); contém dedicatória: «A Luiz Pacheco».

Ciclo de cinco poemas, *Poemacto* integra: (P [PT, 1973: 121-143), (P [PT, 1981: 125-147), (P [PT, 1990: 93-110), (P [PT, 1996: 93-110), (P [OPC, 2004: 103-124), (P [OC, 2009: 103-124), (P [PC, 2014: 103-124).

Integra: (P [OPC-S, 2001: 14-19), (P [FNCF, 2008: 12-17); «(Poemacto)» [composto por um poema apenas].

1.ª ed. 1961, s/d, s/n Tir., Contraponto.

2.ª ed. 1963, s/d, s/n Tir., Guimarães Editores.

1.º texto-base: P [OC, 1967, dat.: 1961.

L – LUGAR [VNI e VI]

Publicado pela primeira vez, em volume, em 1962, na Guimarães Editores: (L, 1962).

Integra: (L [OC, 1967: 149-210; 1.º texto-base), (L [PT, 1973: 145-206), (L [PT, 1981: 149-210), (L [PT, 1990: 111-158), (L [PT, 1996: 111-158), (L [OPC, 2004: 125-182), (L [OC, 2009: 125-182), (L [PC, 2014: 125-182).

Ciclo de cinco poemas, «(Lugar)» integra: (L [OPC-S, 2001: 19-32).

Ciclo de quatro poemas, «(Lugar)» integra: (L [FNCF, 2008: 17-30).

«Lugar» é também o título do ciclo de sete poemas dentro de *Lugar*: (L, 1962: 15-48), (L [OC, 1967: 156-184; 1.º texto-base), (L [PT, 1973: 152-180), (L [PT, 1981: 156-184), (L [PT, 1990: 117-139), (L [PT, 1996: 117-

139), (L [OPC, 2004: 132-159), (L [OC, 2009: 132-159), (L [PC, 2014: 132-159).

1.ª ed. 1962, ed. única, s/d, s/n Tir., Guimarães Editores.

1.º texto-base: L [OC, 1967, dat.: 1961-1962.

PV – OS PASSOS EM VOLTA [VNI, VI parcialmente, porque integram alguns textos]

1.ª ed. 1963, com o título *Os Passos em Volta, Contos*, dat.: Antuérpia, 1959. Lisboa, 1962., s/n Tir., Portugália Editora. Contém referência sobre o autor: «HERBERTO HELDER // nasceu no Funchal, em 1930. Até hoje tem publicado apenas livros de poesia: "O Amor em Visita" (1958), "A Colher na Boca" (1961), "Poemacto" (1961) e "Lugar" (1962). Colaborou nas revistas "Pirâmide" e "Cadernos do Meio-Dia" e no suplemento "Diálogo" do "Diário Ilustrado". A sua estreia como ficcionista — "Os Passos em Volta" — é o volume n.º 3 da colecção NOVOS, série Novos Contistas.»; contém dedicatória: «Para a Elsa, // "O pássaro de lua devota-se à lua. / O pássaro de chuva aspira à chuva." // (De um poema de Kabir)»

2.ª ed. 1964, com o título *Os Passos em Volta, Contos*, s/d, s/n Tir., Portugália Editora. Contém referência sobre o autor: «HERBERTO HELDER // nasceu no Funchal, em 1930. Até à sua estreia como ficcionista, em 1963, com "Os Passos em Volta", havia publicado apenas livros de poesia: "O Amor em Visita" (1958), "A Colher na Boca" (1961), "Lugar" (1962) e "Electronicolírica" (1964). Colaborou em diversas revistas e suplementos literários. É co-organizador da revista "Poesia Experimental". "Os Passos em Volta" é o volume n.º 3 da colecção NOVOS, série Novos Contistas.»

3.ª ed. 1970, contém nota do autor: «Este livro foi escrito entre 1959 e 1962, com excepção dos textos "Sonhos" (1963), "Lugar Lugares"

(1964), "Doenças de Pele" (1964), "Cães, Marinheiros" (1968), "Poeta Obscuro" (1964) e "Coisas Eléctricas na Escócia" (1968)», s/n Tir., Editorial Estampa.

4.ª ed. 1980, s/d, Tir. 3000, Assírio e Alvim [4.ª edição, emendada.]

5.ª ed. 1985, s/d, Tir. 4000, Assírio e Alvim.

6.ª ed. 1994, s/d, s/n Tir., Assírio e Alvim. Contém dedicatória manuscrita do autor: «Para a Teresa, / 25 anos depois de nos termos / deslumbrado um com o outro, / com um beijo muito lembrado / do Herberto. // Dez. 94.»; doação de Teresa Amado à Biblioteca da Faculdade de Letras da Universidade de Lisboa.

7.ª ed. 1997, s/d, s/n Tir., Assírio e Alvim.

8.ª ed. 2001, s/d, Tir. 3000, Assírio e Alvim.

9.ª ed. 2006, s/d, Tir. 2000, Assírio e Alvim.

10.ª ed. 2009, s/d, Tir. 3000, Assírio e Alvim, capa dura.

11.ª ed. 2013, s/d, s/n Tir., Assírio e Alvim [na Porto Editora], capa dura.

12.ª ed. 2015, s/d, s/n Tir. [12.ª edição da obra (1.ª na Porto Editora): Janeiro de 2015].

O título *Os Passos em Volta* surge, num dos títulos de textos, dentro de *Photomaton & Vox*, grafado da seguinte forma: *(os passos em volta, apresentação do rosto)*, (P&V, 1979: 71).

E – ELECTRONICOLÍRICA [ver **ML**] [VNI e VI com título diferente]

1.ª ed.: 1964, ed. única, dat.: 1963, s/n Tir., Guimarães Editores.

Muda de título para *A Máquina Lírica* em **1967** em: **1.º texto-base: ML [OC, 1967**, dat.: 1963; ML será sempre volume integrado em volume reunido.

H – HÚMUS [VNI e VI]

Publicado pela primeira vez, em volume, em 1967, na Guimarães Editores, com o título *Húmus, poema-montagem*. (H, 1967). Contém dedicatória: «À Memória de Raúl Brandão»; contém a seguinte indicação: «Material: palavras, frases, fragmentos, imagens, metáforas do *Húmus* de Raúl Brandão. Regra: liberdades, liberdade.»; contém citação: «A morte é sempre uma coisa nova. (Provérbio Sessouto)»

Integra: (H [PT, 1973: 55-72; 2.º texto-base); mantém título e indicação anteriores.

Integra: (H [PT, 1981: 357-374), (H [PT, 1990: 279-292), (H [PT, 1996: 279-292), (H [OPC, 2004: 223-239), (H [OC, 2009: 223-239), (H [PC, 2014: 223-239), com o título «HÚMUS»; mantém a indicação anterior.

Integra: (H [OPC-S, 2001: 34-49), (H [FNCF, 2008: 32-47); mantém as alterações anteriores; desloca o título para o final do poema, grafando-o, da seguinte forma: *(Húmus)*.

1.º ed. 1967, com o título *Húmus, Poema-Montagem*, ed. única, dat.: 1966, s/n Tir., Guimarães Editores.

2.º texto-base: H [PT, 1973, dat. 1966.

OC – OFÍCIO CANTANTE [1.º VR e 7.º VR]

Primeiro volume de poesia reunida, datado de 1953 a 1963: (OC, 1967; 1.º texto-base); contém reprodução (impressa) de excerto manuscrito do poema «Narração de um homem em Maio», (CB [OC, 1967: 120-123), na folha que sucede a folha de rosto: «Mexo a boca, mexo os dedos, mexo /

a ideia da experiência. / Não mexo no arrependimento. / Pois que o corpo é interno e eterno / do seu corpo. / Não tenho inocência, mas o dom / de toda uma inocência. / E lentidão ou harmonia. / Poesia sem perdão ou esquecimento. / Idade de poesia»: (OC, 1967: 7); Contém dedicatória: «Para a Fátima»: (OC, 1967: 11); contém citação: «Je ne peux pas me reposer, ma vie est une pas, je ne dors pas, je fais de l'insomnie, tantôt mon âme est debout sur mon corps couché, tantôt mon âme insomnie, je ne travaille choichée sur mon corps debout, mais jamais il n'y a sommeil pour moi, ma colonne vertébrale a sa veilleuse, impossible de l'éteindre. Ne serait-ce pas la prudence qui me tient éveillé, car cherchant, cherchant et cherchant, c'est dans tout indifféremment que j'ai chance de trouver ce que je cherche puisque ce que je cherche je ne le sais.» Henri Michaux. (OC, 1967: 12). Integra (PT, 1973: 7-295). Contém a seguinte indicação: «Em dois volumes se reúnem todos os poemas, tidos pessoalmente como aproveitáveis, que o autor escreveu entre 1953 e 1971. Com a evidente ressalva dos inéditos, os textos foram publicados — em jornais, revistas e livros — entre 1953 e 1972. Introduziram-se neles algumas alterações de composição, e outras ainda na organização dos conjuntos, havendo a indicar terem mesmo determinados desses conjuntos sido absorvidos por outros. Esta edição pretende-se completa e definitiva.»

Ofício Cantante é também o título da primeira parte de PT, 1973. PT, 1973, tem a seguinte indicação, no final do primeiro volume: «Este livro, primeiro volume das obras completas do autor [...].»

Publicado pela segunda vez, em volume, em 2009, na editora Assírio e Alvim, com o título Ofício Cantante, poesia completa: (OC, 2009). Contém a seguinte informação: «Ofício Cantante foi o título escolhido para a primeira publicação, em 1967, de poemas reunidos do autor, na colecção Poetas de Hoje, da extinta Portugália Editora, título agora recuperado para a sua poesia completa.», [Nota introdutória] (OC, 2009:

5); contém citação: «Or l'on ne peut pas ne pas parler», André Le Milinaire.

1.ª ed. 1967 e 1.º texto-base: OC, 1967, com o título *Ofício Cantante, 1953-1963*, dat.: 1953-1963, s/n Tir., Portugália Editora.

2.ª ed. 2009, com o título *Ofício Cantante, poesia completa*, s/d, Tir. 4500, Assírio e Alvim, capa dura [a editora não refere ser uma 2.ª ed.].

ML – A MÁQUINA LÍRICA [ver **E**] [VNI com título diferente, VI com este título]

Publicado pela primeira vez, em volume, em 1964, na Guimarães Editores, com o título *Electronicolírica*. (E, 1964). Contém dedicatória: «Para António Aragão e António Ramos Rosa — que leram estes poemas quando foram escritos.» Contém o seguinte texto [posfácio]: «Em 1961 Nanni Balestrini realizou em Milão uma curiosíssima experiência. Escolhendo alguns fragmentos de textos antigos e modernos, forneceu-os a uma calculadora electrónica que, com eles, organizou, segundo certas regras combinatórias prèviamente estabelecidas, 3002 combinações, depois seleccionadas. / O autor destes poemas aproveitou da referida experiência o princípio combinatório geral nele implícito. Assim, utilizando um limitado número de expressões e palavras mestras, promoveu a sua transferência ao longo de cada poema, sem no entanto se cingir a qualquer regra. Sempre que lhe apeteceu, recusou os núcleos vocabulares iniciais e introduziu outros novos, que passavam a combinar-se com os primeiros ou simplesmente entre si. / Devido ao uso de restrito número de palavras, as composições vinham a assemelhar-se, nesse aspecto, a certos textos mágicos primitivos, a certa poesia popular, a certo lirismo medieval. A aplicação obsessiva dos mesmos vocábulos gerava uma linguagem encantatória, espécie de fórmula ritual mágica, de que o refrão popular é um vestígio e de que é vestígio também o paralelismo medieval, exemplificável com as cantigas dos cancioneiros. / O principio combinatório é, na verdade, a base linguística da criação poética.» (E, 1964: 49-50).

Integra: (ML [OC, 1967: 211-246; 1.º texto-base), (ML [PT, 1973: 11-46), (ML [PT, 1981: 315-348), (ML [PT, 1990: 247-271), (ML [PT, 1996: 247-271), (ML [OPC, 2004: 187-214), (ML [OC, 2009: 187-214), (ML [PC, 2014: 187-214).

Integra: (ML [OPC-S, 2001: 32-34), (ML [FNCF, 2008: 30-32); «(A máquina lírica)», [composto por um poema apenas].

1.ª ed. 1964, com o título ***Electronicolírica***, ed. única, dat.: 1963; s/n Tir., Guimarães Editores.

1.ª pub./ed. e 1.º texto-base (com este título): ML [OC, 1967; dat.: 1963; é neste volume reunido que o autor muda o nome de *Electronicolírica* para *A Máquina Lírica*; ML será sempre volume integrado em volume reunido.

<u>MEP – A MÁQUINA DE EMARANHAR PAISAGENS</u> [VI]

Publicado pela primeira vez, em volume, em *Ofício Cantante*, 1967, na Portugália Editora: (MEP [OC, 1967). Existe, apenas, enquanto volume integrado em volumes reunidos.

Integra: (MEP [OC, 1967: 247-253; 1.º texto-base), (MEP [PT, 1973: 47-53), (MEP [PT, 1981: 349-355), (MEP [PT, 1990: 273-278), (MEP [PT, 1996: 273-278), (MEP [OPC, 2004: 215-221), (MEP [OC, 2009: 215-221), (MEP [PC, 2014: 215-221).

1.ª pub./ed. e 1.º texto-base: MEP [OC, 1967, dat.: 1963.

RM – RETRATO EM MOVIMENTO [VNI e VI]

Publicado pela primeira vez, em volume, em 1967, na Editora Ulisseia: (RM, 1967). Contém dedicatória manuscrita: «Para o Rui de Sousa, a amizade do Herberto Helder. Lisboa, Maio 67». Contém dedicatória: «Para a Maria Emília, em todos os lugares». Contém a seguinte indicação: «Razão (menor) — pontuação, acentuação, ortografia. Razão (maior) — concordância do predicado com o sujeito.»

Integra: (RM [PT, 1973: 73-160; 2.º texto-base), (RM [PT, 1981: 375-463); mantém a indicação anterior.

Não integra: (PT, 1990), (PT, 1996), (OPC, 2004), (OC, 2009), (PC, 2014).

1.ª ed. 1967, ed. única, dat.: 1961-66, s/n Tir.

2.º texto-base: RM [PT, 1973, dat.: 1961-1968.

AR – APRESENTAÇÃO DO ROSTO [VNI, VI parcialmente, porque integram partes de textos]

Publicado pela primeira vez, em volume, em 1968, na editora Ulisseia: (AR, 1968). Contém a seguinte citação: «e tudo será devorado pelo exército que avança em força / todas as árvores de fruto até ao duplo tecido de sua casca / todas as bagas selvagens que a fecunda montanha faz crescer / e toda a água secará nas ribeiras / onde se mitiga a negra sede dos que bebem a longos tragos / e de longe se provocará uma nuvem de flechas como uma cúpula formada / sobre a cabeça dos soldados e um alto nevoeiro / como uma sombra ocultará o astro e o fogo se extinguirá / mas há-de florir o tempo de uma rosa de Locres / então depois de haver tudo queimado como se queima um deserto de restolho / por sua vez ele experimentará a fuga / buscará o abrigo da barca como uma rapariga / invoca e busca junto às sombras da noite / aterrorizado por uma espada nua // LYCOPHRON, dito "O Obscuro"»;

Contém o seguinte texto, acompanhado por um retrato do autor, nas badanas: «Uma das vozes mais pessoais da moderna literatura portuguesa, a obra de Herberto Helder caracteriza-se sobretudo pelo tom original e único da sua linguagem e estilo, pela féerie sempre caudalosa das suas imagens, pelo gosto e prazer encantatório de saber escrever e agradar, de descobrir os sinais mágicos de um mundo subterrâneo, mas distinto no panorama da nossa literatura contemporânea.

Os magníficos contos de "Os Passos em Volta" abriram um caminho diferente na expressão criadora de Herberto Helder. "Retrato em Movimento" retomou depois, embora numa linguagem e construção mais apuradas, o mesmo caminho de um escritor que se cria ao escrever, que se autobiografa no próprio acto de criação. "Apresentação do Rosto", outra espécie do mesmo "retrato em movimento", é uma narrativa fragmentada, contada em sobressaltos de emoções e sentimentos, de ideias e paixões, numa escrita "circular", hermética, mais surreal do que objectiva, mas clara e límpida na sua descoberta do mundo: o homem (autor) que é o arquitecto da própria casa (o livro), o escultor da própria peça que vai lentamente modelando (o amor construído e lembrado nas imagens à distância daquilo que o tempo lhe fez conhecer, viver e sentir).

O "espanto", a "purificação", o "regresso às origens" fazem desta admirável autobiografia de Herberto Helder uma das obras mais autênticas da nossa moderníssima literatura. Apresentação do Rosto é, de facto, o livro de um poeta que não receia pôr-se diante do espelho e ver-se em profundidade com os "fantasmas" da sua verdadeira descoberta de homem que procura no tempo a dimensão exacta da sua presença no mundo. Através das páginas desta autobiografia romanceada, desde "Os Prólogos" aos "Epílogos", percorremos sempre o mesmo caminho: a aventura de um grande poeta que tenta descobrir os labirintos da vida, encontrar a imagem plena e real da sua condição de homem.

Obra de ímpar beleza literária e de sugestivo poder imagístico, "Apresentação do Rosto" consagra definitivamente Herberto Helder como um dos nossos escritores de maior personalidade e talento criador, confirmando ao mesmo tempo estas palavras de José Rodrigues Miguéis, aquando do aparecimento de "Os Passos em Volta", numa entrevista ao jornal "República":

"Herberto Helder, sem dúvida o único caso de surrealismo que entre nós se aproxima da 'perfeição', restitui a realidade sensorial à 'irrealidade' natural, original, das coisas; o caos espontâneo, ao seu apelo primitivo; e posso dizer que não há nada mais difícil para um escritor, que não seja assim por natureza, do que fazer recuar a vida a uma espécie de estado nascente, o que só se consegue por meio da linguagem adequada. E ele tem-na: madura, elementar, concisa, essencial. Era a linguagem "diferente" que esperávamos para exprimir aquilo mesmo. O talento é, apenas, a coragem de o ter. (...) No panorama algo incolor das nossas letras, Passos em Volta (sic) é uma revelação. Que oxalá não degenere em "fácil" — mas os autênticos poetas são duma disciplina severa!".»

No primeiro texto de «Artes e Ofícios», de *Retrato em Movimento*, o autor menciona «apresentação do rosto» no final do nono parágrafo: «Talvez procure o seu espelho, o seu cravo, não sabendo de um impulso remoto, insondável desejo de morrer pelo perfume, pela apresentação do rosto.», (RM, 1967: 25).

«Apresentação do rosto» surge, ainda, num dos títulos de textos, dentro de *Photomaton & Vox*, grafado da seguinte forma: *(os passos em volta, apresentação do rosto)*, (P&V, 1979: 71).

1.ª ed. 1968, ed. única, s/d, s/n Tir. Editora Ulisseia.

BN – O BEBEDOR NOCTURNO [VNI, VI e VV]

Publicado pela primeira vez, em volume, em 1968, na Portugália Editora, com o título *O Bebedor Nocturno, Versões de Herberto Helder*. (BN, 1968).

Integra: (BN [PT, 1973: 207-295; 2.º texto-base), (BN [PT, 1981: 211-308), com o título *O Bebedor Nocturno, Versões*.

Integra: (BN [PT, 1990: 159-241), (BN [PT, 1996: 159-241), (BN, 2010), (BN, 2013); substitui, no título, «versões» por «poemas mudados para português».

Integra: (BN, 2015), póstumo.

Não integra: (OPC, 2004), (OC, 2009), (PC, 2014).

1.ª ed. 1968, com o título *O Bebedor Nocturno, Versões de Herberto Helder*, dat. 1961-66, s/n Tir., Portugália Editora.

2.ª ed. 2010, com o título *O Bebedor Nocturno, poemas mudados para português por Herberto Helder* [no livro não refere que é uma 2.ª ed.] dat.: 1961-66; Tir. 1500, Assírio e Alvim.

3.ª ed. 2013, mantém título anterior, refere que é uma 2.ª ed. mas uma 2.ª ed. da Assírio e Alvim [na Porto Editora], dat.: 1961-66, s/n Tir.

4.ª ed. 2015 [póstumo] mantém título anterior, refere que é uma 3.ª ed. da obra e a 1.ª na Porto Editora, dat.: 1961-66, s/n Tir., capa dura.

2.º texto-base: BN [PT, 1973, com o título *O Bebedor Nocturno, Versões*, dat.: 1961-1966.

O título *O Bebedor Nocturno* surge num dos títulos de textos, dentro de *Photomaton & Vox*, grafado da seguinte forma: *(o bebedor nocturno)*, (P&V, 1979: 74), (P&V, 1987: 71), (P&V, 1995: 71), (P&V, 2006: 67), (P&V, 2013: 68), (P&V, 2015: 68).

VA – VOCAÇÃO ANIMAL [VNI e ciclo de poemas em VI; integra parcialmente]

Publicado pela primeira vez, em volume, em 1971 nas Publicações Dom Quixote: (VA, 1971).

Ciclo de sete textos, «Vocação Animal» integra: (RM [PT, 1973: 139-152; 2.º texto--base), (RM [PT, 1981: 442-445).

Não integra: (PT, 1990), (PT, 1996), (OPC, 2004), (OC, 2009), (PC, 2014).

1.ª ed. 1971, ed. única, s/d, s/n Tir., Publicações Dom Quixote. Na secção sobre «O Autor:» pode ler-se: «Herberto Helder nasceu a 23 de Novembro de 1930 na ilha da Madeira. Publicou: "O Amor em Visita" (1958), "A Colher na Boca" (1961), "Poemacto" (1961), "Lugar" (1962), "Os Passos em Volta" (1963), "Electronicolérica" (*sic*) (1964), "Húmus" (1967), "Retrato em Movimento" (1967), "Ofício Cantante" (1967), "O Bebedor Nocturno" (1968), "Apresentação do Rosto" (1968). Deixou de escrever em 1968.»; na contracapa: «A sua poesia tem esse carácter único dos grandes visionários, como um Van Gogh, um Rilke, um Boschère, um Blake [...] António Ramos Rosa» Os três ciclos de textos deste livro têm datas diferentes: «Dedicatória», 1963; «Os animais carnívoros», 1968; «Festas do crime», 1967.

2.º texto-base: RM [PT, 1973, dat.: 1961-1968; passa a ser ciclo de textos («Vocação Animal») em volume integrado (*Retrato em Movimento*) em volumes reunidos.

PT – POESIA TODA [2.º, 3.º, 4.º e 5.º VR]

1.ª ed. 1973, s/n Tir., Plátano Editora. 2 vol. e duas partes; 1.ª parte: «Ofício Cantante», s/d; 2.ª parte: «Movimentação Errática» s/d. Contém a seguinte informação: «Em dois volumes se reúnem todos os poemas, tidos pessoalmente como aproveitáveis, que o autor escreveu entre 1953 e 1971. Com a evidente ressalva dos inéditos, os textos foram publicados — em jornais, revistas e livros — entre 1953 e 1972. Introduziram-se neles algumas alterações de composição, e outras ainda na organização dos conjuntos, havendo a indicar terem mesmo determinados desses conjuntos sido absorvidos por outros. Esta edição pretende-se completa e definitiva.»

2.ª ed. 1981, com o título *Poesia Toda, 1953-1980*, s/n Tir., Assírio e Alvim. [a editora Assírio e Alvim não refere ser uma 2.ª ed. de PT]; contém citação: «AUTOR FRAGMENTO // Da metáfora e veracidade do chão recolho a *poesia toda*; herberto ou autor, no túnel / do universo pensa no exemplar bilingue de celan ou na vontade / de morrer sensivelmente sem a escrita, no esmalte. Este é a figura / de estilística da mesa ou do ciclo, de lamentos, na corola negra. / Esta (sic) é o símbolo da tempestade ou a realidade traduzida / do diálogo sobre a estrela entre os trópicos. / Livros lívidos! Palavra *suicídio* entre números dígitos de anos, autor! ignorando / como recomeçar o uniforme, o verso e o reverso. Dedica o livro, levanta-se sobre o verídico[1] e desaparece nos precipícios que são os textos, / as estrelas negras na descrição de Autor. // [1]O chão. // Fiama Hasse Pais Brandão // in *O Texto de João Zorro*, 1974.»; está incluído, neste volume de PT, e antes do índice, uma bibliografia das «Primeiras publicações dispersas de poemas deste volume antes de reunidos em livro ou de devidamente organizados em conjuntos»; contém a seguinte informação, no final do livro: «Para a reprodução deste volume, o editor foi apoiado pelo Instituto Português do Livro»

3.ª ed. 1990, s/d, s/n Tir. [a editora Assírio e Alvim não refere ser uma 3.ª ed.] Contém dedicatória manuscrita: «Para o João Rui de Sousa, / este ponto final que tardou, / com um abraço amigo / do Herberto Helder. // Dez. 90»

4.ª ed. 1996, s/d, s/n Tir. [a editora Assírio e Alvim não refere ser uma 4.ª ed.]

ME – MOVIMENTAÇÃO ERRÁTICA

Título que surge, pela **1.ª vez**, em **Poesia Toda**, 2 vol., 2.º vol., 2.ª parte, **1973**. [este título surge, também, em *Photomaton & Vox*, grafado da seguinte maneira: *(movimentação errática)*, (P&V, 1979: 136), (P&V, 1987: 130), (P&V, 1995: 130), (P&V, 2006: 124), (P&V, 2013: 124), (P&V, 2015: 124)]

CA – COMUNICAÇÃO ACADÉMICA [VI]

Publicado pela primeira vez, em volume, em *Poesia Toda*, 1973, na Plátano Editora: (CA [PT, 1973: 7-10; 2.º texto-base); contém citação: «A minha posição é esta: todas as coisas que parecem possuir uma identidade individual são apenas ilhas, projecções de um continente submarino, e não possuem contornos reais.» Charles Fort.

Comunicação Académica existe, apenas, enquanto volume integrado em volumes reunidos.

Integra: (CA [PT, 1981: 309-314), (CA [PT, 1990: 243-246), (CA [PT, 1996: 243-246), (CA [OPC, 2004: 183-186), (CA [OC, 2009: 183-186), (CA [PC, 2014: 183-186).

1.ª pub./ed. e 2.º texto-base: CA [PT, 1973, dat.: 1963.

K – KODAK [VI]

Publicado pela primeira vez, em volume, em *Poesia Toda*, 1973, na Plátano Editora: (K [PT, 1973). Existe, apenas, enquanto volume integrado em volumes reunidos. [Nota: Sabe-se que este poema, de 8 folhas montado em serigrafia de João Vieira, foi exposto na Galeria Altamira, em Lisboa, em 1984. Trata-se de uma tiragem fora de mercado de 20 exemplares. No entanto, não foi possível localizar este exemplar, nem mesmo na Biblioteca Nacional de Portugal. Obteve-se esta informação em contacto com um alfarrabista e um particular que tinham fotografias do exemplar já vendido, contudo, insuficientemente legíveis para se proceder à anotação de variantes. Esta edição é referenciada na bibliografia do autor incluída no seu primeiro livro póstumo, *Poemas Canhotos*, de 2015.]

Integra: (K [PT, 1973: 161-170; 2.º texto-base), (K [PT, 1981: 465-474).

Não integra: (PT, 1990), (PT, 1996), (OPC, 2004), (OC, 2009), (PC, 2014).

1.ª pub./ed. e 2.º texto-base: K [PT, 1973; dat.: 1968.

CCL – CINCO CANÇÕES LACUNARES [VI]

Publicado pela primeira vez, em volume, em *Poesia Toda*, 1973, na Plátano Editora: (CCL [PT, 1973: 171-188; 2.º texto-base).

Cinco Canções Lacunares existe, apenas, enquanto volume integrado em volumes reunidos.

Integra: (CCL [PT, 1981: 475-492), (CCL [PT, 1990: 293-307), (CCL [PT, 1996: 293-307), (CCL [OPC, 2004: 241-257), (CCL [OC, 2009: 241-257), (CCL [PC, 2014: 241-257).

Integra «(Cinco canções lacunares)» [composto por um poema apenas]: (CCL [FNCF, 2008: 48-49).

1.ª pub./ed. e 2.º texto-base: CCL [PT, 1973, dat.: 1965-1968.

BA – OS BRANCOS ARQUIPÉLAGOS [VI]

Publicado pela primeira vez, em volume, em *Poesia Toda*, na Plátano Editora: (BA [PT, 1973). Existe, apenas, enquanto volume integrado em volumes reunidos.

Ciclo de 10 poemas, *Os Brancos Arquipélagos* integra: (BA [PT, 1973: 189-199; 2.º texto-base), (BA [PT, 1981: 493-503), (BA [PT, 1990: 309-317), (BA [PT, 1996: 309-317), (BA [OPC, 2004: 259-269), (BA [OC, 2009: 259-269), (BA [PC, 2014: 259-269).

Ciclo de 10 poemas, «(Os brancos arquipélagos)» integra: (BA [FNCF, 2008: 50-58); retira os asteriscos que separam os poemas.

1.ª pub./ed. e 2.º texto-base: **BA [PT, 1973**, dat.: 1970.

A – ANTROPOFAGIAS [VI]

Publicado pela primeira vez, em volume, em *Poesia Toda*, na Plátano Editora: (A [PT, 1973). Existe, apenas, enquanto volume integrado em volumes reunidos.

Ciclo de 12 poemas, «Antropofagias» integra: (A [PT, 1973: 201-227; 2.º texto-base), (A [PT, 1981: 505-531), (A [PT, 1990: 319-344), (A [PT, 1996: 319-344), (A [OPC, 2004: 271-296), (A [OC, 2009: 271-296), (A [PC, 2014: 271-296).

Ciclo de dois poemas, «(Antropofagias)» integra: (A [OPC-S, 2001: 50-53), (A [FNCF, 2008: 59-62).

O título *Antropofagias* surge, também, num dos títulos de textos, dentro de *Photomaton & Vox*, grafado da seguinte forma: *(antropofagias)*, (P&V, 1979: 140), (P&V, 1987: 134), (P&V, 1995: 134), (P&V, 2006: 127), (P&V, 2013: 128), (P&V, 2015: 128).

1.ª pub./ed. e 2.º texto-base: **A [PT, 1973**, dat.: 1971.

ETC – ETC. [poema com título diferente e VI com este título]

Publicado pela primeira vez, com este título, em PT, 1990, data em que deixa de integrar *Cobra*, volumes reunidos; dat.: 1974 [anterior «Cólofon», 4.ª parte de *Cobra*, 1.ª ed., única, 1977]

Integra: (C, 1977: 57-62); [4.ª parte de *Cobra*].

Integra: (C [PT, 1981: 569-572; 3.º texto-base); [3.ª parte de *Cobra*].

«Cólofon» [muda o título e passa a ser volume integrado]

Integra: (ETC [PT, 1990: 345-349), deixando de integrar *Cobra*; muda o título «Cólofon» para *ETC*. *ETC*. passa a existir enquanto volume integrado em volumes reunidos.

Integra: (ETC [PT, 1996: 345-349), (ETC [OPC, 2004: 297-302), (ETC [OC, 2009: 297-302), (ETC [PC, 2014: 297-302); mantém as alterações anteriores.

EX – EXEMPLOS [ciclo de poemas com título diferente e VI com este título]

Publicado pela primeira vez, com este título, em PT, 1990, data em que deixa de integrar *Cobra*, volumes reunidos; dat.: 1977 [anterior ciclo de cinco poemas «E Outros Exemplos», 5.ª parte de *Cobra*, 1.ª ed., única, 1977]

Ciclo de cinco poemas, «E Outros Exemplos» integra: (C, 1977: 63-79); [5.ª parte de *Cobra*].

Ciclo de quatro poemas, «E Outros Exemplos» integra: (C [PT, 1981: 573-583; 3.º texto-base); [4.ª parte de *Cobra*].

«E Outros Exemplos» [muda o título e passa a ser volume integrado]

Os primeiros quatro poemas de «E Outros Exemplos» passam a integrar o ciclo de cinco poemas *Exemplos*, ocupando a seguinte ordem [poema 2, 3, 4 e 5]: (EX [PT, 1990: 383-388), (EX [PT, 1996: 383-388), (EX [OPC, 2004: 337-346), (EX [OC, 2009: 307-316), (EX [PC, 2014: 307-316). *Exemplos* passa a existir enquanto volume integrado em volumes reunidos.

Os primeiros três poemas de «E Outros Exemplos» passam a integrar o ciclo de quatro poemas *Exemplos*, ocupando a seguinte ordem [poema 2, 3, e 4]: (EX [OPC-S, 2001: 55-62), (EX [FNCF, 2008: 64-71).

OS – OS SELOS [VI]

Publicado pela primeira vez, em volume, em *Poesia Toda*, 1990, na editora Assírio e Alvim: (OS [PT, 1990: 547-571; 6.º texto-base). *Os Selos*, ciclo de 12 poemas, existe, apenas, enquanto volume integrado em volumes reunidos.

Ciclo de 12 poemas, *Os Selos* integra: (OS [PT, 1990: 547-571; 6.º texto-base), (OS [PT, 1996: 547-571), (OS [OPC, 2004: 469-497), (OS [OC, 2009: 439-467), (OS [PC, 2014: 439-467).

Ciclo de cinco poemas, «(Os selos)» integra: (OS [OPC-S, 2001: 96-105), (OS [FNCF, 2008: 105-114).

1.ª pub./ed. e 6.º texto-base: OS [PT, 1990, dat.: 1989.

C – COBRA [VNI, ciclo de poemas e VI]

Composto por cinco partes e publicado pela primeira vez, em volume, em 1977, na editora & etc: (C, 1977). Contém a seguinte indicação, no final do livro: «Este livro — edição única de 1200 exemplares, dos quais 200 fora do mercado [...]».

Composto por quatro partes, e deixando de existir como um todo, *Cobra* integra: (C [PT, 1981: 533-583; 3.º texto-base); contém dedicatória: «Para a Olga.».

Integra: (C [PT, 1990: 351-378), (C [PT, 1996: 351-378), (C [OPC: 2004: 303-332); mantém a dedicatória anterior.

Não integra: (OC, 2009), (PC, 2014).

1.ª ed. 1977, ed. única – excepto exemplares alterados manuscritamente pelo autor – dat.: 1974-77, &etc]. na ficha técnica do livro: «Este livro — edição única de 1200 exemplares, dos quais 200 fora de mercado [...]»; «Cobra» é também o título do terceiro ciclo de poemas de *Cobra*.

3.º texto-base: C [PT, 1981, dat.: 1977.

Ciclo de 13 poemas, «Cobra» integra: (C, 1977: 23-55); [3.ª parte de *Cobra*].

Ciclo de 13 poemas, «Cobra» integra: (C [PT, 1981: 538-540; 3.º texto-base) [2.ª parte de *Cobra*].

«Cobra» [ciclo de poemas dentro de *Cobra* que passa a ser VI]

Integra: (C [PT, 1990: 351-378), passando a ser *Cobra* enquanto volume integrado; mantém o ciclo de 13 poemas, mantém a dedicatória «Para a Olga.» da primeira publicação de *Cobra*.

Integra: (C [PT, 1996: 351-378), (C [OPC, 2004: 303-332); mantém as alterações anteriores.

Não integra: (OC, 2009), (PC, 2014).

CLO – O CORPO O LUXO A OBRA [VNI e VI]

Publicado pela primeira vez, em volume, em 1978, na editora & etc: (CLO, 1978a). Contém«hors-texte» de Carlos Ferreiro. Contém dedicatória manuscrita: «Para o João Rui de Sousa, cujo talento de poeta e de crítico eu gostaria de ver mais presente na minguada paisagem nossa, com um abraço onde vão admiração e amizade. Do Herberto Helder 14.8.78». Contém citação: «A pedra abre a cauda de ouro incessante, / somos palavras, / peixes repercutidos. / Só a água fala nos buracos. / (...) / Sou os mortos — diz uma árvore / com a flor recalcada. / E assim as árvores / chegam ao céu. HH, "Húmus", 1966/67».

Publicado pela segunda vez, em volume, em 1978, na editora & etc e na editora Contraponto: (CLO, 1978b). Contém excerto de um artigo de Maria Estela Guedes, «Herberto Hélder: a visão do corpo no espaço da obra», publicado no Diário Popular em 28/9/78; mantém o «hors-texte» e a citação da edição anterior.

Integra: (CLO [PT, 1981: 585-596; 3.º texto-base), (CLO [PT, 1990: 391-400), (CLO [PT, 1996: 391-400), (CLO [OPC, 2004: 347-358), (CLO [OC, 2009: 317-328), (CLO [PC, 2014: 317-328).

1.ª ed. (Julho; Tir. 600, 200 fora de mercado) e **2.ª ed.** (Julho, segundo a editora & etc, 15/11/78, segundo a editora Contraponto; refere que é uma 2.ª ed. na capa, por baixo do logo da &etc; Tir. 600, 200 fora de mercado; na contracapa: edições contraponto, Tir. 1000) **1978**, ambas dat.: 22-23.XI.77.

3.º texto-base: CLO [PT, 1981, dat.: 1977.

O título O *Corpo O Luxo A Obra* surge num dos títulos de textos, dentro de *Photomaton & Vox*, grafado da seguinte forma: *(o corpo o luxo a obra)*, (P&V, 1979: 158), (P&V, 1987: 152), (P&V, 1995: 152), (P&V, 2006: 144), (P&V, 2013: 144), (P&V, 2015: 144).

P&V – PHOTOMATON & VOX [VNI e VI parcialmente, porque integram alguns textos]

Photomaton & Vox é publicado pela primeira vez, em volume, em 1979, na editora Assírio e Alvim: (P&V, 1979). A segunda, terceira, quarta e quinta edições são, também, publicadas na editora Assírio e Alvim: (P&V, 1987), (P&V, 1995), (P&V, 2006), (P&V, 2013). A sexta edição é publicada na Porto Editora (refere ser a 6.ª ed., 1.ª ed. na Porto Editora): (P&V, 2015).

Ciclo de seis poemas, *De «Photomaton & Vox»* integra: (P&V [PT, 1981: 597-615; 3.º texto-base), (P&V [PT, 1990: 401-417), (P&V [PT, 1996: 401-417); contém a seguinte indicação: «Esta série de seis poemas foi extraída do volume *Photomaton & Vox*, de que continua a fazer parte constitutiva e funcional.»

De «Photomaton & Vox» passa a existir com o título *Dedicatória*. Ciclo de seis poemas *Dedicatória* integra: (D [OPC, 2004: 359-377), (D [OC, 2009: 329-347), (D [PC, 2014: 329-347); retira a indicação anterior.

De «Photomaton & Vox» passa a existir com o título «(Dedicatória)». Ciclo de seis poemas, «(Dedicatória)» integra: (D [OPC-S, 2001: 62-77), (D [FNCF, 2008: 71-86); retira os títulos dos poemas.

1.ª ed. 1979, s/d, Tir. 2500, Assírio e Alvim. Contém dedicatória manuscrita: «Para o / João Rui de Sousa, / com amizade e admiração. / Do Herberto Helder / Cascais, Maio. 79.»

2.ª ed. 1987, s/d, Tir. 3000, Assírio e Alvim [refere ser a 2.ª ed.].

3.ª ed. 1995, s/d, s/n Tir., Assírio e Alvim [refere ser a 3.ª ed.].

4.ª ed. 2006, s/d, Tir. 2000, Assírio e Alvim [refere ser a 4.ª ed.].

5.ª ed. 2013, s/d, s/n Tir., Assírio e Alvim [na Porto Editora], capa dura. [refere que é a 5.ª edição revista e aumentada]

6.ª ed. 2015 [póstumo], s/d, s/n Tir., Porto Editora, capa dura. [refere que é a 6.ª ed. da obra (1.ª na Porto Editora): Abril de 2015)]

3.º texto-base: P&V [PT, 1981, dat.: 1978 (selecção de poemas feita pelo autor: De «Photomaton & Vox»).

FL – FLASH [VNI e VI]

Publicado pela primeira vez, em volume, em 1980: (FL, 1980). Flash é um folheto, edição de autor, fora do mercado. Contém «Hors-texte» de Cruzeiro Seixas. Orientação gráfica de Vitor Silva Tavares. Contém dedicatória: «Para o Cruzeiro Seixas.» [ciclo de 12 poemas].

Ciclo de 12 poemas, *Flash* integra: (FL [PT, 1981: 617-636; 3.º texto-base), (FL [PT, 1990: 419-435), (FL [PT, 1996: 419-435), (FL [OPC, 2004: 379-397); mantém a dedicatória anterior.

Ciclo de 12 poemas, *Flash* integra: (FL [OC, 2009: 349-367), (FL [PC, 2014: 349-367); retira a dedicatória anterior.

Ciclo de quatro poemas, «(Flash)» integra: (FL [OPC-S, 2001: 77-82), (FL [FNCF, 2008: 86-91).

1.ª ed. 1980, ed. única, dat.: Abril, 1980; Tir. 250, orientação gráfica De Vitor Silva Tavares.

3.º texto-base: FL [PT, 1981, dat.: 1980.

PP – A PLENOS PULMÕES [não integra: VNI que nunca integra os VR]

1.ª ed. 1981, ed. única, s/d, Tir. 250, s/d, O Oiro do Dia. [folheto, 8 páginas]

CM – A CABEÇA ENTRE AS MÃOS [VNI e VI]

Publicado pela primeira vez, em volume, em 1982, na editora Assírio e Alvim: (CM, 1982).

Integra: (CM [PT, 1990: 437-460; 6.º texto-base), (CM [PT, 1996: 437-460), (CM [OPC, 2004: 399-426), (CM [OC, 2009: 369-396), (CM [PC, 2014: 369-396).

Ciclo de três poemas, «(A cabeça entre as mãos)» integra: (CM [OPC-S, 2001: 83-90), (CM [FNCF, 2008: 92-99).

1.ª ed. 1982, ed. única, dat.: 1981, Tir. 4000, Assírio e Alvim.

6.º texto-base: CM [PT, 1990, dat.: 1981.

ELD – EDOI LELIA DOURA [VNI, VI parcialmente, porque integra «nota introdutória», e VAN]

Publicado pela primeira vez, em volume, em 1985, na editora Assírio e Alvim, com o título *Edoi Lelia Doura. Antologia das Vozes Comunicantes da Poesia Moderna Portuguesa, organizada por Herberto Helder*. (ELD, 1985).

Contém a seguinte informação: «Os poemas e textos que constituem a presença de cada autor foram distribuídos, não segundo a data de publicação ou a sequência em que se encontram nos livros de onde se extraíram, mas conforme a uma norma que garanta, em cada caso, uma possível organicidade particular. / Quanto aos textos inéditos ou de procedência estranha a livros individuais — tal como antologias, volumes colectivos ou revistas — dar-se-ão as indicações nos sítios adequados. / Entre parênteses rectos aparecem os títulos da nossa lavra, que são apenas designativos — poema, soneto, etc. — ou repetem o título do livro ou da série de que provêm, ou se aproveitam de elocuções do próprio escrito original. / Nas notas que acompanham os nomes dos autores, apenas se fornecem sucintos elementos biobibliográficos. Só se transgride a regra quando se impõem outras observações, contudo resumidas sempre, estritas. / Se porventura existem desequilíbrios quantitativos na representação de alguns autores, deve-se isso mais ao volume limpo das respectivas obras que à importância individual atribuída pelo antologiador (e quando dizemos "limpo", significamos que foi tida em balanço, das obras de todos, apenas aquela parte indisputável ao espírito desta antologia).» (ELD, 1985: 8).

Contém citação: «[CANTIGA DE AMIGO] // Eu velida non dormia, / lelia doura, / e meu amigo vénia, / edoi lelia doura. // Non dormia e cuidava, / lelia doura, / e meu amigo chegava, / edoi lelia doura. // E meu amigo venia, / lelia doura, / e d'amor tan ben dizia, / edoi lelia doura. // E meu amigo chegava, / lelia doura, / e d'amor tan ben cantava, / edoi lelia doura. // Muito desejei amigo, / lelia doura, / que vos tevesse comigo, / edoi lelia doura. // Muito desejei amado, / lelia doura, / que vos tevesse a meu lado / edoi lelia doura. // Leli leli, par Deus, leli, / lelia doura, / ben sei eu que[n] non diz leli, / edoi lelia doura. // Ben sei eu que[n] non diz leli, / lelia doura, / demo x'é quen non diz lelia, / edoi lelia doura. // Pedro Eanes Solaz / Jogral, séc. XIII» (ELD, 1985: 9).

1.ª ed. 1985, ed. única, s/d, Tir. 3000, Assírio e Alvim.

<u>M – AS MAGIAS</u> [VNI, VI e VV]

Publicado pela primeira vez, em volume, em 1987, na Hiena Editora, com o título *As Magias. Versões de Herberto Helder.* (M, 1987).

Publicado pela segunda vez, em volume, em 1988, na Assírio e Alvim, com o título *As Magias (alguns exemplos). Versões de Herberto Helder.* (M, 1988). Contém as seguintes citações: «— Magia — // E quem dirá / — seja qual for o desencanto futuro — / que esquecemos a magia, / ou que pudemos atraiçoar / na terra amarga / a macieira, a canção / e o ouro?» Thomas Wolfe; «— De: Raízes e Ramos — // Só existe o tempo único. / Só existe o deus único. / Só existe a promessa única, // e da sua chama / e das margens da página todos se incendeiam. / Só existe a página única,

// o resto fica / em cinzas. Só existem / o continente único, o mar único — // entrando pelas fendas, batendo, rebentando, / correndo de lado a lado.» Robert Duncan.

Integra: (M [PT, 1990: 461-513; 6.º texto-base); com o título *As Magias, poemas mudados para português*; mantém as citações anteriores.

Integra: (M [PT, 1996: 461-513); mantém o título e as citações anteriores.

Publicado pela terceira vez, em volume, em 2010, na Assírio e Alvim, com o título *As Magias, Alguns Exemplos, poemas mudados para português por Herberto Helder*: (M, 2010); mantém as citações anteriores.

Não integra: (OPC, 2004), (OC, 2009), (PC, 2014).

1.ª ed. 1987, com o título *As Magias, versões de Herberto Helder*, s/d, Tir. 1500, Hiena Editora.

2.ª ed. 1988, com o título *As Magias, (Alguns Exemplos), versões de Herberto Helder*, dat.: 1986-87, s/n Tir. [a ed. Assírio e Alvim não refere o número da edição].

3.ª ed. 2010, com o título *As Magias, Alguns Exemplos, poemas mudados para português por Herberto Helder*, dat.: 1986-87, Tir. 1500 [a ed. Assírio e Alvim não refere o número da edição].

6.º texto-base: M [PT, 1990 com o título *As Magias, poemas mudados para português*, dat.: 1987.

UC – ÚLTIMA CIÊNCIA [VNI e VI]

Publicado pela primeira vez, em volume, em 1988, na Assírio e Alvim: (UC, 1988). Contém dedicatória manuscrita: «Para o João Rui de Sousa // esta // Última Ciência de acabar // — enfim! // Com um abraço do velho amigo // Herberto Helder.» Contém a seguinte informação [nota do Autor]: «Não sendo citações necessariamente fiéis extraídas de quadras populares, nelas contudo se inspiram, ou as tomam como seus modelos directos ou indirectos, as seguintes expressões utilizadas neste poema: "Abaixa-te, vara alta, (...) põe-te os dedos, deita um braço de fora, serve de estrela", "onde a laranja recebe soberania", "o canteiro (pedreiro) cheira à pedra", "a lua vira o peixe no frio", "o nome escrito na lenha, o tronco reverdeceu." O verso "os trabalhos e os dias submarinos" contém um título de Hesíodo: "Os Trabalhos e os Dias".»; 1985, revisto em 1987.

Integra: (UC [PT, 1990: 515-546; 6.º texto-base), (UC [PT, 1996: 515-546), (UC [OPC, 2004: 427-468), (UC [OC, 2009: 397-438), (UC [PC, 2014: 397-438); mantém a informação anterior [nota do Autor].

Ciclo de seis poemas, «(Última ciência)» integra: (UC [OPC-S, 2001: 91-96), (UC [FNCF, 2008: 100-105).

1.ª ed. 1988, ed. única, dat.: 1985, revisto em 1987., Tir. 2500, Assírio e Alvim.

6.º texto-base: UC [PT, 1990, dat.: 1987.

<u>DM</u> – DO MUNDO [VNI e VI]

Publicado pela primeira vez, em volume, em 1994, na editora Assírio e Alvim: (DM, 1994). Contém a seguinte indicação: «Inserem-se aqui *Os Selos, Outros, Últimos.*, publicados primeiro na folha editorial da Assírio & Alvim *A Phala*, n.º 27, dezembro de 1991, e que deveriam aparecer junto a *Os Selos* em *Poesia Toda*, ed. 1990, por pertencerem ao mesmo impulso de escrita e com eles formarem um ciclo completo. Aparecem agora em livro e remetem-se ao volume onde estariam melhor. *Do Mundo*, inédito, constitui aquilo que foi possível fragmentariamente salvar de *Retrato em Movimento*, ou foi possível fazer partindo de sugestões nele esparsas, ou nem uma coisa nem outra, e encontra-se portanto no conjunto por razões poéticas naturais, razões de acção e dicção.»

Assim, *Do Mundo* divide-se em duas partes: «Os Selos, Outros, Últimos.» (DM, 1994: 7-26) e «Do Mundo» (DM, 1994: 27-87).

Integra: (DM, 1994: 27-87), (DM [PT, 1996: 587-622; 7.º texto-base), (DM [OPC, 2004: 513-561), (DM [OC, 2009: 483-531), (DM [PC, 2014: 483-531).

Ciclo de 10 poemas, «(Do mundo)» integra: (DM [OPC-S, 2001: 111-124), (DM [FNCF, 2008: 120-133).

1.ª ed. 1994, ed. única, s/n Tir., Assírio e Alvim. Divide-se em duas partes: «Os Selos, Outros, Últimos.» dat.: Novembro-dezembro, 1990 e «Do Mundo», dat.: 1991 e 1994].

7.º texto-base: DM [PT: 1996, dat.: 1994 [*Do Mundo*, apenas].

<u>**OSOU** – OS SELOS, OUTROS, ÚLTIMOS.</u> [ciclo de poemas e VI]

Publicado pela primeira vez, em volume, em *Do Mundo*, 1994, na Assírio e Alvim: (OSOU [DM, 1994: 7-26). Trata-se de um ciclo de seis poemas, que integra a primeira parte de *Do Mundo*. Após esta publicação, existe, apenas, enquanto volume integrado em volumes reunidos.

Ciclo de seis poemas, *Os Selos, Outros, Últimos.*, integra: (OSOU [DM, 1994: 9-26), (OSOU [PT, 1996: 573-586; 7.º texto-base), (OSOU [OPC, 2004: 499-512), (OSOU [OC, 2009: 469-482), (OSOU [PC, 2014: 469-482).

Ciclo de três poemas, «(Os selos, outros, últimos.)» integra: (OS [OPC-S, 2001: 105-111), (OS [FNCF, 2008: 115-120).

1.ª pub./ed.: OSOU [DM, 1994 (1.ª parte de DM, dat.: Novembro-dezembro, 1990).

7.º **texto-base: OSOU [PT, 1996** [onde passa a ser volume integrado; dat.: 1990].

DNNC – DOZE NÓS NUMA CORDA [não integra; VV]

1.ª ed. 1997, com o título *Doze Nós Numa Corda, Poemas Mudados para Português por Herberto Helder*, ed. única, dat.: 1995-97., s/n Tir., Assírio e Alvim. Contém citação: «Saisir: traduire. Et tout est traduction / à tout niveau, en toute direction. / Le mal, c'est le rythme des autres. / On parle à des décapités / les décapités répondent en "ouolof" // HENRI MICHAUX»

O – OUOLOF [não integra; VV]

1.ª ed. 1997 com o título *Ouolof, Poemas Mudados Para Português por Herberto Helder*, ed. única, dat.: 1987 e 1996-97., s/n Tir., Assírio e Alvim. Contém citação: «L'enfer, c'est le rythme des autres. / On parle à des décapités / les décapités répondent en "ouolof" // HENRI MICHAUX»

PA – POEMAS AMERÍNDIOS [não integra; VV]

1.ª ed. 1997 com o título *Poemas Ameríndios, Mudados Para Português por Herberto Helder*, ed. única, dat.: 1996-97., s/n Tir., Assírio e Alvim.

FO – FONTE [ciclo de poemas e VNI]

Ciclo de seis poemas, «Fonte», integra: (CB, 1961: 61-77), (CB [OC, 1967: 62-75; 1.º texto-base), (CB [PT, 1973: 58-71), (CB [PT, 1981: 60-73), (CB [PT, 1990: 41-52), (CB [PT, 1996: 41-52), (CB [OPC, 2004: 45-57), (CB [OC, 2009: 45-57), (CB [PC, 2014: 45-57).

Fonte foi publicado numa edição que «não se destina a fins comerciais», em 1998, pela editora Assírio e Alvim, mantendo o ciclo original de seis poemas: (FO, 1998).

1.ª ed. 1998, ed. única, s/d, s/n Tir. Contém a seguinte referência: «edição exclusiva para: Livrarias Assírio & Alvim, Livraria Barata, Livraria Buchholz, Livrarias Castil, Livraria do Centro Cultural Brasileiro, Livraria Ferin, Livrarias Notícias, Livraria do Teatro, Loja AZ»

1.ª pub./ed., enquanto ciclo de seis poemas, em: CB, 1961; 1.º texto-base: CB [OC, 1967, dat.: 1953-1960 [é sempre um ciclo de seis poemas em *A Colher na Boca*, volume integrado em volumes reunidos].

<u>OPC-S – OU O POEMA CONTÍNUO – Súmula</u> [VNI e VS]

1.ª ed. 2001, enquanto volume de súmulas: ed. única, s/d, s/n Tir., Assírio e Alvim, capa dura [contém um poema inédito].

2.ª ed. 2004, enquanto volume reunido: [ver OPC].

<u>D – DEDICATÓRIA</u> [ciclo de poemas e VI]

1.ª pub./ed. com o título (Dedicatória) em volume de súmula: D [OPC-S, 2001, s/d.

2.ª pub./ed., com este título, em: D [OPC, 2004, onde passa a ser volume integrado, dat.: 1978; integra (D [FNCF, 2008: 71-86), (D [OC, 2009: 329-347), (D [PC, 2014: 329-347); anterior ciclo de seis poemas *De «Photomaton & Vox»*, volume integrado em volumes reunidos; P&V [PT, 1981; 3.º texto-base; dat.: 1978. O título «Dedicatória» surge, pela primeira vez, em PV, 1964: 7 (este texto surge como dedicatória precedendo o primeiro texto, «Estilo»). [ver P&V]

<u>OPC – OU O POEMA CONTÍNUO</u> [6.º VR]

2.ª ed. 2004, enquanto volume reunido: ed. única, sem texto-base, **com variantes**, s/d, Tir. 3000, Assírio e Alvim [a editora não refere o número da ed.]. Contém a seguinte informação: «NOTA // para dizer que é uma ressalva ao poema contínuo pelo autor chamado poesia toda. O poema contínuo parecia não exigir a escusa das partes que não eram punti luminosi poundianos, ou núcleos de energia assegurando uma continuidade imediatamente sensível. O livro de agora pretende então aceitar a escusa e, em tempos de redundância, estabelecer apenas as notas impreteríveis para que da pauta se erga a música, uma decerto não muito hínica, não muito larga nem límpida música, mas este som de quem sopra os instrumentos na escuridão, música às vezes de louvor à própria insuficiência, sabendo-se no entanto inteira, ininterrupta, com os seus pequenos recursos e quantidades, e segundo as inspirações pessoais do idioma.», (OPC-S, 2001: 5-6).

1.ª ed. 2001, enquanto volume de súmulas: [ver OPC-S]

FNCF – A FACA NÃO CORTA O FOGO [VNI, VS e VI]

Publicado pela primeira vez, em volume, em 2008, na editora Assírio e Alvim, *A Faca não Corta o Fogo*, súmula e inédita: (FNCF, 2008: 133-207). Contém citação: «Não se pode cortar o fogo com uma faca. — provérbio grego» [ciclo de 89 poemas, «(A faca não corta o fogo)», 2.ª parte de FNCF].

Ciclo de 99 poemas, *A Faca Não Corta o Fogo* integra: (FNCF [OC, 2009: 533-618; 8.º texto-base), (FNCF [PC, 2014: 533-618); mantém a citação anterior.

1.ª ed. 2008, ed. única, súmula e inédita. Divide-se em duas partes: a súmula, sem título, sem data; e a inédita, *A faca não corta o fogo*; s/d, Tir. 3000, Assírio e Alvim, capa dura.

8.º texto-base: FNCF [OC, 2009, dat.: 2008.

S – SERVIDÕES [VNI e VI]

Publicado pela primeira vez, em volume, em 2013, na editora Assírio e Alvim: (S, 2013). Contém a seguinte indicação: «Edição única em Maio de 2013». Contém as seguintes citações: «ANDRÉ BRETON — Des têtes! Mais tout le monde sait ce que c'est qu'une tête.», «ALBERTO GIACOMETTI — Moi, je ne sais pas.»

Integra: (S [PC, 2014: 619-709; 9.º texto-base).

1.ª ed. 2013, ed. única, dat.: 2010.12, s/n Tir., Assírio e Alvim [na Porto Editora], capa dura.

9.º texto-base: S [PC, 2014, dat.: 2010.

MM – A MORTE SEM MESTRE [VNI e VI]

Publicado pela primeira vez, em volume, em 2014, na Porto Editora: (MM, 2014). Contém a seguinte informação: «Tudo quanto neste livro possa parecer acidental / é de facto intencional.» Contém CD com a selecção de cinco poemas desta obra lidos por Herberto Helder. [ciclo de 28 poemas, *A Morte Sem Mestre*]

Ciclo de 28 poemas, *A Morte Sem Mestre* integra: (MM [PC, 2014: 711-752; 9.º texto-base).

1.ª ed. 2014, ed. única, dat.: 2013, marca a mudança do autor para a Porto Editora. Edição de luxo, com CD; na contracapa: [inclui CD de oferta]; s/n Tir. capa dura com sobrecapa; inclui a seguinte informação, no final do livro, depois do índice: «NOTA DO EDITOR // Herberto Helder tem por hábito encadernar os seus livros com papel de embrulho castanho, escrevendo por fora com caneta de feltro vermelha o título e o nome do autor. A sobrecapa da presente edição evoca esse hábito, reproduzindo a sua caligrafia.»

9.º texto-base: MM [PC, 2014, dat.: 2013.

PC – POEMAS COMPLETOS [8.º e último VR]

1.ª ed. 2014, ed. única, s/d, s/n Tir., Porto Editora, capa dura. Contém citação: «Or l'on ne peut pas ne pas parler. André Le Milinaire»

2.2. Textos-base e nove mapas

Seguindo as metodologias a que este trabalho se propôs, são nove os mapeamentos que permitem «navegar» pelos textos-base. Neles, apresentam-se apenas os títulos dos poemas, os números de cada publicação e de cada versão. Quando o poema tem título, apresenta-se, primeiro o título, seguido do primeiro verso entre parêntesis rectos. Nos casos em que o poema não tem título, apresenta-se o primeiro verso entre parêntesis rectos. Nos casos em que o título do poema e o primeiro verso são iguais, por questões de sistematização, apresentam-se os dois. Sempre que o poema for numerado pelo autor, apresenta-se, também, essa numeração. A numeração que não tenha sido feita pelo autor e as demais seriações e informações, são sempre apresentadas entre parêntesis rectos, caso as haja. As restantes informações, respeitantes a cada poema, são apresentadas, em detalhe, no Capítulo 3., o capítulo dedicado à classificação de poemas segundo as suas alterações.

2.2.1. Mapeamento do 1.º texto-base

O 1.º texto-base representa o ponto de partida para a anotação das variantes e consequente classificação e selecção dos poemas alterados e intactos. Por essa razão, o 1.º texto-base é a pedra basilar de toda a investigação desenvolvida e aqui apresentada.

São 70 o número total de poemas desta série e todos eles integram OC, 1967, primeiro volume reunido. Depois de se somar o número de publicações de cada texto, o número que se obteve foi 640, ou seja, o número de vezes em que estes poemas foram publicados. Procedendo da mesma forma com o número de versões de cada texto, o número que se obteve foi 260. Como se poderá constatar, há poemas que acumulam um maior número de publicações e um menor número de versões. Tomando o exemplo do primeiro poema deste mapeamento: 9 pub. vs. 5 vers., significa que este poema foi publicado nove vezes, em nove volumes (integrados e não integrados) mas que só existem cinco versões desse texto (o autor alterou este poema quatro vezes[24], todas elas diferentes umas das outras).

Este mapeamento irá coincidir com o mapeamento de poemas que integram OC, 1967, apresentado no Capítulo 4. Contudo, opta-se por apresentar ambos, uma vez que ambos têm propósitos diferentes.

Mapeamento 2.2. Mapeamento do 1.º texto-base.
Fonte: A. Couts (2017).

---

[24] O texto-base conta sempre como uma versão do texto.

[Falemos de casas. Do sagaz exercício de um poder] **9 pub. vs. 5 vers.**

[«*Transforma-se o amador na coisa amada*» *com seu*] **9 pub. vs. 3 vers.**

I [Escuto a fonte, meu misterioso desígnio] **4 pub. vs. 3 vers.**

II [Não sei como dizer-te que a minha voz te procura,] **9 pub. vs. 5 vers.**

III [Todas as coisas são mesa para os pensamentos] **9 pub. vs. 4 vers.**

IV [Mais uma vez a perdi. Em cada minuto] **4 pub. vs. 3 vers.**

V [Uma noite acordarei junto ao corpo infindável] **4 pub. vs. 3 vers.**

O AMOR EM VISITA [Dai-me uma jovem mulher com sua harpa de sombra] **10 pub. vs. 5 vers.**

I [Um poema cresce inseguramente] **9 pub. vs. 4 vers.**

II [A palavra erguia-se como um candelabro,] **9 pub. vs. 5 vers.**

III [Às vezes estou à mesa, e como ou sonho ou estou] **9 pub. vs. 5 vers.**

IV [Nesta laranja encontro aquele repouso frio] **9 pub. vs. 3 vers.**

V [Existia alguma coisa para denominar no alto desta sombria] **9 pub. vs. 4 vers.**

VI [Fecundo mês da oferta onde a invenção ilumina] **9 pub. vs. 5 vers.**

VII [A manhã começa a bater no meu poema.] **9 pub. vs. 6 vers.**

I [Ela é a fonte. Eu posso saber que é] **10 pub. vs. 3 vers.**

II [No sorriso louco das mães batem as leves] **12 pub. vs. 3 vers.**

III [Ó mãe violada pela noite, deposta, disposta] **10 pub. vs. 5 vers.**

IV [Mal se empina a cabra com suas patas traseiras] **10 pub. vs. 4 vers.**

V [Apenas te digo o ouro de uma palavra, no meio da névoa.] **10 pub. vs. 5 vers.**

VI [Estás verdadeiramente deitada. É impossível gritar sobre esse abismo] **10 pub. vs. 4 vers.**

I [Como se poderia desfazer em mim tua nobre cabeça?] **9 pub. vs. 4 vers.**

II [Sobre o meu coração ainda vibram seus pés: a alta] **9 pub. vs. 5 vers.**

III [Havia um homem que corria pelo orvalho dentro.] **11 pub. vs. 3 vers.**

IV [A colher de súbito cai no silêncio da língua.] **9 pub. vs. 3 vers.**

V [Não posso ouvir cantar tão friamente. Cantam] **11 pub. vs. 3 vers.**

VI [São claras as crianças como candeias sem vento,] **9 pub. vs. 5 vers.**

VII [Estremecem-me os ombros com a inesperada onda dos meus] **9 pub. vs. 5 vers.**

I [Bruxelas, um mês. De pé, sob as luzes encantadas.] **9 pub. vs. 4 vers.**

II [Apagaram-se as luzes. É a triste primavera cercada] **9 pub. vs. 5 vers.**

III [Eu teria amado esse destino imóvel. Esse frio] **9 pub. vs. 5 vers.**

IV [Mulher, casa e gato.] **9 pub. vs. 3 vers.**

V [Esta linguagem é pura. No meio está uma fogueira] **9 pub. vs. 4 vers.**

VI [É preciso falar baixo no sítio da primavera, junto] **9 pub. vs. 5 vers.**

VII [Bate-me à porta, em mim, primeiro devagar.] **9 pub. vs. 7 vers.**

VIII [Ignoro quem dorme, a minha boca ressoa.] **9 pub. vs. 5 vers.**

NARRAÇÃO DE UM HOMEM EM MAIO [Estou deitado no nome: *maio*, e sou uma pessoa] **9 pub. vs. 4 vers.**

I [Deito-me, levanto-me, penso que é enorme cantar.] **10 pub. vs. 3 vers.**

II [Minha cabeça estremece com todo o esquecimento.] **12 pub. vs. 4 vers.**

III [O actor acende a boca. Depois, os cabelos.] **10 pub. vs. 3 vers.**

IV [As vacas dormem, as estrelas são truculentas,] **10 pub. vs. 3 vers.**

V [As barcas gritam sobre as águas.] **10 pub. vs. 5 vers.**

AOS AMIGOS [Amo devagar os amigos que são tristes com cinco dedos de cada lado.] **9 pub. vs. 1 vers.**

PARA O LEITOR LER DE/VAGAR [*Volto minha existência derredor para. O leitor. As mãos*] **9 pub. vs. 2 vers.**

I [Uma noite encontrei uma pedra] **9 pub. vs. 4 vers.**

II [Há sempre uma noite terrível para quem se despede] **9 pub. vs. 3 vers.**

III [As mulheres têm uma assombrada roseira] **11 pub. vs. 4 vers.**

IV [Há cidades cor de pérola onde as mulheres] **9 pub. vs. 3 vers.**

V [Explico uma cidade quando as luzes evoluem.] **9 pub. vs. 3 vers.**

VI [Às vezes penso: o lugar é tremendo.] **9 pub. vs. 4 vers.**

VII [Pequenas estrelas que mudam de cor, frias] **11 pub. vs. 3 vers.**

LUGAR ÚLTIMO [Escrevo sobre um tema alucinante e antigo.] **9 pub. vs. 4 vers.**

I [Um lento prazer esgota a minha voz. Quem] **9 pub. vs. 4 vers.**

II [Alguém parte uma laranja em silêncio, à entrada] **11 pub. vs. 4 vers.**

III [A minha idade é assim — verde, sentada.] **11 pub. vs. 4 vers.**

IV [Quando já não sei pensar no alto de irrespiráveis irrespiráveis] **9 pub. vs. 2 vers.**

V [Muitas canções começam no fim, em cidades] **9 pub. vs. 1 vers.**

VI [É a colina na colina, colina] **9 pub. vs. 4 vers.**

RETRATÍSSIMO OU NARRAÇÃO DE UM HOMEM DEPOIS DE MAIO [*Retratoblíquo sentado.*] **11 pub. vs. 4 vers.**

EM MARTE APARECE A TUA CABEÇA — [Em marte aparece a tua cabeça —] **9 pub. vs. 4 vers.**

A BICICLETA PELA LUA DENTRO — MÃE, MÃE — [A bicicleta pela lua dentro — mãe, mãe —] **9 pub. vs. 4 vers.**

A MENSTRUAÇÃO, QUANDO NA CIDADE PASSAVA [A menstruação, quando na cidade passava] **9 pub. vs. 4 vers.**

EM SILÊNCIO DESCOBRI ESSA CIDADE NO MAPA [Em silêncio descobri essa cidade no mapa] **9 pub. vs. 3 vers.**

MULHERES CORRENDO, CORRENDO PELA NOITE. [Mulheres correndo, correndo pela noite.] **11 pub. vs. 1 vers.**

ERA UMA VEZ TODA A FORÇA COM A BOCA NOS JORNAIS: [Era uma vez toda a força com a boca nos jornais:] **9 pub. vs. 3 vers.**

TODAS PÁLIDAS, AS REDES METIDAS NA VOZ. [Todas pálidas, as redes metidas na voz.] **9 pub. vs. 2 vers.**

TINHA AS MÃOS DE GESSO. AO LADO, OS MAL- [Tinha as mãos de gesso. Ao lado, os mal-] **9 pub. vs. 1 vers.**

JOELHOS, SALSA, LÁBIOS, MAPA. [Joelhos, salsa, lábios, mapa.] **9 pub. vs. 5 vers.**

A PORTA COM PÊLOS ABERTA NA CAL. O DIA RODAVA NO BICO, AS [A porta com pêlos aberta na cal. O dia rodava no bico, as] **3 pub. vs. 2 vers.**

A MÁQUINA DE EMARANHAR PAISAGENS [*E chamou Deus à luz Dia; e às trevas chamou Noite; e fez-se a tarde, e fez-se a manhã, dia primeiro.*] **8 pub. vs. 2 vers.**

2.2.2. Mapeamento do 2.º texto-base

Os poemas que se seguem são 219 e todos eles integram PT, 1973, significando que, neste volume, foram integrados 219 novos poemas. Estes poemas representam o 2.º texto-base, volume no qual se iniciou a anotação de variantes, e se deu, também, continuidade à integração de poemas.

Estes 219 poemas são, na sua maioria, os poemas provenientes de BN, um volume de versões. Assim, se se subtrair a 219 os 139 poemas provenientes de BN, obtém-se 80, o número de poemas restantes, provenientes de outros volumes. Num total de 219, 139 constitui cerca de 63%, percentagem bastante significativa, tendo em conta que representa as traduções de Helder integrantes neste volume reunido.

Para além disso, o número total de publicações, quando comparado com a série de poemas apresentados no 1.º texto-base, subiu consideravelmente, de 640 para 1382. Já o número de versões, com um total de 260, no 1.º texto-base, subiu apenas para 342, significando que o número de reproduções é superior ao número de alterações textuais.

Convém relembrar que cada mapeamento[25] apresenta números diferentes porque as séries de poemas englobadas

---

[25] Em referência a cada mapeamento dos textos-base, e não aos subsequentes mapeamentos.

são, também elas, todas diferentes, nunca, em caso algum, se repetindo.

Mapeamento 2.3. Mapeamento do 2.º texto-base.
Fonte: A. Couts (2017).

[*Já me aconteceu imaginar a vida acrobática e centrífuga de um poliglota.*] **7 pub. vs. 7 vers.**

ODE DO DESESPERADO [A morte está agora diante de mim] **7 pub. vs. 1 vers.**

EXORCISMO [Oh vai, vai dormir, e vai aonde estão as tuas belas mulheres,] **7 pub. vs. 1 vers.**

[Quando eu a cinjo e ela me abre os braços,] **7 pub. vs. 1 vers.**

[Desço o rio numa barca,] **7 pub. vs. 2 vers.**

[Bom é mergulhar, bom,] **7 pub. vs. 2 vers.**

[Tanto se alvoroça meu coração, de puro amor,] **7 pub. vs. 1 vers.**

[Sôbolos rios que vão por Babilónia, sentados] **7 pub. vs. 2 vers.**

[De dia grito e gemo à noite, à tua frente:] **7 pub. vs. 1 vers.**

[Meu Deus, meu Deus, porque me abandonaste] **7 pub. vs. 3 vers.**

[A gazela brame correndo para a água, e corre a minha alma para ti.] **7 pub. vs. 2 vers.**+

[Piedade, ó Deus, piedade!] **7 pub. vs. 2 vers.**

[Salva-me, ó Deus, sobem-me as águas até à alma.] **7 pub. vs. 1 vers.**

[Tu me sondas, Senhor, e me conheces.] **7 pub. vs. 2 vers.**

Sulamite [Beije-me ele com os beijos da sua boca.] **7 pub. vs. 1 vers.**

PRIMEIRO POEMA [Sou morena mas bela, ó raparigas de Jerusalém,] **7 pub. vs. 2 vers.**

SEGUNDO POEMA [Ouço o meu amado.] **7 pub. vs. 2 vers.**

TERCEIRO POEMA [Quem é que sobe do deserto como uma coluna de fumo,] **7 pub. vs. 2 vers.**

QUARTO POEMA [Eu durmo, mas o meu coração vela.] **7 pub. vs. 2 vers.**

QUINTO POEMA [Tu és bela, minha amiga, como Tirça,] **7 pub. vs. 3 vers.**

CONCLUSÃO [Quem é que sobe do deserto apoiada ao seu amado?] **7 pub. vs. 1 vers.**

[— Filho, quais são as bocas tristes por onde as canas se lamentam?] **7 pub. vs. 1 vers.**

[— Filho, viste acaso duas pedras verdes com uma cruz ao meio?] **7 pub. vs. 1 vers.**

[— Filho, e o papagaio que levanta a saia, e tira a capa, e a camisa, e o chapéu, e os sapatos?] **7 pub. vs. 2 vers.**

[— Filho, viste as velhas que traziam ao colo os enteados e outras crianças?] **7 pub. vs. 2 vers.**

[— Filho, por onde passaste há um riacho.] **7 pub. vs. 1 vers.**

[— Filho, vai buscar-me uma mulher de Jalisco que tenha os cabelos em desordem e seja muito bela e virgem.] **7 pub. vs. 2 vers.**

[Ele ganha e, contente, leva consigo a pedra vermelha com que sonhou.] **7 pub. vs. 1 vers.**

[— Um espelho numa casa feita com ramos de pinheiro?] **7 pub. vs. 1 vers.**

[— Uma velha com cabelos de feno branco e que vela à porta da casa?] **7 pub. vs. 2 vers.**

[— Uma pedra branca de onde saem plumas verdes?] **7 pub. vs. 1 vers.**

[— Uma coisa que caminha, levando à frente plumas vermelhas e que é seguida por um bando de corvos?] **7 pub. vs. 2 vers.**

[— Uma coisa que tem sandálias de pedra e se levanta à porta da casa?] **7 pub. vs. 2 vers.**

[— Uma coisa que vai pelos vales fora, batendo as palmas das mãos como uma mulher que faz tortilhas?] **7 pub. vs. 1 vers.**

I [Deitada, repousa a flor. Deitado, além, repousa o canto.] **7 pub. vs. 2 vers.**

II [No pórtico de flores, no corredor de flores,] **7 pub. vs. 1 vers.**

III [És uma flor vermelha de milho queimado.] **7 pub. vs. 2 vers.**

CANTO DE ITZPAPALOTL [Ireis à região das piteiras selvagens,] **7 pub. vs. 2 vers.**

HINO A NOSSA MÃE [A divindade posta sobre os cactos sumptuosos:] **7 pub. vs. 2 vers.**

NASCEMOS PARA O SONO [Nascemos para o sono,] **7 pub. vs. 1 vers.**

CELEBRAÇÃO DA CIDADE DO MÉXICO [Estende-se a cidade em círculos de esmeralda:] **7 pub. vs. 2 vers.**

HINO ÓRFICO À NOITE *(Grécia)* [Cantarei a criadora dos homens e deuses — cantarei a Noite.] **7 pub. vs. 2 vers.**

CANÇÃO DA LARANJA VERMELHA [Disseram-me que estás doente, laranja vermelha.] **7 pub. vs. 1 vers.**

DIÁLOGO DE MARINHEIROS [— Quem viu a árvore de cor verde?] **7 pub. vs. 2 vers.**

O DESEJO [Se houvesse degraus na terra e tivesse anéis o céu,] **7 pub. vs. 1 vers.**

[Para poder caminhar através do infinito vazio,] **7 pub. vs. 1 vers.**

[A verdade é como um tigre que tivesse muitos cornos,] **7 pub. vs. 1 vers.**

[De tarde, o galo anuncia a aurora,] **7 pub. vs. 2 vers.**

[As palavras não fazem o homem compreender,] **7 pub. vs. 1 vers.**

[Se tirares água, pensarás que as montanhas se movem;] **7 pub. vs. 1 vers.**

[Cantam à meia-noite os galos de madeira,] **7 pub. vs. 1 vers.**

[Se acaso vires na rua um homem iluminado,] **7 pub. vs. 1 vers.**

[Conduz o teu cavalo sobre o fio de uma espada,] **7 pub. vs. 2 vers.**

[Há tantos anos vive o pássaro na gaiola] **7 pub. vs. 1 vers.**

[Quando o peixe se move, turvam-se as águas;] **7 pub. vs. 1 vers.**

[No fundo das montanhas está guardado um tesouro] **7 pub. vs. 1 vers.**

[As colinas são azuis por elas mesmas;] **7 pub. vs. 1 vers.**

[Sentada calmamente sem coisa alguma fazer,] **7 pub. vs. 1 vers.**

[Os rochedos levantam-se no céu,] **7 pub. vs. 1 vers.**

[Colhe flores, e as tuas vestes ficarão perfumadas;] **7 pub. vs. 1 vers.**

[O vento pára, as flores caem, um pássaro canta] **7 pub. vs. 1 vers.**

O MISTÉRIO DE AMEIGEN *(Irlanda)* [Eu sou o vento que sopra à flor do mar,] **7 pub. vs. 1 vers.**

ORAÇÃO MÁGICA FINLANDESA PARA ESTANCAR O SANGUE DAS FERIDAS [Pára, sangue, de correr,] **7 pub. vs. 2 vers.**

CANÇÃO ESCOCESA [«Porque escorre o sangue pela tua espada,] **7 pub. vs. 4 vers.**

DIVISA [Conhecem-me os cavalos e a noite e os desertos] **7 pub. vs. 1 vers.**

ORNATOS [O vinho cor-de-rosa é bom, ó companheiros.] **7 pub. vs. 1 vers.**

DECEPÇÃO [Disseram que a minha Layla vive em Tayma',] **7 pub. vs. 2 vers.**

TUDO O QUE É NOVO É BELO [De tudo o que é novo nasce um novo prazer,] **7 pub. vs. 1 vers.**

A LEITURA [Meus olhos resgatam o que está preso na página:] **7 pub. vs. 1 vers.**

A NOZ [É uma envoltura formada por duas peças maravilhosamente unidas:] **7 pub. vs. 1 vers.**

A BERINGELA [É um fruto de forma esférica, gosto vivo,] **7 pub. vs. 2 vers.**

O DEDAL [Dedal dourado como o sol: todo se ilumina, se lhe bate a luz de uma estrela.] **7 pub. vs. 2 vers.**

A AÇUCENA [As mãos da Primavera edificaram, no cimo dos caules, os castelos da açucena;] **7 pub. vs. 1 vers.**

A LUA [A lua é um espelho empanado pelo hálito das raparigas.] **7 pub. vs. 1 vers.**

O RIO [Belo deslizava o rio no seu leito,] **7 pub. vs. 1 vers.**

O NADADOR NEGRO [Nadava um negro num lago,] **7 pub. vs. 2 vers.**

CAVALO ALAZÃO [Era um cavalo alazão,] **7 pub. vs. 1 vers.**

OS JARROS [Pesados eram os jarros, mas quando os encheram de vinho puro,] **7 pub. vs. 1 vers.**

CAVALO BRANCO [Alvo como luz quando o sol se levanta —] **7 pub. vs. 1 vers.**

BOLHAS [Quando o encheram de vinho, inflamou-se o jarro,] **7 pub. vs. 1 vers.**

A BARCA [Lá vem a barca como um nadador de pernas rígidas,] **7 pub. vs. 1 vers.**

ROSAS [Desfolharam-se as rosas sobre o rio e, passando, espalharam-nas os ventos,] **7 pub. vs. 1 vers.**

RIO AZUL [Múrmuro, um rio de pérolas corre transparentemente.] **7 pub. vs. 1 vers.**

CENA DE AMOR [Enquanto a noite arrastava a cauda negra,] **7 pub. vs. 3 vers.**

A CEGONHA [Emigrante de outras terras, que anuncia o tempo,] **7 pub. vs. 1 vers.**

BOLHAS [Troca-me a prata pelo oiro do vinho — digo eu ao copeiro. — Dá-me vinho novo.] **7 pub. vs. 1 vers.**

VISITA DA MULHER AMADA [Vieste um pouco antes de soarem os sinos cristãos,] **7 pub. vs. 1 vers.**

ARROZAL DE MADRUGADA [Às quatro da manhã, arranco] **7 pub. vs. 1 vers.**

LÍRIO [O corpo deitado do meu amante,] **7 pub. vs. 1 vers.**

AS TRÊS CLARIDADES [A Lua a leste,] **7 pub. vs. 1 vers.**

AMOR MUDO [Ardendo de amor, as cigarras] **7 pub. vs. 1 vers.**

[Ervas do estio:] **7 pub. vs. 1 vers.**

[Um cuco] **7 pub. vs. 1 vers.**

[Primeira neve:] **7 pub. vs. 1 vers.**

[Libélula vermelha.] **7 pub. vs. 1 vers.**

[Pimentão vermelho.] **7 pub. vs. 1 vers.**

[Pelo meio do arrozal] **7 pub. vs. 2 vers.**

[Pirilampos] **7 pub. vs. 1 vers.**

[Festa das flores.] **7 pub. vs. 1 vers.**

[Casa sob as flores brancas.] **7 pub. vs. 1 vers.**

[Crescente lunar.] **7 pub. vs. 1 vers.**

[A lua deitou sobre as coisas] **7 pub. vs. 1 vers.**

[Monte de Higashi.] **7 pub. vs. 1 vers.**

[Caracol,] **7 pub. vs. 2 vers.**

[Um cuco] **7 pub. vs. 1 vers.**

[Ah, o passado.] **7 pub. vs. 1 vers.**

CANTOS ALTERNADOS [Sou como uma peça de seda cor-de-rosa,] **7 pub. vs. 2 vers.**

UMA RAPARIGA RESPONDE A PERGUNTAS [Cresce o bambu ao lado do pagode.] **7 pub. vs. 1 vers.**

[Perdi uma pérola na erva.] **7 pub. vs. 2 vers.**

[Formigas vermelhas no bambu vazio, vaso] **7 pub. vs. 1 vers.**

[Ouve-se a água bater no coração do coco verde,] **7 pub. vs. 2 vers.**

[Abre o fruto de odor inquietante,] **7 pub. vs. 2 vers.**

[Aos milhares voam os pombos,] **7 pub. vs. 1 vers.**

[Se até vós subir o movimento das águas,] **7 pub. vs. 1 vers.**

CANÇÃO DA CABÍLIA [Leve, aparece na dança —] **7 pub. vs. 1 vers.**

[A terra é um palácio que olha para cima,] **7 pub. vs. 1 vers.**

[Tem o irmão primogénito um odor vivo de fruta,] **7 pub. vs. 1 vers.**

[És um fruto dourado, uma banana madura.] **7 pub. vs. 2 vers.**

[Rescende a colina à salva,] **7 pub. vs. 1 vers.**

[Se é para ti,] **7 pub. vs. 1 vers.**

[Não há raiz da vida,] **7 pub. vs. 2 vers.**

[Subiu a rapariga para cima da amoreira,] **7 pub. vs. 1 vers.**

[Tu eras na floresta um cardeal vermelho,] **7 pub. vs. 2 vers.**

[Rapariga sòzinha na ilha, rapariga] **7 pub. vs. 2 vers.**

CANÇÃO TÁRTARA [O rosto da minha amada cobriu-se de sangue.] **7 pub. vs. 1 vers.**

[Levanto-me da cama com gestos] **7 pub. vs. 1 vers.**

[O grande fluxo do oceano põe-me em movimento,] **7 pub. vs. 1 vers.**

[Os mortos que sobem ao céu] **7 pub. vs. 1 vers.**

[Vejo aproximarem-se os brancos cães da aurora:] **7 pub. vs. 2 vers.**

I [Espírito do ar, vem,] **7 pub. vs. 1 vers.**

II [Quero visitar uma mulher estrangeira,] **7 pub. vs. 1 vers.**

CANÇÃO DE AMOR [Esta mulher é formosa] **7 pub. vs. 1 vers.**

A PUBERDADE [Sai depressa, depressa.] **7 pub. vs. 1 vers.**

A OBSCURIDADE [Esperamos na obscuridade.] **7 pub. vs. 1 vers.**

RITUAL DA CHUVA [Desde os tempos antigos,] **7 pub. vs. 1 vers.**

PINTURA NA AREIA [Para curar-me, o feiticeiro] **7 pub. vs. 2 vers.**

AS ESTRELAS [«Somos estrelas que cantam,] **7 pub. vs. 1 vers.**

CANÇÃO DE AMOR [Levantei-me cedo, cedo — e era azul] **7 pub. vs. 1 vers.**

A YUCCA [Mesmo diante da casa, no alto] **7 pub. vs. 3 vers.**

DONS DO AMANTE [Sobre a tua cabeleira hei-de pôr, para as núpcias,] **7 pub. vs. 2 vers.**

COMUNICAÇÃO ACADÉMICA 1963 [Gato dormindo debaixo de um pimenteiro:] **7 pub. vs. 3 vers.**

HÚMUS, Poema-montagem [Pátios de lajes soerguidas pelo único] **10 pub. vs. 4 vers.**

I [*Dedicatória* — a uma devagarosa mulher de onde surgem os dedos, dez e queimados por uma forte delicadeza.] **4 pub. vs. 2 vers.**

II [Era uma vez um pintor que tinha um aquário e, dentro do aquário, um peixe encarnado.] **10 pub. vs. 2 vers.**

III [Quando se caminha para a frente ou para trás, ao longo dos dicionários, vai-se desembocar na palavra Terror.] **3 pub. vs. 2 vers.**

IV [*(Tive uma alucinação: vi abertamente no espaço de uma mão clara e imóvel.*] **3 pub. vs. 3 vers.**

I [Os jornais chegaram pelo lado onde eu estava mais distraído, com as suas belas folhas negras, brancas, intersticiais.] **3 pub. vs. 3 vers.**

II [*Porque a imprensa fornece um novo dia e uma noite maior:*] **6 pub. vs. 3 vers.**

III [Leio no jornal um homem em crime absoluto.] **3 pub. vs. 1 vers.**

IV [Há gente que dá cravos, e se assusta.] **3 pub. vs. 2 vers.**

V [Retratos com sono pelas câmaras carbónicas e frias, e o meu delírio de pés múltiplos cambaleando em letras íngremes e vírgulas terríveis.] **3 pub. vs. 2 vers.**

VI [Uma criança disse: «Quando eu crescer, vou cortar as flores grandes para não haver vento.»] **3 pub. vs. 2 vers.**

A IMAGEM EXPANSIVA Dafne e Cloé [*Vem das estampas de ouro, o sono encurva-lhe os cabelos, fica branca de andar encostada à noite, e respira, respira,*] **5 pub. vs. 5 vers.**

I [Dava pelo nome muito estrangeiro de Amor, era preciso chamá-lo sem voz —] **3 pub. vs. 1 vers.**

II [Havia uma cidade em espanto linear a cavalo noutra cidade em geometria ambígua,] **3 pub. vs. 2 vers.**

III [Sempre que penso em ti estás a dançar levemente num clima de canela despenteada,] **3 pub. vs. 1 vers.**

IV [Vou chamar-te vagarosa deambulação, também há lugares para estrelas dromedárias,] **3 pub. vs. 2 vers.**

V [O mês de março vem ver como é e toca em tudo, e as montanhas descem pela tarde íngreme,] **3 pub. vs. 1 vers.**

VI [A água anda a uma velocidade branca, porém tu dizes: também sei que o amor é sinistro —] **3 pub. vs. 1 vers.**

VII [Há um perfume de roupa fria ao longo dos dias que nos percorrem, ao fundo inclinam-se os montes com os dorsos latejantes,] **3 pub. vs. 2 vers.**

VIII [Eucaliptos em contínuas folhas tumultuam na paisagem onde estás, silêncio feminino:] **3 pub. vs. 1 vers.**

IX [A montanha fica pensativa até ao fim da claridade, o vento dá alguns passos com uma braçada de glicínias —] **3 pub. vs. 1 vers.**

X [E tu reapareces a rir com a cabeleira bêbeda, o ar é uma árvore onde a estação treme com as folhas depressa,] **3 pub. vs. 1 vers.**

XI [E maio empregara-se nos jardins com uma velocidade ao pé do esplendor,] **3 pub. vs. 2 vers.**

XII [Só agora se vê a desordem geográfica, diz alguém, só agora conduz os castiçais frenéticos —] **3 pub. vs. 1 vers.**

I [O marceneiro louco faz cadeiras para que a noite se sente.] **3 pub. vs. 2 vers.**

II [Como um pássaro se encosta ao canto.] **3 pub. vs. 1 vers.**

III [É ainda o teu retrato com a brusca cabeleira de prata.] **3 pub. vs. 2 vers.**

IV [Recordo a bebedeira amarela das luzes, as ilhas sonoras e o terror das visões antigas.] **3 pub. vs. 2 vers.**

V [Para onde arrasta Deus os dons que me obscurecem?] **3 pub. vs. 1 vers.**

VI [Era assim: ao fundo dos corredores enlouqueciam as rosas, e as portas rodavam.] **3 pub. vs. 1 vers.**

VII [Eu via o dorso dos vestidos, suas cruas pétalas desalojando-se da madeira morta.] **3 pub. vs. 2 vers.**

VIII [Cão que dá flor por dentro. Do nome, irrompe-lhe a cabeça para o lado da luz.] **3 pub. vs. 2 vers.**

IX [Vinda dos confins da candura com o sol às costas, uma criança atravessa os roseirais.] **3 pub. vs. 1 vers.**

X [Amadurecem países de geografia interior. Montanhas de neve ardem a caminho do céu verde.] **3 pub. vs. 2 vers.**

XI [Os lençóis rebentavam de brancura. Delicadas, vermelhas —] **3 pub. vs. 1 vers.**

XII [*Com seus ramos de enxofre, a europa arde encostada ao dorso nocturno da lembrança.*] **3 pub. vs. 2 vers.**

XIII [De uma cega beleza, a cabeça cheia de folhas negras.] **3 pub. vs. 1 vers.**

I [Leia-se esta paisagem da direita para a esquerda e vice-versa, ou vice-versa e de baixo para cima,] **4 pub. vs. 2 vers.**

II [A pessoa escolhe a parte mais fria, e dispõe absolutamente a camélia ou a viva madeira da viola.] **4 pub. vs. 1 vers.**

III [Deslocações de ar, de palavras, partes do corpo, deslocações de sentido nas partes do corpo.] **4 pub. vs. 1 vers.**

IV [Durmo.] **4 pub. vs. 1 vers.**

V [O dia começa a meter-se para dentro.] **4 pub. vs. 2 vers.**

VI [As flores que devoram mel ficam negras em frente dos espelhos.] **4 pub. vs. 2 vers.**

VII [Ficarão para sempre abertas as minhas salas negras.] **4 pub. vs. 1 vers.**

I [Há aqui uma história de mãos. Trata-se dos terríveis trabalhadores rimbaldianos que trabalham o pesadelo.] **3 pub. vs. 1 vers.**

II [Louco e triste, sento-me de costas para a noite.] **3 pub. vs. 1 vers.**

III [Experimentei esta liberdade: a de ver os dias moverem-se de um lado para outro dentro das semanas,] **3 pub. vs. 3 vers.**

KODAK [Toda a profissão é hidrográfica: flui] **2 pub. vs. 2 vers.**

BICICLETA [Lá vai a bicicleta do poeta em direcção] **8 pub. vs. 2 vers.**

CANÇÃO DESPOVOADA [Num tempo sentado em seda, uma mulher imersa] **7 pub. vs. 3 vers.**

[A maçã precipitada, os incêndios da noite, a neve forte:] **7 pub. vs. 1 vers.**

[Tantos nomes que não há para dizer o silêncio —] **7 pub. vs. 1 vers.**

[Às vezes, sobre um soneto voraz e abrupto, passa] **7 pub. vs. 2 vers.**

[Sobre os cotovelos a água olha o dia sobre] **7 pub. vs. 1 vers.**

UM DEUS LISÉRGICO [Ele viu, a muitas noites de distância   o Rosto] **7 pub. vs. 3 vers.**

OS MORTOS PERIGOSOS, FIM. [Os jardins contorcem-se entre o estio e as trevas.] **7 pub. vs. 2 vers.**

[o texto assim coagulado, alusivas braçadas] **8 pub. vs. 2 vers.**

[toda, a doçura trepida, toda ameaçada,] **8 pub. vs. 2 vers.**

[beleza de manhãs arrefecidas sobre o aniquilamento,] **8 pub. vs. 2 vers.**

[põem-se as salas ordenadas no compasso] **8 pub. vs. 1 vers.**

[geografia em pólvora, solitária brancura] **8 pub. vs. 1 vers.**

[animais rompendo as barreiras do sono,] **8 pub. vs. 1 vers.**

[nervuras respirantes, agulhas, veios luzindo] **8 pub. vs. 1 vers.**

[essas vozes que batem no ar, esses parques a ferver,] **8 pub. vs. 1 vers.**

[massas implacáveis, tensas florações químicas, fortemente] **8 pub. vs. 1 vers.**

[tudo se espalha num impulso curvamente] **8 pub. vs. 1 vers.**

TEXTO 1 [Todo o discurso é apenas o símbolo de uma inflexão] **7 pub. vs. 3 vers.**

TEXTO 2 [Não se vai entregar aos vários «motores» a fabricação do estio] **7 pub. vs. 1 vers.**

TEXTO 3 [Afinal a ideia é sempre a mesma o bailarino a pôr o pé] **9 pub. vs. 3 vers.**

TEXTO 4 [Eu podia abrir um mapa: «o corpo» com relevos crepitantes] **7 pub. vs. 3 vers.**

TEXTO 5 [«Uma devassidão aracnídea» se se quiser] **7 pub. vs. 2 vers.**

TEXTO 6 [Não se esqueçam de uma energia bruta e de uma certa] **7 pub. vs. 2 vers.**

TEXTO 7 [Tenho uma pequena coisa africana para dizer aos senhores] **9 pub. vs. 2 vers.**

TEXTO 8 [Nenhuma atenção se esqueceu de me cravar os dedos] **7 pub. vs. 2 vers.**

TEXTO 9 [Porque também «isso» acontece dizer-se que se lavra] **7 pub. vs. 3 vers.**

TEXTO 10 [Encontro-me na posição de estar frenèticamente suspenso] **7 pub. vs. 3 vers.**

TEXTO 11 [«Estudara» muito pouco o comportamento das paisagens] **7 pub. vs. 2 vers.**

TEXTO 12 [Sei de um poeta que passou os anos mais próximos do seu] **7 pub. vs. 1 vers.**

2.2.3. Mapeamento do 3.º texto-base

Neste mapeamento estão representados o número total de poemas que constituem o 3.º texto-base, sendo o mesmo constituído por 38 poemas. Todos eles integram PT, 1981, apresentando um número bastante reduzido quando comparado com os 219 poemas integrados no mapeamento anterior.

Durante a composição do 3.º texto-base deu-se continuidade tanto à anotação de variantes, como à integração destes 38 poemas. A totalidade destes poemas são, na sua maioria, os poemas provenientes de C, de CLO e de P&V, ainda que parcialmente. O caso de C, devido às suas especificidades, não foi classificado enquanto volume que integra parcialmente, embora este volume reunido, já o integre com 4 partes apenas, em vez das 5 originais, e com dois poemas, no total, a menos. CLO também não foi classificado como volume que integra parcialmente, embora seja apenas um texto que o autor decida não integrar. Em ambos os casos, como se verá adiante, por questões de unidade, mas não só, optou-se por integrar as partes que faltavam de C e a parte que faltava de CLO.

Para além destes dois casos, o autor começa por integrar alguns textos provenientes de P&V, que irá manter, simultaneamente, em volumes não integrados e em volumes reunidos. É por essa razão que estes textos têm um maior número de publicações quando comparados com os restantes.

Quanto ao número total de publicações, obteve-se 291 contrastando com os 1382 do mapeamento anterior. O número total de versões é de apenas 81, número bastante reduzido. Contudo, há que ter em conta que neste mapeamento integraram apenas 38 novos textos.

Mapeamento 2.4. Mapeamento do 3.º texto-base.
Fonte: A. Couts (2017).

EXEMPLO [A teoria era esta: arrasar tudo — mas alguém pegou] **7 pub. vs. 1 vers.**

[E então vinha a baforada do estio como se abrissem uma porta] **5 pub. vs. 3 vers.**

[A força do medo verga a constelação do sexo.] **5 pub. vs. 3 vers.**

[Os lençóis brilham como se eu tivesse tomado veneno.] **5 pub. vs. 3 vers.**

[A parede contempla a minha brancura no fundo:] **5 pub. vs. 3 vers.**

[As folhas ressumam da luz, os cometas escoam-se] **5 pub. vs. 3 vers.**

[O espelho é uma chama cortada, um astro.] **5 pub. vs. 3 vers.**

[O rosto espera no seu abismo animal.] **5 pub. vs. 3 vers.**

[Ele queria coar na cabeça da mulher aprofundada] **5 pub. vs. 3 vers.**

[A doçura, a febre e o medo sombriamente agravam] **5 pub. vs. 3 vers.**

[Tomo o poder nas mãos dos animais — quer dizer:] **5 pub. vs. 3 vers.**

[Amo este verão negro com as furnas de onde se arrancam] **5 pub. vs. 3 vers.**

[Que eu atinja a minha loucura na sua estrela expelida] **5 pub. vs. 3 vers.**

[Deixarei os jardins a brilhar com seus olhos] **5 pub. vs. 3 vers.**

CÓLOFON [Como o centro da frase é o silêncio e o centro deste silêncio] **7 pub. vs. 2 vers.**

1. [Eis como que uma coisa como que nos interessa: destruir os textos.] **9 pub. vs. 3 vers.**

2. [Esta ciência selvagem de investigar a força] **9 pub. vs. 1 vers.**

3. [Esta é a mãe central com os dedos luzindo,] **9 pub. vs. 1 vers.**

4. [Não se pode tocar na dança. Toda essa fogueira.] **7 pub. vs. 3 vers.**

O CORPO O LUXO A OBRA 1977 [Em certas estações obsessivas,] **8 pub. vs. 3 vers.**

(é uma dedicatória) [Se alargas os braços desencadeia-se uma estrela de mão] **13 pub. vs. 3 vers.**

(a carta da paixão) [Esta mão que escreve a ardente melancolia] **13 pub. vs. 2 vers.**

(similia similibus) [Quem deita sal na carne crua deixa] **13 pub. vs. 2 vers.**

(vox) [O que está escrito no mundo está escrito de lado] **13 pub. vs. 1 vers.**

(walpurgisnacht) [Eu não durmo, respiro apenas como a raiz sombria] **13 pub. vs. 2 vers.**

(a morte própria) [E estás algures, em ilhas, selada pelo teu próprio brilho,] **13 pub. vs. 2 vers.**

[Nenhum corpo é como esse, mergulhador, coroado] **7 pub. vs. 1 vers.**

[Aberto por uma bala] **7 pub. vs. 2 vers.**

[Sei às vezes que o corpo é uma severa] **7 pub. vs. 1 vers.**

[Boca.] **7 pub. vs. 1 vers.**

[Em quartos abalados trabalho na massa tremenda] **7 pub. vs. 2 vers.**

[Astro assoprado, sombria ligeireza, dom: eu sei.] **7 pub. vs. 2 vers.**

[Queria tocar na cabeça de um leopardo louco, no luxo] **9 pub. vs. 1 vers.**

[Adolescentes repentinos, não sabem, apenas o tormento de um excesso] **9 pub. vs. 1 vers.**

[Não te queria quebrada pelos quatro elementos.] **9 pub. vs. 2 vers.**

[Há dias em que basta olhar de frente as gárgulas] **9 pub. vs. 1 vers.**

[Um espelho, uma trama de diamante onde a cabeça] **7 pub. vs. 1 vers.**

[Lenha — e a extracção de pequenos astros,] **7 pub. vs. 1 vers.**

2.2.4. Mapeamento do 4.º texto-base

O mapeamento do 4.º texto-base é constituído por dois textos apenas, representando uma das duas excepções da metodologia aplicada à elaboração dos mapeamentos dos textos-base.

Como se disse, no ponto anterior, C integra PT, 1981 com quatro partes apenas, em vez das cinco originais do volume não integrado de 1977, e com dois poemas, no total, a menos. São esses dois poemas que se decidiu integrar como 4.º texto-base. Devido às especificidades de C, e à sua importância na obra de Helder (*Cf.* Couts, 2018), estes poemas funcionam como exemplos de textos que têm destinos diferentes. O primeiro texto, «Memória, Montagem.», no lugar de integrar em volumes reunidos, migra de um volume não integrado, para outros volumes, que são, também eles, não integrados. O segundo texto, que é o 5.º poema da 5.ª parte de C, 1977, só existe neste volume nunca integrando outros, sejam eles volumes reunidos, volumes de súmulas ou outros volumes não integrados. É por essa razão que este texto tem apenas uma publicação e uma versão.

O primeiro texto, como se pode constatar, pelo número de versões que exibe, foi alterado quatro vezes, sendo que o texto-base conta como uma versão, perfazendo, assim, o total de cinco versões. A natureza dessas alterações será, todavia, apresentada no Capítulo 3.

Integrando estes dois textos, para além de manter a unidade original de C, pode acompanhar-se a sua transformação completa. E é esse o principal motivo da sua integração e consequente quebra das regras de elaboração destes mapeamentos.

Mapeamento 2.5. Mapeamento do 4.º texto-base.
Fonte: A. Couts (2017).

MEMÓRIA, MONTAGEM. [O poema é um animal;] **6 pub. vs. 5 vers.**

5. [É que a questão é do movimento; quero dizer: eles põem-se] **1 pub. vs. 1 vers.**

2.2.5. Mapeamento do 5.º texto-base

Também o mapeamento do 5.º texto-base constitui uma excepção à regra, pelas mesmas razões apresentadas no ponto anterior. Este texto provém de CLO, 1978a, volume não integrado que conta, polémicas à parte[26], com duas edições diferentes publicadas no mesmo ano. CLO integra em volume reunido em PT, 1981, contudo, quando o autor integra CLO, este texto, à semelhança daquilo que acontece ao primeiro texto do mapeamento anterior, migra, a partir de 1979, para os volumes não integrados de P&V, nunca integrando em volumes reunidos.

Este é um outro exemplo de texto cujo percurso denota a técnica herbertiana frequente de reutilização, reaproveitamento ou reciclagem de textos. Neste caso, o texto em questão repete-se sete vezes, sendo que existem

---

[26] A este respeito aconselha-se o documentário da *RTP, Arquivo*, «Herberto Helder: meu Deus faz com que eu seja sempre um Poeta Obscuro», 2007, onde Luiz Pacheco e Vitor Silva Tavares contam as suas versões acerca da publicação de CLO.

apenas duas versões. É um texto que começa por ser uma «nota final do autor», e que passa a ser um texto, com um título, também ele reutilizado e transformado[27], com ligeiras alterações[28] efectuadas de modo a adaptá-lo e introduzi-lo num contexto diferente.

Mapeamento 2.6. Mapeamento do 5.º texto-base.
Fonte: A. Couts (2017).

[Conforme com a ciência arcana, o ouro natural é vivo, desenvolve-se na terra e gera o próprio ouro.] **7 pub. vs. 2 vers.**

2.2.6. Mapeamento do 6.º texto-base

O mapeamento do 6.º texto-base engloba todos os textos de PT, 1990 que são 117, ou seja, no 4.º volume reunido, que é, também, o terceiro com o título PT, o autor integra 117 novos poemas.

O primeiro destes textos constitui um exemplo de poema que surge, pela primeira vez, integrado dentro de volume reunido. Quer isto dizer que, em PT, 1990, o autor integra em «Celebração da Cidade do México», que era um poema «isolado» em BN, este segundo poema, numerando ambos e tornando-os num ciclo de dois poemas. Estas

---

[27] Em todos os volumes de P&V, excepto um deles, que apresenta um lapso de tipografia, o texto surge com o seguinte título: «(o corpo o luxo a obra)».
[28] Como se tem vindo a dizer, estas alterações serão apresentadas e discutidas no Capítulo 3.

alterações são apresentadas, detalhadamente, no Capítulo 3. A partir daqui, este segundo poema não só passa a integrar os volumes reunidos (aqueles em que o autor decide integrá-lo), como passa a integrar os volumes não integrados de BN. Interessante é o facto de este poema ter apenas uma versão, significando, por isso, nunca ter sido alterado.

Para além deste poema, e dos poemas provenientes de volumes não integrados, existem 37 poemas provenientes de M, volume de versões. Assim, cerca de 31.6% do total deste mapeamento são traduções feitas pelo autor, relembrando que as versões (traduções) também têm versões — o número de vezes, existindo, em que os poemas são alterados.

O mapeamento do 6.º texto-base apresenta, ainda, um total de 666 publicações contrastando com apenas 135 versões, significando, por isso, que o número de vezes em que estes textos se duplicam é seriamente superior quando comparado com o número de vezes em os mesmos são alterados.

Mapeamento 2.7. Mapeamento do 6.º texto-base.
Fonte: A. Couts (2017).

II [Reina a cidade entre nenúfares de esmeralda,] **4 pub. vs. 1 vers.**

[Tocaram-me na cabeça com um dedo terrificamente] **8 pub. vs. 3 vers.**

[Que lhe estendas os dedos aos dedos: lhe devolvas] **6 pub. vs. 1 vers.**

MÃO: A MÃO [O coração em cheio] **8 pub. vs. 1 vers.**

[As cabeças de mármore: um raio] **6 pub. vs. 1 vers.**

[Os braços arvorados acima do trono, Com um rasgão luminoso] **6 pub. vs. 3 vers.**

[O sangue bombeado na loucura,] **6 pub. vs. 1 vers.**

[O sangue que treme na cama: a cama] **6 pub. vs. 1 vers.**

[Estremece-se às vezes desde o chão,] **6 pub. vs. 1 vers.**

[Como se uma estrela hidráulica arrebatada das poças,] **6 pub. vs. 1 vers.**

[Cortaram pranchas palpitando de água:] **8 pub. vs. 2 vers.**

DEMÃO [Retorna à escuridão] **6 pub. vs. 1 vers.**

— *Um poema (Iniji) que não é como os outros* — *(J.M.G. Le Clézio)* [Interrogamo-nos acerca da poesia? Desejaríamos saber o que pretende ela, aquilo que pretende de nós.] **5 pub. vs. 3 vers.**

— *Iniji* — *(Henri Michaux)* [Não pode mais, Iniji] **5 pub. vs. 2 vers.**

(Iugures, Ásia Central) [Ao negro mar ressoante possas tu chegar.] **5 pub. vs. 1 vers.**

I [O animal corre, e passa, e morre. E é o grande frio.] **5 pub. vs. 1 vers.**

II [O filho foi ver aos pomares] **5 pub. vs. 1 vers.**

(Dincas, Sudão) [No tempo em que Deus criou todas as coisas,] **5 pub. vs. 1 vers.**

— *Dança e encantação* — *(Gabão)* [*Solo:*
Pelas cinzas da vítima votiva*]* **4 pub. vs. 1 vers.**

— *Noutra margem do inferno* — *(Robert Duncan)* [Ó mortos interditos, também eu sou à deriva.] **4 pub. vs. 1 vers.**

— *Canto das cerimónias canibais* — *(Huitotos, Colômbia Británica)* [Estão em baixo, atrás dos filhos dos homens,] **4 pub. vs. 1 vers.**

— *O coração* — *(Stephen Crane)* [No deserto,] **4 pub. vs. 1 vers.**

— *À Serpente Celeste, contra as mordeduras* — *(Pigmeus, África Equatorial)* [Quando à noite o pé tropeça] **4 pub. vs. 1 vers.**

— *Mulher cobra negra* — *(Gondos, Índia Central)* [Vens tão devagarosa, ó mulher cobra negra,] **4 pub. vs. 1 vers.**

— *Serpente e lenço* — *(José Lezama Lima)* [A serpente] **4 pub. vs. 1 vers.**

(Índios Comanches, EUA) [Djá i dju nibá u] **5 pub. vs. 1 vers.**

— *Na cerimónia da puberdade feminina* — *(Índios Cunas, Panamá)* [As mulheres que cortam o cabelo às raparigas vão entrando na casa.] **5 pub. vs. 3 vers.**

(Austrália) [Ondas que se levantam, grandes ondas que se levantam] **5 pub. vs. 2 vers.**

I [Um tosco troço de pau] **5 pub. vs. 1 vers.**

II [Quem ameaças] **5 pub. vs. 1 vers.**

III [Nó de madeira] **5 pub. vs. 1 vers.**

IV [A inveja devora-te o queixo] **5 pub. vs. 1 vers.**

V [Ei-los ao homem e à mulher] **5 pub. vs. 1 vers.**

VI [O pão do sexo que ela coze três vezes ao dia] **5 pub. vs. 1 vers.**

VII [Sou feio!] **5 pub. vs. 1 vers.**

VIII [Quis fugir às mulheres do chefe] **5 pub. vs. 1 vers.**

IX [Ele] **5 pub. vs. 1 vers.**

X [Ei-la à mulher que mais amo] **5 pub. vs. 1 vers.**

— *Figos* — *(D.H. Lawrence)* [A maneira correcta de comer um figo à mesa] **4 pub. vs. 1 vers.**

— *A Príapo* — *(Tívoli, Roma)* [Salvé, ó santo Príapo, pai geral, salvé!] **4 pub. vs. 1 vers.**

— *Juventude virgem* — *(D.H. Lawrence)* [Às vezes] **4 pub. vs. 1 vers.**

— *A Grande Rena Louca* — *(Colômbia)* [Cacemos a Grande Rena] **5 pub. vs. 1 vers.**

— *As trompas de Ártemis* — *(Robert Duncan)* — [Lá onde a grande Ártemis cavalga] **4 pub. vs. 1 vers.**

— *Encantação* — *(México)* [Eis chegado o tempo,] **5 pub. vs. 1 vers.**

— *Canto em honra dos ferreiros* — *(Mongólia)* [Ó nove brancos ferreiros de algures,] **5 pub. vs. 1 vers.**

— *Os ferreiros* — *(Marie L. de Welch)* [Já não terão carne e sangue.] **5 pub. vs. 1 vers.**

— *As coisas feitas em ferro* — *(D.H. Lawrence)* [As coisas feitas em aço e trabalhadas em ferro] **4 pub. vs. 1 vers.**

— *A identidade dos contrários* — *(Edouard Roditi)* [Sonho que sou louco, e na minha loucura] **5 pub. vs. 1 vers.**

(Conde de Saint-Germain) [Da natureza inteira atento escrutador,] **4 pub. vs. 1 vers.**

[Com uma rosa no fundo da cabeça, que maneira obscura] **8 pub. vs. 1 vers.**

[Não cortem o cordão que liga o corpo à criança do sonho,] **6 pub. vs. 2 vers.**

[Criança à beira do ar. Caminha pelas cores prodigiosas, iluminações] **6 pub. vs. 1 vers.**

[Engoli] **8 pub. vs. 1 vers.**

[As crianças que há no mundo, vindas de lunações de objectos] **6 pub. vs. 1 vers.**

[Correm com braços e cabelo, com a luz que espancam,] **6 pub. vs. 1 vers.**

[Cada sítio tem um mapa de luas. Há uma criança radial vista] **6 pub. vs. 1 vers.**

[Os animais vermelhos, ou de ouro peça a peça:] **6 pub. vs. 2 vers.**

[Ninguém se aproxima de ninguém se não for num murmúrio,] **6 pub. vs. 1 vers.**

[Ficas toda perfumada de passar por baixo do vento que vem] **6 pub. vs. 2 vers.**

[Transbordas toda em sangue e nome, por motivos] **6 pub. vs. 1 vers.**

[Toquei num flanco súbito.] **6 pub. vs. 1 vers.**

[Onde se escreve mãe e filho] **6 pub. vs. 1 vers.**

[Depois de atravessar altas pedras preciosas,] **6 pub. vs. 1 vers.**

[Há uma árvore de gotas em todos os paraísos.] **6 pub. vs. 1 vers.**

[O dia, esse bojo de linfa, uma vertigem de hélio — arcaicamente] **6 pub. vs. 1 vers.**

[Leões de pedra à porta de jardins alerta] **6 pub. vs. 1 vers.**

[Uma golfada de ar que me acorda numa imagem larga.] **6 pub. vs. 1 vers.**

[Laranjas instantâneas, defronte — e as íris ficam amarelas.] **6 pub. vs. 1 vers.**

[Insectos nucleares, cor de púrpura, mortais, saídos reluzindo] **6 pub. vs. 1 vers.**

[Estátuas irrompendo da terra, que tumulto absorvem?] **6 pub. vs. 1 vers.**

[Bate na madeira vermelha,] **6 pub. vs. 1 vers.**

[Laranja, peso, potência.] **6 pub. vs. 1 vers.**

[Os cometas dão a volta e batem as caudas.] **6 pub. vs. 1 vers.**

[Pavões, glicínias, abelhas — e no leque gradual da luz,] **6 pub. vs. 2 vers.**

[Girassóis percorrem o dia fotosférico,] **6 pub. vs. 1 vers.**

[De todos os sítios do parque uma vibração ataca] **6 pub. vs. 1 vers.**

[Sou um lugar carregado de cactos junto à água, lua,] **6 pub. vs. 1 vers.**

[Dias esquecidos um a um, inventa-os a memória.] **6 pub. vs. 1 vers.**

[Mulheres geniais pelo excesso da seda, mães] **8 pub. vs. 1 vers.**

[Não toques nos objectos imediatos.] **6 pub. vs. 1 vers.**

[Águas espasmódicas, luas repetidas nas águas.] **6 pub. vs. 1 vers.**

[Paisagem caiada, sangue até ao ramo das vértebras:] **6 pub. vs. 1 vers.**

[Que ofício debruçado: polir a jóia extenuante,] **8 pub. vs. 1 vers.**

[A solidão de uma palavra. Uma colina quando a espuma] **6 pub. vs. 1 vers.**

[Ninguém sabe se o vento arrasta a lua ou se a lua] **6 pub. vs. 1 vers.**

[Quem bebe água exposta à lua sazona depressa:] **6 pub. vs. 1 vers.**

[A arte íngreme que pratico escondido no sono pratica-se] **8 pub. vs. 1 vers.**

[O dia abre a cauda de água, o copo] **6 pub. vs. 1 vers.**

[O canteiro cheira à pedra. Da rosa cavada nela cheirará,] **6 pub. vs. 1 vers.**

[Abre a fonte no mármore, sob a força dos dedos] **6 pub. vs. 1 vers.**

[O dia ordena os cântaros um a um em filas vivas.] **6 pub. vs. 1 vers.**

[O mármore maduro desabrocha, move-o pelo meio] **6 pub. vs. 1 vers.**

[O espaço do leopardo, enche-o com a magnificência.] **6 pub. vs. 1 vers.**

[Entre varais de sal, no fundo, onde se fica cego.] **6 pub. vs. 2 vers.**

[A lua leveda o mênstruo, vira o peixe no frio, ilumina] **6 pub. vs. 1 vers.**

[É amargo o coração do poema.] **6 pub. vs. 1 vers.**

[Mergulhador na radiografia de brancura escarpada.] **6 pub. vs. 1 vers.**

[Levanto as mãos e o vento levanta-se nelas.] **6 pub. vs. 1 vers.**

[Se olhas a serpente nos olhos, sentes como a inocência] **6 pub. vs. 1 vers.**

[Dálias cerebrais de repente. Artesianas, irrigadas] **6 pub. vs. 2 vers.**

[Ninguém tem mais peso que o seu canto.] **6 pub. vs. 1 vers.**

[Gárgula.] **8 pub. vs. 1 vers.**

[As varas frias que batem nos meus lugares levantam] **6 pub. vs. 1 vers.**

[Os tubos de que é feito o corpo,] **6 pub. vs. 1 vers.**

[Pratiquei a minha arte de roseira: a fria] **6 pub. vs. 1 vers.**

[Será que Deus não consegue compreender a linguagem dos artesãos?] **7 pub. vs. 2 vers.**

[Astralidade, zonas saturadas, a noite suspende um ramo.] **5 pub. vs. 1 vers.**

[Ela disse: porque os vestidos transbordam de vento.] **7 pub. vs. 1 vers.**

[A oferenda pode ser um chifre ou um crânio claro ou] **5 pub. vs. 1 vers.**

[Entre temperatura e visão a frase africana com as colunas de ar] **7 pub. vs. 1 vers.**

[São estes — leopardo e leão: carne turva e] **5 pub. vs. 1 vers.**

[Os lugares uns nos outros — e se alguém está lá dentro com grandes nós de carne:] **7 pub. vs. 1 vers.**

[Entre porta e porta — a porta que abre à água e a porta aberta] **5 pub. vs. 1 vers.**

[A poesia também pode ser isso:] **7 pub. vs. 1 vers.**

[Uma razão e as suas palavras, não sou leve não tenho] **5 pub. vs. 1 vers.**

[Podem mexer dentro da cabeça com a música porque um acerbo clamor porque] **5 pub. vs. 1 vers.**

[Doces criaturas de mãos levantadas, ferozes cabeleiras, centrífugas pelos olhos para] **5 pub. vs. 1 vers.**

2.2.7. Mapeamento do 7.º texto-base

Em 1996 são integrados, no volume reunido de PT, 68 novos poemas que dão origem ao mapeamento do 7.º texto-base. Este mapeamento, ao integrar seis poemas de OSOU e 62 poemas de DM, apresenta uma outra técnica editorial herbertiana que cabe explicitar neste ponto.

DM é, originalmente, um volume não integrado publicado em 1994. Acontece que DM divide-se em duas partes: OSOU, a primeira, e DM, a segunda. Tem-se, assim, OSOU a integrar DM e DM a integrar DM. Quando, em 1996 o autor integra o total de 68 poemas, OSOU, que era um ciclo de seis poemas, passa a ser volume integrado, mantendo, ainda assim, o ciclo original de seis poemas. DM, passa a existir, para além de volume não integrado, como volume integrado, sendo constituído por 62 poemas apenas e mantendo o número original da segunda parte de DM.

O mapeamento do 7.º texto-base apresenta um total de 366 publicações e um total de 82 versões, números que mostram o contraste elevado entre poemas que se multiplicam e poemas que foram alterados.

Relembra-se que muitos destes poemas também apresentam um maior número de publicações quando comparados com outros poemas por terem sido integrados em volumes de súmulas.

Mapeamento 2.8. Mapeamento do 7.º texto-base.
Fonte: A. Couts (2017).

[Se mexem as mãos memoriais as mães] **7 pub. vs. 1 vers.**

[Alguns nomes são filhos vivos alguns ensinos de memória e dor] **7 pub. vs. 2 vers.**

[Um nome simples para nascer por fora dormir comer subir] **5 pub. vs. 1 vers.**

[Dançam segundo o ouro quer dizer fazem da fieira de estrelas africanas] **5 pub. vs. 1 vers.**

[Ele disse que] **7 pub. vs. 1 vers.**

[São escórias queimadas tocas ao negro. Com seus anéis de chumbo é a agre] **5 pub. vs. 1 vers.**

[A uma devagarosa mulher com cinco dedos potentes] **5 pub. vs. 3 vers.**

[Nas mãos um ramo de lâminas.] **5 pub. vs. 1 vers.**

[Pus-me a saber: estou branca sobre uma arte] **5 pub. vs. 2 vers.**

[Se é uma criança, diz: eu cá sou cor-de-laranja.] **5 pub. vs. 1 vers.**

[Porque eu sou uma abertura,] **5 pub. vs. 2 vers.**

[Olha a minha sombra natural exactamente amarela, diz,] **5 pub. vs. 1 vers.**

[Se te inclinas nos dias inteligentes — entende-se] **5 pub. vs. 1 vers.**

[Beleza ou ciência: uma nova maneira súbita] **5 pub. vs. 1 vers.**

[Água sombria fechada num lugar luminoso, noite,] **5 pub. vs. 1 vers.**

[E aparece a criança;] **5 pub. vs. 1 vers.**

[Porque ela vai morrer.] **5 pub. vs. 1 vers.**

[Rosas divagadas pelas roseiras, as sombras das rosas] **5 pub. vs. 1 vers.**

[Porque abalando as águas côncavas o acordou a lua e empurrou para fora,] **7 pub. vs. 1 vers.**

[Guelras por onde respira toda a luz desabrochada,] **5 pub. vs. 1 vers.**

[Se perguntarem: das artes do mundo?] **5 pub. vs. 1 vers.**

[Ferro em brasa no flanco de um só dia, um buraco] **5 pub. vs. 1 vers.**

[Esta coluna de água, bastam-lhe o peso próprio,] **7 pub. vs. 1 vers.**

[Ainda não é a coluna madura de uma árvore, não fabrica] **5 pub. vs. 1 vers.**

[Pêras maduras ao longe,] **5 pub. vs. 1 vers.**

[Pode colher-se na espera da árvore,] **5 pub. vs. 1 vers.**

[Uma colher a transbordar de azeite:] **5 pub. vs. 2 vers.**

[Músculo, tendão, nervo, e o peso da veia que leva,] **5 pub. vs. 1 vers.**

[Dias pensando-se uns aos outros na sua seda estendida,] **5 pub. vs. 1 vers.**

[Atravessa a água até ao fundo da estrela.] **5 pub. vs. 1 vers.**

[Leia-se esta paisagem da direita para a esquerda e vice-versa] **5 pub. vs. 1 vers.**

[Murmurar num sítio a frase difícil,] **5 pub. vs. 1 vers.**

[Ríspido, zoológico,] **5 pub. vs. 1 vers.**

[Ninguém sabe de onde pode soprar.] **5 pub. vs. 1 vers.**

[A água nas torneiras, nos diamantes, nos copos.] **7 pub. vs. 1 vers.**

[Em recessos, com picareta e pá, sem máscara, trabalha] **5 pub. vs. 1 vers.**

[Abre o buraco à força de homem,] **7 pub. vs. 2 vers.**

[Deixa a madeira preparar-se por si mesma até ao oculto da obra.] **5 pub. vs. 1 vers.**

[Folheie as mãos nas plainas enquanto desusa a gramática da madeira, obscura] **5 pub. vs. 1 vers.**

[Tanto lavra as madeiras para que seja outro o espaço] **5 pub. vs. 1 vers.**

[Marfim desde o segredo rompendo pela boca,] **5 pub. vs. 1 vers.**

[Se o fio acaba nos dedos, o fio vivo, se os dedos] **7 pub. vs. 2 vers.**

[O dia meteu-se para dentro: a água enche o meu sono] **5 pub. vs. 1 vers.**

[Nem sempre se tem a voltagem das coisas: mesa aqui, fogão aceso,] **7 pub. vs. 1 vers.**

[Num espaço unido a luz sacode] **5 pub. vs. 1 vers.**

[A ascensão do aloés: vê-se,] **5 pub. vs. 1 vers.**

[A alimentação simples da fruta,] **5 pub. vs. 1 vers.**

[Sopra na cana até que dê flor.] **5 pub. vs. 1 vers.**

[Folha a folha como se constrói um pássaro] **5 pub. vs. 1 vers.**

[Foi-me dada um dia apenas, num dos centros da idade,] **7 pub. vs. 2 vers.**

[Este que chegou ao seu poema pelo mais alto que os poemas têm] **7 pub. vs. 1 vers.**

[Se houver ainda para desentranhar da assimetria] **5 pub. vs. 1 vers.**

[Por isso ele era rei, e alguém] **5 pub. vs. 2 vers.**

[Quero um erro de gramática que refaça] **5 pub. vs. 1 vers.**

[Um espelho em frente de um espelho: imagem] **5 pub. vs. 1 vers.**

[Trabalha naquilo antigo enquanto o mundo se move] **5 pub. vs. 1 vers.**

[Se se pudesse, se um insecto exímio pudesse,] **5 pub. vs. 1 vers.**

[O olhar é um pensamento.] **5 pub. vs. 2 vers.**

[Medido de espiga a espiga durante a terra contínua,] **5 pub. vs. 1 vers.**

[Sou eu, assimétrico, artesão, anterior] **5 pub. vs. 1 vers.**

[Arquipélago:] **5 pub. vs. 1 vers.**

[Com uma pêra, dou-lhe um nome de erro] **5 pub. vs. 1 vers.**

[Dentro das pedras circula a água, sussurram,] **5 pub. vs. 1 vers.**

[Não peço que o espaço à minha volta se engrandeça,] **5 pub. vs. 1 vers.**

[O astro peristáltico passado da vagina à boca,] **5 pub. vs. 1 vers.**

[Quem anel a anel há-de pôr-me a nu os dedos,] **5 pub. vs. 2 vers.**

[Selaram-no com um nó vivo como se faz a um odre,] **7 pub. vs. 1 vers.**

[Duro, o sopro e o sangue tornaram-no duro,] **7 pub. vs. 3 vers.**

2.2.8. Mapeamento do 8.º texto-base

Em 2009 são integrados, em volume reunido, 99 novos poemas. Os 99 poemas que constituem o mapeamento do 8.º texto-base provêm, na sua maioria, de FNCF. Destes 99 poemas, existem 89 originários da segunda parte de FNCF que integra FNCF,[29] aos quais o autor acrescenta 10, um deles, o 72.º deste mapeamento, único poema inédito de OPC-S. Este poema, proveniente de OPC-S é, assim, integrado pela primeira vez em volume reunido, integrando, também, o novo ciclo de poemas de FNCF perfazendo o total de 99.

Tendo em conta de que se trata de 99 novos poemas, apenas, o mapeamento do 8.º texto-base apresenta um total de 288 publicações, e um total de 111 versões, números, ainda assim, consideráveis.

Mapeamento 2.9. Mapeamento do 8.º texto-base.
Fonte: A. Couts (2017).

[até que Deus é destruído pelo extremo exercício da beleza] **3 pub. vs. 1 vers.**

[sobressalto,] **2 pub. vs. 1 vers.**

[do saibro irrompe a flor do cardo,] **2 pub. vs. 1 vers.**

[argutos, um a um, dedos] **3 pub. vs. 1 vers.**

---

[29] Note-se que o autor utiliza uma técnica semelhante já usada em DM, 1994, em que DM é a segunda parte de DM e que a integra, portanto.

[o aroma do mundo é o de salsugem no escuro] **2 pub. vs. 1 vers.**

[pratica-te como contínua abertura,] **3 pub. vs. 1 vers.**

[e tu viras vibrantemente a cabeça] **3 pub. vs. 1 vers.**

[estende a tua mão contra a minha boca e respira,] **3 pub. vs. 1 vers.**

[que fosses escrita com todas as linhas de todas as coisas numa frase de ensino e] **3 pub. vs. 1 vers.**

[mordidos por dentes caninos, que substantivos!] **3 pub. vs. 1 vers.**

[cabelos amarrados quentes que se desamarram,] **3 pub. vs. 1 vers.**

[sou eu que te abro pela boca,] **3 pub. vs. 1 vers.**

[que eu aprenda tudo desde a morte,] **3 pub. vs. 1 vers.**

[glória dos objectos!] **3 pub. vs. 2 vers.**

[roupa agitada pela força da luz que irrompe dela,] **3 pub. vs. 1 vers.**

[o fundo do cabelo quando o agarras todo para quebrá-la,] **3 pub. vs. 1 vers.**

[e eu reluzo no fundo de um universo que desconheço,] **2 pub. vs. 1 vers.**

[não some, que eu lhe procuro, e lhe boto] **3 pub. vs. 2 vers.**

[aos vinte ou quarenta os poemas de amor têm uma força directa,] **2 pub. vs. 1 vers.**

[porque estremeço à maravilha da volta com que tiras o vestido por cima da cabeça,] **2 pub. vs. 1 vers.**

[a luz de um só tecido a mover-se sob o vestido] **3 pub. vs. 1 vers.**

[põem-te a água defronte e a mão aberta dentro da água não se apaga,] **3 pub. vs. 1 vers.**

[e ele disse: não deixes fechar-se a ferida] **3 pub. vs. 1 vers.**

[¿mas se basta uma braçada de luz com água,] **3 pub. vs. 1 vers.**

[frutas, púcaros, ondas, folhas, dedos, tudo] **3 pub. vs. 1 vers.**

[e regresso ao resplendor,] **3 pub. vs. 1 vers.**

[cabelo cortado vivo,] **3 pub. vs. 1 vers.**

[noite funcionada a furos de ouro fundido,] **3 pub. vs. 1 vers.**

[perder o dom, mas quem o perde?] **3 pub. vs. 1 vers.**

[rosto de osso, cabelo rude, boca agra,] **3 pub. vs. 1 vers.**

[retira-se alguém um pouco atrás na noite] **3 pub. vs. 1 vers.**

[¿mas como: um pequeno poema com um relâmpago íngreme e instantâneo entre as linhas,] **3 pub. vs. 1 vers.**

[a laranja, com que força aparece de dentro para fora,] **3 pub. vs. 1 vers.**

[madeira por onde o mundo se enche de seiva,] **3 pub. vs. 1 vers.**

[os animais fazem tremer o chão se passam debaixo dela] **3 pub. vs. 1 vers.**

[para que venha alguém no estio e lhe arranque o coração,] **3 pub. vs. 1 vers.**

[Quem sabe é que é alto para dentro até apanhá-la:] **3 pub. vs. 1 vers.**

[na mão madura a luz imóvel pára a pêra sucessiva,] **3 pub. vs. 1 vers.**

[pêras plenas na luz subida para colhê-las] **3 pub. vs. 1 vers.**

[alguém salgado porventura] **3 pub. vs. 2 vers.**

[já sai para o visível e o conjunto a olaria,] **3 pub. vs. 1 vers.**

[roupas pesadas de sangue, cabeças] **3 pub. vs. 1 vers.**

[aparas gregas de mármore em redor da cabeça,] **3 pub. vs. 1 vers.**

[a madeira trabalhamo-la às escondidas,] **3 pub. vs. 1 vers.**

[vem aí o sagrado, e tornam-se radiosas as coisas mínimas,] **3 pub. vs. 1 vers.**

[o fogo arrebata-se do gás até à cara, e lavra-a,] **3 pub. vs. 2 vers.**

[se procuro entre as roupas, nas gavetas, entre as armas da cozinha,] **3 pub. vs. 1 vers.**

[álcool, tabaco, anfetaminas, que alumiação, mijo cor de ouro e esperma grosso,] **3 pub. vs. 1 vers.**

[moço, digo eu ao canteiro de rojo,] **3 pub. vs. 1 vers.**

[a faca não corta o fogo,] **3 pub. vs. 1 vers.**

[exultação, fervor,] **3 pub. vs. 1 vers.**

[no mundo há poucos fenómenos do fogo,] **3 pub. vs. 1 vers.**

[do mundo que malmolha ou desolha não me defendo,] **3 pub. vs. 1 vers.**

[mas eu, que tenho o dom das línguas, senti] **3 pub. vs. 1 vers.**

[a acerba, funda língua portuguesa,] **3 pub. vs. 1 vers.**

[espaço que o corpo soma quando se move,] **3 pub. vs. 2 vers.**

[mesmo sem gente nenhuma que te ouça,] **3 pub. vs. 1 vers.**

[se do fundo da garganta aos dentes a areia do teu nome,] **3 pub. vs. 1 vers.**

[*(...) e escrever poemas cheios de honestidades várias e pequenas digitações gramaticais,*] **3 pub. vs. 2 vers.**

[acima do cabelo radioso,] **3 pub. vs. 1 vers.**

[se te] **3 pub. vs. 1 vers.**

[colinas aparecidas numa volta de oxigénio, frutas] **3 pub. vs. 1 vers.**

[e eu que sou louco, um pouco, não ao ponto de ser belo ou maravilhoso ou assintáctico ou mágico, mas:] **3 pub. vs. 1 vers.**

[travesti, brasileiro, dote escandaloso, leio, venha ser minha fêmea,] **3 pub. vs. 2 vers.**

[faúlha e o ar à volta dela,] **3 pub. vs. 1 vers.**

[o fôlego rouco irrompe nas pronúncias bárbaras] **3 pub. vs. 1 vers.**

resposta a uma carta [gloria in excelsis, a minha língua na tua língua,] **3 pub. vs. 2 vers.**

[limoeiros, riachos, faúlhas, montes levantados ao de cima da cabeça,] **2 pub. vs. 1 vers.**

[o ministério lírico, o mais grave e equívoco, o dom, não o tenho, espreito-o, leitor,] **2 pub. vs. 1 vers.**

[quem é que sobe do deserto com a sua alumiação,] **3 pub. vs. 2 vers.**

[isto que às vezes me confere o sagrado, quero eu] **3 pub. vs. 1 vers.**

[Redivivo. E basta a luz do mundo movida ao toque no interruptor,] **4 pub. vs. 2 vers.**

[obscuridade, sangue, carne inundada, la beltà?] **3 pub. vs. 1 vers.**

[curva labareda de uma chávena,] **3 pub. vs. 1 vers.**

[mesmo assim fez grandes mãos, mãos sem anéis, incorruptíveis,] **3 pub. vs. 1 vers.**

[a labareda da estrela oculta a estrela, numa] **3 pub. vs. 1 vers.**

[ata e desata os nós aos dias meteorológicos, dias orais, manuais,] **3 pub. vs. 1 vers.**

[dúplice] **3 pub. vs. 1 vers.**

[se alguém respirasse e cantasse uma palavra,] **3 pub. vs. 1 vers.**

[no ar vibram as colinas desse tempo, colinas] **3 pub. vs. 1 vers.**

[dias cheios de ar hemisférico e radiação da água,] **3 pub. vs. 2 vers.**

[e a única técnica é o truque repetido de escrever entre o agraz e o lírico,] **3 pub. vs. 1 vers.**

[basta que te dispas até te doeres todo,] **3 pub. vs. 1 vers.**

[ou: o truque cardiovascular, ou:] **3 pub. vs. 1 vers.**

[que não há nenhuma tecnologia paradisíaca,] **3 pub. vs. 1 vers.**

[que poder de ensino o destas coisas quando] **3 pub. vs. 1 vers.**

[que dos fragmentos arcaicos nos chegam apenas pedaços de ouro] **3 pub. vs. 1 vers.**

[se me vendam os olhos, eu, o arqueiro! acerto] **3 pub. vs. 1 vers.**

[bic cristal preta doendo nas falangetas,] **3 pub. vs. 1 vers.**

um dos módulos da peça caiu e esmagou-o contra um suporte de aço do atelier
[arrancara a unhas frias dos testículos à boca,] **3 pub. vs. 1 vers.**

[arranca ao maço de linho o fio enxuto,] **3 pub. vs. 1 vers.**

[a morte está tão atenta à tua força contra ela,] **3 pub. vs. 1 vers.**

[a vida inteira para fundar um poema,] **3 pub. vs. 1 vers.**

[li algures que os gregos antigos não escreviam necrológios,] **3 pub. vs. 2 vers.**

[não chamem logo as funerárias,] **2 pub. vs. 1 vers.**

[corpos visíveis,] **3 pub. vs. 1 vers.**

[há muito quem morra precipitadamente,] **2 pub. vs. 1 vers.**

[talha, e as volutas queimam os olhos quando se escuta,] **3 pub. vs. 1 vers.**

[abrupto termo dito último pesado poema do mundo] **3 pub. vs. 1 vers.**

2.2.9. Mapeamento do 9.º texto-base

Em 2014 são integrados, em volume reunido, 102 novos poemas, que constituem o mapeamento do 9.º e último texto-base. Estes poemas provêm de dois volumes não integrados, a saber: S, 2013 e MM, 2014. De S, provêm 73 poemas e a segunda parte do texto introdutório, perfazendo um total de 74 poemas. Os restantes 28 poemas provêm de MM.

Estes foram os últimos poemas publicados pelo autor, em vida, que foram integrados, pela primeira vez, dentro de um volume reunido. Há, no entanto, uma excepção: a segunda parte do primeiro texto deste mapeamento, que já integrara ELD, em 1985, não sendo, portanto, um texto absolutamente novo.

Este mapeamento conta com um total de 205 publicações e um total de 117 versões, números que mostram um certo equilíbrio entre poemas multiplicados e poemas alterados.

O mapeamento do 9.º texto base é, assim, o último mapeamento que veio concluir a etapa mais importante deste trabalho, uma vez que, sem os mapeamentos seria impossível a anotação das versões e consequente classificação e análise da obra herbertiana que se propôs apresentar.

Mapeamento 2.10. Mapeamento do 9.º texto-base.
Fonte: A. Couts (2017).

[É o tema das visões e das vozes, um pouco ameaçador agora quando se lembra aquilo por que se passou.] **3 pub. vs. 3 vers.**

[dos trabalhos do mundo corrompida] **2 pub. vs. 1 vers.**

[saio hoje ao mundo,] **2 pub. vs. 1 vers.**

[do tamanho da mão faço-lhes o poema da minha vida, agudo e espesso,] **2 pub. vs. 1 vers.**

[as manhãs começam logo com a morte das mães,] **2 pub. vs. 1 vers.**

l'amour la mort [petite pute deitada toda nua sobre a cama à espera,] **2 pub. vs. 1 vers.**

[*That happy hand, wich hardly did touch*] **2 pub. vs. 1 vers.**

[fôsses tu um grande espaço e eu tacteasse] **2 pub. vs. 1 vers.**

d'après Issa [no mais carnal das nádegas] **2 pub. vs. 1 vers.**

[e eu que sopro e envolvo teu corpo tremulamente intacto com meu corpo de bode coroado] **2 pub. vs. 1 vers.**

[funda manhã onde fundei o prodígio da minha vida airada,] **2 pub. vs. 1 vers.**

[não, obrigado, estou bem, nada de novo,] **2 pub. vs. 1 vers.**

[já não tenho tempo para ganhar o amor, a glória ou a Abissínia,] **2 pub. vs. 2 vers.**

[de dentro para fora, dedos inteiros,] **2 pub. vs. 1 vers.**

[e eis súbito ouço num transporte público:] **2 pub. vs. 1 vers.**

[as luzes todas apagadas] **2 pub. vs. 2 vers.**

[a noite que no corpo eu tanto tempo trouxe, setembro, o estio,] **2 pub. vs. 1 vers.**

[que floresce uma só vez na vida, agaué! dez metros, escarpada, branca, brusca, brava, encarnada,] **2 pub. vs. 1 vers.**

[até cada objecto se encher de luz e ser apanhado] **2 pub. vs. 1 vers.**

[como se atira o dardo com o corpo todo,] **2 pub. vs. 1 vers.**

[a linha de sangue irrompendo neste poema lavrado numa trama de pouco mais que uma dúzia de linhas,] **2 pub. vs. 1 vers.**

[*rosa esquerda*, plantei eu num antigo poema virgem,] **2 pub. vs. 1 vers.**

[não me amputaram as pernas nem condenaram à fôrca,] **2 pub. vs. 1 vers.**

[disseram: mande um poema para a revista onde colaboram todos] **2 pub. vs. 1 vers.**

[pedras quadradas, árvores vermelhas, atmosfera,] **2 pub. vs. 1 vers.**

[¿mas que sentido faz isto:] **2 pub. vs. 1 vers.**

[quem fabrica um peixe fabrica duas ondas, uma que rebenta floralmente branca à direita,] **2 pub. vs. 1 vers.**

[— oh coração escarpado,] **2 pub. vs. 1 vers.**

[¿e a música, a música, quando, como, em que termos extremos] **2 pub. vs. 1 vers.**

[nunca mais quero escrever numa língua voraz,] **2 pub. vs. 2 vers.**

[um dia destes tenho o dia inteiro para morrer,] **2 pub. vs. 1 vers.**

Heinrich von Kleist versus Johann Wolfgang von Goethe [¿como distinguir o mau ladrão do bom ladrão? o mau ladrão] **2 pub. vs. 2 vers.**

[que um punhado de ouro fulgure no escuso do mundo,] **2 pub. vs. 1 vers.**

[nada pode ser mais complexo que um poema,] **2 pub. vs. 1 vers.**

[nenhuma linha é menos do que outrora] **2 pub. vs. 1 vers.**

[hoje, que eu estava conforme ao dia fundo,] **2 pub. vs. 1 vers.**

[agora se tivesses alma tinhas de salvá-la, agora] **2 pub. vs. 1 vers.**

[a força da faca ou é um jogo,] **2 pub. vs. 1 vers.**

[nem em mim próprio que ardo, cérebro, cerebelo, bolbo raquidiano,] 2 **pub. vs. 1 vers.**

[os cães gerais ladram às luas que lavram pelos desertos fora,] **2 pub. vs. 1 vers.**

[só quanto ladra na garganta, sofreado, curto, cortado,] **2 pub. vs. 1 vers.**

[ele que tinha ouvido absoluto para as músicas sumptuosas do verso livre] **2 pub. vs. 1 vers.**

[cada lenço de seda que se ata ¡oh desastres das artes! a própria seda do lenço o desata] **2 pub. vs. 1 vers.**

[um quarto dos poemas é imitação literária,] **2 pub. vs. 1 vers.**

[já não tenho mão com que escreva nem lâmpada,] **2 pub. vs. 1 vers.**

[escrevi um curto poema trémulo e severo,] **2 pub. vs. 1 vers.**

[profano, prático, público, político, presto, profundo, precário,] **2 pub. vs. 1 vers.**

[uma espuma de sal bateu-me alto na cabeça,] **2 pub. vs. 1 vers.**

[welwítschia mirabilis no deserto entre as fornalhas:] **2 pub. vs. 1 vers.**

[releio e não reamo nada,] **2 pub. vs. 1 vers.**

[não quero mais mundo senão a memória trémula,] **2 pub. vs. 1 vers.**

[e depois veio a navalha e cortou-lhes o canto pelo meio da garganta,] **2 pub. vs. 2 vers.**

[esquivar-se à sintaxe e abusar do mundo,] **2 pub. vs. 1 vers.**

[e ali em baixo com terra na boca e mãos atadas atrás das costas] **2 pub. vs. 1 vers.**

[olhos ávidos,] **2 pub. vs. 1 vers.**

[colinas amarelas, árvores vermelhas,] **2 pub. vs. 1 vers.**

[oh não, por favor não impeçam o cadáver,] **2 pub. vs. 1 vers.**

[irmãos humanos que depois de mim vivereis,] **2 pub. vs. 2 vers.**

[cada vez que adormece é para que a noite tome conta dele desde os pés até à cabeça,] **2 pub. vs. 1 vers.**

[alto dia que me é dedicado,] **2 pub. vs. 1 vers.**

[presumir não das grandes partes da noite mas entre elas apenas de uma risca de luz] **2 pub. vs. 1 vers.**

[traças devoram as linhas linha a linha dos livros,] **2 pub. vs. 1 vers.**

[pensam: é melhor ter o inferno a não ter coisa nenhuma] **2 pub. vs. 1 vers.**

[já me custa no chão do inferno,] **2 pub. vs. 1 vers.**

[cheirava mal, a morto, até me purificarem pelo fogo,] **2 pub. vs. 2 vers.**

[daqui a uns tempos acho que vou arvoar] **2 pub. vs. 1 vers.**

[os capítulos maiores da minha vida, suas músicas e palavras,] **2 pub. vs. 1 vers.**

[vida aguda atenta a tudo] **2 pub. vs. 1 vers.**

[levanto à vista o que foi a terra magnífica] **2 pub. vs. 1 vers.**

d'après Issa [ao vento deste outono] **2 pub. vs. 1 vers.**

[a água desceu as escadas,] **2 pub. vs. 1 vers.**

[logo pela manhã é um corrupio funerário nos telefones,] **2 pub. vs. 2 vers.**

[eu que não sei através de que verbo me arranquei ao fundo da placenta até à ferida entre as coxas maternas,] **2 pub. vs. 1 vers.**

[talvez certa noite uma grande mão anónima tenha por mim,] **2 pub. vs. 1 vers.**

[nunca estive numa só linha a tão vertiginosa altura,] **2 pub. vs. 2 vers.**

[o teu nome novo, comecei eu a tirá-lo com uma navalha da madeira grossa,] **2 pub. vs. 1 vers.**

[que um nó de sangue na garganta,] **2 pub. vs. 2 vers.**

[tão fortes eram que sobreviveram à língua morta,] **2 pub. vs. 1 vers.**

[filhos não te são nada, carne da tua carne são os poemas] **2 pub. vs. 1 vers.**

[¿dentre os nomes mais internos o mais intenso de todos] **2 pub. vs. 1 vers.**

[e só agora penso.] **2 pub. vs. 1 vers.**

[um leão atrás da porta, que faz ele?] **2 pub. vs. 1 vers.**

[tão fortes eram que sobreviveram à língua morta] **2 pub. vs. 2 vers.**

[queria ver se chegava por extenso ao contrário:] **2 pub. vs. 1 vers.**

[¿mal com as — soberbas! — pequenas putas que me ensinaram tudo] **2 pub. vs. 1 vers.**

[e eu sensível apenas ao papel e à esferográfica:] **2 pub. vs. 1 vers.**

[meus veros filhos em que mudei a carne aflita] **2 pub. vs. 1 vers.**

[se um dia destes parar não sei se não morro logo,] **2 pub. vs. 1 vers.**

[queria fechar-se inteiro num poema] **2 pub. vs. 1 vers.**

[como de facto dia a dia sinto que morro muito,] **2 pub. vs. 1 vers.**

[estava o rei em suas câmaras, mandou que lhe trouxessem as fêmeas,] **2 pub. vs. 2 vers.**

[e eu que me esqueci de cultivar: família, inocência, delicadeza,] **2 pub. vs. 1 vers.**

[que nenhum outro pensamento me doesse, nenhuma imagem profunda:] **2 pub. vs. 1 vers.**

[lá está o cabrão do velho no deserto, último piso esquerdo,] **2 pub. vs. 1 vers.**

[e eu, que em tantos anos não consegui inventar um resquício metafísico,] **2 pub. vs. 1 vers.**

[a burro velho dê-se-lhe uma pouca de palha velha] **2 pub. vs. 2 vers.**

[botou-se à água do rio,] **2 pub. vs. 1 vers.**

[porque já me não lavo,] **2 pub. vs. 1 vers.**

[e encerrar-me todo num poema,] **2 pub. vs. 1 vers.**

[há não sei quantos mil anos um canavial estremeceu na Assíria] **2 pub. vs. 1 vers.**

[folhas soltas, cadernos, livros, montões inexplicáveis, e cada vez que lhes toco fica tudo mais caótico e não descubro nada,] **2 pub. vs. 1 vers.**

[a última bilha de gás durou dois meses e três dias,] **2 pub. vs. 1 vers.**

2.2.10. Publicações *versus* versões

Excluindo o número total de publicações, e contando com a primeira versão de cada texto publicada, ao longo de quase seis décadas, nos oito volumes reunidos, a totalidade dos nove textos-base é de 716 poemas. Neste número, incluem-se os três poemas integrados no 4.º e no 5.º texto--base, cujas proveniências são exteriores aos volumes reunidos. Estes três poemas foram incluídos para exemplificar os casos de volumes não integrados que, ao integrarem os volumes reunidos, vêem alguns dos seus constituintes migrar[30] para outros volumes, neste caso, também eles não integrados. Assim, se Helder nunca tivesse reeditado os seus poemas, com ou sem alterações, este seria o total da sua obra poética completa, publicada em volume.

Quando analisados, em termos percentuais (Gráfico 2.1.), cerca de 31% dos poemas concentram-se no 2.º texto-base, e, cerca de metade desse valor, 16%, no 6.º texto-base. Os restantes, apresentam percentagens menores: o 8.º e o 9.º textos-base partilham um valor aproximado, com 14% cada; o 1.º e o 7.º também partilham a mesma percentagem de cerca de 10%; o 3.º texto-base mostra um valor muito baixo com cerca de 5% dos poemas; e, por último, o 4.º e o 5.º textos-base que, como se disse, representam uma excepção à presente metodologia, cujos três poemas, na sua totalidade, representam a insignificante percentagem de 0%.

---

[30] O assunto das «migrações» será tratado, em detalhe, no Capítulo 3., ponto 3.1.7.

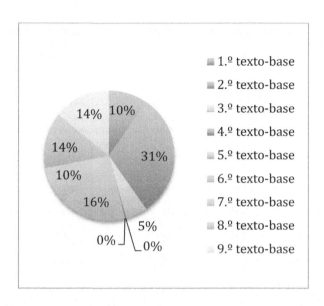

Gráfico 1. Total de textos-base com percentagens.

Fonte: A. Couts (2017).

Como se disse, a totalidade dos nove textos-base é de 716 poemas. Os textos-base são as primeiras versões encontradas nos oito volumes reunidos. Contudo, porque Helder reeditou, ao longo do seu *ofício cantante*, grande parte da sua poesia, os números obtidos, no total de publicações e no total de versões, contrastam com os 716 das primeiras versões. Desta forma, o número total de publicações é de 3852, número que já inclui as primeiras versões de cada poema, os poemas provenientes dos volumes de versões e os poemas sem variantes; e o número total de versões é de 1136. Estes 1136 representam todas as vezes em que o autor reeditou poemas que contêm variantes.

O número de volumes reunidos, oito, contrasta com o número de textos base, nove, por terem sido incluídos os dois textos-base que se referiu. Ainda assim, se se retirarem esses dois textos-base, restam sete, o que significa que existe um volume reunido ao qual não foram acrescentados novos textos mas apenas variantes.

O 6.º volume reunido, OPC, de 2004, além de ser um volume de difícil classificação (Mapeamento 2.1.), representa o único caso em que o autor inclui apenas variantes dos seus textos. OPC-S, edição anterior a OPC, apresentava apenas um texto totalmente novo. Desta forma conclui-se que todos os textos publicados em OPC são apenas reedições de poemas anteriores, com ou sem alterações.

CAPÍTULO 3. OU AS TÉCNICAS OBSCURAS

3.1. Que alterações?

Neste capítulo apresentam-se as alterações feitas por Herberto Helder a todos os poemas e textos que integram a sua obra poética. Como se pôde ver, no capítulo anterior, através dos mapeamentos dos textos-base, existem dois factores importantes a reter: o primeiro, consiste no número de publicações, e o segundo, no número de versões. Ora as versões, como se tem vindo a indicar, representam o número de vezes em que um texto foi alterado. No entanto, após os mapeamentos dos textos-base estarem todos concluídos, era já flagrante que estas alterações se dividiam e combinavam em diferentes graus de importância. E foi precisamente por essa razão, que próprio trabalho exigiu que se dividissem em várias categorias. Assim, o total de 716[31] poemas foram classificados de acordo com o seu grau de relevância, pela seguinte ordem que aqui se apresenta:

- poemas com alterações mínimas;

---

[31] Relembra-se que três destes 716 textos e poemas não provêm de volumes reunidos. E há, igualmente, o caso de K, de 1984, que nunca se conseguiu localizar e que, portanto, não foi incluído no número total de textos e poemas, nem no total de publicações e de versões. Ainda assim, irá referir-se sempre a este número como sendo o número total de textos e poemas.

- poemas com alterações médias;
- poemas com alterações máximas;
- poemas com alterações mínimas e médias;
- poemas com alterações médias e máximas;
- poemas com alterações mínimas, médias e máximas;
- poemas intactos com alterações exteriores ao corpo do poema e/ou estrutura da estrofe;
- poemas intactos.

São oito os mapeamentos que permitem analisar a natureza de cada alteração. Porém, devido à sua extensão, e por conterem um número superior de informação detalhada, os mapeamentos das alterações são apresentados no final do trabalho, em apêndices.

Quando se refere, no início de cada grupo, o número total de poemas, esse número exclui o número de publicações e versões.

Cada poema (ou texto), quando tem título, é seguido do seu primeiro verso (ou linha) entre parêntesis rectos. Os títulos, bem como os textos-base, foram transcritos de acordo com a edição a que se referem. Quando um poema não tem título, surge o seu primeiro verso entre parêntesis rectos. Quando o título é igual ao primeiro verso, por questões de sistematização, surgem ambos, um após o outro.

Após a identificação de cada poema, surge o número de publicações e o número de versões que esse poema tem, na sua totalidade.

Existem poemas que integram em ciclos de poemas. Muitas vezes, estes ciclos foram identificados pelo autor. No entanto, nem sempre. Por isso, por razões de sistematização, procedeu-se à sua classificação dessa maneira: agrupando os poemas em ciclos. O volume FL pode ser tomado como exemplo de um texto em que se procedeu ao agrupamento de poemas por ciclos de poemas. Deste modo, e por ser natural o autor alterar sequências de textos e poemas, foi possível identificar, com rigor, o lugar e a sequência de cada texto ou poema no texto-base.

Algumas vezes, como é exemplo de UC, teve de se proceder à divisão por partes. Desta forma, quando o autor desloca um poema, de um volume para outro, isolando-o, ou colocando-o num ciclo de poemas diferente, é possível identificá-lo, sempre.

Cada poema é acompanhado pela sua história textual da qual faz parte, igualmente, a anotação das suas variantes. Assim, por exemplo:

[33] Os quartos vergam-se. → Vergam-se os quartos. (EX [PT, 1990: 390), (EX [PT, 1996: 390), (EX [OPC, 2004: 346), (EX [OC, 2009: 316), (EX [PC, 2014: 316).

O número que surge entre parêntesis rectos corresponde ao número do verso (ou da linha, se se tratar de um texto) da primeira parte, que é sempre o texto-base. A segunda parte, após a seta, é a variante ou as variantes, seguidas da obra ou das obras às quais foram retiradas. Neste caso, o autor mantem a variante, desde 1990 até 2014. Nos casos em que existe mais do que uma variante, apresenta-se sempre o texto-base, em primeiro lugar.

A soma dos poemas de todos os grupos é 716, número correspondente ao total dos poemas dos textos-base. Este número representa o número total de poemas e textos separado do número total de publicações e do número total de variantes. Estes números serão apresentados, na sua totalidade, no final deste capítulo.

Para além disso, serão apresentados dois fenómenos ocorridos dentro da obra poética herbertiana, aos quais se chamou «migrações» e «movimentações erráticas». Nos pontos dedicados a estes fenómenos, poder-se-á constatar como existem textos que migram dos volumes reunidos para outros volumes, e como o autor altera as sequências de certos poemas.

3.1.1. Poemas com alterações mínimas

São 65 o número total de poemas classificados com alterações mínimas, significando que este grupo não combina mais do que um tipo de alteração.

No entanto, dentro deste grupo, existem dois tipos de alterações mínimas: as que não mudam o sentido do verso ou da frase e/ou a entoação do poema ou texto; as que mudam ligeiramente o sentido e a ênfase do verso ou da frase. Estas alterações abrangem de um a dois versos, no máximo. Alguns exemplos são:

- elimina aspas: «E → E
- elimina vírgulas: aproximam-se, → aproximam-se; que, se virdes o meu amado, → que se virdes o meu amado; Mas, no meio da manhã, → Mas no meio da manhã; Deus, como num livro → Deus como num livro; remando, todo pálido, → remando todo pálido
- elimina uma palavra, ou mais do que uma palavra: vozes vozes, → vozes,
- elimina o artigo definido: as suas → suas; para a → para
- insere o artigo definido: mortos → os mortos; com → com o; fez-se → fez-se a
- insere aspas: Porque → «Porque
- substitui o artigo definido pela contracção da preposição com o artigo ou pronome: a → à

- substitui a preposição simples por uma contracção de preposição: de → da; de → dos; em → nas; em → na
- substitui a contracção de preposição por uma preposição simples: da → de; do → de; na → em
- substitui contracção de preposição por outra contracção de preposição: do → ao
- substitui ponto final por travessão: sono. Álcoois, → sono — álcoois,
- substitui ponto final por dois pontos seguido de travessão: drogas. Curvam → drogas: — Curvam
- altera a posição do pronome pessoal reflexo: se levantavam → levantavam-se, se quebram → quebram-se; se rasgou → rasgou-se
- altera minúscula para maiúscula: ó → Ó; aquele → Aquele
- altera maiúscula para minúscula: Astro → astro;
- altera a posição do advérbio: já ele → ele já
- altera a posição do adjectivo colocando-o depois do substantivo: brancos mortos → mortos brancos; vermelhas fábulas → fábulas vermelhas
- altera a ordem dos substantivos: madeira ou barro → barro ou madeira
- alteração de ortografia: como → cômo; seca → séca

- correcções ortográficas: eramos → éramos; peras → pêras; ozone → ozono; etc → etc.; exameiem → enxameiem

- actualização de ortografia: enigmàticamente → enigmaticamente; sòmente → somente; ameixieira → ameixoeira

- actualização de palavras que foram adaptadas para Português: Nefertoum → Nefertum; Fouji → Fuji; yucca → iúca

- actualização da grafia das interjeições: Ha-ha! → Ah, ah!

Estes são alguns exemplos daquilo que se consideram ser as alterações mínimas. No geral, são pequenas mudanças que pouco afectam a estrutura do verso e pouco ou nada a estrutura e o sentido do poema (Apêndice A).

3.1.2. Poemas com alterações médias

São 59 o total dos poemas que constituem este grupo. As alterações médias, são alterações que, embora possam alterar a(s) palavra(s) e o sentido do(s) verso(s) ou até mesmo eliminar de um a quatro versos, não mudam radicalmente a estrutura do poema, nem fazem com que esse poema se transforme num outro. Estes são alguns exemplos de alterações com alguma moderação:

- elimina o advérbio (neste caso, advérbio de tempo): são sempre as casas → são as casas
- elimina a conjunção: contudo, só → só
- elimina a preposição + artigo indefinido: de uma beleza confusa e evocativa. → beleza evocativa e confusa.
- elimina o artigo indefinido: uma música, → música,
- elimina o pronome pessoal reflexo e altera o verbo: se queimam → fulguram
- elimina de um a três versos
- altera o adjectivo: casto → manso
- altera o substantivo: chamas → labaredas; ar → mar; vírgula, → pausa,
- altera o género das palavras: Cingido → Cingida; um fruto dourado, → uma fruta dourada,
- altera a pessoa do verbo: atravessa → atravessam
- altera mais do que duas palavras seguidas: cólera de janeiro, → tumultos do estio,
- altera singular para plural: fogo → fogos
- altera o verso, sequencialmente, mantendo o seu sentido: O extremo lunar da casa, um transe, os olhos que se tornam secretos → Um transe, os olhos que
- substitui vírgula por ponto de exclamação: Oh, → Oh!

- substitui uma interjeição apelativa pela interjeição usada para exprimir sentimentos de alegria, dor, espanto, etc.: Ó → Oh
- substitui preposição + substantivo por contracção de preposição: de uma → da
- substitui o artigo indefinido por artigo definido: Uma → A
- substitui o artigo definido por artigo indefinido: o → um
- alterações de sentido do verso: o medo como uma paixão → a paixão do medo,; queima. → queima de fora para dentro.
- alterações na estrutura da estrofe mantendo, contudo, o sentido dos versos: Diz a criança: a tontura amarela das luzes quando abro para o vento, → Diz a criança: a tontura amarela das luzes / quando abro para o vento,

Este grupo é constituído por alterações médias, apenas, e, à semelhança das alterações mínimas, as alterações médias não têm peso suficiente para transformar o poema num outro completamente diferente — ainda que possam mudar, de forma radical, até quatro versos seguidos. Para a consulta de todas as alterações deste grupo, em detalhe: (Apêndice B).

3.1.3. Poemas com alterações máximas

Os poemas que se inserem neste grupo são poemas (e textos) que foram bastante reescritos e/ou alterados. Este fenómeno dá-se quando um poema ou um texto sofre as seguintes alterações:

- blocos de texto bastante alterados
- blocos de texto reescritos
- blocos de texto eliminados

Durante a triagem e classificação de todos os poemas, de acordo com as suas alterações, contou-se apenas um poema que se insere nesta categoria (Apêndice C). Relembra-se que este poema acumula apenas um tipo de alteração, e que essa alteração é uma alteração maior. Ainda assim, também ela não é suficiente para que o texto se torne num outro texto. Como se verá, de seguida, existem casos em que o autor combina dois ou três tipos de alterações no mesmo poema — daí a divisão das classificações por grupos.

3.1.4. Poemas com alterações mínimas e médias

São 96 o número total de poemas que constituem o grupo das alterações mínimas e médias. Estas são alterações combinadas porque nelas o autor realizou dois dos tipos de alterações já descritos anteriormente.

Como se pode observar (Apêndice D), a maior parte destas alterações concentram-se nos poemas mais antigos. O longo poema AV conta, por exemplo, com 59 alterações (sem contar com as alterações que se repetem no mesmo verso ou palavra). Relembra-se que AV passa a integrar CB, sendo CB um dos volumes que contém o maior número de alterações mínimas e médias combinadas.

Também os poemas de ML se apresentam, neste sentido, bastante alterados. No entanto, alguns poemas, como é o caso de «A porta com pêlos aberta na cal. O dia rodava no bico, as», apresenta duas alterações apenas, sendo que uma delas, a mínima, se deveu à diferença de paginação de um volume para outro, na qual o título do texto, que corresponde à primeira linha do texto, se apresenta, numa versão, três palavras mais longo do que na outra. Quanto à alteração de tipo médio, trata-se de uma actualização de ortografia e da supressão dos dois pontos.

O longo poema H, que também muda de título (o subtítulo «poema-montagem» é eliminado), apresenta os dois tipos de alterações, embora de forma moderada. Se se comparar com AV, este último vence-lhe em quantidade.

Depois, existem os textos que, para além de integrarem parcialmente, durante as migrações sofrem alterações de título diversas. Um exemplo desse fenómeno é o poema «Dedicatória», que começa por ser uma dedicatória, no sentido literal, e se vai deslocando, de volume para volume, ocupando sempre a mesma posição (primeiro poema ou texto), em ciclos que mudam de nome. No entanto, este poema tem apenas uma alteração mínima (no corpo do poema propriamente dito), sendo que essa alteração é uma actualização ortográfica.

Merece igual destaque o texto «A imagem expansiva, Dafne e Cloé». Repare-se como o texto se divide em duas partes. A primeira, integrante de RM, migra, primeiro para AR, e depois para VA, aparecendo, mais tarde, completada, outra vez, com a segunda parte de RM, não integrado, em RM integrado. Este texto não integra desde PT, 1990. Mais uma vez se conclui que as maiores alterações deste texto se devem a deslocações e migrações do que alterações no texto propriamente dito. Quer dizer, o autor divide um texto que tem duas partes ou conjuga dois textos tornando-o num só.

Para uma leitura mais completa das alterações respeitantes a C — volume que não pode deixar de incluir-se neste estudo, por razões de unidade, sobretudo, mas também por diferenças de abordagem e objectivos —, aconselha-se a leitura do já referido estudo de Couts (2018).

3.1.5. Poemas com alterações médias e máximas

À semelhança do grupo analisado no ponto anterior, este grupo também combina dois tipos de alterações, embora sejam, neste caso, alterações médias e alterações máximas.

São apenas cinco (Apêndice E), os textos e poemas que combinam estes dois tipos, diferença bastante significativa se se comparar o número total de poemas deste grupo com o número total obtido no grupo anterior. Desta forma, este grupo aproxima-se mais do grupo das alterações máximas, que reúne um texto apenas e pouquíssimo alterado.

Ainda assim, e, apesar de combinarem alterações médias, estes cinco textos ou poemas são os que apresentam alterações em bloco, portanto, massivas.

Por exemplo, o primeiro texto, para além de sofrer alterações no título e de passar por algumas migrações (é um texto que integra VA, volume não integrado, que integra RM, volume integrado, e que, mais tarde, migra para PV lá permanecendo, até ao final), também se apresenta totalmente reescrito. Contudo, a verdade é que a história permanece a mesma. Digamos que o autor conta, por outras palavras, a mesma história.

O poema «[A uma devagarosa mulher com cinco dedos potentes]» é, sem dúvida, o mais alterado de todos, uma vez que o autor o substitui, completamente, por um outro poema. Além disso, este poema, que foi publicado cinco vezes, apresenta um número razoável de três versões. Se se compararem estes números com os números do texto anterior, 10 pub. vs. 2 vers., estas três versões ganham um peso maior.

Este grupo de poemas é também a prova que, apesar de ter abrandado o número de frequência e de alterações aos seus textos, Herberto Helder as mantém até às suas publicações finais. Note-se, no final do mapeamento, as alterações feitas aos últimos poemas que integram FNCF que apresentam um número equivalente, ou próximo, de publicações e de versões.

3.1.6. Poemas com alterações mínimas, médias e máximas

Este grupo apresenta os poemas que combinam os três tipos de alterações analisadas, individualmente, no início deste capítulo, e resumem-se a um total de quatro textos ou poemas (Apêndice F).

O primeiro destes poemas integra «Fonte», enquanto ciclo de poemas, e FO, volume não integrado, ou seja, é um ciclo de poemas que, entre os anos 1961 e 2014, passa a existir, também, como volume não integrado (FO, 1998). Para além disso, é um poema que conta com um número considerável de versões (quatro) e alterações (cerca de 41, combinadas), algumas delas alteradas em bloco, sendo substituídos os versos e até estrofes inteiras.

Também um dos poemas de ML (que, como já se tinha visto, é um volume que acumula, em termos de quantidade, um número superior de alterações), se apresenta aqui bastante alterado. No entanto, é apenas no verso 41 que se concentram as alterações máximas, sendo que as outras são de natureza mínima e média. Ainda assim, o poema apresenta um número de quatro versões, quase metade do número de vezes que foi publicado.

O terceiro texto deste grupo, [*Porque a imprensa fornece um novo dia e uma noite maior:*], representa um dos casos já referidos que se aproxima do fenómeno recorrente em, por exemplo, C, AR, VA e RM. Existem partes do texto que são movimentadas, de um volume para outro, no qual surgem em sequência diferente.

Quanto ao último poema, vem reforçar aquilo que foi defendido num ponto anterior: apesar de o número de alterações e a sua frequência terem diminuído nas publicações mais tardias, Helder continua a introduzir alterações máximas, como é exemplo deste poema de FNCF, em que a versão de 2014 apresenta 38 versos inteiramente novos.

3.1.7. Migrações

Este ponto mostra como alguns textos migram dos volumes reunidos para outros volumes ou nunca os integram, como seria de esperar — e, caso Herberto Helder tivesse um método de organização e técnicas textuais previsíveis. As «migrações», como se decidiu chamar-lhes, trata de um dos fenómenos ocorridos dentro da obra poética herbertiana, a par do fenómeno a que se chamou «movimentações erráticas» e que será tratado de seguida.

O primeiro poema identificado é AV, que começa por ser volume não integrado, em 1958, e migra para CB, volume não integrado, em 1961. Quando CB integra o primeiro volume reunido, em 1967, AV já faz parte de CB, não enquanto volume, mas enquanto poema. Desde a sua migração, em 1961, para CB, AV permanece aí integrado até 2014, ou seja, até à publicação do último volume reunido.

O caso de FO, que também já foi discutido anteriormente, pertence a este grupo de poemas que migram. FO começa por ser um ciclo de seis poemas, publicado em CB, em 1961, fazendo um percurso que vai dessa data até ao último volume reunido, de 2014. No entanto, em 1998, FO migra do volume reunido de 1996, para surgir, enquanto volume não integrado, numa primeira e única edição. Mais tarde, em 2004, migra novamente, para novo volume reunido, aí permanecendo, até ao final, em 2014.

O caso de a «nota introdutória» de BN, representa o fenómeno ocorrido quando um texto integra um volume reunido uma única vez, migrando, de seguida, para um outro volume não integrado. BN começa por ser um volume não integrado que integra, mais tarde, o volume reunido de 1973. Contudo, em 1987, a «nota introdutória», migra para

P&V, com o título «(o bebedor nocturno)», aí permanecendo, até ao final, em 2013.

Quando o poema «Celebração da Cidade do México» integra a primeira edição de BN, em 1968, constitui um só poema. Mas, no volume reunido de 1990, o autor decide acrescentar um segundo poema, numerando ambos. «Celebração da Cidade do México», que em 1968 era o título de um poema, passa a ser, em 1990, o título de um ciclo de dois poemas. O volume reunido de 1996, seria o último a integrar este ciclo de dois poemas que migram, em 2010, para os volumes não integrados de BN aí permanecendo até ao fim, em 2013.

O poema «[Dedicatória — a uma devagarosa mulher de onde surgem os dedos, dez e queimados por uma forte delicadeza.]», migra, já com algumas alterações, de um volume não integrado (PV, 1964), onde é, literalmente, uma dedicatória, para outro volume não integrado (VA, 1971) e integrando, mais tarde, o volume integrado RM em dois volumes reunidos: PT, 1973 e PT, 1981. Destinos semelhantes têm os seguintes poemas e ciclos de poemas, que migram de volumes não integrados para volumes reunidos e, mais tarde, voltam a migrar, dos volumes reunidos para outros volumes não integrados (Apêndices E, F, D, H e A): «[Era uma vez um pintor que tinha um aquário e, dentro do aquário, um peixe encarnado.]»; «[*Porque a imprensa fornece um novo dia e uma noite maior:*]»; «A Imagem

Expansiva, Dafne e Cloé»; o ciclo de 12 textos «Os Animais Carnívoros»; o ciclo de sete textos «Vocação Animal», título de volume não integrado que passa a ser título de ciclo de poemas.

O poema «Memória, Montagem.» e o texto «[Conforme com a ciência arcana, o ouro natural é vivo, desenvolve-se na terra e gera o próprio ouro.]» representam os fenómenos ocorridos quando um texto, no lugar de migrar junto dos restantes textos de um volume não integrado, para volume reunido, migra, de volume não integrado para outro(s) volume(s) não integrado(s).

Quando C é integrado, pela primeira vez, em volume reunido, em 1981, a primeira das cinco partes originais migra para P&V, 1979, aí permanecendo até 2013 com o título ligeiramente alterado para «(memória, montagem)». E o mesmo sucede à «nota final do autor» que, em vez de integrar com os restantes poemas de CLO, no volume reunido de 1981, migra para P&V, em 1979, com o título «(o corpo o luxo a obra)», aí permanecendo, até ao final, em 2013. Este texto é adaptado de forma a funcionar como um texto «autónomo» e não como uma «nota final» ou «posfácio».

O ciclo de seis poemas «De "Photomaton & Vox"», que vem acompanhado de «nota explicativa» referente à proveniência destes poemas (Mapeamento 2.1. e Apêndices A, B e C), representa o fenómeno que ocorre quando um poema (ou ciclo de poemas) migra de volume não integrado para volume reunido, e onde, mais tarde, sofre alteração de título, continuando a existir em ambos, volumes não integrados e volumes reunidos. Para além disso, este ciclo de poemas, em particular, existe nos volumes de súmulas. É por essa razão que todos estes poemas apresentam um número total de 13 publicações, cada. Número que contrasta com o número de versões, de duas a três por poema, significando isto que os poemas foram pouquíssimo alterados mas bastante reproduzidos.

A «nota introdutória» de ELD também migra do volume não integrado de 1985, para outro volume não integrado, mas só em 2013. Quando S integra o último volume reunido, de 2014, esta «nota introdutória» já vem integrada como «segunda parte» de um longo texto, «divido em três partes», que também funciona como «nota introdutória».

Os referidos textos, durante os fenómenos acima descritos, além de migrarem, também mudam de título podendo assumir diferentes posições nas sequências de poemas e de textos. Estes são exemplos em o que autor recicla muitos dos seus textos fazendo, na sua maioria, pequenas alterações que não mudam o sentido do texto. O facto de alguns poemas mudarem de título poderá dar a ilusão de se tratar de um texto diferente para um leitor que seja menos atento ou, simplesmente, distraído.

As migrações referidas neste ponto ocorrem entre os volumes não integrados AV, CB, PV, RM, BN, AR, VA, CLO, P&V, C, ELD e FO, podendo ocorrer, também, entre estes, alguns dos volumes reunidos e alguns dos volumes de súmulas (Apêndices A, B, C, D, E e F).

3.1.8. Movimentações erráticas

As «movimentações erráticas» representam poemas e textos cuja estrutura sequencial sofreu alterações. Assim, existem poemas e ciclos de poemas que surgem, numa obra, em determinada sequência, para noutra obra surgirem numa sequência diferente da anterior.

«Prefácio» representa o fenómeno de um ciclo de dois poemas ao qual é retirado um, ficando o primeiro poema com o título do ciclo. O segundo poema do ciclo original de dois, passa a integrar «Tríptico», ciclo de três, ocupando o primeiro lugar na sequência.

O ciclo de cinco poemas «Ciclo» mantém a sua estrutura desde 1961, em volume não integrado, até ao volume reunido de 1981. A partir do volume reunido de 1990, o segundo e o terceiro poemas passam a integrar «Tríptico», mantendo os mesmos lugares sequenciais.

Quanto a ML, que foi referido anteriormente, para além da mudança de título, de E para ML, o autor altera-

-lhe a estrutura. A partir do volume reunido de 1981, já não é possível encontrar o último poema de ML.

RM, seja não integrado ou integrado, é um volume no qual ocorrem vários fenómenos, como se viu no ponto anterior. Todavia, esses fenómenos têm uma natureza um pouco diferente da que se expõe aqui. Por exemplo, o «texto introdutório» de 1967, integra, nos volumes reunidos de 1973 e de 1981, o ciclo de quatro textos «As Maneiras». O texto «O Escultor», também de 1967, tem o mesmo destino, vindo a integrar o mesmo ciclo de textos. «Artes e Ofícios», que em 1967 é um ciclo de sete poemas, em RM integrado nos já referidos volumes reunidos, surge como um ciclo de seis poemas. O segundo texto de «Artes e Ofícios» foi exposto no ponto anterior, por ser um texto que migra entre volumes diferentes, e o primeiro texto do ciclo de 12 textos, «Estúdio», também de RM, integra como quinto na sequência de seis de «Artes e Ofícios».

«Estúdio», que em RM não integrado é um ciclo de 12 textos, em RM integrado, nos volumes reunidos de 1973 e 1981, passa a ser um ciclo de 13. O sexto texto de «Artes e Ofícios», passa a ser o primeiro de «Estúdio», e o quarto texto passa a ser o terceiro. Os restantes textos de «Estúdio» mantêm-se dentro deste ciclo ocupando posições ligeiramente diferentes.

O caso de C, como se viu no ponto anterior, integra em volume reunido com quatro partes apenas. A primeira, migra para P&V. Mas, as restantes, mantêm-se integradas em volumes reunidos sofrendo, contudo, alterações.

De forma muito resumida, «Exemplo», passa a ser a segunda parte de C, em 1981. Em 1990, muda de título para *Exemplos*, passando a ser volume integrado e reunindo um ciclo de quatro poemas, todos eles pertencentes à primeira versão de C, mas ocupando posições sequenciais diferentes. *Exemplos* é a fusão de «Exemplo» e de «E Outros Exemplos». Para além disso, *Exemplos* integra os dois volumes de súmulas enquanto ciclo de cinco poemas.

O ciclo de 13 poemas «Cobra», que integra C, sendo a sua parte central, na primeira versão do texto, passa a volume integrado, no volume reunido de 1990. C integra, desta forma, em volumes reunidos até 2004, último volume onde poderá ser encontrado.

«Cólofon», quarta parte do texto inicial, e terceira quando integra em volume reunido, em 1981, muda de título para *ETC.*, em 1990, passando a existir enquanto volume integrado e assim se mantendo até 2014.

O caso de OSOU, também já referido, embora por razões diferentes, desintegra-se, por assim dizer, de DM quando DM integra, em volume reunido, em 1996. Diz-se que se desintegra de DM porque no volume reunido de 1996 surge enquanto volume integrado portanto, autónomo de DM. Note-se que em DM, 1994, é o autor o primeiro a chamar a atenção para alguns dos fenómenos ocorridos (Mapeamento 2.1. e Apêndices).

Por último, FNCF, de 2008, constitui a segunda parte do volume com o mesmo título, sendo que, o ciclo de poemas original reúne 89, e 99 quando FNCF integra o volume reunido de 2009.

3.2. Poemas retocados. Poemas intocados, poemas intocáveis

Uma das perguntas à qual se esperou responder, no início deste trabalho, encontra a sua resposta neste ponto. Porque se partiu em busca das alterações textuais que Herberto Helder fez a todos os seus textos, mas também das alterações que Herberto Helder não fez. Porque as alterações que Herberto Helder fez aos seus textos e poemas têm sido estudadas, como se viu no «Enquadramento Teórico». Mas, as alterações que Herberto Helder nunca fez, raramente são mencionadas ou merecedoras de uma posição de destaque.

Também se viu que muitos desses estudos dedicam apenas uma parte, por vezes muito pequena, às alterações textuais herbertianas, focando-se num só volume ou nos volumes de ficção (ou da sua prosa poética).

Ora, neste estudo, que abrange toda a obra poética de Helder, foram identificados dois tipos de poemas, sem alterações, aos quais se deram os nomes de poemas intactos, e de poemas intactos com alterações, na sua maioria, exteriores ao corpo do poema. Estas alterações serão explicadas de seguida.

3.2.1. Poemas intocados retocados

Começando por explicar os poemas intactos com alterações, estes são poemas que não puderam ser inseridos no grupo dos poemas intactos porque, tecnicamente, são poemas que têm algumas alterações. Mas, na sua maioria, essas alterações são exteriores ao corpo do poema ou texto, sendo que as alterações no corpo do poema são alterações de natureza estrutural ou estilística que não mudam, nem o significado, nem as palavras, nem a pontuação. O que muda é apenas a extensão do verso ou dos versos (quando o autor transforma um verso em dois, ou dois versos em um, mantendo todas as palavras e mantendo a sua posição ou sequência). Existem, também, exemplos em que certas palavras passaram a itálico ou às quais o itálico foi retirado. O mesmo se aplica às palavras às quais foram colocadas ou retiradas aspas.

Depois, existem as alterações externas ao corpo dos poemas, que incluem mudanças de título e, no caso das versões (traduções), alterações nos nomes dos autores dos poemas. Noutros casos, existem alterações exteriores ao corpo do texto que incluem alteração de notas e/ou epígrafes quando as mesmas surgem antes do poema.

Assim, no poema «[*«Transforma-se o amador na coisa amada» com seu*]», que apresenta três versões, o texto foi sofrendo alterações: no título e de ciclo, quando passa a integrar o ciclo de três poemas, «Tríptico»; o itálico do texto desaparece mas são mantidas as aspas do primeiro verso, e, mais tarde, retira as aspas mantendo o itálico nas primeiras seis palavras.

O «Canto de Itzpapalotl» e o «Hino a Nossa Mãe» são exemplos de poemas cuja única alteração foi na estrutura da estrofe. E em «[Quando se caminha para a frente ou para trás, ao longo dos dicionários, vai-se desembocar na palavra Terror.]», as únicas alterações são um texto introdutório, em itálico, que perde o itálico e passa a pertencer a um ciclo de textos.

Os poemas «[Libélula vermelha.]» e «[Festa das flores.]» são exemplos de casos que sofrem alterações no título do ciclo e no nome dos autores, no final de cada poema.

Note-se que nesta classificação, alguns poemas apresentam mais do que uma versão, significando que estas alterações, externas ao poema ou alterações no corpo do poema sem alteração de palavras, significados e sequências, ocorreram mais do que uma vez.

Estes são apenas alguns exemplos dos 22 poemas e textos que compõem o grupo dos poemas intactos com alterações (Apêndice G), cujas emendas não são suficientes para pertencerem às classes de poemas anteriores, e, por essa razão, não puderam ser inseridos na classe de poemas seguinte.

3.2.2. Poemas intocados, intocáveis

Os poemas que se seguem são 464 e representam o grupo dos poemas intactos (Apêndice H). Todos os poemas deste grupo, como o próprio nome indica, são poemas que permaneceram sem alterações, dentro da obra poética de Herberto Helder, publicada em volume, entre 1958 e 2015.

Analisando os dados apresentados no Apêndice H, percebe-se que 88 destes poemas provêm de BN, e 27 de M, ou seja, um total de 115 poemas dos volumes de versões permanecem intactos.

Curiosamente, existem dois textos intactos provenientes de ML. Como se viu, anteriormente, os poemas de ML foram bastante alterados, em termos quantitativos, por Helder. Depois, há 21 textos que permanecem intactos mas que passam por algumas migrações. Estes são alguns dos textos provenientes de RM, AR, e VA, que não integram a partir de PT, 1990. Por essa razão, a maioria partilha o mesmo número de publicações, que são três, por cada (com excepção dos quatro textos que integram AR, que têm quatro publicações).

Do seu início de carreira, sem contar com os já enumerados poemas dos volumes de versões, Helder deixou intactos apenas dois poemas, ambos de L, com nove publicações cada. E, a partir de 1973, destacam-se: sete poemas de BA, de um total de 10, cada um com nove publicações; oito poemas de FL, de um total de 12, cada um com sete publicações; 50 poemas de UC, com um número de publicações que oscila entre os seis e os oito; 51 poemas de DM, com um número de publicações que oscila entre os cinco e os sete.

A partir de 2009, o autor mantém grande parte de FNCF intacta com 87 poemas nunca alterados, num total de 99, e cujas publicações oscilam de duas a três, por cada poema. O volume S, que integra em volume reunido em 2013, mantém sempre o mesmo número de publicações por poema, e conta com 66 poemas intactos num total de 73.

Já mais perto da sua morte, quando MM integra o seu último volume reunido, de 2014, 23 poemas, num total de 28, permanecem intactos. Estes últimos poemas contam com apenas duas publicações, cada. MM foi o último volume não integrado publicado em vida, tal como PC foi o último volume reunido publicado em vida. Por não existir nenhum volume de súmulas entre estas duas publicações, elas resumem-se a apenas duas publicações.

3.2.3. Variantes e invariantes. *Editing*: a clareza na obscuridade

Como se pôde ver, as alterações feitas pela mão de Herberto Helder à sua obra poética são de natureza diferente, existindo, também, em diversos graus de importância.

No que respeita às alterações de carácter gramatical, as mesmas já haviam sido estudadas por Marinho, no início dos anos 1980 (1982: 54-57). A autora aponta, entre outras, as seguintes transformações: depuração do tom declamatório e enfático, deixando de existir, na maior parte dos casos, o «ah!» exclamativo; o «ó» e o ponto de exclamação também são muitas vezes suprimidos. Parece existir a abolição daquilo que é enfático. Assim, os pronomes, tais como «esse», destinados a realçar o substantivo anterior, desaparecem com frequência. São suprimidos múltiplas vezes os pronomes possessivos adjuntos e os pronomes pessoais de sujeito, cujo sentido não trazia nenhum valor semântico novo e apenas servia para reforçar a posse ou o sujeito da acção. Dentro desta ordem, não é de estranhar a supressão frequente das reticências e o uso de expressões mais sintéticas e menos tautológicas. Existem, igualmente, alterações no vocabulário (e até de versos inteiros, mas menos frequentes), no entanto o léxico substituído encontra-se sempre de acordo com o léxico herbertiano e com a temática do poema. Todavia, e concordando ainda com aquilo que expõe Marinho, convém referir que os poemas se dinamizam com as modificações sofridas tornando-se *outros* textos sem deixarem de ser os *mesmos*. E há vezes em que o autor altera uma sequência ou palavra para, anos mais tarde, voltar a alterá-la para a sua primeira versão.

No entanto, apesar de todas as alterações anteriormente indicadas, analisando o Gráfico 3.1., percebe-se, rapidamente, que mais de metade da obra poética herbertiana permaneceu intacta. Do total de 716 poemas, os 65% que são intactos têm um grande peso quando comparados com os restantes valores. Para além disso, se se adicionarem os 3% de poemas cujo corpo do poema permanece intacto, em termos de vocabulário e de significação, 68% da sua obra permanece exactamente a mesma. Estes são poemas que apresentam apenas uma versão, cada, podendo apresentar mais do que duas publicações. O número total de publicações para os poemas intactos é de 2174 que contrastam com 464 versões. O número total de publicações dos poemas com alterações exteriores ao corpo do poema ou alterações irrelevantes, é de 119, contando com 35 versões apenas.

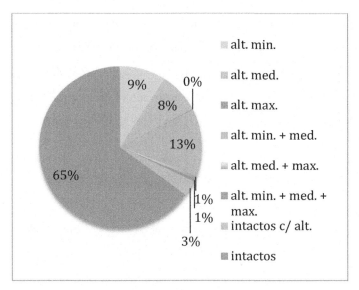

Gráfico 2. Total de alterações da obra poética herbertiana com percentagens.

Fonte: A. Couts (2017).

As alterações mínimas, médias e máximas, em separado, apresentam percentagens muito baixas, com 9%, 8% e 0%[32], respectivamente. Depois, relativamente às alterações combinadas, as mesmas podem ser analisadas em dois grupos: o grupo que contém alterações máximas, e o grupo que não contém alterações máximas. Começando pelo primeiro grupo: se se somar o valor das alterações médias e máximas ao valor das alterações mínimas, médias e máximas, obtêm-se cerca de 2%. Esses 2% representam todos os poemas que foram bastante alterados.

---

[32] As alterações máximas, isoladamente, são constituídas por um só poema.

Restam os 13% de poemas que acumulam alterações mínimas e médias, sendo que, como se viu, anteriormente, a natureza dessas alterações não é suficiente para que se possa dizer que os poemas são muito diferentes das suas primeiras versões (bem como todas as versões existentes).

À semelhança do fenómeno que ocorre nos romances da tradição oral, cujas versões têm variantes e invariantes (*Cf.* Ferré, 2000: 16-17, Nascimento, 2005 e Correia, 2013: 2-4), também a obra poética de Herberto Helder revela ter as três características. Assim, a sua poesia, com todas as alterações textuais que apresenta, é constituída por poemas que têm variantes (todas as alterações textuais), invariantes (a componente textual que nunca muda, que faz com que o poema, sendo um outro continue a ser o mesmo) e versões, que representam o número de vezes em que um poema é alterado.

Embora não seja objectivo deste estudo uma análise da obra herbertiana ao nível da sua significação poética e até das influências ou fontes às quais o autor foi *beber*, é notável o peso que a poesia de tradição oral tem na sua obra, mas, também, a ligação que a mesma tem às novas tecnologias, nomeadamente, ao uso do computador (*Cf.* Antunes, 2010).

Volumes como E/ML, MEP, H e todos os volumes de versões, evidenciam, tanto o peso da tradição oral, como as influências da combinatória utilizada na programação, recorrendo ao uso de máquinas calculadoras ou de computadores.

A maioria da obra de Helder permanece intacta e, pode afirmar-se que, mesmo os poemas que são muito alterados, apenas uma pequena percentagem é totalmente reescrita, não significando isso, contudo, que a temática ou o significado sejam absolutamente outros. Tal como nos romances da tradição oral, a maioria dos poemas de Helder apresentam-se com variantes e com invariantes, que dão origem a versões, sendo a essência do poema, ou da narrativa, a mesma. O que há, em Helder, é um trabalho de *editing* constante, e *apenas* isso. Um *editing* que nunca interagiu com mais de metade da sua obra poética.

CAPÍTULO 4. A OBRA EM LABIRINTO

4.1. De poesia toda a toda a poesia

Neste capítulo irá comparar-se, a vários níveis, dois mapeamentos da obra herbertiana (OC, 1967 e PC, 2014), no sentido de compreender: o quão diferente é o primeiro volume reunido do último, em termos quantitativos; que números distanciam uma obra da outra, para além do número de anos de vida em que a obra de Herberto Helder foi crescendo, ganhando forma e se expandido; que importância têm esses números; e, por ultimo, explicar a razão pela qual se procedeu à comparação destes dois volumes.

Em primeiro lugar, é importante identificar que poemas integram os dois volumes, separadamente. Esse será o ponto de partida. Depois, que poemas integram OC, 1967 mas não integram PC, 2014, e que poemas integram PC, 2014 mas que não integram OC, 1967. Por fim, quais os poemas que integram ambos os volumes, isto é, que se encontram presentes nos dois.

Note-se que a totalidade dos poemas que constituem os cinco mapeamentos que se seguem foram elaborados conforme a ortografia utilizada nos textos-base. Mantiveram-se, também, os títulos grafados em capitais, itálicos, etc.

4.1.1. Mapeamento do total de poemas que integram OC, 1967

O primeiro mapeamento desta série resume o total de poemas que integram OC, 1967, 1.º volume reunido. Como se pode ser, é um volume bastante resumido, quando comparado com os volumes que se lhe seguem, o que é natural. Herberto Helder havia publicado o seu primeiro livro em 1958, e, até 1967, contava com seis[33] volumes não integrados. Desses volumes, com excepção de PV, todos eles integram OC, 1967, mais concretamente: 37 poemas de CB[34]; cinco poemas de P; 17 poemas de L; 10 poemas de E/ML e um poema de MEP[35].

Assim, neste mapeamento contam-se um total de cinco volumes, 70 poemas, 640 publicações e 260 versões.

Mapeamento 4.1. Mapeamento do total de poemas que integram OC, 1967.
Fonte: A. Couts (2017).

[Falemos de casas. Do sagaz exercício de um poder] **9 pub. vs. 5 vers.**

[*«Transforma-se o amador na coisa amada» com seu*] **9 pub. vs. 3 vers.**

I [Escuto a fonte, meu misterioso desígnio] **4 pub. vs. 3 vers.**

---

[33] Este número exclui todas as reedições de volumes não integrados.
[34] Relembra-se que AV integra CB, quando CB integra OC, 1967.
[35] Relembra-se que MEP é publicado, pela primeira vez, em volume, nesta edição.

II [Não sei como dizer-te que a minha voz te procura,] **9 pub. vs. 5 vers.**

III [Todas as coisas são mesa para os pensamentos] **9 pub. vs. 4 vers.**

IV [Mais uma vez a perdi. Em cada minuto] **4 pub. vs. 3 vers.**

V [Uma noite acordarei junto ao corpo infindável] **4 pub. vs. 3 vers.**

O AMOR EM VISITA [Dai-me uma jovem mulher com sua harpa de sombra] **10 pub. vs. 5 vers.**

I [Um poema cresce inseguramente] **9 pub. vs. 4 vers.**

II [A palavra erguia-se como um candelabro,] **9 pub. vs. 5 vers.**

III [Às vezes estou à mesa, e como ou sonho ou estou] **9 pub. vs. 5 vers.**

IV [Nesta laranja encontro aquele repouso frio] **9 pub. vs. 3 vers.**

V [Existia alguma coisa para denominar no alto desta sombria] **9 pub. vs. 4 vers.**

VI [Fecundo mês da oferta onde a invenção ilumina] **9 pub. vs. 5 vers.**

VII [A manhã começa a bater no meu poema.] **9 pub. vs. 6 vers.**

I [Ela é a fonte. Eu posso saber que é] **10 pub. vs. 3 vers.**

II [No sorriso louco das mães batem as leves] **12 pub. vs. 3 vers.**

III [Ó mãe violada pela noite, deposta, disposta] **10 pub. vs. 5 vers.**

IV [Mal se empina a cabra com suas patas traseiras] **10 pub. vs. 4 vers.**

V [Apenas te digo o ouro de uma palavra, no meio da névoa.] **10 pub. vs. 5 vers.**

VI [Estás verdadeiramente deitada. É impossível gritar sobre esse abismo] **10 pub. vs. 4 vers.**

I [Como se poderia desfazer em mim tua nobre cabeça?] **9 pub. vs. 4 vers.**

II [Sobre o meu coração ainda vibram seus pés: a alta] **9 pub. vs. 5 vers.**

III [Havia um homem que corria pelo orvalho dentro.] **11 pub. vs. 3 vers.**

IV [A colher de súbito cai no silêncio da língua.] **9 pub. vs. 3 vers.**

V [Não posso ouvir cantar tão friamente. Cantam] **11 pub. vs. 3 vers.**

VI [São claras as crianças como candeias sem vento,] **9 pub. vs. 5 vers.**

VII [Estremecem-me os ombros com a inesperada onda dos meus] **9 pub. vs. 5 vers.**

I [Bruxelas, um mês. De pé, sob as luzes encantadas.] **9 pub. vs. 4 vers.**

II [Apagaram-se as luzes. É a triste primavera cercada] **9 pub. vs. 5 vers.**

III [Eu teria amado esse destino imóvel. Esse frio] **9 pub. vs. 5 vers.**

IV [Mulher, casa e gato.] **9 pub. vs. 3 vers.**

V [Esta linguagem é pura. No meio está uma fogueira] **9 pub. vs. 4 vers.**

VI [É preciso falar baixo no sítio da primavera, junto] **9 pub. vs. 5 vers.**

VII [Bate-me à porta, em mim, primeiro devagar.] **9 pub. vs. 7 vers.**

VIII [Ignoro quem dorme, a minha boca ressoa.] **9 pub. vs. 5 vers.**

NARRAÇÃO DE UM HOMEM EM MAIO [Estou deitado no nome: *maio*, e sou uma pessoa] **9 pub. vs. 4 vers.**

I [Deito-me, levanto-me, penso que é enorme cantar.] **10 pub. vs. 3 vers.**

II [Minha cabeça estremece com todo o esquecimento.] **12 pub. vs. 4 vers.**

III [O actor acende a boca. Depois, os cabelos.] **10 pub. vs. 3 vers.**

IV [As vacas dormem, as estrelas são truculentas,] **10 pub. vs. 3 vers.**

V [As barcas gritam sobre as águas.] **10 pub. vs. 5 vers.**

AOS AMIGOS [Amo devagar os amigos que são tristes com cinco dedos de cada lado.] **9 pub. vs. 1 vers.**

PARA O LEITOR LER DE/VAGAR [*Volto minha existência derredor para. O leitor. As mãos*] **9 pub. vs. 2 vers.**

I [Uma noite encontrei uma pedra] **9 pub. vs. 4 vers.**

II [Há sempre uma noite terrível para quem se despede] **9 pub. vs. 3 vers.**

III [As mulheres têm uma assombrada roseira] **11 pub. vs. 4 vers.**

IV [Há cidades cor de pérola onde as mulheres] **9 pub. vs. 3 vers.**

V [Explico uma cidade quando as luzes evoluem.] **9 pub. vs. 3 vers.**

VI [Às vezes penso: o lugar é tremendo.] **9 pub. vs. 4 vers.**

VII [Pequenas estrelas que mudam de cor, frias] **11 pub. vs. 3 vers.**

LUGAR ÚLTIMO [Escrevo sobre um tema alucinante e antigo.] **9 pub. vs. 4 vers.**

I [Um lento prazer esgota a minha voz. Quem] **9 pub. vs. 4 vers.**

II [Alguém parte uma laranja em silêncio, à entrada] **11 pub. vs. 4 vers.**

III [A minha idade é assim — verde, sentada.] **11 pub. vs. 4 vers.**

IV [Quando já não sei pensar no alto de irrespiráveis irrespiráveis] **9 pub. vs. 2 vers.**

V [Muitas canções começam no fim, em cidades] **9 pub. vs. 1 vers.**

VI [É a colina na colina, colina] **9 pub. vs. 4 vers.**

RETRATÍSSIMO OU NARRAÇÃO DE UM HOMEM DEPOIS DE MAIO [*Retratoblíquo sentado.*] **11 pub. vs. 4 vers.**

EM MARTE APARECE A TUA CABEÇA — [Em marte aparece a tua cabeça —] **9 pub. vs. 4 vers.**

A BICICLETA PELA LUA DENTRO — MÃE, MÃE — [A bicicleta pela lua dentro — mãe, mãe —] **9 pub. vs. 4 vers.**

A MENSTRUAÇÃO, QUANDO NA CIDADE PASSAVA [A menstruação, quando na cidade passava] **9 pub. vs. 4 vers.**

EM SILÊNCIO DESCOBRI ESSA CIDADE NO MAPA [Em silêncio descobri essa cidade no mapa] **9 pub. vs. 3 vers.**

MULHERES CORRENDO, CORRENDO PELA NOITE. [Mulheres correndo, correndo pela noite.] **11 pub. vs. 1 vers.**

ERA UMA VEZ TODA A FORÇA COM A BOCA NOS JORNAIS: [Era uma vez toda a força com a boca nos jornais:] **9 pub. vs. 3 vers.**

TODAS PÁLIDAS, AS REDES METIDAS NA VOZ. [Todas pálidas, as redes metidas na voz.] **9 pub. vs. 2 vers.**

TINHA AS MÃOS DE GESSO. AO LADO, OS MAL- [Tinha as mãos de gesso. Ao lado, os mal-] **9 pub. vs. 1 vers.**

JOELHOS, SALSA, LÁBIOS, MAPA. [Joelhos, salsa, lábios, mapa.] **9 pub. vs. 5 vers.**

A PORTA COM PÊLOS ABERTA NA CAL. O DIA RODAVA NO BICO, AS [A porta com pêlos aberta na cal. O dia rodava no bico, as] **3 pub. vs. 2 vers.**

A MÁQUINA DE EMARANHAR PAISAGENS 1963 [*E chamou Deus à luz Dia; e às trevas chamou Noite; e fez-se a tarde, e fez-se a manhã, dia primeiro.*] **8 pub. vs. 2 vers.**

4.1.2. Mapeamento do total de poemas que integram PC, 2014

O segundo mapeamento desta série resume o total de poemas que integram PC, 2014, 8.º volume reunido. Por ter sido o último volume de poesia reunida publicado por Helder, quando comparado com o 1.º volume, é seis vezes maior. Enquanto que o primeiro volume abrange um período que cobre nove anos de publicações, PC, 2014, abrange o período que vai de 1958 até 2014, ou seja, 47 anos a mais.

De todos os volumes que integram PC, 2014, contam-se: 34 poemas de CB; 5 poemas de P; 17 poemas de L; um de CA (o único); nove poemas de ML; um de MEP (o único); um de H (o único); oito poemas de CCL; 10 poemas de BA; 12 poemas de A; cinco poemas de EX; um poema de ETC; um poema de CLO; seis poemas de D; 12 poemas de FL; 11 poemas de CM; 56 poemas de UC; 12 poemas de OS; seis poemas de OSOU; 62 poemas de DM; 99 poemas de FNCF; 74 poemas de S e 28 de MM.

Assim, são 23 os volumes que integram PC, 2014, perfazendo um total de 471 poemas, 2442 publicações e 754 versões.

Mapeamento 4.2. Mapeamento do total de poemas que integram PC, 2014.

Fonte: A. Couts (2017).

[Falemos de casas. Do sagaz exercício de um poder] **9 pub. vs. 5 vers.**

[*«Transforma-se o amador na coisa amada» com seu*] **9 pub. vs. 3 vers.**

II [Não sei como dizer-te que a minha voz te procura,] **9 pub. vs. 5 vers.**

III [Todas as coisas são mesa para os pensamentos] **9 pub. vs. 4 vers.**

O AMOR EM VISITA [Dai-me uma jovem mulher com sua harpa de sombra] **10 pub. vs. 5 vers.**

I [Um poema cresce inseguramente] **9 pub. vs. 4 vers.**

II [A palavra erguia-se como um candelabro,] **9 pub. vs. 5 vers.**

III [Às vezes estou à mesa, e como ou sonho ou estou] **9 pub. vs. 5 vers.**

IV [Nesta laranja encontro aquele repouso frio] **9 pub. vs. 3 vers.**

V [Existia alguma coisa para denominar no alto desta sombria] **9 pub. vs. 4 vers.**

VI [Fecundo mês da oferta onde a invenção ilumina] **9 pub. vs. 5 vers.**

VII [A manhã começa a bater no meu poema.] **9 pub. vs. 6 vers.**

I [Ela é a fonte. Eu posso saber que é] **10 pub. vs. 3 vers.**

II [No sorriso louco das mães batem as leves] **12 pub. vs. 3 vers.**

III [Ó mãe violada pela noite, deposta, disposta] **10 pub. vs. 5 vers.**

IV [Mal se empina a cabra com suas patas traseiras] **10 pub. vs. 4 vers.**

V [Apenas te digo o ouro de uma palavra, no meio da névoa.] **10 pub. vs. 5 vers.**

VI [Estás verdadeiramente deitada. É impossível gritar sobre esse abismo] **10 pub. vs. 4 vers.**

I [Como se poderia desfazer em mim tua nobre cabeça?] **9 pub. vs. 4 vers.**

II [Sobre o meu coração ainda vibram seus pés: a alta] **9 pub. vs. 5 vers.**

III [Havia um homem que corria pelo orvalho dentro.] **11 pub. vs. 3 vers.**

IV [A colher de súbito cai no silêncio da língua.] **9 pub. vs. 3 vers.**

V [Não posso ouvir cantar tão friamente. Cantam] **11 pub. vs. 3 vers.**

VI [São claras as crianças como candeias sem vento,] **9 pub. vs. 5 vers.**

VII [Estremecem-me os ombros com a inesperada onda dos meus] **9 pub. vs. 5 vers.**

I [Bruxelas, um mês. De pé, sob as luzes encantadas.] **9 pub. vs. 4 vers.**

II [Apagaram-se as luzes. É a triste primavera cercada] **9 pub. vs. 5 vers.**

III [Eu teria amado esse destino imóvel. Esse frio] **9 pub. vs. 5 vers.**

IV [Mulher, casa e gato.] **9 pub. vs. 3 vers.**

V [Esta linguagem é pura. No meio está uma fogueira] **9 pub. vs. 4 vers.**

VI [É preciso falar baixo no sítio da primavera, junto] **9 pub. vs. 5 vers.**

VII [Bate-me à porta, em mim, primeiro devagar.] **9 pub. vs. 7 vers.**

VIII [Ignoro quem dorme, a minha boca ressoa.] **9 pub. vs. 5 vers.**

NARRAÇÃO DE UM HOMEM EM MAIO [Estou deitado no nome: *maio*, e sou uma pessoa] **9 pub. vs. 4 vers.**

I [Deito-me, levanto-me, penso que é enorme cantar.] **10 pub. vs. 3 vers.**

II [Minha cabeça estremece com todo o esquecimento.] **12 pub. vs. 4 vers.**

III [O actor acende a boca. Depois, os cabelos.] **10 pub. vs. 3 vers.**

IV [As vacas dormem, as estrelas são truculentas,] **10 pub. vs. 3 vers.**

V [As barcas gritam sobre as águas.] **10 pub. vs. 5 vers.**

AOS AMIGOS [Amo devagar os amigos que são tristes com cinco dedos de cada lado.] **9 pub. vs. 1 vers.**

PARA O LEITOR LER DE/VAGAR [*Volto minha existência derredor para. O leitor. As mãos*] **9 pub. vs. 2 vers.**

I [Uma noite encontrei uma pedra] **9 pub. vs. 4 vers.**

II [Há sempre uma noite terrível para quem se despede] **9 pub. vs. 3 vers.**

III [As mulheres têm uma assombrada roseira] **11 pub. vs. 4 vers.**

IV [Há cidades cor de pérola onde as mulheres] **9 pub. vs. 3 vers.**

V [Explico uma cidade quando as luzes evoluem.] **9 pub. vs. 3 vers.**

VI [Às vezes penso: o lugar é tremendo.] **9 pub. vs. 4 vers.**

VII [Pequenas estrelas que mudam de cor, frias] **11 pub. vs. 3 vers.**

LUGAR ÚLTIMO [Escrevo sobre um tema alucinante e antigo.] **9 pub. vs. 4 vers.**

I [Um lento prazer esgota a minha voz. Quem] **9 pub. vs. 4 vers.**

II [Alguém parte uma laranja em silêncio, à entrada] **11 pub. vs. 4 vers.**

III [A minha idade é assim — verde, sentada.] **11 pub. vs. 4 vers.**

IV [Quando já não sei pensar no alto de irrespiráveis irrespiráveis] **9 pub. vs. 2 vers.**

V [Muitas canções começam no fim, em cidades] **9 pub. vs. 1 vers.**

VI [É a colina na colina, colina] **9 pub. vs. 4 vers.**

RETRATÍSSIMO OU NARRAÇÃO DE UM HOMEM DEPOIS DE MAIO [*Retratoblíquo sentado.*] **11 pub. vs. 4 vers.**

COMUNICAÇÃO ACADÉMICA 1963 [Gato dormindo debaixo de um pimenteiro:] **7 pub. vs. 3 vers.**

EM MARTE APARECE A TUA CABEÇA — [Em marte aparece a tua cabeça —] **9 pub. vs. 4 vers.**

A BICICLETA PELA LUA DENTRO — MÃE, MÃE — [A bicicleta pela lua dentro — mãe, mãe —] **9 pub. vs. 4 vers.**

A MENSTRUAÇÃO, QUANDO NA CIDADE PASSAVA [A menstruação, quando na cidade passava] **9 pub. vs. 4 vers.**

EM SILÊNCIO DESCOBRI ESSA CIDADE NO MAPA [Em silêncio descobri essa cidade no mapa] **9 pub. vs. 3 vers.**

MULHERES CORRENDO, CORRENDO PELA NOITE. [Mulheres correndo, correndo pela noite.] **11 pub. vs. 1 vers.**

ERA UMA VEZ TODA A FORÇA COM A BOCA NOS JORNAIS: [Era uma vez toda a força com a boca nos jornais:] **9 pub. vs. 3 vers.**

TODAS PÁLIDAS, AS REDES METIDAS NA VOZ. [Todas pálidas, as redes metidas na voz.] **9 pub. vs. 2 vers.**

TINHA AS MÃOS DE GESSO. AO LADO, OS MAL- [Tinha as mãos de gesso. Ao lado, os mal-] **9 pub. vs. 1 vers.**

JOELHOS, SALSA, LÁBIOS, MAPA. [Joelhos, salsa, lábios, mapa.] **9 pub. vs. 5 vers.**

A MÁQUINA DE EMARANHAR PAISAGENS 1963 [*E chamou Deus à luz Dia; e às trevas chamou Noite; e fez-se a tarde, e fez-se a manhã, dia primeiro.*] **8 pub. vs. 2 vers.**

HÚMUS, Poema-montagem [Pátios de lajes soerguidas pelo único] **10 pub. vs. 4 vers.**

BICICLETA [Lá vai a bicicleta do poeta em direcção] **8 pub. vs. 2 vers.**

CANÇÃO DESPOVOADA [Num tempo sentado em seda, uma mulher imersa] **7 pub. vs. 3 vers.**

[A maçã precipitada, os incêndios da noite, a neve forte:] **7 pub. vs. 1 vers.**

[Tantos nomes que não há para dizer o silêncio —] **7 pub. vs. 1 vers.**

[Às vezes, sobre um soneto voraz e abrupto, passa] **7 pub. vs. 2 vers.**

[Sobre os cotovelos a água olha o dia sobre] **7 pub. vs. 1 vers.**

UM DEUS LISÉRGICO [Ele viu, a muitas noites de distância o Rosto] **7 pub. vs. 3 vers.**

OS MORTOS PERIGOSOS, FIM. [Os jardins contorcem-se entre o estio e as trevas.] **7 pub. vs. 2 vers.**

[o texto assim coagulado, alusivas braçadas] **8 pub. vs. 2 vers.**

[toda, a doçura trepida, toda ameaçada,] **8 pub. vs. 2 vers.**

[beleza de manhãs arrefecidas sobre o aniquilamento,] **8 pub. vs. 2 vers.**

[põem-se as salas ordenadas no compasso] **8 pub. vs. 1 vers.**

[geografia em pólvora, solitária brancura] **8 pub. vs. 1 vers.**

[animais rompendo as barreiras do sono,] **8 pub. vs. 1 vers.**

[nervuras respirantes, agulhas, veios luzindo] **8 pub. vs. 1 vers.**

[essas vozes que batem no ar, esses parques a ferver,] **8 pub. vs. 1 vers.**

[massas implacáveis, tensas florações químicas, fortemente] **8 pub. vs. 1 vers.**

[tudo se espalha num impulso curvamente] **8 pub. vs. 1 vers.**

TEXTO 1 [Todo o discurso é apenas o símbolo de uma inflexão] **7 pub. vs. 3 vers.**

TEXTO 2 [Não se vai entregar aos vários «motores» a fabricação do estio] **7 pub. vs. 1 vers.**

TEXTO 3 [Afinal a ideia é sempre a mesma o bailarino a pôr o pé] **9 pub. vs. 3 vers.**

TEXTO 4 [Eu podia abrir um mapa: «o corpo» com relevos crepitantes] **7 pub. vs. 3 vers.**

TEXTO 5 [«Uma devassidão aracnídea» se se quiser] **7 pub. vs. 2 vers.**

TEXTO 6 [Não se esqueçam de uma energia bruta e de uma certa] **7 pub. vs. 2 vers.**

TEXTO 7 [Tenho uma pequena coisa africana para dizer aos senhores] **9 pub. vs. 2 vers.**

TEXTO 8 [Nenhuma atenção se esqueceu de me cravar os dedos] **7 pub. vs. 2 vers.**

TEXTO 9 [Porque também «isso» acontece dizer-se que se lavra] **7 pub. vs. 3 vers.**

TEXTO 10 [Encontro-me na posição de estar frenèticamente suspenso] **7 pub. vs. 3 vers.**

TEXTO 11 [«Estudara» muito pouco o comportamento das paisagens] **7 pub. vs. 2 vers.**

TEXTO 12 [Sei de um poeta que passou os anos mais próximos do seu] **7 pub. vs. 1 vers.**

EXEMPLO [A teoria era esta: arrasar tudo — mas alguém pegou] **7 pub. vs. 1 vers.**

CÓLOFON [Como o centro da frase é o silêncio e o centro deste silêncio] **7 pub. vs. 2 vers.**

1. [Eis como que uma coisa como que nos interessa: destruir os textos.] **9 pub. vs. 3 vers.**

2. [Esta ciência selvagem de investigar a força] **9 pub. vs. 1 vers.**

3. [Esta é a mãe central com os dedos luzindo,] **9 pub. vs. 1 vers.**

4. [Não se pode tocar na dança. Toda essa fogueira.] **7 pub. vs. 3 vers.**

O CORPO O LUXO A OBRA 1977 [Em certas estações obsessivas,] **8 pub. vs. 3 vers.**

(é uma dedicatória) [Se alargas os braços desencadeia-se uma estrela de mão] **13 pub. vs. 3 vers.**

(a carta da paixão) [Esta mão que escreve a ardente melancolia] **13 pub. vs. 2 vers.**

(similia similibus) [Quem deita sal na carne crua deixa] **13 pub. vs. 2 vers.**

(vox) [O que está escrito no mundo está escrito de lado] **13 pub. vs. 1 vers.**

(walpurgisnacht) [Eu não durmo, respiro apenas como a raiz sombria] **13 pub. vs. 2 vers.**

(a morte própria) [E estás algures, em ilhas, selada pelo teu próprio brilho,] **13 pub. vs. 2 vers.**

[Nenhum corpo é como esse, mergulhador, coroado] **7 pub. vs. 1 vers.**

[Aberto por uma bala] **7 pub. vs. 2 vers.**

[Sei às vezes que o corpo é uma severa] **7 pub. vs. 1 vers.**

[Boca.] **7 pub. vs. 1 vers.**

[Em quartos abalados trabalho na massa tremenda] **7 pub. vs. 2 vers.**

[Astro assoprado, sombria ligeireza, dom: eu sei.] **7 pub. vs. 2 vers.**

[Queria tocar na cabeça de um leopardo louco, no luxo] **9 pub. vs. 1 vers.**

[Adolescentes repentinos, não sabem, apenas o tormento de um excesso] **9 pub. vs. 1 vers.**

[Não te queria quebrada pelos quatro elementos.] **9 pub. vs. 2 vers.**

[Há dias em que basta olhar de frente as gárgulas] **9 pub. vs. 1 vers.**

[Um espelho, uma trama de diamante onde a cabeça] **7 pub. vs. 1 vers.**

[Lenha — e a extracção de pequenos astros,] **7 pub. vs. 1 vers.**

[Tocaram-me na cabeça com um dedo terrificamente] **8 pub. vs. 3 vers.**

[Que lhe estendas os dedos aos dedos: lhe devolvas] **6 pub. vs. 1 vers.**

MÃO: A MÃO [O coração em cheio] **8 pub. vs. 1 vers.**

[As cabeças de mármore: um raio] **6 pub. vs. 1 vers.**

[Os braços arvorados acima do trono, Com um rasgão luminoso] **6 pub. vs. 3 vers.**

[O sangue bombeado na loucura,] **6 pub. vs. 1 vers.**

[O sangue que treme na cama: a cama] **6 pub. vs. 1 vers.**

[Estremece-se às vezes desde o chão,] **6 pub. vs. 1 vers.**

[Como se uma estrela hidráulica arrebatada das poças,] **6 pub. vs. 1 vers.**

[Cortaram pranchas palpitando de água:] **8 pub. vs. 2 vers.**

DEMÃO [Retorna à escuridão] **6 pub. vs. 1 vers.**

[Com uma rosa no fundo da cabeça, que maneira obscura] **8 pub. vs. 1 vers.**

[Não cortem o cordão que liga o corpo à criança do sonho,] **6 pub. vs. 2 vers.**

[Criança à beira do ar. Caminha pelas cores prodigiosas, iluminações] **6 pub. vs. 1 vers.**

[Engoli] **8 pub. vs. 1 vers.**

[As crianças que há no mundo, vindas de lunações de objectos] **6 pub. vs. 1 vers.**

[Correm com braços e cabelo, com a luz que espancam,] **6 pub. vs. 1 vers.**

[Cada sítio tem um mapa de luas. Há uma criança radial vista] **6 pub. vs. 1 vers.**

[Os animais vermelhos, ou de ouro peça a peça:] **6 pub. vs. 2 vers.**

[Ninguém se aproxima de ninguém se não for num murmúrio,] **6 pub. vs. 1 vers.**

[Ficas toda perfumada de passar por baixo do vento que vem] **6 pub. vs. 2 vers.**

[Transbordas toda em sangue e nome, por motivos] **6 pub. vs. 1 vers.**

[Toquei num flanco súbito.] **6 pub. vs. 1 vers.**

[Onde se escreve mãe e filho] **6 pub. vs. 1 vers.**

[Depois de atravessar altas pedras preciosas,] **6 pub. vs. 1 vers.**

[Há uma árvore de gotas em todos os paraísos.] **6 pub. vs. 1 vers.**

[O dia, esse bojo de linfa, uma vertigem de hélio — arcaicamente] **6 pub. vs. 1 vers.**

[Leões de pedra à porta de jardins alerta] **6 pub. vs. 1 vers.**

[Uma golfada de ar que me acorda numa imagem larga.] **6 pub. vs. 1 vers.**

[Laranjas instantâneas, defronte — e as íris ficam amarelas.] **6 pub. vs. 1 vers.**

[Insectos nucleares, cor de púrpura, mortais, saídos reluzindo] **6 pub. vs. 1 vers.**

[Estátuas irrompendo da terra, que tumulto absorvem?] **6 pub. vs. 1 vers.**

[Bate na madeira vermelha,] **6 pub. vs. 1 vers.**

[Laranja, peso, potência.] **6 pub. vs. 1 vers.**

[Os cometas dão a volta e batem as caudas.] **6 pub. vs. 1 vers.**

[Pavões, glicínias, abelhas — e no leque gradual da luz,] **6 pub. vs. 2 vers.**

[Girassóis percorrem o dia fotosférico,] **6 pub. vs. 1 vers.**

[De todos os sítios do parque uma vibração ataca] **6 pub. vs. 1 vers.**

[Sou um lugar carregado de cactos junto à água, lua,] **6 pub. vs. 1 vers.**

[Dias esquecidos um a um, inventa-os a memória.] **6 pub. vs. 1 vers.**

[Mulheres geniais pelo excesso da seda, mães] **8 pub. vs. 1 vers.**

[Não toques nos objectos imediatos.] **6 pub. vs. 1 vers.**

[Águas espasmódicas, luas repetidas nas águas.] **6 pub. vs. 1 vers.**

[Paisagem caiada, sangue até ao ramo das vértebras:] **6 pub. vs. 1 vers.**

[Que ofício debruçado: polir a jóia extenuante,] **8 pub. vs. 1 vers.**

[A solidão de uma palavra. Uma colina quando a espuma] **6 pub. vs. 1 vers.**

[Ninguém sabe se o vento arrasta a lua ou se a lua] **6 pub. vs. 1 vers.**

[Quem bebe água exposta à lua sazona depressa:] **6 pub. vs. 1 vers.**

[A arte íngreme que pratico escondido no sono pratica-se] **8 pub. vs. 1 vers.**

[O dia abre a cauda de água, o copo] **6 pub. vs. 1 vers.**

[O canteiro cheira à pedra. Da rosa cavada nela cheirará,] **6 pub. vs. 1 vers.**

[Abre a fonte no mármore, sob a força dos dedos] **6 pub. vs. 1 vers.**

[O dia ordena os cântaros um a um em filas vivas.] **6 pub. vs. 1 vers.**

[O mármore maduro desabrocha, move-o pelo meio] **6 pub. vs. 1 vers.**

[O espaço do leopardo, enche-o com a magnificência.] **6 pub. vs. 1 vers.**

[Entre varais de sal, no fundo, onde se fica cego.] **6 pub. vs. 2 vers.**

[A lua leveda o mênstruo, vira o peixe no frio, ilumina] **6 pub. vs. 1 vers.**

[É amargo o coração do poema.] **6 pub. vs. 1 vers.**

[Mergulhador na radiografia de brancura escarpada.] **6 pub. vs. 1 vers.**

[Levanto as mãos e o vento levanta-se nelas.] **6 pub. vs. 1 vers.**

[Se olhas a serpente nos olhos, sentes como a inocência] **6 pub. vs. 1 vers.**

[Dálias cerebrais de repente. Artesianas, irrigadas] **6 pub. vs. 2 vers.**

[Ninguém tem mais peso que o seu canto.] **6 pub. vs. 1 vers.**

[Gárgula.] **8 pub. vs. 1 vers.**

[As varas frias que batem nos meus lugares levantam] **6 pub. vs. 1 vers.**

[Os tubos de que é feito o corpo,] **6 pub. vs. 1 vers.**

[Pratiquei a minha arte de roseira: a fria] **6 pub. vs. 1 vers.**

[Será que Deus não consegue compreender a linguagem dos artesãos?] **7 pub. vs. 2 vers.**

[Astralidade, zonas saturadas, a noite suspende um ramo.] **5 pub. vs. 1 vers.**

[Ela disse: porque os vestidos transbordam de vento.] **7 pub. vs. 1 vers.**

[A oferenda pode ser um chifre ou um crânio claro ou] **5 pub. vs. 1 vers.**

[Entre temperatura e visão a frase africana com as colunas de ar] **7 pub. vs. 1 vers.**

[São estes — leopardo e leão: carne turva e] **5 pub. vs. 1 vers.**

[Os lugares uns nos outros — e se alguém está lá dentro com grandes nós de carne:] **7 pub. vs. 1 vers.**

[Entre porta e porta — a porta que abre à água e a porta aberta] **5 pub. vs. 1 vers.**

[A poesia também pode ser isso:] **7 pub. vs. 1 vers.**

[Uma razão e as suas palavras, não sou leve não tenho] **5 pub. vs. 1 vers.**

[Podem mexer dentro da cabeça com a música porque um acerbo clamor porque] **5 pub. vs. 1 vers.**

[Doces criaturas de mãos levantadas, ferozes cabeleiras, centrífugas pelos olhos para] **5 pub. vs. 1 vers.**

[Se mexem as mãos memoriais as mães] **7 pub. vs. 1 vers.**

[Alguns nomes são filhos vivos alguns ensinos de memória e dor] **7 pub. vs. 2 vers.**

[Um nome simples para nascer por fora dormir comer subir] **5 pub. vs. 1 vers.**

[Dançam segundo o ouro quer dizer fazem da fieira de estrelas africanas] **5 pub. vs. 1 vers.**

[Ele disse que] **7 pub. vs. 1 vers.**

[São escórias queimadas tocas ao negro. Com seus anéis de chumbo é a agre] **5 pub. vs. 1 vers.**

[A uma devagarosa mulher com cinco dedos potentes] **5 pub. vs. 3 vers.**

[Nas mãos um ramo de lâminas.] **5 pub. vs. 1 vers.**

[Pus-me a saber: estou branca sobre uma arte] **5 pub. vs. 2 vers.**

[Se é uma criança, diz: eu cá sou cor-de-laranja.] **5 pub. vs. 1 vers.**

[Porque eu sou uma abertura,] **5 pub. vs. 2 vers.**

[Olha a minha sombra natural exactamente amarela, diz,] **5 pub. vs. 1 vers.**

[Se te inclinas nos dias inteligentes — entende-se] **5 pub. vs. 1 vers.**

[Beleza ou ciência: uma nova maneira súbita] **5 pub. vs. 1 vers.**

[Água sombria fechada num lugar luminoso, noite,] **5 pub. vs. 1 vers.**

[E aparece a criança;] **5 pub. vs. 1 vers.**

[Porque ela vai morrer.] **5 pub. vs. 1 vers.**

[Rosas divagadas pelas roseiras, as sombras das rosas] **5 pub. vs. 1 vers.**

[Porque abalando as águas côncavas o acordou a lua e empurrou para fora,] **7 pub. vs. 1 vers.**

[Guelras por onde respira toda a luz desabrochada,] **5 pub. vs. 1 vers.**

[Se perguntarem: das artes do mundo?] **5 pub. vs. 1 vers.**

[Ferro em brasa no flanco de um só dia, um buraco] **5 pub. vs. 1 vers.**

[Esta coluna de água, bastam-lhe o peso próprio,] **7 pub. vs. 1 vers.**

[Ainda não é a coluna madura de uma árvore, não fabrica] **5 pub. vs. 1 vers.**

[Pêras maduras ao longe,] **5 pub. vs. 1 vers.**

[Pode colher-se na espera da árvore,] **5 pub. vs. 1 vers.**

[Uma colher a transbordar de azeite:] **5 pub. vs. 2 vers.**

[Músculo, tendão, nervo, e o peso da veia que leva,] **5 pub. vs. 1 vers.**

[Dias pensando-se uns aos outros na sua seda estendida,] **5 pub. vs. 1 vers.**

[Atravessa a água até ao fundo da estrela.] **5 pub. vs. 1 vers.**

[Leia-se esta paisagem da direita para a esquerda e vice-versa] **5 pub. vs. 1 vers.**

[Murmurar num sítio a frase difícil,] **5 pub. vs. 1 vers.**

[Ríspido, zoológico,] **5 pub. vs. 1 vers.**

[Ninguém sabe de onde pode soprar.] **5 pub. vs. 1 vers.**

[A água nas torneiras, nos diamantes, nos copos.] **7 pub. vs. 1 vers.**

[Em recessos, com picareta e pá, sem máscara, trabalha] **5 pub. vs. 1 vers.**

[Abre o buraco à força de homem,] **7 pub. vs. 2 vers.**

[Deixa a madeira preparar-se por si mesma até ao oculto da obra.] **5 pub. vs. 1 vers.**

[Folheie as mãos nas plainas enquanto desusa a gramática da madeira, obscura] **5 pub. vs. 1 vers.**

[Tanto lavra as madeiras para que seja outro o espaço] **5 pub. vs. 1 vers.**

[Marfim desde o segredo rompendo pela boca,] **5 pub. vs. 1 vers.**

[Se o fio acaba nos dedos, o fio vivo, se os dedos] **7 pub. vs. 2 vers.**

[O dia meteu-se para dentro: a água enche o meu sono] **5 pub. vs. 1 vers.**

[Nem sempre se tem a voltagem das coisas: mesa aqui, fogão aceso,] **7 pub. vs. 1 vers.**

[Num espaço unido a luz sacode] **5 pub. vs. 1 vers.**

[A ascensão do aloés: vê-se,] **5 pub. vs. 1 vers.**

[A alimentação simples da fruta,] **5 pub. vs. 1 vers.**

[Sopra na cana até que dê flor.] **5 pub. vs. 1 vers.**

[Folha a folha como se constrói um pássaro] **5 pub. vs. 1 vers.**

[Foi-me dada um dia apenas, num dos centros da idade,] **7 pub. vs. 2 vers.**

[Este que chegou ao seu poema pelo mais alto que os poemas têm] **7 pub. vs. 1 vers.**

[Se houver ainda para desentranhar da assimetria] **5 pub. vs. 1 vers.**

[Por isso ele era rei, e alguém] **5 pub. vs. 2 vers.**

[Quero um erro de gramática que refaça] **5 pub. vs. 1 vers.**

[Um espelho em frente de um espelho: imagem] **5 pub. vs. 1 vers.**

[Trabalha naquilo antigo enquanto o mundo se move] **5 pub. vs. 1 vers.**

[Se se pudesse, se um insecto exímio pudesse,] **5 pub. vs. 1 vers.**

[O olhar é um pensamento.] **5 pub. vs. 2 vers.**

[Medido de espiga a espiga durante a terra contínua,] **5 pub. vs. 1 vers.**

[Sou eu, assimétrico, artesão, anterior] **5 pub. vs. 1 vers.**

[Arquipélago:] **5 pub. vs. 1 vers.**

[Com uma pêra, dou-lhe um nome de erro] **5 pub. vs. 1 vers.**

[Dentro das pedras circula a água, sussurram,] **5 pub. vs. 1 vers.**

[Não peço que o espaço à minha volta se engrandeça,] **5 pub. vs. 1 vers.**

[O astro peristáltico passado da vagina à boca,] **5 pub. vs. 1 vers.**

[Quem anel a anel há-de pôr-me a nu os dedos,] **5 pub. vs. 2 vers.**

[Selaram-no com um nó vivo como se faz a um odre,] **7 pub. vs. 1 vers.**

[Duro, o sopro e o sangue tornaram-no duro,] **7 pub. vs. 3 vers.**

[até que Deus é destruído pelo extremo exercício da beleza] **3 pub. vs. 1 vers.**

[sobressalto,] **2 pub. vs. 1 vers.**

[do saibro irrompe a flor do cardo,] **2 pub. vs. 1 vers.**

[argutos, um a um, dedos] **3 pub. vs. 1 vers.**

[o aroma do mundo é o de salsugem no escuro] **2 pub. vs. 1 vers.**

[pratica-te como contínua abertura,] **3 pub. vs. 1 vers.**

[e tu viras vibrantemente a cabeça] **3 pub. vs. 1 vers.**

[estende a tua mão contra a minha boca e respira,] **3 pub. vs. 1 vers.**

[que fosses escrita com todas as linhas de todas as coisas numa frase de ensino e] **3 pub. vs. 1 vers.**

[mordidos por dentes caninos, que substantivos!] **3 pub. vs. 1 vers.**

[cabelos amarrados quentes que se desamarram,] **3 pub. vs. 1 vers.**

[sou eu que te abro pela boca,] **3 pub. vs. 1 vers.**

[que eu aprenda tudo desde a morte,] **3 pub. vs. 1 vers.**

[glória dos objectos!] **3 pub. vs. 2 vers.**

[roupa agitada pela força da luz que irrompe dela,] **3 pub. vs. 1 vers.**

[o fundo do cabelo quando o agarras todo para quebrá-la,] **3 pub. vs. 1 vers.**

[e eu reluzo no fundo de um universo que desconheço,] **2 pub. vs. 1 vers.**

[não some, que eu lhe procuro, e lhe boto] **3 pub. vs. 2 vers.**

[aos vinte ou quarenta os poemas de amor têm uma força directa,] **2 pub. vs. 1 vers.**

[porque estremeço à maravilha da volta com que tiras o vestido por cima da cabeça,] **2 pub. vs. 1 vers.**

[a luz de um só tecido a mover-se sob o vestido] **3 pub. vs. 1 vers.**

[põem-te a água defronte e a mão aberta dentro da água não se apaga,] **3 pub. vs. 1 vers.**

[e ele disse: não deixes fechar-se a ferida] **3 pub. vs. 1 vers.**

[¿mas se basta uma braçada de luz com água,] **3 pub. vs. 1 vers.**

[frutas, púcaros, ondas, folhas, dedos, tudo] **3 pub. vs. 1 vers.**

[e regresso ao resplendor,] **3 pub. vs. 1 vers.**

[cabelo cortado vivo,] **3 pub. vs. 1 vers.**

[noite funcionada a furos de ouro fundido,] **3 pub. vs. 1 vers.**

[perder o dom, mas quem o perde?] **3 pub. vs. 1 vers.**

[rosto de osso, cabelo rude, boca agra,] **3 pub. vs. 1 vers.**

[retira-se alguém um pouco atrás na noite] **3 pub. vs. 1 vers.**

[¿mas como: um pequeno poema com um relâmpago íngreme e instantâneo entre as linhas,] **3 pub. vs. 1 vers.**

[a laranja, com que força aparece de dentro para fora,] **3 pub. vs. 1 vers.**

[madeira por onde o mundo se enche de seiva,] **3 pub. vs. 1 vers.**

[os animais fazem tremer o chão se passam debaixo dela] **3 pub. vs. 1 vers.**

[para que venha alguém no estio e lhe arranque o coração,] **3 pub. vs. 1 vers.**

[Quem sabe é que é alto para dentro até apanhá-la:] **3 pub. vs. 1 vers.**

[na mão madura a luz imóvel pára a pêra sucessiva,] **3 pub. vs. 1 vers.**

[pêras plenas na luz subida para colhê-las] **3 pub. vs. 1 vers.**

[alguém salgado porventura] **3 pub. vs. 2 vers.**

[já sai para o visível e o conjunto a olaria,] **3 pub. vs. 1 vers.**

[roupas pesadas de sangue, cabeças] **3 pub. vs. 1 vers.**

[aparas gregas de mármore em redor da cabeça,] **3 pub. vs. 1 vers.**

[a madeira trabalhamo-la às escondidas,] **3 pub. vs. 1 vers.**

[vem aí o sagrado, e tornam-se radiosas as coisas mínimas,] **3 pub. vs. 1 vers.**

[o fogo arrebata-se do gás até à cara, e lavra-a,] **3 pub. vs. 2 vers.**

[se procuro entre as roupas, nas gavetas, entre as armas da cozinha,] **3 pub. vs. 1 vers.**

[álcool, tabaco, anfetaminas, que alumiação, mijo cor de ouro e esperma grosso,] **3 pub. vs. 1 vers.**

[moço, digo eu ao canteiro de rojo,] **3 pub. vs. 1 vers.**

[a faca não corta o fogo,] **3 pub. vs. 1 vers.**

[exultação, fervor,] **3 pub. vs. 1 vers.**

[no mundo há poucos fenómenos do fogo,] **3 pub. vs. 1 vers.**

[do mundo que malmolha ou desolha não me defendo,] **3 pub. vs. 1 vers.**

[mas eu, que tenho o dom das línguas, senti] **3 pub. vs. 1 vers.**

[a acerba, funda língua portuguesa,] **3 pub. vs. 1 vers.**

[espaço que o corpo soma quando se move,] **3 pub. vs. 2 vers.**

[mesmo sem gente nenhuma que te ouça,] **3 pub. vs. 1 vers.**

[se do fundo da garganta aos dentes a areia do teu nome,] **3 pub. vs. 1 vers.**

[*(...) e escrever poemas cheios de honestidades várias e pequenas digitações gramaticais,*] **3 pub. vs. 2 vers.**

[acima do cabelo radioso,] **3 pub. vs. 1 vers.**

[se te] **3 pub. vs. 1 vers.**

[colinas aparecidas numa volta de oxigénio, frutas] **3 pub. vs. 1 vers.**

[e eu que sou louco, um pouco, não ao ponto de ser belo ou maravilhoso ou assintáctico ou mágico, mas:] **3 pub. vs. 1 vers.**

[travesti, brasileiro, dote escandaloso, leio, venha ser minha fêmea,] **3 pub. vs. 2 vers.**

[faúlha e o ar à volta dela,] **3 pub. vs. 1 vers.**

[o fôlego rouco irrompe nas pronúncias bárbaras] **3 pub. vs. 1 vers.**

resposta a uma carta [gloria in excelsis, a minha língua na tua língua,] **3 pub. vs. 2 vers.**

[limoeiros, riachos, faúlhas, montes levantados ao de cima da cabeça,] **2 pub. vs. 1 vers.**

[o ministério lírico, o mais grave e equívoco, o dom, não o tenho, espreito-o, leitor,] **2 pub. vs. 1 vers.**

[quem é que sobe do deserto com a sua alumiação,] **3 pub. vs. 2 vers.**

[isto que às vezes me confere o sagrado, quero eu] **3 pub. vs. 1 vers.**

[Redivivo. E basta a luz do mundo movida ao toque no interruptor,] **4 pub. vs. 2 vers.**

[obscuridade, sangue, carne inundada, la beltà?] **3 pub. vs. 1 vers.**

[curva labareda de uma chávena,] **3 pub. vs. 1 vers.**

[mesmo assim fez grandes mãos, mãos sem anéis, incorruptíveis,] **3 pub. vs. 1 vers.**

[a labareda da estrela oculta a estrela, numa] **3 pub. vs. 1 vers.**

[ata e desata os nós aos dias meteorológicos, dias orais, manuais,] **3 pub. vs. 1 vers.**

[dúplice] **3 pub. vs. 1 vers.**

[se alguém respirasse e cantasse uma palavra,] **3 pub. vs. 1 vers.**

[no ar vibram as colinas desse tempo, colinas] **3 pub. vs. 1 vers.**

[dias cheios de ar hemisférico e radiação da água,] **3 pub. vs. 2 vers.**

[e a única técnica é o truque repetido de escrever entre o agraz e o lírico,] **3 pub. vs. 1 vers.**

[basta que te dispas até te doeres todo,] **3 pub. vs. 1 vers.**

[ou: o truque cardiovascular, ou:] **3 pub. vs. 1 vers.**

[que não há nenhuma tecnologia paradisíaca,] **3 pub. vs. 1 vers.**

[que poder de ensino o destas coisas quando] **3 pub. vs. 1 vers.**

[que dos fragmentos arcaicos nos chegam apenas pedaços de ouro] **3 pub. vs. 1 vers.**

[se me vendam os olhos, eu, o arqueiro! acerto] **3 pub. vs. 1 vers.**

[bic cristal preta doendo nas falangetas,] **3 pub. vs. 1 vers.**

um dos módulos da peça caiu e esmagou-o contra um suporte de aço do atelier
[arrancara a unhas frias dos testículos à boca,] **3 pub. vs. 1 vers.**

[arranca ao maço de linho o fio enxuto,] **3 pub. vs. 1 vers.**

[a morte está tão atenta à tua força contra ela,] **3 pub. vs. 1 vers.**

[a vida inteira para fundar um poema,] **3 pub. vs. 1 vers.**

[li algures que os gregos antigos não escreviam necrológios,] **3 pub. vs. 2 vers.**

[não chamem logo as funerárias,] **2 pub. vs. 1 vers.**

[corpos visíveis,] **3 pub. vs. 1 vers.**

[há muito quem morra precipitadamente,] **2 pub. vs. 1 vers.**

[talha, e as volutas queimam os olhos quando se escuta,] **3 pub. vs. 1 vers.**

[abrupto termo dito último pesado poema do mundo] **3 pub. vs. 1 vers.**

[É o tema das visões e das vozes, um pouco ameaçador agora quando se lembra aquilo por que se passou.] **3 pub. vs. 3 vers.**

[dos trabalhos do mundo corrompida] **2 pub. vs. 1 vers.**

[saio hoje ao mundo,] **2 pub. vs. 1 vers.**

[do tamanho da mão faço-lhes o poema da minha vida, agudo e espesso,] **2 pub. vs. 1 vers.**

[as manhãs começam logo com a morte das mães,] **2 pub. vs. 1 vers.**

l'amour la mort [petite pute deitada toda nua sobre a cama à espera,] **2 pub. vs. 1 vers.**

[*That happy hand, wich hardly did touch*] **2 pub. vs. 1 vers.**

[fôsses tu um grande espaço e eu tacteasse] **2 pub. vs. 1 vers.**

d'après Issa [no mais carnal das nádegas] **2 pub. vs. 1 vers.**

[e eu que sopro e envolvo teu corpo tremulamente intacto com meu corpo de bode coroado] **2 pub. vs. 1 vers.**

[funda manhã onde fundei o prodígio da minha vida airada,] **2 pub. vs. 1 vers.**

[não, obrigado, estou bem, nada de novo,] **2 pub. vs. 1 vers.**

[já não tenho tempo para ganhar o amor, a glória ou a Abissínia,] **2 pub. vs. 2 vers.**

[de dentro para fora, dedos inteiros,] **2 pub. vs. 1 vers.**

[e eis súbito ouço num transporte público:] **2 pub. vs. 1 vers.**

[as luzes todas apagadas] **2 pub. vs. 2 vers.**

[a noite que no corpo eu tanto tempo trouxe, setembro, o estio,] **2 pub. vs. 1 vers.**

[que floresce uma só vez na vida, agaué! dez metros, escarpada, branca, brusca, brava, encarnada,] **2 pub. vs. 1 vers.**

[até cada objecto se encher de luz e ser apanhado] **2 pub. vs. 1 vers.**

[como se atira o dardo com o corpo todo,] **2 pub. vs. 1 vers.**

[a linha de sangue irrompendo neste poema lavrado numa trama de pouco mais que uma dúzia de linhas,] **2 pub. vs. 1 vers.**

[*rosa esquerda*, plantei eu num antigo poema virgem,] **2 pub. vs. 1 vers.**

[não me amputaram as pernas nem condenaram à fôrca,] **2 pub. vs. 1 vers.**

[disseram: mande um poema para a revista onde colaboram todos] **2 pub. vs. 1 vers.**

[pedras quadradas, árvores vermelhas, atmosfera,] **2 pub. vs. 1 vers.**

[¿mas que sentido faz isto:] **2 pub. vs. 1 vers.**

[quem fabrica um peixe fabrica duas ondas, uma que rebenta floralmente branca à direita,] **2 pub. vs. 1 vers.**

[— oh coração escarpado,] **2 pub. vs. 1 vers.**

[¿e a música, a música, quando, como, em que termos extremos] **2 pub. vs. 1 vers.**

[nunca mais quero escrever numa língua voraz,] **2 pub. vs. 2 vers.**

[um dia destes tenho o dia inteiro para morrer,] **2 pub. vs. 1 vers.**

Heinrich von Kleist versus Johann Wolfgang von Goethe [¿como distinguir o mau ladrão do bom ladrão? o mau ladrão] **2 pub. vs. 2 vers.**

[que um punhado de ouro fulgure no escuso do mundo,] **2 pub. vs. 1 vers.**

[nada pode ser mais complexo que um poema,] **2 pub. vs. 1 vers.**

[nenhuma linha é menos do que outrora] **2 pub. vs. 1 vers.**

[hoje, que eu estava conforme ao dia fundo,] **2 pub. vs. 1 vers.**

[agora se tivesses alma tinhas de salvá-la, agora] **2 pub. vs. 1 vers.**

[a força da faca ou é um jogo,] **2 pub. vs. 1 vers.**

[nem em mim próprio que ardo, cérebro, cerebelo, bolbo raquidiano,] **2 pub. vs. 1 vers.**

[os cães gerais ladram às luas que lavram pelos desertos fora,] **2 pub. vs. 1 vers.**

[só quanto ladra na garganta, sofreado, curto, cortado,] **2 pub. vs. 1 vers.**

[ele que tinha ouvido absoluto para as músicas sumptuosas do verso livre] **2 pub. vs. 1 vers.**

[cada lenço de seda que se ata ¡oh desastres das artes! a própria seda do lenço o desata] **2 pub. vs. 1 vers.**

[um quarto dos poemas é imitação literária,] **2 pub. vs. 1 vers.**

[já não tenho mão com que escreva nem lâmpada,] **2 pub. vs. 1 vers.**

[escrevi um curto poema trémulo e severo,] **2 pub. vs. 1 vers.**

[profano, prático, público, político, presto, profundo, precário,] **2 pub. vs. 1 vers.**

[uma espuma de sal bateu-me alto na cabeça,] **2 pub. vs. 1 vers.**

[welwítschia mirabilis no deserto entre as fornalhas:] **2 pub. vs. 1 vers.**

[releio e não reamo nada,] **2 pub. vs. 1 vers.**

[não quero mais mundo senão a memória trémula,] **2 pub. vs. 1 vers.**

[e depois veio a navalha e cortou-lhes o canto pelo meio da garganta,] **2 pub. vs. 2 vers.**

[esquivar-se à sintaxe e abusar do mundo,] **2 pub. vs. 1 vers.**

[e ali em baixo com terra na boca e mãos atadas atrás das costas] **2 pub. vs. 1 vers.**

[olhos ávidos,] **2 pub. vs. 1 vers.**

[colinas amarelas, árvores vermelhas,] **2 pub. vs. 1 vers.**

[oh não, por favor não impeçam o cadáver,] **2 pub. vs. 1 vers.**

[irmãos humanos que depois de mim vivereis,] **2 pub. vs. 2 vers.**

[cada vez que adormece é para que a noite tome conta dele desde os pés até à cabeça,] **2 pub. vs. 1 vers.**

[alto dia que me é dedicado,] **2 pub. vs. 1 vers.**

[presumir não das grandes partes da noite mas entre elas apenas de uma risca de luz] **2 pub. vs. 1 vers.**

[traças devoram as linhas linha a linha dos livros,] **2 pub. vs. 1 vers.**

[pensam: é melhor ter o inferno a não ter coisa nenhuma] **2 pub. vs. 1 vers.**

[já me custa no chão do inferno,] **2 pub. vs. 1 vers.**

[cheirava mal, a morto, até me purificarem pelo fogo,] **2 pub. vs. 2 vers.**

[daqui a uns tempos acho que vou arvoar] **2 pub. vs. 1 vers.**

[os capítulos maiores da minha vida, suas músicas e palavras,] **2 pub. vs. 1 vers.**

[vida aguda atenta a tudo] **2 pub. vs. 1 vers.**

[levanto à vista o que foi a terra magnífica] **2 pub. vs. 1 vers.**

d'après Issa [ao vento deste outono] **2 pub. vs. 1 vers.**

[a água desceu as escadas,] **2 pub. vs. 1 vers.**

[logo pela manhã é um corrupio funerário nos telefones,] **2 pub. vs. 2 vers.**

[eu que não sei através de que verbo me arranquei ao fundo da placenta até à ferida entre as coxas maternas,] **2 pub. vs. 1 vers.**

[talvez certa noite uma grande mão anónima tenha por mim,] **2 pub. vs. 1 vers.**

[nunca estive numa só linha a tão vertiginosa altura,] **2 pub. vs. 2 vers.**

[o teu nome novo, comecei eu a tirá-lo com uma navalha da madeira grossa,] **2 pub. vs. 1 vers.**

[que um nó de sangue na garganta,] **2 pub. vs. 2 vers.**

[tão fortes eram que sobreviveram à língua morta,] **2 pub. vs. 1 vers.**

[filhos não te são nada, carne da tua carne são os poemas] **2 pub. vs. 1 vers.**

[¿dentre os nomes mais internos o mais intenso de todos] **2 pub. vs. 1 vers.**

[e só agora penso.] **2 pub. vs. 1 vers.**

[um leão atrás da porta, que faz ele?] **2 pub. vs. 1 vers.**

[tão fortes eram que sobreviveram à língua morta] **2 pub. vs. 2 vers.**

[queria ver se chegava por extenso ao contrário:] **2 pub. vs. 1 vers.**

[¿mal com as — soberbas! — pequenas putas que me ensinaram tudo] **2 pub. vs. 1 vers.**

[e eu sensível apenas ao papel e à esferográfica:] **2 pub. vs. 1 vers.**

[meus veros filhos em que mudei a carne aflita] **2 pub. vs. 1 vers.**

[se um dia destes parar não sei se não morro logo,] **2 pub. vs. 1 vers.**

[queria fechar-se inteiro num poema] **2 pub. vs. 1 vers.**

[como de facto dia a dia sinto que morro muito,] **2 pub. vs. 1 vers.**

[estava o rei em suas câmaras, mandou que lhe trouxessem as fêmeas,] **2 pub. vs. 2 vers.**

[e eu que me esqueci de cultivar: família, inocência, delicadeza,] **2 pub. vs. 1 vers.**

[que nenhum outro pensamento me doesse, nenhuma imagem profunda:] **2 pub. vs. 1 vers.**

[lá está o cabrão do velho no deserto, último piso esquerdo,] **2 pub. vs. 1 vers.**

[e eu, que em tantos anos não consegui inventar um resquício metafísico,] **2 pub. vs. 1 vers.**

[a burro velho dê-se-lhe uma pouca de palha velha] **2 pub. vs. 2 vers.**

[botou-se à água do rio,] **2 pub. vs. 1 vers.**

[porque já me não lavo,] **2 pub. vs. 1 vers.**

[e encerrar-me todo num poema,] **2 pub. vs. 1 vers.**

[há não sei quantos mil anos um canavial estremeceu na Assíria] **2 pub. vs. 1 vers.**

[folhas soltas, cadernos, livros, montões inexplicáveis, e cada vez que lhes toco fica tudo mais caótico e não descubro nada,] **2 pub. vs. 1 vers.**

[a última bilha de gás durou dois meses e três dias,] **2 pub. vs. 1 vers.**

4.1.3. Mapeamento dos poemas que integram OC, 1967 e que não integram PC, 2014

O terceiro mapeamento desta série resume o total de poemas que integram OC, 1967, 1.º volume reunido e que não integram PC, 2014, 8.º e último volume reunido.

São apenas quatro os poemas que já não podem ser encontrados em PC, 2014, por decisão final do autor. Os primeiros três poemas desta série provêm de CB, mais precisamente, do ciclo de cinco poemas intitulado «Ciclo», cada um deles contando com um número de quatro publicações e de três versões. O último poema desta série provém de ML e conta com três publicações e duas versões. Estes números perfazem um total de 15 publicações e 11 versões.

Se se comparar o total de poemas[36] que não integram PC, 2014, entre a publicação de OC, 1967 e PC, 2014, quatro é um número irrisório.

Mapeamento 4.3. Mapeamento dos poemas que integram OC, 1967 e que não integram PC, 2014.
Fonte: A. Couts (2017).

I [Escuto a fonte, meu misterioso desígnio] **4 pub. vs. 3 vers.**

IV [Mais uma vez a perdi. Em cada minuto] **4 pub. vs. 3 vers.**

V [Uma noite acordarei junto ao corpo infindável] **4 pub. vs. 3 vers.**

A PORTA COM PÊLOS ABERTA NA CAL. O DIA RODAVA NO BICO, AS [A porta com pêlos aberta na cal. O dia rodava no bico, as] **3 pub. vs. 2 vers.**

4.1.4. Mapeamento dos poemas que integram PC, 2014 e que não integram OC, 1967

O quarto mapeamento desta série resume o total de poemas que integram PC, 2014, 8.º e último volume reunido, e que não integram OC, 1967, 1.º volume reunido.

---

[36] 245 é o número total de poemas que não integram PC, 2014.

São 405 o total de poemas que constituem este mapeamento, e nenhum deles integra OC, 1967, por terem sido publicados depois dessa data. Deste total, contam-se os seguintes poemas: um poema de CA; um poema de H; oito poemas de CCL; 10 poemas de BA; 12 poemas de A; cinco poemas de EX; um poema de ETC; um poema de CLO; seis poemas de D; 12 poemas de FL; 11 poemas de CM; 56 poemas de UC; 12 poemas de OS; seis poemas de OSOU; 62 poemas de DM; 99 poemas de FNCF; 74 poemas de S e 28 poemas de MM.

Estes 405 poemas originaram um total de 1816 publicações e de 504 versões.

Mapeamento 4.4. Mapeamento dos poemas que integram PC, 2014 e que não integram OC, 1967.
Fonte: A. Couts (2017).

COMUNICAÇÃO ACADÉMICA [Gato dormindo debaixo de um pimenteiro:] **7 pub. vs. 3 vers.**

HÚMUS, Poema-montagem [Pátios de lajes soerguidas pelo único] **10 pub. vs. 4 vers.**

BICICLETA [Lá vai a bicicleta do poeta em direcção] **8 pub. vs. 2 vers.**

CANÇÃO DESPOVOADA [Num tempo sentado em seda, uma mulher imersa] **7 pub. vs. 3 vers.**

[A maçã precipitada, os incêndios da noite, a neve forte:] **7 pub. vs. 1 vers.**

[Tantos nomes que não há para dizer o silêncio —] **7 pub. vs. 1 vers.**

[Às vezes, sobre um soneto voraz e abrupto, passa] **7 pub. vs. 2 vers.**

[Sobre os cotovelos a água olha o dia sobre] **7 pub. vs. 1 vers.**

UM DEUS LISÉRGICO [Ele viu, a muitas noites de distância o Rosto] **7 pub. vs. 3 vers.**

OS MORTOS PERIGOSOS, FIM. [Os jardins contorcem-se entre o estio e as trevas.] **7 pub. vs. 2 vers.**

[o texto assim coagulado, alusivas braçadas] **8 pub. vs. 2 vers.**

[toda, a doçura trepida, toda ameaçada,] **8 pub. vs. 2 vers.**

[beleza de manhãs arrefecidas sobre o aniquilamento,] **8 pub. vs. 2 vers.**

[põem-se as salas ordenadas no compasso] **8 pub. vs. 1 vers.**

[geografia em pólvora, solitária brancura] **8 pub. vs. 1 vers.**

[animais rompendo as barreiras do sono,] **8 pub. vs. 1 vers.**

[nervuras respirantes, agulhas, veios luzindo] **8 pub. vs. 1 vers.**

[essas vozes que batem no ar, esses parques a ferver,] **8 pub. vs. 1 vers.**

[massas implacáveis, tensas florações químicas, fortemente] **8 pub. vs. 1 vers.**

[tudo se espalha num impulso curvamente] **8 pub. vs. 1 vers.**

TEXTO 1 [Todo o discurso é apenas o símbolo de uma inflexão] **7 pub. vs. 3 vers.**

TEXTO 2 [Não se vai entregar aos vários «motores» a fabricação do estio] **7 pub. vs. 1 vers.**

TEXTO 3 [Afinal a ideia é sempre a mesma o bailarino a pôr o pé] **9 pub. vs. 3 vers.**

TEXTO 4 [Eu podia abrir um mapa: «o corpo» com relevos crepitantes]
7 pub. vs. 3 vers.

TEXTO 5 [«Uma devassidão aracnídea» se se quiser] **7 pub. vs. 2 vers.**

TEXTO 6 [Não se esqueçam de uma energia bruta e de uma certa] **7 pub. vs. 2 vers.**

TEXTO 7 [Tenho uma pequena coisa africana para dizer aos senhores]
9 pub. vs. 2 vers.

TEXTO 8 [Nenhuma atenção se esqueceu de me cravar os dedos] **7 pub. vs. 2 vers.**

TEXTO 9 [Porque também «isso» acontece dizer-se que se lavra] **7 pub. vs. 3 vers.**

TEXTO 10 [Encontro-me na posição de estar frenèticamente suspenso]
7 pub. vs. 3 vers.

TEXTO 11 [«Estudara» muito pouco o comportamento das paisagens]
7 pub. vs. 2 vers.

TEXTO 12 [Sei de um poeta que passou os anos mais próximos do seu]
7 pub. vs. 1 vers.

EXEMPLO [A teoria era esta: arrasar tudo — mas alguém pegou] **7 pub. vs. 1 vers.**

CÓLOFON [Como o centro da frase é o silêncio e o centro deste silêncio] **7 pub. vs. 2 vers.**

1. [Eis como que uma coisa como que nos interessa: destruir os textos.]
9 pub. vs. 3 vers.

2. [Esta ciência selvagem de investigar a força] **9 pub. vs. 1 vers.**

3. [Esta é a mãe central com os dedos luzindo,] **9 pub. vs. 1 vers.**

4. [Não se pode tocar na dança. Toda essa fogueira.] **7 pub. vs. 3 vers.**

O CORPO O LUXO A OBRA [Em certas estações obsessivas,] **8 pub. vs. 3 vers.**

(é uma dedicatória) [Se alargas os braços desencadeia-se uma estrela de mão] **13 pub. vs. 3 vers.**

(a carta da paixão) [Esta mão que escreve a ardente melancolia] **13 pub. vs. 2 vers.**

(similia similibus) [Quem deita sal na carne crua deixa] **13 pub. vs. 2 vers.**

(vox) [O que está escrito no mundo está escrito de lado] **13 pub. vs. 1 vers.**

(walpurgisnacht) [Eu não durmo, respiro apenas como a raiz sombria] **13 pub. vs. 2 vers.**

(a morte própria) [E estás algures, em ilhas, selada pelo teu próprio brilho,] **13 pub. vs. 2 vers.**

[Nenhum corpo é como esse, mergulhador, coroado] **7 pub. vs. 1 vers.**

[Aberto por uma bala] **7 pub. vs. 2 vers.**

[Sei às vezes que o corpo é uma severa] **7 pub. vs. 1 vers.**

[Boca.] **7 pub. vs. 1 vers.**

[Em quartos abalados trabalho na massa tremenda] **7 pub. vs. 2 vers.**

[Astro assoprado, sombria ligeireza, dom: eu sei.] **7 pub. vs. 2 vers.**

[Queria tocar na cabeça de um leopardo louco, no luxo] **9 pub. vs. 1 vers.**

[Adolescentes repentinos, não sabem, apenas o tormento de um excesso] **9 pub. vs. 1 vers.**

[Não te queria quebrada pelos quatro elementos.] **9 pub. vs. 2 vers.**

[Há dias em que basta olhar de frente as gárgulas] **9 pub. vs. 1 vers.**

[Um espelho, uma trama de diamante onde a cabeça] **7 pub. vs. 1 vers.**

[Lenha — e a extracção de pequenos astros,] **7 pub. vs. 1 vers.**

[Tocaram-me na cabeça com um dedo terrificamente] **8 pub. vs. 3 vers.**

[Que lhe estendas os dedos aos dedos: lhe devolvas] **6 pub. vs. 1 vers.**

MÃO: A MÃO [O coração em cheio] **8 pub. vs. 1 vers.**

[As cabeças de mármore: um raio] **6 pub. vs. 1 vers.**

[Os braços arvorados acima do trono, Com um rasgão luminoso] **6 pub. vs. 3 vers.**

[O sangue bombeado na loucura,] **6 pub. vs. 1 vers.**

[O sangue que treme na cama: a cama] **6 pub. vs. 1 vers.**

[Estremece-se às vezes desde o chão,] **6 pub. vs. 1 vers.**

[Como se uma estrela hidráulica arrebatada das poças,] **6 pub. vs. 1 vers.**

[Cortaram pranchas palpitando de água:] **8 pub. vs. 2 vers.**

DEMÃO [Retorna à escuridão] **6 pub. vs. 1 vers.**

[Com uma rosa no fundo da cabeça, que maneira obscura] **8 pub. vs. 1 vers.**

[Não cortem o cordão que liga o corpo à criança do sonho,] **6 pub. vs. 2 vers.**

[Criança à beira do ar. Caminha pelas cores prodigiosas, iluminações] **6 pub. vs. 1 vers.**

[Engoli] **8 pub. vs. 1 vers.**

[As crianças que há no mundo, vindas de lunações de objectos] **6 pub. vs. 1 vers.**

[Correm com braços e cabelo, com a luz que espancam,] **6 pub. vs. 1 vers.**

[Cada sítio tem um mapa de luas. Há uma criança radial vista] **6 pub. vs. 1 vers.**

[Os animais vermelhos, ou de ouro peça a peça:] **6 pub. vs. 2 vers.**

[Ninguém se aproxima de ninguém se não for num murmúrio,] **6 pub. vs. 1 vers.**

[Ficas toda perfumada de passar por baixo do vento que vem] **6 pub. vs. 2 vers.**

[Transbordas toda em sangue e nome, por motivos] **6 pub. vs. 1 vers.**

[Toquei num flanco súbito.] **6 pub. vs. 1 vers.**

[Onde se escreve mãe e filho] **6 pub. vs. 1 vers.**

[Depois de atravessar altas pedras preciosas,] **6 pub. vs. 1 vers.**

[Há uma árvore de gotas em todos os paraísos.] **6 pub. vs. 1 vers.**

[O dia, esse bojo de linfa, uma vertigem de hélio — arcaicamente] **6 pub. vs. 1 vers.**

[Leões de pedra à porta de jardins alerta] **6 pub. vs. 1 vers.**

[Uma golfada de ar que me acorda numa imagem larga.] **6 pub. vs. 1 vers.**

[Laranjas instantâneas, defronte — e as íris ficam amarelas.] **6 pub. vs. 1 vers.**

[Insectos nucleares, cor de púrpura, mortais, saídos reluzindo] **6 pub. vs. 1 vers.**

[Estátuas irrompendo da terra, que tumulto absorvem?] **6 pub. vs. 1 vers.**

[Bate na madeira vermelha,] **6 pub. vs. 1 vers.**

[Laranja, peso, potência.] **6 pub. vs. 1 vers.**

[Os cometas dão a volta e batem as caudas.] **6 pub. vs. 1 vers.**

[Pavões, glicínias, abelhas — e no leque gradual da luz,] **6 pub. vs. 2 vers.**

[Girassóis percorrem o dia fotosférico,] **6 pub. vs. 1 vers.**

[De todos os sítios do parque uma vibração ataca] **6 pub. vs. 1 vers.**

[Sou um lugar carregado de cactos junto à água, lua,] **6 pub. vs. 1 vers.**

[Dias esquecidos um a um, inventa-os a memória.] **6 pub. vs. 1 vers.**

[Mulheres geniais pelo excesso da seda, mães] **8 pub. vs. 1 vers.**

[Não toques nos objectos imediatos.] **6 pub. vs. 1 vers.**

[Águas espasmódicas, luas repetidas nas águas.] **6 pub. vs. 1 vers.**

[Paisagem caiada, sangue até ao ramo das vértebras:] **6 pub. vs. 1 vers.**

[Que ofício debruçado: polir a jóia extenuante,] **8 pub. vs. 1 vers.**

[A solidão de uma palavra. Uma colina quando a espuma] **6 pub. vs. 1 vers.**

[Ninguém sabe se o vento arrasta a lua ou se a lua] **6 pub. vs. 1 vers.**

[Quem bebe água exposta à lua sazona depressa:] **6 pub. vs. 1 vers.**

[A arte íngreme que pratico escondido no sono pratica-se] **8 pub. vs. 1 vers.**

[O dia abre a cauda de água, o copo] **6 pub. vs. 1 vers.**

[O canteiro cheira à pedra. Da rosa cavada nela cheirará,] **6 pub. vs. 1 vers.**

[Abre a fonte no mármore, sob a força dos dedos] **6 pub. vs. 1 vers.**

[O dia ordena os cântaros um a um em filas vivas.] **6 pub. vs. 1 vers.**

[O mármore maduro desabrocha, move-o pelo meio] **6 pub. vs. 1 vers.**

[O espaço do leopardo, enche-o com a magnificência.] **6 pub. vs. 1 vers.**

[Entre varais de sal, no fundo, onde se fica cego.] **6 pub. vs. 2 vers.**

[A lua leveda o mênstruo, vira o peixe no frio, ilumina] **6 pub. vs. 1 vers.**

[É amargo o coração do poema.] **6 pub. vs. 1 vers.**

[Mergulhador na radiografia de brancura escarpada.] **6 pub. vs. 1 vers.**

[Levanto as mãos e o vento levanta-se nelas.] **6 pub. vs. 1 vers.**

[Se olhas a serpente nos olhos, sentes como a inocência] **6 pub. vs. 1 vers.**

[Dálias cerebrais de repente. Artesianas, irrigadas] **6 pub. vs. 2 vers.**

[Ninguém tem mais peso que o seu canto.] **6 pub. vs. 1 vers.**

[Gárgula.] **8 pub. vs. 1 vers.**

[As varas frias que batem nos meus lugares levantam] **6 pub. vs. 1 vers.**

[Os tubos de que é feito o corpo,] **6 pub. vs. 1 vers.**

[Pratiquei a minha arte de roseira: a fria] **6 pub. vs. 1 vers.**

[Será que Deus não consegue compreender a linguagem dos artesãos?] **7 pub. vs. 2 vers.**

[Astralidade, zonas saturadas, a noite suspende um ramo.] **5 pub. vs. 1 vers.**

[Ela disse: porque os vestidos transbordam de vento.] **7 pub. vs. 1 vers.**

[A oferenda pode ser um chifre ou um crânio claro ou] **5 pub. vs. 1 vers.**

[Entre temperatura e visão a frase africana com as colunas de ar] **7 pub. vs. 1 vers.**

[São estes — leopardo e leão: carne turva e] **5 pub. vs. 1 vers.**

[Os lugares uns nos outros — e se alguém está lá dentro com grandes nós de carne:] **7 pub. vs. 1 vers.**

[Entre porta e porta — a porta que abre à água e a porta aberta] **5 pub. vs. 1 vers.**

[A poesia também pode ser isso:] **7 pub. vs. 1 vers.**

[Uma razão e as suas palavras, não sou leve não tenho] **5 pub. vs. 1 vers.**

[Podem mexer dentro da cabeça com a música porque um acerbo clamor porque] **5 pub. vs. 1 vers.**

[Doces criaturas de mãos levantadas, ferozes cabeleiras, centrífugas pelos olhos para] **5 pub. vs. 1 vers.**

[Se mexem as mãos memoriais as mães] **7 pub. vs. 1 vers.**

[Alguns nomes são filhos vivos alguns ensinos de memória e dor] **7 pub. vs. 2 vers.**

[Um nome simples para nascer por fora dormir comer subir] **5 pub. vs. 1 vers.**

[Dançam segundo o ouro quer dizer fazem da fieira de estrelas africanas] **5 pub. vs. 1 vers.**

[Ele disse que] **7 pub. vs. 1 vers.**

[São escórias queimadas tocas ao negro. Com seus anéis de chumbo é a agre] **5 pub. vs. 1 vers.**

[A uma devagarosa mulher com cinco dedos potentes] **5 pub. vs. 3 vers.**

[Nas mãos um ramo de lâminas.] **5 pub. vs. 1 vers.**

[Pus-me a saber: estou branca sobre uma arte] **5 pub. vs. 2 vers.**

[Se é uma criança, diz: eu cá sou cor-de-laranja.] **5 pub. vs. 1 vers.**

[Porque eu sou uma abertura,] **5 pub. vs. 2 vers.**

[Olha a minha sombra natural exactamente amarela, diz,] **5 pub. vs. 1 vers.**

[Se te inclinas nos dias inteligentes — entende-se] **5 pub. vs. 1 vers.**

[Beleza ou ciência: uma nova maneira súbita] **5 pub. vs. 1 vers.**

[Água sombria fechada num lugar luminoso, noite,] **5 pub. vs. 1 vers.**

[E aparece a criança;] **5 pub. vs. 1 vers.**

[Porque ela vai morrer.] **5 pub. vs. 1 vers.**

[Rosas divagadas pelas roseiras, as sombras das rosas] **5 pub. vs. 1 vers.**

[Porque abalando as águas côncavas o acordou a lua e empurrou para fora,] **7 pub. vs. 1 vers.**

[Guelras por onde respira toda a luz desabrochada,] **5 pub. vs. 1 vers.**

[Se perguntarem: das artes do mundo?] **5 pub. vs. 1 vers.**

[Ferro em brasa no flanco de um só dia, um buraco] **5 pub. vs. 1 vers.**

[Esta coluna de água, bastam-lhe o peso próprio,] **7 pub. vs. 1 vers.**

[Ainda não é a coluna madura de uma árvore, não fabrica] **5 pub. vs. 1 vers.**

[Pêras maduras ao longe,] **5 pub. vs. 1 vers.**

[Pode colher-se na espera da árvore,] **5 pub. vs. 1 vers.**

[Uma colher a transbordar de azeite:] **5 pub. vs. 2 vers.**

[Músculo, tendão, nervo, e o peso da veia que leva,] **5 pub. vs. 1 vers.**

[Dias pensando-se uns aos outros na sua seda estendida,] **5 pub. vs. 1 vers.**

[Atravessa a água até ao fundo da estrela.] **5 pub. vs. 1 vers.**

[Leia-se esta paisagem da direita para a esquerda e vice-versa] **5 pub. vs. 1 vers.**

[Murmurar num sítio a frase difícil,] **5 pub. vs. 1 vers.**

[Ríspido, zoológico,] **5 pub. vs. 1 vers.**

[Ninguém sabe de onde pode soprar.] **5 pub. vs. 1 vers.**

[A água nas torneiras, nos diamantes, nos copos.] **7 pub. vs. 1 vers.**

[Em recessos, com picareta e pá, sem máscara, trabalha] **5 pub. vs. 1 vers.**

[Abre o buraco à força de homem,] **7 pub. vs. 2 vers.**

[Deixa a madeira preparar-se por si mesma até ao oculto da obra.] **5 pub. vs. 1 vers.**

[Folheie as mãos nas planícies enquanto desusa a gramática da madeira, obscura] **5 pub. vs. 1 vers.**

[Tanto lavra as madeiras para que seja outro o espaço] **5 pub. vs. 1 vers.**

[Marfim desde o segredo rompendo pela boca,] **5 pub. vs. 1 vers.**

[Se o fio acaba nos dedos, o fio vivo, se os dedos] **7 pub. vs. 2 vers.**

[O dia meteu-se para dentro: a água enche o meu sono] **5 pub. vs. 1 vers.**

[Nem sempre se tem a voltagem das coisas: mesa aqui, fogão aceso,] **7 pub. vs. 1 vers.**

[Num espaço unido a luz sacode] **5 pub. vs. 1 vers.**

[A ascensão do aloés: vê-se,] **5 pub. vs. 1 vers.**

[A alimentação simples da fruta,] **5 pub. vs. 1 vers.**

[Sopra na cana até que dê flor.] **5 pub. vs. 1 vers.**

[Folha a folha como se constrói um pássaro] **5 pub. vs. 1 vers.**

[Foi-me dada um dia apenas, num dos centros da idade,] **7 pub. vs. 2 vers.**

[Este que chegou ao seu poema pelo mais alto que os poemas têm] **7 pub. vs. 1 vers.**

[Se houver ainda para desentranhar da assimetria] **5 pub. vs. 1 vers.**

[Por isso ele era rei, e alguém] **5 pub. vs. 2 vers.**

[Quero um erro de gramática que refaça] **5 pub. vs. 1 vers.**

[Um espelho em frente de um espelho: imagem] **5 pub. vs. 1 vers.**

[Trabalha naquilo antigo enquanto o mundo se move] **5 pub. vs. 1 vers.**

[Se se pudesse, se um insecto exímio pudesse,] **5 pub. vs. 1 vers.**

[O olhar é um pensamento.] **5 pub. vs. 2 vers.**

[Medido de espiga a espiga durante a terra contínua,] **5 pub. vs. 1 vers.**

[Sou eu, assimétrico, artesão, anterior] **5 pub. vs. 1 vers.**

[Arquipélago:] **5 pub. vs. 1 vers.**

[Com uma pêra, dou-lhe um nome de erro] **5 pub. vs. 1 vers.**

[Dentro das pedras circula a água, sussurram,] **5 pub. vs. 1 vers.**

[Não peço que o espaço à minha volta se engrandeça,] **5 pub. vs. 1 vers.**

[O astro peristáltico passado da vagina à boca,] **5 pub. vs. 1 vers.**

[Quem anel a anel há-de pôr-me a nu os dedos,] **5 pub. vs. 2 vers.**

[Selaram-no com um nó vivo como se faz a um odre,] **7 pub. vs. 1 vers.**

[Duro, o sopro e o sangue tornaram-no duro,] **7 pub. vs. 3 vers.**

[até que Deus é destruído pelo extremo exercício da beleza] **3 pub. vs. 1 vers.**

[sobressalto,] **2 pub. vs. 1 vers.**

[do saibro irrompe a flor do cardo,] **2 pub. vs. 1 vers.**

[argutos, um a um, dedos] **3 pub. vs. 1 vers.**

[o aroma do mundo é o de salsugem no escuro] **2 pub. vs. 1 vers.**

[pratica-te como contínua abertura,] **3 pub. vs. 1 vers.**

[e tu viras vibrantemente a cabeça] **3 pub. vs. 1 vers.**

[estende a tua mão contra a minha boca e respira,] **3 pub. vs. 1 vers.**

[que fosses escrita com todas as linhas de todas as coisas numa frase de ensino e] **3 pub. vs. 1 vers.**

[mordidos por dentes caninos, que substantivos!] **3 pub. vs. 1 vers.**

[cabelos amarrados quentes que se desamarram,] **3 pub. vs. 1 vers.**

[sou eu que te abro pela boca,] **3 pub. vs. 1 vers.**

[que eu aprenda tudo desde a morte,] **3 pub. vs. 1 vers.**

[glória dos objectos!] **3 pub. vs. 2 vers.**

[roupa agitada pela força da luz que irrompe dela,] **3 pub. vs. 1 vers.**

[o fundo do cabelo quando o agarras todo para quebrá-la,] **3 pub. vs. 1 vers.**

[e eu reluzo no fundo de um universo que desconheço,] **2 pub. vs. 1 vers.**

[não some, que eu lhe procuro, e lhe boto] **3 pub. vs. 2 vers.**

[aos vinte ou quarenta os poemas de amor têm uma força directa,] **2 pub. vs. 1 vers.**

[porque estremeço à maravilha da volta com que tiras o vestido por cima da cabeça,] **2 pub. vs. 1 vers.**

[a luz de um só tecido a mover-se sob o vestido] **3 pub. vs. 1 vers.**

[põem-te a água defronte e a mão aberta dentro da água não se apaga,] **3 pub. vs. 1 vers.**

[e ele disse: não deixes fechar-se a ferida] **3 pub. vs. 1 vers.**

[¿mas se basta uma braçada de luz com água,] **3 pub. vs. 1 vers.**

[frutas, púcaros, ondas, folhas, dedos, tudo] **3 pub. vs. 1 vers.**

[e regresso ao resplendor,] **3 pub. vs. 1 vers.**

[cabelo cortado vivo,] **3 pub. vs. 1 vers.**

[noite funcionada a furos de ouro fundido,] **3 pub. vs. 1 vers.**

[perder o dom, mas quem o perde?] **3 pub. vs. 1 vers.**

[rosto de osso, cabelo rude, boca agra,] **3 pub. vs. 1 vers.**

[retira-se alguém um pouco atrás na noite] **3 pub. vs. 1 vers.**

[¿mas como: um pequeno poema com um relâmpago íngreme e instantâneo entre as linhas,] **3 pub. vs. 1 vers.**

[a laranja, com que força aparece de dentro para fora,] **3 pub. vs. 1 vers.**

[madeira por onde o mundo se enche de seiva,] **3 pub. vs. 1 vers.**

[os animais fazem tremer o chão se passam debaixo dela] **3 pub. vs. 1 vers.**

[para que venha alguém no estio e lhe arranque o coração,] **3 pub. vs. 1 vers.**

[Quem sabe é que é alto para dentro até apanhá-la:] **3 pub. vs. 1 vers.**

[na mão madura a luz imóvel pára a pêra sucessiva,] **3 pub. vs. 1 vers.**

[pêras plenas na luz subida para colhê-las] **3 pub. vs. 1 vers.**

[alguém salgado porventura] **3 pub. vs. 2 vers.**

[já sai para o visível e o conjunto a olaria,] **3 pub. vs. 1 vers.**

[roupas pesadas de sangue, cabeças] **3 pub. vs. 1 vers.**

[aparas gregas de mármore em redor da cabeça,] **3 pub. vs. 1 vers.**

[a madeira trabalhamo-la às escondidas,] **3 pub. vs. 1 vers.**

[vem aí o sagrado, e tornam-se radiosas as coisas mínimas,] **3 pub. vs. 1 vers.**

[o fogo arrebata-se do gás até à cara, e lavra-a,] **3 pub. vs. 2 vers.**

[se procuro entre as roupas, nas gavetas, entre as armas da cozinha,] **3 pub. vs. 1 vers.**

[álcool, tabaco, anfetaminas, que alumiação, mijo cor de ouro e esperma grosso,] **3 pub. vs. 1 vers.**

[moço, digo eu ao canteiro de rojo,] **3 pub. vs. 1 vers.**

[a faca não corta o fogo,] **3 pub. vs. 1 vers.**

[exultação, fervor,] **3 pub. vs. 1 vers.**

[no mundo há poucos fenómenos do fogo,] **3 pub. vs. 1 vers.**

[do mundo que malmolha ou desolha não me defendo,] **3 pub. vs. 1 vers.**

[mas eu, que tenho o dom das línguas, senti] **3 pub. vs. 1 vers.**

[a acerba, funda língua portuguesa,] **3 pub. vs. 1 vers.**

[espaço que o corpo soma quando se move,] **3 pub. vs. 2 vers.**

[mesmo sem gente nenhuma que te ouça,] **3 pub. vs. 1 vers.**

[se do fundo da garganta aos dentes a areia do teu nome,] **3 pub. vs. 1 vers.**

[*(...) e escrever poemas cheios de honestidades várias e pequenas digitações gramaticais,*] **3 pub. vs. 2 vers.**

[acima do cabelo radioso,] **3 pub. vs. 1 vers.**

[se te] **3 pub. vs. 1 vers.**

[colinas aparecidas numa volta de oxigénio, frutas] **3 pub. vs. 1 vers.**

[e eu que sou louco, um pouco, não ao ponto de ser belo ou maravilhoso ou assintáctico ou mágico, mas:] **3 pub. vs. 1 vers.**

[travesti, brasileiro, dote escandaloso, leio, venha ser minha fêmea,] **3 pub. vs. 2 vers.**

[faúlha e o ar à volta dela,] **3 pub. vs. 1 vers.**

[o fôlego rouco irrompe nas pronúncias bárbaras] **3 pub. vs. 1 vers.**

resposta a uma carta [gloria in excelsis, a minha língua na tua língua,] **3 pub. vs. 2 vers.**

[limoeiros, riachos, faúlhas, montes levantados ao de cima da cabeça,] **2 pub. vs. 1 vers.**

[o ministério lírico, o mais grave e equívoco, o dom, não o tenho, espreito-o, leitor,] **2 pub. vs. 1 vers.**

[quem é que sobe do deserto com a sua alumiação,] **3 pub. vs. 2 vers.**

[isto que às vezes me confere o sagrado, quero eu] **3 pub. vs. 1 vers.**

[Redivivo. E basta a luz do mundo movida ao toque no interruptor,] **4 pub. vs. 2 vers.**

[obscuridade, sangue, carne inundada, la beltà?] **3 pub. vs. 1 vers.**

[curva labareda de uma chávena,] **3 pub. vs. 1 vers.**

[mesmo assim fez grandes mãos, mãos sem anéis, incorruptíveis,] **3 pub. vs. 1 vers.**

[a labareda da estrela oculta a estrela, numa] **3 pub. vs. 1 vers.**

[ata e desata os nós aos dias meteorológicos, dias orais, manuais,] **3 pub. vs. 1 vers.**

[dúplice] **3 pub. vs. 1 vers.**

[se alguém respirasse e cantasse uma palavra,] **3 pub. vs. 1 vers.**

[no ar vibram as colinas desse tempo, colinas] **3 pub. vs. 1 vers.**

[dias cheios de ar hemisférico e radiação da água,] **3 pub. vs. 2 vers.**

[e a única técnica é o truque repetido de escrever entre o agraz e o lírico,] **3 pub. vs. 1 vers.**

[basta que te dispas até te doeres todo,] **3 pub. vs. 1 vers.**

[ou: o truque cardiovascular, ou:] **3 pub. vs. 1 vers.**

[que não há nenhuma tecnologia paradisíaca,] **3 pub. vs. 1 vers.**

[que poder de ensino o destas coisas quando] **3 pub. vs. 1 vers.**

[que dos fragmentos arcaicos nos chegam apenas pedaços de ouro] **3 pub. vs. 1 vers.**

[se me vendam os olhos, eu, o arqueiro! acerto] **3 pub. vs. 1 vers.**

[bic cristal preta doendo nas falangetas,] **3 pub. vs. 1 vers.**

um dos módulos da peça caiu e esmagou-o contra um suporte de aço do atelier
[arrancara a unhas frias dos testículos à boca,] **3 pub. vs. 1 vers.**

[arranca ao maço de linho o fio enxuto,] **3 pub. vs. 1 vers.**

[a morte está tão atenta à tua força contra ela,] **3 pub. vs. 1 vers.**

[a vida inteira para fundar um poema,] **3 pub. vs. 1 vers.**

[li algures que os gregos antigos não escreviam necrológios,] **3 pub. vs. 2 vers.**

[não chamem logo as funerárias,] **2 pub. vs. 1 vers.**

[corpos visíveis,] **3 pub. vs. 1 vers.**

[há muito quem morra precipitadamente,] **2 pub. vs. 1 vers.**

[talha, e as volutas queimam os olhos quando se escuta,] **3 pub. vs. 1 vers.**

[abrupto termo dito último pesado poema do mundo] **3 pub. vs. 1 vers.**

[nota introdutória] [É o tema das visões e das vozes, um pouco ameaçador agora quando se lembra aquilo por que se passou.] **2 pub. vs. 2 vers.**

[dos trabalhos do mundo corrompida] **2 pub. vs. 1 vers.**

[saio hoje ao mundo,] **2 pub. vs. 1 vers.**

[do tamanho da mão faço-lhes o poema da minha vida, agudo e espesso,] **2 pub. vs. 1 vers.**

[as manhãs começam logo com a morte das mães,] **2 pub. vs. 1 vers.**

l'amour la mort [petite pute deitada toda nua sobre a cama à espera,] **2 pub. vs. 1 vers.**

[*That happy hand, wich hardly did touch*] **2 pub. vs. 1 vers.**

[fôsses tu um grande espaço e eu tacteasse] **2 pub. vs. 1 vers.**

d'après Issa [no mais carnal das nádegas] **2 pub. vs. 1 vers.**

[e eu que sopro e envolvo teu corpo tremulamente intacto com meu corpo de bode coroado] **2 pub. vs. 1 vers.**

[funda manhã onde fundei o prodígio da minha vida airada,] **2 pub. vs. 1 vers.**

[não, obrigado, estou bem, nada de novo,] **2 pub. vs. 1 vers.**

[já não tenho tempo para ganhar o amor, a glória ou a Abissínia,] **2 pub. vs. 2 vers.**

[de dentro para fora, dedos inteiros,] **2 pub. vs. 1 vers.**

[e eis súbito ouço num transporte público:] **2 pub. vs. 1 vers.**

[as luzes todas apagadas] **2 pub. vs. 2 vers.**

[a noite que no corpo eu tanto tempo trouxe, setembro, o estio,] **2 pub. vs. 1 vers.**

[que floresce uma só vez na vida, agaué! dez metros, escarpada, branca, brusca, brava, encarnada,] **2 pub. vs. 1 vers.**

[até cada objecto se encher de luz e ser apanhado] **2 pub. vs. 1 vers.**

[como se atira o dardo com o corpo todo,] **2 pub. vs. 1 vers.**

[a linha de sangue irrompendo neste poema lavrado numa trama de pouco mais que uma dúzia de linhas,] **2 pub. vs. 1 vers.**

[*rosa esquerda*, plantei eu num antigo poema virgem,] **2 pub. vs. 1 vers.**

[não me amputaram as pernas nem condenaram à fôrca,] **2 pub. vs. 1 vers.**

[disseram: mande um poema para a revista onde colaboram todos] **2 pub. vs. 1 vers.**

[pedras quadradas, árvores vermelhas, atmosfera,] **2 pub. vs. 1 vers.**

[¿mas que sentido faz isto:] **2 pub. vs. 1 vers.**

[quem fabrica um peixe fabrica duas ondas, uma que rebenta floralmente branca à direita,] **2 pub. vs. 1 vers.**

[— oh coração escarpado,] **2 pub. vs. 1 vers.**

[¿e a música, a música, quando, como, em que termos extremos] **2 pub. vs. 1 vers.**

[nunca mais quero escrever numa língua voraz,] **2 pub. vs. 2 vers.**

[um dia destes tenho o dia inteiro para morrer,] **2 pub. vs. 1 vers.**

Heinrich von Kleist versus Johann Wolfgang von Goethe [¿como distinguir o mau ladrão do bom ladrão? o mau ladrão] **2 pub. vs. 2 vers.**

[que um punhado de ouro fulgure no escuso do mundo,] **2 pub. vs. 1 vers.**

[nada pode ser mais complexo que um poema,] **2 pub. vs. 1 vers.**

[nenhuma linha é menos do que outrora] **2 pub. vs. 1 vers.**

[hoje, que eu estava conforme ao dia fundo,] **2 pub. vs. 1 vers.**

[agora se tivesses alma tinhas de salvá-la, agora] **2 pub. vs. 1 vers.**

[a força da faca ou é um jogo,] **2 pub. vs. 1 vers.**

[nem em mim próprio que ardo, cérebro, cerebelo, bolbo raquidiano,] **2 pub. vs. 1 vers.**

[os cães gerais ladram às luas que lavram pelos desertos fora,] **2 pub. vs. 1 vers.**

[só quanto ladra na garganta, sofreado, curto, cortado,] **2 pub. vs. 1 vers.**

[ele que tinha ouvido absoluto para as músicas sumptuosas do verso livre] **2 pub. vs. 1 vers.**

[cada lenço de seda que se ata ¡oh desastres das artes! a própria seda do lenço o desata] **2 pub. vs. 1 vers.**

[um quarto dos poemas é imitação literária,] **2 pub. vs. 1 vers.**

[já não tenho mão com que escreva nem lâmpada,] **2 pub. vs. 1 vers.**

[escrevi um curto poema trémulo e severo,] **2 pub. vs. 1 vers.**

[profano, prático, público, político, presto, profundo, precário,] **2 pub. vs. 1 vers.**

[uma espuma de sal bateu-me alto na cabeça,] **2 pub. vs. 1 vers.**

[welwítschia mirabilis no deserto entre as fornalhas:] **2 pub. vs. 1 vers.**

[releio e não reamo nada,] **2 pub. vs. 1 vers.**

[não quero mais mundo senão a memória trémula,] **2 pub. vs. 1 vers.**

[e depois veio a navalha e cortou-lhes o canto pelo meio da garganta,] **2 pub. vs. 2 vers.**

[esquivar-se à sintaxe e abusar do mundo,] **2 pub. vs. 1 vers.**

[e ali em baixo com terra na boca e mãos atadas atrás das costas] **2 pub. vs. 1 vers.**

[olhos ávidos,] **2 pub. vs. 1 vers.**

[colinas amarelas, árvores vermelhas,] **2 pub. vs. 1 vers.**

[oh não, por favor não impeçam o cadáver,] **2 pub. vs. 1 vers.**

[irmãos humanos que depois de mim vivereis,] **2 pub. vs. 2 vers.**

[cada vez que adormece é para que a noite tome conta dele desde os pés até à cabeça,] **2 pub. vs. 1 vers.**

[alto dia que me é dedicado,] **2 pub. vs. 1 vers.**

[presumir não das grandes partes da noite mas entre elas apenas de uma risca de luz] **2 pub. vs. 1 vers.**

[traças devoram as linhas linha a linha dos livros,] **2 pub. vs. 1 vers.**

[pensam: é melhor ter o inferno a não ter coisa nenhuma] **2 pub. vs. 1 vers.**

[já me custa no chão do inferno,] **2 pub. vs. 1 vers.**

[cheirava mal, a morto, até me purificarem pelo fogo,] **2 pub. vs. 2 vers.**

[daqui a uns tempos acho que vou arvoar] **2 pub. vs. 1 vers.**

[os capítulos maiores da minha vida, suas músicas e palavras,] **2 pub. vs. 1 vers.**

[vida aguda atenta a tudo] **2 pub. vs. 1 vers.**

[levanto à vista o que foi a terra magnífica] **2 pub. vs. 1 vers.**

d'après Issa [ao vento deste outono] **2 pub. vs. 1 vers.**

[a água desceu as escadas,] **2 pub. vs. 1 vers.**

[logo pela manhã é um corrupio funerário nos telefones,] **2 pub. vs. 2 vers.**

[eu que não sei através de que verbo me arranquei ao fundo da placenta até à ferida entre as coxas maternas,] **2 pub. vs. 1 vers.**

[talvez certa noite uma grande mão anónima tenha por mim,] **2 pub. vs. 1 vers.**

[nunca estive numa só linha a tão vertiginosa altura,] **2 pub. vs. 2 vers.**

[o teu nome novo, comecei eu a tirá-lo com uma navalha da madeira grossa,] **2 pub. vs. 1 vers.**

[que um nó de sangue na garganta,] **2 pub. vs. 2 vers.**

[tão fortes eram que sobreviveram à língua morta,] **2 pub. vs. 1 vers.**

[filhos não te são nada, carne da tua carne são os poemas] **2 pub. vs. 1 vers.**

[¿dentre os nomes mais internos o mais intenso de todos] **2 pub. vs. 1 vers.**

[e só agora penso.] **2 pub. vs. 1 vers.**

[um leão atrás da porta, que faz ele?] **2 pub. vs. 1 vers.**

[tão fortes eram que sobreviveram à língua morta] **2 pub. vs. 2 vers.**

[queria ver se chegava por extenso ao contrário:] **2 pub. vs. 1 vers.**

[¿mal com as — soberbas! — pequenas putas que me ensinaram tudo] **2 pub. vs. 1 vers.**

[e eu sensível apenas ao papel e à esferográfica:] **2 pub. vs. 1 vers.**

[meus veros filhos em que mudei a carne aflita] **2 pub. vs. 1 vers.**

[se um dia destes parar não sei se não morro logo,] **2 pub. vs. 1 vers.**

[queria fechar-se inteiro num poema] **2 pub. vs. 1 vers.**

[como de facto dia a dia sinto que morro muito,] **2 pub. vs. 1 vers.**

[estava o rei em suas câmaras, mandou que lhe trouxessem as fêmeas,] **2 pub. vs. 2 vers.**

[e eu que me esqueci de cultivar: família, inocência, delicadeza,] **2 pub. vs. 1 vers.**

[que nenhum outro pensamento me doesse, nenhuma imagem profunda:] **2 pub. vs. 1 vers.**

[lá está o cabrão do velho no deserto, último piso esquerdo,] **2 pub. vs. 1 vers.**

[e eu, que em tantos anos não consegui inventar um resquício metafísico,] **2 pub. vs. 1 vers.**

[a burro velho dê-se-lhe uma pouca de palha velha] **2 pub. vs. 2 vers.**

[botou-se à água do rio,] **2 pub. vs. 1 vers.**

[porque já me não lavo,] **2 pub. vs. 1 vers.**

[e encerrar-me todo num poema,] **2 pub. vs. 1 vers.**

[há não sei quantos mil anos um canavial estremeceu na Assíria] **2 pub. vs. 1 vers.**

[folhas soltas, cadernos, livros, montões inexplicáveis, e cada vez que lhes toco fica tudo mais caótico e não descubro nada,] **2 pub. vs. 1 vers.**

[a última bilha de gás durou dois meses e três dias,] **2 pub. vs. 1 vers.**

4.1.5. Mapeamento dos poemas que integram ambos OC, 1967 e PC, 2014

O quinto mapeamento desta série engloba o total de poemas que integram OC, 1967, 1.º e volume reunido, e que integram PC, 2014, 8.º e último volume reunido.

São 66 o número total de poemas que se mantêm dentro dos volumes reunidos, desde 1967 até 2014. Deste total, contam-se os seguintes poemas: 34 poemas de CB; cinco poemas de P; 17 poemas de L; nove poemas de ML e um poema de MEP. Estes 66 poemas originaram 625 publicações e 249 versões.

Mapeamento 4.5. Mapeamento dos poemas que integram ambos OC, 1967 e PC, 2014.
Fonte: A. Couts (2017).

[Falemos de casas. Do sagaz exercício de um poder] **9 pub. vs. 5 vers.**

[*«Transforma-se o amador na coisa amada» com seu*] **9 pub. vs. 3 vers.**

II [Não sei como dizer-te que a minha voz te procura,] **9 pub. vs. 5 vers.**

III [Todas as coisas são mesa para os pensamentos] **9 pub. vs. 4 vers.**

O AMOR EM VISITA [Dai-me uma jovem mulher com sua harpa de sombra] **10 pub. vs. 5 vers.**

I [Um poema cresce inseguramente] **9 pub. vs. 4 vers.**

II [A palavra erguia-se como um candelabro,] **9 pub. vs. 5 vers.**

III [Às vezes estou à mesa, e como ou sonho ou estou] **9 pub. vs. 5 vers.**

IV [Nesta laranja encontro aquele repouso frio] **9 pub. vs. 3 vers.**

V [Existia alguma coisa para denominar no alto desta sombria] **9 pub. vs. 4 vers.**

VI [Fecundo mês da oferta onde a invenção ilumina] **9 pub. vs. 5 vers.**

VII [A manhã começa a bater no meu poema.] **9 pub. vs. 6 vers.**

I [Ela é a fonte. Eu posso saber que é] **10 pub. vs. 3 vers.**

II [No sorriso louco das mães batem as leves] **12 pub. vs. 3 vers.**

III [Ó mãe violada pela noite, deposta, disposta] **10 pub. vs. 5 vers.**

IV [Mal se empina a cabra com suas patas traseiras] **10 pub. vs. 4 vers.**

V [Apenas te digo o ouro de uma palavra, no meio da névoa.] **10 pub. vs. 5 vers.**

VI [Estás verdadeiramente deitada. É impossível gritar sobre esse abismo] **10 pub. vs. 4 vers.**

I [Como se poderia desfazer em mim tua nobre cabeça?] **9 pub. vs. 4 vers.**

II [Sobre o meu coração ainda vibram seus pés: a alta] **9 pub. vs. 5 vers.**

III [Havia um homem que corria pelo orvalho dentro.] **11 pub. vs. 3 vers.**

IV [A colher de súbito cai no silêncio da língua.] **9 pub. vs. 3 vers.**

V [Não posso ouvir cantar tão friamente. Cantam] **11 pub. vs. 3 vers.**

VI [São claras as crianças como candeias sem vento,] **9 pub. vs. 5 vers.**

VII [Estremecem-me os ombros com a inesperada onda dos meus] **9 pub. vs. 5 vers.**

I [Bruxelas, um mês. De pé, sob as luzes encantadas.] **9 pub. vs. 4 vers.**

II [Apagaram-se as luzes. É a triste primavera cercada] **9 pub. vs. 5 vers.**

III [Eu teria amado esse destino imóvel. Esse frio] **9 pub. vs. 5 vers.**

IV [Mulher, casa e gato.] **9 pub. vs. 3 vers.**

V [Esta linguagem é pura. No meio está uma fogueira] **9 pub. vs. 4 vers.**

VI [É preciso falar baixo no sítio da primavera, junto] **9 pub. vs. 5 vers.**

VII [Bate-me à porta, em mim, primeiro devagar.] **9 pub. vs. 7 vers.**

VIII [Ignoro quem dorme, a minha boca ressoa.] **9 pub. vs. 5 vers.**

NARRAÇÃO DE UM HOMEM EM MAIO [Estou deitado no nome: *maio*, e sou uma pessoa] **9 pub. vs. 4 vers.**

I [Deito-me, levanto-me, penso que é enorme cantar.] **10 pub. vs. 3 vers.**

II [Minha cabeça estremece com todo o esquecimento.] **12 pub. vs. 4 vers.**

III [O actor acende a boca. Depois, os cabelos.] **10 pub. vs. 3 vers.**

IV [As vacas dormem, as estrelas são truculentas,] **10 pub. vs. 3 vers.**

V [As barcas gritam sobre as águas.] **10 pub. vs. 5 vers.**

AOS AMIGOS [Amo devagar os amigos que são tristes com cinco dedos de cada lado.] **9 pub. vs. 1 vers.**

PARA O LEITOR LER DE/VAGAR [*Volto minha existência derredor para. O leitor. As mãos*] **9 pub. vs. 2 vers.**

I [Uma noite encontrei uma pedra] **9 pub. vs. 4 vers.**

II [Há sempre uma noite terrível para quem se despede] **9 pub. vs. 3 vers.**

III [As mulheres têm uma assombrada roseira] **11 pub. vs. 4 vers.**

IV [Há cidades cor de pérola onde as mulheres] **9 pub. vs. 3 vers.**

V [Explico uma cidade quando as luzes evoluem.] **9 pub. vs. 3 vers.**

VI [Às vezes penso: o lugar é tremendo.] **9 pub. vs. 4 vers.**

VII [Pequenas estrelas que mudam de cor, frias] **11 pub. vs. 3 vers.**

LUGAR ÚLTIMO [Escrevo sobre um tema alucinante e antigo.] **9 pub. vs. 4 vers.**

I [Um lento prazer esgota a minha voz. Quem] **9 pub. vs. 4 vers.**

II [Alguém parte uma laranja em silêncio, à entrada] **11 pub. vs. 4 vers.**

III [A minha idade é assim — verde, sentada.] **11 pub. vs. 4 vers.**

IV [Quando já não sei pensar no alto de irrespiráveis irrespiráveis] **9 pub. vs. 2 vers.**

V [Muitas canções começam no fim, em cidades] **9 pub. vs. 1 vers.**

VI [É a colina na colina, colina] **9 pub. vs. 4 vers.**

RETRATÍSSIMO OU NARRAÇÃO DE UM HOMEM DEPOIS DE MAIO [*Retratoblíquo sentado.*] **11 pub. vs. 4 vers.**

EM MARTE APARECE A TUA CABEÇA — [Em marte aparece a tua cabeça —] **9 pub. vs. 4 vers.**

A BICICLETA PELA LUA DENTRO — MÃE, MÃE — [A bicicleta pela lua dentro — mãe, mãe —] **9 pub. vs. 4 vers.**

A MENSTRUAÇÃO, QUANDO NA CIDADE PASSAVA [A menstruação, quando na cidade passava] **9 pub. vs. 4 vers.**

EM SILÊNCIO DESCOBRI ESSA CIDADE NO MAPA [Em silêncio descobri essa cidade no mapa] **9 pub. vs. 3 vers.**

MULHERES CORRENDO, CORRENDO PELA NOITE. [Mulheres correndo, correndo pela noite.] **11 pub. vs. 1 vers.**

ERA UMA VEZ TODA A FORÇA COM A BOCA NOS JORNAIS: [Era uma vez toda a força com a boca nos jornais:] **9 pub. vs. 3 vers.**

TODAS PÁLIDAS, AS REDES METIDAS NA VOZ. [Todas pálidas, as redes metidas na voz.] **9 pub. vs. 2 vers.**

TINHA AS MÃOS DE GESSO. AO LADO, OS MAL- [Tinha as mãos de gesso. Ao lado, os mal-] **9 pub. vs. 1 vers.**

JOELHOS, SALSA, LÁBIOS, MAPA. [Joelhos, salsa, lábios, mapa.] **9 pub. vs. 5 vers.**

A MÁQUINA DE EMARANHAR PAISAGENS [*E chamou Deus à luz Dia; e às trevas chamou Noite; e fez-se a tarde, e fez-se a manhã, dia primeiro.*] **8 pub. vs. 2 vers.**

4.1.6. O jogo da combinatória

Este ponto pretende desenvolver alguns dos aspectos relacionados com uma das técnicas utilizadas por Herberto Helder, abordadas anteriormente, embora de forma resumida.

Disse-se, no final do ponto 3.2.3. que a obra de Helder é constituída por variantes, invariantes e versões. E também se disse como, em parte, esse aspecto se relaciona com a combinatória utilizada na programação computacional. É, aliás, o próprio autor, o primeiro a chamar a atenção para esta técnica quando, em 1964 escreve o posfácio para *Electronicolírica* (1964: 49), nome que, a par de ML e MEP evidencia já o relacionamento entre as máquinas e a poesia. Esta temática tem sido muito estudada por Rui Torres (*Cf.* 2006, 2008, 2010, 2012 e Ministro e Torres, 2016), que tem um livro inteiramente dedicado às técnicas utilizadas pelo autor para a (re)escrita e transformação da obra homónima de Raul Brandão (*Op. cit.*, 2010).

Os «casos especiais», expostos nos pontos 3.1.7. e 3.1.8., demostram outro aspecto exemplificador dessa técnica combinatória, na qual o autor, por meio de deslocações de textos, migrações, movimentações, alterações de textos e de estruturas, vai combinando os mesmos, de forma a criar um novo livro que é, assim, diferente do livro anterior, não sendo os seus poemas e textos, no entanto, absolutamente novos.

Comparando o primeiro volume reunido com o último, consegue perceber-se que houve uma evolução e também um crescimento, em termos quantitativos, da sua poética, embora muitos dos poemas tivessem migrado e outros, simplesmente, nunca mais tivessem sido integrados. A verdade é que o autor não fez *desaparecer* parte da sua obra. O que acontece, como se disse, é um jogo de combinatória, em que os diversos textos e poemas vão-se deslocando, mudando de posição, de sequência, de título. Há poemas que se movimentam, dentro dos mesmos volumes, na sua maioria, reunidos, e há outros poemas que migram de volume para volume, muitas vezes migrando de volume reunido para volume não integrado e até de um volume não integrado para um outro volume, também ele, não integrado.

Os poemas e ciclos de poemas mais antigos vão mantendo, aproximadamente, as mesmas posições, alguns alterados e outros intactos, enquanto os novos poemas e ciclos de poemas vão avançando. E é deste movimento que saem obras inteiramente novas, no sentido em que nenhum dos livros de Helder é igual ao anterior — precisamente porque, mesmo que existisse um volume, todo ele composto de poemas intactos, bastaria que as sequências fossem diferentes, quer em número de poemas, quer na posição dos mesmos ocupados na seriação, para se ter um volume diferente do anterior. E, ainda que existam dois volumes que pareçam iguais, pela capa (Figura 4.1.), é garantido que existem sempre diferenças, ainda que pequenas, a apontar. No caso de PT de 1990 e de 1996, embora ambas as obras se pareçam muito, em termos físicos, também o seu interior se apresenta com algumas diferenças.

Figura 1. Capa de *Poesia Toda* (1990) e capa de *Poesia Toda* (1996).
Fonte: Assírio e Alvim, 1990 e 1996. Fotografias de A. Couts (2017).

Mesmo ignorando as alterações textuais, e comparando apenas o índice dos dois volumes, consegue perceber-se algumas das mudanças, ainda que subtis (por exemplo, algumas palavras nos títulos são grafadas em minúsculas, na edição de 1990, e em maiúsculas na edição de 1996). ML surge, na edição de 1990, depois de CA, e, na edição de 1996, CA surge depois de ML. E, enquanto que OS é o último volume integrado da edição de 1990, na edição de 1996 são introduzidos OSOU e DM.

Como se tem vindo a expor, este é somente um exemplo dos muits fenómenos recorrentes utilizados por Helder para editar e organizar a sua obra. Depois, claro, existem poemas que são reescritos, reciclados, etc. E há muitos, muitos poemas que simplesmente se repetem, com pequenas variações. Na obra herbertiana é visível o trabalho exaustivo de *editing* que engloba todo um processo de «re-criação», «re--visitação», «re-visão», «re-edição», «re-ciclagem», «re--utilização» e de «re-escrita».

No que respeita às alterações textuais, o Gráfico 4.1., mostra que o número de publicações é sempre superior aos restantes números. Também o número de versões é sempre superior ao número de poemas e inferior ao número de publicações. Neste gráfico, o número de poemas é sempre inferior a todos os outros números, mostrando que as repetições ocupam o primeiro lugar na escala, e revelando, assim, que grande parte da obra poética herbertiana, entre 1967 e 2014, é constituída por repetições.

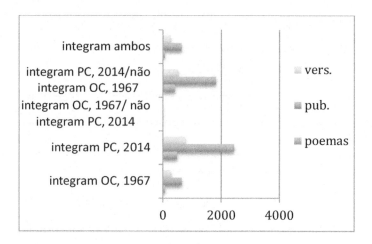

Gráfico 3. Comparação entre o primeiro volume reunido e o último volume reunido.

Fonte: A. Couts (2017).

Por último, conclui-se que a obra poética herbertiana é construída mediante uma técnica que pressupõe:

a) Frequência: a frequência que os poemas se multiplicam;

b) Variação: o número de vezes em que o poema sofre alterações;

c) Fórmula: a fórmula aplicada ao modo em como as alíneas anteriores trabalham em conjunto para criarem volumes diferentes a cada nova edição.

É por essa razão que se diz que Herberto Helder reeditou as suas obras, embora «incompletas» ou «parcialmente», reeditando-as em formato VR. Por exemplo, só existe a primeira edição de CB mas, a verdade, é que CB é reeditado inúmeras vezes ao longo de cerca de seis décadas, dentro dos volumes reunidos. Quando muito, decidindo não reeditar grande parte dos volumes de poesia, em edições fora dos volumes reunidos, Helder reeditou, sem dúvida, a maior parte dos seus poemas.

4.2. A poesia toda entre *um* ofício cantante e os poemas que ficaram completos

Porque até os poemas contínuos encontram um ponto final, também o presente estudo se aproxima do fim. Depois de se ter visto como a obra poética herbertiana se conjuga, de forma a criar livros que são sempre outros, e de como Herberto Helder não reeditou livros[37] inteiros mas reeditou textos e poemas, abre-se um parêntesis aos poemas que se encontram ancorados pelo meio, suspensos na história e no tempo.

Entre a publicação do primeiro volume reunido, em 1967, e a última publicação, em 2014, contam-se um total de 175 poemas, dos quais se excluem os números de publicações e os números de versões. Este número representa todos os títulos de poemas e de textos que ficaram entre uma publicação e outra. Por razões óbvias, parte desses poemas não integram o primeiro volume por terem sido publicados depois de 1967, e, por decisão final

---

[37] Livros de poesia, uma vez que PV e P&V, por exemplo, contam com números consideráveis de reedições.

do autor, nenhum deles foi integrado na edição de 2014.

Igualmente interessante é a escolha de títulos para designar os volumes reunidos, classificados, durante muito tempo nas bibliografias incluídas nos livros do autor, como antologias. Analisando os oito volumes, percebe-se que o título *Poesia Toda* foi o que mais anos de vida teve, permanecendo, ao longo de cerca de duas décadas, em quatro desses volumes, ou seja, metade. Em 2004, recuperando um título de 2001, *Ou o Poema Contínuo* vem substituir a *Poesia Toda*. Se o primeiro sugere que a poesia que o livro encerra é a poesia toda, no sentido de poesia completa, *Ou o Poema Contínuo* viria agora sugerir de que se trata de um poema longo, ininterrupto, também podendo ser lido como *a poesia toda ou o poema contínuo*, isto é, ou uma coisa, ou outra. A verdade é que, como se viu, nem uma coisa, nem outra. Porque, nem os volumes de *Poesia Toda* englobam a obra poética completa do autor, nem o poema é ininterrupto, uma vez que existem migrações, portanto, quebras, e, claro, existe o fim, em que tudo acaba, e cristaliza. O momento em que todos os poemas deixam de *flutua*r.

Seguido a *Ou o Poema Contínuo*, Helder recupera, mais uma vez, outro título. Mas, como se viu, chama a atenção do leitor para esse acto. *Ofício Cantante* será o menos representativo de todos no que respeita a títulos que sugerem que estas obras são completas[38], embora o *Ofício Cantante* de 2009 tenha um subtítulo que afirme se tratar de um volume de poesia completa: *Ofício Cantante, Poesia Completa*.

Se até aqui o autor ia sugerindo, com os seus títulos, se tratarem de volumes de poesia completa, em 2014 elege um título que poderá tirar todas as dúvidas anteriores. No lugar de *Poesia Toda* ou *Completa*, passa a constar *Poemas Completos*, significando que o seu último volume reúne, não a poesia completa, mas apenas os poemas que ficaram completos.

No que respeita ao entendimento da sua obra poética enquanto um labirinto, o autor, através de títulos, também remete para essa ideia. Por exemplo, a *Movimentação Errática* ou *Os Passos em Volta*, cuja capa, da edição de 1980, reproduz a gravura rupestre de um labirinto e que, com certeza, não será por acaso.

4.2.1. Poemas que não voltaram a ser integrados

Sabe-se que existem poemas e textos que têm apenas uma versão e que constituem os poemas intactos no *corpus* poético herbertiano. Também se sabe que três do total de 716 poemas e textos nunca integraram os volumes reunidos,

---

[38] No verbete «obra completa» do já citado *Dicionário do Livro*: «Diz-se da obra composta por vários volumes na qual não falta nenhum. Obra íntegra.» (Faria e Pericão, 2008: 881). Assim, entende-se que «poesia completa» seria a obra composta por vários volumes ao qual não falta nenhum.

embora tivessem integrado os mapeamentos, pelas razões já explicitadas. E poemas ou textos que tenham apenas uma publicação? A verdade é que, depois de ser ter analisado todos os mapeamentos da obra poética herbertiana, constatou-se que o único poema que exibe uma publicação apenas, faz parte dos três que nunca integraram os volumes reunidos.

Por conseguinte, a única vez que o poema 5. do ciclo de cinco poemas «E Outros Exemplos» poderá ser encontrado[39], é na sua primeira e única publicação em volume não integrado (C, 1977: 77-79; 4.º texto-base). Este poema nunca integra nenhum dos oito volumes reunidos.

Depois, existe o caso de «A Imagem Expansiva, Dafne e Cloé», que, apesar de apresentar cinco publicações e cinco versões, no total, a segunda parte deste texto apresenta apenas uma publicação e uma versão.

Pelas situações expostas acima, e, exceptuando-se os casos referidos, conclui-se que não existem poemas que tenham sido integrados uma só vez, na obra poética herbertiana, e que tivessem *desaparecido* de seguida. Os poemas e textos de Helder, que constituem a sua obra poética, foram sempre reeditados, em menor ou em maior grau.

---

[39] Publicações em volume, apenas.

4.2.2. Poemas que foram assimilados

No ponto 3.1.7., viu-se como existem certos poemas e textos que são assimilados nos volumes reunidos, mas que acabam por migrar para volumes não integrados, não *desaparecendo*, de todo. Contudo, desse conjunto de poemas e de textos que são assimilados, existirão alguns que se mantiveram nos volumes reunidos, até à sua última publicação? A resposta é não.

Com excepção daquilo «que foi possível fragmentariamente salvar de "Retrato em Movimento", ou foi possível fazer partindo de sugestões nele esparsas, ou nem uma coisa nem outra» (Helder, 1994), os poemas e textos provenientes de volumes como AR, VA ou RM, não se mantiveram dentro dos volumes reunidos, até 2014. Todos estes textos migraram e permaneceram, até vontade última do autor, noutros volumes não integrados, como é o caso de PV e P&V.

No entanto, existem dois casos que importa referir. O caso de AV, por exemplo, é assimilado, indirectamente. E, depois, têm-se os casos de poemas que existem, em simultâneo, e até ao final, nos volumes de P&V e nos volumes reunidos: «(é uma dedicatória)», «(a carta da paixão)», «(similia similibus)», «(vox)», «(walpurgisnacht)» e «(a morte própria)».

4.2.3. Dificuldades encontradas e sugestões futuras

Uma das maiores dificuldades encontradas foi, sem dúvida, a classificação dos poemas de acordo com as suas alterações. Isto porque, tal classificação implica sempre a subjectividade enquanto componente. Esta foi, porém, uma das possíveis classificações da obra. Talvez um outro estudioso da obra herbertiana tivesse uma visão diferente quanto ao agrupamento destas alterações em diversos níveis de importância. Mas, a verdade é esta: existem textos que se apresentam alterados, e existem textos que se apresentam intactos. Nunca, em momento algum, se classificou uma alteração sem significar que o texto foi alterado, ainda que tenha sido apenas um itálico que passou a negrito.

Outra das grandes dificuldades encontradas diz respeito à localização de certos volumes ou exemplares que constituem a obra completa de Herberto Helder. Um desses exemplares, *Kodak*, de 1984, nunca se conseguiu localizar. O exemplar de *A Plenos Pulmões*, de 1981, também não se encontra nas bibliotecas mais importantes de Portugal. Tanto um como outro foram impossíveis de localizar, não constando sequer na Biblioteca Nacional de Portugal. Pôde incluir-se o exemplar de *A Plenos Pulmões* graças à cortesia do poeta e editor portuense António da Silva Oliveira, que estava na posse de um exemplar e gentilmente o cedeu para a realização deste trabalho.

Algumas das bibliografias consultadas apresentam muitas lacunas que nunca foram corrigidas, nomeadamente, a bibliografia apresentada em dois números da revista *Textos e Pretextos* (2002 e 2012) inteiramente dedicados a Herberto Helder. Por ter seguido esta bibliografia, alguns dos dados da bibliografia apresentada por Antunes (2011) reproduzem as mesmas lacunas. Fez-se o possível para rectificá-las na bibliografia que aqui se apresenta.

Algumas obras da bibliografia passiva de Helder também foram difíceis de aceder, como é exemplo de *Herberto Helder: Se eu quisesse enlouquecia*, obra publicada no Brasil, em 2015, pela editora Oficina Raquel, apoiada pela Direcção-Geral do Livro, dos Arquivos e das Bibliotecas/Portugal e, contudo, ausente da Biblioteca Nacional de Portugal, da Rede de Bibliotecas Municipais de Lisboa, do Porto, de Coimbra e de Cascais, e das bibliotecas das Faculdades de Letras mais importantes do país. Esta obra, não comercializada em Portugal e esgotadíssima no Brasil, foi possível ser comprada, embora custando quatro vezes mais, através da Amazon dos Estados Unidos da América.

Para sugestões futuras propõe-se complementar o presente trabalho integrando todos os textos que nunca integraram os volumes reunidos, incluindo os volumes póstumos, poemas e textos dispersos e/ou as suas variantes. Deste modo, ter-se-ia não a obra poética completa, mas as obras completas de Herberto Helder, permitindo ter uma visão ainda mais profunda e completa do seu trabalho editorial.

CONCLUSÃO

O presente trabalho propôs-se partir numa viagem ao interior do labirinto que é a obra poética herbertiana, com o objectivo de contar a sua história textual e de responder a uma série de questões ainda não respondidas: quantos textos foram editados pelo autor? Esses textos foram muito alterados, ou pouco alterados? Existem textos inalterados? Existem textos e livros que *desaparecem*? E qual a percentagem da sua obra que é absolutamente *original* ou repetida, de volume para volume?

Como se viu, no «Estado da Arte», muito se tem escrito sobre a obra de Herberto Helder e, não raras as vezes, as análises literárias tendem a confundir o narrador ou o sujeito poético com a figura do autor ou mesmo com a sua pessoa, enquanto figura pública que foi. O que não surpreende, pois, devido à sua postura «à margem», às especificidades da sua escrita, ao seu tom bíblico ou profético, sagrado e profano — facto que levou críticos e académicos a considerarem a sua escrita obscura e hermética —, todos estes factores contribuíram para a criação da imagem de uma de criatura mítica no lugar da figura do autor. Recorde-se que Helder proibiu, inclusivamente, reproduções de fotografias suas (*Cf.* Marinho, 1982b), o que poderá ter alimentado o imaginário colectivo dos leitores e dos estudiosos da obra herbertiana.

Ainda no «Estado da Arte», pode constatar-se que, apesar de a bibliografia herbertiana ser bastante extensa, grande parte dos trabalhos dedicados ao estudo da obra de Helder partem de abordagens maioritariamente literárias.

Depois, no «Enquadramento Teórico», viu-se como existem alguns autores que referem as alterações textuais realizadas por Helder, no entanto, apenas um deles se dedica inteiramente a esta questão, focando-se em apenas uma das obras do autor.

Por essa razão, o presente trabalho é importante não só para a crítica, mas para os estudiosos herbertianos, e para o público em geral, uma vez que permite uma visão mais detalhada, minuciosa e abrangente da obra poética herbertiana, revelando os seus aspectos técnicos e editoriais e, desmistificando, assim, alguma da polémica gerada em torno do modo em como o autor editou, reescreveu e publicou.

Para tal, como se viu, foi necessária a delimitação de um *corpus*, que abrange 57 anos de edições e reedições publicadas pelo autor, em vida, e a elaboração de uma metologia muito própria que é a fundação sobre a qual se erguem 23 mapeamentos.

Assim, partindo da sua obra publicada em volumes reunidos, e mostrando o percurso de cada texto bem como todas as suas variantes, foi possível mostrar o método de edição herbertiano e responder a todas as perguntas colocadas inicialmente.

Como se pôde ver, o *editing* herbertiano existe em vários níveis de importância. No entanto, a percentagem de textos intactos constitui mais de metade da sua obra poética.

Relativamente à parte alterada, apesar de se apresentar numa percentagem mais baixa e em diversos níveis de importância ou de gravidade, essas alterações não são suficientes para que se possa dizer que o texto é um outro absolutamente novo. Este processo de alteração textual, já notado por Couts (2018), apresenta uma similaridade que relembra o fenómeno ocorrido nos romances da tradição oral: os textos alterados apresentam-se com variantes (a componente que torna o texto num *outro*), mantendo, no entanto, a invariante (a componente que mantém o texto o *mesmo*).

Depois, existe uma componente, neste *editing*, que torna a obra poética de Helder num labirinto, a qual se chamou «o jogo da combinatória». Como é sabido, o autor recorreu a esta técnica para a elaboração de muitos dos seus poemas e textos. A verdade é que Helder recorreu à técnica de recombinar obras, partes de obras, poemas e partes de poemas. Desta forma, tendo disponíveis apenas 716 poemas, foi possível originar um total de 3852 publicações e 1136 versões e, com eles, publicar livros que nunca são iguais aos anteriores. Viu-se como Helder recorreu a esta técnica para recombinar, inclusivamente, títulos de poemas, ciclos de poemas e livros.

A obra poética de Herberto Helder é, por essa razão, uma obra construída em labirinto, na qual textos alterados se conjugam com textos inalterados, que vão ou não sendo integrados, e dando origem a *novas* obras nas quais o novo se mistura e se confunde com o antigo.

BIBLIOGRAFIA

Activa

Herberto Helder em volume:

1958. *O Amor em Visita*. Lisboa: Contraponto.

1961a. *A Colher na Boca*. Lisboa: Ática.

1961b. *Poemacto*. Lisboa: Contraponto.

1962. *Lugar*. Lisboa: Guimarães Editores.

1963a. *Poemacto*, 2.ª ed. Lisboa: Guimarães Editores.

1963b. *Os Passos em Volta: contos*. Lisboa: Portugália Editora.

1964a. *Electronicolírica*. Lisboa: Guimarães Editores.

1964b. *Os Passos em Volta: contos*, 2.ª ed. Lisboa: Portugália Editora.

1967a. *Húmus, Poema-montagem*. Lisboa: Guimarães Editores.

1967b. *Ofício Cantante*. Lisboa: Portugália Editora.

1967c. *Retrato em Movimento*. Lisboa: Ulisseia.

1968a. *Apresentação do Rosto*. Lisboa: Ulisseia.

1968b. *O Bebedor Nocturno: versões de Herberto Helder*. Lisboa: Portugália Editora.

1970. *Os Passos em Volta*, 3.ª ed. Lisboa: Editorial Estampa.

1971. *Vocação Animal*. Lisboa: Publicações Dom Quixote.

1973. *Poesia Toda*, 2 volumes. Lisboa: Plátano Editora.

1977a. *Cobra*. Lisboa: & etc.

1978a. *O Corpo O Luxo A Obra*. Lisboa: & etc / Contraponto.

1978b. *O Corpo O Luxo A Obra*, 2.ª ed. Lisboa: & etc.

1979. *Photomaton & Vox*. Lisboa: Assírio e Alvim.

1980a. *Flash*, s/l [Lisboa]: Edição de Autor [Tipografia Ideal, Orientação gráfica de Vitor Silva Tavares].

1980b. *Os Passos em Volta*, 4.ª ed. emendada. Lisboa: Assírio e Alvim.

1981a. *A Plenos Pulmões*. Porto: Oiro do Dia.

1981b. *Poesia Toda*, 2.ª ed. Lisboa: Assírio e Alvim.

1982. *A Cabeça entre as Mãos*. Lisboa: Assírio e Alvim.

1984. *Kodak*. [montado em serigrafias de João Vieira]. Lisboa: Galeria Altamira.

1985a. *Os Passos em Volta*, 5.ª ed. Lisboa: Assírio e Alvim.

1985b. *Edoi Lelia Doura. Antologia das vozes comunicantes da poesia moderna portuguesa* [org. de Herberto Helder]. Lisboa: Assírio e Alvim.

1987a. *As Magias: versões de Herberto Helder*. Lisboa: Hiena Editora.

1987b. *Photomaton & Vox*, 2.ª ed. Lisboa: Assírio e Alvim.

1988a. *As Magias (Alguns Exemplos): versões de Herberto Helder*, 2.ª ed. Lisboa: Assírio e Alvim.

1988b. *Última Ciência*. Lisboa: Assírio e Alvim.

1990. *Poesia Toda*, 3.ª ed. Lisboa: Assírio e Alvim.

1994a. *Do Mundo*. Lisboa: Assírio e Alvim.

1994b. *Os Passos em Volta*, 6.ª ed. Lisboa: Assírio e Alvim.

1995. *Photomaton & Vox*, 3.ª ed. Lisboa: Assírio e Alvim.

1996. *Poesia Toda*, 4.ª ed. Lisboa: Assírio e Alvim.

1997a. *Doze Nós Numa Corda. Poemas mudados para Português por Herberto Helder*. Lisboa: Assírio e Alvim.

1997b. *Os Passos em Volta*, 7.ª ed. Lisboa: Assírio e Alvim.

1997c. *Ouolof. Poemas mudados para Português por Herberto Helder*. Lisboa: Assírio e Alvim.

1997d. *Poemas Ameríndios. Poemas mudados para Português por Herberto Helder*. Lisboa: Assírio e Alvim.

1998. *Fonte*. Lisboa: Assírio e Alvim.

2001a. *Os Passos em Volta*, 8.ª ed. Lisboa: Assírio e Alvim.

2001b. *Ou o Poema Contínuo — Súmula*. Lisboa: Assírio e Alvim.

2004. *Ou o Poema Contínuo*, 2.ª ed. Lisboa: Assírio e Alvim.

2006a. *Os Passos em Volta*, 9.ª ed. Lisboa: Assírio e Alvim.

2006b. *Photomaton & Vox*, 4.ª ed. Lisboa: Assírio e Alvim.

2008. *A Faca não Corta o Fogo — Súmula e Inédita*. Lisboa: Assírio e Alvim.

2009a. *Ofício Cantante. Poesia Completa*, 2.ª ed. Lisboa: Assírio e Alvim.

2009b. *Os Passos em Volta*, 10.ª ed. Lisboa: Assírio e Alvim.

2010a. *As Magias. Poemas mudados para Português por Herberto Helder*, 3.ª ed. Lisboa: Assírio e Alvim.

2010b. *O Bebedor Nocturno. Poemas mudados para Português por Herberto Helder*, 2.ª ed. Lisboa: Assírio e Alvim.

2013a. *Servidões*. Lisboa: Assírio e Alvim.

2013b. *Photomaton & Vox*, 5.ª ed. Lisboa: Assírio e Alvim.

2013c. *O Bebedor Nocturno*, 3.ª ed. Lisboa: Assírio e Alvim.

2013d. *Os Passos em Volta*, 11.ª ed. Lisboa: Assírio e Alvim.

2014a. *A Morte sem Mestre*. Porto: Porto Editora.

2014b. *Poemas Completos*. Porto: Porto Editora.

2015a. *Os Passos em Volta*, 12.ª ed. Porto: Porto Editora.

2015b. *O Bebedor Nocturno*, 4.ª ed. Porto: Porto Editora. [póstumo]

2015c. *Photomaton & Vox*, 6.ª ed. Porto: Porto Editora. [póstumo]

2015d. *Poemas Canhotos*. Porto: Porto Editora. [póstumo]

2016. *Letra Aberta*. Porto: Porto Editora. [póstumo]

2018. *Em Minúsculas*. Porto: Porto Editora. [póstumo]

Herberto Helder em dispersos:

1952. «Salmo em que se Fala das Alegrias Secretas do Coração»; «História»; «História da Índia Perdida»; «Para a Maria Madalena»; «Ode Fúnebre»; «Miniatura de Esfinge sobre a Mesa de Trabalho»; «II dos Sete Poemas para a Mãe». *Arquipélago*, Funchal: Editorial Eco do Funchal, pp. 43-56.

1954a. «O Tempo e o Vinho». *A Briosa*, n.º 30. Coimbra, 23 de Janeiro.

1954b. «Mãe Fria». *A Briosa*, n.º 31. Coimbra, 6 de Fevereiro.

1954c. «O Arengue» [Adaptação de Herberto Helder]; «Aviso Indispensável»; «Poema de Intenções Morais»; «Estalactite Ilegal». *Poemas Bestiais*, Funchal, s/p.

1954d. «Voz como Erva». *A Briosa*, n.º 32. Coimbra, 6 de Março.

1955. «3 Poema Inéditos de Herberto Helder», [Poemas: 1. Sobre o Poema; 2. 9.º Poema da Série Mãe d'Água; 3. Pureza]. *re-nhau-nhau*, n.º 827. Funchal, 5 de Março, s/p.

1956a. «Fonte»; «Regresso». *Búzio*. Editor: António Aragão, Funchal, pp. 15-17.

1956b. «Para um Ciclo de Amor». *Graal*, n.º 4. Lisboa, Dezembro de 1956 — Julho de 1957, pp. 390-394.

1957a. «Excerpto de um poema de Herberto Helder», [Poema «Dai-me uma jovem mulher com sua harpa de sombra»]. *Voz do Tejo*, Suplemento «Ágora Página de Poesia». Lisboa, 18 de Maio, p. 6.

1957b. «Prefácio para um Dicionário de Rimas». *Folhas de Poesia*, n.º 2, Julho, pp. 10-11.

1957c. «Sobre o Poema». *Folhas de Poesia*, n.º 1, Janeiro, p.10.

1957d. «Soneto». *Diário Ilustrado*, Suplemento «Diálogo», n.º 1, 19 de Janeiro, p. 21.

1958a. «Livro». *Diário Ilustrado*, Suplemento «Diálogo», n.º 57, Lisboa, 25 de Março, p. 19.

1958b. «Canto Nupcial (Fragmento)». *Cadernos do Meio-Dia*, n.º 1, Faro, Abril, pp. 18-20.

1958c. «Relance sobre Afonso Duarte». *Folhas de Poesia*, n.º 3, Lisboa, Setembro, pp. 4-6.

1959. «Poema». *Pirâmide Antologia*, n.º 2, Lisboa, Junho, pp. 19-20.

1961. «Ofício de Poeta». *Êxodo*, Coimbra, pp. 32-34.

1962a. «Ou o amor, ou a vida, ou a loucura, ou a morte Comunicado aos oficiais da crítica / aos ortodoxos / aos mercenários / ao democracionismo-fascista / ao "café" / à duplicidade / aos surrealistas» [em co-autoria com Máximo Lisboa]. *Jornal de Letras e Artes*, Lisboa, 2 de Maio, p. 10.

1962b. «Poema». *Távola Redonda*, n.º 19, Novembro, p. 13.

1963a. «Cinco Poemas dos Peles-Vermelhas» [inclui os poemas «A Puberdade», «A Obscuridade», «Ritual da Chuva», «Canção de Amor», «Pintura na Areia» e uma nota de Herberto Helder]. *Távola Redonda*, n.º 21, Janeiro, p. 9.

1963b. «Equação, um conto de Herberto Helder». *Távola Redonda*, n.º 21, Janeiro, [p.16].

1963c. «O Assunto das Colinas». *O Tempo e o Modo*, n.º 3, Lisboa, Março, p. 57.

1963d. «Inquéritos Poesia» [Resposta ao Inquérito «1. Qual o modo mais fecundo de o Poeta colaborar na Cidade?; 2. A imposição de uma orientação ideológica (de qualquer carácter, moral, político, religioso) não será uma limitação da liberdade do poeta?; 3. Só se poderá considerar social a poesia que cante as inquietações de valor sócio-político, ou possui interesse verdadeiramente social toda a poesia que cante o homem sem qualquer limitação de temas?»]. *O*

Tempo e o Modo, n.º 5 [n.º 6, Junho na capa], Lisboa, Maio, p. 89.

1963e. «Relance sobre a Poesia de Edmundo de Bettencourt». In *Poemas de Edmundo de Bettencourt* [Bettencourt, Edmundo de,]. Lisboa: Portugália Editora, pp. 11-22.

1965a. «Comunicação Académica». *Jornal do Fundão*, «Poesia Experimental, Suplemento Especial do «Jornal do Fundão», (org. António Aragão e E. M. de Melo e Castro), Fundão, 24 de Janeiro, p. 3.

1965b. «Exposição de Visopoemas». *Jornal do Fundão*, «Poesia Experimental, Suplemento Especial do «Jornal do Fundão», (org. António Aragão e E. M. de Melo e Castro), Fundão, 24 de Janeiro, p. 4.

1965c. «Mário Dias Ramos» [Texto na badana do livro]. In *Morfogenia. Poesia*. Lisboa: Edição de Autor [Cronos], s/d [1965].

1965d. «Nota sobre Alfred Jarry e o Romance de um Desertor». *Cronos, Cadernos de Literatura*, n.º 1, Lisboa, s/d [1965], pp. 18-20.

1966a. [6 Poemas Visuais]. *Poesia Experimental*, n.º 2, (org. de Herberto Helder, António Aragão e E. M. de Melo e Castro), Lisboa: Edição dos Autores, s/p.

1966b. [«Um autor começa a ter dúvidas sobre a sua linguagem»]. *Hidra*, n.º 1, (org. de E. M. de Melo e Castro), Porto, p. 63.

1967a. «Paisagem de Fernando Conduto». *Diário de Notícias*, n.º 624, Suplemento «Artes e Letras», Lisboa, 16 de Fevereiro, pp. 15-16.

1967b. «Os Ritmos». *O Tempo e o Modo*, n.º 49, Maio, pp. 529-533.

1967c. «Em forma de carta, acerca de.». *Comércio do Funchal*, Funchal, 1 de Outubro, p. 5.

1968a. «Bicicleta». *Contravento*, n.º 1, Agosto, p. 31.

1968b. «Paisagem de Caras». *Diário Popular*, Suplemento «Nova Prosa, Nova Poesia», Lisboa, 1 de Agosto, pp. 1 e 9.

1968c. «Escultura de João Cutileiro no "Interior"». *Diário de Notícias*, Suplemento «Artes e Letras», Lisboa, 21 de Novembro, pp. 1-2.

1969a. «Texto de base que serviu para a elaboração do poema que "percorre" a loja» e «A imagem e a memória». *Arquitectura*, n.º 108, Março-Abril, pp. 71-72.

1969b. «Ramificações Autobiográficas». *Diário Popular*, Suplemento «Quinta-Feira à Tarde», n.º 656, Lisboa, 18 de Setembro, pp. 1 e 5.

1969c. «A Mão». *Diário Popular*, Suplemento «Quinta-Feira à Tarde», Lisboa, 25 de Setembro, pp. 1 e 4.

1969d. «A Palavra Visível». *Diário Popular,* Suplemento «Quinta-Feira à Tarde», Lisboa, 16 de Outubro, p. 5.

1971a. «Luanda desfaz-se». *Notícia*, Luanda, 24 de Abril, pp. 24-29.

1971b. «Partos Difíceis». *Notícia*, Luanda, 1 de Maio, pp. 14-17.

1971c. «Riquita chegou hoje!» e «Espantos no Lobito». *Notícia*, Luanda, 15 de Maio, p. 36 e p. 61.

1971d. «Tintura». *Notícia*, Luanda, 14 de Agosto, p. 13.

1971e. «Eu que apareci acidentalmente vivo» e «[De fotografia nada sei, a não ser a inquietante proposta dessa coisa mítica]». *Notícia*, Luanda, 18 de Setembro, pp. 14-15 e p. 32.

1971f. «Movimentação Errática». *Caliban,* n.º 2, Lourenço Marques, 1 de Novembro, pp. 40-43.

1971g. «Deambulação a Propósito de Nuno Guimarães». *República,* Suplemento «Artes e Letras», Lisboa, 29 de Novembro, pp. 5-6.

1972. «Movimentação Errática». *Novembro, Textos de Poesia,* (coord. Casimiro de Brito e Gastão Cruz), Lisboa, Edição dos Coordenadores, pp. 33-47.

1973a. «Motocicletas da Anunciação». *& etc,* n.º 1, Lisboa, 17 de Janeiro, p. 20.

1973b. «Lembrança de Bettencourt». *& etc,* n.º 4, Lisboa, 28 de Fevereiro, p. 10.

1973c. «Profissão: revólver. Pretexto sobrecarregado de alusões, segundo o método da obliquidade». *& etc,* n.º 16, 31 de Outubro, p.23.

1974a. «A poesia é feita contra todos». *& etc,* n.º 25, Lisboa, Outubro, p. 19.

1974b. [colabora na organização deste número]. *& etc,* n.º 19, Lisboa, Janeiro.

1974c. «Era uma vez um pintor...»; «Fragmento de "A Máquina de Emaranhar Paisagens"». *Poesia Experimental: 1.º Caderno Antológico,* (org. António Aragão e Herberto Helder), pp. 5-6 e pp. 61-66.

1975. [«Declaram que a melhor maneira de contemplar a natureza [...]»]. *Nova Magazine de Poesia e Desenho,* n.º 1, (org. António Palouro, António Sena e Herberto Helder), Lisboa, Inverno de 1975/76, pp. 1-5.

1976. [organização de] Nova Magazine de Poesia e Desenho, n.º 2, (org. António Palouro, António Sena e Herberto Helder), Lisboa, Outono de 1976.

1978a. [carta de Herberto Helder dirigida a Eduardo Lourenço e datada de 12.3.78]. In *Eduardo Lourenço* website. Disponível em http://www.eduardolourenco.com/textos/correspondenc

ia/03-Herberto-Helder-12-3-1978.html [Acedido em 01.12.2016].

1978b. «A poesia vitaliza a vida» [carta dirigida a Eduardo Prado Coelho datada de 6 de Outubro de 1977]. *Abril*, n.º 1. Lisboa, Fevereiro, p. 16.

1980. «Cena Vocal com Fundo Visual de Cruzeiro Seixas». *Diário de Notícias*, 19 de Junho, s/p [p.17].

1982. «Photomaton». In *Vocazione Animale*, (org. e trad. de Carlo Vittorio Cattaneo). Sienna: Messapo, pp. 21-22 [Edição bilingue; esta terá sido a primeira versão do texto inserido em *Photomaton & Vox*, Lisboa, Assírio & Alvim, 1979, pp. 12-14, a crer no texto introdutório, datado de 1977, que afirma: «Photomaton è invoce una "auto-biografia" che il poeta ha scitto appositadamente per questo suo esordio italiano», pp. 14-15].

1983. «Nota Inútil», [prefácio]. In *Uma Faca nos Dentes*, [Forte, António José]. Lisboa: & etc, s/p [pp. 7-14].

1988. «Herberto Helder, "Phala" de Mário Cesariny». *A Phala*, n.º 9, Lisboa, Assírio e Alvim, Abril/Maio/Junho, p. 1.

1990. «Os Selos». *As Escadas não têm Degraus*, n.º 3, Lisboa, Cotovia, Março, pp. 129-153.

1991. «Os Selos, Outros, Últimos». *A Phala*, n.º 27, Lisboa, Assírio e Alvim, Dezembro, número extra, pp. 64-67.

1994. «Inédito». *A Phala*, n.º 40, Lisboa, Assírio e Alvim, Outubro/Novembro, pp. 33-35.

1995. «A propósito de "Photomaton & Vox" ou de qualquer outro texto do autor». *A Phala*, n.º 46, Lisboa, Assírio e Alvim, Outubro/Dezembro, p. 94.

1996. «Poeta»; «Poemacto I»; «Lugar II»; «Lugar III»; «Flash»; «Canção Despovoada»; «O Poema V»; «Teoria Sentada». *Margem 2*, n.º 3. Funchal: Boletim Municipal da Câmara

Municipal do Funchal, Maio, p. 7; pp. 15-17; pp. 20-23; pp. 27-29; p. 33; pp. 38-39; pp. 42-43; 50-51.

1997. «No sorriso louco das mães...»; «Minha cabeça estremece...». *A Phala*, n.º 24, Lisboa, Assírio e Alvim, Julho/Agosto/Setembro, pp. 253-255.

1998a. «Cinemas». *Relâmpago, Revista de Poesia*, n.º 3, Lisboa, Fundação Luís Miguel Nava e Relógio d'Água, Outubro, pp. 7-8.

1998b. «Singularíssimo no Plural». In *Noites* [Medeiros, Luís Garcia de]. Lisboa: & etc, pp. 27-30.

1999a. «Por exemplo». *A Phala do Brasil*, n.º 69, Lisboa, Assírio e Alvim, Abril, p. 90.

1999b. «Lembrança». *A Phala*, n.º 70, Lisboa, Assírio e Alvim, Maio, p. 107.

1999c. «Lugar». *Alma Azul, Revista de Artes e Ideias*, n.º 1, Coimbra, Outono, pp. 48-51.

2003. «Nota Inútil» [prefácio. In *Uma Faca nos Dentes*, 2.ª ed. [Forte, António José]. Lisboa: Parceria A. M. Pereira, pp. 9-16.

2006. «O nome coroado». *Telhados de Vidro*, n.º 6. Lisboa: Averno, Maio, pp. 155–167.

2008. «poemas de Herberto Helder». In *Lapinha do Caseiro* [Ferreira, Francisco]. Lisboa: Assírio e Alvim, pp. 125-127.

2012. «do tamanho da mão faço-lhes o poema da minha vida». *Revista Textos e Pretextos - Herberto Helder*, n.º 17. Lisboa: Centro de Estudos Comparatistas da Faculdade de Letras da Universidade de Lisboa/Edições Húmus Lda., pp. 114-115.

2015. «fico indiferente a vê-los gostar de poemas meus da juventude,»; «esta pedra de tão impura traça»; «a queimada que fez nas silvas em volta da casa»; «Kodak. Lisboa, 1968, revisto em Maio de 1973»; «cartas dirigidas a Gastão Cruz». *Relâmpago. Revista de Poesia*, n.º 36/37. Lisboa: Fundação Luís Miguel Nava, Abril/Outubro, pp. 13-19, pp. 105-114 e pp. 143-195.

Herberto Helder, entrevistas:

1959. «A minha geração não é cobarde ou niilista, afirma Herberto Helder». *Diário Ilustrado*, Lisboa, 16 de Maio, pp.3 e 11.

1964a. «"Não há verdadeira honestidade sem alguma originalidade" — disse-nos Herberto Helder» [entrevista concedida a Maria Augusta Seixas]. *Jornal de Letras e Artes*, Lisboa, 11 de Novembro, pp.10 e 12.

1964b. «O poeta (Herberto Helder) visto à lupa da pergunta inesperada: "Escrevo como o marceneiro que faz uma cadeira"». *Diário Popular*, Suplemento «Quinta-Feira à Tarde», Lisboa, 25 de Novembro, pp. 1 e 5.

1964c. «"Os cinco livros que até hoje publiquei pouco significam para mim!" — diz-nos desassombradamente Herberto Helder» [entrevista concedida a Fernando Ribeiro de Mello]. *Jornal de Letras e Artes*, 7 de Maio, p.15.

1968. «Herberto Helder depõe "Os jovens escritores vão sabendo que as regras são sempre pessoais"» [entrevista concedida a Serafim Ferreira]. *Jornal de Notícias*, 13 de Junho, s/p [p.17].

1987. [Texto em forma de «auto-entrevista», primeiro publicado na revista *Luzes da Galiza*, n.º 5/6, 1987; «Poesia Toda, Herberto Helder». *A Phala*, n.º 20, Lisboa, Assírio e Alvim, Outono/Dezembro, 1990, pp.1-4; publicado posteriormente no jornal *Público*, [«As Turvações da Inocência»], 4 de Dezembro de 1990, pp. 29-31; por fim, na revista *Inimigo Rumor*, n.º 11, 7 Letras/Livros Cotovia, 2.º Semestre de 2001, pp. 190-197].

Herberto Helder, discografia:

1965. *Herberto Helder. Poemas*. [produção de João Martins]. Lisboa: Philips.

1969. *Num Tempo Sentado*. Lisboa: Valentim de Carvalho.

Passiva

Alegre, M., 2015. «Uma energia cósmica». *Diário de Notícias*, n.º 53302, 25 de Março, p. 7.

Alves, A. L., 2002. «Nexos Intertextuais entre "O Amor em Visita", de Herberto Helder e "O Cântico dos Cânticos"». *Textos e Pretextos*, n.º 1. Lisboa: Centro de Estudos Comparatistas da Faculdade de Letras da Universidade de Lisboa, Inverno, pp. 6-8.

Alves, C. F., 1994. «Louvor e simplificação de Herberto Helder». *Expresso*, Lisboa, 17 de Dezembro, p. 10.

_____, 2015. «A hora teatral da posse». *A Revista do Expresso*, n.º 2213, Lisboa, 28 de Março, pp. 7-10.

Alves, M., 2015. «O Herberto desconhecido». *Sábado*, n.º 569, de 26 a 31 de Março, pp. 87-91.

Amado, T., 2003. «Dois discursos para um rei». *Revista Scripta*, vol. 7, n.º 13, 2.º semestre. Belo Horizonte: Pontifícia Universidade Católica de Minas Gerais, pp. 178-188. Disponível em: http://www.ich.pucminas.br/cespuc/Revistas_Scripta/Scripta13/Conteudo/N13_Parte01_art12.pdf [Acedido em 14.11.2016].

Amaral, F. P. do, 1996. «O poder de criar a canção». *Margem 2*, n.º 3. Funchal: Boletim Municipal da Câmara Municipal do Funchal, Maio, pp. 24-25.

_____, 2015a. «A droga dura da poesia». *Jornal de Letras, Artes e Ideias*, n.º 1161, Lisboa, de 1 a 14 de Abril, p. 9.

_____, 2015b. «A mão do mundo». *Relâmpago. Revista de Poesia*, n.º 36/37. Lisboa: Fundação Luís Miguel Nava, Abril/Outubro, pp. 218-220.

Anglada, C., 2013. «A experiência em África para as línguas de Helder e Coetzee». *Revista Crioula*, n.º 3. São Paulo: Universidade de São Paulo, pp. 1-9.

Anselmo, A., 1997. «Fronteiras da História do Livro». In *Cultura. Revista de História e Teoria das Ideias*, vol. IX, n.º 9. Lisboa: Centro de História da Cultura, Universidade Nova de Lisboa, pp. 15-22.

Antunes, A., 2010. «Recriação de "A Máquina de Emaranhar Paisagens", de Herberto Helder». Disponível em: https://sites.google.com/site/maquinadeemaranharpaisagens/ [Acedido em 15.11.2016].

_____, 2011. *Herberto Helder, Cobra, Dispersão Poética — Edição Evolutiva*. Dissertação de Mestrado em Edição de Texto. Lisboa: Faculdade de Ciências Sociais e Humanas da Universidade Nova de Lisboa.

Barbas, H., 1994. «Demanda em espiral», *Expresso*, n.º 1155, «Cartaz», de 17 de Dezembro, p. 23.

Baptista, A. A., 1994. «"Não digam nada a ninguém"». *Expresso*, Lisboa, 17 de Dezembro, p. 10.

Baptista, J. A., 2015. «Herberto, o eremita... era na realidade muito acessível». *Funchal Notícias*, Funchal, 24 de Março. Disponível em: https://funchalnoticias.net/2015/03/24/herberto-o-eremita-era-na-realidade-muito-acessivel/ [Acedido em 27.11.2016].

Belmont, L., 2010. «Helder e Llansol: a espacialização da linguagem». *Abril, revista do Núcleo de Estudos de Literatura Portuguesa e Africana da UFF*, vol. 3, n.º 4. Rio de Janeiro: Universidade Federal Fluminense, pp. 85-104.

Belo, R., 1984a. «Poesia e Arte Poética em Herberto Helder». In *Obra Poética*, vol. 3. Lisboa: Editorial Presença, pp. 153-165.

Belo, R., 1984b. «[Com um novo livro de poesia, Herberto Helder]». In *Obra Poética,* vol. 3. Lisboa: Editorial Presença, pp. 393-395.

Bezerra, A. C., 2000. «A Poética de Herberto Helder: o ponto de partida». *TriploV.* Disponível em: http://triplov.com/herberto_helder/bezerra.htm [Acedido em 11.11.2016].

Bittencourt, S. M. C. da R. H. de, 1978. *O Processo Criador de* Os Passos em Volta*: a Lei da Metamorfose.* Dissertação de Mestrado em Letras Clássicas e Vernáculas. São Paulo: Universidade de São Paulo.

Bomfim, R. O., 2009. «Herberto Helder: poesia, encantamento e pós-modernidade». *A Cidade de Évora: Boletim de Cultura da Câmara Municipal,* 2.ª série, n.º 8. Évora: pp. 711-719. Disponível em: http://www.letraefel.com/2012/01/herberto-helder-poesia-encantamento-e.html [Acedido em 24.09.2016].

Borges, C., 2013. «Herberto Helder: a razão da loucura». *ZUNÁI - Revista de poesia & debates,* n.º XXVI. Disponível em: http://www.revistazunai.com/ensaios/contador_borges_herberto_helder.htm [Acedido em 03.10.2015].

Brandão, F. H. P., 1974. «Autor Fragmento». In *O Texto de João Zorro.* Porto: Inova, p. 255.

Braz, P., 2015. «O que vemos, ao ler Herberto Helder: algumas notas». *eLyra — Revista da Rede Internacional Lyracompoetics,* n.º 6, pp. 51-70. Disponível em: http://www.elyra.org/index.php/elyra/article/view/96 [Acedido em 01.12.2016].

Buescu, H. C., 2009. «Herberto Helder: uma ideia de poesia omnívora». *Diacrítica, Revista do Centro de Estudos Humanísticos da Universidade do Minho,* n.º 23, Maio. Braga: Livraria Minho, pp. 49-63.

Callixto, J. C., 2002. «Outras Faces». *Textos e Pretextos*, n.º 1. Lisboa: Centro de Estudos Comparatistas da Faculdade de Letras da Universidade de Lisboa, Inverno, p. 38.

Canuto, F., 2012. *Geo-grafias da Comunidade: investigações a partir do excesso da vida e a margem da multidão*. Tese de Doutoramento em Letras: Estudos Literários. Belo Horizonte: Faculdade de Letras da Universidade Federal de Minas Gerais.

Cardoso, M. E., 2014. «O livro ardente». *Ípsilon, Público*. Disponível em: http://www.publico.pt/culturaipsilon/noticia/o-livro-ardente-1659468 [Acedido em 29.10.2014].

Carita, A., 2015. «Herberto Helder. Apresentação de um rosto». *Expresso, Cultura*. Disponível em: http://expresso.sapo.pt/cultura/herberto-helder-apresentacao-de-um-rosto=f916633 [Acedido em 27.11.2016].

Carvalho, A. M. de, 2015. «Homem oculto, poeta presente», *Visão*, n.º 1151, de 26 de Março a 1 de Abril, pp. 88-90.

Carvalho, A. S., 2015. «O Herberto». *Relâmpago. Revista de Poesia*, n.º 36/37. Lisboa: Fundação Luís Miguel Nava, Abril/Outubro, pp. 210-211.

Carvalho, G. de, 1992. «Herbertiana: Recensão crítica a "Poesia Toda", de Herberto Helder». *Colóquio/Letras*, n.º 125/126. Lisboa: Fundação Calouste Gulbenkian, pp. 231-233. Disponível em: http://coloquio.gulbenkian.pt/bib/sirius.exe/issueContentDisplay?n=125&p=231&o=p [Acedido em 10.29.2014].

_____, 2000. «Recensão crítica a "Ouolof", de Herberto Helder; "Poemas Ameríndios", de Herberto Helder; "Doze Nós numa Corda", de Herberto Helder». *Colóquio/Letras*, n.º 155/156. Lisboa: Fundação Calouste Gulbenkian, pp. 415-417. http://coloquio.gulbenkian.pt/bib/sirius.exe/issueContentDisplay?n=155&p=415&o=p [Acedido em 10.29.2014].

Cerdeira, T. C., 2008. «Teorema: uma lógica moderna de sujeitos desejantes». *Abril, revista do Núcleo de Estudos de Literatura Portuguesa e Africana da UFF*, vol. 1, n.º 1. Rio de Janeiro: Universidade Federal Fluminense, pp. 52-57.

Chartier, R., 2004. «A "nova" História Cultural existe?». In *Cultura. Revista de História e Teoria das Ideias*, vol. XVIII, n.º 18. Lisboa: Centro de História da Cultura, Universidade Nova de Lisboa, pp. 9-22.

Coelho, A. L., 2015. «O amor ocupa a morte», *Público*, n.º 9114, 29 de Março, p. 29.

Coelho, E. P., 1986. «Meios de transporte, amor e morte na poesia portuguesa contemporânea». *Colóquio/Letras*, n.º 92. Lisboa: Fundação Calouste Gulbenkian, pp.42–48. Disponível em: http://coloquio.gulbenkian.pt/bib/sirius.exe/issueContentDisplay?n=92&p=42&o=p [Acedido em 11.29.2014].

_____, 1990. «'Poesia Toda", 'Os Selos'. A não-separabilidade». *Público*, Lisboa, 4 de Dezembro, pp. 31-32.

Cordeiro, F. E. V., 2012. *A era dos falsos profetas: para uma teoria simbólica da apropriação*. Dissertação de Mestrado em Arte Multimédia — Audiovisuais. Lisboa: Faculdade de Belas-Artes da Universidade de Lisboa. Disponível em: http://repositorio.ul.pt/bitstream/10451/7464/2/ULFBA_tes 542.pdf [Acedido em 01.15.2015].

Correia, J.D.P., 2013. «Literatura Oral Tradicional: conceito e características». Lisboa: Arquivo Digital de Literatura Oral Tradicional. Disponível em: http://www.adlot.fl.ul.pt/community/#front [Acedido em 01.15.2017].

Correia, N., 2002. *O Surrealismo na Poesia Portuguesa*. Lisboa: Frenesi.

Cortez, A. C., 2015. «A obscura luminosidade». *Jornal de Letras, Artes e Ideias*, n.º 1161, Lisboa, de 1 a 14 de Abril, pp. 7-8.

Couts, A., 2018. *Herberto Helder,* Cobra, *Dispersão Poética*, Rolla: Mecanismo Humano.

_____, 2018. *A Poesia Toda ou os* Poemas Completos*: variantes, flutuações e práticas textuais em Herberto Helder,* Tese de Doutoramento em História e Teoria das Ideias, especialidade de Pensamento, Cultura e Política, realizada sob a orientação científica do Professor Doutor José Esteves Pereira. Lisboa: Faculdade de Ciências Sociais eo Humanas da Universidade Nova dev Lisboa [9 de Julho].

Cruz, G., 1973. *A Poesia Portuguesa Hoje*. Lisboa: Plátano Editora.

_____, 2015a. «Uma evocação» e «Seis cartas inéditas». *Jornal de Letras, Artes e Ideias*, n.º 1161, Lisboa, de 1 a 14 de Abril, pp. 10-11.

_____, 2015b. «Editorial» e «Vinte e cinco cartas de Herberto Helder». *Relâmpago. Revista de Poesia*, n.º 36/37. Lisboa: Fundação Luís Miguel Nava, Abril/Outubro, pp. 5-6 e pp. 139-141.

_____, 2015c. «Herberto, primeira década: o olhar das "musas cegas" — o que elas veem». In *Herberto Helder: Se eu quisesse enlouquecia*, (org. Catherine Dumas, Daniel Rodrigues, Ilda Mendes). Rio de Janeiro: Oficina Raquel, pp. 19-27.

Dal Farra, M. L., 1975. «"Para o leitor ler de/vagar", Herberto Helder». *Revista Letras*, n.º 24. Curitiba, pp. 219-227.

_____, 1978. «Herberto Helder, leitor de Camões». *Revista Camoniana*, série 2, vol. 1. São Paulo, pp. 67-90.

_____, 1983. «Herberto Helder: a ars poética do assassino assimétrico». *Estudos Portugueses e Africanos*, n.º 1. Campinas, pp. 79-94.

_____, 1984. «Herberto Helder: A Cabeça Entre as Mãos». São Paulo: Leia Livros, n.º 66, p. 17.

_____, 1986. *A Alquimia da Linguagem: Leitura da Cosmogonia Poética de Herberto Helder*. Lisboa: Imprensa Nacional-Casa da Moeda.

_____, 1992. «The Feminine in the Poetry of Herberto Helder, de Juliet Perkins». *Colóquio/Letras*, n.º 126/126. Lisboa: Fundação Calouste Gulbenkian, pp. 316-317.

_____, 2009. [Posfacial]. In Helder, Herberto, *O Corpo O Luxo A Obra*. São Paulo: Iluminuras, pp. 149-157.

_____, 2014. «Um serviço de poesia: o "Ofício" e as "Servidões" de Herberto Helder», *Revista do CESP*, vol. 34, n.º 52. Belo Horizonte: Universidade Federal de Minas Gerais, pp. 9-27.

_____, 2015a. «Um devaneio brasileiro». *Relâmpago. Revista de Poesia*, n.º 36/37. Lisboa: Fundação Luís Miguel Nava, Abril/Outubro, pp. 119-135.

_____, 2015b. «Um serviço de poesia: o "Ofício" e as "Servidões" de Herberto Helder». In *Herberto Helder: Se eu quisesse enlouquecia*, (org. Catherine Dumas, Daniel Rodrigues, Ilda Mendes). Rio de Janeiro: Oficina Raquel, pp. 51-69.

Daniel, C., 2011. «Topografias nômades de Herberto Helder». *Eutomia: Revista de Literatura e Linguística*, vol. 1, n.º 8, pp.40-48. Disponível em: http://www.repositorios.ufpe.br/revistas/index.php/EUTOMIA/article/view/1035 [Acedido em 14.11.2016].

_____, 2013. «Apontamentos de leitura: Helder e Celan». *ZUNÁI - Revista de poesia & debates*, n.º XXVI. Disponível em: http://www.revistazunai.com/ensaios/claudio_daniel_apontamentos.htm [Acedido em 14.11.2016].

Daud, R., 1979. *A Máquina de Letras (Um estudo da linguagem poética de Herberto Helder*. Dissertação de Mestrado em Letras Clássicas e Vernáculas. São Paulo: Universidade de São Paulo.

Décio, J., 1975. «duõodução ao Estudo da Poesia de Herberto Helder». *Alfa, Revista de Linguística*, 20/21, pp. 37-47. Disponível em: http://seer.fclar.unesp.br/alfa/article/viewFile/3421/3168 [Acedido em 15.11.2016].

_____, 1977. «Para um estudo da realidade simbólica na poesia de Herberto Helder». *Revista Letras*, n.º 26, pp. 97–115. Disponível em: http://ojs.c3sl.ufpr.br/ojs/index.php/letras/article/viewFile/19480/12730 [Acedido em 15.11.2016].

_____, 2002. *Poesia e arte poética em Herberto Helder e outros estudos*, Blimenau: Edifurb.

Dias, M. H. M., 2008. «De Poeta e de Louco todos têm um pouco: os passos em volta do poético e da ficção em Herberto Helder», *Labirintos, Revista Eletrônica do Núcleo de Estudos Portugueses*, n.º 4, 2.º Semestre. Feira de Santana: Universidade Estadual de Feira de Santana, pp. 1-9. Disponível em http://www1.uefs.br/nep/labirintos/edicoes/02_2008/02_artigo_maria_heloisa_martins_dias.pdf [Acedido em 19.11.2016].

Diogo, A. L., 1990. *Herberto Helder: metáfora, texto, metáfora do texto*, Coimbra: Almedina.

_____, 2001. «Por exemplo (sobre Herberto Helder)», Inimigo Rumor, n.º 11. Rio de Janeiro: 7Letras; Coimbra: Angelus Novus; Lisboa: Cotovia; São Paulo: Cosac & Naify, pp. 180-189.

Duarte, J. F., 2012. «"Poemas Mudados para Português"». *Revista Textos e Pretextos — Herberto Helder*, n.º 17. Lisboa: Centro de Estudos Comparatistas da Faculdade de Letras da Universidade Nova de Lisboa / Edições Húmus Lda., pp. 56-58.

Eiras, P., 2002. «Recensão crítica a "Ou o Poema Contínuo. Súmula", de Herberto Helder». *Colóquio/Letras*, n.º 159/160. Lisboa: Fundação Calouste Gulbenkian, pp. 443-444.

_____, 2005. «Scherzo com helicópteros: A metáfora do voo em Herberto Helder». *Revista da Faculdade de Letras – Línguas e Literaturas*, II série, vol. XXII, Porto, pp. 151-184. Disponível em: http://ler.letras.up.pt/uploads/ficheiros/4731.pdf [Acedido em 14.10.2016].

_____, 2012. «A Pedra na cabeça. Herberto Helder, René Descartes, uma questão de loucura». *Revista Textos e Pretextos – Herberto Helder*, n.º 17. Lisboa: Centro de Estudos Comparatistas da Faculdade de Letras da Universidade Nova de Lisboa / Edições Húmus Lda., pp. 20-33.

_____, 2015a. «Herberto Helder, poeta apocalíptico». *Relâmpago. Revista de Poesia*, n.º 36/37. Lisboa: Fundação Luís Miguel Nava, Abril/Outubro, pp. 73-89.

_____, 2015b. «Em língua plena — notas sobre "A Morte sem Mestre" de Herberto Helder». In *Herberto Helder: Se eu quisesse enlouquecia*, (org. Catherine Dumas, Daniel Rodrigues, Ilda Mendes). Rio de Janeiro: Oficina Raquel, pp. 140-149.

Faia, T., 2015. «O meu poeta morto viaja de Rolls Royce — autores antigos & modernos e a natureza arcaica de Herberto Helder». *Relâmpago. Revista de Poesia*, n.º 36/37. Lisboa: Fundação Luís Miguel Nava, Abril/Outubro, pp. 91-97.

Felizi, N. F., 2015. *A Face Antropofágica de Herberto Helder*. Dissertação de Mestrado em Letras Vernáculas. Rio de Janeiro: Universidade Federal do Rio de Janeiro. Disponível em: http://www.letras.ufrj.br/posverna/doutorado/FeliziNF.pdf [Acedido em 27.11.2016].

Ferré, P., 2000-2004. *Romanceiro Português de Tradição Oral Moderna*, 4 vols. Lisboa: Fundação Calouste Gulbenkian.

Ferreira, A. de J. R., 1995. *Os passos em volta de Herberto Helder e a temática da rejeição*. Dissertação de Mestrado em Filosofia. Lisboa: Faculdade de Filosofia da Universidade Católica

Portuguesa. Disponível em: http://repositorio.ucp.pt/handle/10400.14/3238 [Acedido em 10.10.2016].

_____, 1997. «Herberto Helder: rejeição e sociedade», *Revista Portuguesa de Humanidades*, vol. 1, n.º 1-2. Braga: Faculdade de Filosofia de Braga, pp. 241-286.

Ferreira, F., 2008. «poemas de Herberto Helder». In *Lapinha do Caseiro*. Lisboa: Assírio e Alvim, pp. 125-127.

Ferreira, S., 1998. «A censura fascista e os autores portugueses». *Jornal A Página da Educação*, n.º 181, Lisboa, Agosto/Setembro, s/p. Disponível em: http://www.livraria-trindade.pt/pt/produtos/herberto-helder-apresentacao-do-rosto-ulisseia-lisboa-maio-de-1968-1-edicao [Acedido em 27.11.2016].

Filho, J. R. C. M., 2010. *«O tema de Inês de Castro em Herberto Helder e Fernão Lopes: a permanência do mito»*. Ensaio monográfico apresentado à disciplina de Literatura de Língua Portuguesa. São Luís: Departamento de Letras da Universidade Federal do Maranhão.

Fournier, A., 2015. «A ilha de todos os mitos». *Relâmpago. Revista de Poesia*, n.º 36/37. Lisboa: Fundação Luís Miguel Nava, Abril/Outubro, pp. 201-209.

Freitas, M. de, 2001. *Uma Espécie de Crime: Apresentação do Rosto de Herberto Helder*. Lisboa: & etc.

_____, 2002. «O efeito-autor em volta de um capítulo de Herberto Helder». *Textos e Pretextos*, n.º 1. Lisboa: Centro de Estudos Comparatistas da Faculdade de Letras da Universidade de Lisboa, Inverno, pp. 10-13.

_____, 2009. «Ensaio Leitura penetrante de uma das obras mais emblemáticas de Herberto Helder». *Expresso, Escolhas Expresso*, 12 de Fevereiro. Disponível em: http://expresso.sapo.pt/cultura/cartaz_escolhas_expresso/critica-de-livros-de-14-a-20-de-fevereiro=f497435 [Acedido em 27.11.2016].

Furtado, M. T. D., 1977. «A dialéctica do silêncio em Herberto Helder». *Colóquio/Letras*, n.º 35. Lisboa: Fundação Calouste Gulbenkian, pp. 73-76. Disponível em: http://coloquio.gulbenkian.pt/bib/sirius.exe/issueConten tDisplay?n=35&p=73&o=r [Acedido em 14.11.2016].

Garcia, M., 1991. «"Poesia Toda", de Herberto Helder - uma apresentação». *Brotéria*, vol. 133, n.º 1. Lisboa, Julho, pp. 92-97.

George, J. P., 2015. «Herberto Helder: sociologia de um génio». *Observador*, 8 de Abril. Disponível em http://observador.pt/especiais/herberto-helder-sociologia-de-um-genio/ [Acedido em 06.12.2016].

_____, 2015. «A crítica pontifical de António Guerreiro». *Observador*, 24 de Abril. Disponível em http://observador.pt/2015/04/24/a-critica-pontifical-de-antonio-guerreiro/ [Acedido em 06.12.2016].

Gil, A. de F. M., 2011. «A (des)escritura de Herberto Helder: poética corruptora do real e da linguagem». *Ângulo*, n.º 125/126. São Paulo: Cadernos do Centro Cultural Teresa d'Ávila, pp. 117-126. Disponível em: http://publicacoes.fatea.br/index.php/angulo/article/vie wFile/804/567 [Acedido em 11.10.2016].

Gonçalves, A., 2015. «Herberto Helder, o poeta que tinha como obsessão arrancar palavras da alma». *Jornal Opção*, n.º 2073, de 29 de Março a 3 de Abril. Disponível em: http://www.jornalopcao.com.br/opcao-cultural/herberto-helder-o-poeta-que-tinha-como-obsessao-arrancar-palavras-da-alma-31721/ [Acedido em 27.11.2016].

Gonçalves, J. A., 1996. «Herberto Helder, uma variação cósmica». *Margem 2*, n.º 3. Funchal: Boletim Municipal da Câmara Municipal do Funchal, Maio, pp. 40-41.

Gonçalves, V. A. da C., 2005. *Do Cântico dos Cânticos ao cântico de Herberto Helder: o amor como movimento sagrado*. Dissertação de Mestrado em Humanidades, Especialidade em Literatura Portuguesa, Moderna e Contemporânea. Lisboa:

Faculdade de Filosofia da Universidade Católica Portuguesa.

Guedes, M. E., 1977a. «Cobra de Herberto Helder (1)». *Diário Popular*, Suplemento «Letras e Artes», Lisboa, 29 de Setembro, p. 2.

_____, 1977b. «Cobra de Herberto Helder (2)». *Diário Popular*, Suplemento «Letras e Artes», Lisboa, 6 de Outubro, p. 5.

_____, 1977c. «Cobra de Herberto Helder (3)». *Diário Popular*, Suplemento «Letras e Artes», Lisboa, 13 de Outubro, p. 8.

_____, 1977d. «Cobra de Herberto Helder (Conclusão)». *Diário Popular*, Suplemento «Letras e Artes», Lisboa, 20 de Outubro, p. 8.

_____, 1978. «Viagem e utopia em Herberto Helder». *Colóquio/Letras*, n.º 46. Lisboa: Fundação Calouste Gulbenkian, pp. 36-45. Disponível em: http://coloquio.gulbenkian.pt/bib/sirius.exe/issueContentDisplay?n=46&p=36&o=p [Acedido em 14.11.2016].

_____, 1979. *Herberto Helder: Poeta Obscuro*, Lisboa: Moraes Editores.

_____, 2002. «Herberto Helder: estes são outros híbridos». *Agulha, Revista de Cultura*, n.º 29. Fortaleza, São Paulo, Outubro. Disponível em: http://www.jornaldepoesia.jor.br/ag29helder.htm [Acedido em 14.11.2016].

_____, 2008. «Herberto Helder, poeta de lo vivo». *Agulha, Revista de Cultura*, n.º 62. Fortaleza, São Paulo. Disponível em: http://www.jornaldepoesia.jor.br/ag62helder.htm [Acedido em 16.11.2016].

_____, 2009. *Herberto Helder: Obra ao Rubro*, Lisboa: Guimarães Editores. Disponível em: http://www.triplov.com/estela_guedes/2009/Obra-ao-rubro.pdf [Acedido em 23.07.2015].

_____, 2011a. «Herberto Helder: entre Deus e o Diabo». *TriploV*. Disponível em: http://triplov.com/estela_guedes/2011/ista/index.htm [Acedido em 27.07.2015].

_____, 2011b. «Herberto Helder e Carlos de Oliveira — Dois modelos de cidadania?». *TriploV*. [Palestra proferida na VIII Bienal Internacional do Livro de Pernambuco, "Literatura e Cidadania", Recife/Olinda, 1 de Outubro de 2011)] Disponível em: http://www.triplov.com/estela_guedes/2011/bienal-pernambuco.htm [Acedido em 27.11.2016].

_____, 2014. «Mestre Herberto Helder. *InComunidade*. Disponível em: http://www.incomunidade.com/v24/art.php?art=118 [Acedido em 14.11.2016].

_____, 2015. «Herberto Helder: o rio camoniano». In *Herberto Helder: Se eu quisesse enlouquecia*, (org. Catherine Dumas, Daniel Rodrigues, Ilda Mendes). Rio de Janeiro: Oficina Raquel, pp. 73-83.

Guerreiro, A., 1994. «A obra contra a vida». *Expresso*, Lisboa, 17 de Dezembro, p. 10.

_____, 2009. «Teoria das Catástrofes». *Expresso, Escolhas Expresso*, 12 de Fevereiro. Disponível em: http://expresso.sapo.pt/cultura/cartaz_escolhas_expresso/critica-de-livros-de-14-a-20-de-fevereiro=f497435 [Acedido em 27.11.2016].

_____, 2012. «A poesia, baptismo atónito». *Revista Textos e Pretextos – Herberto Helder*, n.º 17. Lisboa: Centro de Estudos Comparatistas da Faculdade de Letras da Universidade Nova de Lisboa / Edições Húmus Lda. pp. 52-55.

_____, 2013. «O fenómeno Herberto e algumas anomalias». *Ípsilon, Público*, 5 de Dezembro. Disponível em: http://www.publico.pt/culturaipsilon/noticia/o-fenomeno-herberto-e-algumas-anomalias-328324 [Acedido em 29.09.2014].

_____, 2014. «Herberto e os cálculos editoriais». *Ípsilon, Público*, 13 de Junho. Disponível em: http://www.publico.pt/culturaipsilon/noticia/herberto-e-os-calculos-editoriais-335600 [Acedido em 29.09.2014].

_____, 2015a. «O mito do "poeta obscuro"» e «Entre o terror e a beleza trágica». *Público*, n.º 9110, Lisboa, 25 de Março, p. 4 e pp. 8-9.

_____, 2015b. «Herberto Helder e o senhor Oliveira». *Ípsilon, Público*, 17 de Abril. Disponível em: https://www.publico.pt/2015/04/17/culturaipsilon/notic ia/herberto-helder-e-o-senhor-oliveira-1692552 [Acedido em 06.12.2016].

Guerreiro, A. L., 2009. «A "Antropófaga Festa". Metáfora para uma ideia de poesia em Herberto Helder». *Diacrítica, Revista do Centro de Estudos Humanísticos da Universidade do Minho* (dir. de Ana Gabriela Macedo, Carlos Mendes de Sousa e Vítor Moura), n.º 23, Maio. Braga: Livraria Minho, pp. 9-22. Disponível em: http://repositorium.sdum.uminho.pt/xmlui/bitstream/ha ndle/1822/23282/Diacr%C3%ADtica_23-3.pdf?sequence=1#page=9 [Acedido em 11.05.2015].

Guimarães, F., 1973a. «Acerca da publicação de "Poesia Toda", de Herberto Helder». *Colóquio/Letras*, n.º 15. Lisboa: Fundação Calouste Gulbenkian, pp. 70-73. Disponível em: http://coloquio.gulbenkian.pt/bib/sirius.exe/issueConten tDisplay?n=15&p=70&o=p [Acedido em 29.09.2014].

_____, 1973b. «Um novo caminho na poesia portuguesa contemporânea?». *Colóquio/Letras*, n.º 16. Lisboa: Fundação Calouste Gulbenkian, pp. 30-43. Disponível em: http://coloquio.gulbenkian.pt/bib/sirius.exe/issueConten tDisplay?n=16&p=30&o=p [Acedido em 29.09.2014].

_____, 1985. «Herberto Helder: de uma possível análise crítica da sua obra a uma antologia polémica». *Colóquio/Letras*, n.º 86. Lisboa: Fundação Calouste Gulbenkian, pp. 66-69. Disponível em: http://coloquio.gulbenkian.pt/bib/sirius.exe/issueConten tDisplay?n=86&p=66&o=p [Acedido em 03.10.2014].

_____, 1989. «Herberto Helder: linguagem e magia». In *A Poesia Portuguesa e o Fim da Modernidade*. Lisboa: Caminho, pp. 85-90.

Guimarães, G. M. da S. e Leal, I., 2014. «O Experimental e o Barroco em Herberto Helder». *Convergência Lusíada*, n.º 31. Rio de Janeiro: Real Gabinete Português de Leitura, pp. 35-52. Disponível em: http://www.realgabinete.com.br/revistaconvergencia/pdf/3395.pdf [Acedido em 27.11.2016].

Gusmão, M., 2008. «Carlos de Oliveira e Herberto Helder: ao encontro do encontro». *Românica Contextos*, n.º 9. Lisboa: Colibri, pp. 237-252.

_____, 2009. «Herberto Helder: o poema contínuo na primeira década do 2.º milénio (preparativos)». *Diacrítica, Revista do Centro de Estudos Humanísticos da Universidade do Minho*, n.º 23, Maio. Braga: Livraria Minho, pp. 129-144.

_____, 2012. «HH²». *Revista Textos e Pretextos – Herberto Helder*, n.º 17. Lisboa: Centro de Estudos Comparatistas da Faculdade de Letras da Universidade Nova de Lisboa / Edições Húmus Lda., pp. 5-6.

Henriques, M. 1959. «O Amor em Visita de Herberto Helder». *A Briosa*, n.º 44. Coimbra, 24 de Janeiro, pp. 4-5.

Jacoto, L., 1996. *Os Passos em Volta: o eu em metamorfose no espaço literário*. Dissertação de Mestrado. São Paulo: Universidade de São Paulo.

_____, 2009. «O conto insolúvel de Herberto Helder: "Duas Pessoas"». *Diacrítica, Revista do Centro de Estudos Humanísticos da Universidade do Minho*, n.º 23, Maio. Braga: Livraria Minho, pp. 101-112. Disponível em: http://ceh.ilch.uminho.pt/publicacoes/Diacrítica_23-3.pdf [Acedido em 11.11.2016].

Jacoto, L. e Maffei, L., 2011. *Soldado aos Laços das Constelações*. São Paulo: Lumme Editor.

Jesus, D. de, 2012. «A imagem do corpo na poesia de Herberto Helder: uma dissolução de sentidos». *Anais do CID, Colóquio Nacional/Internacional do Grupo de Pesquisa O Corpo e a Imagem no Discurso*, n.º 1, pp. 43-51. Disponível em: http://www.cecle.ileel.ufu.br/cid/anais/anais/dulcirley.pdf [Acedido em 19.09.2014].

Jesus, M. H. e Soares, M., 2015. «A poesia é um baptismo atónito: a poesia e o sagrado n'"Os Selos" de Herberto Helder». In *Herberto Helder: Se eu quisesse enlouquecia*, (org. Catherine Dumas, Daniel Rodrigues, Ilda Mendes). Rio de Janeiro: Oficina Raquel, pp. 84-93.

Joaquim, A. C., 2013. «Herberto Helder e a Poesia Surrealista Portuguesa: Aproximações da Arte da Performance». *Performatus*, n.º 2. Disponível em: http://performatus.net/estudos/herberto-helder/ [Acedido em 19.09.2014].

_____, 2014. « O escritor no espaço da obra: o rosto caligrafado - uma leitura de "Apresentação do Rosto", de Herberto Helder». *Revista do CESP*, vol. 34, n.º 52. Belo Horizonte: Universidade Federal de Minas Gerais, pp. 77-99. Disponível em: http://www.periodicos.letras.ufmg.br/index.php/cesp/article/viewFile/8356/7190 [Acedido em 19.09.2016].

Júdice, N., 2009. «As fronteiras do poético na poesia de Herberto Helder». *Diacrítica, Revista do Centro de Estudos Humanísticos da Universidade do Minho*, n.º 23, Maio. Braga: Livraria Minho, pp. 145-149. Disponível em: http://ceh.ilch.uminho.pt/publicacoes/Diacrítica_23-3.pdf [Acedido em 14.11.2016].

_____, 2015. «Um ofício de energia». In *Herberto Helder: Se eu quisesse enlouquecia*, (org. Catherine Dumas, Daniel Rodrigues, Ilda Mendes). Rio de Janeiro: Oficina Raquel, pp. 28-38.

Kreischer, B., 2012. «Fernão Lopes e Herberto Helder: Heranças mitificadas de Inês de Castro na Literatura Portuguesa». *Medievalis*, vol. 1., n.º 2. Rio de Janeiro: Federal University German Language and Literature College, pp. 8-20.

Disponível em: http://medievalis.nielim.com/ojs/index.php/medievalis/article/view/11 [Acedido em 27.11.2016].

Ladeira, A., 2008. «"The poet is not a faker": Herberto Helder and the myth of poetry». *Portuguese Literary & Cultural Studies*, n.º 7. Dartmouth: Center for Portuguese Studies and Culture, University of Massachusetts Dartmouth, pp. 1-39. Disponível em: http://www.pgletras.uerj.br/palimpsesto/num4/estudos/convitealeitura.htm [Acedido em 04.08.2016].

Leal, I., 2004. «Henri Michaux e Herberto Helder: dois poetas em busca da alteridade». *Garrafa – Revista do Programa de Pós-Graduação em Ciência da Literatura da UFRJ*, n.º 4. Rio de Janeiro: Letras da Universidade Federal do Rio de Janeiro, pp. 1-8.

_____, 2005. «"O Poema" de Herberto Helder – Um Convite à Leitura». *Palimpsesto – Revista do Programa de Pós-Graduação em Letras da UERJ*, vol. 04. Rio de Janeiro: Universidade do Estado do Rio de Janeiro. Disponível em: http://www.pgletras.uerj.br/palimpsesto/num4/estudos/convitealeitura.htm [Acedido em 04.08.2016].

_____, 2006. «Tradução e transgressão em Artaud e Herberto Helder». *Alea: Estudos Neolatinos*, vol. 8, n.º 1. Rio de Janeiro: Scielo. Disponível em: http://www.scielo.br/scielo.php?pid=S1517-106X2006000100004&script=sci_arttext&tlng=pt [Acedido em 09.08.2016].

_____, 2008a. «No reino das mães: notas sobre a poética de Herberto Helder». *Cadernos de Letras da UFF – Dossiê: Literatura, língua e identidade*, n.º 34. Rio de Janeiro: Universidade Federal Fluminense, pp. 127-138.

_____, 2008b. *Doze nós num poema: Herberto Helder e as vozes comunicantes*. Tese de Doutoramento do Programa de Pós-graduação em Letras Vernáculas. Rio de Janeiro: Universidade Federal do Rio de Janeiro.

_____, 2009. «Herberto Helder e o tradutor libertino». *Itinerários – Revista de Literatura*, n.º 28. São Paulo: Universidade Estadual Paulista / Faculdade de Ciências e Letras, pp.89-97. Disponível em: http://piwik.seer.fclar.unesp.br/itinerarios/article/view/2142/1760 [Acedido em 15.11.2016].

_____, 2013. «Corpo, Sangue e Violência na Poesia de Herberto Helder». *ZUNÁI – Revista de poesia & debates*, n.º XXVI. Disponível em: http://www.revistazunai.com/ensaios/izabela_leal_herberto_helder.htm [Acedido em 15.11.2016].

_____, 2015. «"Devoro a minha língua, cintila ainda": o lirismo antropofágico de Herberto Helder». In *Herberto Helder: Se eu quisesse enlouquecia*, (org. Catherine Dumas, Daniel Rodrigues, Ilda Mendes). Rio de Janeiro: Oficina Raquel, pp. 262-271.

Leal, I. e Fernandez, R. D., 2013. «A importância da metamorfose nas traduções de Herberto Helder». *Revista Texto Poético*, vol. 14, pp. 50-67. Disponível em http://revistatextopoetico.com.br/index.php/rtp/article/view/24/21 [Acedido em 15.11.2016].

Leonardo, A. C., 2015. «E ele tão mal na cerimónia». *A Revista do Expresso*, n.º 2213, Lisboa, 28 de Março, pp. 13-15.

Lima, I. e Morando, C., 2015. «As mãos do poema em Herberto Helder: aparelho de alucinação e transfusão de imagens». In *Herberto Helder: Se eu quisesse enlouquecia*, (org. Catherine Dumas, Daniel Rodrigues, Ilda Mendes). Rio de Janeiro: Oficina Raquel, pp. 94-112.

Lisboa, J. L., 2004. «Lugares de História das Ideias».In *Cultura. Revista de História e Teoria das Ideias*, vol. XVIII, n.º 18. Lisboa: Centro de História da Cultura, Universidade Nova de Lisboa, pp. 23-41.

Lopes, S. R., 1988. «Recensão crítica a "As Magias", de Herberto Helder». *Colóquio/Letras*, n.º 102. Lisboa: Fundação Calouste Gulbenkian, pp. 115-116. Disponível em:

http://coloquio.gulbenkian.pt/bib/sirius.exe/issueConten
tDisplay?n=102&&o=p [Acedido em 15.11.2016].

_____, 2003. *A Inocência do Devir, Ensaio a partir da obra de Herberto Helder*. Lisboa: Edições Vendaval.

_____, 2009. «Investigações poéticas do terror». *Diacrítica, Revista do Centro de Estudos Humanísticos da Universidade do Minho*, n.º 23, Maio. Braga: Livraria Minho, pp. 169-177. Disponível em: http://ceh.ilch.uminho.pt/publicacoes/Diacrítica_23-3.pdf [Acedido em 28.12.2016].

_____, 2012. «Provas sem prova». *Revista Textos e Pretextos – Herberto Helder*, n.º 17. Lisboa: Centro de Estudos Comparatistas da Faculdade de Letras da Universidade Nova de Lisboa / Edições Húmus Lda., pp. 78-80.

Lopes, O. e Marinho, M. de F. (dir.), 2002. *História da Literatura Portuguesa, As Correntes Contemporâneas*, vol. 7. Lisboa: Publicações Alfa, pp. 288-290 e pp. 355-357.

Lorenção, A. L., 2010. «A questão da autoria em "Os Passos em Volta", de Herberto Helder». *Revista Desassossego*, n.º 3. São Paulo: Universidade de São Paulo, pp. 1-13. Disponível em: http://www.revistas.usp.br/desassossego/article/view/47393/51128 [Acedido em 12.09.2016].

Lourenço, E., 2015. «H.H.: Sob o signo do fogo». *Relâmpago. Revista de Poesia*, n.º 36/37. Lisboa: Fundação Luís Miguel Nava, Abril/Outubro, pp. 212-215.

Macedo, H., 2015. «Recomeçar». *Jornal de Letras, Artes e Ideias*, n.º 1161, Lisboa, de 1 a 14 de Abril, pp. 8-9.

Mãe, V. H., 2015. «Aproximar o corpo». *Jornal de Letras, Artes e Ideias*, n.º 1161, Lisboa, de 1 a 14 de Abril, p. 14.

Maffei, L., 2006a. «Por que não falte nunca onde sobeja, ou melhor, excesso e falta na lírica de Herberto Helder». *Scripta*, vol. 10, n.º 19. Belo Horizonte: Pontifícia

Universidade Católica de Minas Gerais, pp. 189-202.
Disponível em:
http://www.pucminas.br/imagedb/documento/DOC_D
SC_NOME_ARQUI20070621145655.pdf [Acedido em
15.10.2016].

_____, 2006b. «Herberto Helder, sim, o poema contínuo».
Revista Diadorim, vol. 1, pp. 169-180. Rio de Janeiro:
Universidade Federal do Rio de Janeiro. Disponível em:
http://www.revistadiadorim.letras.ufrj.br/index.php/revis
tadiadorim/article/view/78/102 [Acedido em 04.11.2016].

_____, 2007. *Do Mundo de Herberto Helder*. Tese de
Doutoramento em Letras Vernáculas. Rio de Janeiro:
Faculdade de Letras da Universidade Federal do Rio de
Janeiro.

_____, 2009a. «(77 × 14) + 2009: 38 ⊃ beleza
(herbertequação)». *Diacrítica, Revista do Centro de Estudos
Humanísticos da Universidade do Minho*, n.º 23, Maio. Braga:
Livraria Minho, pp. 113-128. Disponível em:
http://ceh.ilch.uminho.pt/publicacoes/Diacrítica_23-
3.pdf [Acedido em 17.12.2015].

_____, 2009b. «Cobra Cantante». *Cadernos de Literatura
Comparada*, n.º 21, pp. 89-105. Disponível em: http://ilc-
cadernos.com/index.php/cadernos/article/view/182
[Acedido em 18.09.2014].

_____, 2010. «Herberto Helder, um retrato». *Todas as Musas*, n.º
2, pp. 66-80. Disponível em:
http://www.todasasmusas.org/02luis_maffei.pdf
[Acedido em 18.09.2014].

_____, 2012. «Herberto Helder in defeso». *Revista Textos e
Pretextos - Herberto Helder*, n.º 17. Lisboa: Centro de
Estudos Comparatistas da Faculdade de Letras da
Universidade Nova de Lisboa / Edições Húmus Lda., pp.
60-64.

_____, 2015a. «Herberto wanted». *Relâmpago. Revista de Poesia*, n.º 36/37. Lisboa: Fundação Luís Miguel Nava, Abril/Outubro, pp. 53-72.

_____, 2015b. «No mundo de Herberto Helder: a hora de reler juntos». In *Herberto Helder: Se eu quisesse enlouquecia*, (org. Catherine Dumas, Daniel Rodrigues, Ilda Mendes). Rio de Janeiro: Oficina Raquel, pp. 39-50.

Marinho, M. de F., 1980. «Herberto Helder e "Os Passos em Volta". Re(e)volução da escrita». *Diário Popular*, Suplemento «Artes e Letras», de 8 de Maio, p. 10.

_____, 1981. «Herberto Helder: para uma estética de modificação». *Jornal de Letras, Artes e Ideias*, n.º 10, de 7 a 20 de Julho, p. 25.

_____, 1982a. «A feminilidade na poesia de Herberto Helder». *Colóquio/Letras*, n.º 67. Lisboa: Fundação Calouste Gulbenkian, pp. 72-75. Disponível em http://coloquio.gulbenkian.pt/bib/sirius.exe/issueContentDisplay?n=67&p=72&o=r [Acedido em 12.11.2015].

_____, 1982b. *Herberto Helder: a obra e o homem*. Lisboa: Arcádia.

_____, 1996. «Do angélico ao demoníaco (algumas considerações sobre a poesia de Herberto Helder». *Margem 2*, n.º 3. Funchal: Boletim Municipal da Câmara Municipal do Funchal, Maio, pp. 34-37.

_____, 2014. «Vertigens do lugar». *Ideia*, Revista de Cultura Libertária, vol. 17, n.º 73/74. Évora, Outono, pp. 39-41. Disponível em https://issuu.com/a.directa/docs/a_ideia_73-74_baixa [Acedido em 12.11.2016].

_____, 2015. «Vertigens do Lugar». In *Herberto Helder: Se eu quisesse enlouquecia*, (org. Catherine Dumas, Daniel Rodrigues, Ilda Mendes). Rio de Janeiro: Oficina Raquel, pp. 153-160.

Marques, J. E., 2015. «Herberto Helder: morreu o poeta que nunca se deixou capturar». *Observador*, 24 de Março. Disponível em http://observador.pt/especiais/herberto-helder-morreu-o-poeta-que-nunca-se-deixou-capturar/ [Acedido em 06.12.2016].

_____, 2016. «Herberto Helder. Pode o poeta perder a aura?». *Observador*, 10 de Abril. Disponível em http://observador.pt/especiais/herberto-helder-poeta-perdeu-aura/ [Acedido em 06.12.2016].

Martelo, R. M., 2002. «Corpo, velocidade e dissolução (de Herberto Helder a Al Berto)». *Cadernos de Literatura Comparada: Corpo e Identidades*, n.º 3/4. Porto: Instituto de Literatura Comparada Margarida Losa da Faculdade de Letras do Porto, pp. 43-58. Disponível em: http://www.ilcml.com/Var/Uploads/Publicacoes/Artigos/4eaea773d5a4e.pdf [Acedido em 06.03.2015].

_____, 2005. «Os poetas futuros com máquinas de filmar nas mãos: relações entre poesia e cinema em Herberto Helder e Manuel Gusmão». *Rivista di Studi Portoghesi e Brasiliani*, (VII), pp. 49-61. Disponível em: http://repositorio-aberto.up.pt/bitstream/10216/14208/2/10poetasfuturos000073915.pdf [Acedido em 18.08.2015].

_____, 2009. «Em que língua escreve Herberto Helder?». *Diacrítica, Revista do Centro de Estudos Humanísticos da Universidade do Minho*, n. 23, Maio. Braga: Livraria Minho, pp. 151-168. Disponível em: http://ceh.ilch.uminho.pt/publicacoes/Diacr%C3%ADtica_23-3.pdf [Acedido em 17.08.2015].

_____, 2012a. «A matéria das imagens». *Revista Textos e Pretextos - Herberto Helder*, n.º 17. Lisboa: Centro de Estudos Comparatistas da Faculdade de Letras da Universidade Nova de Lisboa / Edições Húmus Lda., pp.74-77.

_____, 2012b. *O cinema da poesia*, Lisboa: Assírio e Alvim.

_____, 2013. «Um lance último». *Ípsilon, Público*, Lisboa, 14 de Junho. Disponível em:

https://www.publico.pt/temas/jornal/um-lance-ultimo-26642143 [Acedido em 15.03.2016].

_____, 2015. «Visões, vozes, imagens». In *Herberto Helder: Se eu quisesse enlouquecia*, (org. Catherine Dumas, Daniel Rodrigues, Ilda Mendes). Rio de Janeiro: Oficina Raquel, pp. 217-228.

_____, 2016. *Os Nomes da Obra*. Herberto Helder *ou* O Poema Contínuo, Lisboa: Documenta.

Martinho, F. J. B., 1975. «Recensão crítica a "Poesia Toda - 2", de Herberto Helder». *Colóquio/Letras*, n.º 25. Lisboa: Fundação Calouste Gulbenkian, pp. 79-81. Disponível em: http://coloquio.gulbenkian.pt/bib/sirius.exe/issueContentDisplay?n=25&p=79&o=p [Acedido em 02.10.2014].

_____, 1978. «Recensão Crítica a "Cobra", de Herberto Helder». *Colóquio/Letras*, n.º 44), pp. 77-79. Disponível em: http://coloquio.gulbenkian.pt/bib/sirius.exe/issueContentDisplay?n=44&p=77&o=r [Acedido em 02.10.2014].

_____, 2015. «Lembranças de Herberto, a partir de um antigo poema». *Relâmpago. Revista de Poesia*, n.º 36/37. Lisboa: Fundação Luís Miguel Nava, Abril/Outubro, pp. 216-217.

Martins, M. F., 1979. «De "Cobra" para "Cobra" ou De "Cobra", a Linguagem Total». *Seara Nova*, n.º 1598-1599. Lisboa: Associação Intervenção Democrática – ID.

_____, 1983. *Herberto Helder, Um Silêncio de Bronze*. Lisboa: Livros Horizonte.

_____, 2015. «Um outro olhar sobre a condição herbertiana de "levar a linguagem à carnificina"». In *Herberto Helder: Se eu quisesse enlouquecia*, (org. Catherine Dumas, Daniel Rodrigues, Ilda Mendes). Rio de Janeiro: Oficina Raquel, pp. 231-250.

Mendonça, J. T., 2015. «Até que Deus é destruído pelo extremo exercício da beleza». *A Revista do Expresso*, n.º 2213, Lisboa, 28 de Março, p. 10.

Menezes, R. B., 2012. *A interminabilidade e a incomunicabilidade da escrita: confluências entre Herberto Helder e Maurice Blanchot*. Dissertação de Mestrado em Letras, Área de Especialização em Literatura Comparada. Fortaleza: Universidade Federal do Ceará. Disponível em: http://www.teses.ufc.br/tde_busca/arquivo.php?codArquivo=8518 [Acedido em 21.10.2016].

_____, 2013. «Antropofagias Gramaticais na Poética de Herberto Helder». Revista Desassossego, n.º 10, Dezembro. São Paulo: Universidade de São Paulo, pp. 97-107. Disponível em: http://www.revistas.usp.br/desassossego/article/view/52609 [Acedido em 21.10.2016].

Milhanas, H., 2012. «Um lugar de voz». *Revista Textos e Pretextos – Herberto Helder*, n.º 17. Lisboa: Centro de Estudos Comparatistas da Faculdade de Letras da Universidade Nova de Lisboa / Edições Húmus Lda., pp. 82-83.

Ministro, B. e Torres, R., 2016. «Húmus: Colagem; Montagem; Recombinação», *eLyra – Revista da Rede Internacional Lyracompoetics*, n.º 7. Porto: Faculdade de Letras da Universidade do Porto, pp. 151-176. Disponível em: http://www.elyra.org/index.php/elyra/article/view/119 [Acedido em 19.11.2016].

Miranda, R. S. N., 2009. *Percursos da Imagem: relações entre a imagem poética e a imagem cinematográfica em Herberto Helder e em Jean-Luc Godard*. Dissertação de Mestrado em Estudos Literários, Culturais e Interartes, Ramo de Estudos Comparatistas e Relações Interculturais. Porto: Universidade do Porto. Disponível em: http://repositorio-aberto.up.pt/bitstream/10216/20402/2/mestritamirandapercursos000085460.pdf [Acedido em 03.07.2015].

_____, 2012. «Uma escrita para ver». *Revista Textos e Pretextos – Herberto Helder*, n.º 17. Lisboa: Centro de Estudos

Comparatistas da Faculdade de Letras da Universidade
Nova de Lisboa / Edições Húmus Lda., pp. 34-49.

Molder, M. F., 2012. «Relação da palavra beleza em "A faca não
corta o fogo» de Herberto Helder». *Revista Textos e Pretextos
- Herberto Helder*, n.º 17. Lisboa: Centro de Estudos
Comparatistas da Faculdade de Letras da Universidade
Nova de Lisboa / Edições Húmus Lda., pp. 65-73.

Monteiro, M. H., 1996. «Herberto Helder, o homem de palavra».
Margem 2, n.º 3. Funchal: Boletim Municipal da Câmara
Municipal do Funchal, Maio, p. 5.

Morão, P., 1990. «Recensão crítica a "Última Ciência", de
Herberto Helder». *Colóquio/Letras*, n.º 113/114. Lisboa:
Fundação Calouste Gulbenkian, pp. 210-211. Disponível
em
http://coloquio.gulbenkian.pt/bib/sirius.exe/issueConten
tDisplay?n=113&p=210&o=r [Acedido em 27.11.2014].

Mourão, L., 2015. «O fim "in medias res" ou "Que hei-de fazer
de toda a minha experiência?" seguido de "o universo
passa bem sem mim"». In *Herberto Helder: Se eu quisesse
enlouquecia*, (org. Catherine Dumas, Daniel Rodrigues, Ilda
Mendes). Rio de Janeiro: Oficina Raquel, pp. 161-198.

Nascimento, B., 2005. «Variantes e Invariantes na Literatura
Oral». *ELO. Estudos de Literatura Oral*, n.º 11/12. Faro:
Sapientia, Repositório da Universidade do Algarve, pp.
167-180.

Niederauer, S., 2002. «Herberto Helder: a poesia inesperada».
Vidya, vol. 21, n.º 37. Rio Grande do Sul: Centro
Universitário Franciscano, pp. 141-147. Disponível em
http://www.periodicos.unifra.br/index.php/VIDYA/arti
cle/view/473/459 [Acedido em 11.11.2016].

Nunes, L. P., 2015. «O poeta que gostava de ser fotografado». *A
Revista do Expresso*, n.º 2213, Lisboa, 28 de Março, pp. 16-
20.

Nunes, M. L., 2015. «Herberto Helder (1930-2015): o poeta revisitado». *Jornal de Letras, Artes e Ideias*, n.º 1161, Lisboa, de 1 a 14 de Abril, pp. 6-7.

Oliveira, S. M. P. de, 2009. «Herberto Helder: o mundo como gramática e idioma». *Via Atlântica*, n.º 15. São Paulo: Universidade de São Paulo, pp. 275-285. Disponível em: http://www.revistas.usp.br/viaatlantica/article/view/504 38/54552 [Acedido em 11.11.2016].

Paes, R. E., «Herberto Helder em versão ciber-Zen». *TriploV*. Disponível em: http://triplov.com/herberto_helder/Rui-Eduardo-Paes/index.htm [Acedido em 12.11.2016].

Paiva, A. S. S. M., 2010. *«Entre o Húmus e o Sopro»*. Dissertação de Mestrado em Estética. Lisboa: Faculdade de Ciências Sociais e Humanas da Universidade Nova de Lisboa. Disponível em: https://run.unl.pt/bitstream/10362/5147/1/AnaSaloméP aiva_Dissertação_Estética.pdf [Acedido em 02.09.2016].

Palma-Ferreira, J., 1971. «Recensão crítica a "Os Passos em Volta", de Herberto Helder». *Colóquio/Letras*, n.º 4. Lisboa: Fundação Calouste Gulbenkian, pp. 92-93. Disponível em http://coloquio.gulbenkian.pt/bib/sirius.exe/issueConten tDisplay?n=4&p=92&o=r [Acedido em 24.06.2015].

Pereira, J. E., 2004. «Sobre a História das Ideias».In *Percursos de História das Ideias*. Lisboa: Imprensa Nacional-Casa da Moeda, pp. 15-26.

Perkins, J., 1982. «As filhas do tempo: análise de um poema de Herberto Helder». *Colóquio/Letras*, n.º 65. Lisboa: Fundação Calouste Gulbenkian, pp. 14-22. Disponível em http://coloquio.gulbenkian.pt/bib/sirius.exe/issueConten tDisplay?n=65&p=14&o=r [Acedido em 25.06.2015].

Perkins, J., 1991. *The Feminine in the Poetry of Herberto Helder*. London: Tamesis.

_____, 2007. «Madeira: the poetry of Herberto Helder». Kings College London, UK, pp. 1-16. Disponível em

https://www.maynoothuniversity.ie/sites/default/files/as
sets/document/No.%2016%20Paper%20Herberto%20He
lder.pdf [Acedido em 14.04.2016].

Picosque, T. A., 2008. *Da poética movente: uma prática quinhentista em diálogo com Herberto Helder*. Dissertação de Mestrado. São Paulo: Faculdade de Filosofia, Letras e Ciências Vernáculas da Universidade de São Paulo.

_____, 2010a. «A poética obscura e corporal de Herberto Helder». *Revista Desassossego*, n.º 3. São Paulo: Universidade de São Paulo, pp. 1-12. Disponível em: http://www.revistas.usp.br/desassossego/article/viewFile/47408/51141 [Acedido em 17.08.2016].

_____, 2010b. « Branco e Vermelho: ponto de contacto entre a poética de Camilo Pessanha e a de Herberto Helder». *Revista FronteiraZ*, n.º 5. São Paulo: Pontifícia Universidade Católica de São Paulo, s/p. Disponível em: http://revistas.pucsp.br/index.php/fronteiraz/article/view/12292 [Acedido em 18.08.2016].

_____, 2011a. «Herberto Helder e a Apropriação Parcialíssima de "Episódios/A Múmia" de Fernando Pessoa». *Revista Criação & Crítica*, n.º VII. São Paulo: Universidade de São Paulo, pp. 24-34. Disponível em: http://www.revistas.usp.br/criacaoecritica/article/viewFile/46829/50590 [Acedido em 21.04.2016].

_____, 2011b. «"Máquina de Emaranhar Paisagens": Herberto Helder e o cinema em prol da reflexão sobre a poesia». *Palimpsesto — Revista do Programa de Pós-Graduação em Letras da UERJ*, n.º 12, Dossiê (3). Rio de Janeiro: Universidade do Estado do Rio de Janeiro, pp. 1-19. Disponível em http://www.pgletras.uerj.br/palimpsesto/num12/dossie/palimpsesto12dossie03.pdf [Acedido em 21.04.2016].

_____, 2012a. *Árvore do ouro, árvore da carne: problematização da unidade na obra de Herberto Helder — Análise de poemas d'A faca não corta o fogo*. Tese de Doutoramento. São Paulo: Faculdade de Filosofia, Letras e Ciências Humanas da Universidade de São Paulo.

_____, 2012b. A Questão da Subjectividade na Poesia de Herberto Helder: O Retrato em Movimento no Papel». *Revista Desassossego*, n.º 7, Junho. São Paulo: Universidade de São Paulo, pp. 73-84. Disponível em http://www.revistas.usp.br/desassossego/article/view/47619 [Acedido em 21.04.2016].

Pimentel, D., 1996. «Recensão crítica a "Do Mundo", de Herberto Helder». *Colóquio/Letras*, n.º 140/141. Lisboa: Fundação Calouste Gulbenkian, pp.285-286. Disponível em: http://coloquio.gulbenkian.pt/bib/sirius.exe/issueContentDisplay?n=140&p=285&o=p [Acedido em 29.05.2015].

_____, 1999. *Herberto Helder: hipótese de investigação: estudo sobre o conceito de reescrita em Photomaton & Vox*. Tese de Mestrado em Literatura Portuguesa. Lisboa: Faculdade de Letras da Universidade de Lisboa.

_____, 2007. *Ver a voz, ler o rosto. Uma polaróide de Herberto Helder*. Porto: Campo das Letras.

_____, 2010. «Recensão crítica a "Ofício Cantante", de Herberto Helder». *Colóquio/Letras*, n.º 173. Lisboa: Fundação Calouste Gulbenkian, pp. 198-201.

_____, 2014. «"Poema perfeito prometido que não nunca" - Herberto Helder - crítica a "Servidões", de Herberto Helder». *Colóquio/Letras*, n.º 185. Lisboa: Fundação Calouste Gulbenkian, pp. 187-194.

_____, 2015a. «lugar para. esculpir o poema.». *Relâmpago. Revista de Poesia*, n.º 36/37. Lisboa: Fundação Luís Miguel Nava, Abril/Outubro, pp. 31-51.

_____, 2015b. «herberto helder: da composição e da dissolução da matéria do canto ao ante-epitáfio (de "Ofício Cantante" a "Servidões")». In *Herberto Helder: Se eu quisesse enlouquecia*, (org. Catherine Dumas, Daniel Rodrigues, Ilda Mendes). Rio de Janeiro: Oficina Raquel, pp. 272-290.

Pinto, D. V., 2014. «Poesia. O bluff sem mestre, ou a oclusão de Herberto Helder». Jornal *i*, 30 de Junho. Disponível em http://ionline.sapo.pt/287399 [Acedido em 06.12.2016].

_____, 2015. «Contra todos: o legado do poeta que se recusou aos apelos do seu tempo». Jornal *i*, n.º 1842, Lisboa, 25 de Março, p. 5.

Piteri, S. H. de O. R., 2009. «Palavras em desdobramento na poesia de Herberto Helder». *Revista Forma Breve*, n.º 7. Aveiro: Universidade de Aveiro, pp. 395-401. Disponível em http://revistas.ua.pt/index.php/formabreve/article/view/2304 [Acedido em 15.11.2016].

Portela, M., 2009. «Flash script poex: a recodificação digital do poema experimental». *Revista Cibertextualidades*, n.º 3. Porto: Edições Universidade Fernando Pessoa, pp. 47-57. Disponível em: http://po-ex.net/taxonomia/transtextualidades/metatextualidades-alografas/manuel-portela-flash-script-poex [Acedido em 15.11.2016].

Queirós, L. M., 2013. «Herberto Helder. A arte de ser único». *Ípsilon, Público*. Disponível em: http://www.publico.pt/temas/jornal/herberto-helder-a-arte-de-ser-unico-26642124 [Acedido em 09.24.2015].

_____, 2014a. «Novo livro de Herberto Helder surpreende, deslumbra e irrita». *Ípsilon, Público*. Disponível em: http://www.publico.pt/culturaipsilon/noticia/novo-livro-de-herberto-helder-surpreende-deslumbra-e-irrita-335598 [Acedido em 09.24.2015].

_____, 2014b. «Muito barulho por (relativamente) pouco». *Ípsilon, Público*. Disponível em: http://www.publico.pt/culturaipsilon/noticia/muito-barulho-por-relativamente-pouco-1664971 [Acedido em 09.24.2015].

_____, 2015. «Era a voz mais fulgurante da poesia portuguesa». *Público*, n.º 9110, Lisboa, 25 de Março, pp. 2-4.

Ralha, L., 2015. «O eremita que deixava sair a poesia de casa». *Correio da Manhã*, Lisboa, 25 de Março, p. 24.

Ramos, M. A., 2008. «"Só o coração... e depois trinca-o ferozmente": um motivo medieval em Herberto Helder». *Inès de Castro: du personnage au mythe: Echos dans la culture portugaise et européenne*. Paris: Éditions Lusophone, pp. 99-132.

Reis, M. G. dos, 2002. «Um mundo só-lido? Visões do real na poesia de Herberto Helder e Sophia de Mello Breyner Andresen». *Textos e Pretextos*, n.º 1. Lisboa: Centro de Estudos Comparatistas da Faculdade de Letras da Universidade de Lisboa, Inverno, pp. 13-14.

_____, 2012. «Nota Introdutória». *Revista Textos e Pretextos – Herberto Helder*, n.º 17. Lisboa: Centro de Estudos Comparatistas da Faculdade de Letras da Universidade Nova de Lisboa / Edições Húmus Lda., p. 7.

Rezende, C. A. de, 2014. «Tangenciando o gesto autobiográfico em Michel Leiris e Herberto Helder». *Revista Criação e Crítica*, n.º 12, Junho. São Paulo: Universidade de São Paulo, pp. 66-75. Disponível em: http://revistas.usp.br/criacaoecritica/article/view/61193 [Acedido em 19.11.2016].

Ribeirete, J., 2002. «As Deambulações de Herberto Helder pelo cinema». *Textos e Pretextos*, n.º 1. Lisboa: Centro de Estudos Comparatistas da Faculdade de Letras da Universidade de Lisboa, Inverno, pp. 44-45.

Ribeiro, A. M., 2015. «O poeta que falou com a voz dos deuses». *Correio da Manhã*, Suplemento «Domingo», n.º 13071, de 29.03 a 04.04, p. 15.

Ribeiro, C. F., 2013. *Crime de mão própria: o rastro autobiográfico em Photomaton & Vox, de Herberto Helder*. Dissertação de Mestrado em Estudos Literários. Belo Horizonte: Faculdade de Letras da Universidade de Minas Gerais.

Ribeiro, E., 2009. «O Sombrio Trabalho Sobre a Beleza, (notas sobre o barroco em Herberto Helder)». *Diacrítica, Revista do Centro de Estudos Humanísticos da Universidade do Minho*, n.º 23. Maio. Braga: Livraria Minho, pp. 23-48. Disponível em: http://ceh.ilch.uminho.pt/publicacoes/Diacr%C3%ADti ca_23-3.pdf [Acedido em 16.11.2016].

_____, 2015. «O corpo extremo (sobre "A Morte sem Mestre" de Herberto Helder)». In *Herberto Helder: Se eu quisesse enlouquecia*, (org. Catherine Dumas, Daniel Rodrigues, Ilda Mendes). Rio de Janeiro: Oficina Raquel, pp. 125-139.

Ribeiro, G. S., 2007. «Helder, Herberto. Cobra. In: Helder, Herberto. "Ou o Poema Contínuo". Lisboa: Assírio & Alvim, 2004». *Revista do CESP*, vol. 27, n.º 38. Minas Gerais: Universidade Federal de Minas Gerais, pp. 177-182. Disponível em: http://www.periodicos.letras.ufmg.br/index.php/cesp/art icle/view/6593 [Acedido em 16.11.2016].

_____, 2009. «Os paradoxos da escrita autobiográfica em "Photomaton & Vox", de Herberto Helder». *Interdisciplinar*, vol. 8. Sergipe: Universidade Federal de Sergipe, pp. 177-182. Disponível em: http://www.seer.ufs.br/index.php/interdisciplinar/article /view/1196/1034 [Acedido em 16.11.2016].

Riso, C., 2002. «O poema como acto actuante: aproximação a uma poética da reconstrução em Herberto Helder». *Textos e Pretextos*, n.º 1. Lisboa: Centro de Estudos Comparatistas da Faculdade de Letras da Universidade de Lisboa, Inverno, pp. 9-10.

_____, 2004. *Livros de folhetos: memória e montagem: os casos de Carlos de Oliveira e Herberto Helder*. Dissertação de Mestrado em Literatura Comparada. Lisboa: Faculdade de Letras da Universidade de Lisboa.

_____, 2005. «Auto-Bio-Thanato-Grafia: a experiência do silêncio em "Photomaton & Vox", de Herberto Helder». *Scripta*, vol. 8, n.º 15. Belo Horizonte: Pontifícia Universidade Católica de Minas Gerais, pp. 46-59.

Disponível em: http://periodicos.pucminas.br/index.php/scripta/article/view/12567 [Acedido em 05.11.2016].

Rodrigues, A. V., 1980. «O poema em prosa na literatura portuguesa». *Colóquio/Letras*, n.º 56. Lisboa: Fundação Calouste Gulbenkian, pp. 23-34.

Rodrigues, D., 2012. *Les Démonstrations du Corps. L'œuvre Poétique de Herberto Helder*. Tese de Doutoramento em Literatura Portuguesa Contemporânea. Paris: Centre de Recherches sur les Pays Lusophones, Université Sorbonne Nouvelle.

_____, 2015. «(algumas razões). sobre o poeta». In *Herberto Helder: Se eu quisesse enlouquecia*, (org. Catherine Dumas, Daniel Rodrigues, Ilda Mendes). Rio de Janeiro: Oficina Raquel, pp. 251-261.

Rosa, A. R., 1980. «O conceito de criação na poesia moderna». *Colóquio/Letras*, n.º 56. Lisboa: Fundação Calouste Gulbenkian, pp. 5-11.

_____, 1986. «Herberto Helder – Poeta Órfico». In *Poesia, Liberdade Livre*. Lisboa: Ulmeiro, pp. 131-138.

_____, 1987. «Herberto Helder ou a imaginação liberta». In *Incisões Oblíquas*. Lisboa: Caminho, pp. 75-85.

Rubim, G., 2009. «Recensão crítica a "A faca não corta o fogo. Súmula & Inédita", de Herberto Helder». *Colóquio/Letras*, n.º 172. Lisboa: Fundação Calouste Gulbenkian, pp. 215-217.

_____, 2012. «Um texto estranho». *Revista Textos e Pretextos – Herberto Helder*, n.º 17. Lisboa: Centro de Estudos Comparatistas da Faculdade de Letras da Universidade Nova de Lisboa / Edições Húmus Lda., pp. 10-19.

Sainz-Trueva, J. de, 1996. «As casas de Herberto Helder. Passos para uma fotobiografia». *Margem 2*, n.º 3. Funchal: Boletim Municipal da Câmara Municipal do Funchal, Maio, pp. 44-49.

Salvador, M. J. L., 2002. «Um percurso surrealista em Herberto Helder?». *Textos e Pretextos*, n.º 1. Lisboa: Centro de Estudos Comparatistas da Faculdade de Letras da Universidade de Lisboa, Inverno, pp. 15-18.

Santos, I .M. dos, 2008. «Nouveau banquet pour Inès... Un "Théorème" de Herberto Helder». *Inès de Castro: du personnage au mythe: Echos dans la culture portugaise et européenne.* Paris: Éditions Lusophone, pp. 135-148.

Santos, E. R. dos, 2004. «"Lembrador" — "Recordador". A função social do historiador».In *Cultura. Revista de História e Teoria das Ideias*, vol. XVIII, n.º 18. Lisboa: Centro de História da Cultura, Universidade Nova de Lisboa, pp. 43-55.

Santos, L. dos, 2011. «Singularidades dialécticas de Eros e Tânatos no conto "Teorema", de Herberto Helder». *Anais Eletrônico – VII Encontro Internacional de Produção Científica Cesumar.* Paraná: Centro Universitário de Maringá, pp. 1-7. Disponível em: http://www.cesumar.br/prppge/pesquisa/epcc2011/anais/luciane_santos1.pdf [Acedido em 17.11.2016].

Santos, M. E., 2000. «Herberto Helder – Territórios de uma poética». *Semear – Revista da Cátedra Padre António Vieira de Estudos Portugueses*, n.º 4. Rio de Janeiro: Pontifícia Universidade Católica do Rio de Janeiro, pp. 305-324. Disponível em: http://www.letras.puc-rio.br/unidades&nucleos/catedra/revista/4Sem_20.html [Acedido em 17.11.2016].

Santos, M. I. R. de S., 1983. «Recensão crítica a "A Cabeça entre as Mãos", de Herberto Helder». *Colóquio/Letras*, n.º 74. Lisboa: Fundação Calouste Gulbenkian, pp. 74-75. Disponível em: http://coloquio.gulbenkian.pt/bib/sirius.exe/issueContentDisplay?n=74&p=74&o=r [Acedido em 17.11.2016].

Saraiva, A., 1967. «Húmus de Herberto Helder». *Diário de Notícias*, Lisboa, 25 de Maio, pp. 17-18.

_____, 1997. «A energia e a magia de Herberto Helder». *Boletim do CESP*, vol. 17, n.º 21. Belo Horizonte: Universidade Federal de Minas Gerais, pp. 267-270. Disponível em: http://periodicos.letras.ufmg.br/index.php/cesp/article/viewFile/4612/4373 [Acedido em 12.12.2015].

_____, 2015a. «Herberto Helder hermético?». *Jornal de Letras, Artes e Ideias*, n.º 1161, Lisboa, de 1 a 14 de Abril, p. 12.

_____, 2015b. «Argúcias e astúcias da metáfora herbertiana». *Relâmpago. Revista de Poesia*, n.º 36/37. Lisboa: Fundação Luís Miguel Nava, Abril/Outubro, pp. 25-29.

Saraiva, A. e TSF, 2016. «Espólio de Herberto Helder digitalizado, mas não disponível para todos». *TSF*. Disponível em http://www.tsf.pt/cultura/interior/espolio-de-herberto-helder-digitalizado-mas-nao-disponivel-para-todos-5493091.html [Acedido em 14.12.2016].

Saraiva, A. J. e Lopes, O., 2005. *História da Literatura Portuguesa*, 17.ª ed., corrigida e actualizada. Porto: Porto Editora.

Silva, J. A., 2010. «A Paixão pelo Extremo Exercício da Beleza em "A Faca não Corta o Fogo"». *Itinerarios – Revista de Estudios Lingüísticos, Literarios*, Históricos y Antopológicos, vol. 11. Polónia: Instituto de Estudios Ibéricos e Iberoamericanos, Universidad de Varsovia, pp. 205-222. Disponível em: http://itinerarios.uw.edu.pl/wp-content/uploads/2014/11/11_Amadeu-Silva_Itin-2010-11.pdf [Acedido em 11.11.2016].

Silva, J. A. O. C. da, 1997. «"Os Selos" de Herberto Helder — a biografia do corpo», *Revista Portuguesa de Humanidades*, vol. 1, n.º 1-2. Braga: Faculdade de Filosofia de Braga, pp. 183-239.

_____, 1998a. «Os "Poemas Mudados para Português", de Herberto Helder - uma epopeia da palavra», *Brotéria*, vol. 5, n.º 147. Lisboa, pp. 163-200.

_____, 1998b. «Entre o "Húmus" de Raul Brandão e o "Húmus" de Herberto Helder», *Revista Portuguesa de Humanidades*, vol. 2, n.º 1-2. Braga: Faculdade de Filosofia da Universidade Católica Portuguesa, pp. 287-315.

_____, 2000. *Os Selos de Herberto Helder: entre a apresentação do rosto e a biografia rítmica*. Braga: Publicações Faculdade de Filosofia da Universidade Católica Portuguesa.

_____, 2005. *A Poesia de Herberto Helder Do Contexto ao Texto: Uma Palavra Sagrada na Noite do Mundo*. Lisboa: Fundação Calouste Gulbenkian.

_____, 2007. «"Os Selos, Outros, Últimos", de Herberto Helder: pelo sopro da criação à harmonia», Revista do Centro de Estudos Portugueses, vol. 27, n.º 38. Belo Horizonte: Universidade Federal de Minas Gerais, pp. 11-31. Disponível em: http://www.periodicos.letras.ufmg.br/index.php/cesp/article/view/6582 [Acedido em 18.11.2016].

_____, 2009. «"A faca não corta o fogo": contextos poéticos de uma biografia». *Diacrítica, Revista do Centro de Estudos Humanísticos da Universidade do* Minho, n.º 23, Maio. Braga: Livraria Minho, pp.65–82. Disponível em: http://ceh.ilch.uminho.pt/publicacoes/Diacr%C3%ADtica_23-3.pdf [Acedido em 18.11.2016].

Silva, J. C. e, 2015. «'O melhor que disseram de mim foi quando estiveram calados"». *Diário de Notícias*, n.º 53302, 25 de Março, pp. 6-7.

Silva, M .A .F. da, 2011. «Pelas fendas do silêncio: entre "O Grito", de Herberto Helder, e "O Silêncio", de Sophia de Mello Breyner Andresen». *Littera*, vol. 2, n.º 4. São Luís: Universidade Federal do Maranhão, pp. 89-104. Disponível em: http://www.periodicoseletronicos.ufma.br/index.php/littera/article/view/761/476 [Acedido em 18.11.2016].

_____, 2012a. «Entre a tradução e a criação: Herberto Helder e os "Poemas mudados para Português"». *Revista Letras*, vol.

5, n.º 1. Brasília: Universidade Católica de Brasília, pp. 61-67.

_____, 2012b. «Herberto Helder: da complexidade do espaço urbano à simplicidade da natureza. D""Os Passos em Volta" a "O Bebedor Nocturno"». *Revista Desassossego*, n.º 8. São Paulo: Universidade de São Paulo, pp. 3-14.

Silva, M. I. C. e, 2010. «Cinema inquietante: sublime de uma sala de cinema(s) em Herberto Helder». *Revista Desassossego*, n.º 3. São Paulo: Universidade de São Paulo, pp. 1-10.

Silva, M. R., 2015. «Herberto Helder. Um poema completo». Jornal *i*, n.º 1842, Lisboa, 25 de Março, pp. 2-5.

Silva, N. M. L., 1974. *O Coelacanto: Uma parábola do Homem*. Dissertação de Mestrado em Letras e Artes. Rio de Janeiro: Pontifícia Universidade Católica do Rio de Janeiro.

Silva, P. P. da, 2014. «Um editor por dia, um livro por dia». *Ípsilon, Público*. Disponível em: http://www.publico.pt/culturaipsilon/noticia/um-editor-por-dia-um-livro-por-dia-1639526 [Acedido em 14.09.2015].

Silva, T. de J. B. e, 2013. «A Tragédia de Inês de Castro: uma leitura semiótica do conto "Teorema", de Herberto Helder. *Cadernos de Pesquisa*, vol. 20, n.º1. São Luís: Universidade Federal do Maranhão, pp. 26-30. Disponível em: http://www.periodicoseletronicos.ufma.br/index.php/cadernosdepesquisa/article/view/1245/978 [Acedido em 04.06.2015].

Silveira, J. F. da, 2009. «A colher na boca, depois no chão dos olhos: o poema, ou o dia em que Herberto Helder de uma queda foi ao chão da mão de Fiama Hasse Pais Brandão». *Diacrítica, Revista do Centro de Estudos Humanísticos da Universidade do* Minho, n.º 23, Maio. Braga: Livraria Minho, pp. 83-100. Disponível em: http://ceh.ilch.uminho.pt/publicacoes/Diacr%C3%ADtica_23-3.pdf [Acedido em 05.06.2015].

_____, 2012. «Um filme mudado». *Revista Textos e Pretextos - Herberto Helder*, n.º 17. Lisboa: Centro de Estudos Comparatistas da Faculdade de Letras da Universidade Nova de Lisboa / Edições Húmus Lda., p. 59.

Sousa, J. R. de, 1996. «A dialéctica linguagem-realidade na poesia de Herberto Helder». *Margem 2*, n.º 3. Funchal: Boletim Municipal da Câmara Municipal do Funchal, Maio, pp. 9-13.

Souto, E., 2015. «Obscuridade e possessão: metáforas do fogo interior em Herberto Helder e Nuno Júdice». In *Herberto Helder: Se eu quisesse enlouquecia*, (org. Catherine Dumas, Daniel Rodrigues, Ilda Mendes). Rio de Janeiro: Oficina Raquel, pp. 113-124.

Souza, C. C. E. de, 2013. «A Teoria das Cores de Herberto Helder». *Revista Anagrama*, n.º 3, São Paulo, pp. 1-5. Disponível em: http://www.revistas.usp.br/anagrama/article/view/52406/56400 [Acedido em 18.10.2016].

Tavares, D., «Gäetan e Herberto Helder: do imperceptível». *Diacrítica*, vol. 26, n.º 3. Braga: Centro de Estudos Humanísticos da Universidade do Minho, pp. 79-97. Disponível em: http://www.scielo.mec.pt/scielo.php?script=sci_arttext&pid=S0807-89672012000300003 [Acedido em 01.12.2016].

Teixeira, C. A. de B., «Herberto Helder e a refabulação do oriente». *Qorpus*, n.º 017. Santa Catarina: Universidade Federal de Santa Catarina. Disponível em: http://qorpus.paginas.ufsc.br/como-e/edicao-n-017/herberto-helder-e-a-refabulacao-do-oriente-claudio-alexandre-de-barros-teixeira/ [Acedido em 27.11.2016].

Teixeira, S., 2015. «Clichés africanos em "Photomaton & Vox" ou a "estratégia do enigma"». In *Herberto Helder: Se eu quisesse enlouquecia*, (org. Catherine Dumas, Daniel Rodrigues, Ilda Mendes). Rio de Janeiro: Oficina Raquel, pp. 199-216.

Torres, R., 2006. «Camões transformado e re-montado: o caso de Herberto Helder». *Revista Callema*, n.º 1, pp. 58-64. Disponível em: http://www.telepoesis.net/papers/Camoes_transformado_e_remontado.pdf [Acedido em 14.10.2016].

_____, 2008. «Húmus Poema Contínuo [a partir de textos de Herberto Helder e Raul Brandão]». *Telepoesis.net*. Disponível em: http://telepoesis.net/humus/humus.html [Acedido em 21.11.2016].

_____, 2010. *Herberto Helder leitor de Raul Brandão: uma leitura de Húmus, poema-montagem*. Porto: Edições Universidade Fernando Pessoa.

_____, 2012. «"The dead must be killed once again": Plagiotropia as Critical Literacy Practice». *Electronic Book Review*. Disponível em: http://www.electronicbookreview.com/thread/electropoetics/plagio [Acedido em 27.11.2016].

Valente, M. A., 2015. «Alguns passos em volta». *Jornal de Letras, Artes e Ideias*, n.º 1161, Lisboa, de 1 a 14 de Abril, p. 13.

Vasconcelos, M. S., 2009. «A faca não corta o Fogo e Ofício Cantante, de Herberto Helder». *Via Atlântica*, n.º 15. São Paulo: Universidade de São Paulo, pp. 325-329. Disponível em http://www.revistas.usp.br/viaatlantica/article/view/50444 [Acedido em 14.08.2016].

Willer, C., 2001. «Herberto Helder e a grande poesia portuguesa contemporânea». *Agulha, Revista de Cultura*, n.º 9. Fortaleza, São Paulo, Fevereiro. Disponível em: http://www.jornaldepoesia.jor.br/ag9helder.htm [Acedido em 15.08.2016].

1986a. [Publicação de fotografia de Herberto Helder]. *A Phala*, n.º 1, Lisboa, Assírio e Alvim, Abril/Maio/Junho, p. 5.

1986b. [O aniversário de Herberto Helder é referido]. *A Phala*, n.º 2, Lisboa, Assírio e Alvim, Julho/Agosto/Setembro, p. 7.

1987. «Herberto Helder, "Photomaton & Vox"». *A Phala*, n.º 7, Lisboa, Assírio e Alvim, Outubro/Novembro/Dezembro, p. 7.

1990. «Poesia Toda, Herberto Helder». *A Phala*, n.º 18, Lisboa, Assírio e Alvim, Abril/Maio/junho, p. 8.

1991a. «Os Passos em Volta no Teatro da Trindade». *A Phala*, n.º 22, Lisboa, Assírio e Alvim, Janeiro/Fevereiro/Março, p. 12.

1991b. «Do you speak Herberto?». *A Phala*, n.º 23, Lisboa, Assírio e Alvim, Abril/Maio/junho, p. 24.

1991c. «Les Pa sen Rond». *A Phala*, n.º 24, Lisboa, Assírio e Alvim, Julho/Agosto/Setembro, p. 36.

1994. «"Não digam a ninguém e dêem o prémio a outro"», *Expresso*, n.º 1155, de 17 de Dezembro, p. 28.

1996. «Herberto Helder, "Poesia Toda", Aviso». *A Phala*, n.º 47, Lisboa, Assírio e Alvim, Janeiro/Fevereiro/Março, p. 107.

Documentários e documentos:

1960. [Informação da P.I.D.E. sobre Herberto Helder. Documento datado de 12.11.1960]. Lisboa: Arquivo Salazar, Biblioteca Nacional de Portugal.

1968. [Relatório n.º 8243 da P.I.D.E. sobre *Apresentação do Rosto*, de Herberto Helder. Documento datado de 22.07.1968 e assinado por Joaquim Palhares]. Lisboa: Arquivo Salazar, Biblioteca Nacional de Portugal.

2007. «Herberto Helder: meu Deus faz com que eu seja sempre um Poeta Obscuro», *RTP, Arquivo*, Escritores e Literatura Portuguesa.

Dicionários:

Ceia, C., 2010. *E-Dicionário de Termos Literários*, Lisboa, Faculdade de Ciências Sociais e Humanas da Universidade Nova de Lisboa. Disponível em: http://edtl.fcsh.unl.pt [Disponível em 03.01.2017].

Faria, M. I. e Pericão, M. da G., 2008. *Dicionário do Livro. Da escrita ao livro electrónico*, Coimbra: Edições Almedina.

Glossary of Grammatical & Rhetorical Terms. Disponível em http://grammar.about.com/od/terms/ [Acedido em 03.01.2017].

Moisés, M., 1979. *Dicionário de Termos Literários*, São Paulo: Cultrix.

Moniz, A. e Paz, O., 2004. *Dicionário Breve de Termos Literários*, 2.ª ed., Lisboa: Editorial Presença.

Shaw, H., 1982. *Dicionário de Termos Literários*, 2.ª ed., Lisboa: Publicações Dom Quixote.

LISTA DE FIGURAS

Figura 1. Capa de Poesia Toda (1990) e capa de Poesia Toda (1996)._____ 260

LISTA DE GRÁFICOS

Gráfico 1. Total de textos-base com percentagens. ___ 163

Gráfico 2. Total de alterações da obra poética herbertiana com percentagens. _____ 194

Gráfico 3. Comparação entre o primeiro volume reunido e o último volume reunido. _____ 262

LISTA DE MAPEAMENTOS

2.1.1. Mapeamento dos volumes: não integrados e integrados _____ 67

2.2.1. Mapeamento do 1.º texto-base _____ 110

2.2.2. Mapeamento do 2.º texto-base _____ 116

2.2.3. Mapeamento do 3.º texto-base _____ 130

2.2.4. Mapeamento do 4.º texto-base _____ 133

2.2.5. Mapeamento do 5.º texto-base _____ 135

2.2.6. Mapeamento do 6.º texto-base _____ 136

2.2.7. Mapeamento do 7.º texto-base _____ 144

2.2.8. Mapeamento do 8.º texto-base _____ 149

2.2.9. Mapeamento do 9.º texto-base _____ 154

4.1.1. Mapeamento do total de poemas que integram OC, 1967_____ 198

4.1.2. Mapeamento do total de poemas que integram PC, 2014_____ 203

4.1.3. Mapeamento dos poemas que integram OC, 1967 e que não integram PC, 2014_____ 229

4.1.4. Mapeamento dos poemas que integram PC, 2014 e que não integram OC, 1967 _____ 230

4.1.5. Mapeamento dos poemas que integram ambos OC, 1967 e PC, 2014_____ 253

APÊNDICE A

Mapeamento de poemas com alterações mínimas

Fonte: A. Couts (2017).

II [No sorriso louco das mães batem as leves] 12 pub. vs. 3 vers.

Integra o ciclo de seis poemas «Fonte», [poema] II: (CB, 1961: 63-65), (CB [OC, 1967: 64-65; 1.º texto-base), (CB [PT, 1973: 60-61), (CB [PT, 1981: 62-63), (CB [PT, 1990: 43-44), (CB [PT, 1996: 43-44), (CB [OPC, 2004: 47-48), (CB [OC, 2009: 47-48), (CB [PC, 2014: 47-48).

Integra o ciclo de seis poemas *Fonte*, [poema] II: (FO, 1998: 9-11).

Integra o ciclo de três poemas «(A colher na boca)», [poema 1]: (CB [OPC-S, 2001: 7-9), (CB [FNCF, 2008: 5-7).

[7] aproximam-se, → aproximam-se (CB [PT, 1990: 43), (CB [PT, 1996: 43), (FO, 1998: 9), (CB [OPC-S, 2001: 7), (CB [OPC, 2004: 47), (CB [FNCF, 2008: 5), (CB [OC, 2009: 47), (CB [PC, 2014: 47).

[45] si, → si (CB [PT, 1990: 44), (CB [PT, 1996: 44), (FO, 1998: 11), (CB [OPC-S, 2001: 9), (CB [OPC, 2004: 48), (CB [FNCF, 2008: 7), (CB [OC, 2009: 48), (CB [PC, 2014: 48).

[48] sòmente → somente (CB [PT, 1981: 63), (CB [PT, 1990: 44), (FO, 1998: 11), (CB [PT, 1996: 44), (CB [OPC-S, 2001: 9), (CB [OPC, 2004: 48), (CB [FNCF, 2008: 7), (CB [OC, 2009: 48), (CB [PC, 2014: 48).

IV [Mulher, casa e gato.] 9 pub. vs. 3 vers.

Integra o ciclo de oito poemas «As Musas Cegas», [poema] IV: (CB, 1961: 108-110), (CB [OC, 1967: 105-106; 1.º texto-base), (CB [PT, 1973: 101-102), (CB [PT, 1981: 103-104), (CB [PT, 1990: 75-76), (CB [PT, 1996: 75-76), (CB [OPC, 2004: 84-85), (CB [OC, 2009: 84-85), (CB [PC, 2014: 84-85).

[32] com → com o (CB, 1961: 109).

[36] Amo, → Amo (CB, 1961: 109).

[37] palavra, → palavra (CB [PT, 1990: 76), (CB [PT, 1996: 76), (CB [OPC, 2004: 85), (CB [OC, 2009: 85), (CB [PC, 2014: 85).

III [A minha idade é assim — verde, sentada.] 11 pub. vs. 4 vers.

Integra o ciclo de seis poemas «Teoria Sentada», [poema] III: (L, 1962: 64-66), (L [OC, 1967: 198-200; 1.º texto-base), (L [PT, 1973: 194-196), (L [PT, 1981: 198-200), (L [PT, 1990: 151-152), (L [PT, 1996: 151-152), (L [OPC, 2004: 173-174), (L [OC, 2009: 173-174), (L [PC, 2014: 173-174).

Integra o ciclo de cinco poemas «(Lugar)», [poema 4]: (L [OPC-S, 2001: 27-28), (L [FNCF, 2008: 25-26).

[26] seca,→ séca, (L, 1962: 65), (L [PT, 1981: 199), (L [PT, 1990: 151), (L [PT, 1996: 151), (L [OPC-S, 2001: 28), (L [OPC,

2004: 174), (L [FNCF, 2008: 25), (L [OC, 2009: 174), (L [PC, 2014: 174).

[27] de → da (L [PT, 1981: 199), (L [PT, 1990: 152), (L [PT, 1996: 152), (L [OPC-S, 2001: 28), (L [OPC, 2004: 174), (L [FNCF, 2008: 25), (L [OC, 2009: 174), (L [PC, 2014: 174).

[34] se quebram → quebram-se (L [PT, 1990: 152), (L [PT, 1996: 152), (L [OPC-S, 2001: 28), (L [OPC, 2004: 174), (L [FNCF, 2008: 26), (L [OC, 2009: 174), (L [PC, 2014: 174).

IV [Quando já não sei pensar no alto de irrespiráveis irrespiráveis] 9 pub. vs. 2 vers.

Integra o ciclo de seis poemas «Teoria Sentada», [poema] IV: (L, 1962: 67-68), (L [OC, 1967: 201-202; 1.º texto-base), (L [PT, 1973: 197-198), (L [PT, 1981: 201-202), (L [PT, 1990: 153), (L [PT, 1996: 153), (L [OPC, 2004: 175), (L [OC, 2009: 175), (L [PC, 2014: 175).

[12] irrespiràvelmente → irrespiravelmente (L [PT, 1981: 201), (L [PT, 1990: 153), (L [PT, 1996: 153), (L [OPC, 2004: 175), (L [OC, 2009: 175), (L [PC, 2014: 175).

[19] irrespiràvelmente → irrespiravelmente (L [PT, 1981: 202), (L [PT, 1990: 153), (L [PT, 1996: 153), (L [OPC, 2004: 175), (L [OC, 2009: 175), (L [PC, 2014: 175).

[23] irrespiràvelmente → irrespiravelmente (L [PT, 1981: 202), (L [PT, 1990: 153), (L [PT, 1996: 153), (L [OPC, 2004: 175), (L [OC, 2009: 175), (L [PC, 2014: 175).

[25] irrespiràvelmente → irrespiravelmente (L [PT, 1981: 202), (L [PT, 1990: 153), (L [PT, 1996: 153), (L [OPC, 2004: 175), (L [OC, 2009: 175), (L [PC, 2014: 175).

[Desço o rio numa barca,] 7 pub. vs. 2 vers.

Integra o ciclo de quatro poemas «Fragmento do Cairo», [poema 2]: (BN, 1968: 35), (BN [PT, 1973: 212-213; 2.º texto-base), (BN [PT, 1981: 214-215), (BN [PT, 1990: 162), (BN [PT, 1996: 162), (BN, 2010: 11-12), (BN, 2013: 11-12).

Não integra: (OPC, 2004), (OC, 2009), (PC, 2014).

[11] Nefertoum → Nefertum (BN [PT, 1981: 214), (BN [PT, 1990: 162), (BN [PT, 1996: 162), (BN, 2010: 11), (BN, 2013: 11).

[Bom é mergulhar, bom,] 7 pub. vs. 2 vers.

Integra o ciclo de quatro poemas «Fragmento do Cairo», [poema 3]: (BN, 1968: 36), (BN [PT, 1973: 213; 2.º texto-base), (BN [PT, 1981: 215), (BN [PT, 1990: 163), (BN [PT, 1996: 163), (BN, 2010: 12), (BN, 2013: 12).

Não integra: (OPC, 2004), (OC, 2009), (PC, 2014).

[4] Adivinhas-me, → Adivinhas-me (BN [PT, 1990: 163), (BN [PT, 1996: 163), (BN, 2010: 12), (BN, 2013: 12).

[Sôbolos rios que vão por Babilónia, sentados] 7 pub. vs. 2 vers.

Integra o ciclo de sete poemas «Salmos», [poema 1]: (BN, 1968: 39-40), (BN [PT, 1973: 214-215; 2.º texto-base), (BN [PT, 1981: 217-218), (BN [PT, 1990: 164-165), (BN [PT, 1996: 164-165), (BN, 2010: 15-16), (BN, 2013: 15-16).

Não integra: (OPC, 2004), (OC, 2009), (PC, 2014).

[9] direita, → direita (BN [PT, 1990: 164), (BN [PT, 1996: 164), (BN, 2010: 15), (BN, 2013: 15).

[11] paralise, → paralise (BN [PT, 1990: 164), (BN [PT, 1996: 164), (BN, 2010: 15), (BN, 2013: 15).

[14] ó → Ó (BN [PT, 1990: 164), (BN [PT, 1996: 164), (BN, 2010: 16), (BN, 2013: 16).

[Meu Deus, meu Deus, porque me abandonaste] 7 pub. vs. 3 vers.

Integra o ciclo de sete poemas «Salmos», [poema 3]: (BN, 1968: 41-42), (BN [PT, 1973: 216-217; 2.º texto-base), (BN [PT, 1981: 219-220), (BN [PT, 1990: 165-166), (BN [PT, 1996: 165-166), (BN, 2010: 17-18), (BN, 2013: 17-18).

Não integra: (OPC, 2004), (OC, 2009), (PC, 2014).

[2] de → dos (BN [PT, 1990: 165), (BN [PT, 1996: 165), (BN, 2010: 17), (BN, 2013: 17).

[15] Basan → Basã (BN [PT, 1981: 219), (BN [PT, 1990: 166), (BN [PT, 1996: 166), (BN, 2010: 18), (BN, 2013: 18).

[A gazela brame correndo para a água, e corre a minha alma para ti.] 7 pub. vs. 2 vers.

Integra o ciclo de sete poemas «Salmos», [poema 4]: (BN, 1968: 42-44), (BN [PT, 1973: 216-218; 2.º texto-base), (BN [PT, 1981: 220-221), (BN [PT, 1990: 166-167), (BN [PT, 1996: 166-167), (BN, 2010: 18-19), (BN, 2013: 18-19).

Não integra: (OPC, 2004), (OC, 2009), (PC, 2014).

[2] aquele → Aquele (BN [PT, 1990: 166), (BN [PT, 1996: 166), (BN, 2010: 18), (BN, 2013: 18).

[3] pranto, → pranto (BN [PT, 1990: 166), (BN [PT, 1996: 166), (BN, 2010: 18), (BN, 2013: 18).

SEGUNDO POEMA [Ouço o meu amado.] 7 pub. vs. 2 vers.

Integra o ciclo de sete poemas, «Cântico dos Cânticos, de Salomão», [poema 2]: (BN, 1968: 55-58), (BN [PT, 1973: 226-228; 2.º texto-base), (BN [PT, 1981: 229-231), (BN [PT, 1990: 174-176), (BN [PT, 1996: 174-176), (BN, 2010: 32-34), (BN, 2013: 32-34).

Não integra: (OPC, 2004), (OC, 2009), (PC, 2014).

[25] a → à (BN [PT, 1990: 175), (BN [PT, 1996: 175), (BN, 2010: 33), (BN, 2013: 33).

TERCEIRO POEMA [Quem é que sobe do deserto como uma coluna de fumo,] 7 pub. vs. 2 vers.

Integra o ciclo de sete poemas, «Cântico dos Cânticos, de Salomão», [poema 3]: (BN, 1968: 58-62), (BN [PT, 1973: 228-232; 2.º texto-base), (BN [PT, 1981: 232-235), (BN [PT, 1990: 176-179), (BN [PT, 1996: 176-179), (BN, 2010: 35-38), (BN, 2013: 35-38).

Não integra: (OPC, 2004), (OC, 2009), (PC, 2014).

[34] gémeas, → gémeas (BN [PT, 1990: 177), (BN [PT, 1996: 177), (BN, 2010: 36), (BN, 2013: 36).

QUARTO POEMA [Eu durmo, mas o meu coração vela.] 7 pub. vs. 2 vers.

Integra o ciclo de sete poemas, «Cântico dos Cânticos, de Salomão», [poema 4]: (BN, 1968: 62-65), (BN [PT, 1973: 232-235; 2.º texto-base), (BN [PT, 1981: 235-238), (BN [PT, 1990: 179-181), (BN [PT, 1996: 179-181), (BN, 2010: 39-42), (BN, 2013: 39-42).

Não integra: (OPC, 2004), (OC, 2009), (PC, 2014).

[15] já ele → ele já (BN [PT, 1990: 180), (BN [PT, 1996: 180), (BN, 2010: 39), (BN, 2013: 39).

[23] que, se virdes o meu amado, → que se virdes o meu amado (BN [PT, 1990: 180), (BN [PT, 1996: 180), (BN, 2010: 40), (BN, 2013: 40).

[38] mármore, → mármore (BN [PT, 1990: 181), (BN [PT, 1996: 181), (BN, 2010: 41), (BN, 2013: 41).

[— Filho, viste as velhas que traziam ao colo os enteados e outras crianças?] 7 pub. vs. 2 vers.

Integra o ciclo de sete poemas «Enigmas», [poema 4]: (BN, 1968: 79-80).

Integra o ciclo de sete poemas «Enigmas Mayas», [poema 4]: (BN [PT, 1973: 241; 2.º texto-base).

Integra o ciclo de sete poemas «Enigmas Maias», [poema 4]: (BN [PT, 1981: 246), (BN [PT, 1990: 187), (BN [PT, 1996: 187), (BN, 2010: 52), (BN, 2013: 52).

Não integra: (OPC, 2004), (OC, 2009), (PC, 2014).

[3] como, → côrno, (BN [PT, 1981: 246), (BN [PT, 1990: 187), (BN [PT, 1990: 187), (BN [PT, 1996: 187), (BN, 2010: 52), (BN, 2013: 52).

[— Uma coisa que tem sandálias de pedra e se levanta à porta da casa? 7 pub. vs. 2 vers.

Integra o ciclo de seis poemas «Enigmas Aztecas», [poema 5]: (BN, 1968: 84), (BN [PT, 1973: 243; 2.º texto-base).

Integra o ciclo de seis poemas «Enigmas Astecas», [poema 5]: (BN [PT, 1981: 248), (BN [PT, 1990: 189), (BN [PT, 1996: 189), (BN, 2010: 56), (BN, 2013: 56).

Não integra: (OPC, 2004), (OC, 2009), (PC, 2014).

[1] da → de (BN [PT, 1981: 248), (BN [PT, 1990: 189), (BN [PT, 1996: 189), (BN, 2010: 56), (BN, 2013: 56).

III [És uma flor vermelha de milho queimado.] 7 pub. vs. 2 vers.

Integra o ciclo de três poemas «Elogios», [poema] III: (BN, 1968: 88-89), (BN [PT, 1973: 245; 2.º texto-base), (BN [PT, 1981: 250-251), (BN [PT, 1990: 191), (BN [PT, 1996: 191), (BN, 2010: 60-61), (BN, 2013: 60-61).

Não integra: (OPC, 2004), (OC, 2009), (PC, 2014).

[14] sòmente → somente (BN [PT, 1981: 250), (BN [PT, 1990: 191), (BN [PT, 1996: 191), (BN, 2010: 61), (BN, 2013: 61).

HINO ÓRFICO À NOITE *(Grécia)* [Cantarei a criadora dos homens e deuses — cantarei a Noite.] 7 pub. vs. 2 vers.

Integra: (BN, 1968: 95-97), (BN [PT, 1973: 249; 2.º texto-base), (BN [PT, 1981: 255), (BN [PT, 1990: 196), (BN [PT, 1996: 196), (BN, 2010: 69-71), (BN, 2013: 69-71).

Não integra: (OPC, 2004), (OC, 2009), (PC, 2014).

[3] divindade, ardendo de → divindade ardendo com as (BN [PT, 1990: 196), (BN [PT, 1996: 196), (BN, 2010: 71), (BN, 2013: 71).

DIÁLOGO DE MARINHEIROS [— Quem viu a árvore de cor verde?] 7 pub. vs. 2 vers.

Integra o ciclo de três poemas «Três Canções do Épiro», [poema 2]: (BN, 1968: 102), (BN [PT, 1973: 250-251; 2.º texto-base), (BN [PT, 1981: 256-257).

Integra o ciclo de três poemas «Três Canções do Epiro», [poema 2]: (BN [PT, 1990: 197-198), (BN [PT, 1996: 197-198), (BN, 2010: 76), (BN, 2013: 76).

Não integra: (OPC, 2004), (OC, 2009), (PC, 2014).

[13] da → de (BN [PT, 1990: 197), (BN [PT, 1996: 197), (BN, 2010: 76), (BN, 2013: 76).

[De tarde, o galo anuncia a aurora,] 7 pub. vs. 2 vers.

Integra o ciclo de 16 poemas «Poemas Zen», [poema 3]: (BN, 1968: 107), (BN [PT, 1973: 252; 2.º texto-base), (BN [PT, 1981: 259), (BN [PT, 1990: 199), (BN [PT, 1996: 199), (BN, 2010: 81), (BN, 2013: 81).

Não integra: (OPC, 2004), (OC, 2009), (PC, 2014).

[1] tarde, → tarde (BN [PT, 1990: 199), (BN [PT, 1996: 199), (BN, 2010: 81), (BN, 2013: 81).

DECEPÇÃO [Disseram que a minha Layla vive em Tayma',] 7 pub. vs. 2 vers.

Integra o ciclo de quatro poemas «Quatro Poemas Árabes», [poema 3]: (BN, 1968: 129), (BN [PT, 1973: 262; 2.º texto-base), (BN [PT, 1981: 270), (BN [PT, 1990: 207), (BN [PT, 1996: 207), (BN, 2010: 103), (BN, 2013: 103).

Não integra: (OPC, 2004), (OC, 2009), (PC, 2014).

[1] Tayma', → Tayma, (BN [PT, 1990: 207), (BN [PT, 1996: 207), (BN, 2010: 103), (BN, 2013: 103).

[3] do → de (BN [PT, 1990: 207), (BN [PT, 1996: 207), (BN, 2010: 103), (BN, 2013: 103).

[Pelo meio do arrozal] 7 pub. vs. 2 vers.

Integra o ciclo de 15 poemas «Quinze Haikais Japoneses», [poema 6]: (BN, 1968: 162), (BN [PT, 1973: 274; 2.º texto-base), (BN [PT, 1981: 284).

Integra o ciclo de 15 poemas «Quinze Haikus Japoneses», [poema 6]: (BN [PT, 1990: 220), (BN [PT, 1996: 220), (BN, 2010: 136), (BN, 2013: 136).

Não integra: (OPC, 2004), (OC, 2009), (PC, 2014).

[2] ameixieira — → ameixoeira — (BN [PT, 1990: 220), (BN [PT, 1996: 220), (BN, 2010: 136), (BN, 2013: 136).

[Caracol,] 7 pub. vs. 2 vers.

Integra o ciclo de 15 poemas «Quinze Haikais Japoneses», [poema 13]: (BN, 1968: 163), (BN [PT, 1973: 275; 2.º texto-base), (BN [PT, 1981: 286).

Integra o ciclo de 15 poemas «Quinze Haikus Japoneses», [poema 13]: (BN [PT, 1990: 221), (BN [PT, 1996: 221), (BN, 2010: 138), (BN, 2013: 138).

Não integra: (OPC, 2004), (OC, 2009), (PC, 2014).

[3] Fuji → Fouji (BN, 1968: 163).

CANTOS ALTERNADOS [Sou como uma peça de seda cor-de-rosa,] 7 pub. vs. 2 vers.

Integra o ciclo de dois poemas «Poemas Indochineses», [poema 1]: (BN, 1968: 167-168), (BN [PT, 1973: 276-277; 2.º texto-base), (BN [PT, 1981: 287-288), (BN [PT, 1990: 223-224), (BN [PT, 1996: 223-224), (BN, 2010: 141-142), (BN, 2013: 141-142).

Não integra: (OPC, 2004), (OC, 2009), (PC, 2014).

[22] ùnicamente → unicamente (BN [PT, 1981: 288), (BN [PT, 1990: 224), (BN [PT, 1996: 224), (BN, 2010: 142), (BN, 2013: 142).

[Ouve-se a água bater no coração do coco verde,] 7 pub. vs. 2 vers.

Integra o ciclo de seis poemas «Canções Indonésias», [poema 3]: (BN, 1968: 175), (BN [PT, 1973: 278; 2.º texto-base), (BN [PT, 1981: 289), (BN [PT, 1990: 225), (BN [PT, 1996: 225), (BN, 2010: 147), (BN, 2013: 147).

Não integra: (OPC, 2004), (OC, 2009), (PC, 2014).

[3] em → nas (BN [PT, 1990: 225), (BN [PT, 1996: 225), (BN, 2010: 147), (BN, 2013: 147).

[4] em → na (BN [PT, 1990: 225), (BN [PT, 1996: 225), (BN, 2010: 147), (BN, 2013: 147).

[Abre o fruto de odor inquietante,] 7 pub. vs. 2 vers.

Integra o ciclo de seis poemas «Canções Indonésias», [poema 4]: (BN, 1968: 176), (BN [PT, 1973: 278; 2.º texto-base), (BN [PT, 1981: 290), (BN [PT, 1990: 225), (BN [PT, 1996: 225), (BN, 2010: 148), (BN, 2013: 148).

Não integra: (OPC, 2004), (OC, 2009), (PC, 2014).

[3] de → dos (BN [PT, 1990: 225), (BN [PT, 1996: 225), (BN, 2010: 148), (BN, 2013: 148).

[Não há raiz da vida,] 7 pub. vs. 2 vers.

Integra o ciclo de nove poemas «Canções Malgaxes», [poema 6]: (BN, 1968: 190), (BN [PT, 1973: 283; 2.º texto-base), (BN [PT, 1981: 294-295), (BN [PT, 1990: 230), (BN [PT, 1996: 230), (BN, 2010: 156-157), (BN, 2013: 156-157).

Não integra: (OPC, 2004), (OC, 2009), (PC, 2014).

[4] se rasgou. → rasgou-se. (BN [PT, 1981: 294), (BN [PT, 1990: 230), (BN [PT, 1996: 230), (BN, 2010: 156), (BN, 2013: 156).

[Rapariga sòzinha na ilha, rapariga] 7 pub. vs. 2 vers.

Integra o ciclo de nove poemas «Canções Malgaxes», [poema 9]: (BN, 1968: 193), (BN [PT, 1973: 284; 2.º texto-base), (BN [PT, 1981: 295-296), (BN [PT, 1990: 231), (BN [PT, 1996: 231), (BN, 2010: 157-158), (BN, 2013: 157-158).

Não integra: (OPC, 2004), (OC, 2009), (PC, 2014).

[1] sòzinha → sozinha (BN [PT, 1981: 295), (BN [PT, 1990: 231), (BN [PT, 1996: 231), (BN, 2010: 157), (BN, 2013: 157).

PINTURA NA AREIA [Para curar-me, o feiticeiro] 7 pub. vs. 2 vers.

Integra o ciclo de nove poemas «Poemas dos Peles-Vermelhas», [poema 5]: (BN, 1968: 214), (BN [PT, 1973: 291-292; 2.º texto-base), (BN [PT, 1981: 305), (BN [PT, 1990: 238-239), (BN [PT, 1996: 238-239), (BN, 2010: 176), (BN, 2013: 176).

Não integra: (OPC, 2004), (OC, 2009), (PC, 2014).

[13-14] nada / ficou senão o símbolo de → areia / nada ficou senão o símbolo das (BN [PT, 1990: 239), (BN [PT, 1996: 239), (BN, 2010: 176), (BN, 2013: 176).

A YUCCA [Mesmo diante da casa, no alto] 7 pub. vs. 3 vers.

Integra o ciclo de nove poemas «Poemas dos Peles-Vermelhas», [poema 8]: (BN, 1968: 217-218), (BN [PT, 1973: 293-294; 2.º texto-base), (BN [PT, 1981: 307).

Integra: (BN [PT, 1990: 240-241), (BN [PT, 1996: 240-241), (BN, 2010: 179-180), (BN, 2013: 179-180), com o título «A Iúca».

Não integra: (OPC, 2004), (OC, 2009), (PC, 2014).

[3] yucca — → iúca, (BN [PT, 1990: 240), (BN [PT, 1996: 240), (BN, 2010: 179), (BN, 2013: 179).

[12] Ha-ha! → Ah, ah! (BN [PT, 1981: 307), (BN [PT, 1990: 240), (BN [PT, 1996: 240), (BN, 2010: 179), (BN, 2013: 179).

[13] «E → E (BN [PT, 1981: 307), (BN [PT, 1990: 240), (BN [PT, 1996: 240), (BN, 2010: 179), (BN, 2013: 179).

[14] Porque → «Porque (BN [PT, 1981: 307), (BN [PT, 1990: 240), (BN [PT, 1996: 240), (BN, 2010: 179), (BN, 2013: 179).

[15] Ha-ha! → Ah, ah! (BN [PT, 1981: 307), (BN [PT, 1990: 240), (BN [PT, 1996: 240), (BN, 2010: 179), (BN, 2013: 179).

[16] Mas, no meio da manhã, → Mas no meio da manhã (BN [PT, 1990: 240), (BN [PT, 1996: 240), (BN, 2010: 179), (BN, 2013: 179).

[18] yucca, → iúca, (BN [PT, 1990: 240), (BN [PT, 1996: 240), (BN, 2010: 180), (BN, 2013: 180).

DONS DO AMANTE [Sobre a tua cabeleira hei-de pôr, para as núpcias,] 7 pub. vs. 2 vers.

Integra o ciclo de nove poemas «Poemas dos Peles-Vermelhas», [poema 9]: (BN, 1968: 220), (BN [PT, 1973: 294-295; 2.º texto-base), (BN [PT, 1981: 308), (BN [PT, 1990: 241), (BN [PT, 1996: 241), (BN, 2010: 181), (BN, 2013: 181).

Não integra: (OPC, 2004), (OC, 2009), (PC, 2014).

[2] borboletas, → borboletas (BN [PT, 1990: 241), (BN [PT, 1996: 241), (BN, 2010: 181), (BN, 2013: 181).

TODAS PÁLIDAS, AS REDES METIDAS NA VOZ. [Todas pálidas, as redes metidas na voz.] 9 pub. vs. 2 vers.

Integra: (E, 1964: 34-36), (ML [OC, 1967: 234-236; 1.º texto-base), (ML [PT, 1973: 34-36), (ML [PT, 1981: 338-340), (ML [PT, 1990: 264-265), (ML [PT, 1996: 264-265), (ML [OPC,

2004: 206-207), (ML [OC, 2009: 206-207), (ML [PC, 2014: 206-207).

[2] Cantando, → Cantando (ML [PT, 1990: 264), (ML [PT, 1996: 264), (ML [OPC, 2004: 206), (ML [OC, 2009: 206), (ML [PC, 2014: 206).

[13] Deus, como num livro, → Deus como num livro (ML [PT, 1990: 264), (ML [PT, 1996: 264), (ML [OPC, 2004: 206), (ML [OC, 2009: 206), (ML [PC, 2014: 206).

[22] fora, → fora (ML [PT, 1990: 264), (ML [PT, 1996: 264), (ML [OPC, 2004: 206), (ML [OC, 2009: 206), (ML [PC, 2014: 206).

[27] remando, todo pálido, → remando todo pálido (ML [PT, 1990: 264), (ML [PT, 1996: 264), (ML [OPC, 2004: 207), (ML [OC, 2009: 207), (ML [PC, 2014: 207).

[35] fora, → fora (ML [PT, 1990: 265), (ML [PT, 1996: 265), (ML [OPC, 2004: 207), (ML [OC, 2009: 207), (ML [PC, 2014: 207).

[43] para a → para (ML [PT, 1990: 265), (ML [PT, 1996: 265), (ML [OPC, 2004: 207), (ML [OC, 2009: 207), (ML [PC, 2014: 207).

A MÁQUINA DE EMARANHAR PAISAGENS [*E chamou Deus à luz Dia; e às trevas chamou Noite; e fez-se a tarde, e fez-se a manhã, dia primeiro.*] 8 pub. vs. 2 vers.

Publicado pela primeira vez, em volume, em *Ofício Cantante*, 1967, na Portugália Editora: (MEP [OC, 1967). Existe, apenas, enquanto volume integrado em volumes reunidos.

Integra: (MEP [OC, 1967: 247-253; 1.º texto-base), (MEP [PT, 1973: 47-53), (MEP [PT, 1981: 349-355), (MEP [PT, 1990: 273-278), (MEP [PT, 1996: 273-278), (MEP [OPC, 2004: 215-221), (MEP [OC, 2009: 215-221), (MEP [PC, 2014: 215-221).

[3] *fez* → *fez a* (ML [PT, 1990: 275), (ML [PT, 1996: 275), (MEP [OPC, 2004: 217), (MEP [OC, 2009: 217), (MEP [PC, 2014: 217).

[6] *e se tornou o sol* → *e o sol tornou-se* (MEP [PT, 1990: 275), (MEP [PT, 1996: 275), (MEP [OPC, 2004: 217), (MEP [OC, 2009: 217), (MEP [PC, 2014: 217).

[7] *se tornou* → *tornou-se* (MEP [PT, 1990: 275), (MEP [PT, 1996: 275), (MEP [OPC, 2004: 217), (MEP [OC, 2009: 217), (MEP [PC, 2014: 217).

[10] *se retirou* → *retirou-se* (MEP [PT, 1990: 275), (MEP [PT, 1996: 275), (MEP [OPC, 2004: 217), (MEP [OC, 2009: 217), (MEP [PC, 2014: 217).

[31] terramoto → terramoto, (MEP [PT, 1990: 275), (MEP [PT, 1996: 275), (MEP [OPC, 2004: 218), (MEP [OC, 2009: 218), (MEP [PC, 2014: 218).

[31] se tornou o sol → o sol tornou-se (MEP [PT, 1990: 275), (MEP [PT, 1996: 275), (MEP [OPC, 2004: 218), (MEP [OC, 2009: 218), (MEP [PC, 2014: 218).

[32] se tornou → tornou-se (MEP [PT, 1990: 275), (MEP [PT, 1996: 275), (MEP [OPC, 2004: 218), (MEP [OC, 2009: 218), (MEP [PC, 2014: 218).

[32] fez-se → fez-se a (MEP [PT, 1990: 275), (MEP [PT, 1996: 275), (MEP [OPC, 2004: 218), (MEP [OC, 2009: 218), (MEP [PC, 2014: 218).

[34] se retirou → retirou-se (MEP [PT, 1990: 275), (MEP [PT, 1996: 275), (MEP [OPC, 2004: 218), (MEP [OC, 2009: 218), (MEP [PC, 2014: 218).

[46] —— → ——, (MEP [PT, 1990: 276), (MEP [PT, 1996: 276), (MEP [OPC, 2004: 218), (MEP [OC, 2009: 218), (MEP [PC, 2014: 218).

[65] mortos → os mortos (MEP [PT, 1990: 276), (MEP [PT, 1996: 276), (MEP [OPC, 2004: 219), (MEP [OC, 2009: 219), (MEP [PC, 2014: 219).

[68] fez → fez-se a (MEP [PT, 1990: 276), (MEP [PT, 1996: 276), (MEP [OPC, 2004: 219), (MEP [OC, 2009: 219), (MEP [PC, 2014: 219).

[77] negro sol → sol negro (MEP [PT, 1990: 277), (MEP [PT, 1996: 277), (MEP [OPC, 2004: 219), (MEP [OC, 2009: 219), (MEP [PC, 2014: 219).

[78-79] firmamento, firmamento → firmamento (MEP [PT, 1990: 277), (MEP [PT, 1996: 277), (MEP [OPC, 2004: 219), (MEP [OC, 2009: 219), (MEP [PC, 2014: 219).

[84] vermelhas ilhas → ilhas vermelhas (MEP [PT, 1990: 277), (MEP [PT, 1996: 277), (MEP [OPC, 2004: 219), (MEP [OC, 2009: 219), (MEP [PC, 2014: 219).

[85] arrastados montes → montes arrastados (MEP [PT, 1990: 277), (MEP [PT, 1996: 277), (MEP [OPC, 2004: 219), (MEP [OC, 2009: 219), (MEP [PC, 2014: 219).

[90] brancos mortos → mortos brancos (MEP [PT, 1990: 277), (MEP [PT, 1996: 277), (MEP [OPC, 2004: 220), (MEP [OC, 2009: 220), (MEP [PC, 2014: 220).

[99] vermelhas fábulas → fábulas vermelhas (MEP [PT, 1990: 277), (MEP [PT, 1996: 277), (MEP [OPC, 2004: 220), (MEP [OC, 2009: 220), (MEP [PC, 2014: 220).

[103-104] cegamente a luz rasgou os aniquilados seres → a luz rasgou cegamente os seres aniquilados (MEP [PT, 1990: 277), (MEP [PT, 1996: 277), (MEP [OPC, 2004: 220), (MEP [OC, 2009: 220), (MEP [PC, 2014: 220).

[113] verdes mortos... → mortos verdes... (MEP [PT, 1990: 278), (MEP [PT, 1996: 278), (MEP [OPC, 2004: 221), (MEP [OC, 2009: 221), (MEP [PC, 2014: 221).

[116] colina antiga → antiga colina (MEP [PT, 1990: 278), (MEP [PT, 1996: 278), (MEP [OPC, 2004: 221), (MEP [OC, 2009: 221), (MEP [PC, 2014: 221).

IV [Há gente que dá cravos, e se assusta.] 3 pub. vs. 2 vers.

Integra o ciclo de sete textos «Artes e Ofícios», [texto] V: (RM, 1967: 33-34).

Integra o ciclo de seis textos «Artes e Ofícios», [texto] IV: (RM [PT, 1973: 90-91; 2.º texto-base), (RM [PT, 1981: 392-393).

Não integra: (PT, 1990), (PT, 1996), (OPC, 2004), (OC, 2009), (PC, 2014).

[13] ritmicamente → ritmicamente (RM [PT, 1981: 392).

II [Havia uma cidade em espanto linear a cavalo noutra cidade em geometria ambígua,] 3 pub. vs. 2 vers.

Integra o ciclo de 12 textos «Os Animais Carnívoros», [texto 2]: (VA, 1971: 17-18).

Integra o ciclo de 12 textos «Os Animais Carnívoros», [texto] II: (RM [PT, 1973: 114; 2.º texto-base), (RM [PT, 1981: 417).

Não integra: (PT, 1990), (PT, 1996), (OPC, 2004), (OC, 2009), (PC, 2014).

[15] éramos → eramos (RM [PT, 1981: 417).

I [O marceneiro louco faz cadeiras para que a noite se sente.] 3 pub. vs. 2 vers.

Integra o ciclo de sete textos «Artes e Ofícios», [texto] VI: (RM, 1967: 35).

Integra o ciclo de 13 textos «Estúdio», [texto] I (RM [PT, 1973: 125; 2.º texto--base), (RM [PT, 1981: 428).

Não integra: (PT, 1990), (PT, 1996), (OPC, 2004), (OC, 2009), (PC, 2014).

[2] amor, → amor (RM [PT, 1981: 428).

[4] verdade, → verdade (RM [PT, 1981: 428).

III [É ainda o teu retrato com a brusca cabeleira de prata.] 3 pub. vs. 2 vers.

Integra o ciclo de sete textos «Artes e Ofícios», [texto] IV: (RM, 1967: 31-32).

Integra o ciclo de 13 textos «Estúdio», [texto] III: (RM [PT, 1973: 127; 2.º texto-base), (RM [PT, 1981: 430).

Não integra: (PT, 1990), (PT, 1996), (OPC, 2004), (OC, 2009), (PC, 2014).

[2] Sòmente → Somente (RM [PT, 1981: 430).

IV [Recordo a bebedeira amarela das luzes, as ilhas sonoras e o terror das visões antigas.] 3 pub. vs. 2 vers.

Integra o ciclo de 12 textos «Estúdio», [texto] III: (RM, 1967: 61-62).

Integra o ciclo de 13 textos «Estúdio», [texto] IV: (RM [PT, 1973: 128; 2.º texto-base), (RM [PT, 1981: 431).

Não integra: (PT, 1990), (PT, 1996), (OPC, 2004), (OC, 2009), (PC, 2014).

[17] terrivelmente → terrivelmente (RM [PT, 1981: 431).

VII [Eu via o dorso dos vestidos, suas cruas pétalas desalojando-se da madeira morta.] 3 pub. vs. 2 vers.

Integra o ciclo de 12 textos «Estúdio», [texto] VI: (RM, 1967: 67).

Integra o ciclo de 13 textos «Estúdio», [texto] VII: (RM [PT, 1973: 131; 2.º texto-base), (RM [PT, 1981: 434).

Não integra: (PT, 1990), (PT, 1996), (OPC, 2004), (OC, 2009), (PC, 2014).

[14] se ilumina → ilumina-se (RM [PT, 1981: 434).

V [O dia começa a meter-se para dentro.] 4 pub. vs. 2 vers.

Integra o ciclo de sete textos «As Palavras», [5.ª parte, texto 5]:
(AR, 1968: 189-190).

Integra o ciclo de nove textos «Festas do Crime», [texto 7]:
(VA, 1971: 65-67).

Integra o ciclo de sete textos «Vocação Animal», [texto] V:
(RM [PT, 1973: 147-148; 2.º texto-base), (RM [PT, 1981: 450-451).

Não integra: (PT, 1990), (PT, 1996), (OPC, 2004), (OC, 2009), (PC, 2014).

[35] pêras → peras (AR, 1968: 190), (VA, 1971: 67).

VI [As flores que devoram mel ficam negras em frente dos espelhos.] 4 pub. vs. 2 vers.

Integra o ciclo de sete textos «As Palavras», [5.ª parte, texto 6]:
(AR, 1968: 190-192).

Integra ciclo de nove textos «Festas do Crime», [texto 8]: (VA, 1971: 69-71).

Integra o ciclo de sete textos «Vocação Animal», [texto] VI:
(RM [PT, 1973: 149-150; 2.º texto-base), (RM [PT, 1981: 452-453).

Não integra: (PT, 1990), (PT, 1996), (OPC, 2004), (OC, 2009), (PC, 2014).

[13] cor-de-laranja. → cor de laranja. (VA, 1971: 70).

KODAK [Toda a profissão é hidrográfica: flui] 2 pub. vs. 2 vers.

Publicado pela primeira vez, em volume, em *Poesia Toda*, 1973, na Plátano Editora: (K [PT, 1973). Existe, apenas, enquanto volume integrado em volumes reunidos. [pelas razões apontadas no Mapeamento 2.1., Kodak, 1984 não pôde ser incluído neste trabalho]

Integra: (K [PT, 1973: 161-170; 2.º texto-base), (K [PT, 1981: 465-474).

Não integra: (PT, 1990), (PT, 1996), (OPC, 2004), (OC, 2009), (PC, 2014).

[115] imòvelmente → imovelmente (K [PT, 1981: 471).

BICICLETA [Lá vai a bicicleta do poeta em direcção] 8 pub. vs. 2 vers.

Integra: (CCL [PT, 1973: 173-175; 2.º texto-base), (CCL [PT, 1981: 477-479), (CCL [PT, 1990: 295-296), (CCL [PT, 1996: 295-296), (CCL [OPC, 2004: 243-244), (CCL [OC, 2009: 243-244), (CCL [PC, 2014: 243-244).

Integra «(Cinco canções lacunares)», [único poema]: (CCL [FNCF, 2008: 48-49); retira o título do poema.

[18] sàbiamente → sabiamente (CCL [PT, 1981: 478), (CCL [PT, 1990: 295), (CCL [PT, 1996: 295), (CCL [OPC, 2004: 243), (CCL [FNCF, 2008: 48), (CCL [OC, 2009: 243), (CCL [PC, 2014: 243).

CANÇÃO DESPOVOADA [Num tempo sentado em seda, uma mulher imersa] 7 pub. vs. 3 vers.

Integra: (CCL [PT, 1973: 176-178; 2.º texto-base), (CCL [PT, 1981: 480-482), (CCL [PT, 1990: 297-298), (CCL [PT, 1996: 297-298), (CCL [OPC, 2004: 245-247), (CCL [OC, 2009: 245-247), (CCL [PC, 2014: 245-247).

[41] ciclámen → ciclâmen (CCL [PT, 1981: 481); ciclámen → cíclame (CCL [PT, 1990: 298), (CCL [PT, 1996: 298), (CCL [OPC, 2004: 246), (CCL [OC, 2009: 246), (CCL [PC, 2014: 246).

[toda, a doçura trepida, toda ameaçada,] 8 pub. vs. 2 vers.

Integra o ciclo de 10 poemas, *Os Brancos Arquipélagos*, [poema 2]: (BA [PT, 1973: 192; 2.º texto-base), (BA [PT, 1981: 496), (BA [PT, 1990: 311-312), (BA [PT, 1996: 311-312), (BA [OPC, 2004: 262), (BA [OC, 2009: 262), (BA [PC, 2014: 262).

Integra o ciclo de 10 poemas «(Os brancos arquipélagos)», [poema 2]: (BA [FNCF, 2008: 50-51); retira os asteriscos que separam os poemas.

[10] ozone, → ozono, (BA [PT, 1990: 312), (BA [PT, 1996: 312), (BA [OPC, 2004: 262), (BA [FNCF, 2008: 51), (BA [OC, 2009: 262), (BA [PC, 2014: 262).

TEXTO 1 [Todo o discurso é apenas o símbolo de uma inflexão] 7 pub. vs. 3 vers.

Integra o ciclo de 12 poemas *Antropofagias*, [poema] 1: (A [PT, 1973: 203-204; 2.º texto-base), (A [PT, 1981: 507-508), (A [PT, 1990: 321-322), (A [PT, 1996: 321-322), (A [OPC, 2004: 273-274), (A [OC, 2009: 273-274), (A [PC, 2014: 273-274).

[7] pré-existir → preexistir (A [PT, 1990: 321), (A [PT, 1996: 321), (A [OPC, 2004: 273), (A [OC, 2009: 273), (A [PC, 2014: 273).

[21] etc → etc. (A [PT, 1981: 508), (A [PT, 1990: 321), (A [PT, 1996: 321), (A [OPC, 2004: 273), (A [OC, 2009: 273), (A [PC, 2014: 273).

[40] oblìquamente → obliquamente (A [PT, 1981: 508), (A [PT, 1990: 322), (A [PT, 1996: 322), (A [OPC, 2004: 274), (A [OC, 2009: 274), (A [PC, 2014: 274).

TEXTO 4 [Eu podia abrir um mapa: «o corpo» com relevos crepitantes] 7 pub. vs. 3 vers.

Integra o ciclo de 12 poemas *Antropofagias*, [poema] 4: (A [PT, 1973: 209-210; 2.º texto-base), (A [PT, 1981: 513-514), (A [PT, 1990: 327-328), (A [PT, 1996: 327-328), (A [OPC, 2004: 279-280), (A [OC, 2009: 279-280), (A [PC, 2014: 279-280).

[31] ràpidamente → rapidamente (A [PT, 1981: 514), (A [PT, 1990: 327), (A [PT, 1996: 327), (A [OPC, 2004: 280), (A [OC, 2009: 280), (A [PC, 2014: 280).

[37] sub-solo → subsolo (A [PT, 1990: 328), (A [PT, 1996: 328), (A [OPC, 2004: 280), (A [OC, 2009: 280), (A [PC, 2014: 280).

TEXTO 6 [Não se esqueçam de uma energia bruta e de uma certa] 7 pub. vs. 2 vers.

Integra o ciclo de 12 poemas *Antropofagias*, [poema] 6: (A [PT, 1973: 213-214; 2.º texto-base), (A [PT, 1981: 517-518), (A [PT, 1990: 331-332), (A [PT, 1996: 331-332), (A [OPC, 2004: 283-284), (A [OC, 2009: 283-284), (A [PC, 2014: 283-284).

[39] continuamente → continuamente (A [PT, 1981: 518), (A [PT, 1990: 332), (A [PT, 1996: 332), (A [OPC, 2004: 284), (A [OC, 2009: 284), (A [PC, 2014: 284).

TEXTO 7 [Tenho uma pequena coisa africana para dizer aos senhores] 9 pub. vs. 2 vers.

Integra o ciclo de 12 poemas *Antropofagias*, [poema] 7: (A [PT, 1973: 215-216; 2.º texto-base), (A [PT, 1981: 519-520), (A [PT, 1990: 333-334), (A [PT, 1996: 333-334), (A [OPC, 2004: 285-286), (A [OC, 2009: 285-286), (A [PC, 2014: 285-286).

Integra o ciclo de dois poemas «(Antropofagias)», [poema 2]: (A [OPC-S, 2001: 51-53), (A [FNCF, 2008: 60-62); retira o título do poema.

[33] animalidades imóveis → imóveis animalidades (A [PT, 1990: 333), (A [PT, 1996: 333), (A [OPC-S, 2001: 52), (A [OPC, 2004: 286), (A [FNCF, 2008: 61), (A [OC, 2009: 286), (A [PC, 2014: 286).

TEXTO 8 [Nenhuma atenção se esqueceu de me cravar os dedos] 7 pub. vs. 2 vers.

Integra o ciclo de 12 poemas *Antropofagias*, [poema] 8: (A [PT, 1973: 217-219; 2.º texto-base), (A [PT, 1981: 521-523), (A [PT, 1990: 335-336), (A [PT, 1996: 335-336), (A [OPC, 2004: 287-288), (A [OC, 2009: 287-288), (A [PC, 2014: 287-288).

[37] exameiem → enxameiem (A [PT, 1990: 336), (A [PT, 1996: 336), (A [OPC, 2004: 288), (A [OC, 2009: 288), (A [PC, 2014: 288).

TEXTO 9 [Porque também «isso» acontece dizer-se que se lavra] 7 pub. vs. 3 vers.

Integra o ciclo de 12 poemas *Antropofagias*, [poema] 9: (A [PT, 1973: 220-221; 2.º texto-base), (A [PT, 1981: 524-525), (A [PT, 1990: 337-338), (A [PT, 1996: 337-338), (A [OPC, 2004: 289-290), (A [OC, 2009: 289-290), (A [PC, 2014: 289-290).

[6] sùbitamente → subitamente (A [PT, 1981: 524), (A [PT, 1990: 337), (A [PT, 1996: 337), (A [OPC, 2004: 289), (A [OC, 2009: 289), (A [PC, 2014: 289).

[26] conversa cerrada → cerrada conversa (A [PT, 1990: 337), (A [PT, 1996: 337), (A [OPC, 2004: 290), (A [OC, 2009: 290), (A [PC, 2014: 290).

4. [Não se pode tocar na dança. Toda essa fogueira.] 7 pub. vs. 3 vers.

Integra o ciclo de cinco poemas «E Outros Exemplos», [poema] 4.: (C, 1977: 74-76).

Integra o ciclo de quatro poemas «E Outros Exemplos», [poema] 4.: (C [PT, 1981: 583-583; 3.º texto-base).

Integra o ciclo de cinco poemas *Exemplos*, [poema] 5.: (EX [PT, 1990: 389-390), (EX [PT, 1996: 389-390), (EX [OPC, 2004: 345-346), (EX [OC, 2009: 315-316), (EX [PC, 2014: 315-316).

Não integra: (EX [OPC-S, 2001), (EX [FNCF, 2008).

[33] Os quartos vergam-se. → Vergam-se os quartos. (EX [PT, 1990: 390), (EX [PT, 1996: 390), (EX [OPC, 2004: 346), (EX [OC, 2009: 316), (EX [PC, 2014: 316).

[37] torácica → toráxica (C, 1977: 75).

(similia similibus) [Quem deita sal na carne crua deixa] 13 pub. vs. 2 vers.

> Integra: (P&V, 1979: 53-54), (P&V, 1987: 50-51), (P&V, 1995: 50-51), (P&V, 2006: 48-49), (P&V, 2013: 48-49).
>
> Integra o ciclo de seis poemas «De "Photomaton & Vox"», [poema 3]: (P&V [PT, 1981: 605-606; 3.º texto-base), (P&V [PT, 1990: 409-410), (P&V [PT, 1996: 409-410).
>
> Integra o ciclo de seis poemas *Dedicatória*, [poema 3]: (D [OPC, 2004: 367-368), (D [OC, 2009: 337-338), (D [PC, 2014: 337-338).
>
> Integra o ciclo de seis poemas «(Dedicatória)», [poema 3]: (D [OPC-S, 2001: 68-69), (D [FNCF, 2008: 77-78); retira o título do poema.
>
> [43] madeira ou barro → barro ou madeira (P&V [PT, 1990: 410), (P&V, 1995: 51), (P&V [PT, 1996: 410), (D [OPC-S, 2001: 69), (D [OPC, 2004: 368), (P&V, 2006: 49), (D [FNCF, 2008: 78), (D [OC, 2009: 338), (P&V, 2013: 49), (D [PC, 2014: 338).

[Em quartos abalados trabalho na massa tremenda] 7 pub. vs. 2 vers.

> Integra o ciclo de 12 poemas *Flash*, [poema 1, 2.ª parte]: (FL, 1980: 10-11), (FL [PT, 1981: 622-623; 3.º texto-base), (FL [PT, 1990: 423-424), (FL [PT, 1996: 423-424), (FL [OPC, 2004: 384-385), (FL [OC, 2009: 354-355), (FL [PC, 2014: 354-355).
>
> [7] sixtinos → sistinos (FL [PT, 1990: 423), (FL [PT, 1996: 423), (FL [OPC, 2004: 384), (FL [OC, 2009: 354), (FL [PC, 2014: 354).

[Astro assoprado, sombria ligeireza, dom: eu sei.] 7 pub. vs. 2 vers.

Integra o ciclo de 12 poemas *Flash*, [poema 2, 2.ª parte]: (FL, 1980: 12-14), (FL [PT, 1981: 624-626; 3.º texto-base), (FL [PT, 1990: 425-426), (FL [PT, 1996: 425-426), (FL [OPC, 2004: 386-387), (FL [OC, 2009: 356-357), (FL [PC, 2014: 356-357).

[9] o casulo se tece, → se tece o casulo, (FL [PT, 1990: 425), (FL [PT, 1996: 425), (FL [OPC, 2004: 386), (FL [OC, 2009: 356), (FL [PC, 2014: 356).

[Os braços arvorados acima do trono, Com um rasgão luminoso] 6 pub. vs. 3 vers.

Integra o ciclo de cinco poemas «Todos os Dedos da Mão», [poema 2]: (CM, 1982: 22-23), (CM [PT, 1990: 448-449; 6.º texto-base), (CM [PT, 1996: 448-449), (CM [OPC, 2004: 412-413), (CM [OC, 2009: 382-383), (CM [PC, 2014: 382-383).

[4] Astro → astro (CM [OPC, 2004: 412), (CM [OC, 2009: 382), (CM [PC, 2014: 382).

[35] e → E (CM, 1982: 23), (CM [OPC, 2004: 413), (CM [OC, 2009: 383), (CM [PC, 2014: 383).

— *Iniji* — *(Henri Michaux)* [Não pode mais, Iniji] 5 pub. vs. 2 vers.

Integra: (M, 1987: 14-24), (M, 1988: 14-22), (M [PT, 1990: 469-477; 6.º texto-base), (M [PT, 1996: 469-477), (M, 2010: 16-25).

Não integra: (OPC, 2004), (OC, 2009), (PC, 2014).

[166] apenas vapor → vapor apenas (M, 1987: 23).

[Ficas toda perfumada de passar por baixo do vento que vem] 6 pub. vs. 2 vers.

> Integra ciclo de sete poemas [ciclo sem título], [parte] 2, [poema 3]: (UC, 1988: 14), (UC [PT, 1990: 522; 6.º texto-base), (UC [PT, 1996: 522), (UC [OPC, 2004: 437), (UC [OC, 2009: 407), (UC [PC, 2014: 407).

> [5] antebraço e braço → antebraço, braço, (UC, 1988: 14).

[Entre varais de sal, no fundo, onde se fica cego.] 6 pub. vs. 2 vers.

> Integra ciclo de 23 poemas [ciclo sem título], [parte] 4, [poema 16]: (UC, 1988: 37), (UC [PT, 1990: 540; 6.º texto--base), (UC [PT, 1996: 540), (UC [OPC, 2004: 461), (UC [OC, 2009: 431), (UC [PC, 2014: 431).

> [17] revôlta, → révôlta, (UC [PT, 1996: 540).

[Dálias cerebrais de repente. Artesianas, irrigadas] 6 pub. vs. 2 vers.

> Integra ciclo de 23 poemas [ciclo sem título], [parte] 4, [poema 22]: (UC, 1988: 40-41), (UC [PT, 1990: 543; 6.º texto-base), (UC [PT, 1996: 543), (UC [OPC, 2004: 465), (UC [OC, 2009: 435), (UC [PC, 2014: 435).

> [3] sono. Álcoois, → sono — álcoois, (UC, 1988: 41).

> [4] drogas. Curvam → drogas: — Curvam (UC, 1988: 41).

[o fogo arrebata-se do gás até à cara, e lavra-a,] 3 pub. vs. 2 vers.

> Integra o ciclo de 89 poemas «(A faca não corta o fogo)», [poema 40]: (FNCF, 2008: 161-163).

Integra o ciclo de 99 poemas *A Faca Não Corta o Fogo*, [poema 46]: (FNCF [OC, 2009: 567-569; 8.º texto-base), (FNCF [PC, 2014: 567-569).

[37] vozes, → vozes vozes, (FNCF, 2008: 162).

[*(...) e escrever poemas cheios de honestidades várias e pequenas digitações gramaticais,*] 3 pub. vs. 2 vers.

Integra o ciclo de 89 poemas «(A faca não corta o fogo)», [poema 53]: (FNCF, 2008: 172-174).

Integra o ciclo de 99 poemas *A Faca Não Corta o Fogo*, [poema 59]: (FNCF [OC, 2009: 578-579; 8.º texto-base), (FNCF [PC, 2014: 578-579).

[15] extravasa → extravaza (FNCF, 2008: 173).

[irmãos humanos que depois de mim vivereis,] 2 pub. vs. 2 vers.

Integra o ciclo de 73 poemas *Servidões*, [poema 57]: (S, 2013: 90-91), (S [PC, 2014: 688; 9.º texto-base).

[32] melhor há-de medrar → há-de medrar melhor (S, 2013: 91).

[nunca estive numa só linha a tão vertiginosa altura,] 2 pub. vs. 2 vers.

Integra o ciclo de 28 poemas *A Morte Sem Mestre*, [poema 1]: (MM, 2014: 7), (MM [PC, 2014: 713; 9.º texto-base).

[3] do → ao (MM, 2014: 7).

[4] na → em (MM, 2014: 7).

[tão fortes eram que sobreviveram à língua morta] 2 pub. vs. 2 vers.

Integra o ciclo de 28 poemas *A Morte Sem Mestre*, [poema 9]: (MM, 2014: 20-21), (MM [PC, 2014: 722; 9.º texto-base).

[17] dias mais: → dias: mais: (MM, 2014: 21).

[estava o rei em suas câmaras, mandou que lhe trouxessem as fêmeas,] 2 pub. vs. 2 vers.

Integra o ciclo de 28 poemas *A Morte Sem Mestre*, [poema 17]: (MM, 2014: 34-38), (MM [PC, 2014: 733-736; 9.º texto-base).

[36] Marilyn, → Marylin, (MM, 2014: 36).

[37] Mahalia → Mahala (MM, 2014: 36).

[a burro velho dê-se-lhe uma pouca de palha velha] 2 pub. vs. 2 vers.

Integra o ciclo de 28 poemas *A Morte Sem Mestre*, [poema 22]: (MM, 2014: 43-47), (MM [PC, 2014: 741-744; 9.º texto-base).

[59] Pasárgada, → Parságada, (MM, 2014: 46).

[73] Pasárgada — → Parságada — (MM, 2014: 46).

APÊNDICE B

Mapeamento de poemas com alterações médias

Fonte: A. Couts (2017).

IV [A colher de súbito cai no silêncio da língua.] 9 pub. vs. 3 vers.

> Integra o ciclo de sete poemas «Elegia Múltipla», [poema] IV: (CB, 1961: 86), (CB [OC, 1967: 83-85; 1.º texto-base), (CB [PT, 1973: 79-81), (CB [PT, 1981: 81-83), (CB [PT, 1990: 59-60), (CB [PT, 1996: 59-60), (CB [OPC, 2004: 64-65), (CB [OC, 2009: 64-65), (CB [PC, 2014: 64-65).
>
> [6] de uma → da (CB [PT, 1990: 59), (CB [PT, 1996: 59), (CB [OPC, 2004: 64), (CB [OC, 2009: 64), (CB [PC, 2014: 64).
>
> [20] casto, → manso, (CB [PT, 1990: 59), (CB [PT, 1996: 59), (CB [OPC, 2004: 64), (CB [OC, 2009: 64), (CB [PC, 2014: 64).
>
> [20] por certo → uma (CB [PT, 1990: 59), (CB [PT, 1996: 59), (CB [OPC, 2004: 64), (CB [OC, 2009: 64), (CB [PC, 2014: 64).
>
> [21] de uma beleza confusa e evocativa. → beleza evocativa e confusa. (CB [PT, 1990: 59), (CB [PT, 1996: 59), (CB [OPC, 2004: 64), (CB [OC, 2009: 64), (CB [PC, 2014: 64).

[36] uma música, → música, (CB, 1961: 87), (CB [PT, 1990: 60), (CB [PT, 1996: 60), (CB [OPC, 2004: 65), (CB [OC, 2009: 65), (CB [PC, 2014: 65).

[Piedade, ó Deus, piedade!] 7 pub. vs. 2 vers.

Integra o ciclo de sete poemas «Salmos», [poema 5]: (BN, 1968: 44-45), (BN [PT, 1973: 218-219; 2.º texto-base), (BN [PT, 1981: 221-222), (BN [PT, 1990: 167-168), (BN [PT, 1996: 167-168), (BN, 2010: 20), (BN, 2013: 20).

Não integra: (OPC, 2004), (OC, 2009), (PC, 2014).

[8] fogo → fogos (BN [PT, 1990: 167), (BN [PT, 1996: 167), (BN, 2010: 20), (BN, 2013: 20).

[19] Oh, → Oh! (BN [PT, 1990: 168), (BN [PT, 1996: 168), (BN, 2010: 20), (BN, 2013: 20).

[Tu me sondas, Senhor, e me conheces.] 7 pub. vs. 2 vers.

Integra o ciclo de sete poemas «Salmos», [poema 7]: (BN, 1968: 46-48), (BN [PT, 1973: 220-221; 2.º texto-base), (BN [PT, 1981: 223-224), (BN [PT, 1990: 169-170), (BN [PT, 1996: 169-170), (BN, 2010: 22-23), (BN, 2013: 22-23).

Não integra: (OPC, 2004), (OC, 2009), (PC, 2014).

[9] de → a (BN [PT, 1990: 169), (BN [PT, 1996: 169), (BN, 2010: 22), (BN, 2013: 22).

PRIMEIRO POEMA [Sou morena mas bela, ó raparigas de Jerusalém,] 7 pub. vs. 2 vers.

Integra o ciclo de sete poemas, «Cântico dos Cânticos, de Salomão», [poema 1]: (BN, 1968: 52-55), (BN [PT, 1973: 223-

226; 2.º texto-base), (BN [PT, 1981: 226-229), (BN [PT, 1990: 171-174), (BN [PT, 1996: 171-174), (BN, 2010: 28-31), (BN, 2013: 28-31).

Não integra: (OPC, 2004), (OC, 2009), (PC, 2014).

[17] arrelada → atrelada (BN, 1968: 53), (BN [PT, 1981: 227), (BN [PT, 1990: 172), (BN [PT, 1996: 172), (BN, 2010: 29), (BN, 2013: 29).

[— Filho, e o papagaio que levanta a saia, e tira a capa, e a camisa, e o chapéu, e os sapatos?] 7 pub. vs. 2 vers.

Integra o ciclo de sete poemas «Enigmas», [poema 3]: (BN, 1968: 79).

Integra o ciclo de sete poemas «Enigmas Mayas», [poema 3]: (BN [PT, 1973: 241; 2.º texto-base).

Integra o ciclo de sete poemas «Enigmas Maias», [poema 3]: (BN [PT, 1981: 245), (BN [PT, 1990: 187), (BN [PT, 1996: 187), (BN, 2010: 51), (BN, 2013: 51).

Não integra: (OPC, 2004), (OC, 2009), (PC, 2014).

[3] levanta → inclina (BN, 1968: 79).

[— Filho, vai buscar-me uma mulher de Jalisco que tenha os cabelos em desordem e seja muito bela e virgem.] 7 pub. vs. 2 vers.

Integra o ciclo de sete poemas «Enigmas», [poema 6]: (BN, 1968: 80).

Integra o ciclo de sete poemas «Enigmas Mayas», [poema 6]: (BN [PT, 1973: 242; 2.º texto-base).

Integra o ciclo de sete poemas «Enigmas Maias», [poema 6]: (BN [PT, 1981: 246), (BN [PT, 1990: 188), (BN [PT, 1996: 188), (BN, 2010: 52), (BN, 2013: 52).

Não integra: (OPC, 2004), (OC, 2009), (PC, 2014).

[1] buscar-me → buscar (BN [PT, 1990: 188), (BN [PT, 1996: 188), (BN, 2010: 52), (BN, 2013: 52).

[— Uma velha com cabelos de feno branco e que vela à porta da casa?] 7 pub. vs. 2 vers.

Integra o ciclo de seis poemas «Enigmas Aztecas», [poema 2]: (BN, 1968: 83), (BN [PT, 1973: 243; 2.º texto-base).

Integra o ciclo de seis poemas «Enigmas Astecas», [poema 2]: (BN [PT, 1981: 247), (BN [PT, 1990: 189), (BN [PT, 1996: 189), (BN, 2010: 55), (BN, 2013: 55).

Não integra: (OPC, 2004), (OC, 2009), (PC, 2014).

[3] Uma → A (BN [PT, 1990: 189), (BN [PT, 1996: 189), (BN, 2010: 55), (BN, 2013: 55).

[— Uma coisa que caminha, levando à frente plumas vermelhas e que é seguida por um bando de corvos?] 7 pub. vs. 2 vers.

Integra o ciclo de seis poemas «Enigmas Aztecas», [poema 4]: (BN, 1968: 83), (BN [PT, 1973: 243; 2.º texto-base).

Integra o ciclo de seis poemas «Enigmas Astecas», [poema 4]: (BN [PT, 1981: 248), (BN [PT, 1990: 189), (BN [PT, 1996: 189), (BN, 2010: 55), (BN, 2013: 55).

Não integra: (OPC, 2004), (OC, 2009), (PC, 2014).

[1-2] vermelhas e que é → vermelhas, seguida (BN [PT, 1990: 189), (BN [PT, 1996: 189), (BN, 2010: 55), (BN, 2013: 55).

I [Deitada, repousa a flor. Deitado, além, repousa o canto.] 7 pub. vs. 2 vers.

Integra o ciclo de três poemas «Elogios», [poema] I: (BN, 1968: 87), (BN [PT, 1973: 244; 2.º texto-base), (BN [PT, 1981: 249), (BN [PT, 1990: 190), (BN [PT, 1996: 190), (BN, 2010: 59), (BN, 2013: 59).

Não integra: (OPC, 2004), (OC, 2009), (PC, 2014).

[6] o → um (BN, 1968: 87).

[Conduz o teu cavalo sobre o fio de uma espada,] 7 pub. vs. 2 vers.

Integra o ciclo de 16 poemas «Poemas Zen», [poema 8]: (BN, 1968: 108), (BN [PT, 1973: 253; 2.º texto-base), (BN [PT, 1981: 260), (BN [PT, 1990: 200), (BN [PT, 1996: 200), (BN, 2010: 82), (BN, 2013: 82).

Não integra: (OPC, 2004), (OC, 2009), (PC, 2014).

[2] chamas. → labaredas. (BN [PT, 1990: 200), (BN [PT, 1996: 200), (BN, 2010: 82), (BN, 2013: 82).

A BERINGELA [É um fruto de forma esférica, gosto vivo,] 7 pub. vs. 2 vers.

Integra o ciclo de 19 poemas «Poemas Arábico-Andaluzes», [poema 3]: (BN, 1968: 135), (BN [PT, 1973: 263-264; 2.º texto-base), (BN [PT, 1981: 272), (BN [PT, 1990: 209), (BN [PT, 1996: 209), (BN, 2010: 109), (BN, 2013: 109).

Não integra: (OPC, 2004), (OC, 2009), (PC, 2014).

[3] Cingido → Cingida (BN [PT, 1990: 209), (BN [PT, 1996: 209), (BN, 2010: 109), (BN, 2013: 109).

O DEDAL [Dedal dourado como o sol: todo se ilumina, se lhe bate a luz de uma estrela.] 7 pub. vs. 2 vers.

Integra o ciclo de 19 poemas «Poemas Arábico-Andaluzes», [poema 4]: (BN, 1968: 136), (BN [PT, 1973: 264; 2.º texto-base), (BN [PT, 1981: 272), (BN [PT, 1990: 209), (BN [PT, 1996: 209), (BN, 2010: 110), (BN, 2013: 110).

Não integra: (OPC, 2004), (OC, 2009), (PC, 2014).

[3] o tornar → torná-lo (BN [PT, 1981: 272), (BN [PT, 1990: 209), (BN [PT, 1996: 209), (BN, 2010: 110), (BN, 2013: 110).

O NADADOR NEGRO [Nadava um negro num lago,] 7 pub. vs. 2 vers.

Integra o ciclo de 19 poemas «Poemas Arábico-Andaluzes», [poema 8]: (BN, 1968: 140), (BN [PT, 1973: 266; 2.º texto-base), (BN [PT, 1981: 274-275), (BN [PT, 1990: 211), (BN [PT, 1996: 211), (BN, 2010: 114), (BN, 2013: 114).

Não integra: (OPC, 2004), (OC, 2009), (PC, 2014).

[3] pupila → íris (BN [PT, 1990: 211), (BN [PT, 1996: 211), (BN, 2010: 114), (BN, 2013: 114).

[4] menina do olho. → pupila. (BN [PT, 1990: 211), (BN [PT, 1996: 211), (BN, 2010: 114), (BN, 2013: 114).

[Perdi uma pérola na erva.] 7 pub. vs. 2 vers.

Integra o ciclo de seis poemas «Canções Indonésias», [poema 1]: (BN, 1968: 173), (BN [PT, 1973: 278; 2.º texto-base), (BN [PT, 1981: 289), (BN [PT, 1990: 225), (BN [PT, 1996: 225), (BN, 2010: 147), (BN, 2013: 147).

Não integra: (OPC, 2004), (OC, 2009), (PC, 2014).

[2] secreto → oculto (BN [PT, 1990: 225), (BN [PT, 1996: 225), (BN, 2010: 147), (BN, 2013: 147).

[És um fruto dourado, uma banana madura.] 7 pub. vs. 2 vers.

Integra o ciclo de nove poemas «Canções Malgaxes», [poema 3]: (BN, 1968: 187), (BN [PT, 1973: 282; 2.º texto-base), (BN [PT, 1981: 293-294), (BN [PT, 1990: 229), (BN [PT, 1996: 229), (BN, 2010: 155-156), (BN, 2013: 155-156).

Não integra: (OPC, 2004), (OC, 2009), (PC, 2014).

[1] um fruto dourado, → uma fruta dourada, (BN [PT, 1990: 229), (BN [PT, 1996: 229), (BN, 2010: 155), (BN, 2013: 155).

[5] mastiga, → devora, (BN [PT, 1990: 229), (BN [PT, 1996: 229), (BN, 2010: 156), (BN, 2013: 156).

[Tu eras na floresta um cardeal vermelho,] 7 pub. vs. 2 vers.

Integra o ciclo de nove poemas «Canções Malgaxes», [poema 8]: (BN, 1968: 192), (BN [PT, 1973: 284; 2.º texto-base), (BN [PT, 1981: 295), (BN [PT, 1990: 230-231), (BN [PT, 1996: 230-231), (BN, 2010: 157), (BN, 2013: 157).

Não integra: (OPC, 2004), (OC, 2009), (PC, 2014).

[2] aqui → de aqui (BN, 1968: 192).

[Vejo aproximarem-se os brancos cães da aurora:] 7 pub. vs. 2 vers.

>Integra o ciclo de seis poemas «Cinco Poemas Esquimós», [poema 4]: (BN, 1968: 204), (BN [PT, 1973: 287; 2.º texto-base), (BN [PT, 1981: 299), (BN [PT, 1990: 234), (BN [PT, 1996: 234), (BN, 2010: 166), (BN, 2013: 166).

>Não integra: (OPC, 2004), (OC, 2009), (PC, 2014).

>[2] amarro → atrelo (BN [PT, 1990: 234), (BN [PT, 1996: 234), (BN, 2010: 166), (BN, 2013: 166).

IV [Vou chamar-te vagarosa deambulação, também há lugares para estrelas dromedárias,] 3 pub. vs. 2 vers.

>Integra o ciclo de 12 textos «Os Animais Carnívoros», [texto 4]: (VA, 1971: 21-22).

>Integra o ciclo de 12 textos «Os Animais Carnívoros», [texto] IV: (RM [PT, 1973: 116; 2.º texto-base), (RM [PT, 1981: 419).

>Não integra: (PT, 1990), (PT, 1996), (OPC, 2004), (OC, 2009), (PC, 2014).

>[16] ar → mar (VA, 1971: 22).

X [Amadurecem países de geografia interior. Montanhas de neve ardem a caminho do céu verde.] 3 pub. vs. 2 vers.

>Integra o ciclo de 12 textos «Estúdio», [texto] IX: (RM, 1967: 71).

>Integra o ciclo de 13 textos «Estúdio», [texto] X: (RM [PT, 1973: 134; 2.º texto-base), (RM [PT, 1981: 437).

Não integra: (PT, 1990), (PT, 1996), (OPC, 2004), (OC, 2009), (PC, 2014).

[12] Ó → Oh (RM [PT, 1981: 437).

[16] Ó → Oh (RM [PT, 1981: 437).

[16] ó → oh (RM [PT, 1981: 437).

XII [*Com seus ramos de enxofre, a europa arde encostada ao dorso nocturno da lembrança.*] 3 pub. vs. 2 vers.

Integra o ciclo de 12 textos «Estúdio», [texto] XI: (RM, 1967: 74-75).

Integra o ciclo de 13 textos «Estúdio», [texto] XII: (RM [PT, 1973: 136-137; 2.º texto-base), (RM [PT, 1981: 439-440).

Não integra: (PT, 1990), (PT, 1996), (OPC, 2004), (OC, 2009), (PC, 2014).

[28] Ó → Oh (RM [PT, 1981: 440).

[o texto assim coagulado, alusivas braçadas] 8 pub. vs. 2 vers.

Integra o ciclo de 10 poemas, Os Brancos Arquipélagos, [poema 1]: (BA [PT, 1973: 191-192; 2.º texto-base), (BA [PT, 1981: 495-496), (BA [PT, 1990: 311), (BA [PT, 1996: 311), (BA [OPC, 2004: 261), (BA [OC, 2009: 261), (BA [PC, 2014: 261).

Integra o ciclo de 10 poemas «(Os brancos arquipélagos)», [poema 1]: (BA [FNCF, 2008: 50); retira os asteriscos que separam os poemas.

[5] pela branca → pelos brancos (BA [PT, 1990: 311), (BA [PT, 1996: 311), (BA [OPC, 2004: 261), (BA [FNCF, 2008: 50), (BA [OC, 2009: 261), (BA [PC, 2014: 261).

[6] cólera de janeiro, → tumultos do estio, (BA [PT, 1990: 311), (BA [PT, 1996: 311), (BA [OPC, 2004: 261), (BA [FNCF, 2008: 50), (BA [OC, 2009: 261), (BA [PC, 2014: 261).

[beleza de manhãs arrefecidas sobre o aniquilamento,] 8 pub. vs. 2 vers.

Integra o ciclo de 10 poemas, *Os Brancos Arquipélagos*, [poema 3]: (BA [PT, 1973: 192-193; 2.º texto-base), (BA [PT, 1981: 496-497), (BA [PT, 1990: 312), (BA [PT, 1996: 312), (BA [OPC, 2004: 262-263), (BA [OC, 2009: 262-263), (BA [PC, 2014: 262-263).

Integra o ciclo de 10 poemas «(Os brancos arquipélagos)», [poema 3]: (BA [FNCF, 2008: 51-52); retira os asteriscos que separam os poemas.

[5] vírgula, → pausa, (BA [PT, 1990: 312), (BA [PT, 1996: 312), (BA [OPC, 2004: 262), (BA [FNCF, 2008: 51), (BA [OC, 2009: 262), (BA [PC, 2014: 262).

TEXTO 5 [«Uma devassidão aracnídea» se se quiser] 7 pub. vs. 2 vers.

Integra o ciclo de 12 poemas *Antropofagias*, [poema] 5: (A [PT, 1973: 211-212; 2.º texto-base), (A [PT, 1981: 515-516), (A [PT, 1990: 329-330), (A [PT, 1996: 329-330), (A [OPC, 2004: 281-282), (A [OC, 2009: 281-282), (A [PC, 2014: 281-282).

[9] num → de um (A [PT, 1990: 329), (A [PT, 1996: 329), (A [OPC, 2004: 281), (A [OC, 2009: 281), (A [PC, 2014: 281).

TEXTO 11 [«Estudara» muito pouco o comportamento das paisagens] [512] 7 pub. vs. 2 vers.

Integra o ciclo de 12 poemas *Antropofagias*, [poema] 11: (A [PT, 1973: 224-225; 2.º texto-base), (A [PT, 1981: 528-529), (A [PT, 1990: 341-342), (A [PT, 1996: 341-342), (A [OPC, 2004: 293-294), (A [OC, 2009: 293-294), (A [PC, 2014: 293-294).

[3] virara-se bruscamente → bruscamente voltara-se (A [PT, 1990: 341), (A [PT, 1996: 341), (A [OPC, 2004: 293), (A [OC, 2009: 293), (A [PC, 2014: 293).

[A doçura, a febre e o medo sombriamente agravam] 5 pub. vs. 3 vers.

Integra o ciclo de 13 poemas «Cobra», [poema 9]: (C, 1977: 44-46), (C [PT, 1981: 557-559; 3.º texto-base).

Integra o ciclo de 13 poemas *Cobra*, [poema 9]: (C [PT, 1990: 370-371), (C [PT, 1996: 370-371), (C [OPC, 2004: 323-324).

Não integra: (OC, 2009), (PC, 2014).

[2] um, → como que um (C, 1977: 44); [verso sem indentação].

[7] estranha, é → estranha como (C, 1977: 44).

[9] a paixão do medo, → o medo como uma paixão, (C, 1977: 44).

[19] se → como (C, 1977: 44).

[19] pessoas → crianças (C [PT, 1990: 370), (C [PT, 1996: 370), (C [OPC, 2004: 323).

[21] são ainda → são (C [PT, 1990: 370), (C [PT, 1996: 370), (C [OPC, 2004: 323).

[23] De alto a baixo, → Debaixo para o alto, (C [PT, 1990: 370), (C [PT, 1996: 370), (C [OPC, 2004: 324).

[25] ou um → um (C [PT, 1990: 370), (C [PT, 1996: 370), (C [OPC, 2004: 324).

[27] África. → pedra. (C [PT, 1990: 370), (C [PT, 1996: 370), (C [OPC, 2004: 324).

[28] pelo circuito → pela volta (C [PT, 1990: 371), (C [PT, 1996: 371), (C [OPC, 2004: 324).

[35] como → das (C [PT, 1990: 371), (C [PT, 1996: 371), (C [OPC, 2004: 324).

[36] Este → É um (C [PT, 1990: 371), (C [PT, 1996: 371), (C [OPC, 2004: 324).

[39] sorvedouros da noite → ávidos (C [PT, 1990: 371), (C [PT, 1996: 371), (C [OPC, 2004: 324).

[40] — ávidos. → sorvedouros da noite. (C [PT, 1990: 371), (C [PT, 1996: 371), (C [OPC, 2004: 324).

[41] cavernas, → cavernas, os nossos mortos (C [PT, 1990: 371), (C [PT, 1996: 371), (C [OPC, 2004: 324).

[42] o → de (C [PT, 1990: 371), (C [PT, 1996: 371), (C [OPC, 2004: 324).

[46] O extremo lunar da casa, um transe, os olhos que se tornam secretos → Um transe, os olhos que se tornam secretos, o extremo lunar da casa (C [PT, 1990: 371), (C [PT, 1996: 371), (C [OPC, 2004: 324).

[Amo este verão negro com as furnas de onde se arrancam] 5 pub. vs. 3 vers.

Integra o ciclo de 13 poemas «Cobra», [poema 11]: (C, 1977: 49-50), (C [PT, 1981: 562-563; 3.º texto-base).

Integra o ciclo de 13 poemas *Cobra*, [poema 11]: (C [PT, 1990: 374), (C [PT, 1996: 374), (C [OPC, 2004: 327).

Não integra: (OC, 2009), (PC, 2014).

[4] atravessa → atravessam (C [PT, 1990: 374), (C [PT, 1996: 374), (C [OPC, 2004: 327).

[5] O pénis resplandece como → Resplandeço como um (C [PT, 1990: 374), (C [PT, 1996: 374), (C [OPC, 2004: 327).

[6] o ânus e a boca: espelhos. → a boca e o ânus, como os arcos de um espelho. (C [PT, 1990: 374), (C [PT, 1996: 374), (C [OPC, 2004: 327).

[19] cabeças, esses → cabeças como (C, 1977: 50).

[21] Este verso é a continuação do verso anterior: (C, 1977: 50).

[Deixarei os jardins a brilhar com seus olhos] 5 pub. vs. 3 vers.

Integra o ciclo de 13 poemas «Cobra», [poema 13]: (C, 1977: 54-55), (C [PT, 1981: 567-568; 3.º texto-base).

Integra o ciclo de 13 poemas *Cobra*, [poema 13]: (C [PT, 1990: 377-378), (C [PT, 1996: 377-378), (C [OPC, 2004: 331-332).

Não integra: (OC, 2009), (PC, 2014).

[5] Mas chamejam → Chamejam (C [PT, 1990: 377), (C [PT, 1996: 377), (C [OPC, 2004: 331).

[5] os → como os (C, 1977: 54).

[14] nessa → como uma (C, 1977: 54).

[17] cólera → dor (C [PT, 1990: 377), (C [PT, 1996: 377), (C [OPC, 2004: 331).

[18] e a → a (C [PT, 1990: 377), (C [PT, 1996: 377), (C [OPC, 2004: 331).

[19] como o → de (C [PT, 1990: 377), (C [PT, 1996: 377), (C [OPC, 2004: 331).

[20] palpitante fechado num → palpitando fechado no (C [PT, 1990: 377), (C [PT, 1996: 377), (C [OPC, 2004: 331).

[21] dia → noite (C [PT, 1990: 377), (C [PT, 1996: 377), (C [OPC, 2004: 331).

[23] Bate em mim cada pancada → Batem em mim as pancadas (C [PT, 1990: 377), (C [PT, 1996: 377), (C [OPC, 2004: 332).

[24] calcário → cálcio (C [PT, 1990: 377), (C [PT, 1996: 377), (C [OPC, 2004: 332).

[25] asfixiam-na → sufocam-na (C [PT, 1990: 377), (C [PT, 1996: 377), (C [OPC, 2004: 332).

[27] o → como o (C, 1977: 55).

[Conforme com a ciência arcana, o ouro natural é vivo, desenvolve-se na terra e gera o próprio ouro.] 7 pub. vs. 2 vers.

Integra: (CLO, 1978a: 21; 5.º texto-base), (CLO, 1978b: 21); [Nota final do Autor].

Integra: (P&V, 1979: 158-159), com o título «(o corpo luxo a obra)».

Integra: (P&V, 1987: 152), (P&V, 1995: 152), (P&V, 2006: 144), (P&V, 2013: 144-145), com o título «(o corpo o luxo a obra)».

Não integra: (CLO [PT, 1981), (CLO [PT, 1990), (CLO [PT, 1996), (CLO [OPC, 2004), (CLO [OC, 2009), (CLO [PC, 2014).

[1] com a → à (P&V, 1987: 152), (P&V, 1995: 152), (P&V, 2006: 144), (P&V, 2013: 144).

(é uma dedicatória) [Se alargas os braços desencadeia-se uma estrela de mão] 13 pub. vs. 3 vers.

Integra: (P&V, 1979: 9-11), (P&V, 1987: 7-9), (P&V, 1995: 7-9), (P&V [PT, 1996: 403-405), (P&V, 2006: 7-9), (P&V, 2013: 7-9).

Integra o ciclo de seis poemas «De "Photomaton & Vox"», [poema 1]: (P&V [PT, 1981: 599-601; 3.º texto-base), (P&V [PT, 1990: 403-405).

Integra o ciclo de seis poemas *Dedicatória*, [poema 1]: (D [OPC, 2004: 361-363), (D [OC, 2009: 331-333), (D [PC, 2014: 331-333).

Integra o ciclo de seis poemas «(Dedicatória)», [poema 1]: (D [OPC-S, 2001: 62-65), (D [FNCF, 2008: 71-74); retira o título do poema.

[7-9] das unhas à garganta / talhada, a deslumbrante / queimadura do sono. → das unhas à garganta / talhada, a

deslumbrante queimadura do sono. (P&V, 1987: 7), (P&V [PT, 1990: 403), (P&V, 1995: 7), (P&V [PT, 1996: 403), (D [OPC-S, 2001: 62), (D [OPC, 2004: 361), (P&V, 2006: 7), (D [FNCF, 2008: 71), (D [OC, 2009: 331), (P&V, 2013: 7), (D [PC, 2014: 331).

[38] atravessa as frementes, delicadas massas → branco (P&V, 1979: 10).

[39] das imagens: → liga à minha tua imagem (P&V, 1979: 10).

[70] pulsando → fremente (P&V, 1979: 11).

[71] na → pela (P&V, 1979: 11).

[81] esse → o (P&V [PT, 1990: 405), (P&V [PT, 1996: 405), (D [OPC-S, 2001: 65), (D [OPC, 2004: 377), (D [FNCF, 2008: 74), (D [OC, 2009: 333), (D [PC, 2014: 333).

(a carta da paixão) [Esta mão que escreve a ardente melancolia] 13 pub. vs. 2 vers.

Integra: (P&V, 1979: 48-50), com o título «(A carta da paixão)».

Integra: (P&V, 1987: 45-47), (P&V, 1995: 45-47), (P&V, 2006: 43-46), (P&V, 2013: 43-46).

Integra o ciclo de seis poemas «De "Photomaton & Vox"», [poema 2]: (P&V [PT, 1981: 602-604; 3.º texto-base), (P&V [PT, 1990: 406-408), (P&V [PT, 1996: 406-408).

Integra o ciclo de seis poemas *Dedicatória*, [poema 2]: (D [OPC, 2004: 364-366), (D [OC, 2009: 334-336), (D [PC, 2014: 334-336).

Integra o ciclo de seis poemas «(Dedicatória)», [poema 2]: (D [OPC-S, 2001: 65-67), (D [FNCF, 2008: 74-76); retira o título do poema.

[21] essa → a (P&V [PT, 1990: 406), (P&V [PT, 1996: 406), (D [OPC-S, 2001: 66), (D [OPC, 2004: 364), (D [FNCF, 2008: 74), (D [OC, 2009: 334), (D [PC, 2014: 334).

(walpurgisnacht) [Eu não durmo, respiro apenas como a raiz sombria] 13 pub. vs. 2 vers.

Integra: (P&V, 1979: 176-178), (P&V, 1987: 169-171), (P&V, 1995: 169-171), (P&V, 2006: 160-162), (P&V, 2013: 163-165).

Integra o ciclo de seis poemas «De "Photomaton & Vox"», [poema 5]: (P&V [PT, 1981: 610-612; 3.º texto-base), (P&V [PT, 1990: 414-415), (P&V [PT, 1996: 414-415).

Integra o ciclo de seis poemas *Dedicatória*, [poema 5]: (D [OPC, 2004: 372-374), (D [OC, 2009: 342-344), (D [PC, 2014: 342-344).

Integra o ciclo de seis poemas «(Dedicatória)», [poema 5]: (D [OPC-S, 2001: 72-74), (D [FNCF, 2008: 81-83); retira o título do poema.

[11] forte → vivo (P&V, 1979: 177).

[Aberto por uma bala] 7 pub. vs. 2 vers.

Integra o ciclo de 12 poemas *Flash*, [poema 2, 1.ª parte]: (FL, 1980: 7-8), (FL [PT, 1981: 620; 3.º texto-base), (FL [PT, 1990: 421-422), (FL [PT, 1996: 421-422), (FL [OPC, 2004: 381-382), (FL [OC, 2009: 351-352), (FL [PC, 2014: 351-352).

[3] a → da (FL, 1980: 8), (FL [PT, 1990: 421), (FL [PT, 1996: 421), (FL [OPC, 2004: 381), (FL [OC, 2009: 351), (FL [PC, 2014: 351).

[Não te queria quebrada pelos quatro elementos.] 9 pub. vs. 2 vers.

Integra o ciclo de 12 poemas *Flash*, [poema 5, 2.ª parte]: (FL, 1980: 19-20), (FL [PT, 1981: 631-632; 3.º texto-base), (FL [PT, 1990: 430-431), (FL [PT, 1996: 430-431), (FL [OPC, 2004: 392-393), (FL [OC, 2009: 362-363), (FL [PC, 2014: 362-363).

Integra o ciclo de quatro poemas «(Flash)», [poema 3]: (FL [OPC-S, 2001: 79-81), (FL [FNCF, 2008: 89-90).

[2] apanhada apenas → apanhada (FL [OPC-S, 2001: 79), (FL [FNCF, 2008: 89).

[Cortaram pranchas palpitando de água:] 8 pub. vs. 2 vers.

Integra o ciclo de dois poemas «Onde Não Pode a Mão», [poema 2]: (CM, 1982: 35-37), (CM [PT, 1990: 457-458; 6.º texto-base), (CM [PT, 1996: 457-458), (CM [OPC, 2004: 421-423), (CM [OC, 2009: 391-393), (CM [PC, 2014: 391-393).

Integra o ciclo de três poemas «(A cabeça entre as mãos)», [poema 3]: (CM [OPC-S, 2001: 88-90), (CM [FNCF, 2008: 97-99); retira o título do poema.

[43] a água → as águas (CM, 1982: 36).

(Austrália) [Ondas que se levantam, grandes ondas que se levantam] 5 pub. vs. 2 vers.

Integra: (M, 1987: 31), (M, 1988: 38), (M [PT, 1990: 492; 6.º texto-base), (M [PT, 1996: 492), (M, 2010: 43).

Não integra: (OPC, 2004), (OC, 2009), (PC, 2014).

[6] as águas avançam → a água avança (M, 1987: 31).

— *Figos* — *(D.H. Lawrence)* [A maneira correcta de comer um figo à mesa] 4 pub. vs. 1 vers.

> Integra: (M, 1988: 42-45), (M [PT, 1990: 496-499; 6.º texto-base), (M [PT, 1996: 496-499), (M, 2010: 48-53).
>
> Não integra: (M, 1987), (OPC, 2004), (OC, 2009), (PC, 2014).
>
> [30] húmidos, → túmidos, (M, 1988: 43); húmidos, → túrgidos, (M, 2010: 50).

[Não cortem o cordão que liga o corpo à criança do sonho,] 6 pub. vs. 2 vers.

> Integra ciclo de sete poemas [ciclo sem título], [parte] 1, [poema 2]: (UC, 1988: 8-9), (UC [PT, 1990: 517-518; 6.º texto-base), (UC [PT, 1996: 517-518), (UC [OPC, 2004: 430-431), (UC [OC, 2009: 400-401), (UC [PC, 2014: 400-401).
>
> [15] Move a terra → A terra move-a (UC, 1988: 8).

[Pavões, glicínias, abelhas — e no leque gradual da luz,] 6 pub. vs. 2 vers.

> Integra ciclo de 15 poemas [ciclo sem título], [parte] 3, [poema 11]: (UC, 1988: 23-24), (UC [PT, 1990: 529-530; 6.º texto-base), (UC [PT, 1996: 529-530), (UC [OPC, 2004: 447-448), (UC [OC, 2009: 417-418), (UC [PC, 2014: 417-418).
>
> [16] soldada → chumbada (UC, 1988: 24).

[Será que Deus não consegue compreender a linguagem dos artesãos?] 7 pub. vs. 2 vers.

> Integra o ciclo de 12 poemas *Os Selos*, [poema 1]: (OS [PT, 1990: 549-550; 6.º texto-base), (OS [PT, 1996: 549-550), (OS [OPC, 2004: 471-472), (OS [OC, 2009: 441-442), (OS [PC, 2014: 441-442).

> Integra o ciclo de cinco poemas «(Os selos)», [poema 1]: (OS [OPC-S, 2001: 96-98), (OS [FNCF, 2008: 105-107).

> [42] corpo todo → corpo (OS [OPC-S, 2001: 98), (OS [FNCF, 2008: 107).

[Alguns nomes são filhos vivos alguns ensinos de memória e dor] 7 pub. vs. 2 vers.

> Integra o ciclo de seis poemas, *Os Selos, Outros, Últimos*, [poema 2]: (OSOU [DM, 1994: 12-14), (OSOU [PT, 1996: 577-578; 7.º texto-base), (OSOU [OPC, 2004: 503-504), (OSOU [OC, 2009: 473-474), (OSOU [PC, 2014: 473-474).

> Integra o ciclo de três poemas, «(Os selos, outros, últimos.)», [poema 2]: (OSOU [OPC-S, 2001: 107-109), (OSOU [FNCF, 2008: 117-118).

> [20] única matéria. → única / matéria, os filhos vivos eram tão animais revelados nos halos. (OSOU [DM, 1994: 13).

[Pus-me a saber: estou branca sobre uma arte] 5 pub. vs. 2 vers.

> Integra ciclo de 13 poemas [ciclo sem título], [parte] I, [poema 3]: (DM, 1994: 30-31), (DM [PT, 1996: 589-590; 7.º texto-base), (DM [OPC, 2004: 516), (DM [OC, 2009: 485-486), (DM [PC, 2014: 485-486).

[9] Diz a criança: a tontura amarela das luzes quando abro para o vento, → Diz a criança: a tontura amarela das luzes / quando abro para o vento, (DM, 1994: 31).

[Porque eu sou uma abertura,] 5 pub. vs. 2 vers.

Integra ciclo de 13 poemas [ciclo sem título], [parte] I, [poema 5]: (DM, 1994: 32-33), (DM [PT, 1996: 590-591; 7.º texto-base), (DM [OPC, 2004: 517-518), (DM [OC, 2009: 487-488), (DM [PC, 2014: 487-488).

[4] queima. → queima de fora para dentro. (DM, 1994: 32).

[Uma colher a transbordar de azeite:] 5 pub. vs. 2 vers.

Integra ciclo de 14 poemas [ciclo sem título], [parte] II, [poema 8]: (DM, 1994: 46), (DM [PT, 1996: 598; 7.º texto-base), (DM [OPC, 2004: 529), (DM [OC, 2009: 499), (DM [PC, 2014: 499).

[1] azeite: → mel: (DM [OPC, 2004: 529), (DM [OC, 2009: 499), (DM [PC, 2014: 499).

[Abre o buraco à força de homem,] 7 pub. vs. 2 vers.

Integra ciclo de 13 poemas [ciclo sem título], [parte] III, [poema 4]: (DM, 1994: 54-56), (DM [PT, 1996: 602-603; 7.º texto-base), (DM [OPC, 2004: 535-536), (DM [OC, 2009: 505-506), (DM [PC, 2014: 505-506).

Integra o ciclo de 10 poemas «(Do mundo)», [poema 4]: (DM [OPC-S, 2001: 115-116), (DM [FNCF, 2008: 124-125).

[primeira linha anterior ao poema]: retira esta linha (DM [OPC-S, 2001: 115), (DM [FNCF, 2008: 124).

[37] os rostos → as caras (DM [OPC, 2004: 536), (DM [FNCF, 2008: 125), (DM [OC, 2009: 506), (DM [PC, 2014: 506).

[38] alumbrados → alumbradas (DM [OPC, 2004: 536), (DM [FNCF, 2008: 125), (DM [OC, 2009: 506), (DM [PC, 2014: 506).

[Se o fio acaba nos dedos, o fio vivo, se os dedos] 7 pub. vs. 2 vers.

Integra ciclo de 13 poemas [ciclo sem título], [parte] III, [poema 9]: (DM, 1994: 60-61), (DM [PT, 1996: 606; 7.º texto-base), (DM [OPC, 2004: 540-541), (DM [OC, 2009: 510-511), (DM [PC, 2014: 510-511).

Integra o ciclo de 10 poemas «(Do mundo)», [poema 5]: (DM [OPC-S, 2001: 117), (DM [FNCF, 2008: 126).

[6] e os remoinhos trazidos ao tecido pela fusão dos dedos na matéria nascente — → e os remoinhos trazidos ao tecido pela fusão dos dedos / na matéria nascente das minas quando bate / com a vara no chão — / se a seiva treme na vara e rebenta nos poros, (DM, 1994: 60).

[17] recôndito, → forno, (DM, 1994: 60).

[Foi-me dada um dia apenas, num dos centros da idade,] 7 pub. vs. 2 vers.

Integra o ciclo de 16 poemas [ciclo sem título], [parte] IV, [poema 4]: (DM, 1994: 68-70), (DM [PT, 1996: 611-612; 7.º texto-base), (DM [OPC, 2004: 546-548), (DM [OC, 2009: 516-518), (DM [PC, 2014: 516-518).

Integra o ciclo de 10 poemas «(Do mundo)», [poema 7]: (DM [OPC-S, 2001: 119-120), (DM [FNCF, 2008: 128-129).

[14] outra. → outra palavra. (DM, 1994: 68).

[Por isso ele era rei, e alguém] 5 pub. vs. 2 vers.

Integra o ciclo de 16 poemas [ciclo sem título], [parte] IV, [poema 7]: (DM, 1994: 72-73), (DM [PT, 1996: 613-614; 7.º texto-base), (DM [OPC, 2004: 550-551), (DM [OC, 2009: 520-521), (DM [PC, 2014: 520-521).

[9] pelas ramagens → pelo fogo (DM, 1994: 73).

[10] do fogo, → branco, (DM, 1994: 73).

[O olhar é um pensamento.] 5 pub. vs. 2 vers.

Integra o ciclo de 16 poemas [ciclo sem título], [parte] IV, [poema 12]: (DM, 1994: 75), (DM [PT, 1996: 615; 7.º texto-base), (DM [OPC, 2004: 552), (DM [OC, 2009: 522), (DM [PC, 2014: 522).

[6] — Não posso escrever mais alto. → Transmitem-se, interiores, as formas. (DM, 1994: 75).

[7] Transmitem-se, interiores, as formas. → — Não posso escrever mais alto. (DM, 1994: 75).

[Quem anel a anel há-de pôr-me a nu os dedos,] 5 pub. vs. 2 vers.

Integra ciclo de seis poemas [ciclo sem título], [parte] V, [poema 4]: (DM, 1994: 82-83), (DM [PT, 1996: 619-620; 7.º texto-base), (DM [OPC, 2004: 557-559), (DM [OC, 2009: 527-529), (DM [PC, 2014: 527-529).

[8] combustível. → combustível, desfaçam (DM, 1994: 82).

[9] Desfaçam devagar → devagar (DM, 1994: 82).

[10-11] primeiro a cada estado do mundo, / depois à memória. → primeiro a cada estado do mundo, e depois à memória. (DM, 1994: 82).

[12] o → esse (DM, 1994: 82).

[glória dos objectos!] 3 pub. vs. 2 vers.

Integra o ciclo de 89 poemas «(A faca não corta o fogo)», [poema 11]: (FNCF, 2008: 139-140).

Integra o ciclo de 99 poemas *A Faca Não Corta o Fogo*, [poema 14]: (FNCF [OC, 2009: 541-542; 8.º texto-base), (FNCF [PC, 2014: 541-542).

[34] de um lado ao outro o sangue toma posse de um corpo, → como se fosse luz ou não fosse / luz nas fêmeas, / de um lado ao outro o sangue toma posse de uma pessoa, (FNCF, 2008: 140).

[alguém salgado porventura] 3 pub. vs. 2 vers.

Integra o ciclo de 89 poemas «(A faca não corta o fogo)», [poema 34]: (FNCF, 2008: 157).

Integra o ciclo de 99 poemas *A Faca Não Corta o Fogo*, [poema 40]: (FNCF [OC, 2009: 562-563; 8.º texto-base), (FNCF [PC, 2014: 562-563).

[11] te tocaram → tocaram (FNCF, 2008: 157).

[espaço que o corpo soma quando se move,] 3 pub. vs. 2 vers.

Integra o ciclo de 89 poemas «(A faca não corta o fogo)», [poema 50]: (FNCF, 2008: 170-171).

Integra o ciclo de 99 poemas *A Faca Não Corta o Fogo*, [poema 56]: (FNCF [OC, 2009: 576-577; 8.º texto-base), (FNCF [PC, 2014: 576-577).

[12] louca, → lenta, (FNCF, 2008: 171).

resposta a uma carta [gloria in excelsis, a minha língua na tua língua,] 3 pub. vs. 2 vers.

Integra o ciclo de 89 poemas «(A faca não corta o fogo)», [poema 61]: (FNCF, 2008: 182-183).

Integra o ciclo de 99 poemas *A Faca Não Corta o Fogo*, [poema 67]: (FNCF [OC, 2009: 587-589; 8.º texto-base), (FNCF [PC, 2014: 587-589).

[26] poemas → poemas maiores, (FNCF, 2008: 183).

[27] Este verso é eliminado: (FNCF, 2008: 183).

[36] e → e profanos, (FNCF, 2008: 183).

[37] Este verso é eliminado: (FNCF, 2008: 183).

[Redivivo. E basta a luz do mundo movida ao toque no interruptor,] 4 pub. vs. 2 vers.

Publicado, pela primeira vez, em: (OPC-S, 2001: 124-126); com indicação, no final do poema: *(Inédito)*.

Integra o ciclo de 89 poemas «(A faca não corta o fogo)», [poema 64]: (FNCF, 2008: 186-188).

Integra o ciclo de 99 poemas *A Faca Não Corta o Fogo*, [poema 72]: (FNCF [OC, 2009: 595-596; 8.º texto-base), (FNCF [PC, 2014: 595-596).

[32] rojo, → rodilhas, (OPC-S, 2001: 126).

[li algures que os gregos antigos não escreviam necrológios,] 3 pub. vs. 2 vers.

Integra o ciclo de 89 poemas «(A faca não corta o fogo)», [poema 86]: (FNCF, 2008: 205-206).

Integra o ciclo de 99 poemas *A Faca Não Corta o Fogo*, [poema 94]: (FNCF [OC, 2009: 612-614; 8.º texto-base), (FNCF [PC, 2014: 612-614).

[35] ah não, → que não, (FNCF, 2008: 206).

[já não tenho tempo para ganhar o amor, a glória ou a Abissínia,] 2 pub. vs. 2 vers.

Integra o ciclo de 73 poemas *Servidões*, [poema 12]: (S, 2013: 35-36), (S [PC, 2014: 639; 9.º texto-base).

[15] confusos → obscuros (S, 2013: 36).

[as luzes todas apagadas] 2 pub. vs. 2 vers.

Integra o ciclo de 73 poemas *Servidões*, [poema 15]: (S, 2013: 40), (S [PC, 2014: 643; 9.º texto-base).

[Início do poema]: Introduz os seguintes versos, começando o poema assim: as luzes todas acesas e ninguém dentro da casa // *(ouvido num transporte público)* // (S, 2013: 40).

[1] as luzes → luzes (S, 2013: 40).

[cheirava mal, a morto, até me purificarem pelo fogo,] 2 pub. vs. 2 vers.

    Integra o ciclo de 73 poemas *Servidões*, [poema 64]: (S, 2013: 104-105), (S [PC, 2014: 699; 9.º texto-base).

    [4] terrestres, → eternas, (S, 2013: 104).

[que um nó de sangue na garganta,] 2 pub. vs. 2 vers.

    Integra o ciclo de 28 poemas *A Morte Sem Mestre*, [poema 3]: (MM, 2014: 9-10), (MM [PC, 2014: 715; 9.º texto-base).

    [10] inferno, → inferno, o inverno, (MM, 2014: 9).

APÊNDICE C

Mapeamento de poemas com alterações máximas

Fonte: A. Couts (2017).

VII [Há um perfume de roupa fria ao longo dos dias que nos percorrem, ao fundo inclinam-se os montes com os dorsos latejantes,] 3 pub. vs. 2 vers.

> Integra o ciclo de 12 textos «Os Animais Carnívoros», [texto 7]: (VA, 1971: 27-28).
>
> Integra o ciclo de 12 textos «Os Animais Carnívoros», [texto] VII: (RM [PT, 1973: 119; 2.º texto-base), (RM [PT, 1981: 422).
>
> Não integra: (PT, 1990), (PT, 1996), (OPC, 2004), (OC, 2009), (PC, 2014).
>
> [5-6] brancamente fechadas — assim atravessamos → brancamente fechadas — a maneira de nos vermos é também uma bicicleta de barbatanas de seda, assim atravessamos (VA, 1971: 27).

APÊNDICE D

Mapeamento de poemas com alterações mínimas e médias

Fonte: A. Couts (2017).

[Falemos de casas. Do sagaz exercício de um poder] 9 pub. vs. 5 vers.

> Integra o ciclo de dois poemas «Prefácio», [poema 1]: (CB, 1961: 11-15), (CB [OC, 1967: 15-18; 1.º texto-base), (CB [PT, 1973: 11-14), (CB [PT, 1981: 13-16).
>
> Integra: (CB [PT, 1990: 9-11), (CB [PT, 1996: 9-11), (CB [OPC, 2004: 9-12), (CB [OC, 2009: 9-12), (CB [PC, 2014: 9-12), deixando de ser um ciclo de dois poemas, e passando a chamar-se «Prefácio».
>
> [1] casas. Do → casas, do (CB [PT, 1973: 11), (CB [PT, 1981: 13), (CB [PT, 1990: 9), (CB [PT, 1996: 9), (CB [OPC, 2004: 9), (CB [OC, 2009: 9), (CB [PC, 2014: 9).
>
> [6] lama. → lama, (CB, 1961: 11), (CB [PT, 1973: 11), (CB [PT, 1981: 13).
>
> [7] De → de (CB, 1961: 11), (CB [PT, 1973: 11), (CB [PT, 1981: 13).

[10] subtil, → subtil (CB, 1961: 11), (CB [PT, 1990: 9), (CB [PT, 1996: 9), (CB [OPC, 2004: 9), (CB [OC, 2009: 9), (CB [PC, 2014: 9).

[12] mundo. → mundo; (CB, 1961: 12).

[13] Descobrimos → descobrimos (CB, 1961: 12).

[14] fontes. → fontes — (CB, 1961: 12), (CB [PT, 1973: 11), (CB [PT, 1981: 13), (CB [PT, 1990: 9), (CB [PT, 1996: 9), (CB [OPC, 2004: 9), (CB [OC, 2009: 9), (CB [PC, 2014: 9).

[15] Pensamentos → pensamentos (CB, 1961: 12), (CB [PT, 1973: 11), (CB [PT, 1981: 13), (CB [PT, 1990: 9), (CB [PT, 1996: 9), (CB [OPC, 2004: 9), (CB [OC, 2009: 9), (CB [PC, 2014: 9).

[17] casas. E → casas; e (CB, 1961: 12); casas. E → casas e (CB [PT, 1973: 12); casas. E → casas, e (CB [PT, 1981: 14), (CB [PT, 1990: 9), (CB [PT, 1996: 9), (CB [OPC, 2004: 9), (CB [OC, 2009: 9), (CB [PC, 2014: 9).

[18] nós, → nós (CB, 1961: 12), (CB [PT, 1973: 12), (CB [PT, 1981: 14), (CB [PT, 1990: 9), (CB [PT, 1996: 9), (CB [OPC, 2004: 9), (CB [OC, 2009: 9), (CB [PC, 2014: 9).

[19] tenebrosas. E → tenebrosas; e (CB, 1961: 12); tenebrosas. E → tenebrosas, e (CB [PT, 1973: 12), (CB [PT, 1981: 14), (CB [PT, 1990: 9), (CB [PT, 1996: 9), (CB [OPC, 2004: 9), (CB [OC, 2009: 9), (CB [PC, 2014: 9).

[19] memória, → memória (CB [PT, 1990: 9), (CB [PT, 1996: 9), (CB [OPC, 2004: 9), (CB [OC, 2009: 9), (CB [PC, 2014: 9).

[20] melancolia, → melancolia (CB [PT, 1990: 9), (CB [PT, 1996: 9), (CB [OPC, 2004: 9), (CB [OC, 2009: 9), (CB [PC, 2014: 9).

[22] são sempre → são (CB [PT, 1990: 9), (CB [PT, 1996: 9), (CB [OPC, 2004: 10), (CB [OC, 2009: 10), (CB [PC, 2014: 10).

[28] casas? Eles → casas, eles (CB, 1961: 12), (CB [PT, 1973: 12), (CB [PT, 1981: 14), (CB [PT, 1990: 9), (CB [PT, 1996: 9), (CB [OPC, 2004: 10), (CB [OC, 2009: 10), (CB [PC, 2014: 10).

[30] Este verso é eliminado: (CB [PT, 1973: 12), (CB [PT, 1981: 14), (CB [OPC, 2004: 10), (CB [OC, 2009: 10), (CB [PC, 2014: 10).

[33] divina. → divina? (CB, 1961: 13), (CB [PT, 1973: 12), (CB [PT, 1981: 14), (CB [PT, 1990: 10), (CB [PT, 1996: 9), (CB [OPC, 2004: 10), (CB [OC, 2009: 10), (CB [PC, 2014: 10).

[34] montanha. → montanha; (CB, 1961: 13).

[35] Alguém viera do mar. → alguém viera do mar; (CB, 1961: 13).

[36] Alguém chegara do estrangeiro, coberto de pó. → alguém chegara do estrangeiro, coberto de pó; (CB, 1961: 13).

[37] Alguém → alguém (CB, 1961: 13).

[44] terra. → terra, (CB, 1961: 13), (CB [PT, 1973: 13), (CB [PT, 1981: 14); terra. → terra (CB [PT, 1990: 10), (CB [PT, 1996: 10), (CB [OPC, 2004: 10), (CB [OC, 2009: 10), (CB [PC, 2014: 10).

[45] Onde → onde (CB, 1961: 13), (CB [PT, 1973: 13), (CB [PT, 1981: 14), (CB [PT, 1990: 10), (CB [PT, 1996: 10), (CB [OPC, 2004: 10), (CB [OC, 2009: 10), (CB [PC, 2014: 10).

[45] as suas → suas (CB [PT, 1973: 15), (CB [PT, 1990: 10), (CB [PT, 1996: 10), (CB [OPC, 2004: 10), (CB [OC, 2009: 10), (CB [PC, 2014: 10).

[46] suas caras → as caras (CB [PT, 1973: 14), (CB [PT, 1990: 10), (CB [PT, 1996: 10), (CB [OPC, 2004: 10), (CB [OC, 2009: 10), (CB [PC, 2014: 10).

[50] É certo que traziam o sal, → Traziam o sal, (CB [PT, 1990: 10), (CB [PT, 1996: 10), (CB [OPC, 2004: 10), (CB [OC, 2009: 10), (CB [PC, 2014: 10).

[51] alma. Comportavam → alma, comportavam (CB, 1961: 13), (CB [PT, 1973: 13), (CB [PT, 1981: 15), (CB [PT, 1990: 10), (CB [PT, 1996: 10), (CB [OPC, 2004: 11), (CB [OC, 2009: 11), (CB [PC, 2014: 11).

[52] deslumbramentos, → deslumbramentos (CB, 1961: 14), (CB [PT, 1973: 13), (CB [PT, 1981: 15), (CB [PT, 1990: 10), (CB [PT, 1996: 10), (CB [OPC, 2004: 11), (CB [OC, 2009: 11), (CB [PC, 2014: 11).

[53] estrelas. → estrelas, (CB, 1961: 14), (CB [PT, 1973: 13), (CB [PT, 1981: 15), (CB [PT, 1990: 10), (CB [PT, 1996: 10), (CB [OPC, 2004: 11), (CB [OC, 2009: 11), (CB [PC, 2014: 11).

[54] Imaginavam → imaginavam (CB, 1961: 14), (CB [PT, 1973: 13), (CB [PT, 1981: 15), (CB [PT, 1990: 10), (CB [PT,

1996: 10), (CB [OPC, 2004: 11), (CB [OC, 2009: 11), (CB [PC, 2014: 11).

[55] enigmàticamente, → enigmaticamente, (CB [PT, 1981: 15), (CB [PT, 1990: 10), (CB [PT, 1996: 10), (CB [OPC, 2004: 11), (CB [OC, 2009: 11), (CB [PC, 2014: 11).

[59] Contudo, só → Só (CB [PT, 1990: 10), (CB [PT, 1996: 10), (CB [OPC, 2004: 11), (CB [OC, 2009: 11), (CB [PC, 2014: 11).

[60] original. → original, (CB, 1961: 14), (CB [PT, 1973: 13), (CB [PT, 1981: 15), (CB [PT, 1990: 10), (CB [PT, 1996: 10), (CB [OPC, 2004: 11), (CB [OC, 2009: 11), (CB [PC, 2014: 11).

[61] Arrefeciam o resto do ano. Eram → arrefeciam o resto do ano, eram (CB, 1961: 14), (CB [PT, 1973: 13), (CB [PT, 1981: 15), (CB [PT, 1990: 10), (CB [PT, 1996: 10), (CB [OPC, 2004: 11), (CB [OC, 2009: 11), (CB [PC, 2014: 11).

[63] assim se levantavam → as casas levantavam-se (CB [PT, 1990: 10), (CB [PT, 1996: 10), (CB [OPC, 2004: 11), (CB [OC, 2009: 11), (CB [PC, 2014: 11).

[64] as casas, sobre as águas, ao → sobre as águas ao (CB [PT, 1990: 10), (CB [PT, 1996: 10), (CB [OPC, 2004: 11), (CB [OC, 2009: 11), (CB [PC, 2014: 11).

[66] obsessiva — → obsessiva, (CB, 1961: 14).

[67] está muito → está (CB [PT, 1981: 15), (CB [PT, 1990: 11), (CB [PT, 1996: 11), (CB [OPC, 2004: 11), (CB [OC, 2009: 11), (CB [PC, 2014: 11).

[72] nocturnos, rios → nocturnos rios (CB [PT, 1990: 11), (CB [PT, 1996: 11), (CB [OPC, 2004: 11), (CB [OC, 2009: 11), (CB [PC, 2014: 11).

[73] se queimam → fulguram (CB [PT, 1990: 11), (CB [PT, 1996: 11), (CB [OPC, 2004: 11), (CB [OC, 2009: 11), (CB [PC, 2014: 11).

[74] fria, fria → fria (CB [PT, 1981: 16), (CB [PT, 1990: 11), (CB [PT, 1996: 11), (CB [OPC, 2004: 11), (CB [OC, 2009: 11), (CB [PC, 2014: 11).

I [Escuto a fonte, meu misterioso desígnio] 4 pub. vs. 3 vers.

Integra o ciclo de cinco poemas «Ciclo», [poema] I: (CB, 1961: 18-19), (CB [OC, 1967: 21-22; 1.º texto-base), (CB [PT, 1973: 17-18), (CB [PT, 1981: 19-20).

Não integra: (CB [PT, 1990), (CB [PT, 1996), (CB [OPC, 2004), (CB [OC, 2009), (CB [PC, 2014).

[9] pensamento, → pensamento (CB, 1961: 18).

[20] mesa, → mesa (CB, 1961: 19).

[21] com vossos → com (CB [PT, 1981: 20).

[22] puro impudor, → vosso puro impudor (CB, 1961: 19).

[27] castamente transportais → transportais castamente (CB [PT, 1981: 20).

[28] sexo. → sexo, (CB, 1961: 19), (CB [PT, 1973: 18), (CB [PT, 1981: 20).

[29] Canto → canto (CB, 1961: 19), (CB [PT, 1973: 18), (CB [PT, 1981: 20).

[30] de uma → da vossa (CB, 1961: 19), (CB [PT, 1973: 18); a infinita inocência de uma → a grande inocência de uma (CB [PT, 1981: 20).

[35] rumorejar oculto → oculto rumorejar (CB [PT, 1981: 20).

[38] — Humildemente → Humildemente (CB, 1961: 19).

II [Não sei como dizer-te que a minha voz te procura,] 9 pub. vs. 5 vers.

Integra o ciclo de cinco poemas «Ciclo», [poema] II: (CB, 1961: 20-21), (CB [OC, 1967: 23-24; 1.º texto-base), (CB [PT, 1973: 19-20), (CB [PT, 1981: 21-22).

Integra o ciclo de três poemas «Tríptico», [poema] II: (CB [PT, 1990: 14-15), (CB [PT, 1996: 14-15), (CB [OPC, 2004: 15-16), (CB [OC, 2009: 15-16), (CB [PC, 2014: 15-16).

[1] procura, → procura (CB, 1961: 20), (CB [PT, 1973: 19), (CB [PT, 1981: 21), (CB [PT, 1990: 14), (CB [PT, 1996: 14), (CB [OPC, 2004: 15), (CB [OC, 2009: 15), (CB [PC, 2014: 15).

[2] a → a minha (CB, 1961: 20).

[3] casta. → vasta. (CB [PT, 1990: 14), (CB [PT, 1996: 14), (CB [OPC, 2004: 15), (CB [OC, 2009: 15), (CB [PC, 2014: 15).

[4] especialmente quando → quando longamente (CB [PT, 1981: 21), (CB [PT, 1990: 14), (CB [PT, 1996: 14), (CB [OPC, 2004: 15), (CB [OC, 2009: 15), (CB [PC, 2014: 15).

[5] precioso, → precioso (CB, 1961: 20), (CB [PT, 1973: 19), (CB [PT, 1981: 21), (CB [PT, 1990: 14), (CB [PT, 1996: 14), (CB [OPC, 2004: 15), (CB [OC, 2009: 15), (CB [PC, 2014: 15).

[6] e tu → e (CB [PT, 1990: 14), (CB [PT, 1996: 14), (CB [OPC, 2004: 15), (CB [OC, 2009: 15), (CB [PC, 2014: 15).

[6] Quando, → Ah! quando, (CB, 1961: 20).

[7] ondula, tocado → ondula / como tocado (CB, 1961: 20); ondula, tocado → ondula tocado (CB [PT, 1981: 21), (CB [PT, 1990: 14), (CB [PT, 1996: 14), (CB [OPC, 2004: 15), (CB [OC, 2009: 15), (CB [PC, 2014: 15).

[9] e na terra crescida os homens → quando na terra crescida homens (CB, 1961: 20).

[9] vindima, → vindima (CB [PT, 1981: 21), (CB [PT, 1990: 14), (CB [PT, 1996: 14), (CB [OPC, 2004: 15), (CB [OC, 2009: 15), (CB [PC, 2014: 15).

[13] espaço, → espaço (CB, 1961: 20), (CB [PT, 1973: 19), (CB [PT, 1981: 21), (CB [PT, 1990: 14), (CB [PT, 1996: 14), (CB [OPC, 2004: 15), (CB [OC, 2009: 15), (CB [PC, 2014: 15).

[14] o coração → o meu coração (CB, 1961: 20).

[15] ascético escuro → escuro fundo (CB [PT, 1990: 14), (CB [PT, 1996: 14), (CB [OPC, 2004: 15), (CB [OC, 2009: 15), (CB [PC, 2014: 15).

[16] solidão, → solidão (CB, 1961: 21), (CB [PT, 1973: 19), (CB [PT, 1981: 21), (CB [PT, 1990: 14), (CB [PT, 1996: 14), (CB [OPC, 2004: 15), (CB [OC, 2009: 15), (CB [PC, 2014: 15).

[17] minha casa → casa (CB [PT, 1990: 14), (CB [PT, 1996: 14), (CB [OPC, 2004: 15), (CB [OC, 2009: 15), (CB [PC, 2014: 15).

[18] então não sei o que dizer, → então eu não sei o que dizer (CB, 1961: 21); dizer, → dizer (CB [PT, 1973: 20), (CB [PT, 1981: 22), (CB [PT, 1990: 14), (CB [PT, 1996: 14), (CB [OPC, 2004: 15), (CB [OC, 2009: 15), (CB [PC, 2014: 15).

[21] caem no meio do tempo, → se despenham no meio do tempo (CB [PT, 1981: 22), (CB [PT, 1990: 14), (CB [PT, 1996: 14), (CB [OPC, 2004: 15), (CB [OC, 2009: 15), (CB [PC, 2014: 15).

[22] — não → — eu não (CB, 1961: 21).

[27] razão. → razão (CB, 1961: 21), (CB [PT, 1973: 20); razão. → razão, (CB [PT, 1981: 22), (CB [PT, 1990: 15), (CB [PT, 1996: 15), (CB [OPC, 2004: 16), (CB [OC, 2009: 16), (CB [PC, 2014: 16).

[28] Mas → mas (CB, 1961: 21), (CB [PT, 1973: 20), (CB [PT, 1981: 22), (CB [PT, 1990: 15), (CB [PT, 1996: 15), (CB [OPC, 2004: 16), (CB [OC, 2009: 16), (CB [PC, 2014: 16).

[28] vai cair → cai (CB [PT, 1981: 22), (CB [PT, 1990: 15), (CB [PT, 1996: 15), (CB [OPC, 2004: 16), (CB [OC, 2009: 16), (CB [PC, 2014: 16).

[29] sinto → eu sinto (CB, 1961: 21).

[29] falta → faltam (CB [PT, 1990: 15), (CB [PT, 1996: 15), (CB [OPC, 2004: 16), (CB [OC, 2009: 16), (CB [PC, 2014: 16).

[35] o amor, → o amor (CB, 1961: 21).

III [Todas as coisas são mesa para os pensamentos] 9 pub. vs. 4 vers.

Integra o ciclo de cinco poemas «Ciclo», [poema] III: (CB, 1961: 22-23), (CB [OC, 1967: 25-26; 1.º texto-base), (CB [PT, 1973: 21-22), (CB [PT, 1981: 23-24).

Integra o ciclo de três poemas «Tríptico», [poema] III: (CB [PT, 1990: 16-17), (CB [PT, 1996: 16-17), (CB [OPC, 2004: 17-18), (CB [OC, 2009: 17-18), (CB [PC, 2014: 17-18).

[2] paz, → paz (CB [PT, 1990: 16), (CB [PT, 1996: 16), (CB [OPC, 2004: 17), (CB [OC, 2009: 17), (CB [PC, 2014: 17).

[3] alegria, → alegria (CB, 1961: 22), (CB [PT, 1973: 21), (CB [PT, 1981: 23), (CB [PT, 1990: 16), (CB [PT, 1996: 16), (CB [OPC, 2004: 17), (CB [OC, 2009: 17), (CB [PC, 2014: 17).

[8] mortos → altos (CB [PT, 1990: 16), (CB [PT, 1996: 16), (CB [OPC, 2004: 17), (CB [OC, 2009: 17), (CB [PC, 2014: 17).

[8] se criam → criam-se (CB [PT, 1990: 16), (CB [PT, 1996: 16), (CB [OC, 2009: 17), (CB [PC, 2014: 17).

[9] casto, → lento, (CB [PT, 1990: 16), (CB [PT, 1996: 16), (CB [OC, 2009: 17), (CB [PC, 2014: 17).

[17] mim — → mim, (CB, 1961: 23).

[18] brancas, → brancas (CB, 1961: 23), (CB [PT, 1973: 22), (CB [PT, 1981: 24), (CB [PT, 1990: 16), (CB [PT, 1996: 16), (CB [OPC, 2004: 17), (CB [OC, 2009: 17), (CB [PC, 2014: 17).

[19] crianças → crianças, (CB, 1961: 23).

[20] — é → é (CB, 1961: 23).

[21] futuros e mortos. → sobressaltados e antigos. (CB [PT, 1990: 16), (CB [PT, 1996: 16), (CB [OPC, 2004: 17), (CB [OC, 2009: 17), (CB [PC, 2014: 17).

[22] coma. E → coma e (CB [PT, 1973: 22), (CB [PT, 1981: 24), (CB [PT, 1990: 16), (CB [PT, 1996: 16), (CB [OPC, 2004: 18), (CB [OC, 2009: 18), (CB [PC, 2014: 18).

[24] hesitante e bom → hesitante (CB [PT, 1973: 22), (CB [PT, 1981: 24); acontece de hesitante e bom → acontece pelos dias dentro. (CB [PT, 1990: 16), (CB [PT, 1996: 16), (CB [OPC, 2004: 18), (CB [OC, 2009: 18), (CB [PC, 2014: 18).

[25] Este verso é eliminado: (CB [PT, 1990: 16), (CB [PT, 1996: 16), (CB [OPC, 2004: 18), (CB [OC, 2009: 18), (CB [PC, 2014: 18).

[27] amoras, → amoras (CB [PT, 1973: 22), (CB [PT, 1981: 24), (CB [PT, 1990: 17), (CB [PT, 1996: 17), (CB [OPC, 2004: 18), (CB [OC, 2009: 18), (CB [PC, 2014: 18).

IV [Mais uma vez a perdi. Em cada minuto] 4 pub. vs. 3 vers.

Integra o ciclo de cinco poemas «Ciclo», [poema] IV: (CB, 1961: 24-26), (CB [OC, 1967: 27-29; 1.º texto-base), (CB [PT, 1973: 23-25), (CB [PT, 1981: 25-27).

Não integra: (CB [PT, 1990), (CB [PT, 1996), (CB [OPC, 2004), (CB [OC, 2009), (CB [PC, 2014).

[2] palavras, → palavras (CB, 1961: 24), (CB [PT, 1981: 25).

[3] se depositam → depositam-se (CB [PT, 1981: 25).

[5] busco. → busco, (CB, 1961: 24).

[6] Tacteando → tacteando (CB, 1961: 24).

[12] feroz, → feroz (CB, 1961: 24).

[17] Longe, naquilo que o acaso teceu, → Longe naquilo que o acaso teceu (CB, 1961: 25).

[18] elaboram-se os gestos. No casulo remoto, → seus gestos se chocam. No casulo remoto (CB, 1961: 25); remoto, → remoto (CB [PT, 1981: 26).

[19] a distância se forma → que a distância se elabora (CB, 1961: 25); a distância se forma → forma-se a distância (CB [PT, 1981: 26).

[20] fonte. → fonte! (CB, 1961: 25).

[22] E as → Que (CB, 1961: 25).

[23] dos instintos. → não dão seus instintos! (CB, 1961: 25).

[24] E alguma coisa misteriosamente → E o deplorável é que algo (CB, 1961: 25).

[25] a fecunda. → misteriosamente a fecunda. (CB, 1961: 25).

[26] bêbedo → bêbado (CB, 1961: 25).

[28] Este verso, e os dois versos seguintes, constituem nova estrofe: (CB, 1961: 25).

[30] acontece. → acontece! (CB, 1961: 25).

[32] nem → não me dá (CB, 1961: 25).

[32] fogo agressivo, → fogo, (CB [PT, 1981: 26).

[33] nem → não me dá (CB, 1961: 25).

[33] nem um heroísmo inaudito. → uma estrela violenta. (CB [PT, 1981: 26).

[36] Minha memória → A memória (CB [PT, 1981: 26).

[38] exaltam-na. → exaltam-na (CB, 1961: 25).

[39] E → e (CB, 1961: 26).

[39] àrduamente. → arduamente. (CB [PT, 1981: 26).

[42] brutos → bruscos (CB [PT, 1981: 26).

V [Uma noite acordarei junto ao corpo infindável] 4 pub. vs. 3 vers.

Integra o ciclo de cinco poemas «Ciclo», [poema] V: (CB, 1961: 27-28), (CB [OC, 1967: 30-31; 1.º texto-base), (CB [PT, 1973: 26-27), (CB [PT, 1981: 28-29).

Não integra: (CB [PT, 1990), (CB [PT, 1996), (CB [OPC, 2004), (CB [OC, 2009), (CB [PC, 2014).

[2] amada, → amada (CB, 1961: 27).

[3] Então, → Então (CB, 1961: 27).

[12] Tempo, tempo. → Tempo! tempo! (CB, 1961: 27).

[18-19] «Guitarras pensarão» e «a alegria nocturna.» são eliminados: (CB [PT, 1973: 27), (CB [PT, 1981: 29).

[23] Este verso é eliminado: (CB [PT, 1973: 27), (CB [PT, 1981: 29).

[24] e → E (CB [PT, 1973: 27), (CB [PT, 1981: 29).

O AMOR EM VISITA [Dai-me uma jovem mulher com sua harpa de sombra] 10 pub. vs. 5 vers.

Publicado pela primeira vez, em volume, em 1958, pela editora Contraponto: (AV, 1958: 1-14); contém citação: «El lector irresponsable, que es el más sólito, patina con los ójos por estas líneas, y cree que se ha enterado, porque no contienen abstrusos signos matemáticos. Pèro el buen lector es el que tiene casi constantemente la impresión de que no se ha enterado bien. En efecto, no entendemos suficientemente esos versos porque no sabemos qué quiere decir el autor con la palavra "amor".» Ortega y Gasset. (AV, 1958: 3); contém a seguinte informação, no final do livro: Este poema foi composto e impresso na Gráfica Sintrense, Lda., e é uma edição do autor para a colecção Contraponto (AV, 1958: 15).

Integra: (CB, 1961: 29-39), (CB [OC, 1967: 32-41; 1.º texto-base), (CB [PT, 1973: 28-37), (CB [PT, 1981: 30-39), (CB [PT, 1990: 18-25), (CB [PT, 1996: 18-25), (CB [OPC, 2004: 19-27), (CB [OC, 2009: 19-27), (CB [PC, 2014: 19-27).

[12] noite, → noite (AV, 1958: 4), (CB, 1961: 29), (CB [PT, 1973: 28), (CB [PT, 1981: 30), (CB [PT, 1990: 18), (CB [PT, 1996: 18), (CB [OPC, 2004: 19), (CB [OC, 2009: 19), (CB [PC, 2014: 19).

[13] marítimo, → marítimo (AV, 1958: 4), (CB, 1961: 29), (CB [PT, 1973: 28), (CB [PT, 1981: 30), (CB [PT, 1990: 18), (CB [PT, 1996: 18), (CB [OPC, 2004: 19), (CB [OC, 2009: 19), (CB [PC, 2014: 19).

[14] ondas — → ondas, (AV, 1958: 4), (CB, 1961: 29).

[15] palpitantes. → palpitantes, (AV, 1958: 4), (CB, 1961: 29).

[16] Ele → ele (AV, 1958: 4), (CB, 1961: 29).

[16] inacessível e casta → vertiginosa e alta (CB [PT, 1990: 18), (CB [PT, 1996: 18), (CB [OPC, 2004: 19), (CB [OC, 2009: 19), (CB [PC, 2014: 19).

[20] Em cada mulher existe uma morte silenciosa. → Ah! em cada mulher existe uma morte silenciosa; este verso e os oito versos seguintes pertencem à estrofe anterior: (AV, 1958: 5), (CB, 1961: 30).

[21] E → e (AV, 1958: 5), (CB, 1961: 30).

[21] sob nossos → sob os (CB [PT, 1990: 18), (CB [PT, 1996: 18), (CB [OPC, 2004: 19), (CB [OC, 2009: 19), (CB [PC, 2014: 19).

[24] embriaguez → embriaguês (AV, 1958: 5).

[25] Ó → Oh (CB [PT, 1990: 18), (CB [PT, 1996: 18), (CB [OPC, 2004: 20), (CB [OC, 2009: 20), (CB [PC, 2014: 20).

[28] alegria. → alegria! (AV, 1958: 5), (CB, 1961: 30).

[35] dos cabelos. → dos seus cabelos. (AV, 1958: 5), (CB, 1961: 30).

[41] águas. → águas, (AV, 1958: 6), (CB, 1961: 31), (CB [PT, 1973: 30), (CB [PT, 1981: 31), (CB [PT, 1990: 19), (CB [PT, 1996: 19), (CB [OPC, 2004: 20), (CB [OC, 2009: 20), (CB [PC, 2014: 20).

[42] Dentro → dentro (AV, 1958: 6), (CB, 1961: 31), (CB [PT, 1973: 30), (CB [PT, 1981: 32), (CB [PT, 1990: 19), (CB [PT, 1996: 19), (CB [OPC, 2004: 20), (CB [OC, 2009: 20), (CB [PC, 2014: 20).

[44] incendeia → incendeiam (CB [PT, 1990: 19), (CB [PT, 1996: 19), (CB [OPC, 2004: 20), (CB [OC, 2009: 20), (CB [PC, 2014: 20).

[48] pungente, → pungente (AV, 1958: 6), (CB, 1961: 31), (CB [PT, 1973: 30), (CB [PT, 1981: 32), (CB [PT, 1990: 19), (CB [PT, 1996: 19), (CB [OPC, 2004: 21), (CB [OC, 2009: 21), (CB [PC, 2014: 21).

[51] sombra. → sombra (AV, 1958: 6), (CB, 1961: 31); sombra. → sombra, (CB [PT, 1973: 30), (CB [PT, 1981: 32), (CB [PT, 1990: 19), (CB [PT, 1996: 19), (CB [OPC, 2004: 21), (CB [OC, 2009: 21), (CB [PC, 2014: 21).

[52] Tua boca penetra a minha voz, como a espada → e tua boca penetra a minha voz como a espada (AV, 1958: 6), (CB, 1961: 31); Tua boca penetra a minha voz, como a espada → tua boca penetra a minha voz como a espada (CB [PT, 1973: 30), (CB [PT, 1981: 32), (CB [PT, 1990: 19), (CB [PT, 1996: 19), (CB [OPC, 2004: 21), (CB [OC, 2009: 21), (CB [PC, 2014: 21).

[61] partida, → oculta, (CB [PT, 1990: 20), (CB [PT, 1996: 20), (CB [OPC, 2004: 21), (CB [OC, 2009: 21), (CB [PC, 2014: 21).

[62-63] os ombros violados, / o sangue penetrado de paredes nuas. → o corpo iluminado pelas luzes longas. (CB [PT, 1990:

20), (CB [PT, 1996: 20), (CB [OPC, 2004: 21), (CB [OC, 2009: 21), (CB [PC, 2014: 21).

[65] se transfiguram, → transfiguram-se (CB [PT, 1981: 32), (CB [PT, 1990: 20), (CB [PT, 1996: 20), (CB [OPC, 2004: 21), (CB [OC, 2009: 21), (CB [PC, 2014: 21).

[66] a sombra → o sumo (AV, 1958: 7), (CB, 1961: 32).

[73] à → a (AV, 1958: 7), (CB, 1961: 32); me sento → sento-me (CB [PT, 1973: 31), (CB [PT, 1981: 33), (CB [PT, 1990: 20), (CB [PT, 1996: 20), (CB [OPC, 2004: 21), (CB [OC, 2009: 21), (CB [PC, 2014: 21).

[76] sombra → noite (CB [PT, 1990: 20), (CB [PT, 1996: 20), (CB [OPC, 2004: 21), (CB [OC, 2009: 21), (CB [PC, 2014: 21).

[84] Este verso e os dez versos seguintes pertencem à estrofe anterior: (AV, 1958: 7-8).

[88] Porém, → Porém (CB [PT, 1990: 20), (CB [PT, 1996: 20), (CB [OPC, 2004: 22), (CB [OC, 2009: 22), (CB [PC, 2014: 22).

[90] maternal. E → maternal, e (AV, 1958: 8), (CB, 1961: 33), (CB [PT, 1973: 31), (CB [PT, 1981: 33), (CB [PT, 1990: 20), (CB [PT, 1996: 20), (CB [OPC, 2004: 22), (CB [OC, 2009: 22), (CB [PC, 2014: 22).

[104] poder angélico e → poder (CB [PT, 1990: 21), (CB [PT, 1996: 21), (CB [OPC, 2004: 22), (CB [OC, 2009: 22), (CB [PC, 2014: 22).

[129] acolhes. → acolhes! (AV, 1958: 9), (CB, 1961: 34).

[137] morosa. → divina. (AV, 1958: 10), (CB, 1961: 35).

[139] gratidão. → vida breve. (CB [PT, 1990: 22), (CB [PT, 1996: 22), (CB [OPC, 2004: 24), (CB [OC, 2009: 24), (CB [PC, 2014: 24).

[140] Felizmente estás → Estás profundamente (CB [PT, 1990: 22) (CB [PT, 1996: 22), (CB [OPC, 2004: 24), (CB [OC, 2009: 24), (CB [PC, 2014: 24).

[141] castidade. → castidade! (AV, 1958: 10), (CB, 1961: 35); pungência e castidade. → força e pungência. (CB [PT, 1990: 22), (CB [PT, 1996: 22), (CB [OPC, 2004: 24), (CB [OC, 2009: 24), (CB [PC, 2014: 24).

[144] noite, → noite (CB [PT, 1990: 22), (CB [PT, 1996: 22), (CB [OPC, 2004: 24), (CB [OC, 2009: 24), (CB [PC, 2014: 24).

[146] angústia e prata viva. → prata viva. (CB [PT, 1990: 22), (CB [PT, 1996: 22), (CB [OPC, 2004: 24), (CB [OC, 2009: 24), (CB [PC, 2014: 24).

[149] pedra. E → pedra, e (AV, 1958: 10), (CB, 1961: 35), (CB [PT, 1973: 34), (CB [PT, 1981: 36), (CB [PT, 1990: 22), (CB [PT, 1996: 22), (CB [OPC, 2004: 24), (CB [OC, 2009: 24), (CB [PC, 2014: 24).

[152] nuvens → núvens (AV, 1958: 11).

[154] mim, → mim (AV, 1958: 11), (CB [PT, 1973: 34), (CB [PT, 1981: 36), (CB [PT, 1990: 22), (CB [PT, 1996: 22), (CB [OPC, 2004: 24), (CB [OC, 2009: 24), (CB [PC, 2014: 24).

[161] — No entanto, → No entanto (AV, 1958: 11), (CB, 1961: 36); — No entanto, → — No entanto (CB [PT, 1973: 34), (CB [PT, 1981: 36), (CB [PT, 1990: 23), (CB [PT, 1996:

23), (CB [OPC, 2004: 25), (CB [OC, 2009: 25), (CB [PC, 2014: 25).

[162] boca. E → boca, e (AV, 1958: 11), (CB, 1961: 36), (CB [PT, 1973: 34), (CB [PT, 1981: 36), (CB [PT, 1990: 23), (CB [PT, 1996: 23), (CB [OPC, 2004: 25), (CB [OC, 2009: 25), (CB [PC, 2014: 25).

[169] face, → face (CB [PT, 1973: 35), (CB [PT, 1981: 37), (CB [PT, 1990: 23), (CB [PT, 1996: 23), (CB [OPC, 2004: 25), (CB [OC, 2009: 25), (CB [PC, 2014: 25).

[169] tua → tua face (CB [PT, 1990: 23), (CB [PT, 1996: 23), (CB [OPC, 2004: 25), (CB [OC, 2009: 25), (CB [PC, 2014: 25).

[170] sobrenatural. → sobrenatural, (AV, 1958: 11), (CB, 1961: 36), (CB [PT, 1973: 35), (CB [PT, 1981: 37), (CB [PT, 1990: 23), (CB [PT, 1996: 23), (CB [OPC, 2004: 25), (CB [OC, 2009: 25), (CB [PC, 2014: 25).

[171] Devo → devo, (AV, 1958: 11), (CB, 1961: 36), (CB [PT, 1973: 35), (CB [PT, 1981: 37), (CB [PT, 1990: 23), (CB [PT, 1996: 23), (CB [OPC, 2004: 25), (CB [OC, 2009: 25), (CB [PC, 2014: 25).

[180] crepúsculo, → crepúsculo (CB [PT, 1981: 37), (CB [PT, 1990: 23), (CB [PT, 1996: 23), (CB [OPC, 2004: 25), (CB [OC, 2009: 25), (CB [PC, 2014: 25).

[185] sorriso deserto, → sorriso, (CB [PT, 1990: 23), (CB [PT, 1996: 23), (CB [OPC, 2004: 26), (CB [OC, 2009: 26), (CB [PC, 2014: 26).

[187] mosto, → mosto aberto (CB [PT, 1990: 23), (CB [PT, 1996: 23), (CB [OPC, 2004: 26), (CB [OC, 2009: 26), (CB [PC, 2014: 26),

[188] impossível → terrível (CB [PT, 1990: 23), (CB [PT, 1996: 23), (CB [OPC, 2004: 26), (CB [OC, 2009: 26), (CB [PC, 2014: 26).

[195] estará → está (CB [PT, 1990: 24), (CB [PT, 1996: 24), (CB [OPC, 2004: 26), (CB [OC, 2009: 26), (CB [PC, 2014: 26).

[198] E eu → E (CB [PT, 1990: 24), (CB [PT, 1996: 24), (CB [OPC, 2004: 26), (CB [OC, 2009: 26), (CB [PC, 2014: 26).

[202] Ó → Oh (CB [PT, 1990: 24), (CB [PT, 1996: 24), (CB [OPC, 2004: 26), (CB [OC, 2009: 26), (CB [PC, 2014: 26).

[216] Perde-se, → Perde-se (AV, 1958: 14), (CB, 1961: 39), (CB [PT, 1973: 37), (CB [PT, 1981: 38), (CB [PT, 1990: 24), (CB [PT, 1996: 24), (CB [OPC, 2004: 27), (CB [OC, 2009: 27), (CB [PC, 2014: 27).

[217] arbusto, → arbusto (AV, 1958: 14), (CB, 1961: 39), (CB [PT, 1973: 37), (CB [PT, 1981: 38), (CB [PT, 1990: 24), (CB [PT, 1996: 24), (CB [OPC, 2004: 27), (CB [OC, 2009: 27), (CB [PC, 2014: 27).

[218] inclinam-se → farejam (AV, 1958: 14), (CB, 1961: 39).

[219] para dentro do sono, levantam-se rosas respirando → seu pedaço de sol, plantas mastigam seu instante (AV, 1958: 14), (CB, 1961: 39).

[220] contra o ar. → matinal (AV, 1958: 14), (CB, 1961: 39).

[221] a água ——→ o mar, (AV, 1958: 14), (CB, 1961: 39).

[222] lento → místico (AV, 1958: 14), (CB, 1961: 39).

I [Um poema cresce inseguramente] 9 pub. vs. 4 vers.

Integra o ciclo de sete poemas «O Poema», [poema] I: (CB, 1961: 40-41), (CB [OC, 1967: 42-43; 1.º texto-base), (CB [PT, 1973: 38-39), (CB [PT, 1981: 40-41), (CB [PT, 1990: 26-27), (CB [PT, 1996: 26-27), (CB [OPC, 2004: 28), (CB [OC, 2009: 28), (CB [PC, 2014: 28).

[2] carne. → carne (CB, 1961: 40).

[3] Sobe → sobre (CB, 1961: 40).

[5] sangue, → sangue (CB, 1961: 40), (CB [PT, 1973: 38), (CB [PT, 1981: 40), (CB [PT, 1990: 26), (CB [PT, 1996: 26), (CB [OPC, 2004: 28), (CB [OC, 2009: 28), (CB [PC, 2014: 28).

[11] os rios, → rios, (CB [PT, 1990: 26), (CB [PT, 1996: 26), (CB [OPC, 2004: 28), (CB [OC, 2009: 28), (CB [PC, 2014: 28).

[12] as folhas dormindo o silêncio, → folhas dormindo o silêncio (CB [PT, 1981: 40), (CB [PT, 1990: 26), (CB [PT, 1996: 26), (CB [OPC, 2004: 28), (CB [OC, 2009: 28), (CB [PC, 2014: 28).

[17] invade as órbitas, a face amorfa das paredes, → invade as casas deitadas nas noites (CB [PT, 1990: 26), (CB [PT, 1996: 26), (CB [OPC, 2004: 28), (CB [OC, 2009: 28), (CB [PC, 2014: 28).

[18] e a → a (CB, 1961: 41).

[18] e a miséria dos minutos, → e as luzes e as trevas em volta da mesa (CB [PT, 1990: 26), (CB [PT, 1996: 26), (CB [OPC, 2004: 28), (CB [OC, 2009: 28), (CB [PC, 2014: 28).

[19] e a → a (CB, 1961: 41).

[19] coisas, → coisas (CB [PT, 1990: 26), (CB [PT, 1996: 26), (CB [OPC, 2004: 28), (CB [OC, 2009: 28), (CB [PC, 2014: 28).

[20] e a → a (CB, 1961: 41).

[21] baixo, → baixo (CB, 1961: 41), (CB [PT, 1990: 26), (CB [PT, 1996: 26), (CB [OPC, 2004: 28), (CB [OC, 2009: 28), (CB [PC, 2014: 28).

[23] o tempo e a carne. → a carne e o tempo. (CB [PT, 1990: 27), (CB [PT, 1996: 27), (CB [OPC, 2004: 28), (CB [OC, 2009: 28), (CB [PC, 2014: 28).

II [A palavra erguia-se como um candelabro,] 9 pub. vs. 5 vers.

Integra o ciclo de sete poemas «O Poema», [poema] II: (CB, 1961: 42-44), (CB [OC, 1967: 44-46; 1.º texto-base), (CB [PT, 1973: 40-42), (CB [PT, 1981: 42-44), (CB [PT, 1990: 28-29), (CB [PT, 1996: 28-29), (CB [OPC, 2004: 29-30), (CB [OC, 2009: 29-30), (CB [PC, 2014: 29-30).

[4] Quando → Ah! quando (CB, 1961: 42).

[5] céu, → céu (CB, 1961: 42), (CB [PT, 1973: 40), (CB [PT, 1981: 42), (CB [PT, 1990: 28), (CB [PT, 1996: 28), (CB [OPC, 2004: 29), (CB [OC, 2009: 29), (CB [PC, 2014: 29).

[6] cantavam, → cantavam (CB, 1961: 42), (CB [PT, 1973: 40), (CB [PT, 1981: 42), (CB [PT, 1990: 28), (CB [PT, 1996: 28), (CB [OPC, 2004: 29), (CB [OC, 2009: 29), (CB [PC, 2014: 29).

[7] coisas. → coisas! (CB, 1961: 42).

[8] mãos, → mãos (CB, 1961: 42); dolorosas mãos, → mãos dolorosas (CB [PT, 1973: 40), (CB [PT, 1981: 42), (CB [PT, 1990: 28), (CB [PT, 1996: 28), (CB [OPC, 2004: 29), (CB [OC, 2009: 29), (CB [PC, 2014: 29).

[13] inocente. E o hálito, → inocente e o hálito (CB, 1961: 42), (CB [PT, 1973: 40), (CB [PT, 1981: 42), (CB [PT, 1990: 28), (CB [PT, 1996: 28), (CB [OPC, 2004: 29), (CB [OC, 2009: 29), (CB [PC, 2014: 29).

[14] lodo, → lodo (CB, 1961: 42), (CB [PT, 1973: 40), (CB [PT, 1981: 42).

[14] lábios. → lábios (CB, 1961: 42); lábios. → lábios, (CB [PT, 1973: 40), (CB [PT, 1981: 42); como a onda de lodo, perpassa à flor dos lábios. → perpassa à flor dos lábios, (CB [PT, 1990: 28), (CB [PT, 1996: 28), (CB [OPC, 2004: 29), (CB [OC, 2009: 29), (CB [PC, 2014: 29).

[15] A → a (CB, 1961: 42), (CB [PT, 1973: 40), (CB [PT, 1981: 42), (CB [PT, 1990: 28), (CB [PT, 1996: 28), (CB [OPC, 2004: 29), (CB [OC, 2009: 29), (CB [PC, 2014: 29).

[16] Toda → Ah! toda (CB, 1961: 43).

[17] auréola inefável → auréola (CB [PT, 1990: 28), (CB [PT, 1996: 28), (CB [OPC, 2004: 29), (CB [OC, 2009: 29), (CB [PC, 2014: 29).

[18] ao objecto, tira ao instante → do objecto, enche cada instante (CB [PT, 1990: 28), (CB [PT, 1996: 28), (CB [OPC, 2004: 29), (CB [OC, 2009: 29), (CB [PC, 2014: 29).

[19] o gosto impuro. → de um poder obscuro. (CB [PT, 1990: 28), (CB [PT, 1996: 28), (CB [OPC, 2004: 29), (CB [OC, 2009: 29), (CB [PC, 2014: 29).

[20] partia-se nas mãos — → partia as mãos (CB, 1961: 43).

[20] para um sangue, → sangue: (CB [PT, 1990: 28), (CB [PT, 1996: 28), (CB [OPC, 2004: 29), (CB [OC, 2009: 29), (CB [PC, 2014: 29).

[22] testemunho → testemunho da mais alta (CB [PT, 1990: 28), (CB [PT, 1996: 28), (CB [OPC, 2004: 29), (CB [OC, 2009: 29), (CB [PC, 2014: 29).

[23] de casta loucura. Uma razão de morte e de alegria. → loucura. Cantar era uma razão / de morte e de alegria. (CB [PT, 1990: 28), (CB [PT, 1996: 28), (CB [OPC, 2004: 29), (CB [OC, 2009: 29), (CB [PC, 2014: 29).

26] boca procurava → mão procurava o punhal, (CB [PT, 1990: 29), (CB [PT, 1996: 29), (CB [OPC, 2004: 30), (CB [OC, 2009: 30), (CB [PC, 2014: 30).

[27] o punhal, comia a laje nua. Do braço divino → a boca beijava a laje nua. Do braço divino (CB [PT, 1990: 29), (CB [PT, 1996: 29), (CB [OPC, 2004: 30), (CB [OC, 2009: 30), (CB [PC, 2014: 30).

[28] fogo, → fogo (CB, 1961: 43), (CB [PT, 1973: 41), (CB [PT, 1981: 43), (CB [PT, 1990: 29), (CB [PT, 1996: 29), (CB [OPC, 2004: 30), (CB [OC, 2009: 30), (CB [PC, 2014: 30).

[30] mesmo fogo → fogo (CB [PT, 1990: 29), (CB [PT, 1996: 29), (CB [OPC, 2004: 30), (CB [PC, 2014: 30).

[32] Ah, → Ah! (CB, 1961: 43).

[32] Ah, nenhuma vida demais → Nenhuma vida tanto (CB [PT, 1990: 29), (CB [PT, 1996: 29), (CB [OPC, 2004: 30), (CB [OC, 2009: 30), (CB [PC, 2014: 30).

[33] para que → que (CB [PT, 1990: 29), (CB [PT, 1996: 29), (CB [OPC, 2004: 30), (CB [OC, 2009: 30), (CB [PC, 2014: 30).

[34] é → é tão (CB [PT, 1990: 29), (CB [PT, 1996: 29), (CB [OPC, 2004: 30), (CB [OC, 2009: 30), (CB [PC, 2014: 30).

[38] pensamento. → pensamento... (CB, 1961: 43).

[40] desfez, onde se fendeu → acendeu, onde se abriu (CB [PT, 1990: 29), (CB [PT, 1996: 29), (CB [OPC, 2004: 30), (CB [OC, 2009: 30), (CB [PC, 2014: 30).

[40] Após este verso, inclusão dos seguintes [dois] versos: Cantar na mesa, na árvore / sorvida pelo êxtase. (CB, 1961: 44), (CB [PT, 1973: 42), (CB [PT, 1990: 29), (CB [PT, 1996: 29), (CB [OPC, 2004: 30), (CB [OC, 2009: 30), (CB [PC, 2014: 30).

[41] Este verso e os quatro versos seguintes constituem uma estrofe: (CB, 1961: 44); Cantar sobre o corpo da morte, pedra

→ Cantar na mesa, na árvore / sorvida pelo êxtase. (CB [PT, 1981: 43).

[42] chama — → chama — erguido, (CB [PT, 1973: 42); a pedra, chama a chama — → Cantar sobre o corpo da morte, pedra / a pedra, chama a chama — erguido, (CB [PT, 1981: 44), (CB [PT, 1990: 29), (CB [PT, 1996: 29), (CB [OPC, 2004: 30), (CB [OC, 2009: 30), (CB [PC, 2014: 30).

[43] Este verso é eliminado, passando a pertencer ao verso anterior: (CB [PT, 1973: 42), (CB [PT, 1981: 43), (CB [PT, 1990: 29), (CB [PT, 1996: 29), (CB [OPC, 2004: 30), (CB [OC, 2009: 30), (CB [PC, 2014: 30).

[45] perdido. → aprendido. (CB [PT, 1990: 29), (CB [PT, 1996: 29), (CB [OPC, 2004: 30), (CB [OC, 2009: 30), (CB [PC, 2014: 30).

III [Às vezes estou à mesa, e como ou sonho ou estou] 9 pub. vs. 5 vers.

Integra o ciclo de sete poemas «O Poema», [poema] III: (CB, 1961: 45-48), (CB [OC, 1967: 47-49; 1.º texto-base), (CB [PT, 1973: 43-45), (CB [PT, 1981: 45-47), (CB [PT, 1990: 30-32), (CB [PT, 1996: 30-32), (CB [OPC, 2004: 31-33), (CB [OC, 2009: 31-33), (CB [PC, 2014: 31-33).

[1] mesa, e como → mesa: e côrno (CB [PT, 1981: 45), (CB [PT, 1990: 30), (CB [PT, 1996: 30), (CB [OPC, 2004: 31), (CB [OC, 2009: 31), (CB [PC, 2014: 31).

[2] sòmente → somente (CB [PT, 1981: 45), (CB [PT, 1990: 30), (CB [PT, 1996: 30), (CB [OPC, 2004: 31), (CB [OC, 2009: 31), (CB [PC, 2014: 31).

[4] Parece que → Porque (CB [PT, 1990: 30), (CB [PT, 1996: 30), (CB [OPC, 2004: 31), (CB [OC, 2009: 31), (CB [PC, 2014: 31).

[4] carne → carne se distrai (CB [PT, 1990: 30), (CB [PT, 1996: 30), (CB [OPC, 2004: 31), (CB [OC, 2009: 31), (CB [PC, 2014: 31).

[5] se distrai entre → entre (CB [PT, 1990: 30), (CB [PT, 1996: 30), (CB [OPC, 2004: 31), (CB [OC, 2009: 31), (CB [PC, 2014: 31).

[10] Porque, enquanto → E enquanto (CB [PT, 1990: 30), (CB [PT, 1996: 30), (CB [OPC, 2004: 31), (CB [OC, 2009: 31), (CB [PC, 2014: 31).

[17] castidade → claridade (CB [PT, 1990: 30), (CB [PT, 1996: 30), (CB [OPC, 2004: 31), (CB [OC, 2009: 31), (CB [PC, 2014: 31).

[24] sentido e que, → sentido, e que (CB, 1961: 46).

[27] vida. E → vida, e (CB, 1961: 46), (CB [PT, 1973: 44), (CB [PT, 1981: 46), (CB [PT, 1990: 31), (CB [PT, 1996: 31), (CB [OPC, 2004: 32), (CB [OC, 2009: 32), (CB [PC, 2014: 32).

[29] essa → sobre essa (CB, 1961: 46).

[40] Sòmente → Somente (CB [PT, 1981: 46).

[40] Sòmente sei → Sei (CB [PT, 1990: 31), (CB [PT, 1996: 31), (CB [OPC, 2004: 32), (CB [OC, 2009: 32), (CB [PC, 2014: 32).

[48] terra. E → terra, e (CB, 1961: 46), (CB [PT, 1973: 45), (CB [PT, 1981: 47), (CB [PT, 1990: 31), (CB [PT, 1996: 31), (CB [OPC, 2004: 32), (CB [OC, 2009: 32), (CB [PC, 2014: 32).

[54] ar. Os ossos → ar. (CB [PT, 1990: 31), (CB [PT, 1996: 31), (CB [OPC, 2004: 33), (CB [OC, 2009: 33), (CB [PC, 2014: 33).

[55] cantariam sob os pequenos vulcões dos frutos → Ferveriam os pequenos vulcões dos frutos. (CB [PT, 1990: 31), (CB [PT, 1996: 31), (CB [OPC, 2004: 33), (CB [OC, 2009: 33), (CB [PC, 2014: 33).

[56] e, dentro dos tanques, tombaria a água → Dentro dos tanques tombaria a água (CB [PT, 1990: 31), (CB [OPC, 2004: 33), (CB [OC, 2009: 33), (CB [PC, 2014: 33).

[57] estar → estar à mesa (CB [PT, 1990: 31), (CB [PT, 1996: 31), (CB [PT, 1996: 31), (CB [OPC, 2004: 33), (CB [OC, 2009: 33), (CB [PC, 2014: 33).

[58] à mesa da → da (CB [PT, 1990: 31), (CB [PT, 1996: 31), (CB [OPC, 2004: 33), (CB [OC, 2009: 33), (CB [PC, 2014: 33).

[59] homem só, → homem, (CB [PT, 1990: 31), (CB [PT, 1996: 31), (CB [OPC, 2004: 33), (CB [OC, 2009: 33), (CB [PC, 2014: 33).

[59] cabeça, → cabeça, como (CB [PT, 1990: 31), (CB [PT, 1996: 31), (CB [OPC, 2004: 33), (CB [OC, 2009: 33), (CB [PC, 2014: 33).

[60] como o → o (CB [PT, 1990: 31), (CB [PT, 1996: 31), (CB [OPC, 2004: 33), (CB [OC, 2009: 33), (CB [PC, 2014: 33).

[65] boca. → boca (CB [PT, 1981: 47).

IV [Nesta laranja encontro aquele repouso frio] 9 pub. vs. 3 vers.

Integra o ciclo de sete poemas «O Poema», [poema] IV: (CB, 1961: 49-51), (CB [OC, 1967: 50-52; 1.º texto-base), (CB [PT, 1973: 46-48), (CB [PT, 1981: 48-50), (CB [PT, 1990: 33-34), (CB [PT, 1996: 33-34), (CB [OPC, 2004: 34-36), (CB [OC, 2009: 34-36), (CB [PC, 2014: 34-36).

[17] de cinza. → oculta. (CB [PT, 1990: 33), (CB [PT, 1996: 33), (CB [OPC, 2004: 34), (CB [OC, 2009: 34), (CB [PC, 2014: 34).

[20] se movessem, → se movessem (CB, 1961: 50); se movessem, se movessem, → se movessem (CB [PT, 1990: 33), (CB [PT, 1996: 33), (CB [OPC, 2004: 34), (CB [OC, 2009: 34), (CB [PC, 2014: 34).

[45] sepultara → sepultura (CB, 1961: 50).

V [Existia alguma coisa para denominar no alto desta sombria] 9 pub. vs. 4 vers.

Integra o ciclo de sete poemas «O Poema», [poema] V: (CB, 1961: 52-54), (CB [OC, 1967: 53-55; 1.º texto-base), (CB [PT, 1973: 49-51), (CB [PT, 1981: 51-53), (CB [PT, 1990: 35-36), (CB [PT, 1996: 35-36), (CB [OPC, 2004: 37-38), (CB [OC, 2009: 37-38), (CB [PC, 2014: 37-38).

[4] ùnicamente → unicamente (CB [PT, 1981: 51), (CB [PT, 1990: 35), (CB [PT, 1996: 35), (CB [OPC, 2004: 37), (CB [OC, 2009: 37), (CB [PC, 2014: 37).

[10] inspirações, → inspirações (CB, 1961: 52), (CB [PT, 1973: 49), (CB [PT, 1981: 51), (CB [PT, 1990: 35), (CB [PT, 1996: 35), (CB [OPC, 2004: 37), (CB [OC, 2009: 37), (CB [PC, 2014: 37).

[11] virtude. → virtude; (CB, 1961: 52).

[12] Depois, → depois (CB, 1961: 52).

[19] Ah, → Ah! (CB, 1961: 53).

[19] Ah, não se → Nunca se (CB [PT, 1990: 35), (CB [PT, 1996: 35), (CB [OPC, 2004: 37), (CB [OC, 2009: 37), (CB [PC, 2014: 37).

[20] brasas, só porque se → brasas quando se (CB [PT, 1990: 35), (CB [PT, 1996: 35), (CB [OPC, 2004: 37), (CB [OC, 2009: 37), (CB [PC, 2014: 37).

[21] fonte ou → fonte, sobre (CB [PT, 1990: 35), (CB [PT, 1996: 35), (CB [OPC, 2004: 37), (CB [OC, 2009: 37), (CB [PC, 2014: 37).

[39] era um morto, → eram os mortos, (CB [PT, 1990: 36), (CB [PT, 1996: 36), (CB [OPC, 2004: 38), (CB [OC, 2009: 38), (CB [PC, 2014: 38).

[41] se dobrava → dobrava-se (CB, 1961: 54).

[42] estremecia as → corria nas (CB [PT, 1990: 36), (CB [PT, 1996: 36), (CB [OPC, 2004: 38), (CB [OC, 2009: 38), (CB [PC, 2014: 38).

[42] adormecidas, → adormecidas (CB, 1961: 54), (CB [PT, 1973: 51), (CB [PT, 1990: 36), (CB [PT, 1996: 36), (CB [OPC, 2004: 38), (CB [OC, 2009: 38), (CB [PC, 2014: 38).

[43] ou → e (CB [PT, 1990: 36), (CB [PT, 1996: 36), (CB [OPC, 2004: 38), (CB [OC, 2009: 38), (CB [PC, 2014: 38).

[43] que logo → que (CB [PT, 1990: 36), (CB [PT, 1996: 36), (CB [OPC, 2004: 38), (CB [OC, 2009: 38), (CB [PC, 2014: 38).

[48] morte, → morte (CB [PT, 1990: 36), (CB [PT, 1996: 36), (CB [OPC, 2004: 38), (CB [OC, 2009: 38), (CB [PC, 2014: 38).

[49] misteriosas. → misteriosas... (CB, 1961: 54).

VI [Fecundo mês da oferta onde a invenção ilumina] 9 pub. vs. 5 vers.

Integra o ciclo de sete poemas «O Poema», [poema] VI: (CB, 1961: 55-57), (CB [OC, 1967: 56-58; 1.º texto-base), (CB [PT, 1973: 52-54), (CB [PT, 1981: 54-56), (CB [PT, 1990: 37-38), (CB [PT, 1996: 37-38), (CB [OPC, 2004: 39-41), (CB [OC, 2009: 39-41), (CB [PC, 2014: 39-41).

[2] harpa, → harpa (CB [PT, 1990: 37), (CB [PT, 1996: 37), (CB [OPC, 2004: 39), (CB [OC, 2009: 39), (CB [PC, 2014: 39).

[3] sangue. Ó → sangue; ó (CB, 1961: 55).

[4] interior, → interior (CB, 1961: 55), (CB [PT, 1973: 52), (CB [PT, 1981: 54), (CB [PT, 1990: 37), (CB [PT, 1996: 37), (CB [OPC, 2004: 39), (CB [OC, 2009: 39), (CB [PC, 2014: 39).

[5] casto → cândido (CB [PT, 1990: 37), (CB [PT, 1996: 37), (CB [OPC, 2004: 39), (CB [OC, 2009: 39), (CB [PC, 2014: 39).

[6] música. Escada → música; escada (CB, 1961: 55).

[8] perpètuamente → perpetuamente (CB [PT, 1981: 54), (CB [PT, 1990: 37), (CB [PT, 1996: 37), (CB [OPC, 2004: 39), (CB [OC, 2009: 39), (CB [PC, 2014: 39).

[11] vinho. Levanto → vinho, levanto (CB [PT, 1973: 52), (CB [PT, 1981: 54), (CB [PT, 1990: 37), (CB [PT, 1996: 37), (CB [OPC, 2004: 39), (CB [OC, 2009: 39), (CB [PC, 2014: 39).

[18] grata. → grata; (CB, 1961: 56).

[19] E → e (CB, 1961: 56).

[19] E por onde, subindo, → E subindo (CB [PT, 1990: 37), (CB [PT, 1996: 37), (CB [OPC, 2004: 39), (CB [OC, 2009: 39), (CB [PC, 2014: 39).

[19] consumo, → consumo. (CB [PT, 1990: 37), (CB [PT, 1996: 37), (CB [OPC, 2004: 39), (CB [OC, 2009: 39), (CB [PC, 2014: 39).

[20-21] e purifico as mãos espessas / de operário e macho. → Mês das mãos purificadas. (CB [PT, 1990: 37), (CB [PT, 1996: 37), (CB [OPC, 2004: 39), (CB [OC, 2009: 39), (CB [PC, 2014: 39).

[22] Entanto, mês delicado → Delicado mês (CB [PT, 1990: 37), (CB [PT, 1996: 37), (CB [OPC, 2004: 39), (CB [OC, 2009: 39), (CB [PC, 2014: 39).

[23] para um → um (CB [PT, 1990: 37), (CB [PT, 1996: 37), (CB [OPC, 2004: 39), (CB [OC, 2009: 39), (CB [PC, 2014: 39).

[24] de verde ternura entre mamas e coxas femininas. → entre coxas e mamas. (CB [PT, 1990: 37), (CB [PT, 1996: 37), (CB [OPC, 2004: 39), (CB [OC, 2009: 39), (CB [PC, 2014: 39).

[25 E entre a areia e a lama → Em lama e areia (CB [PT, 1990: 37), (CB [PT, 1996: 37), (CB [OPC, 2004: 40), (CB [OC, 2009: 40), (CB [PC, 2014: 40).

[26] a ideia, → o pensamento, (CB [PT, 1990: 37), (CB [PT, 1996: 37), (CB [OPC, 2004: 40), (CB [OC, 2009: 40), (CB [PC, 2014: 40).

[27] virgem e extrema como → virgem (CB [PT, 1990: 37), (CB [PT, 1996: 37), (CB [OPC, 2004: 40), (CB [OC, 2009: 40), (CB [PC, 2014: 40).

[28-29] um bago de veneno, um cálice / de morte. → extrema. (CB [PT, 1990: 37), (CB [PT, 1996: 37), (CB [OPC, 2004: 40), (CB [OC, 2009: 40), (CB [PC, 2014: 40).

[34] ébrios, → ébrios (CB, 1961: 56), (CB [PT, 1973: 53), (CB [PT, 1981: 55), (CB [PT, 1990: 38), (CB [PT, 1996: 38), (CB [OPC, 2004: 40), (CB [OC, 2009: 40), (CB [PC, 2014: 40).

[35] resina, → resina (CB, 1961: 56), (CB [PT, 1973: 53), (CB [PT, 1981: 55), (CB [PT, 1990: 38), (CB [PT, 1996: 38), (CB [OPC, 2004: 40), (CB [OC, 2009: 40), (CB [PC, 2014: 40).

[36] montanhas, → montanhas (CB, 1961: 56), (CB [PT, 1973: 53), (CB [PT, 1981: 55), (CB [PT, 1990: 38), (CB [PT, 1996: 38), (CB [OPC, 2004: 40), (CB [OC, 2009: 40), (CB [PC, 2014: 40).

[42] sujo tempo → tempo (CB [PT, 1981: 55); Suave mês do incesto, sujo tempo → Mês da aliança, tempo (CB [PT, 1990: 38), (CB [PT, 1996: 38), (CB [OPC, 2004: 40), (CB [OC, 2009: 40), (CB [PC, 2014: 40).

[43] pureza, → pureza (CB [PT, 1973: 53); de gelada pureza, → tremendo da inocência, (CB [PT, 1981: 55).

[43] de gelada pureza, aonde → tremendo da inocência onde (CB [PT, 1990: 38), (CB [PT, 1996: 38), (CB [OPC, 2004: 40), (CB [OC, 2009: 40), (CB [PC, 2014: 40).

[45] e onde a → e a (CB [PT, 1990: 38), (CB [PT, 1996: 38), (CB [OPC, 2004: 40), (CB [OC, 2009: 40), (CB [PC, 2014: 40).

[47] — E → E (CB, 1961: 57).

[48] baixo, o instinto → baixo. (CB [PT, 1990: 38), (CB [PT, 1996: 38), (CB [OPC, 2004: 40), (CB [OC, 2009: 40), (CB [PC, 2014: 40).

[49-50] envolvia o punhal e o fruto. Tecedeiras / deixavam as mãos sobre a atenção, flores → Tecedeiras deixavam mãos sobre a atenção, flores começavam (CB [PT, 1990: 38), (CB [PT, 1996: 38), (CB [OPC, 2004: 40), (CB [OC, 2009: 40), (CB [PC, 2014: 40).

[51] começavam e esfriavam ao → no linho com o tremor (CB [PT, 1990: 38), (CB [PT, 1996: 38), (CB [OPC, 2004: 40), (CB [OC, 2009: 40), (CB [PC, 2014: 40).

[52] mês. → mês! (CB, 1961: 57).

[52] caía sobre o peito, e o coração → pensava-se em palavra, recolhia-se, renascia, (CB [PT, 1990: 38), (CB [PT, 1996: 38), (CB [OPC, 2004: 40), (CB [OC, 2009: 40), (CB [PC, 2014: 40).

[53-54] subia no beijo. Gastava-se em cinza, renascia, / vibrava no beijo puro da loucura. → vibrava na testa como o beijo da loucura. (CB [PT, 1990: 38), (CB [PT, 1996: 38), (CB [OPC, 2004: 40), (CB [OC, 2009: 40), (CB [PC, 2014: 40).

[55] crescia o trigo insensato → aumentava o trigo insensato do canto, (CB [PT, 1990: 38), (CB [PT, 1996: 38), (CB [OPC, 2004: 41), (CB [OC, 2009: 41), (CB [PC, 2014: 41).

[57] formas. → formas, (CB, 1961: 57), (CB [PT, 1973: 54), (CB [PT, 1981: 56); e divino do canto, pela terra adiante / o perdão nascia das formas. → o perdão nascia das formas, (CB [PT, 1990: 38), (CB [PT, 1996: 38), (CB [OPC, 2004: 41), (CB [OC, 2009: 41), (CB [PC, 2014: 41).

[58] E → e (CB, 1961: 57), (CB [PT, 1973: 54), (CB [PT, 1981: 56), (CB [PT, 1990: 38), (CB [PT, 1996: 38), (CB [OPC, 2004: 41), (CB [OC, 2009: 41), (CB [PC, 2014: 41).

[60] obra. → obra... (CB, 1961: 57).

VII [A manhã começa a bater no meu poema.] 9 pub. vs. 6 vers.

Integra o ciclo de sete poemas «O Poema», [poema] VII: (CB, 1961: 58-60), (CB [OC, 1967: 59-61; 1.º texto-base), (CB [PT, 1973: 55-57), (CB [PT, 1981: 57-59), (CB [PT, 1990: 39-40), (CB [PT, 1996: 39-40), (CB [OPC, 2004: 42-44), (CB [OC, 2009: 42-44), (CB [PC, 2014: 42-44).

[11] ràpidamente → rapidamente (CB [PT, 1981: 57), (CB [PT, 1990: 39), (CB [PT, 1996: 39), (CB [OPC, 2004: 42), (CB [OC, 2009: 42), (CB [PC, 2014: 42).

[31] É → São (CB [PT, 1973: 56).

[32] rola, e a morte, → que rola e a morte (CB, 1961: 59), (CB [PT, 1973: 56), (CB [PT, 1981: 58), (CB [PT, 1990: 40), (CB [PT, 1996: 40), (CB [OPC, 2004: 43), (CB [OC, 2009: 43), (CB [PC, 2014: 43).

[33] violenta vida. → vida violenta. (CB [PT, 1990: 40), (CB [PT, 1996: 40), (CB [OPC, 2004: 43), (CB [OC, 2009: 43), (CB [PC, 2014: 43).

[35] formas, → formas (CB, 1961: 59), (CB [PT, 1973: 56), (CB [PT, 1981: 58), (CB [PT, 1990: 40), (CB [PT, 1996: 40), (CB [OPC, 2004: 43), (CB [OC, 2009: 43), (CB [PC, 2014: 43).

[41] faz-me feliz → faz-me. (CB [PT, 1996: 40), (CB [OPC, 2004: 43), (CB [OC, 2009: 43), (CB [PC, 2014: 43).

[42] trágico. → alto. (CB [PT, 1990: 40).

[42] e trágico. O → O (CB [PT, 1996: 40), (CB [OPC, 2004: 43), (CB [OC, 2009: 43), (CB [PC, 2014: 43).

[48] canta-o, → canta-o (CB [PT, 1990: 40), (CB [PT, 1996: 40), (CB [OPC, 2004: 43), (CB [OC, 2009: 43), (CB [PC, 2014: 43).

[49] se desfaz nos campos → crescem os campos levantados (CB [PT, 1990: 40), (CB [PT, 1996: 40), (CB [OPC, 2004: 44), (CB [OC, 2009: 44), (CB [PC, 2014: 44).

[50] que se levantam aos cumes da seiva. → ao cume das seivas. (CB [PT, 1990: 40), (CB [PT, 1996: 40), (CB [OPC, 2004: 44), (CB [OC, 2009: 44), (CB [PC, 2014: 44).

I [Ela é a fonte. Eu posso saber que é] 10 pub. vs. 3 vers.

Integra o ciclo de seis poemas «Fonte», [poema] I: (CB, 1961: 61-62), (CB [OC, 1967: 62-63; 1.º texto-base), (CB [PT, 1973: 58-59), (CB [PT, 1981: 60-61), (CB [PT, 1990: 41-42), (CB [PT, 1996: 41-42), (CB [OPC, 2004: 45-46), (CB [OC, 2009: 45-46), (CB [PC, 2014: 45-46).

Integra o ciclo de seis poemas *Fonte*, [poema] I: (FO, 1998: 7-8).

[5] noite, → noite (CB, 1961: 61).

[7] tempo — → tempo (CB, 1961: 61).

[12] Ah, ninguém → Ninguém (CB [PT, 1990: 41), (CB [PT, 1996: 41), (FO, 1998: 7), (CB [OPC, 2004: 45), (CB [OC, 2009: 45), (CB [PC, 2014: 45).

[23] ferocidade, → ferocidade (CB, 1961: 62).

III [Ó mãe violada pela noite, deposta, disposta] 10 pub. vs. 5 vers.

Integra o ciclo de seis poemas «Fonte», [poema] III: (CB, 1961: 66-67), (CB [OC, 1967: 66-67; 1.º texto-base), (CB [PT, 1973: 62-63), (CB [PT, 1981: 64-65), (CB [PT, 1990: 45-46), (CB [PT, 1996: 45-46), (CB [OPC, 2004: 49-50), (CB [OC, 2009: 49-50), (CB [PC, 2014: 49-50).

Integra o ciclo de seis poemas *Fonte*, [poema] III: (FO, 1998: 13-14).

[5] arrebatada e casta. → arrebatada. (CB [PT, 1990: 45), (CB [PT, 1996: 45), (FO, 1998: 13), (CB [OPC, 2004: 49), (CB [OC, 2009: 49), (CB [PC, 2014: 49).

[6] milagres, → milagres (CB, 1961: 66).

[8] Sòmente → Somente (CB [PT, 1981: 64).

[8] Sòmente corres → Corres somente (CB [PT, 1990: 45), (CB [PT, 1996: 45), (FO, 1998: 13), (CB [OPC, 2004: 49), (CB [OC, 2009: 49), (CB [PC, 2014: 49).

[8] memoriado, → memoriado (CB [PT, 1990: 45), (CB [PT, 1996: 45), (FO, 1998: 13), (CB [OPC, 2004: 49), (CB [OC, 2009: 49), (CB [PC, 2014: 49).

[9] e sobes, → sòmente sobes, (CB, 1961: 66).

[9] vez, → vez (CB [PT, 1990: 45), (CB [PT, 1996: 45), (FO, 1998: 13), (CB [OPC, 2004: 49), (CB [OC, 2009: 49), (CB [PC, 2014: 49).

[10] todas as vezes, imperecíveis → imperecíveis (CB [PT, 1990: 45), (FO, 1998: 13), (CB [PT, 1996: 45), (CB [OPC, 2004: 49), (CB [OC, 2009: 49), (CB [PC, 2014: 49).

[12] outras → do tempo jovem espero outras (CB, 1961: 66).

[14] e outro → outro (CB, 1961: 66).

[16-17] canto. → canto, (CB, 1961: 67); ó corola / imarcescível do canto. → ó corola do canto. (CB [PT, 1990: 45), (CB [PT, 1996: 45), (FO, 1998: 14), (CB [OPC, 2004: 49), (CB [OC, 2009: 49), (CB [PC, 2014: 49).

[18] Mas → mas (CB, 1961: 67).

[19] lisas pedras. → pedras lisas. (CB [PT, 1990: 45), (CB [PT, 1996: 45), (FO, 1998: 14), (CB [OPC, 2004: 49), (CB [OC, 2009: 49), (CB [PC, 2014: 49).

[20] E → Ah! eu (CB, 1961: 67).

[21] frutos. → frutos — (CB, 1961: 67).

[22] Mas → mas (CB, 1961: 67).

[23] ó → mas tu, ó (CB, 1961: 67).

[26] dedos frios → dedos (CB [PT, 1990: 46), (CB [PT, 1996: 46), (FO, 1998: 14), (CB [OPC, 2004: 50), (CB [OC, 2009: 50), (CB [PC, 2014: 50).

[27] mãe, → mãe, levo (CB [PT, 1990: 46), (CB [PT, 1996: 46), (FO, 1998: 14), (CB [OPC, 2004: 50), (CB [OC, 2009: 50), (CB [PC, 2014: 50).

[28] levo os dedos vazios — → mas levo os dedos vazios (CB, 1961: 67); levo os → os (CB [PT, 1990: 46), (CB [PT, 1996: 46), (FO, 1998: 14), (CB [OPC, 2004: 50), (CB [OC, 2009: 50), (CB [PC, 2014: 50).

[29] e só → e (CB [PT, 1990: 46), (CB [PT, 1996: 46), (FO, 1998: 14), (CB [OPC, 2004: 50), (CB [OC, 2009: 50), (CB [PC, 2014: 50).

[29] infinitamente. → totalmente. (CB [PT, 1973: 63), (CB [PT, 1981: 65), (CB [PT, 1990: 46), (CB [PT, 1996: 46), (FO, 1998: 14), (CB [OPC, 2004: 50), (CB [OC, 2009: 50), (CB [PC, 2014: 50).

V [Apenas te digo o ouro de uma palavra, no meio da névoa.] 10 pub. vs. 5 vers.

Integra o ciclo de seis poemas «Fonte», [poema] V: (CB, 1961: 71), (CB [OC, 1967: 70-72; 1.º texto-base), (CB [PT, 1973: 66-68), (CB [PT, 1981: 68-70), (CB [PT, 1990: 49-50), (CB [PT, 1996: 49-50), (CB [OPC, 2004: 53-54), (CB [OC, 2009: 53-54), (CB [PC, 2014: 53-54).

Integra o ciclo de seis poemas *Fonte*, [poema] V: (FO, 1998: 19-21).

[1] palavra, no meio da névoa. → palavra no meio da névoa, (CB, 1961: 71); névoa. → névoa (CB [PT, 1973: 66); palavra, no meio da névoa. → palavra no meio da névoa, (CB [PT, 1981: 68), (CB [PT, 1990: 49), (CB [PT, 1996: 49), (FO, 1998: 19), (CB [OPC, 2004: 53), (CB [OC, 2009: 53), (CB [PC, 2014: 53).

[2] Formosura → palavra de formosura (CB, 1961: 71); Formosura → formosura (CB [PT, 1973: 66), (CB [PT, 1981: 68), (CB [PT, 1990: 49), (CB [PT, 1996: 49), (FO, 1998: 19), (CB [OPC, 2004: 53), (CB [OC, 2009: 53), (CB [PC, 2014: 53).

[2] descerrada cinza → cinza descerrada (CB [PT, 1990: 49), (CB [PT, 1996: 49), (FO, 1998: 19), (CB [OPC, 2004: 53), (CB [OC, 2009: 53), (CB [PC, 2014: 53).

[4] E espero → Espero (CB [PT, 1990: 49), (CB [PT, 1996: 49), (FO, 1998: 19), (CB [OPC, 2004: 53), (CB [OC, 2009: 53), (CB [PC, 2014: 53).

[5] mãe, → mãe (CB, 1961: 71), (CB [PT, 1973: 66), (CB [PT, 1981: 68), (CB [PT, 1990: 49), (CB [PT, 1996: 49), (FO, 1998: 19), (CB [OPC, 2004: 53), (CB [OC, 2009: 53), (CB [PC, 2014: 53).

[6] aragem. Seiva → aragem, a seiva (CB, 1961: 71); aragem. Seiva → aragem, seiva (CB [PT, 1973: 66), (CB [PT, 1981: 68).

[6] Seiva que inspire → Que se inspire na seiva (CB [PT, 1990: 49), (CB [PT, 1996: 49), (FO, 1998: 19), (CB [OPC, 2004: 53), (CB [OC, 2009: 53), (CB [PC, 2014: 53).

[7] face, → face (CB [PT, 1973: 66), (CB [PT, 1981: 68).

[7] face, entre vivos → face (CB [PT, 1990: 49), (CB [PT, 1996: 49), (FO, 1998: 19), (CB [OPC, 2004: 53), (CB [OC, 2009: 53), (CB [PC, 2014: 53).

[8] que adormecem no vinho e acordam → adormecendo no vinho, acordando (CB [PT, 1990: 49), (CB [PT, 1996: 49), (FO, 1998: 19), (CB [OPC, 2004: 53), (CB [OC, 2009: 53), (CB [PC, 2014: 53).

[9] pomposo início dos destinos. Rogo → início das primaveras. (CB [PT, 1990: 49), (CB [PT, 1996: 49), (FO, 1998: 19), (CB [OPC, 2004: 53), (CB [OC, 2009: 53), (CB [PC, 2014: 53).

[10] meus → os meus (CB, 1961: 71).

[10] tristeza. → tristeza, (CB, 1961: 71), (CB [PT, 1973: 66), (CB [PT, 1981: 68); apenas que meus dedos não esqueçam o pão e a tristeza. → Peço que os dedos não esqueçam o pão e a tristeza (CB [PT, 1990: 49), (CB [PT, 1996: 49), (FO, 1998:

19), (CB [OPC, 2004: 53), (CB [OC, 2009: 53), (CB [PC, 2014: 53).

[11] E → e (CB [PT, 1990: 49), (CB [PT, 1996: 49), (FO, 1998: 19), (CB [OPC, 2004: 53), (CB [OC, 2009: 53), (CB [PC, 2014: 53).

[11] vibre, → vibre (CB [PT, 1990: 49), (CB [PT, 1996: 49), (FO, 1998: 19), (CB [OPC, 2004: 53), (CB [OC, 2009: 53), (CB [PC, 2014: 53).

[11] E a boca vibre, como um pensamento, → e a minha boca vibre como um pensamento (CB, 1961: 71); vibre, como um pensamento, → vibre como um pensamento (CB [PT, 1973: 66); E a boca vibre, como um pensamento, → e a boca vibre como um pensamento (CB [PT, 1981: 68); pensamento, → pensamento (CB [PT, 1990: 49), (CB [PT, 1996: 49), (FO, 1998: 19), (CB [OPC, 2004: 53), (CB [OC, 2009: 53), (CB [PC, 2014: 53).

[12] instante. → instante — (CB, 1961: 71), (CB [PT, 1973: 66), (CB [PT, 1981: 68); seu instante. → instante (CB [PT, 1990: 49), (CB [PT, 1996: 49), (FO, 1998: 19), (CB [OPC, 2004: 53), (CB [OC, 2009: 53), (CB [PC, 2014: 53).

[13] — Carnal, → carnal, (CB, 1961: 71), (CB [PT, 1973: 66), (CB [PT, 1981: 68), (CB [PT, 1990: 49), (CB [PT, 1996: 49), (FO, 1998: 19), (CB [OPC, 2004: 53), (CB [OC, 2009: 53), (CB [PC, 2014: 53).

[14] marcadas → marcadas pelas uvas (CB [PT, 1990: 49), (CB [PT, 1996: 49), (FO, 1998: 19), (CB [OPC, 2004: 53), (CB [OC, 2009: 53), (CB [PC, 2014: 53).

[15] uvas — peço-te, → uvas, a ti, (CB, 1961: 71).

[15] pelas uvas — peço-te, mãe um dia → — peço, mãe um dia (CB [PT, 1990: 49), (CB [PT, 1996: 49), (FO, 1998: 20), (CB [OPC, 2004: 53), (CB [OC, 2009: 53), (CB [PC, 2014: 53).

[16] confusão → confusão das forças (CB [PT, 1990: 49), (CB [PT, 1996: 49), (FO, 1998: 20), (CB [OPC, 2004: 53), (CB [OC, 2009: 53), (CB [PC, 2014: 53).

[17] que resguardes, → peço que resguardes (CB, 1961: 72); resguardes, → resguardes (CB [PT, 1973: 67), (CB [PT, 1981: 69); das forças e dos números, que resguardes, → e dos números, que resguardes (CB [PT, 1990: 49), (CB [PT, 1996: 49), (FO, 1998: 20), (CB [OPC, 2004: 53), (CB [OC, 2009: 53), (CB [PC, 2014: 53).

[18] de pedra, → da pedra (CB, 1961: 72); pedra, → pedra (CB [PT, 1973: 67), (CB [PT, 1981: 69), (CB [PT, 1990: 49), (CB [PT, 1996: 49), (FO, 1998: 20), (CB [OPC, 2004: 53), (CB [OC, 2009: 53), (CB [PC, 2014: 53).

[19] fulgor subtil → fulgor (CB [PT, 1990: 49), (CB [PT, 1996: 49), (FO, 1998: 20), (CB [OPC, 2004: 53), (CB [OC, 2009: 53), (CB [PC, 2014: 53)

[20] uma vida de quase dolorosa → a doce e dolorosa vida (CB [PT, 1990: 49), (CB [PT, 1996: 49), (FO, 1998: 20), (CB [OPC, 2004: 53), (CB [OC, 2009: 53), (CB [PC, 2014: 53).

[21] beleza. → da beleza. (CB [PT, 1990: 49), (CB [PT, 1996: 49), (FO, 1998: 20), (CB [OPC, 2004: 53), (CB [OC, 2009: 53), (CB [PC, 2014: 53).

[22] Partem-se, rente à primavera → Rente ao tempo (CB [PT, 1990: 49), (CB [PT, 1996: 49), (FO, 1998: 20), (CB [OPC, 2004: 53), (CB [OC, 2009: 53), (CB [PC, 2014: 53).

[23] e → e de (CB [PT, 1973: 67), (CB [PT, 1981: 69).

[24] os sentidos que havia sobre o teu rosto manchado. → arrefecem os sentidos sobre o teu rosto selado. (CB [PT, 1990: 49), (CB [PT, 1996: 49), (FO, 1998: 20), (CB [OPC, 2004: 54), (CB [OC, 2009: 54), (CB [PC, 2014: 54).

[25] E então é para ti, pequena e imensa coisa → Pequena e imensa coisa no alto das águas, (CB [PT, 1990: 49), (CB [PT, 1996: 49), (FO, 1998: 20), (CB [OPC, 2004: 54), (CB [OC, 2009: 54), (CB [PC, 2014: 54).

[26] engastada no alto das águas, no fundo de → no fundo de sementes desmemoriadas — mãe (CB [PT, 1990: 49), (CB [PT, 1996: 49), (FO, 1998: 20), (CB [OPC, 2004: 54), (CB [OC, 2009: 54), (CB [PC, 2014: 54).

[27] sementes — → sementes, (CB, 1961: 72).

[27-28] desmemoriadas sementes — para ti só, / mãe engolfada no próprio leite renascente, que → engolfada no leite renascente, (CB [PT, 1990: 50), (CB [PT, 1996: 50), (FO, 1998: 20), (CB [OC, 2009: 54), (CB [PC, 2014: 54).

[29] se elevam uns lábios como feridos, tocados → para ti se elevam os lábios tocados pelo sumo (CB [PT, 1990: 50), (CB

[PT, 1996: 50), (FO, 1998: 20), (CB [OPC, 2004: 54), (CB [OC, 2009: 54), (CB [PC, 2014: 54).

[30] incompleto e o podre sono da próxima, → incompleto, pelo podre sono da próxima (CB, 1961: 72), (CB [PT, 1973: 67), (CB [PT, 1981: 69); pelo sumo incompleto e o podre sono da próxima, → incompleto, o sono da próxima (CB [PT, 1990: 50), (CB [PT, 1996: 50), (FO, 1998: 20), (CB [OPC, 2004: 54), (CB [OC, 2009: 54), (CB [PC, 2014: 54).

[32] O que se diga está sagrado na frescura de um novo → Tudo o que se diga está vivo na frescura de um coração (CB [PT, 1990: 50), (CB [PT, 1996: 50), (FO, 1998: 20), (CB [OPC, 2004: 54), (CB [OC, 2009: 54), (CB [PC, 2014: 54).

[33] coração. → novo. (CB [PT, 1990: 50), (CB [PT, 1996: 50), (FO, 1998: 20), (CB [OPC, 2004: 54), (CB [OC, 2009: 54), (CB [PC, 2014: 54).

[33] como o → o (CB [PT, 1990: 50), (CB [PT, 1996: 50), (FO, 1998: 20), (CB [OPC, 2004: 54), (CB [OC, 2009: 54), (CB [PC, 2014: 54).

[36] buscavas ⎯→ buscavas, (CB, 1961: 72).

[36] rápida e quente → quente e rápida (CB [PT, 1990: 50), (CB [PT, 1996: 50), (FO, 1998: 21), (CB [OPC, 2004: 54), (CB [OC, 2009: 54), (CB [PC, 2014: 54).

[37] no → no nosso (CB, 1961: 72)

[38] fomes e → fome e de (CB, 1961: 72).

[40] Num lugar → Aqui, como num lugar (CB, 1961: 73).

[41] de um fogo irrevelado, jamais → do fogo irrevelado, não há (CB [PT, 1990: 50), (CB [PT, 1996: 50), (FO, 1998: 21), (CB [OPC, 2004: 54), (CB [OC, 2009: 54), (CB [PC, 2014: 54).

[42] se fazem mortes que se não destinem → morte que se não destine (CB [PT, 1990: 50), (CB [PT, 1996: 50), (FO, 1998: 21), (CB [OPC, 2004: 54), (CB [OC, 2009: 54), (CB [PC, 2014: 54).

[43] rosa. Jamais se adormece, → rosa: aqui jamais se dorme (CB, 1961: 73); Jamais se adormece, → Nunca se adormece (CB [PT, 1990: 50), (CB [PT, 1996: 50), (FO, 1998: 21), (CB [OPC, 2004: 54), (CB [OC, 2009: 54), (CB [PC, 2014: 54).

[45] nas → nas mesmas (CB, 1961: 73).

[46] nasces → nasces da tristeza (CB, 1961: 73); Por isso, como um instinto, nasces → Nasces da melancolia, e arrebatas-te. (CB [PT, 1990: 50), (CB [PT, 1996: 50), (FO, 1998: 21), (CB [OPC, 2004: 54), (CB [OC, 2009: 54), (CB [PC, 2014: 54).

[47] da tristeza, e te arrebatas. Nasces → e te arrebatas, nasces (CB, 1961: 73), (CB [PT, 1973: 68), (CB [PT, 1981: 70).

[48] dias. Ou → dias, ou (CB, 1961: 73), (CB [PT, 1973: 68), (CB [PT, 1981: 70).

[47-48] da tristeza, e te arrebatas. Nasces como os bichos / da matéria dos seus dias. Ou os frutos → Como os bichos nascem da matéria dos seus dias, (CB [PT, 1990: 50), (CB [PT, 1996: 50), (FO, 1998: 21), (CB [OPC, 2004: 54), (CB [OC, 2009: 54), (CB [PC, 2014: 54).

[49] auroras, → auroras (CB, 1961: 73), que vacilam no bojo das auroras, → como os frutos vacilam no bojo das auroras (CB [PT, 1990: 50), (CB [PT, 1996: 50), (FO, 1998: 21), (CB [OPC, 2004: 54), (CB [OC, 2009: 54), (CB [PC, 2014: 54).

[50] embebem — → embebem (CB, 1961: 73); e em seu signo se embebem — → e se embebem (CB [PT, 1990: 50), (CB [PT, 1996: 50), (FO, 1998: 21), (CB [OPC, 2004: 54), (CB [OC, 2009: 54), (CB [PC, 2014: 54).

[52] Este verso é a continuação do verso anterior: (CB, 1961: 73); sagrados, → cerrados, (CB [PT, 1990: 50), (CB [PT, 1996: 50), (FO, 1998: 21), (CB [OPC, 2004: 54), (CB [OC, 2009: 54), (CB [PC, 2014: 54).

[53] impalpáveis. → impalpáveis... (CB, 1961: 73); impalpáveis. → palpáveis. (CB [PT, 1990: 50), (CB [PT, 1996: 50), (FO, 1998: 21), (CB [OPC, 2004: 54), (CB [OC, 2009: 54), (CB [PC, 2014: 54).

VI [Estás verdadeiramente deitada. É impossível gritar sobre esse abismo] 10 pub. vs. 4 vers.

Integra o ciclo de seis poemas «Fonte», [poema] VI: (CB, 1961: 74-77), (CB [OC, 1967: 73-75; 1.º texto-base), (CB [PT, 1973: 69-71), (CB [PT, 1981: 71-73), (CB [PT, 1990: 51-52), (CB [PT, 1996: 51-52), (CB [OPC, 2004: 55-57), (CB [OC, 2009: 55-57), (CB [PC, 2014: 55-57).

Integra o ciclo de seis poemas *Fonte*, [poema] VI: (FO, 1998: 23-26).

[3] pálpebras, → pálpebras (CB, 1961: 74), (CB [PT, 1973: 69), (CB [PT, 1981: 71), (CB [PT, 1990: 51), (CB [PT, 1996: 51), (FO, 1998: 23), (CB [OPC, 2004: 55), (CB [OC, 2009: 55), (CB [PC, 2014: 55).

[4] paisagem — → paisagem, (CB, 1961: 74), (CB [PT, 1973: 69), (CB [PT, 1981: 71), (CB [PT, 1990: 51), (CB [PT, 1996: 51), (FO, 1998: 23), (CB [OPC, 2004: 55), (CB [OC, 2009: 55), (CB [PC, 2014: 55).

[6] deste → do (CB [PT, 1990: 51), (CB [PT, 1996: 51), (FO, 1998: 23), (CB [OPC, 2004: 55), (CB [OC, 2009: 55), (CB [PC, 2014: 55).

[7] noite, → noite (CB, 1961: 74), (CB [PT, 1973: 69), (CB [PT, 1981: 71), (CB [PT, 1990: 51), (CB [PT, 1996: 51), (FO, 1998: 23), (CB [OPC, 2004: 55), (CB [OC, 2009: 55), (CB [PC, 2014: 55).

[8] triste, → triste, através (CB [PT, 1990: 51), (CB [PT, 1996: 51), (FO, 1998: 23), (CB [OPC, 2004: 55), (CB [OC, 2009: 55), (CB [PC, 2014: 55).

[9-10] através das palavras impuras da minha vida / de poeta. → das palavras. (CB [PT, 1990: 51), (CB [PT, 1996: 51), (FO, 1998: 23), (CB [OPC, 2004: 55), (CB [OC, 2009: 55), (CB [PC, 2014: 55).

[11] mesa, → mesa (CB, 1961: 74), (CB [PT, 1973: 69), (CB [PT, 1981: 71), (CB [PT, 1990: 51), (CB [PT, 1996: 51), (FO, 1998: 23), (CB [OPC, 2004: 55), (CB [OC, 2009: 55), (CB [PC, 2014: 55).

[14] assim, → assim (CB, 1961: 74), (CB [PT, 1973: 69), (CB [PT, 1981: 71); morrer assim, → morrer (CB [PT, 1990: 51), (CB [PT, 1996: 51), (FO, 1998: 24), (CB [OPC, 2004: 55), (CB [OC, 2009: 55), (CB [PC, 2014: 55).

[15] fria? → fria, (CB, 1961: 75), (CB [PT, 1973: 69), (CB [PT, 1981: 71), (CB [PT, 1990: 51), (CB [PT, 1996: 51), (FO, 1998: 24), (CB [OPC, 2004: 55), (CB [OC, 2009: 55), (CB [PC, 2014: 55).

[16] Quando ainda → quando ainda os (CB, 1961: 75); Quando ainda → quando ainda (CB [PT, 1973: 70), (CB [PT, 1981: 72); Quando ainda → quando os (CB [PT, 1990: 51), (CB [PT, 1996: 51), (FO, 1998: 24), (CB [OPC, 2004: 55), (CB [OC, 2009: 55), (CB [PC, 2014: 55).

[18] luzes. → luzes? (CB, 1961: 75), (CB [PT, 1973: 70), (CB [PT, 1981: 72), (CB [PT, 1990: 51), (CB [PT, 1996: 51), (FO, 1998: 24), (CB [OPC, 2004: 55), (CB [OC, 2009: 55), (CB [PC, 2014: 55).

[18] antigos, → antigos (CB, 1961: 75), (CB [PT, 1973: 70), (CB [PT, 1981: 72), (CB [PT, 1990: 51), (CB [PT, 1996: 51), (FO, 1998: 24), (CB [OPC, 2004: 55), (CB [OC, 2009: 55), (CB [PC, 2014: 55).

[19] procuro → procuro sempre (CB, 1961: 75).

[27] águas, → águas (CB [PT, 1990: 51), (CB [PT, 1996: 51), (FO, 1998: 24), (CB [OPC, 2004: 56), (CB [OC, 2009: 56), (CB [PC, 2014: 56).

[28] invisível. → invisível, (CB, 1961: 75), (CB [PT, 1973: 70), (CB [PT, 1981: 72), (CB [PT, 1990: 52), (CB [PT, 1996: 52), (FO, 1998: 24), (CB [OPC, 2004: 56), (CB [OC, 2009: 56), (CB [PC, 2014: 56).

[29] Ou → ou (CB, 1961: 75), (CB [PT, 1973: 70), (CB [PT, 1981: 72), (CB [PT, 1990: 52), (CB [PT, 1996: 52), (FO, 1998: 24), (CB [OPC, 2004: 56), (CB [OC, 2009: 56), (CB [PC, 2014: 56).

[29] rápida. Ou → rápida, ou (CB, 1961: 75), (CB [PT, 1973: 70), (CB [PT, 1981: 72).

[29] rápida. Ou ainda → rápida, ou (CB [PT, 1990: 52), (CB [PT, 1996: 52), (FO, 1998: 24), (CB [OPC, 2004: 56), (CB [OC, 2009: 56), (CB [PC, 2014: 56).

[35] vida, → vida (CB [PT, 1990: 52), (CB [PT, 1996: 52), (FO, 1998: 25), (CB [OPC, 2004: 56), (CB [OC, 2009: 56), (CB [PC, 2014: 56).

[39] Tocares-me, → Tocares-me (CB, 1961: 76), (CB [PT, 1973: 70), (CB [PT, 1981: 72), (CB [PT, 1990: 52), (CB [PT, 1996: 52), (FO, 1998: 25), (CB [OPC, 2004: 56), (CB [OC, 2009: 56), (CB [PC, 2014: 56).

[39] misteriosamente, → misteriosamente (CB, 1961: 76), (CB [PT, 1973: 70), (CB [PT, 1981: 72), (CB [PT, 1990: 52), (CB [PT, 1996: 52), (FO, 1998: 25), (CB [OPC, 2004: 56), (CB [OC, 2009: 56), (CB [PC, 2014: 56).

[42] ombros, → ombros (CB [PT, 1990: 52), (CB [PT, 1996: 52), (FO, 1998: 25), (CB [OPC, 2004: 56), (CB [OC, 2009: 56), (CB [PC, 2014: 56).

[44] dedos — → dedos, (CB, 1961: 76), (CB [PT, 1973: 71), (CB [PT, 1981: 73), (CB [PT, 1990: 52), (CB [PT, 1996: 52), (FO, 1998: 25), (CB [OPC, 2004: 56), (CB [OC, 2009: 56), (CB [PC, 2014: 56).

[47] — Depois, → —Depois, (CB [PT, 1973: 71), (CB [PT, 1981: 73); — Depois, → Depois (CB [PT, 1990: 52), (CB [PT, 1996: 52), (FO, 1998: 25), (CB [OPC, 2004: 56), (CB [OC, 2009: 56), (CB [PC, 2014: 56).

[49] exaltado. → exaltado, (CB [PT, 1973: 71), (CB [PT, 1981: 73); exaltado. → exaltado (CB [PT, 1990: 52), (CB [PT, 1996: 52), (FO, 1998: 26), (CB [OPC, 2004: 56), (CB [OC, 2009: 56), (CB [PC, 2014: 56).

[50] — Talvez → — talvez (CB, 1961: 76), CB [PT, 1973: 71), (CB [PT, 1981: 73), (CB [PT, 1990: 52), (CB [PT, 1996: 52), (FO, 1998: 26), (CB [OPC, 2004: 56), (CB [OC, 2009: 56), (CB [PC, 2014: 56).

[51] salvar-me, → salvar-me (CB [PT, 1990: 52), (CB [PT, 1996: 52), (FO, 1998: 26), (CB [OPC, 2004: 57), (CB [OC, 2009: 57), (CB [PC, 2014: 57).

[52] ou uma → ou como (CB, 1961: 76).

[53] breve → uma breve (CB, 1961: 77).

[56] — e → e (CB, 1961: 77)

[55-56] extenuadas / — e firmes. → extenuadas. (CB [PT, 1990: 52), (CB [PT, 1996: 52), (FO, 1998: 26), (CB [OPC, 2004: 57), (CB [OC, 2009: 57), (CB [PC, 2014: 57).

I [Como se poderia desfazer em mim tua nobre cabeça?] 9 pub. vs. 4 vers.

Integra o ciclo de sete poemas «Elegia Múltipla», [poema] I: (CB, 1961: 78-79), (CB [OC, 1967: 76-77; 1.º texto-base), (CB [PT, 1973: 72-73), (CB [PT, 1981: 74-75), (CB [PT, 1990: 53), (CB [PT, 1996: 53-54), (CB [OPC, 2004: 58-59), (CB [OC, 2009: 58-59), (CB [PC, 2014: 58-59).

[1] tua nobre cabeça? → a tua nobre cabeça? essa (CB, 1961: 78); cabeça? → cabeça, essa (CB [PT, 1973: 72), (CB [PT, 1981: 74), (CB [PT, 1990: 53), (CB [PT, 1996: 53), (CB [OPC, 2004: 58), (CB [OC, 2009: 58), (CB [PC, 2014: 58).

[2] Torre → torre (CB, 1961: 78), (CB [PT, 1973: 72), (CB [PT, 1981: 74), (CB [PT, 1990: 53), (CB [PT, 1996: 53), (CB [OPC, 2004: 58), (CB [OC, 2009: 58), (CB [PC, 2014: 58).

[2] dias → dias, pelo (CB, 1961: 78), (CB [PT, 1973: 72), (CB [PT, 1981: 74), (CB [PT, 1990: 53), (CB [PT, 1996: 53), (CB [OPC, 2004: 58), (CB [OC, 2009: 58), (CB [PC, 2014: 58).

[3] e o brilhante → brilhante (CB, 1961: 78), (CB [PT, 1973: 72), (CB [PT, 1981: 74), (CB [PT, 1990: 53), (CB [PT, 1996: 53), (CB [OPC, 2004: 58), (CB [OC, 2009: 58), (CB [PC, 2014: 58).

[3] nocturno. → nocturno? (CB [PT, 1973: 72), (CB [PT, 1981: 74), (CB [PT, 1990: 53), (CB [PT, 1996: 53), (CB [OPC, 2004: 58), (CB [OC, 2009: 58), (CB [PC, 2014: 58).

[3] Pela cabeça é que os mortos → É pela cabeça (CB, 1961: 78), (CB [PT, 1973: 72), (CB [PT, 1981: 74), (CB [PT, 1990: 53), (CB [PT, 1996: 53), (CB [OPC, 2004: 58), (CB [OC, 2009: 58), (CB [PC, 2014: 58).

[4] maravilhosamente → que os mortos maravilhosamente pesam (CB, 1961: 78), (CB [PT, 1973: 72), (CB [PT, 1981: 74), (CB [PT, 1990: 53), (CB [PT, 1996: 53), (CB [OPC, 2004: 58), (CB [OC, 2009: 58), (CB [PC, 2014: 58).

[5] pesam no coração. Flores → no nosso coração. Essas flores (CB, 1961: 78), (CB [PT, 1973: 72), (CB [PT, 1981: 74), (CB [PT, 1990: 53), (CB [PT, 1996: 53), (CB [OPC, 2004: 58), (CB [OC, 2009: 58), (CB [PC, 2014: 58).

[9] as → suas (CB, 1961: 78).

[13] vivo. → vivo, (CB, 1961: 78), (CB [PT, 1973: 72), (CB [PT, 1981: 74), (CB [PT, 1990: 53), (CB [PT, 1996: 53), (CB [OPC, 2004: 58), (CB [OC, 2009: 58), (CB [PC, 2014: 58).

[14] Procuro → procuro (CB, 1961: 78), (CB [PT, 1973: 72), (CB [PT, 1981: 74), (CB [PT, 1990: 53), (CB [PT, 1996: 53), (CB [OPC, 2004: 58), (CB [OC, 2009: 58), (CB [PC, 2014: 58).

[19] nobreza. — Receber → nobreza — receber (CB, 1961: 79), (CB [PT, 1973: 73), (CB [PT, 1981: 75), (CB [PT, 1990: 53), (CB [PT, 1996: 53), (CB [OPC, 2004: 58), (CB [OC, 2009: 58), (CB [PC, 2014: 58).

[21] a → a sua (CB, 1961: 79).

[21] dias. → dias, (CB, 1961: 79), (CB [PT, 1973: 73), (CB [PT, 1981: 75), (CB [PT, 1990: 53), (CB [PT, 1996: 53), (CB [OPC, 2004: 58), (CB [OC, 2009: 58), (CB [PC, 2014: 58).

[22] De → de (CB, 1961: 79), (CB [PT, 1973: 73), (CB [PT, 1981: 75), (CB [PT, 1990: 53), (CB [PT, 1996: 53), (CB [OPC, 2004: 58), (CB [OC, 2009: 58), (CB [PC, 2014: 58).

[22] aéreo, → aéreo (CB, 1961: 79), (CB [PT, 1973: 73), (CB [PT, 1981: 75), (CB [PT, 1990: 53), (CB [PT, 1996: 53), (CB [OPC, 2004: 58), (CB [OC, 2009: 58), (CB [PC, 2014: 58).

[29] se gastem, → corram (CB [PT, 1990: 54), (CB [PT, 1996: 54), (CB [OPC, 2004: 59), (CB [OC, 2009: 59), (CB [PC, 2014: 59).

[30] do seu poder, da sua grande miséria → da sua grande luz (CB [PT, 1990: 54), (CB [PT, 1996: 54), (CB [OPC, 2004: 59), (CB [OC, 2009: 59), (CB [PC, 2014: 59).

[21] como um sonho. Um nome, contudo existe → nas águas. Existe um nome suspenso (CB [PT, 1990: 54), (CB [PT, 1996: 54), (CB [OPC, 2004: 59), (CB [OC, 2009: 59), (CB [PC, 2014: 59).

[32] suspenso sobre → sobre (CB [PT, 1990: 54), (CB [PT, 1996: 54), (CB [OPC, 2004: 59), (CB [OC, 2009: 59), (CB [PC, 2014: 59).

[33] aérea → antiga (CB [PT, 1990: 54), (CB [PT, 1996: 54), (CB [OPC, 2004: 59), (CB [OC, 2009: 59), (CB [PC, 2014: 59).

[34] das → nas (CB [PT, 1990: 54), (CB [PT, 1996: 54), (CB [OPC, 2004: 59), (CB [OC, 2009: 59), (CB [PC, 2014: 59).

[35] frias. → frias, (CB, 1961: 79), (CB [PT, 1973: 73), (CB [PT, 1981: 75), (CB [PT, 1990: 54), (CB [PT, 1996: 54), (CB [OPC, 2004: 59), (CB [OC, 2009: 59), (CB [PC, 2014: 59).

[36] Essa → essa (CB, 1961: 79), (CB [PT, 1973: 73), (CB [PT, 1981: 75), (CB [PT, 1990: 54), (CB [PT, 1996: 54), (CB [OPC, 2004: 59), (CB [OC, 2009: 59), (CB [PC, 2014: 59).

[36] sumptuosa, → sumptuosa (CB [PT, 1990: 54), (CB [PT, 1996: 54), (CB [OPC, 2004: 59), (CB [OC, 2009: 59), (CB [PC, 2014: 59).

[37] víboras, → víboras — (CB, 1961: 79), (CB [PT, 1973: 73), (CB [PT, 1981: 75), (CB [PT, 1990: 54), (CB [PT, 1996: 54), (CB [OPC, 2004: 59), (CB [OC, 2009: 59), (CB [PC, 2014: 59).

[38] coração — → coração, (CB, 1961: 79), (CB [PT, 1973: 73), (CB [PT, 1981: 75).

[38-39] do nosso, do meu coração — até que a minha / mesma cabeça → do meu coração até que a minha cabeça (CB [PT, 1990: 54), (CB [PT, 1996: 54), (CB [OPC, 2004: 59), (CB [OC, 2009: 59), (CB [PC, 2014: 59).

[40] nada mais seja que a doce cabeça possessiva → não seja mais que a possessiva, doce cabeça (CB, 1961: 79); nada mais seja que a doce cabeça possessiva → nada mais seja que a possessiva, doce cabeça (CB [PT, 1973: 73), (CB [PT, 1981: 75); nada mais seja que a doce cabeça possessiva → seja a possessiva, doce cabeça (CB [PT, 1990: 54), (CB [PT, 1996:

54), (CB [OPC, 2004: 59), (CB [OC, 2009: 59), (CB [PC, 2014: 59).

II [Sobre o meu coração ainda vibram seus pés: a alta] 9 pub. vs. 5 vers.

Integra o ciclo de sete poemas «Elegia Múltipla», [poema] II: (CB, 1961: 80-82), (CB [OC, 1967: 78-79; 1.º texto-base), (CB [PT, 1973: 74-75), (CB [PT, 1981: 76-77), (CB [PT, 1990: 55-56), (CB [PT, 1996: 55-56), (CB [OPC, 2004: 60-61), (CB [OC, 2009: 60-61), (CB [PC, 2014: 60-61).

[1] pés: → pés, (CB, 1961: 80), (CB [PT, 1973: 74).

[2] ouro. E → ouro; e (CB, 1961: 80).

[4] fogo — → fogo (CB, 1961: 80).

[5] Agora, → Agora (CB, 1961: 80).

[5] Agora, nada sei. Se → Se (CB [PT, 1990: 55), (CB [PT, 1996: 55), (CB [OPC, 2004: 60), (CB [OC, 2009: 60), (CB [PC, 2014: 60).

[6] secreta, na minha vida tumultuam → misteriosa, verdade é que os antigos (CB, 1961: 80).

[7] os rostos mais antigos. → rostos tumultuam na minha vida. (CB, 1961: 80).

[9] primavera. Eu → primavera, e eu (CB, 1961: 80); primavera. Eu → primavera, eu (CB [PT, 1973: 74), (CB [PT, 1981: 76), (CB [PT, 1990: 55), (CB [PT, 1996: 55), (CB [OPC, 2004: 60), (CB [OC, 2009: 60), (CB [PC, 2014: 60).

[10] beleza → beleza, essa, (CB, 1961: 80).

[12] mortos, nada sei. → mortos nada sei (CB, 1961: 80); Dos mortos, nada sei. → Nada sei dos mortos. (CB [PT, 1990: 55), (CB [PT, 1996: 55), (CB [OPC, 2004: 60), (CB [OC, 2009: 60), (CB [PC, 2014: 60).

[13] E de mim — → e de mim, (CB, 1961: 80).

[13] o torpe calor → o súbito (CB [PT, 1981: 76); E de mim — onde deixaram os pés sombrios, o torpe calor → Deixaram em mim os pés sombrios, um súbito (CB [PT, 1990: 55), (CB [PT, 1996: 55), (CB [OPC, 2004: 60), (CB [OC, 2009: 60), (CB [PC, 2014: 60).

[14] ausência — → ausência, (CB, 1961: 80); ausência — → fulgor da ausência — (CB, [PT, 1981: 76).

[14] da ausência — de mim, → fulgor de ausência. — De mim, (CB [PT, 1990: 55), (CB [PT, 1996: 55), (CB [OPC, 2004: 60), (CB [OC, 2009: 60), (CB [PC, 2014: 60).

[15] sei uma flor de coral: → nada sei além de uma flor de coral, (CB, 1961: 80).

[15] delicada e → delicada, (CB [PT, 1990: 55), (CB [PT, 1996: 55), (CB [OPC, 2004: 60), (CB [OC, 2009: 60), (CB [PC, 2014: 60).

[16] vinho, → vinho (CB [PT, 1990: 55), (CB [PT, 1996: 55), (CB [OPC, 2004: 60), (CB [OC, 2009: 60), (CB [PC, 2014: 60).

[17] Porque → porque (CB, 1961: 81); cantam e se extasiam? Porque → se extasiam e cantam? Porque (CB [PT, 1990: 55),

(CB [PT, 1996: 55), (CB [OPC, 2004: 60), (CB [OC, 2009: 60), (CB [PC, 2014: 60).

[17] morrem seus → escurecem os (CB [PT, 1990: 55), (CB [PT, 1996: 55), (CB [OPC, 2004: 60), (CB [OC, 2009: 60), (CB [PC, 2014: 60).

[18] se derramavam as videiras e as escadas subiam? → as videiras se derramavam e subiam as escadas? (CB [PT, 1990: 55), (CB [PT, 1996: 55), (CB [OPC, 2004: 60), (CB [OC, 2009: 60), (CB [PC, 2014: 60).

[19] mudáveis → pensamentos (CB [PT, 1990: 55), (CB [PT, 1996: 55), (CB [OPC, 2004: 60), (CB [OC, 2009: 60), (CB [PC, 2014: 60).

[20] pensamentos, → nocturnos, (CB [PT, 1990: 55), (CB [PT, 1996: 55), (CB [OPC, 2004: 60), (CB [OC, 2009: 60), (CB [PC, 2014: 60).

[21] milagre, → milagre (CB, 1961: 81), (CB [PT, 1973: 75), (CB [PT, 1981: 77), (CB [PT, 1990: 55), (CB [PT, 1996: 55), (CB [OPC, 2004: 60), (CB [OC, 2009: 60), (CB [PC, 2014: 60).

[24] fecha — assombrada. → fecha, assombrada, (CB, 1961: 81); se fecha — assombrada. → assombrada se fecha. (CB [PT, 1990: 55), (CB [PT, 1996: 55), (CB [OPC, 2004: 61), (CB [OC, 2009: 61), (CB [PC, 2014: 61).

[25] A vida funda e selvagem. → a vida rica e selvagem no fundo de mim. (CB, 1961: 81).

[26] depaupera e desfaz a presença de um cacho, → apaga a labareda de um cacho, (CB [PT, 1990: 55), (CB [PT, 1996: 55), (CB [OPC, 2004: 61), (CB [OC, 2009: 61), (CB [PC, 2014: 61).

[27] letra. → letra (CB, 1961: 81).

[28] Dançarei → e eu dançarei (CB, 1961: 81).

[28] vez, → vez (CB [PT, 1990: 56), (CB [PT, 1996: 56), (CB [OPC, 2004: 61), (CB [OC, 2009: 61), (CB [PC, 2014: 61).

[29] Hoje, → Hoje (CB [PT, 1990: 56), (CB [PT, 1996: 56), (CB [OPC, 2004: 61), (CB [OC, 2009: 61), (CB [PC, 2014: 61)

[30] mortos, como água —— → mortos, esses, correm em mim como água (CB, 1961: 81).

[31] um → o (CB [PT, 1990: 56), (CB [PT, 1996: 56), (CB [OPC, 2004: 61), (CB [OC, 2009: 61), (CB [PC, 2014: 61).

[31] de → da sua (CB [PT, 1990: 56), (CB [PT, 1996: 56), (CB [OPC, 2004: 61), (CB [OC, 2009: 61), (CB [PC, 2014: 61).

[31] com um murmúrio gelado de incalculável ausência. → com o murmúrio gelado da sua incalculável ausência... (CB, 1961: 81); com um murmúrio gelado de incalculável ausência. → com o murmúrio gelado da sua incalculável ausência. (CB [PT, 1981: 77).

[32] E eu digo: → Contudo, eu pergunto: (CB, 1961: 81); E eu digo: → E digo: (CB [PT, 1990: 56), (CB [PT, 1996: 56), (CB [OPC, 2004: 61).

[32] carne, → carne (CB, 1961: 81), (CB [PT, 1973: 75), (CB [PT, 1981: 77), (CB [PT, 1990: 56), (CB [PT, 1996: 56), (CB [OPC, 2004: 61), (CB [OC, 2009: 61), (CB [PC, 2014: 61).

[34] mosto, → mosto (CB, 1961: 81), (CB [PT, 1973: 75), (CB [PT, 1981: 77), (CB [PT, 1990: 56), (CB [PT, 1996: 56), (CB [OPC, 2004: 61), (CB [OC, 2009: 61), (CB [PC, 2014: 61).

[35] digo: → digo: se havia (CB, 1961: 81), (CB [PT, 1973: 75), (CB [PT, 1981: 77); absurdos e puros, e eu digo: → os mortos longos, e digo: se havia (CB [PT, 1990: 56), (CB [PT, 1996: 56), (CB [OPC, 2004: 61), (CB [OC, 2009: 61), (CB [PC, 2014: 61).

[36] porque se extinguiram, → tanto ouro, dentro e à volta deles, porque (CB, 1961: 81), (CB [PT, 1973: 75), (CB [PT, 1981: 77); porque se extinguiram, → tanto ouro dentro e fora deles, porque (CB [PT, 1990: 56), (CB [PT, 1996: 56), (CB [OPC, 2004: 61), (CB [OC, 2009: 61), (CB [PC, 2014: 61).

[37] se à volta e dentro deles era tanto e tanto o ouro? → se extinguiram? (CB, 1961: 81), (CB [PT, 1973: 75), (CB [PT, 1981: 77), (CB [PT, 1990: 56), (CB [PT, 1996: 56), (CB [OPC, 2004: 61), (CB [OC, 2009: 61), (CB [PC, 2014: 61).

[38] Agora, nada sei. Eu → Agora nada sei, e eu (CB, 1961: 82).

[38] Este verso e os três versos seguintes pertencem à estrofe anterior: (CB [PT, 1990: 56), (CB [PT, 1996: 56), (CB [OPC, 2004: 61), (CB [OC, 2009: 61), (CB [PC, 2014: 61); Agora, nada sei. Eu próprio serei uma espuma → Nada sei dos

mortos. (CB [PT, 1990: 56), (CB [PT, 1996: 56), (CB [OPC, 2004: 61), (CB [OC, 2009: 61), (CB [PC, 2014: 61).

[39] coração. → coração, (CB, 1961: 82), (CB [PT, 1973: 75), (CB [PT, 1981: 77); absorta e casta, algures num coração. → Um dia hei-de ser como espuma absorta em volta (CB [PT, 1990: 56), (CB [PT, 1996: 56), (CB [OPC, 2004: 61), (CB [OC, 2009: 61), (CB [PC, 2014: 61).

[40] E nesse coração se erguerá uma onda de púrpura, → e nesse coração uma vez mais uma breve onda de púrpura (CB, 1961: 82); E → e (CB [PT, 1981: 77); E nesse coração se → de um coração, e dele se (CB [PT, 1990: 56), (CB [PT, 1996: 56), (CB [OPC, 2004: 61), (CB [OC, 2009: 61), (CB [PC, 2014: 61).

[41] um terrível amor. → se erguerá com a pergunta: porquê? (CB, 1961: 82); terrível amor. → amor terrível. (CB [PT, 1990: 56), (CB [PT, 1996: 56), (CB [OPC, 2004: 61), (CB [OC, 2009: 61), (CB [PC, 2014: 61).

[41] Este verso surge como parte da estrofe anterior: — Porque → ...Porque (CB, 1961: 82).

[42] meu coração era firme e de ouro, e eu cantava. → era de ouro firme, e ressoava. (CB [PT, 1990: 56), (CB [PT, 1996: 56), (CB [OPC, 2004: 61), (CB [OC, 2009: 61), (CB [PC, 2014: 61).

III [Havia um homem que corria pelo orvalho dentro.] 11 pub. vs. 3 vers.

Integra o ciclo de sete poemas «Elegia Múltipla», [poema] III: (CB, 1961: 83-85), (CB [OC, 1967: 80-82; 1.º texto-base), (CB

[PT, 1973: 76-78), (CB [PT, 1981: 78-80), (CB [PT, 1990: 57-58), (CB [PT, 1996: 57-58), (CB [OPC, 2004: 62-63), (CB [OC, 2009: 62-63), (CB [PC, 2014: 62-63).

Integra o ciclo de três poemas «(A colher na boca)», [poema 2]: (CB [OPC-S, 2001: 9-11), (CB [FNCF, 2008: 7-9).

[6] dentro, → dentro (CB, 1961: 83).

[21] admiràvelmente → admiravelmente (CB [PT, 1981: 79), (CB [PT, 1990: 57), (CB [PT, 1996: 57), (CB [OPC-S, 2001: 10), (CB [OPC, 2004: 62), (CB [FNCF, 2008: 8), (CB [OC, 2009: 62), (CB [PC, 2014: 62).

[32] passar, → passar (CB [PT, 1981: 79), (CB [PT, 1990: 58), (CB [PT, 1996: 58), (CB [OPC-S, 2001: 10), (CB [OPC, 2004: 63), (CB [FNCF, 2008: 8), (CB [OC, 2009: 63), (CB [PC, 2014: 63).

[41] escurece, → escurece (CB [PT, 1981: 79), (CB [PT, 1990: 58), (CB [PT, 1996: 58), (CB [OPC-S, 2001: 10), (CB [OPC, 2004: 63), (CB [FNCF, 2008: 8), (CB [OC, 2009: 63), (CB [PC, 2014: 63).

[45] antiga. → um seixo. (CB, 1961: 85).

[46] ùnicamente. → unicamente. (CB [PT, 1981: 79), (CB [PT, 1990: 58), (CB [PT, 1996: 58), (CB [OPC-S, 2001: 11), (CB [OPC, 2004: 63), (CB [FNCF, 2008: 9), (CB [OC, 2009: 63), (CB [PC, 2014: 63).

V [Não posso ouvir cantar tão friamente. Cantam] 11 pub. vs. 3 vers.

Integra o ciclo de sete poemas «Elegia Múltipla», [poema] V:
(CB, 1961: 89-92), (CB [OC, 1967: 86-89; 1.º texto-base), (CB
[PT, 1973: 82-85), (CB [PT, 1981: 84-87), (CB [PT, 1990: 61-
63), (CB [PT, 1996: 61-63), (CB [OPC, 2004: 66-68), (CB [OC,
2009: 66-68), (CB [PC, 2014: 66-68).

Integra o ciclo de três poemas «(A colher na boca)», [poema
3]: (CB [OPC-S, 2001: 11-14), (CB [FNCF, 2008: 9-12).

[6] Ó → Oh (CB [PT, 1990: 61), (CB [PT, 1996: 61), (CB
[OPC-S, 2001: 11), (CB [OPC, 2004: 66), (CB [FNCF, 2008:
9), (CB [OC, 2009: 66), (CB [PC, 2014: 66).

[7] ó → oh (CB [PT, 1990: 61), (CB [PT, 1996: 61), (CB [OPC-
S, 2001: 11), (CB [OPC, 2004: 66), (CB [FNCF, 2008: 9), (CB
[OC, 2009: 66), (CB [PC, 2014: 66).

[7] incomparável. → incomparável! (CB, 1961: 89).

[8] silenciosas, → silenciosas (CB, 1961: 89).

[9] a minha → minha (CB, 1961: 89).

[14] ti, → ti (CB [PT, 1990: 61), (CB [PT, 1996: 61), (CB
[OPC-S, 2001: 11), (CB [OPC, 2004: 66), (CB [FNCF, 2008:
9), (CB [OC, 2009: 66), (CB [PC, 2014: 66).

[17] me dissessem → dissessem (CB, 1961: 90), (CB [PT, 1981:
85), (CB [PT, 1973: 83), (CB [PT, 1990: 61), (CB [PT, 1996:
61), (CB [OPC-S, 2001: 12), (CB [OPC, 2004: 66), (CB
[FNCF, 2008: 10), (CB [OC, 2009: 66), (CB [PC, 2014: 66).

[21] com → como (CB [PT, 1990: 61), (CB [PT, 1996: 61),
(CB [OPC-S, 2001: 12), (CB [OPC, 2004: 66), (CB [FNCF,
2008: 10), (CB [OC, 2009: 66), (CB [PC, 2014: 66).

[22] de → em (CB, 1961: 90), (CB [PT, 1973: 83), (CB [PT, 1981: 85), (CB [PT, 1990: 61), (CB [PT, 1996: 61), (CB [OPC-S, 2001: 12), (CB [OPC, 2004: 66), (CB [FNCF, 2008: 10), (CB [OC, 2009: 66), (CB [PC, 2014: 66).

[26] a minha → minha (CB, 1961: 90), (CB [PT, 1973: 83), (CB [PT, 1981: 85), (CB [PT, 1990: 61), (CB [PT, 1996: 61), (CB [OPC-S, 2001: 12), (CB [OPC, 2004: 67), (CB [FNCF, 2008: 10), (CB [OC, 2009: 67), (CB [PC, 2014: 67).

[28] — Estaria → Ah, estaria (CB, 1961: 90).

[31] a roseira → roseira (CB, 1961: 90), (CB [PT, 1981: 85), (CB [PT, 1990: 62), (CB [PT, 1996: 62), (CB [OPC-S, 2001: 12), (CB [OPC, 2004: 67), (CB [FNCF, 2008: 10), (CB [OC, 2009: 67), (CB [PC, 2014: 67).

[33] morna → feroz (CB [PT, 1981: 85), (CB [PT, 1990: 62), (CB [PT, 1996: 62), (CB [OPC-S, 2001: 12), (CB [OPC, 2004: 67), (CB [FNCF, 2008: 10), (CB [OC, 2009: 67), (CB [PC, 2014: 67).

[38] despovoam-me, → despovoam-me (CB, 1961: 90).

[45] se não → não se (CB, 1961: 91).

VI [São claras as crianças como candeias sem vento,] 9 pub. vs. 5 vers.

Integra o ciclo de sete poemas «Elegia Múltipla», [poema] VI: (CB, 1961: 93-95), (CB [OC, 1967: 90-92; 1.º texto-base), (CB [PT, 1973: 86-88), (CB [PT, 1981: 88-90), (CB [PT, 1990: 64-65), (CB [PT, 1996: 64-65), (CB [OPC, 2004: 69-71), (CB [OC, 2009: 69-71), (CB [PC, 2014: 69-71).

[5] sujas → turvas param (CB [PT, 1990: 64), (CB [PT, 1996: 64), (CB [OPC, 2004: 69), (CB [OC, 2009: 69), (CB [PC, 2014: 69).

[6] param junto → junto (CB [PT, 1990: 64), (CB [PT, 1996: 64), (CB [OPC, 2004: 69), (CB [OC, 2009: 69), (CB [PC, 2014: 69).

[14] depressa, → depressa (CB [PT, 1990: 64), (CB [PT, 1996: 64), (CB [OPC, 2004: 69), (CB [OC, 2009: 69), (CB [PC, 2014: 69).

[15] séculos, → séculos (CB, 1961: 93), (CB [PT, 1973: 86), (CB [PT, 1981: 88), (CB [PT, 1990: 64), (CB [PT, 1996: 64), (CB [OPC, 2004: 69), (CB [OC, 2009: 69), (CB [PC, 2014: 69).

[16] quentes, → frios, (CB [PT, 1981: 88), (CB [PT, 1990: 64), (CB [PT, 1996: 64), (CB [OPC, 2004: 69), (CB [OC, 2009: 69), (CB [PC, 2014: 69).

[20] As → Ah! as (CB, 1961: 94).

[22] acolhe, → acolhe (CB, 1961: 94); e a eternidade as acolhe, → como a eternidade as acolhe (CB [PT, 1973: 87), (CB [PT, 1981: 89), (CB [PT, 1990: 64), (CB [PT, 1996: 64), (CB [OPC, 2004: 70), (CB [OC, 2009: 70), (CB [PC, 2014: 70).

[24] sono, → sono (CB, 1961: 94), (CB [PT, 1981: 89), (CB [PT, 1990: 64), (CB [PT, 1996: 64), (CB [OPC, 2004: 70), (CB [OC, 2009: 70), (CB [PC, 2014: 70).

[8] apaixonamento; → apaixonadamente; (CB [PT, 1990: 65), (CB [PT, 1996: 65).

[34] na saliva e as vozes → nas vozes desertas (CB [PT, 1990: 65), (CB [PT, 1996: 65), (CB [OPC, 2004: 70), (CB [OC, 2009: 70), (CB [PC, 2014: 70).

[35] desertas até → até (CB [PT, 1990: 65), (CB [PT, 1996: 65), (CB [OPC, 2004: 70), (CB [OC, 2009: 70), (CB [PC, 2014: 70).

[38] da sua candura. As → de sua candura, as (CB, 1961: 94); da sua candura. As → da sua candura, as (CB [PT, 1973: 87), (CB [PT, 1981: 89), (CB [PT, 1990: 65), (CB [PT, 1996: 65), (CB [OPC, 2004: 70), (CB [OC, 2009: 70), (CB [PC, 2014: 70).

[40] loucamente. → loucamente... (CB, 1961: 94).

[47] pecados → corredores (CB [PT, 1990: 65), (CB [PT, 1996: 65), (CB [OPC, 2004: 70), (CB [OC, 2009: 70), (CB [PC, 2014: 70).

[50] noite, → noite (CB [PT, 1981: 90), (CB [PT, 1990: 65), (CB [PT, 1996: 65), (CB [OPC, 2004: 71), (CB [OC, 2009: 71), (CB [PC, 2014: 71).

[50] de noite → noite (CB [PT, 1981: 90), (CB [PT, 1990: 65), (CB [PT, 1996: 65), (CB [OPC, 2004: 71), (CB [OC, 2009: 71), (CB [PC, 2014: 70).

[53] loucamente. → loucamente, (CB, 1961: 95).

[54] Loucamente. → loucamente... (CB, 1961: 95).

VII [Estremecem-me os ombros com a inesperada onda dos meus] 9 pub. vs. 5 vers.

Integra o ciclo de sete poemas «Elegia Múltipla», [poema] VII: (CB, 1961: 96-98), (CB [OC, 1967: 93-95; 1.º texto-base), (CB

[PT, 1973: 89-91), (CB [PT, 1981: 91-93), (CB [PT, 1990: 66-67), (CB [PT, 1996: 66-67), (CB [OPC, 2004: 72-74), (CB [OC, 2009: 72-74), (CB [PC, 2014: 72-74).

[1] Estremecem-me os ombros → Os ombros estremecem-me (CB, 1961: 96), (CB [PT, 1973: 89), (CB [PT, 1981: 91), (CB [PT, 1990: 66), (CB [PT, 1996: 66), (CB [OPC, 2004: 72), (CB [OC, 2009: 72), (CB [PC, 2014: 72).

[8] penetrante. É → penetrante, é (CB, 1961: 96), (CB [PT, 1973: 89), (CB [PT, 1981: 91), (CB [PT, 1990: 66), (CB [PT, 1996: 66), (CB [OPC, 2004: 72), (CB [OC, 2009: 72), (CB [PC, 2014: 72).

[9] piedade. → idade. (CB [PT, 1990: 66), (CB [PT, 1996: 66), (CB [OPC, 2004: 72), (CB [OC, 2009: 72), (CB [PC, 2014: 72).

[14] depois, → depois (CB, 1961: 96), (CB [PT, 1973: 89), (CB [PT, 1981: 91), (CB [PT, 1990: 66), (CB [PT, 1996: 66), (CB [OPC, 2004: 72), (CB [OC, 2009: 72), (CB [PC, 2014: 72).

[15] luzes. Bruxelas → luzes, Bruxelas (CB, 1961: 97); luzes. Bruxelas → luzes, bruxelas (CB [PT, 1973: 89), (CB [PT, 1981: 91), (CB [PT, 1990: 66), (CB [PT, 1996: 66), (CB [OPC, 2004: 72), (CB [OC, 2009: 72), (CB [PC, 2014: 72).

[16] archotes, → archotes (CB, 1961: 97), (CB [PT, 1973: 90), (CB [PT, 1981: 92), (CB [PT, 1990: 66), (CB [PT, 1996: 66), (CB [OPC, 2004: 72), (CB [OC, 2009: 72), (CB [PC, 2014: 72).

[17] astros. → astros? (CB, 1961: 97), (CB [PT, 1973: 90), (CB [PT, 1981: 92), (CB [PT, 1990: 66), (CB [PT, 1996: 66), (CB [OPC, 2004: 72), (CB [OC, 2009: 72), (CB [PC, 2014: 72).

[20] Da → De (CB, 1961: 97), (CB [PT, 1973: 90), (CB [PT, 1981: 92), (CB [PT, 1990: 66), (CB [PT, 1996: 66), (CB [OPC, 2004: 72), (CB [OC, 2009: 72), (CB [PC, 2014: 72).

[25] gelada → sombria (CB [PT, 1981: 92), (CB [PT, 1990: 66), (CB [PT, 1996: 66), (CB [OPC, 2004: 73), (CB [OC, 2009: 73), (CB [PC, 2014: 73).

[30] pessoas, → pessoas (CB, 1961: 97), (CB [PT, 1973: 90), (CB [PT, 1981: 92), (CB [PT, 1990: 67), (CB [PT, 1996: 67), (CB [OPC, 2004: 73), (CB [OC, 2009: 73), (CB [PC, 2014: 73).

[36] tudo, → tudo (CB, 1961: 97), (CB [PT, 1973: 90), (CB [PT, 1981: 92), (CB [PT, 1990: 67), (CB [PT, 1996: 67), (CB [OPC, 2004: 73), (CB [OC, 2009: 73), (CB [PC, 2014: 73).

[41] anos, → anos (CB, 1961: 98), (CB [PT, 1973: 90), (CB [PT, 1981: 92), (CB [PT, 1990: 67), (CB [PT, 1996: 67), (CB [OPC, 2004: 73), (CB [OC, 2009: 73), (CB [PC, 2014: 73).

[42] carne, → carne (CB, 1961: 98), (CB [PT, 1973: 90), (CB [PT, 1981: 92), (CB [PT, 1990: 67), (CB [PT, 1996: 67), (CB [OPC, 2004: 73), (CB [OC, 2009: 73), (CB [PC, 2014: 73).

[53] carne. A → carne, a (CB, 1961: 98), (CB [PT, 1973: 91), (CB [PT, 1981: 93), (CB [PT, 1990: 67), (CB [PT, 1996: 67), (CB [OPC, 2004: 73), (CB [OC, 2009: 74), (CB [PC, 2014: 74).

I [Bruxelas, um mês. De pé, sob as luzes encantadas.] 9 pub. vs. 4 vers.

Integra o ciclo de oito poemas «As Musas Cegas», [poema] I: (CB, 1961: 99-100), (CB [OC, 1967: 96-97; 1.º texto-base), (CB [PT, 1973: 92-93), (CB [PT, 1981: 94-95), (CB [PT, 1990: 68-

69), (CB [PT, 1996: 68-69), (CB [OPC, 2004: 75-76), (CB [OC, 2009: 75-76), (CB [PC, 2014: 75-76).

[1] De pé, → De pé (CB [PT, 1990: 68), (CB [PT, 1996: 68), (CB [OPC, 2004: 75), (CB [OC, 2009: 75), (CB [PC, 2014: 75).

[2] assim, → assim (CB, 1961: 99), (CB [PT, 1973: 92), (CB [PT, 1981: 94), (CB [PT, 1990: 68), (CB [PT, 1996: 68), (CB [OPC, 2004: 75), (CB [OC, 2009: 75), (CB [PC, 2014: 75).

[5] noite, → noite (CB [PT, 1990: 68), (CB [PT, 1996: 68), (CB [OPC, 2004: 75), (CB [OC, 2009: 75), (CB [PC, 2014: 75).

[6] baixa → vida. (CB [PT, 1990: 68), (CB [PT, 1996: 68), (CB [OPC, 2004: 75), (CB [OC, 2009: 75), (CB [PC, 2014: 75).

[7] assim, → assim (CB, 1961: 99), (CB [PT, 1973: 92), (CB [PT, 1981: 94); vida. Em noites assim, → Em noites assim (CB [PT, 1990: 68), (CB [PT, 1996: 68), (CB [OPC, 2004: 75), (CB [OC, 2009: 75), (CB [PC, 2014: 75).

[8] piedade. → idade. (CB [PT, 1990: 68), (CB [PT, 1996: 68), (CB [OPC, 2004: 75), (CB [OC, 2009: 75), (CB [PC, 2014: 75).

[13] cabeça, → cabeça (CB, 1961: 99), (CB [PT, 1973: 92), (CB [PT, 1981: 94), (CB [PT, 1990: 68), (CB [PT, 1996: 68), (CB [OPC, 2004: 75), (CB [OC, 2009: 75), (CB [PC, 2014: 75).

[16] de piedade. → da sua idade. (CB [PT, 1990: 68), (CB [PT, 1996: 68), (CB [OPC, 2004: 75), (CB [OC, 2009: 75), (CB [PC, 2014: 75).

[17] lágrimas — e o → lágrimas, com o (CB, 1961: 100); cobertos de lágrimas — e o → negros, as lágrimas, o (CB [PT,

1990: 68), (CB [PT, 1996: 68), (CB [OPC, 2004: 75), (CB [OC, 2009: 75), (CB [PC, 2014: 75).

[17] no → ao (CB [PT, 1990: 68), (CB [PT, 1996: 68), (CB [OPC, 2004: 75), (CB [OC, 2009: 75), (CB [PC, 2014: 75).

[19] o seu pudor, a lírica → a sua dor, o lírico (CB [PT, 1990: 68), (CB [PT, 1996: 68), (CB [OPC, 2004: 75), (CB [OC, 2009: 75), (CB [PC, 2014: 75).

[20] miséria, → fervor, (CB [PT, 1990: 68), (CB [PT, 1996: 68), (CB [OPC, 2004: 75), (CB [OC, 2009: 75), (CB [PC, 2014: 75).

[21] começava, → começava (CB, 1961: 100), (CB [PT, 1990: 68), (CB [PT, 1996: 68), (CB [OPC, 2004: 75), (CB [OC, 2009: 75), (CB [PC, 2014: 75).

[22] estéril → fértil (CB [PT, 1990: 68), (CB [PT, 1996: 68), (CB [OPC, 2004: 75), (CB [OC, 2009: 75), (CB [PC, 2014: 75).

[23] carne. → carne! (CB, 1961: 100).

[25] a minha → a (CB [PT, 1990: 68), (CB [PT, 1996: 68), (CB [OPC, 2004: 76), (CB [OC, 2009: 76), (CB [PC, 2014: 76).

[33] puros. → puros! (CB, 1961: 100).

[35] suja → suja, (CB, 1961: 100); suja → rasa (CB [PT, 1981: 95), (CB [PT, 1990: 69), (CB [PT, 1996: 69), (CB [OPC, 2004: 76), (CB [OC, 2009: 76), (CB [PC, 2014: 76).

[36] vida, → vida (CB, 1961: 100); admirável vida, → luminosa vida, (CB [PT, 1981: 95), (CB [PT, 1990: 69), (CB [PT, 1996: 69), (CB [OPC, 2004: 76), (CB [OC, 2009: 76), (CB [PC, 2014: 76).

[36] negros → sombrios (CB [PT, 1990: 69), (CB [PT, 1996: 69), (CB [OPC, 2004: 76), (CB [OC, 2009: 76), (CB [PC, 2014: 76).

[37] bruxelas do mundo. → Bruxelas do mundo! (CB, 1961: 100).

II [Apagaram-se as luzes. É a triste primavera cercada] 9 pub. vs. 5 vers.

Integra o ciclo de oito poemas «As Musas Cegas», [poema] II: (CB, 1961: 101-103), (CB [OC, 1967: 98-100; 1.º texto-base), (CB [PT, 1973: 94-96), (CB [PT, 1981: 96-98), (CB [PT, 1990: 70-71), (CB [PT, 1996: 70-71), (CB [OPC, 2004: 77-79), (CB [OC, 2009: 77-79), (CB [PC, 2014: 77-79).

[1] a triste → a (CB [PT, 1990: 70), (CB [PT, 1996: 70), (CB [OPC, 2004: 77), (CB [OC, 2009: 77), (CB [PC, 2014: 77).

[2] pelo germe das guitarras. → pelas vozes. (CB [PT, 1981: 96), (CB [PT, 1990: 70), (CB [PT, 1996: 70), (CB [OPC, 2004: 77), (CB [OC, 2009: 77), (CB [PC, 2014: 77).

[3] minha → a minha (CB, 1961: 101), (CB [PT, 1973: 94), (CB [PT, 1981: 96), (CB [PT, 1990: 70), (CB [PT, 1996: 70), (CB [OPC, 2004: 77), (CB [OC, 2009: 77), CB [PC, 2014: 77).

[4] silêncio, → silêncio (CB [PT, 1990: 70), (CB [PT, 1996: 70), (CB [OPC, 2004: 77), (CB [OC, 2009: 77), (CB [PC, 2014: 77).

[5] veementes, → veementes (CB [PT, 1990: 70), (CB [PT, 1996: 70), (CB [OPC, 2004: 77), (CB [OC, 2009: 77), (CB [PC, 2014: 77).

[5] cabeça — → cabeça (CB, 1961: 101).

[6] nascem. → nascem, (CB, 1961: 101).

[7] — Puras, → — puras, (CB, 1961: 101); — Puras, → — Límpidas, (CB [PT, 1981: 96), (CB [PT, 1990: 70), (CB [PT, 1996: 70), (CB [OPC, 2004: 77), (CB [OC, 2009: 77), (CB [PC, 2014: 77).

[7] desgraçadas. → amargas. (CB [PT, 1981: 96), (CB [PT, 1990: 70), (CB [PT, 1996: 70), (CB [OPC, 2004: 77), (CB [OC, 2009: 77), (CB [PC, 2014: 77).

[12] sublevado → — campo sublevado (CB, 1961: 101), (CB [PT, 1973: 94), (CB [PT, 1981: 96); se aniquilam para um sublevado → aniquilam-se para um campo sublevado (CB [PT, 1990: 70), (CB [PT, 1996: 70), (CB [OPC, 2004: 77), (CB [OC, 2009: 77), (CB [PC, 2014: 77).

[13] campo de seivas. Para → de seivas, para (CB, 1961: 101), (CB [PT, 1973: 94), (CB [PT, 1981: 96), (CB [PT, 1990: 70), (CB [PT, 1996: 70), (CB [OPC, 2004: 77), (CB [OC, 2009: 77), (CB [PC, 2014: 77).

[15] arguta, melancolia → arguta, (CB [PT, 1990: 70), (CB [PT, 1996: 70), (CB [OPC, 2004: 77), (CB [OC, 2009: 77), (CB [PC, 2014: 77).

[17] primavera, → primavera (CB, 1961: 102), (CB [PT, 1973: 95), (CB [PT, 1981: 97).

[17-18] Aqui está a primavera, e nela um sexo / entre ávidos arbustos, luas excepcionais, pedras → Aqui está a primavera entre luas excepcionais e pedras soando (CB [PT, 1990: 70),

(CB [PT, 1996: 70), (CB [OPC, 2004: 77), (CB [OC, 2009: 77), (CB [PC, 2014: 77).

[19] atravessadas pela primeira música. → com a primeira música de água. (CB [PT, 1990: 70), (CB [PT, 1996: 70), (CB [OPC, 2004: 77), (CB [OC, 2009: 77), (CB [PC, 2014: 77).

[20] Contudo, apagaram-se → Apagaram-se (CB [PT, 1990: 70), (CB [PT, 1996: 70), (CB [OPC, 2004: 77), (CB [OC, 2009: 77), (CB [PC, 2014: 77).

[20] luzes. E eu sorrio, → luzes e eu sorrio, (CB [PT, 1973: 95), (CB [PT, 1981: 97).

[24] amei, → amei (CB, 1961: 102), (CB [PT, 1973: 95), (CB [PT, 1981: 97), (CB [PT, 1990: 70), (CB [PT, 1996: 70), (CB [OPC, 2004: 78), (CB [OC, 2009: 78), (CB [PC, 2014: 78).

[25] antigas. Degrau a degrau, → antigas, degrau a degrau (CB, 1961: 102), (CB [PT, 1973: 95), (CB [PT, 1981: 97), (CB [PT, 1990: 70), (CB [PT, 1996: 70), (CB [OPC, 2004: 78), (CB [OC, 2009: 78), (CB [PC, 2014: 78).

[26] eternas, → eternas (CB, 1961: 102), (CB [PT, 1973: 95), (CB [PT, 1981: 97), (CB [PT, 1990: 71), (CB [PT, 1996: 71), (CB [OPC, 2004: 78), (CB [OC, 2009: 78), (CB [PC, 2014: 78).

[27] degrau, → degrau (CB [PT, 1973: 95), (CB [PT, 1990: 71), (CB [PT, 1996: 71), (CB [OPC, 2004: 78), (CB [OC, 2009: 78), (CB [PC, 2014: 78).

[27] degrau, devorei a alegria — → degrau devorei a alegria, (CB, 1961: 102), (CB [PT, 1981: 97).

[31] lentamente, → lentamente (CB, 1961: 102), (CB [PT, 1973: 95), (CB [PT, 1981: 97), (CB [PT, 1990: 71), (CB [PT, 1996: 71), (CB [OPC, 2004: 78), (CB [OC, 2009: 78), (CB [PC, 2014: 78).

[32] o → com o (CB, 1961: 102); cegos, o → queimados, com o (CB [PT, 1981: 97).

[32] queimado. → cego. (CB [PT, 1981: 97); cegos, o sorriso queimado. → queimados pelo poder da lua. (CB [PT, 1990: 71), (CB [PT, 1996: 71), (CB [OPC, 2004: 78), (CB [OC, 2009: 78), (CB [PC, 2014: 78).

[33] noite. É → noite, é (CB, 1961: 102), (CB [PT, 1973: 95), (CB [PT, 1981: 97), (CB [PT, 1990: 71), (CB [PT, 1996: 71), (CB [OPC, 2004: 78), (CB [OC, 2009: 78), (CB [PC, 2014: 78).

[33] noite. E → noite, e (CB, 1961: 102), (CB [PT, 1973: 95), (CB [PT, 1981: 97), (CB [PT, 1990: 71), (CB [PT, 1996: 71), (CB [OPC, 2004: 78), (CB [OC, 2009: 78), (CB [PC, 2014: 78).

[35] tocada → coberta (CB [PT, 1990: 71), (CB [PT, 1996: 71), (CB [OPC, 2004: 78), (CB [OC, 2009: 78), (CB [PC, 2014: 78).

[36] casa, ligeira, → casa ligeira (CB [PT, 1990: 71), (CB [PT, 1996: 71), (CB [OPC, 2004: 78), (CB [OC, 2009: 78), (CB [PC, 2014: 78).

[39] — Onde → Ah! onde (CB, 1961: 103).

[39] chamas → aguardas (CB [PT, 1990: 71), (CB [PT, 1996: 71), (CB [OPC, 2004: 78), (CB [OC, 2009: 78), (CB [PC, 2014: 78).

[42] Tão certo é o → E é tão certo o (CB [PT, 1981: 98), (CB [PT, 1990: 71), (CB [PT, 1996: 71), (CB [OPC, 2004: 78), (CB [OC, 2009: 78), (CB [PC, 2014: 78).

[42] Tão certo é o dia que se elabora aqui. Tão violenta → Porém, é tão certo o dia que se elabora aqui! Tão vivazes (CB, 1961: 103); Tão certo é o dia que se elabora aqui. Tão violenta → Porém, é tão certo o dia que se elabora aqui. Tão vivazes (CB [PT, 1973: 96), Tão violenta → Tão vivazes (CB [PT, 1981: 98); elabora aqui. Tão violenta → elabora. (CB [PT, 1990: 71), (CB [PT, 1996: 71), (CB [OPC, 2004: 78), (CB [OC, 2009: 78), (CB [PC, 2014: 78).

[43] a paisagem → as feições (CB [PT, 1981: 98).

[43] a paisagem que as sementes vão erguendo. → as feições que as sementes vão erguendo! (CB, 1961: 103); a paisagem que as sementes vão erguendo. → as feições que as sementes vão erguendo. (CB [PT, 1973: 96).

[43-44] corpo. → corpo; (CB, 1961: 103); a paisagem que as sementes vão erguendo. Então / eu beijo, degrau a degrau, a escadaria daquele corpo. → Então eu beijo, degrau a degrau, a escadaria daquele corpo. (CB [PT, 1990: 71), (CB [PT, 1996: 71), (CB [OPC, 2004: 78), (CB [OC, 2009: 78), (CB [PC, 2014: 78).

[45] E não chames mais por mim, pensamento → e não chames mais por mim, (CB, 1961: 103), (CB [PT, 1973: 96), (CB [PT, 1981: 98); mim, pensamento → mim, (CB [PT, 1990: 71), (CB [PT, 1996: 71), (CB [OPC, 2004: 78), (CB [OC, 2009: 78), (CB [PC, 2014: 78).

[46] nas toldadas ogivas da noite. → pensamento dado às toldadas ogivas da noite! (CB, 1961: 103); nas toldadas ogivas da noite. → pensamento dado às toldadas ogivas da noite. (CB [PT, 1973: 96), (CB [PT, 1981: 98); nas toldadas → pensamento agachado nas (CB [PT, 1990: 71), (CB [PT, 1996: 71), (CB [OPC, 2004: 78), (CB [OC, 2009: 78), (CB [PC, 2014: 78).

[47] Primavera. → Eis, é primavera. (CB, 1961: 103); Primavera. → É primavera. (CB [PT, 1973: 96), (CB [PT, 1981: 98), (CB [PT, 1990: 71), (CB [PT, 1996: 71), (CB [OPC, 2004: 78), (CB [OC, 2009: 78), (CB [PC, 2014: 78).

[49] Hoje e amanhã → Hoje (CB [PT, 1990: 71), (CB [PT, 1996: 71), (CB [OPC, 2004: 78), (CB [OC, 2009: 78), (CB [PC, 2014: 78).

[50-51] o espesso sumo da alegria, os dias / que nunca mais se cortarão como hastes sazonadas. → os dias que nunca se cortarão como hastes sazonadas. (CB [PT, 1990: 71), (CB [PT, 1996: 71), (CB [OPC, 2004: 78), (CB [OC, 2009: 78), (CB [PC, 2014: 78).

[52] Porque há sempre os lugares onde esperar a primavera, → Ah! vede que há lugares onde esperar a primavera (CB, 1961: 103); Porque há sempre os lugares onde esperar a primavera, → Vede que há lugares onde esperar a primavera (CB [PT, 1973: 96); Porque há sempre os lugares → Há lugares (CB [PT, 1981: 98); Porque há sempre os lugares onde esperar a primavera, → Há lugares onde esperar a primavera (CB [PT,

1990: 71) (CB [PT, 1996: 71), (CB [OPC, 2004: 79), (CB [OC, 2009: 79), (CB [PC, 2014: 79).

[53] havendo pela → tendo na (CB, 1961: 103), (CB [PT, 1973: 96), (CB [PT, 1981: 98), (CB [PT, 1990: 71), (CB [PT, 1996: 71), (CB [OPC, 2004: 79), (CB [OC, 2009: 79), (CB [PC, 2014: 79).

[53] nu, → nu (CB, 1961: 103), (CB [PT, 1973: 96); nu, → nu. (CB [PT, 1981: 98), (CB [PT, 1990: 71), (CB [PT, 1996: 71), (CB [OPC, 2004: 79), (CB [OC, 2009: 79), (CB [PC, 2014: 79).

[54] e pelo corpo o terrível espírito das águas. → e aos pés a onda espiritual dos mares. (CB, 1961: 103), (CB [PT, 1973: 96); este verso é eliminado: (CB [PT, 1981: 98), (CB [PT, 1990: 71), (CB [PT, 1996: 71), (CB [OPC, 2004: 79), (CB [OC, 2009: 79), (CB [PC, 2014: 79).

[55] que, sôfrego, → sôfrego (CB [PT, 1990: 71), (CB [PT, 1996: 71), (CB [OPC, 2004: 79), (CB [OC, 2009: 79), (CB [PC, 2014: 79).

[56] principia. → que principia. (CB [PT, 1990: 71), (CB [PT, 1996: 71), (CB [OPC, 2004: 79), (CB [OC, 2009: 79), (CB [PC, 2014: 79).

[57] soubesse → soubesse como (CB, 1961: 103), (CB [PT, 1973: 96), (CB [PT, 1981: 98), (CB [PT, 1990: 71), (CB [PT, 1996: 71), (CB [OPC, 2004: 79), (CB [OC, 2009: 79), (CB [PC, 2014: 79).

III [Eu teria amado esse destino imóvel. Esse frio] 9 pub. vs. 5 vers.

Integra o ciclo de oito poemas «As Musas Cegas», [poema] III: (CB, 1961: 104-107), (CB [OC, 1967: 101-104; 1.º texto-base), (CB [PT, 1973: 97-100), (CB [PT, 1981: 99-102), (CB [PT, 1990: 72-74), (CB [PT, 1996: 72-74), (CB [OPC, 2004: 80-83), (CB [OC, 2009: 80-83), (CB [PC, 2014: 80-83).

[1] imóvel. Esse → imóvel, esse (CB [PT, 1973: 97), (CB [PT, 1981: 98), (CB [PT, 1990: 72), (CB [PT, 1996: 72), (CB [OPC, 2004: 80), (CB [OC, 2009: 80), (CB [PC, 2014: 80).

[2] de canções. → dos sons. (CB [PT, 1990: 72), (CB [PT, 1996: 72), (CB [OPC, 2004: 80), (CB [OC, 2009: 80), (CB [PC, 2014: 80).

[2] dormia. Estava → dormia, estava (CB, 1961: 104), (CB [PT, 1973: 97); Contudo, ela não dormia. Estava → Ela não dormia, estava (CB [PT, 1981: 99).

[2] Contudo, ela não dormia. Estava partida → Ela não dormia, estava (CB [PT, 1990: 72), (CB [PT, 1996: 72), (CB [OPC, 2004: 80), (CB [OC, 2009: 80), (CB [PC, 2014: 80).

[3] lado. Era → lado, era (CB, 1961: 104), (CB [PT, 1973: 97), (CB [PT, 1981: 99), (CB [PT, 1990: 72), (CB [PT, 1996: 72), (CB [OPC, 2004: 80), (CB [OC, 2009: 80), (CB [PC, 2014: 80).

[4] infinita. → imensa. (CB [PT, 1981: 99), (CB [PT, 1990: 72), (CB [PT, 1996: 72), (CB [OPC, 2004: 80), (CB [OC, 2009: 80), (CB [PC, 2014: 80).

[6] musas. A → musas, a (CB, 1961: 104), (CB [PT, 1973: 97), (CB [PT, 1981: 99), (CB [PT, 1990: 72), (CB [PT, 1996: 72), (CB [OPC, 2004: 80), (CB [OC, 2009: 80), (CB [PC, 2014: 80).

[8] dormia. Como dizer que era assim? → dormia (como dizer que era assim?). (CB, 1961: 104).

[8] Ela não dormia. Como dizer que era assim? Durante → Durante um mês viveu em mim, e não dormia. Foi o mês (CB [PT, 1981: 99); Ela não dormia. Como dizer que era assim? Durante → Não dormia. Durante (CB [PT, 1990: 72), (CB [PT, 1996: 72), (CB [OPC, 2004: 80), (CB [OC, 2009: 80), (CB [PC, 2014: 80).

[10] principiam → principiaram (CB, 1961: 104).

[12] da sua testa. → e as frestas. (CB [PT, 1990: 72), (CB [PT, 1996: 72), (CB [OPC, 2004: 80), (CB [OC, 2009: 80), (CB [PC, 2014: 80).

[14] infeliz → profundo (CB [PT, 1990: 72), (CB [PT, 1996: 72), (CB [OPC, 2004: 80), (CB [OC, 2009: 80), (CB [PC, 2014: 80).

[14] fecundo. O → fecundo, o (CB, 1961: 104), (CB [PT, 1973: 97), (CB [PT, 1981: 99).

[15] corpo — → corpo (CB, 1961: 104), (CB [PT, 1973: 97), (CB [PT, 1981: 99), (CB [PT, 1990: 72), (CB [PT, 1996: 72), (CB [OPC, 2004: 80), (CB [OC, 2009: 80), (CB [PC, 2014: 80).

[16] ardiam, → ardiam (CB [PT, 1981: 100), (CB [PT, 1990: 72), (CB [PT, 1996: 72), (CB [OPC, 2004: 80), (CB [OC, 2009: 80), (CB [PC, 2014: 80).

[20] homem, → homem (CB, 1961: 105), (CB [PT, 1973: 98), (CB [PT, 1981: 100), (CB [PT, 1990: 72), (CB [PT, 1996: 72), (CB [OPC, 2004: 80), (CB [OC, 2009: 80), (CB [PC, 2014: 80).

[21] profundo ofício → ofício (CB [PT, 1990: 72), (CB [PT, 1996: 72), (CB [OPC, 2004: 80), (CB [OC, 2009: 80), (CB [PC, 2014: 80).

[22] encantado e irónico → encantado (CB [PT, 1990: 72), (CB [PT, 1996: 72), (CB [OPC, 2004: 81), (CB [OC, 2009: 81), (CB [PC, 2014: 81).

[23] mensagens. → imagens. (CB [PT, 1990: 72), (CB [PT, 1996: 72), (CB [OPC, 2004: 81), (CB [OC, 2009: 81), (CB [PC, 2014: 81).

[23] palavras de piedade → palavras (CB [PT, 1990: 72), (CB [PT, 1996: 72), (CB [OPC, 2004: 81), (CB [OC, 2009: 81), (CB [PC, 2014: 81).

[28] piedade e desgraça → dor e idade (CB [PT, 1990: 73), (CB [PT, 1996: 73), (CB [OPC, 2004: 81), (CB [OC, 2009: 81), (CB [PC, 2014: 81).

[30] debruçados → debruçadas (CB [PT, 1973: 98), (CB [PT, 1981: 100), (CB [PT, 1990: 73), (CB [PT, 1996: 73), (CB [OPC, 2004: 81), (CB [OC, 2009: 81), (CB [PC, 2014: 81).

[32] guitarra. Uma → guitarra, como uma (CB, 1961: 105); guitarra. Uma → guitarra, uma (CB [PT, 1973: 98), (CB [PT, 1981: 100), (CB [PT, 1990: 73), (CB [PT, 1996: 73), (CB [OPC, 2004: 81), (CB [OC, 2009: 81), (CB [PC, 2014: 81).

[34] terra, → terra (CB [PT, 1990: 73), (CB [PT, 1996: 73), (CB [OPC, 2004: 81), (CB [OC, 2009: 81), (CB [PC, 2014: 81).

[38] arder, → arder (CB, 1961: 106), (CB [PT, 1973: 98), (CB [PT, 1981: 100), (CB [PT, 1990: 73), (CB [PT, 1996: 73), (CB [OPC, 2004: 81), (CB [OC, 2009: 81), (CB [PC, 2014: 81).

[41] carne, → carne (CB [PT, 1990: 73), (CB [PT, 1996: 73), (CB [OPC, 2004: 81), (CB [OC, 2009: 81), (CB [PC, 2014: 81).

[42] esplêndida. → esplêndida, (CB, 1961: 106), (CB [PT, 1973: 99), (CB [PT, 1981: 101).

[43] Os → os (CB, 1961: 106), (CB [PT, 1973: 99), (CB [PT, 1981: 101).

[43] um pouco seus ombros → os corpos (CB [PT, 1990: 73), (CB [PT, 1996: 73), (CB [OPC, 2004: 81), (CB [OC, 2009: 81), (CB [PC, 2014: 81).

[45] universal. Poderiam → universal, poderiam (CB, 1961: 106).

[45] universal. Poderiam ouvir alguma coisa da minha voz → universal, poderiam ouvir a minha voz (CB [PT, 1990: 73), (CB [PT, 1996: 73), (CB [OPC, 2004: 81), (CB [OC, 2009: 81), (CB [PC, 2014: 81).

[46] de desgraça, de terrível → de terrível (CB [PT, 1990: 73), (CB [PT, 1996: 73), (CB [OPC, 2004: 81), (CB [OC, 2009: 81), (CB [PC, 2014: 81).

[48] levitava. E → levitava e (CB, 1961: 106), (CB [PT, 1973: 99), (CB [PT, 1981: 101).

[48] A meu lado, aquele ser levitava. E por ele → A meu lado aquele ser levitava, e por ele passavam (CB [PT, 1990: 73), (CB

[PT, 1996: 73), (CB [OPC, 2004: 82), (CB [OC, 2009: 82), (CB [PC, 2014: 82).

[49] as aves passavam, → as aves, (CB [PT, 1990: 73), (CB [PT, 1996: 73), (CB [OPC, 2004: 82), (CB [OC, 2009: 82), (CB [PC, 2014: 82).

[52] horrível → tenebroso (CB [PT, 1981: 101), (CB [PT, 1990: 73), (CB [PT, 1996: 73), (CB [OPC, 2004: 82), (CB [OC, 2009: 82), (CB [PC, 2014: 82).

[53] isso fosse uma árvore a sustentar → fosse uma árvore sustentando (CB [PT, 1981: 101), (CB [PT, 1990: 73), (CB [PT, 1996: 73), (CB [OPC, 2004: 82), (CB [OC, 2009: 82), (CB [PC, 2014: 82).

[54] juventude. → idade. (CB [PT, 1990: 73), (CB [PT, 1996: 73), (CB [OPC, 2004: 82), (CB [OC, 2009: 82), (CB [PC, 2014: 82).

[55] impura, → obscura, (CB [PT, 1990: 73), (CB [PT, 1996: 73), (CB [OPC, 2004: 82), (CB [OC, 2009: 82), (CB [PC, 2014: 82).

[56] piedade → dor (CB [PT, 1990: 73), (CB [PT, 1996: 73), (CB [OPC, 2004: 82), (CB [OC, 2009: 82), (CB [PC, 2014: 82).

[58] talvez para → para (CB [PT, 1990: 74), (CB [PT, 1996: 74), (CB [OPC, 2004: 82), (CB [OC, 2009: 82), (CB [PC, 2014: 82).

[59] cidade. Porque → cidade, porque (CB, 1961: 106), (CB [PT, 1973: 99), (CB [PT, 1981: 101); aquela tenebrosa cidade. Porque → aquela cidade, porque (CB [PT, 1990: 74), (CB [PT,

1996: 74), (CB [OPC, 2004: 82), (CB [OC, 2009: 82), (CB [PC, 2014: 82).

[60] humilde e iluminada, → iluminada e humilde (CB [PT, 1990: 74), (CB [PT, 1996: 74), (CB [OPC, 2004: 82), (CB [OC, 2009: 82), (CB [PC, 2014: 82).

[62] sòmente → somente (CB [PT, 1981: 101); Contudo, sòmente → Mas somente (CB [PT, 1990: 74), (CB [PT, 1996: 74), (CB [OPC, 2004: 82), (CB [OC, 2009: 82), (CB [PC, 2014: 82).

[64] rápidos. → rápidos; (CB, 1961: 107); rápidos, rápidos. → rápidos rápidos. (CB [PT, 1990: 74), (CB [PT, 1996: 74), (CB [OPC, 2004: 82), (CB [OC, 2009: 82), (CB [PC, 2014: 82).

[65] Minha → só a minha (CB, 1961: 107).

[66] fogo. E → fogo, e (CB, 1961: 107), (CB [PT, 1973: 100), (CB [PT, 1981: 101), (CB [PT, 1990: 74), (CB [PT, 1996: 74), (CB [OPC, 2004: 82), (CB [OC, 2009: 82), (CB [PC, 2014: 82).

[67] incendiavam-se, → incendiavam-se (CB, 1961: 107), (CB [PT, 1973: 100), (CB [PT, 1981: 101), (CB [PT, 1990: 74), (CB [PT, 1996: 74), (CB [OPC, 2004: 82), (CB [OC, 2009: 82), (CB [PC, 2014: 82).

[71] fantasia. E → fantasia, como (CB, 1961: 107), (CB [PT, 1973: 100), (CB [PT, 1981: 102), (CB [PT, 1990: 74), (CB [PT, 1996: 74), (CB [OPC, 2004: 82), (CB [OC, 2009: 82), (CB [PC, 2014: 82).

[72] nada, → nada (CB, 1961: 107), (CB [PT, 1973: 100), (CB [PT, 1981: 102), (CB [PT, 1990: 74), (CB [PT, 1996: 74), (CB [OPC, 2004: 82), (CB [OC, 2009: 82), (CB [PC, 2014: 82).

[74] do que → que (CB [PT, 1990: 74), (CB [PT, 1996: 74), (CB [OPC, 2004: 83), (CB [OC, 2009: 83), (CB [PC, 2014: 83).

[76] o homem mesmo, → um homem (CB [PT, 1990: 74), (CB [PT, 1996: 74), (CB [OPC, 2004: 83), (CB [OC, 2009: 83), (CB [PC, 2014: 83).

[77] luz, → luz (CB [PT, 1990: 74), (CB [PT, 1996: 74), (CB [OPC, 2004: 83), (CB [OC, 2009: 83), (CB [PC, 2014: 83).

[78] e → como (CB, 1961: 107).

V [Esta linguagem é pura. No meio está uma fogueira] 9 pub. vs. 4 vers.

Integra o ciclo de oito poemas «As Musas Cegas», [poema] V: (CB, 1961: 111-114), (CB [OC, 1967: 107-109; 1.º texto-base), (CB [PT, 1973: 103-105), (CB [PT, 1981: 105-107), (CB [PT, 1990: 77-79), (CB [PT, 1996: 77-79), (CB [OPC, 2004: 86-88), (CB [OC, 2009: 86-88), (CB [PC, 2014: 86-88).

[5] só, → só (CB [PT, 1990: 77), (CB [PT, 1996: 77), (CB [OPC, 2004: 86), (CB [OC, 2009: 86), (CB [PC, 2014: 86).

[14] livres, → livres (CB, 1961: 111), (CB [PT, 1990: 77), (CB [PT, 1996: 77), (CB [OPC, 2004: 86), (CB [OC, 2009: 86), (CB [PC, 2014: 86).

[23] molhada → queimada (CB [PT, 1990: 77), (CB [PT, 1996: 77), (CB [OPC, 2004: 87), (CB [OC, 2009: 87), (CB [PC, 2014: 87).

[33] perpètuamente. → perpetuamente. (CB [PT, 1981: 106), (CB [PT, 1990: 78), (CB [PT, 1996: 78), (CB [OPC, 2004: 87), (CB [OC, 2009: 87), (CB [PC, 2014: 87).

[42] terrìvelmente belo, → terrivelmente belo (CB [PT, 1981: 107), (CB [PT, 1990: 78), (CB [PT, 1996: 78), (CB [OPC, 2004: 87), (CB [OC, 2009: 87), (CB [PC, 2014: 87).

[43] por → com (CB [PT, 1990: 78), (CB [PT, 1996: 78), (CB [OPC, 2004: 87), (CB [OC, 2009: 87), (CB [PC, 2014: 87).

[44] musgo. → musgo... (CB, 1961: 113).

[45] E eu, → ...E eu (CB, 1961: 113).

[56] jovem, → jovem (CB, 1961: 113).

[67] sou → eu sou (CB, 1961: 114), (CB [PT, 1973: 105), (CB [PT, 1981: 107), (CB [PT, 1990: 79), (CB [PT, 1996: 79), (CB [OPC, 2004: 88), (CB [OC, 2009: 88), (CB [PC, 2014: 88).

VI [É preciso falar baixo no sítio da primavera, junto] 9 pub. vs. 5 vers.

Integra o ciclo de oito poemas «As Musas Cegas», [poema] VI: (CB, 1961: 115-117), (CB [OC, 1967: 110-112; 1.º texto-base), (CB [PT, 1973: 106-108), (CB [PT, 1981: 108-110), (CB [PT, 1990: 80-82), (CB [PT, 1996: 80-82), (CB [OPC, 2004: 89-91), (CB [OC, 2009: 89-91), (CB [PC, 2014: 89-91).

[3] palavras, → palavras (CB, 1961: 115), (CB [PT, 1973: 106), (CB [PT, 1981: 108), (CB [PT, 1990: 80), (CB [PT, 1996: 80), (CB [OPC, 2004: 89), (CB [OC, 2009: 89), (CB [PC, 2014: 89).

[4] jacintos. Fogo → jacintos, fogo (CB, 1961: 115), (CB [PT, 1973: 106), (CB [PT, 1981: 108), (CB [PT, 1990: 80), (CB [PT, 1996: 80), (CB [OPC, 2004: 89), (CB [OC, 2009: 89), (CB [PC, 2014: 89).

[6] lua → luz (CB [PT, 1990: 80), (CB [PT, 1996: 80), (CB [OPC, 2004: 89), (CB [OC, 2009: 89), (CB [PC, 2014: 89).

[7] frios. → frios, (CB [PT, 1981: 108), (CB [PT, 1990: 80), (CB [PT, 1996: 80), (CB [OPC, 2004: 89), (CB [OC, 2009: 89), (CB [PC, 2014: 89).

[8] E → a lua que (CB [PT, 1981: 108), (CB [PT, 1990: 80), (CB [PT, 1996: 80), (CB [OPC, 2004: 89), (CB [OC, 2009: 89), (CB [PC, 2014: 89).

[10] antigas. → antigas, (CB, 1961: 115), (CB [PT, 1973: 106), (CB [PT, 1981: 108), (CB [PT, 1990: 80), (CB [PT, 1996: 80), (CB [OPC, 2004: 89), (CB [OC, 2009: 89), (CB [PC, 2014: 89).

[11] Bate → bate (CB, 1961: 115), (CB [PT, 1973: 106), (CB [PT, 1981: 108), (CB [PT, 1990: 80), (CB [PT, 1996: 80), (CB [OPC, 2004: 89), (CB [OC, 2009: 89), (CB [PC, 2014: 89).

[13] enterrados. → enterrados, dos cavalos (CB, 1961: 115).

[14] E os cavalos → que assim (CB, 1961: 115).

[16] loucura — → loucura, (CB, 1961: 115).

[18] E → Ah, (CB, 1961: 116).

[18] E tenho → Tenho (CB [PT, 1973: 107), (CB [PT, 1981: 109), (CB [PT, 1990: 80), (CB [PT, 1996: 80), (CB [OPC, 2004: 89), (CB [OC, 2009: 89), (CB [PC, 2014: 89).

[19] do que o meu coração, → que o meu coração (CB [PT, 1990: 80), (CB [PT, 1996: 80), (CB [OPC, 2004: 89), (CB [OC, 2009: 89), (CB [PC, 2014: 89).

[21] religioso → prodigioso (CB [PT, 1981: 109), (CB [PT, 1990: 80), (CB [PT, 1996: 80), (CB [OPC, 2004: 89), (CB [OC, 2009: 89), (CB [PC, 2014: 89).

[22] ajude. → ajude, que me ajudem (CB, 1961: 116), (CB [PT, 1973: 107), (CB [PT, 1981: 109), (CB [PT, 1990: 80), (CB [PT, 1996: 80), (CB [OPC, 2004: 89), (CB [OC, 2009: 89), (CB [PC, 2014: 89).

[23] E os → os (CB, 1961: 116), (CB [PT, 1973: 107), (CB [PT, 1981: 109), (CB [PT, 1990: 80), (CB [PT, 1996: 80), (CB [OPC, 2004: 90), (CB [OC, 2009: 90), (CB [PC, 2014: 90).

[23] e os → os (CB, 1961: 116), (CB [PT, 1973: 107), (CB [PT, 1981: 109), (CB [PT, 1990: 80), (CB [PT, 1996: 80), (CB [OPC, 2004: 90), (CB [OC, 2009: 90), (CB [PC, 2014: 90).

[23] mãos. → mãos (CB, 1961: 116); mãos. → mãos, (CB [PT, 1973: 107), (CB [PT, 1981: 109), (CB [PT, 1990: 80), (CB [PT, 1996: 80), (CB [OPC, 2004: 90), (CB [OC, 2009: 90), (CB [PC, 2014: 90).

[24] Que todos os mortos me ajudem, e os que amam → todos os mortos, todos os que amam (CB, 1961: 116), (CB [PT, 1973: 107), (CB [PT, 1981: 109), (CB [PT, 1990: 80), (CB [PT, 1996: 80), (CB [OPC, 2004: 90), (CB [OC, 2009: 90), (CB [PC, 2014: 90).

[25] entre o sangue no mundo e → entre sangue no mundo, entre (CB, 1961: 116), (CB [PT, 1973: 107), (CB [PT, 1981: 109), (CB [PT, 1990: 80), (CB [PT, 1996: 80), (CB [OPC, 2004: 90), (CB [OC, 2009: 90), (CB [PC, 2014: 90).

[27] quentes cobras da → cobras na (CB [PT, 1990: 81), (CB [PT, 1996: 81), (CB [OPC, 2004: 90), (CB [OC, 2009: 90), (CB [PC, 2014: 90).

[27] cabeça —— → cabeça, (CB, 1961: 116).

[29] terra preenchida. → ó terra preenchida! (CB, 1961: 116).

[30] primavera, → primavera (CB, 1961: 116), (CB [PT, 1973: 107), (CB [PT, 1981: 109), (CB [PT, 1990: 81), (CB [PT, 1996: 81), (CB [OPC, 2004: 90), (CB [OC, 2009: 90), (CB [PC, 2014: 90).

[36] iluminam, → iluminam (CB [PT, 1990: 81), (CB [PT, 1996: 81), (CB [OPC, 2004: 90), (CB [OC, 2009: 90), (CB [PC, 2014: 90).

[37] e → como (CB, 1961: 116), (CB [PT, 1973: 107), (CB [PT, 1981: 109).

[38] mortos. → mortos, (CB, 1961: 116).

[39] Primavera, como cresces. → primavera como cresces, (CB, 1961: 116).

[40] Desespero ou alegria, como correm → meu desespero, minha alegria, como correis (CB, 1961: 116).

[41] reaparecidos. → reaparecidos! (CB, 1961: 117).

[42] Falar → Dizer (CB [PT, 1981: 110), (CB [PT, 1990: 81), (CB [PT, 1996: 81), (CB [OPC, 2004: 90), (CB [OC, 2009: 90), (CB [PC, 2014: 90).

[42] carne. Evocar → carne, evocar (CB, 1961: 117), (CB [PT, 1973: 108); carne. Evocar → carne, (CB [PT, 1981: 110) (CB [PT, 1990: 81), (CB [PT, 1996: 81), (CB [OPC, 2004: 90), (CB [OC, 2009: 90), (CB [PC, 2014: 90).

[43] tuas colinas de sal, mistério, → evocar tuas colinas de sal, mistério. (CB [PT, 1981: 110), (CB [PT, 1990: 81), (CB [PT, 1996: 81), (CB [OPC, 2004: 90), (CB [OC, 2009: 90), (CB [PC, 2014: 90).

[44] mistério. → ó mistério! (CB, 1961: 117); este verso é eliminado: (CB [PT, 1981: 110), (CB [PT, 1990: 81), (CB [PT, 1996: 81), (CB [OPC, 2004: 90), (CB [OC, 2009: 90), (CB [PC, 2014: 90).

[45] Tudo isso em volta da primavera e da noite, → Tudo em volta da primavera e da noite (CB [PT, 1990: 81), (CB [PT, 1996: 81), (CB [OPC, 2004: 90), (CB [OC, 2009: 90), (CB [PC, 2014: 90).

[52] ideias. As → ideias, as (CB, 1961: 117), (CB [PT, 1973: 108), (CB [PT, 1981: 110), (CB [PT, 1990: 81), (CB [PT, 1996: 81), (CB [OPC, 2004: 91), (CB [OC, 2009: 91), (CB [PC, 2014: 91).

[56] Uma → É uma (CB, 1961: 117).

[56] enorme e → enorme, (CB [PT, 1990: 81), (CB [PT, 1996: 81), (CB [OPC, 2004: 91), (CB [OC, 2009: 91), (CB [PC, 2014: 91).

[63] devagar —— → devagar (CB, 1961: 117).

VII [Bate-me à porta, em mim, primeiro devagar.] 9 pub. vs. 7 vers.

Integra o ciclo de oito poemas «As Musas Cegas», [poema] VII: (CB, 1961: 118-121), (CB [OC, 1967: 113-116; 1.º texto-base), (CB [PT, 1973: 109-112), (CB [PT, 1981: 111-114), (CB [PT, 1990: 83-85), (CB [PT, 1996: 83-85), (CB [OPC, 2004: 92-95), (CB [OC, 2009: 92-95), (CB [PC, 2014: 92-95).

[2] depois. → depois, (CB, 1961: 118), (CB [PT, 1973: 109), (CB [PT, 1981: 111), (CB [PT, 1990: 83), (CB [PT, 1996: 83), (CB [OPC, 2004: 92), (CB [OC, 2009: 92), (CB [PC, 2014: 92).

[3] Ressoando → ressoando (CB, 1961: 118), (CB [PT, 1973: 109), (CB [PT, 1981: 111), (CB [PT, 1990: 83), (CB [PT, 1996: 83), (CB [OPC, 2004: 92), (CB [OC, 2009: 92), (CB [PC, 2014: 92).

[13] imperceptivelmente, → imperceptivelmente, (CB [PT, 1981: 111); imperceptivelmente, → imperceptivelmente (CB [PT, 1990: 83), (CB [PT, 1996: 83), (CB [OPC, 2004: 92), (CB [OC, 2009: 92), (CB [PC, 2014: 92).

[17] boca. Há → boca, há (CB, 1961: 119), (CB [PT, 1973: 110), (CB [PT, 1981: 112), (CB [PT, 1990: 83), (CB [PT, 1996: 83), (CB [OPC, 2004: 92), (CB [OC, 2009: 92), (CB [PC, 2014: 92).

[18] sangue. Situou-se na terra → sangue! Um novo instrumento, (CB, 1961: 119); sangue. Situou-se na terra → sangue. Um novo instrumento, (CB [PT, 1973: 110), (CB [PT, 1981: 112), (CB [PT, 1990: 83), (CB [PT, 1996: 83), (CB [OPC, 2004: 92), (CB [OC, 2009: 92), (CB [PC, 2014: 92).

[19] um novo instrumento — e → uma taça situou-se na terra, e (CB, 1961: 119), (CB [PT, 1973: 110), (CB [PT, 1981: 112), (CB [PT, 1990: 83), (CB [PT, 1996: 83), (CB [OPC, 2004: 92), (CB [OC, 2009: 92), (CB [PC, 2014: 92).

[20] sangue. → sangue! (CB, 1961: 119).

[22] mundo. → mundo — (CB, 1961: 119), (CB [PT, 1973: 110), (CB [PT, 1981: 112), (CB [PT, 1990: 83), (CB [PT, 1996: 83), (CB [OPC, 2004: 92), (CB [OC, 2009: 92), (CB [PC, 2014: 92).

[23] — Um → um (CB, 1961: 119), (CB [PT, 1973: 110), (CB [PT, 1981: 112), (CB [PT, 1990: 83), (CB [PT, 1996: 83), (CB [OPC, 2004: 93), (CB [OC, 2009: 93), (CB [PC, 2014: 93).

[30] estreita, → estreita (CB, 1961: 119), (CB [PT, 1973: 110), (CB [PT, 1981: 112), (CB [PT, 1990: 84), (CB [PT, 1996: 84), (CB [OPC, 2004: 93), (CB [OC, 2009: 93), (CB [PC, 2014: 93).

[32] enevoada. → enevoada, (CB, 1961: 119), (CB [PT, 1973: 110), (CB [PT, 1981: 112), (CB [PT, 1990: 84), (CB [PT, 1996: 84), (CB [OPC, 2004: 93), (CB [OC, 2009: 93), (CB [PC, 2014: 93).

[33] Uma → uma (CB, 1961: 119), (CB [PT, 1973: 110), (CB [PT, 1981: 112), (CB [PT, 1990: 84), (CB [PT, 1996: 84), (CB [OPC, 2004: 93), (CB [OC, 2009: 93), (CB [PC, 2014: 93).

[38] lenta. → lenta! (CB, 1961: 119).

[45] águas → águas lentas, (CB [PT, 1990: 84), (CB [PT, 1996: 84), (CB [OPC, 2004: 93), (CB [OC, 2009: 93), (CB [PC, 2014: 93).

[46] graves e sujas, ou → ou (CB [PT, 1990: 84), (CB [PT, 1996: 84), (CB [OPC, 2004: 93), (CB [OC, 2009: 93), (CB [PC, 2014: 93).

[48] tão completo. → completo. (CB [PT, 1990: 84), (CB [PT, 1996: 84), (CB [OPC, 2004: 93), (CB [OC, 2009: 93), (CB [PC, 2014: 93).

[55] junto ao pequeno → junto à respiração (CB [OPC, 2004: 94); junto ao pequeno → junto à (CB [OC, 2009: 94), (CB [PC, 2014: 94).

[56] respirar, → pequena, (CB [OPC, 2004: 94); respirar, → respiração pequena (CB [OC, 2009: 94), (CB [PC, 2014: 94).

[58] tudo → tudo isso (CB, 1961: 120).

[59] a → a sua (CB, 1961: 120), (CB [PT, 1973: 111), (CB [PT, 1981: 113), (CB [PT, 1990: 84), (CB [PT, 1996: 84), (CB [OPC, 2004: 94), (CB [OC, 2009: 94), (CB [PC, 2014: 94).

[66] raízes. E → raízes, e (CB, 1961: 121), (CB [PT, 1973: 111), (CB [PT, 1981: 113), (CB [PT, 1990: 85), (CB [PT, 1996: 85), (CB [OPC, 2004: 94), (CB [OC, 2009: 94), (CB [PC, 2014: 94).

[68] fundo → fundo, (CB, 1961: 121), (CB [PT, 1973: 111), (CB [PT, 1981: 113), (CB [PT, 1990: 85), (CB [PT, 1996: 85), (CB [OPC, 2004: 94), (CB [OC, 2009: 94), (CB [PC, 2014: 94).

[68] ingénua → ingénua vida, (CB, 1961: 121), (CB [PT, 1973: 111), (CB [PT, 1981: 113), (CB [PT, 1990: 85), (CB [PT, 1996: 85), (CB [OPC, 2004: 94), (CB [OC, 2009: 94), (CB [PC, 2014: 94).

[69] e → da sua (CB, 1961: 121), (CB [PT, 1973: 111), (CB [PT, 1981: 113), (CB [PT, 1990: 85), (CB [PT, 1996: 85), (CB [OPC, 2004: 94), (CB [OC, 2009: 94), (CB [PC, 2014: 94).

[81] Este verso pertence à estrofe anterior: (CB, 1961: 121).

VIII [Ignoro quem dorme, a minha boca ressoa.] 9 pub. vs. 5 vers.

Integra o ciclo de oito poemas «As Musas Cegas», [poema] VIII: (CB, 1961: 122-125), (CB [OC, 1967: 117-119; 1.º texto-base), (CB [PT, 1973: 113-115), (CB [PT, 1981: 115-117), (CB [PT, 1990: 86-88), (CB [PT, 1996: 86-88), (CB [OPC, 2004: 96-98), (CB [OC, 2009: 96-98), (CB [PC, 2014: 96-98).

[11] começa → principia (CB [PT, 1990: 86), (CB [PT, 1996: 86), (CB [OPC, 2004: 96), (CB [OC, 2009: 96), (CB [PC, 2014: 96).

[17] sei: → sei! (CB, 1961: 122); Ah, eu sei: → Eu sei: (CB [PT, 1981: 115), (CB [PT, 1990: 86), (CB [PT, 1996: 86), (CB [OPC, 2004: 96), (CB [OC, 2009: 96), (CB [PC, 2014: 96).

[28] dorme. É sei: → dorme, é (CB, 1961: 123), (CB [PT, 1973: 114), (CB [PT, 1981: 116), (CB [PT, 1990: 86), (CB [PT, 1996:

86), (CB [OPC, 2004: 97), (CB [OC, 2009: 97), (CB [PC, 2014: 97).

[28] louco. → louco, (CB, 1961: 123), (CB [PT, 1973: 114), (CB [PT, 1981: 116), (CB [PT, 1990: 86), (CB [PT, 1996: 86), (CB [OPC, 2004: 97), (CB [OC, 2009: 97), (CB [PC, 2014: 97).

[29] Uma → uma (CB, 1961: 123), (CB [PT, 1973: 114), (CB [PT, 1981: 116), (CB [PT, 1990: 87), (CB [PT, 1996: 87), (CB [OPC, 2004: 97), (CB [OC, 2009: 97), (CB [PC, 2014: 97).

[46] ah, → ah! (CB, 1961: 124).

[46] ah, essas mãos → essas mãos (CB [PT, 1981: 116), (CB [PT, 1990: 87), (CB [PT, 1996: 87), (CB [OPC, 2004: 97), (CB [OC, 2009: 97), (CB [PC, 2014: 97).

[47] sangue. — Tudo → sangue — tudo (CB, 1961: 124), (CB [PT, 1973: 114), (CB [PT, 1981: 117), (CB [PT, 1990: 87), (CB [PT, 1996: 87), (CB [OPC, 2004: 97), (CB [OC, 2009: 97), (CB [PC, 2014: 97).

[48] ofício. → ofício! (CB, 1961: 124).

[49] pouco. → pouco; (CB, 1961: 124).

[50] Partem-se, ali → partem-se, aqui (CB, 1961: 124); Partem-se, ali → Partem-se, aqui (CB [PT, 1973: 115), (CB [PT, 1981: 117), (CB [PT, 1990: 87), (CB [PT, 1996: 87), (CB [OPC, 2004: 97), (CB [OC, 2009: 97), (CB [PC, 2014: 97).

[54] que recebe a inspiração violenta. → quem deve receber toda essa violenta inspiração. (CB, 1961: 124).

[55] dorme. Minha boca está no fundo — → dorme, a minha boca está no fundo, (CB, 1961: 124), (CB [PT, 1973: 115), (CB [PT, 1981: 117), (CB [PT, 1990: 87), (CB [PT, 1996: 87), (CB [OPC, 2004: 98), (CB [OC, 2009: 98), (CB [PC, 2014: 98).

[56] sangue. → sangue, a minha (CB, 1961: 124), (CB [PT, 1973: 115), (CB [PT, 1981: 117), (CB [PT, 1990: 87), (CB [PT, 1996: 87), (CB [OPC, 2004: 98), (CB [OC, 2009: 98), (CB [PC, 2014: 98).

[57] A boca → boca (CB, 1961: 124), (CB [PT, 1973: 115), (CB [PT, 1981: 117), (CB [PT, 1990: 87), (CB [PT, 1996: 87), (CB [OPC, 2004: 98), (CB [OC, 2009: 98), (CB [PC, 2014: 98).

[57] barco. → barco, (CB, 1961: 124), (CB [PT, 1973: 115), (CB [PT, 1981: 117), (CB [PT, 1990: 87), (CB [PT, 1996: 87), (CB [OPC, 2004: 98), (CB [OC, 2009: 98), (CB [PC, 2014: 98).

[58] A → a (CB, 1961: 124), (CB [PT, 1973: 115), (CB [PT, 1981: 117), (CB [PT, 1990: 87), (CB [PT, 1996: 87), (CB [OPC, 2004: 98), (CB [OC, 2009: 98), (CB [PC, 2014: 98).

[59] despedir-me, → despedir-me (CB, 1961: 124), (CB [PT, 1973: 115), (CB [PT, 1981: 117), (CB [PT, 1990: 87), (CB [PT, 1996: 87), (CB [OPC, 2004: 98), (CB [OC, 2009: 98), (CB [PC, 2014: 98).

[61] pôr → por (CB, 1961: 124).

[65] despedir-se, dia a dia, → despedir-se dia a dia (CB, 1961: 124), (CB [PT, 1973: 115), (CB [PT, 1981: 117), (CB [PT, 1990: 88), (CB [PT, 1996: 88), (CB [OPC, 2004: 98), (CB [OC, 2009: 98), (CB [PC, 2014: 98).

[67] jovem. → jovem, (CB, 1961: 125), (CB [PT, 1973: 115), (CB [PT, 1981: 117); mister ainda jovem. → mester ainda jovem, (CB [PT, 1990: 88), (CB [PT, 1996: 88), (CB [OPC, 2004: 98), (CB [OC, 2009: 98), (CB [PC, 2014: 98).

[68] Algo → algo (CB, 1961: 125), (CB [PT, 1973: 115), (CB [PT, 1981: 117), (CB [PT, 1990: 88), (CB [PT, 1996: 88), (CB [OPC, 2004: 98), (CB [OC, 2009: 98), (CB [PC, 2014: 98).

[68] mãos, → mãos (CB, 1961: 125), (CB [PT, 1973: 115), (CB [PT, 1981: 117), (CB [PT, 1990: 88), (CB [PT, 1996: 88), (CB [OPC, 2004: 98), (CB [OC, 2009: 98), (CB [PC, 2014: 98).

[69] garganta, e a testa, → garganta e a testa (CB, 1961: 125), (CB [PT, 1973: 115), (CB [PT, 1981: 117), (CB [PT, 1990: 88), (CB [PT, 1996: 88), (CB [OPC, 2004: 98), (CB [OC, 2009: 98), (CB [PC, 2014: 98).

[71] inacessíveis — → inacessíveis, (CB, 1961: 125), (CB [PT, 1973: 115), (CB [PT, 1981: 117), (CB [PT, 1990: 88), (CB [PT, 1996: 88), (CB [OPC, 2004: 98), (CB [OC, 2009: 98), (CB [PC, 2014: 98).

[74] ofício. E → ofício, e (CB, 1961: 125), (CB [PT, 1973: 115), (CB [PT, 1981: 117), (CB [PT, 1990: 88), (CB [PT, 1996: 88), (CB [OPC, 2004: 98), (CB [OC, 2009: 98), (CB [PC, 2014: 98).

NARRAÇÃO DE UM HOMEM EM MAIO [Estou deitado no nome: *maio*, e sou uma pessoa] 9 pub. vs. 4 vers.

Integra: (CB, 1961: 126-130), (CB [OC, 1967: 120-123; 1.º texto-base), (CB [PT, 1973: 116-119), (CB [PT, 1981: 119-123), (CB [PT, 1990: 89-92), (CB [PT, 1996: 89-92), (CB

[OPC, 2004: 99-102), (CB [OC, 2009: 99-102), (CB [PC, 2014: 99-102).

[1] *maio,* → maio, (CB [PT, 1981: 119), (CB [PT, 1990: 89), (CB [PT, 1996: 89), (CB [OPC, 2004: 99), (CB [OC, 2009: 99), (CB [PC, 2014: 99).

[24] casa, → casa (CB, 1961: 127).

[27] lado, → lado (CB, 1961: 127).

[43] infestado de crocodilos. → infestado. (CB [PT, 1981: 120), (CB [PT, 1990: 90), (CB [PT, 1996: 90), (CB [OPC, 2004: 100), (CB [OC, 2009: 100), (CB [PC, 2014: 100).

[58] poeta, bicicleta, poema e mão — → poema, bicicleta, poeta e mão — (CB [PT, 1981: 121), (CB [PT, 1990: 90), (CB [PT, 1996: 90), (CB [OPC, 2004: 101), (CB [OC, 2009: 101), (CB [PC, 2014: 101).

[63] a vida. → vida. (CB, 1961: 128), (CB [PT, 1973: 118), (CB [PT, 1981: 121), (CB [PT, 1990: 90), (CB [PT, 1996: 90), (CB [OPC, 2004: 101), (CB [OC, 2009: 101), (CB [PC, 2014: 101).

[64] a → a sua (CB, 1961: 128), (CB [PT, 1973: 118), (CB [PT, 1981: 121), (CB [PT, 1990: 90), (CB [PT, 1996: 90), (CB [OPC, 2004: 101), (CB [OC, 2009: 101), (CB [PC, 2014: 101).

[66] imerecida. → merecida. (CB [PT, 1990: 90), (CB [PT, 1996: 90), (CB [OPC, 2004: 101), (CB [OC, 2009: 101), (CB [PC, 2014: 101).

[90] monòtonamente → monotonamente (CB [PT, 1981: 122), (CB [PT, 1990: 91), (CB [PT, 1996: 91), (CB [OPC, 2004: 102), (CB [OC, 2009: 102), (CB [PC, 2014: 102).

[99] que o → o (CB [PT, 1990: 91), (CB [PT, 1996: 91), (CB [OPC, 2004: 102), (CB [OC, 2009: 102), (CB [PC, 2014: 102).

I [Deito-me, levanto-me, penso que é enorme cantar.] 10 pub. vs. 3 vers.

Integra o ciclo de cinco poemas *Poemacto*, [poema] I: (P, 1961: 11-14), (P, 1963: 13-17), (P [OC, 1967: 127-130; 1.º texto-base), (P [PT, 1973: 123-126), (P [PT, 1981: 127-130), (P [PT, 1990: 95-97), (P [PT, 1996: 95-97), (P [OPC, 2004: 105-108), (P [OC, 2009: 105-108), (P [PC, 2014: 105-108).

[3] cidade, → cidade canta (P [PT, 1981: 127), (P [PT, 1990: 95), (P [PT, 1996: 95), (P [OPC, 2004: 105), (P [OC, 2009: 105), (P [PC, 2014: 105).

[35] Veridicamente, → Veridicamente, (P [PT, 1981: 128), (P [PT, 1990: 96), (P [PT, 1996: 96), (P [OPC, 2004: 106), (P [OC, 2009: 106), (P [PC, 2014: 106).

[57] Ao fundo canta-me a morte. → A morte canta-me ao fundo. (P [PT, 1990: 96), (P [PT, 1996: 96), (P [OPC, 2004: 107), (P [OC, 2009: 107), (P [PC, 2014: 107).

[71] aèreamente → aereamente (P [PT, 1981: 130), (P [PT, 1990: 97), (P [PT, 1996: 97), (P [OPC, 2004: 107), (P [OC, 2009: 107), (P [PC, 2014: 107).

[82] incendiàriamente. → incendiariamente. (P [PT, 1981: 130), (P [PT, 1990: 97), (P [PT, 1996: 97), (P [OPC, 2004: 108), (P [OC, 2009: 108), (P [PC, 2014: 108).

II [Minha cabeça estremece com todo o esquecimento.] 12 pub. vs. 4 vers.

Integra o ciclo de cinco poemas *Poemacto*, [poema] II: (P, 1961: 15-18), (P, 1963: 19-25), (P [OC, 1967: 131-135; 1.º texto-base), (P [PT, 1973: 127-131), (P [PT, 1981: 131-135), (P [PT, 1990: 98-101), (P [PT, 1996: 98-101), (P [OPC, 2004: 109-113), (P [OC, 2009: 109-113), (P [PC, 2014: 109-113).

Integra «(Poemacto)», [único poema]: (P [OPC-S, 2001: 14-19), (P [FNCF, 2008: 12-17).

[4] tremendos → fortes (P, 1961: 15), (P, 1963: 19).

[16] sòmente → somente (P [PT, 1981: 131), (P [PT, 1990: 98), (P [PT, 1996: 98), (P [OPC-S, 2001: 15), (P [OPC, 2004: 109), (P [FNCF, 2008: 12), (P [OC, 2009: 109), (P [PC, 2014: 109).

[47] terrìvelmente → terrivelmente (P [PT, 1981: 133), (P [PT, 1990: 99), (P [PT, 1996: 99), (P [OPC-S, 2001: 16), (P [OPC, 2004: 110), (P [FNCF, 2008: 14), (P [OC, 2009: 110), (P [PC, 2014: 110).

[71] Ah, → Ah! (P, 1961: 17), (P, 1963: 23).

[82] Este verso, e os sete versos seguintes, constituem uma só estrofe: (P, 1963: 23-24), (P [PT, 1981: 134), (P [PT, 1990: 100), (P [PT, 1996: 100), (P [OPC-S, 2001: 17), (P [OPC, 2004:

112), (P [FNCF, 2008: 15), (P [OC, 2009: 112), (P [PC, 2014: 112).

[98] uma → como uma (P, 1961: 18), (P, 1963: 24).

[112] em → num (P, 1961: 19), (P, 1963: 25), (P [FNCF, 2008: 16), (P [OC, 2009: 113), (P [PC, 2014: 113).

III [O actor acende a boca. Depois, os cabelos.] 10 pub. vs. 3 vers.

Integra o ciclo de cinco poemas *Poemacto*, [poema] III: (P, 1961: 20-23), (P, 1963: 27-32), (P [OC, 1967: 136-139; 1.º texto-base), (P [PT, 1973: 132-135), (P [PT, 1981: 136-139), (P [PT, 1990: 102-104), (P [PT, 1996: 102-104), (P [OPC, 2004: 114-117), (P [OC, 2009: 114-117), (P [PC, 2014: 114-117).

[21] monòtonamente → monotonamente (P [PT, 1981: 137), (P [PT, 1990: 102), (P [PT, 1996: 102), (P [OPC, 2004: 114), (P [OC, 2009: 114), (P [PC, 2014: 114).

[37] aos lugares aéreos. → à essência celeste. (P, 1961: 21), (P, 1963: 29).

[55] ùltimamente → ultimamente (P [PT, 1981: 138), (P [PT, 1990: 103), (P [PT, 1996: 103), (P [OPC, 2004: 116), (P [OC, 2009: 116), (P [PC, 2014: 116).

[68] é a → é (P [PT, 1981: 138), (P [PT, 1990: 104), (P [PT, 1996: 104), (P [OPC, 2004: 116), (P [OC, 2009: 116), (P [PC, 2014: 116).

[71] Gasifica-se. → Gasifica. (P, 1961: 22), (P, 1963: 30); Gasifica-se. → Gaseifica-se. (P [PT, 1981: 138), (P [PT, 1990:

104), (P [PT, 1996: 104), (P [OPC, 2004: 116), (P [OC, 2009: 116), (P [PC, 2014: 116).

[79] pùblicamente → publicamente (P [PT, 1981: 139), (P [PT, 1990: 104), (P [PT, 1996: 104), (P [OPC, 2004: 117), (P [OC, 2009: 117), (P [PC, 2014: 117).

[94] graça. → Graça. (P, 1961: 23), (P, 1963: 32).

IV [As vacas dormem, as estrelas são truculentas,] 10 pub. vs. 3 vers.

Integra o ciclo de cinco poemas *Poemacto*, [poema] IV: (P, 1961: 24-27), (P, 1963: 33-37), (P [OC, 1967: 140-143; 1.º texto-base), (P [PT, 1973: 136-139), (P [PT, 1981: 140-143), (P [PT, 1990: 105-107), (P [PT, 1996: 105-107), (P [OPC, 2004: 118-121), (P [OC, 2009: 118-121), (P [PC, 2014: 118-121).

[11] preciosamente. → preciosamente! (P, 1961: 24), (P, 1963: 34).

[24] pacífica. → terrífica. (P [PT, 1990: 105), (P [PT, 1996: 105), (P [OPC, 2004: 119), (P [OC, 2009: 119), (P [PC, 2014: 119).

[33] do que → que (P [PT, 1990: 106), (P [PT, 1996: 106), (P [OPC, 2004: 119), (P [OC, 2009: 119), (P [PC, 2014: 119).

[34] Pessoa → Alguém (P [PT, 1990: 106), (P [PT, 1996: 106), (P [OPC, 2004: 119), (P [OC, 2009: 119), (P [PC, 2014: 119).

[38] Ah, penso → Penso (P [PT, 1990: 106), (P [PT, 1996: 106), (P [OPC, 2004: 119), (P [OC, 2009: 119), (P [PC, 2014: 119).

V [As barcas gritam sobre as águas.] 10 pub. vs. 5 vers.

Integra o ciclo de cinco poemas *Poemacto*, [poema] V: (P, 1961: 28-30), (P, 1963: 39-43), (P [OC, 1967: 144-147; 1.º texto-base), (P [PT, 1973: 140-143), (P [PT, 1981: 144-147), (P [PT, 1990: 108-110), (P [PT, 1996: 108-110), (P [OPC, 2004: 122-124), (P [OC, 2009: 122-124), (P [PC, 2014: 122-124).

[16] no → ao (P, 1963: 40).

[18] Tejo → tejo (P [PT, 1973: 141), (P [PT, 1981: 145), (P [PT, 1990: 108), (P [PT, 1996: 108), (P [OPC, 2004: 122), (P [OC, 2009: 122), (P [PC, 2014: 122).

[30] Tejo. → tejo. (P [PT, 1973: 141), (P [PT, 1981: 145), (P [PT, 1990: 109), (P [PT, 1996: 109), (P [OPC, 2004: 123), (P [OC, 2009: 123), (P [PC, 2014: 123).

[31] trespassassem → traspassassem (P [PT, 1981: 145).

[33] Tejo → tejo (P [PT, 1973: 141), (P [PT, 1981: 145), (P [PT, 1990: 109), (P [PT, 1996: 109), (P [OPC, 2004: 123), (P [OC, 2009: 123), (P [PC, 2014: 123).

[33] urtigas. → ortigas. (P, 1963: 41).

[36] Tejo → tejo (P [PT, 1973: 141), (P [PT, 1981: 145), (P [PT, 1990: 109), (P [PT, 1996: 109), (P [OPC, 2004: 123), (P [OC, 2009: 123), (P [PC, 2014: 123).

[37] Tejo → tejo (P [PT, 1973: 141), (P [PT, 1981: 145), (P [PT, 1990: 109), (P [PT, 1996: 109), (P [OPC, 2004: 123), (P [OC, 2009: 123), (P [PC, 2014: 123).

[41] Ao seixo da → Aos seixos na (P [PT, 1990: 109), (P [PT, 1996: 109), (P [OPC, 2004: 123), (P [OC, 2009: 123), (P [PC, 2014: 123).

[49] Tejo → tejo (P [PT, 1973: 142), (P [PT, 1981: 146), (P [PT, 1990: 109), (P [PT, 1996: 109), (P [OPC, 2004: 123), (P [OC, 2009: 123), (P [PC, 2014: 123).

[77] Tejo → tejo (P [PT, 1973: 143), (P [PT, 1981: 147), (P [PT, 1990: 110), (P [PT, 1996: 110), (P [OPC, 2004: 124), (P [OC, 2009: 124), (P [PC, 2014: 124).

[79] Tejo → tejo (P [PT, 1973: 143), (P [PT, 1981: 147), (P [PT, 1990: 110), (P [PT, 1996: 110), (P [OPC, 2004: 124), (P [OC, 2009: 124), (P [PC, 2014: 124).

PARA O LEITOR LER DE/VAGAR [*Volto minha existência derredor para. O leitor. As mãos*] 9 pub. vs. 2 vers.

Integra: (L, 1962: 11-14), (L [OC, 1967: 152-155; 1.º texto-base), (L [PT, 1973: 148-151).

Integra: (L [PT, 1981: 152-155), (L [PT, 1990: 114-116), (L [PT, 1996: 114-116), (L [OPC, 2004: 128-131), (L [OC, 2009: 128-131), (L [PC, 2014: 128-131); retira o itálico do texto.

[36] *Podres. E* → E (L [PT, 1990: 115), (L [PT, 1996: 115), (L [OPC, 2004: 129), (L [OC, 2009: 129), (L [PC, 2014: 129).

[47] *amarguradas* → amargas (L [PT, 1990: 115), (L [PT, 1996: 115), (L [OPC, 2004: 129), (L [OC, 2009: 129), (L [PC, 2014: 129).

I [Uma noite encontrei uma pedra] 9 pub. vs. 4 vers.

Integra o ciclo de sete poemas «Lugar», [poema] I: (L, 1962: 15-19), (L [OC, 1967: 156-159; 1.º texto-base), (L [PT, 1973: 152-155), (L [PT, 1981: 156-159), (L [PT, 1990: 117-120), (L [PT, 1996: 117-120), (L [OPC, 2004: 132-135), (L [OC, 2009: 132-135), (L [PC, 2014: 132-135).

[15] sempre, como uma chama → sempre: chama (L [PT, 1990: 117), (L [PT, 1996: 117), (L [OPC, 2004: 132), (L [OC, 2009: 132), (L [PC, 2014: 132).

[21] dessas coisas → coisa dessas coisas (L [PT, 1990: 117), (L [PT, 1996: 117), (L [OPC, 2004: 132), (L [OC, 2009: 132), (L [PC, 2014: 132).

[27] desenvolvida → desenvolvidas (L, 1962: 16).

[42] podres. → lisos. (L [PT, 1990: 118), (L [PT, 1996: 118), (L [OPC, 2004: 133), (L [OC, 2009: 133), (L [PC, 2014: 133).

[61] de → da (L [PT, 1990: 118), (L [PT, 1996: 118), (L [OPC, 2004: 134), (L [OC, 2009: 134), (L [PC, 2014: 134).

[76] mim, → mim (L, 1962: 16).

[91] de uma → da (L [PT, 1990: 119), (L [PT, 1996: 118), (L [OPC, 2004: 135), (L [OC, 2009: 135), (L [PC, 2014: 135).

[95] Sòmente → Somente (L [PT, 1981: 159), (L [PT, 1990: 119), (L [PT, 1996: 118), (L [OPC, 2004: 135), (L [OC, 2009: 135), (L [PC, 2014: 135).

II [Há sempre uma noite terrível para quem se despede] 9 pub. vs. 3 vers.

Integra o ciclo de sete poemas «Lugar», [poema] II: (L, 1962: 20-25), (L [OC, 1967: 160-164; 1.º texto-base), (L [PT, 1973: 156-160), (L [PT, 1981: 160-164), (L [PT, 1990: 121-124), (L [PT, 1996: 121-124), (L [OPC, 2004: 136-140), (L [OC, 2009: 136-140), (L [PC, 2014: 136-140).

[11] cão azul, → azul, (L [PT, 1990: 121), (L [PT, 1996: 121), (L [OPC, 2004: 136), (L [OC, 2009: 136), (L [PC, 2014: 136).

[17] seixos → raios (L [PT, 1990: 121), (L [PT, 1996: 121), (L [OPC, 2004: 136), (L [OC, 2009: 136), (L [PC, 2014: 136).

[52] abertíssimos → altíssimos (L [PT, 1990: 122), (L [PT, 1996: 122), (L [OPC, 2004: 138), (L [OC, 2009: 138), (L [PC, 2014: 138).

[61] noite tremendamente → para o lugar da noite. Noite (L [PT, 1990: 122), (L [PT, 1996: 122), (L [OPC, 2004: 138), (L [OC, 2009: 138), (L [PC, 2014: 138).

[62] clara. Noite de → de (L [PT, 1990: 122), (L [PT, 1996: 122), (L [OPC, 2004: 138), (L [OC, 2009: 138), (L [PC, 2014: 138).

[109] sòmente. → somente. (L [PT, 1981: 164), (L [PT, 1990: 124), (L [PT, 1996: 124), (L [OPC, 2004: 140), (L [OC, 2009: 140), (L [PC, 2014: 140).

III [As mulheres têm uma assombrada roseira] 11 pub. vs. 4 vers.

Integra o ciclo de sete poemas «Lugar», [poema] III: (L, 1962: 26-29), (L [OC, 1967: 165-168; 1.º texto-base), (L [PT, 1973: 161-164), (L [PT, 1981: 165-168), (L [PT, 1990: 125-127), (L

[PT, 1996: 125-127), (L [OPC, 2004: 141-144), (L [OC, 2009: 141-144), (L [PC, 2014: 141-144).

Integra o ciclo de cinco poemas «(Lugar)», [poema 1]: (L [OPC-S, 2001: 19-22), (L [FNCF, 2008: 17-20).

[23] broncas → fechadas (L [PT, 1990: 125), (L [PT, 1996: 125), (L [OPC-S, 2001: 20), (L [OPC, 2004: 141), (L [FNCF, 2008: 18), (L [OC, 2009: 141), (L [PC, 2014: 141).

[25] brilhantes de desgraça. → rutilantes, a graça. (L [PT, 1990: 125), (L [PT, 1996: 125), (L [OPC-S, 2001: 20), (L [OPC, 2004: 142), (L [FNCF, 2008: 18), (L [OC, 2009: 142), (L [PC, 2014: 142).

[33-34] alagam a inteligência do poema / com o fogo podre de um sangue menstrual. → alagam a inteligência do poema com o sangue menstrual. (L [PT, 1990: 126), (L [PT, 1996: 126), (L [OPC-S, 2001: 20), (L [OPC, 2004: 142), (L [FNCF, 2008: 18), (L [OC, 2009: 142), (L [PC, 2014: 142).

[35] mulheres, → mulheres (L [PT, 1981: 166).

[56] a europa → o mundo (L [PT, 1990: 126), (L [PT, 1996: 126), (L [OPC-S, 2001: 21), (L [OPC, 2004: 143), (L [FNCF, 2008: 19), (L [OC, 2009: 143), (L [PC, 2014: 143).

[63] molhada. → molhada, (L [PT, 1990: 126), (L [PT, 1996: 126), (L [OPC-S, 2001: 21), (L [OPC, 2004: 143), (L [FNCF, 2008: 19), (L [OC, 2009: 143), (L [PC, 2014: 143).

[64] E no → no (L [PT, 1990: 126), (L [PT, 1996: 126), (L [OPC-S, 2001: 21), (L [OPC, 2004: 143), (L [FNCF, 2008: 19), (L [OC, 2009: 143), (L [PC, 2014: 143).

[69] brasa — → brasa (L [PT, 1973: 163).

[84] europa → terra (L [PT, 1990: 127), (L [PT, 1996: 127), (L [OPC-S, 2001: 22), (L [OPC, 2004: 144), (L [FNCF, 2008: 20), (L [OC, 2009: 144), (L [PC, 2014: 144).

IV [Há cidades cor de pérola onde as mulheres] 9 pub. vs. 3 vers.

Integra o ciclo de sete poemas «Lugar», [poema] IV: (L, 1962: 30-32), (L [OC, 1967: 169-171; 1.º texto-base), (L [PT, 1973: 165-167), (L [PT, 1981: 169-171), (L [PT, 1990: 128-129), (L [PT, 1996: 128-129), (L [OPC, 2004: 145-147), (L [OC, 2009: 145-147), (L [PC, 2014: 145-147).

[3] param, → param (L [PT, 1990: 128), (L [PT, 1996: 128), (L [OPC, 2004: 145), (L [OC, 2009: 145), (L [PC, 2014: 145).

[4] absolutas, → absolutas (L [PT, 1990: 128), (L [PT, 1996: 128), (L [OPC, 2004: 145), (L [OC, 2009: 145), (L [PC, 2014: 145).

[19] Onde consumo → Onde (L [PT, 1990: 128), (L [PT, 1996: 128), (L [OPC, 2004: 145), (L [OC, 2009: 145), (L [PC, 2014: 145).

[20] amizade bárbara. Um amor → paixão bárbara, um amor. (L [PT, 1990: 128), (L [PT, 1996: 128), (L [OPC, 2004: 145), (L [OC, 2009: 145), (L [PC, 2014: 145).

[21] levitante. Zona → Zona (L [PT, 1990: 128), (L [PT, 1996: 128), (L [OPC, 2004: 145), (L [OC, 2009: 145), (L [PC, 2014: 145).

[45] da → de (L [PT, 1973: 167), (L [PT, 1981: 171).

[59] de sua cabeça → das suas cabeças (L [PT, 1990: 129), (L [PT, 1996: 129), (L [OPC, 2004: 147), (L [OC, 2009: 147), (L [PC, 2014: 147).

[60] ardente: → ardentes: (L [PT, 1990: 129), (L [PT, 1996: 129), (L [OPC, 2004: 147), (L [OC, 2009: 147), (L [PC, 2014: 147).

V [Explico uma cidade quando as luzes evoluem.] 9 pub. vs. 3 vers.

Integra o ciclo de sete poemas «Lugar», [poema] V: (L, 1962: 33-37), (L [OC, 1967: 172-175; 1.º texto-base), (L [PT, 1973: 168-171), (L [PT, 1981: 172-175), (L [PT, 1990: 130-132), (L [PT, 1996: 130-132), (L [OPC, 2004: 148-151), (L [OC, 2009: 148-151), (L [PC, 2014: 148-151).

[5] boca partida → boca (L [PT, 1990: 130), (L [PT, 1996: 130), (L [OPC, 2004: 148), (L [OC, 2009: 148), (L [PC, 2014: 148).

[12] e pracetas com chuva entre aspas. → praças com a forma da chuva. (L [PT, 1990: 130), (L [PT, 1996: 130), (L [OPC, 2004: 148), (L [OC, 2009: 148), (L [PC, 2014: 148).

[13] Rostos de mulheres em jarras. → Quartos. Jarras. (L [PT, 1990: 130), (L [PT, 1996: 130), (L [OPC, 2004: 148), (L [OC, 2009: 148), (L [PC, 2014: 148).

[14] Ou → Rostos como (L [PT, 1990: 130), (L [PT, 1996: 130), (L [OPC, 2004: 148), (L [OC, 2009: 148), (L [PC, 2014: 148).

[17] peixes. → sangue. (L [PT, 1990: 130), (L [PT, 1996: 130), (L [OPC, 2004: 148), (L [OC, 2009: 148), (L [PC, 2014: 148).

[18] frente, → frente (L [PT, 1990: 130), (L [PT, 1996: 130), (L [OPC, 2004: 148), (L [OC, 2009: 148), (L [PC, 2014: 148).

[20] e → e as (L [PT, 1990: 130), (L [PT, 1996: 130), (L [OPC, 2004: 148), (L [OC, 2009: 148), (L [PC, 2014: 148).

[21] roxa → branca (L [PT, 1990: 130), (L [PT, 1996: 130), (L [OPC, 2004: 148), (L [OC, 2009: 148), (L [PC, 2014: 148).

[22] dentro, → dentro (L [PT, 1990: 130), (L [PT, 1996: 130), (L [OPC, 2004: 148), (L [OC, 2009: 148), (L [PC, 2014: 148).

[29] materno, → materno (L [PT, 1990: 131), (L [PT, 1996: 131), (L [OPC, 2004: 149), (L [OC, 2009: 149), (L [PC, 2014: 149).

[30] brilhante → brilhante. (L [PT, 1990: 131), (L [PT, 1996: 131), (L [OPC, 2004: 149), (L [OC, 2009: 149), (L [PC, 2014: 149).

[31] Este verso e o verso seguinte são eliminados: (L [PT, 1990: 131), (L [PT, 1996: 131), (L [OPC, 2004: 149), (L [OC, 2009: 149), (L [PC, 2014: 149).

[44] puros. → cândidos. (L [PT, 1990: 131), (L [PT, 1996: 131), (L [OPC, 2004: 149), (L [OC, 2009: 149), (L [PC, 2014: 149).

[48] tràgicamente → tragicamente (L [PT, 1981: 174); Amadas tràgicamente → Amadas (L [PT, 1990: 131), (L [PT, 1996: 131), (L [OPC, 2004: 149), (L [OC, 2009: 149), (L [PC, 2014: 149).

[71] ressurreição. Lírica → ressurreição. (L [PT, 1990: 132), (L [PT, 1996: 132), (L [OPC, 2004: 150), (L [OC, 2009: 150), (L [PC, 2014: 150).

[72] Este verso é eliminado: (L [PT, 1990: 132), (L [PT, 1996: 132), (L [OPC, 2004: 150), (L [OC, 2009: 150), (L [PC, 2014: 150).

[76] Imaginando logo → Imaginando (L [PT, 1990: 132), (L [PT, 1996: 132), (L [OPC, 2004: 150), (L [OC, 2009: 150), (L [PC, 2014: 150).

[85] violinos, → violinos. (L [PT, 1990: 132), (L [PT, 1996: 132), (L [OPC, 2004: 151), (L [OC, 2009: 151), (L [PC, 2014: 151).

[86] Este verso e os dois versos seguintes são eliminados: (L [PT, 1990: 132), (L [PT, 1996: 132), (L [OPC, 2004: 151), (L [OC, 2009: 151), (L [PC, 2014: 151).

[89] sino → som. (L [PT, 1990: 132), (L [PT, 1996: 132), (L [OPC, 2004: 151), (L [OC, 2009: 151), (L [PC, 2014: 151).

[90] Este verso é eliminado: (L [PT, 1990: 132), (L [PT, 1996: 132), (L [OPC, 2004: 151), (L [OC, 2009: 151), (L [PC, 2014: 151).

[92] pelos dedos à pedra. → em louvor das fêmeas. (L [PT, 1990: 132), (L [PT, 1996: 132), (L [OPC, 2004: 151), (L [OC, 2009: 151), (L [PC, 2014: 151).

[93] Eis que se ama as cordas, as chaves, → As cordas, as chaves, a caixa soante (L [PT, 1990: 132), (L [PT, 1996: 132), (L [OPC, 2004: 151), (L [OC, 2009: 151), (L [PC, 2014: 151).

[94] a caixa soante dos mortos. → dos vivos e dos mortos. / Lírica / antropologia. (L [PT, 1990: 132), (L [PT, 1996: 132), (L [OPC, 2004: 151), (L [OC, 2009: 151), (L [PC, 2014: 151).

VI [Às vezes penso: o lugar é tremendo.] 9 pub. vs. 4 vers.

Integra o ciclo de sete poemas «Lugar», [poema] VI: (L, 1962: 38-44), (L [OC, 1967: 176-181; 1.º texto-base), (L [PT, 1973: 172-176), (L [PT, 1981: 176-181), (L [PT, 1990: 133-136), (L [PT, 1996: 133-136), (L [OPC, 2004: 152-156), (L [OC, 2009: 152-156), (L [PC, 2014: 152-156).

[21] atiram-me → atiram-na (L [PT, 1981: 177), (L [PT, 1990: 133), (L [PT, 1996: 133), (L [OPC, 2004: 152), (L [OC, 2009: 152), (L [PC, 2014: 152).

[30] como → como os (L, 1962: 39).

[52] Desabitem-me → Desabitem-se (L, 1962: 40).

[52] Desabitem-me de → Desabitai-me da (L [PT, 1990: 134), (L [PT, 1996: 134), (L [OPC, 2004: 154), (L [OC, 2009: 154), (L [PC, 2014: 154).

[93] cor da neve lilás, → da cor (L [PT, 1990: 135), (L [PT, 1996: 135), (L [OPC, 2004: 155), (L [OC, 2009: 155), (L [PC, 2014: 155).

[94] da cor assaltada → assaltada (L [PT, 1990: 135), (L [PT, 1996: 135), (L [OPC, 2004: 155), (L [OC, 2009: 155), (L [PC, 2014: 155).

[96] minha → a minha (L [PT, 1990: 136), (L [PT, 1996: 136), (L [OPC, 2004: 155), (L [OC, 2009: 155), (L [PC, 2014: 155).

[98] obscura, → obscura. (L [PT, 1990: 136), (L [PT, 1996: 136), (L [OPC, 2004: 155), (L [OC, 2009: 155), (L [PC, 2014: 155).

[99] Este verso é eliminado: (L [PT, 1990: 136), (L [PT, 1996: 136), (L [OPC, 2004: 155), (L [OC, 2009: 155), (L [PC, 2014: 155).

[112] chegada, então, → chegada então (L [PT, 1990: 136), (L [PT, 1996: 136), (L [OPC, 2004: 156), (L [OC, 2009: 156), (L [PC, 2014: 156).

[122-123] Violinos e campânulas são imagens rarefeitas. / Peixes, casulos, pepitas misturadas. → Casulos e campânulas são imagens misturadas. (L [PT, 1990: 136), (L [PT, 1996: 136), (L [OPC, 2004: 156), (L [OC, 2009: 156), (L [PC, 2014: 156).

VII [Pequenas estrelas que mudam de cor, frias] 11 pub. vs. 3 vers.

Integra o ciclo de sete poemas «Lugar», [poema] VII: (L, 1962: 45-49), (L [OC, 1967: 182-184; 1.º texto-base), (L [PT, 1973: 178-180), (L [PT, 1981: 182-184), (L [PT, 1990: 137-139), (L [PT, 1996: 137-139), (L [OPC, 2004: 157-159), (L [OC, 2009: 157-159), (L [PC, 2014: 157-159).

Integra o ciclo de cinco poemas «(Lugar)», [poema 2]: (L [OPC-S, 2001: 22-25), (L [FNCF, 2008: 20-23).

[2] peras → pêras (L [PT, 1981: 182), (L [PT, 1990: 137), (L [PT, 1996: 137), (L [OPC-S, 2001: 22), (L [OPC, 2004: 157), (L [FNCF, 2008: 20), (L [OC, 2009: 157), (L [PC, 2014: 157).

[14] peras → pêras (L [PT, 1981: 182), (L [PT, 1990: 137), (L [PT, 1996: 137), (L [OPC-S, 2001: 23), (L [OPC, 2004: 157), (L [FNCF, 2008: 21), (L [OC, 2009: 157), (L [PC, 2014: 157).

[18] terrìvelmente → terrivelmente (L [PT, 1981: 183), (L [PT, 1990: 137), (L [PT, 1996: 137), (L [OPC-S, 2001: 23), (L [OPC, 2004: 157), (L [FNCF, 2008: 21), (L [OC, 2009: 157), (L [PC, 2014: 157).

[27] pepitas encarnadas. → pepitas. (L [PT, 1990: 137), (L [PT, 1996: 137), (L [OPC-S, 2001: 23), (L [OPC, 2004: 158), (L [FNCF, 2008: 21), (L [OC, 2009: 158), (L [PC, 2014: 158).

[28] pedras. → pedras encarnadas. (L [PT, 1990: 137), (L [PT, 1996: 137), (L [OPC-S, 2001: 23), (L [OPC, 2004: 158), (L [FNCF, 2008: 21), (L [OC, 2009: 158), (L [PC, 2014: 158).

LUGAR ÚLTIMO [Escrevo sobre um tema alucinante e antigo.] 9 pub. vs. 4 vers.

Integra: (L, 1962: 49-56), (L [OC, 1967: 185-191; 1.º texto-base), (L [PT, 1973: 181-187), (L [PT, 1981: 185-191), (L [PT, 1990: 140-145), (L [PT, 1996: 140-145), (L [OPC, 2004: 160-166), (L [OC, 2009: 160-166), (L [PC, 2014: 160-166).

[3] me lembrasse agora → agora me lembrasse (L, 1962: 49).

[7] carne podre, → carne, (L [PT, 1990: 140), (L [PT, 1996: 140), (L [OPC, 2004: 160), (L [OC, 2009: 160), (L [PC, 2014: 160).

[7] terrìvel- → terrível- (L, 1962: 49); terrìvel- → terrivel- (L [PT, 1981: 185), (L [PT, 1990: 140), (L [PT, 1996: 140), (L [OPC, 2004: 160), (L [OC, 2009: 160), (L [PC, 2014: 160).

[20] apodrecias debaixo de → brilhavas debaixo da (L [PT, 1990: 140), (L [PT, 1996: 140), (L [OPC, 2004: 160), (L [OC, 2009: 160), (L [PC, 2014: 160).

[41] Com → Como (L [PT, 1990: 141), (L [PT, 1996: 141), (L [OPC, 2004: 161), (L [OC, 2009: 161), (L [PC, 2014: 161).

[46] agora nascia → nascia agora (L [PT, 1990: 141), (L [PT, 1996: 141), (L [OPC, 2004: 161), (L [OC, 2009: 161), (L [PC, 2014: 161).

[70] eu, → eu (L, 1962: 52).

[79] os elefantes → tudo amadurece. (L [PT, 1990: 142), (L [PT, 1996: 142), (L [OPC, 2004: 163), (L [OC, 2009: 163), (L [PC, 2014: 163).

[80] florescem. Neste → Neste (L [PT, 1990: 142), (L [PT, 1996: 142), (L [OPC, 2004: 163), (L [OC, 2009: 163), (L [PC, 2014: 163).

[81] vejo como os → vejo: os (L [PT, 1990: 142), (L [PT, 1996: 142), (L [OPC, 2004: 163), (L [OC, 2009: 163), (L [PC, 2014: 163).

[98] pera → pêra (L [PT, 1973: 184), (L [PT, 1981: 189), (L [PT, 1990: 142), (L [PT, 1996: 142), (L [OPC, 2004: 163), (L [OC, 2009: 163), (L [PC, 2014: 163).

[99] que comeu uma → numa (L [PT, 1990: 142), (L [PT, 1996: 142), (L [OPC, 2004: 163), (L [OC, 2009: 163), (L [PC, 2014: 163).

[100-102] no meio da praça. Um amante / antropófago. / Eu fui parado e unido. → ao meio da praça. Eu fui parado e unido. (L [PT, 1990: 143), (L [PT, 1996: 143), (L [OPC, 2004: 163), (L [OC, 2009: 163), (L [PC, 2014: 163).

[124] embriaguez → embriaguês (L, 1962: 54).

[146] antigas. → frias. (L [PT, 1990: 144), (L [PT, 1996: 144), (L [OPC, 2004: 165), (L [OC, 2009: 165), (L [PC, 2014: 165).

[174] barulho → barulho, (L [PT, 1990: 145), (L [PT, 1996: 145), (L [OPC, 2004: 166), (L [OC, 2009: 166), (L [PC, 2014: 166).

[175] frio, nem → nem (L [PT, 1990: 145), (L [PT, 1996: 145), (L [OPC, 2004: 166), (L [OC, 2009: 166), (L [PC, 2014: 166).

I [Um lento prazer esgota a minha voz. Quem] 9 pub. vs. 4 vers.

Integra o ciclo de seis poemas «Teoria Sentada», [poema] I: (L, 1962: 57-60), (L [OC, 1967: 192-195; 1.º texto-base), (L [PT, 1973: 188-191), (L [PT, 1981: 192-195), (L [PT, 1990: 145-148), (L [PT, 1996: 146-148), (L [OPC, 2004: 167-170), (L [OC, 2009: 167-170), (L [PC, 2014: 167-170).

[8] humidade → humildade (L [PT, 1973: 188).

[14] sòmente → somente (L [PT, 1981: 192), (L [PT, 1990: 146), (L [PT, 1996: 146), (L [OPC, 2004: 167), (L [OC, 2009: 167), (L [PC, 2014: 167).

[19] sòmente → somente (L [PT, 1981: 193), (L [PT, 1990: 146), (L [PT, 1996: 146), (L [OPC, 2004: 167), (L [OC, 2009: 167), (L [PC, 2014: 167).

[21] ràpidamente → rapidamente (L [PT, 1981: 193), (L [PT, 1990: 146), (L [PT, 1996: 146), (L [OPC, 2004: 167), (L [OC, 2009: 167), (L [PC, 2014: 167).

[80] onde → onde eu (L [PT, 1990: 148), (L [PT, 1996: 148), (L [OPC, 2004: 170), (L [OC, 2009: 170), (L [PC, 2014: 170).

[81] os cravos fortes → o campo desbaratado (L [PT, 1990: 148), (L [PT, 1996: 148), (L [OPC, 2004: 170), (L [OC, 2009: 170), (L [PC, 2014: 170).

[82] da sua solidão. Como um campo desbaratado → e branco da sua (L [PT, 1990: 148), (L [PT, 1996: 148), (L [OPC, 2004: 170), (L [OC, 2009: 170), (L [PC, 2014: 170).

[83] e branco. → solidão. (L [PT, 1990: 148), (L [PT, 1996: 148), (L [OPC, 2004: 170), (L [OC, 2009: 170), (L [PC, 2014: 170).

II [Alguém parte uma laranja em silêncio, à entrada] 11 pub. vs. 4 vers.

Integra o ciclo de seis poemas «Teoria Sentada», [poema] II: (L, 1962: 61-63), (L [OC, 1967: 196-197; 1.º texto-base), (L [PT, 1973: 192-193), (L [PT, 1981: 196-197), (L [PT, 1990: 149-150), (L [PT, 1996: 149-50), (L [OPC, 2004: 171-172), (L [OC, 2009: 171-172), (L [PC, 2014: 171-172).

Integra o ciclo de cinco poemas «(Lugar)», [poema 3]: (L [OPC-S, 2001: 25-26), (L [FNCF, 2008: 23-24).

[5] pera, → pêra, (L [PT, 1973: 192), (L [PT, 1981: 196), (L [PT, 1990: 149), (L [PT, 1996: 149), (L [OPC-S, 2001: 25), (L

[OPC, 2004: 171), (L [FNCF, 2008: 23), (L [OC, 2009: 171),
(L [PC, 2014: 171).

[9] para → sobre (L [OPC, 2004: 171), (L [FNCF, 2008: 23),
(L [OC, 2009: 171), (L [PC, 2014: 171).

[10] que se → que (L [PT, 1990: 149), (L [PT, 1996: 149), (L
[OPC-S, 2001: 25), (L [OPC, 2004: 171), (L [FNCF, 2008: 23),
(L [OC, 2009: 171), (L [PC, 2014: 171).

[25] como → que (L [PT, 1990: 149), (L [PT, 1996: 149), (L
[OPC-S, 2001: 26), (L [OPC, 2004: 172), (L [FNCF, 2008: 24),
(L [OC, 2009: 172), (L [PC, 2014: 172).

[26] como amar, → devotar-se, (L [PT, 1990: 149), (L [PT,
1996: 149), (L [OPC-S, 2001: 26), (L [OPC, 2004: 172), (L
[FNCF, 2008: 24), (L [OC, 2009: 172), (L [PC, 2014: 172).

[35] se → alguém (L [PT, 1990: 150), (L [PT, 1996: 150), (L
[OPC-S, 2001: 26), (L [OPC, 2004: 172), (L [FNCF, 2008: 24),
(L [OC, 2009: 172), (L [PC, 2014: 172).

VI [É a colina na colina, colina] 9 pub. vs. 4 vers.

Integra o ciclo de seis poemas «Teoria Sentada», [poema] VI:
(L, 1962: 71-72), (L [OC, 1967: 205-206; 1.º texto-base), (L
[PT, 1973: 201-202), (L [PT, 1981: 205-206), (L [PT, 1990:
155), (L [PT, 1996: 155), (L [OPC, 2004: 177-178), (L [OC,
2009: 177-178), (L [PC, 2014: 177-178).

[4] Ó → Oh (L [PT, 1990: 155), (L [PT, 1996: 155), (L [OPC,
2004: 177), (L [OC, 2009: 177), (L [PC, 2014: 177).

[31] Àrvorezinhas → Árvorezinhas (L, 1962: 72);
Àrvorezinhas → Arvorezinhas (L [PT, 1981: 206), (L [PT,

1990: 155), (L [PT, 1996: 155), (L [OPC, 2004: 178), (L [OC, 2009: 178), (L [PC, 2014: 178).

RETRATÍSSIMO OU NARRAÇÃO DE UM HOMEM DEPOIS DE MAIO [*Retratobliquo sentado.*] 11 pub. vs. 4 vers.

Integra: (L, 1962: 73-76), (L [OC, 1967: 207-210; 1.º texto-base), (L [PT, 1973: 203-206).

Integra: (L [PT, 1981: 207-210), (L [PT, 1990: 156-158), (L [PT, 1996: 156-158), (L [OPC, 2004: 179-182), (L [OC, 2009: 179-182), (L [PC, 2014: 179-182); retira o itálico do texto.

Integra o ciclo de cinco poemas «(Lugar)», [poema 5]: (L [OPC-S, 2001: 28-32), (L [FNCF, 2008: 26-30); retira o itálico e o título do texto.

[17] *Retratobliquamente* → Retratobliquamente (L [PT, 1981: 205-208), (L [PT, 1990: 156), (L [PT, 1996: 156), (L [OPC-S, 2001: 29), (L [OPC, 2004: 179), (L [FNCF, 2008: 27), (L [OC, 2009: 179), (L [PC, 2014: 179).

[41] *talvez que* → talvez (L [PT, 1990: 157), (L [PT, 1996: 157), (L [OPC-S, 2001: 30), (L [OPC, 2004: 180), (L [FNCF, 2008: 28), (L [OC, 2009: 180), (L [PC, 2014: 180).

[43] *urda* → urde (L [PT, 1981: 209).

[44] *esse* → este (L [PT, 1981: 209); *esse* → o (L [PT, 1990: 157), (L [PT, 1996: 157), (L [OPC-S, 2001: 30), (L [OPC, 2004: 180), (L [FNCF, 2008: 28), (L [OC, 2009: 180), (L [PC, 2014: 180).

[46] *esse* → este (L [PT, 1990: 157), (L [PT, 1996: 157), (L [OPC-S, 2001: 30), (L [OPC, 2004: 180), (L [FNCF, 2008: 28), (L [OC, 2009: 180), (L [PC, 2014: 180).

[85] Este verso pertence à estrofe anterior: (L [PT, 1990: 158), (L [PT, 1996: 158), (L [OPC-S, 2001: 32), (L [OPC, 2004: 182), (L [FNCF, 2008: 30), (L [OC, 2009: 182), (L [PC, 2014: 182).

[86] *(ass)*assinado. → (ass)*assinado*. (L [PT, 1981: 210), (L [PT, 1990: 158), (L [PT, 1996: 158), (L [OPC-S, 2001: 32), (L [OPC, 2004: 182), (L [FNCF, 2008: 30), (L [OC, 2009: 182), (L [PC, 2014: 182).

[*Já me aconteceu imaginar a vida acrobática e centrífuga de um poliglota.*] 7 pub. vs. 7 vers.

[Nota introdutória] integra: (BN, 1968: 9-11), (BN [PT, 1973: 209-210; 2.º texto-base).

Integra: (P&V, 1987: 71-73), (P&V, 1979: 74-76), (P&V, 1995: 71-73), (P&V, 2006: 67-69), (P&V, 2013: 68-69), com o título: *(o bebedor nocturno)*; retira o itálico do texto.

Não integra: (BN [PT, 1981), (BN [PT, 1990), (BN [PT, 1996), (OPC, 2004), (OC, 2009), (BN, 2010), (BN, 2013), (PC, 2014).

[2] *de* → por (P&V, 1979: 74); *dia-a-dia animado de* → dia a dia animado por (P&V, 1987: 71), (P&V, 1995: 71); *de* → por (P&V, 2006: 67); *dia-a-dia animado de* → dia a dia animado por (P&V, 2013: 68).

[6] *nele, decerto,* → nele decerto (P&V, 1995: 71), (P&V, 2006: 68), (P&V, 2013: 68).

[13] *nauatle* → náuatle (P&V, 2006: 68), (P&V, 2013: 68).

[15] cravo → «cravo» (P&V, 1987: 71), (P&V, 1979: 75), (P&V, 1995: 71), (P&V, 2006: 68), (P&V, 2013: 68).

[17] *Então,* → Então (P&V, 1995: 71), (P&V, 2006: 68), (P&V, 2013: 68).

[17] branco. → «branco». (P&V, 1987: 71), (P&V, 1979: 75), (P&V, 1995: 71), (P&V, 2006: 68), (P&V, 2013: 68).

[17-18] *Encontra-se, neste momento,* → Encontra-se neste momento (P&V, 1995: 71), (P&V, 2006: 68), (P&V, 2013: 68).

[18] *paranoica-idiomática.* → paranóica-idiomática. (P&V, 1987: 71), (P&V, 1979: 75), (P&V, 1995: 71), (P&V, 2006: 68), (P&V, 2013: 68).

[19] *a* → à (P&V, 1987: 71), (P&V, 1995: 71), (P&V, 2006: 68), (P&V, 2013: 68).

[22] Cântico dos Cânticos → Livro dos Mortos (BN, 1968: 10); Cântico dos Cânticos → *Cântico dos Cânticos* (P&V, 1987: 72), (P&V, 2006: 68), (P&V, 2013: 68-69).

[28] *Não tenho direito algum de garantir* → Não tenho o direito de garantir (P&V, 1995: 72), (P&V, 2006: 68), (P&V, 2013: 69).

[28-29] *os textos deste livro* → esses textos (P&V, 1987: 72), (P&V, 1979: 76), (P&V, 1995: 72), (P&V, 2006: 68), (P&V, 2013: 69).

[31] *mais, ao meu gosto pessoal,* → mais ao meu gosto pessoal (P&V, 1995: 72), (P&V, 2006: 68), (P&V, 2013: 69).

[34] *me sinto infiel.* → há infidelidade. (P&V, 1987: 72), (P&V, 1995: 72), (P&V, 2006: 69), (P&V, 2013: 69).

[36] *sub-reptìciamente,* → sub-repticiamente, (P&V, 1987: 72), (P&V, 1979: 76), (P&V, 1995: 72), (P&V, 2006: 69), (P&V, 2013: 69).

[37-38] *Como fidelidade, convenhamos, é bizarramente pessoal.* → É bizarramente pessoal. (P&V, 1987: 72), (P&V, 1995: 72), (P&V, 2006: 69), (P&V, 2013: 69).

[38] *seja pessoal.* → o não seja. (P&V, 1987: 72), (P&V, 1995: 72), (P&V, 2006: 69), (P&V, 2013: 69).

[38] *A não ser,* → Senão, (P&V, 1987: 72), (P&V, 1995: 72), (P&V, 2006: 69), (P&V, 2013: 69).

[39] *impessoal,* → neutra, (P&V, 1987: 72), (P&V, 1995: 72), (P&V, 2006: 69), (P&V, 2013: 69).

[40] *Bosquet, algures, prevenia* → Bosquet prevenia algures (P&V, 1987: 72), (P&V, 1995: 72), (P&V, 2006: 69), (P&V, 2013: 69).

[41] *Ele não levantava sérias* → Não levantava, ele, sérias (P&V, 1987: 72), (P&V, 1995: 72), (P&V, 2006: 69), (P&V, 2013: 69).

[43-44] *Sim, porque* → Porque (P&V, 1987: 72), (P&V, 1995: 72), (P&V, 2006: 69), (P&V, 2013: 69).

[46-47] *prefácios e menos ainda de justificações.* → justificações. (P&V, 1987: 73), (P&V, 1979: 76), (P&V, 1995: 73), (P&V, 2006: 69), (P&V, 2013: 69).

[48] *estes* → aqueles (P&V, 1987: 73), (P&V, 1979: 76), (P&V, 1995: 73), (P&V, 2006: 69), (P&V, 2013: 69).

QUINTO POEMA [Tu és bela, minha amiga, como Tirça,] 7 pub. vs. 3 vers.

Integra o ciclo de sete poemas, «Cântico dos Cânticos, de Salomão», [poema 5]: (BN, 1968: 66-70), (BN [PT, 1973: 235-239; 2.º texto-base), (BN [PT, 1981: 238-243), (BN [PT, 1990: 181-185), (BN [PT, 1996: 181-185), (BN, 2010: 43-47), (BN, 2013: 43-47).

Não integra: (OPC, 2004), (OC, 2009), (PC, 2014).

[13] Única, porém, → Única porém (BN [PT, 1990: 182), (BN [PT, 1996: 182), (BN, 2010: 43), (BN, 2013: 43).

[31] Este verso e o verso anterior fazem parte da estrofe seguinte: (BN, 1968: 68).

[45] ergue-se, → ergue-se (BN [PT, 1990: 183), (BN [PT, 1996: 183), (BN, 2010: 45), (BN, 2013: 45).

[75] Este verso e os três versos anteriores fazem parte da estrofe seguinte: (BN, 1968: 70).

CELEBRAÇÃO DA CIDADE DO MÉXICO [Estende-se a cidade em círculos de esmeralda:] 7 pub. vs. 2 vers.

Integra: (BN, 1968: 94), (BN [PT, 1973: 248; 2.º texto-base), (BN [PT, 1981: 253-254).

Integra «Celebração da Cidade do México», [poema] I: (BN [PT, 1990: 194), (BN [PT, 1996: 194), (BN, 2010: 66), (BN, 2013: 66), porque acrescenta um poema, numerando ambos os poemas, passando a ser um ciclo de dois poemas.

Não integra: (OPC, 2004), (OC, 2009), (PC, 2014).

[2] ó → oh (BN [PT, 1990: 194), (BN [PT, 1996: 194), (BN, 2010: 66), (BN, 2013: 66).

[4] como uma → uma (BN [PT, 1990: 194), (BN [PT, 1996: 194), (BN, 2010: 66), (BN, 2013: 66).

[5] Aqui é o teu lugar, ó ser que dás a vida. → Ó ser que dás a vida, aqui é o teu lugar. (BN [PT, 1990: 194), (BN [PT, 1996: 194), (BN, 2010: 66).

[7] como uma → como (BN [PT, 1990: 194), (BN [PT, 1996: 194), (BN, 2010: 66).

[9] garça real → garça-real (BN [PT, 1990: 194), (BN [PT, 1996: 194), (BN, 2010: 66), (BN, 2013: 66).

CANÇÃO ESCOCESA [«Porque escorre o sangue pela tua espada,] 7 pub. vs. 4 vers.

Integra: (BN, 1968: 119-123), (BN [PT, 1973: 258-260; 2.º texto-base), (BN [PT, 1981: 266-268), (BN [PT, 1990: 204-205), (BN [PT, 1996: 204-205), (BN, 2010: 93-97), (BN, 2013: 93-97).

Não integra: (OPC, 2004), (OC, 2009), (PC, 2014).

[40] e no mundo não reste nenhum sinal, → e não reste nenhum sinal no mundo, (BN, 2010: 96), (BN, 2013: 96).

[41] a → à (BN [PT, 1981: 268), (BN [PT, 1990: 205), (BN [PT, 1996: 205), (BN, 2010: 96), (BN, 2013: 96).

[43] a → à (BN [PT, 1981: 268), (BN [PT, 1990: 205), (BN [PT, 1996: 205), (BN, 2010: 96), (BN, 2013: 96).

[49] extremada, → extremosa, (BN [PT, 1990: 205), (BN [PT, 1996: 205), (BN, 2010: 97), (BN, 2013: 97).

[51] extremada, → extremosa, (BN [PT, 1990: 205), (BN [PT, 1996: 205), (BN, 2010: 97), (BN, 2013: 97).

CENA DE AMOR [Enquanto a noite arrastava a cauda negra,] 7 pub. vs. 3 vers.

Integra o ciclo de 19 poemas «Poemas Arábico-Andaluzes», [poema 16]: (BN, 1968: 148), (BN [PT, 1973: 269; 2.º texto-base), (BN [PT, 1981: 278-279), (BN [PT, 1990: 214), (BN [PT, 1996: 214), (BN, 2010: 122), (BN, 2013: 122).

Não integra: (OPC, 2004), (OC, 2009), (PC, 2014).

[3-4] e as suas tranças pendiam como talins dos meus ombros. → e como talins as suas tranças pendiam dos meus ombros. (BN [PT, 1981: 279); e as suas tranças pendiam como talins dos meus ombros. → e semelhantes a talins as suas tranças pendiam dos meus ombros. (BN [PT, 1990: 214), (BN [PT, 1996: 214), (BN, 2010: 122), (BN, 2013: 122).

[5] adormecida, → adormeceu, (BN [PT, 1990: 214), (BN [PT, 1996: 214), (BN, 2010: 122), (BN, 2013: 122).

COMUNICAÇÃO ACADÉMICA [Gato dormindo debaixo de um pimenteiro:] 7 pub. vs. 3 vers.

Publicado pela primeira vez, em volume, em *Poesia Toda*, 1973, na Plátano Editora: (CA [PT, 1973: 7-10; 2.º texto-base); contém citação: «A minha posição é esta: todas as coisas que parecem possuir uma identidade individual são apenas ilhas, projecções de um continente submarino, e não possuem contornos reais.» Charles Fort.

Comunicação Académica existe, apenas, enquanto volume integrado em volumes reunidos.

Integra: (CA [PT, 1981: 309-314), (CA [PT, 1990: 243-246), (CA [PT, 1996: 243-246), (CA [OPC, 2004: 183-186), (CA [OC, 2009: 183-186), (CA [PC, 2014: 183-186).

[5] cabeça de gato de onde → da cabeça do gato (CA [PT, 1990: 245), (CA [PT, 1996: 245), (CA [OPC, 2004: 185), (CA [OC, 2009: 185), (CA [PC, 2014: 185).

[10] secas paredes → paredes secas (CA [PT, 1990: 245), (CA [PT, 1996: 245), (CA [OPC, 2004: 185), (CA [OC, 2009: 185), (CA [PC, 2014: 185).

[21] dos gatos redondos → do gato redondo (CA [PT, 1990: 245), (CA [PT, 1996: 245), (CA [OPC, 2004: 185), (CA [OC, 2009: 185), (CA [PC, 2014: 185).

[33] etecèteramente → etceteramente (CA [PT, 1981: 314); etecèteramente → et caeteramente (CA [PT, 1990: 246), (CA [PT, 1996: 246), (CA [OPC, 2004: 186), (CA [OC, 2009: 186), (CA [PC, 2014: 186).

EM MARTE APARECE A TUA CABEÇA — [Em marte aparece a tua cabeça —] 9 pub. vs. 4 vers.

Integra: (E, 1964: 11-13), (ML [OC, 1967: 213-215; 1.º texto-base), (ML [PT, 1973: 13-15), (ML [PT, 1981: 317-319), (ML [PT, 1990: 249-250), (ML [PT, 1996: 249-250), (ML [OPC, 2004: 189-191), (ML [OC, 2009: 189-191), (ML [PC, 2014: 189-191).

[7] vento, → vento (ML [PT, 1990: 249), (ML [PT, 1996: 249), (ML [OPC, 2004: 189), (ML [OC, 2009: 189), (ML [PC, 2014: 189).

[8] e → como (E, 1964: 11).

[10] turquesa, → turqueza (E, 1964: 11).

[12] cortina — → cortina (E, 1964: 11).

[17] Só, → Só (E, 1964: 12).

[17] Com → Só, com (E, 1964: 12).

[18] peixes e → peixes, com (E, 1964: 12).

[21] Com → Com o (E, 1964: 12).

[24] Para ti, a → A (ML [PT, 1990: 249), (ML [PT, 1996: 249), (ML [OPC, 2004: 190), (ML [OC, 2009: 190), (ML [PC, 2014: 190).

[27] turquesa, → turqueza, (E, 1964: 12).

[40] um → o (ML [PT, 1990: 250), (ML [PT, 1996: 250), (ML [OPC, 2004: 190), (ML [OC, 2009: 190), (ML [PC, 2014: 190).

[41] candeeiro. → candeeiro. Escuta: (E, 1964: 13).

[42] Eu agora → agora eu (E, 1964: 13).

[44] como → cômo (ML [PT, 1981: 319), (ML [PT, 1990: 250), (ML [PT, 1996: 250), (ML [OPC, 2004: 190), (ML [OC, 2009: 190), (ML [PC, 2014: 190).

[45] no → ao (ML [PT, 1990: 250), (ML [PT, 1996: 250), (ML [OPC, 2004: 190), (ML [OC, 2009: 190), (ML [PC, 2014: 190).

[48] vento. → vento. Escuta: (E, 1964: 13).

[53] Escutando → Escuta: escutando (E, 1964: 13).

A BICICLETA PELA LUA DENTRO — MÃE, MÃE — [A bicicleta pela lua dentro — mãe, mãe —] 9 pub. vs. 4 vers.

Integra: (E, 1964: 14-19), (ML [OC, 1967: 216-220; 1.º texto-base), (ML [PT, 1973: 16-20), (ML [PT, 1981: 320-324), (ML [PT, 1990: 251-254), (ML [PT, 1996: 251-254), (ML [OPC, 2004: 192-195), (ML [OC, 2009: 192-195), (ML [PC, 2014: 192-195).

[3] satélites russos. → satélites. (ML [PT, 1981: 320), (ML [PT, 1990: 251), (ML [PT, 1996: 251), (ML [OPC, 2004: 192), (ML [OC, 2009: 192), (ML [PC, 2014: 192).

[5] contrário, → contrário (ML [PT, 1990: 251), (ML [PT, 1996: 251), (ML [OPC, 2004: 192), (ML [OC, 2009: 192), (ML [PC, 2014: 192).

[8] minha mãe — → mãe — (ML [PT, 1990: 251), (ML [PT, 1996: 251), (ML [OPC, 2004: 192), (ML [OC, 2009: 192), (ML [PC, 2014: 192).

[13] dentro, → dentro (ML [PT, 1990: 251), (ML [PT, 1996: 251), (ML [OPC, 2004: 192), (ML [OC, 2009: 192), (ML [PC, 2014: 192).

[20] Avança, memória, → Avança memória (E, 1964: 15).

[26] satélites russos. → satélites. (ML [PT, 1981: 321), (ML [PT, 1990: 251), (ML [PT, 1996: 251), (ML [OPC, 2004: 193), (ML [OC, 2009: 193), (ML [PC, 2014: 193).

[30] com → de (ML [PT, 1990: 252), (ML [PT, 1996: 252), (ML [OPC, 2004: 193), (ML [OC, 2009: 193), (ML [PC, 2014: 193).

[31] florescem com → dão o seu (E, 1964: 16).

[32] enxofre → enxôfre (E, 1964: 16).

[38] Enxofre → Enxôfre (E, 1964: 16).

[43] braços, → braços (ML [PT, 1990: 252), (ML [PT, 1996: 252), (ML [OPC, 2004: 193), (ML [OC, 2009: 193), (ML [PC, 2014: 193).

[44] flecha, → flecha (E, 1964: 16).

[46] satélites tão russos → satélites (ML [PT, 1981: 322), (ML [PT, 1990: 252), (ML [PT, 1996: 252), (ML [OPC, 2004: 193), (ML [OC, 2009: 193), (ML [PC, 2014: 193).

[47] floresce o enxofre. → dá enxôfre (E, 1964: 16).

[59] mim, → mim (ML [PT, 1990: 253), (ML [PT, 1996: 253), (ML [OPC, 2004: 194), (ML [OC, 2009: 194), (ML [PC, 2014: 194).

[60] abriam-se, → abriam-se (ML [PT, 1990: 253), (ML [PT, 1996: 253), (ML [OPC, 2004: 194), (ML [OC, 2009: 194), (ML [PC, 2014: 194).

[73] descascado, → descascado (ML [PT, 1990: 253), (ML [PT, 1996: 253), (ML [OPC, 2004: 194), (ML [OC, 2009: 194), (ML [PC, 2014: 194).

[76] contrário, → contrário (E, 1964: 18).

[90] janeiro, → janeiro (ML [PT, 1990: 254), (ML [PT, 1996: 254), (ML [OPC, 2004: 195), (ML [OC, 2009: 195), (ML [PC, 2014: 195).

[90] com → com os (E, 1964: 19).

EM SILÊNCIO DESCOBRI ESSA CIDADE NO MAPA [Em silêncio descobri essa cidade no mapa] 9 pub. vs. 3 vers.

Integra: (E, 1964: 25-27), (ML [OC, 1967: 225-227; 1.º texto-base), (ML [PT, 1973: 25-27), (ML [PT, 1981: 329-331), (ML [PT, 1990: 258-259), (ML [PT, 1996: 258-259), (ML [OPC, 2004: 199-200), (ML [OC, 2009: 199-200), (ML [PC, 2014: 199-200).

[14] sombria europa. → mundo sombrio. (ML [PT, 1990: 258), (ML [PT, 1996: 258), (ML [OPC, 2004: 199), (ML [OC, 2009: 199), (ML [PC, 2014: 199).

[17] na europa. → no mundo. (ML [PT, 1990: 258), (ML [PT, 1996: 258), (ML [OPC, 2004: 199), (ML [OC, 2009: 199), (ML [PC, 2014: 199).

[20] ao norte → em silêncio (ML [PT, 1990: 258), (ML [PT, 1996: 258), (ML [OPC, 2004: 199), (ML [OC, 2009: 199), (ML [PC, 2014: 199).

[21] do silêncio, como → como (ML [PT, 1990: 258), (ML [PT, 1996: 258), (ML [OPC, 2004: 199), (ML [OC, 2009: 199), (ML [PC, 2014: 199).

[22-23] aplainada / em silêncio. → aplainada. (ML [PT, 1990: 258), (ML [PT, 1996: 258), (ML [OPC, 2004: 199), (ML [OC, 2009: 199), (ML [PC, 2014: 199).

[24] pera → pêra (ML [PT, 1973: 26), (ML [PT, 1981: 330), (ML [PT, 1990: 258), (ML [PT, 1996: 258), (ML [OPC, 2004: 200), (ML [OC, 2009: 200), (ML [PC, 2014: 200).

[34] dessa europa. → do mundo. (ML [PT, 1990: 259), (ML [PT, 1996: 259), (ML [OPC, 2004: 200), (ML [OC, 2009: 200), (ML [PC, 2014: 200).

[40] na europa. → no mundo. (ML [PT, 1990: 259), (ML [PT, 1996: 259), (ML [OPC, 2004: 200), (ML [OC, 2009: 200), (ML [PC, 2014: 200).

[45] tábua, → tábua (ML [PT, 1990: 259), (ML [PT, 1996: 259), (ML [OPC, 2004: 200), (ML [OC, 2009: 200), (ML [PC, 2014: 200).

[47] pera → pêra (ML [PT, 1973: 27), (ML [PT, 1981: 331), (ML [PT, 1990: 259), (ML [PT, 1996: 259), (ML [OPC, 2004: 200), (ML [OC, 2009: 200), (ML [PC, 2014: 200).

[48] da europa. → do mundo. (ML [PT, 1990: 259), (ML [PT, 1996: 259), (ML [OPC, 2004: 200), (ML [OC, 2009: 200), (ML [PC, 2014: 200).

ERA UMA VEZ TODA A FORÇA COM A BOCA NOS JORNAIS: [Era uma vez toda a força com a boca nos jornais:] 9 pub. vs. 3 vers.

Integra: (E, 1964: 31-33), (ML [OC, 1967: 231-233; 1.º texto-base), (ML [PT, 1973: 31-33), (ML [PT, 1981: 335-337), (ML [PT, 1990: 262-263), (ML [PT, 1996: 262-263), (ML [OPC, 2004: 204-205), (ML [OC, 2009: 204-205), (ML [PC, 2014: 204-205).

[4] Caminhavam, balouçando, → Caminhavam balouçando (ML [PT, 1990: 262), (ML [PT, 1996: 262), (ML [OPC, 2004: 204), (ML [OC, 2009: 204), (ML [PC, 2014: 204).

[6] cabelos, → cabelos (E, 1964: 31), (ML [PT, 1990: 262), (ML [PT, 1996: 262), (ML [OPC, 2004: 204), (ML [OC, 2009: 204), (ML [PC, 2014: 204).

[8] força, → força (ML [PT, 1990: 262), (ML [PT, 1996: 262), (ML [OPC, 2004: 204), (ML [OC, 2009: 204), (ML [PC, 2014: 204).

[11] mortos, → mortos (ML [PT, 1990: 262), (ML [PT, 1996: 262), (ML [OPC, 2004: 204), (ML [OC, 2009: 204), (ML [PC, 2014: 204).

[13] mortos, → mortos (ML [PT, 1990: 262), (ML [PT, 1996: 262), (ML [OPC, 2004: 204), (ML [OC, 2009: 204), (ML [PC, 2014: 204).

[14] viviam, → viviam (ML [PT, 1990: 262), (ML [PT, 1996: 262), (ML [OPC, 2004: 204), (ML [OC, 2009: 204), (ML [PC, 2014: 204).

[15] cor → cór (E, 1964: 32), (ML [PT, 1981: 335), (ML [PT, 1990: 262), (ML [PT, 1996: 262), (ML [OPC, 2004: 204), (ML [OC, 2009: 204), (ML [PC, 2014: 204).

[16] Devagar, → Devagar (ML [PT, 1990: 262), (ML [PT, 1996: 262), (ML [OPC, 2004: 204), (ML [OC, 2009: 204), (ML [PC, 2014: 204).

[17] animais, para eles, eram como → animais para eles eram de (ML [PT, 1990: 262), (ML [PT, 1996: 262), (ML [OPC, 2004: 204), (ML [OC, 2009: 204), (ML [PC, 2014: 204).

[19] de → como (ML [PT, 1990: 262), (ML [PT, 1996: 262), (ML [OPC, 2004: 204), (ML [OC, 2009: 204), (ML [PC, 2014: 204).

[37] Para dentro, → Os mortos (ML [PT, 1990: 263), (ML [PT, 1996: 263), (ML [OPC, 2004: 205), (ML [OC, 2009: 205), (ML [PC, 2014: 205).

[38] os mortos, → para dentro (ML [PT, 1990: 263), (ML [PT, 1996: 263), (ML [OPC, 2004: 205), (ML [OC, 2009: 205), (ML [PC, 2014: 205).

[39] partiam, através das linhas secas, → partiam através das linhas secas (ML [PT, 1990: 263), (ML [PT, 1996: 263), (ML [OPC, 2004: 205), (ML [OC, 2009: 205), (ML [PC, 2014: 205).

[41] mais, → mais (ML [PT, 1990: 263), (ML [PT, 1996: 263), (ML [OPC, 2004: 205), (ML [OC, 2009: 205), (ML [PC, 2014: 205).

[44] suas → as suas (E, 1964: 33).

JOELHOS, SALSA, LÁBIOS, MAPA. [Joelhos, salsa, lábios, mapa.] 9 pub. vs. 5 vers.

Integra: (E, 1964: 40-46), (ML [OC, 1967: 239-244; 1.º texto-base), (ML [PT, 1973: 39-44), (ML [PT, 1981: 343-348), (ML [PT, 1990: 268-271), (ML [PT, 1996: 268-271), (ML [OPC, 2004: 210-214), (ML [OC, 2009: 210-214), (ML [PC, 2014: 210-214).

[2] dormiam na noite inclinada, → dormem inclinadas à noite (E, 1964: 40).

[5] leve. → leve. Dormindo, (E, 1964: 40).

[6] Unidas as letras → as letras unidas (E, 1964: 40).

[7] dormindo, → — dormindo — (E, 1964: 40); dormindo, → dormindo (ML [PT, 1981: 343), (ML [PT, 1990: 268), (ML [PT, 1996: 268), (ML [OPC, 2004: 210), (ML [OC, 2009: 210), (ML [PC, 2014: 210).

[9] baixo, → baixo (E, 1964: 40).

[11] Bravias → são as bravias (E, 1964: 40).

[13] letras, → letras (ML [PT, 1990: 268), (ML [PT, 1996: 268), (ML [OPC, 2004: 210), (ML [OC, 2009: 210), (ML [PC, 2014: 210).

[17] palpitavam → palpitam (E, 1964: 41).

[21] batiam → batem (E, 1964: 41).

[21] sons, → sons (E, 1964: 41), (ML [PT, 1990: 268), (ML [PT, 1996: 268), (ML [OPC, 2004: 211), (ML [OC, 2009: 211), (ML [PC, 2014: 211).

[22] Este verso pertence ao verso anterior: (E, 1964: 41).

[26] cantavam, → cantavam (E, 1964: 41).

[32] roxo → negro (ML [PT, 1990: 269), (ML [PT, 1996: 269), (ML [OPC, 2004: 211), (ML [OC, 2009: 211), (ML [PC, 2014: 211).

[35] O → o (ML [OPC, 2004: 211), (ML [OC, 2009: 211).

[35] a → uma (E, 1964: 42).

[45] sonhando. → sonhando, (E, 1964: 42).

[46] peixes, as letras → os peixes (E, 1964: 42).

[47] vergavam → as letras vergavam (E, 1964: 42).

[51] mim, → mim (E, 1964: 42), (ML [PT, 1990: 269), (ML [PT, 1996: 269), (ML [OPC, 2004: 212), (ML [OC, 2009: 212), (ML [PC, 2014: 212).

[59] Então, → Então (ML [PT, 1990: 269), (ML [PT, 1996: 269), (ML [OPC, 2004: 212), (ML [OC, 2009: 212), (ML [PC, 2014: 212).

[64] fábrica de → fábrica (E, 1964: 43).

[65] cabelo → de cabelo (E, 1964: 43).

[65] quente e → quente, (ML [PT, 1990: 270), (ML [PT, 1996: 270), (ML [OPC, 2004: 212), (ML [OC, 2009: 212), (ML [PC, 2014: 212).

[67] Então, → Então (ML [PT, 1990: 270), (ML [PT, 1996: 270), (ML [OPC, 2004: 212), (ML [OC, 2009: 212), (ML [PC, 2014: 212).

[73] peixes, → peixes (E, 1964: 43).

[74] sensível, → sensível (ML [PT, 1990: 270), (ML [PT, 1996: 270), (ML [OPC, 2004: 213), (ML [OC, 2009: 213), (ML [PC, 2014: 213).

[91] ao pé das cerejas. → no lado (E, 1964: 44).

[92] Álcool escorrendo num retrato aberto → das cerejas. Enquanto, dormindo, um louco / k ficava roxo de tanto amor. (E, 1964: 44).

[93] ao contrário da noite. → Álcool escorrendo num retrato aberto / ao contrário da noite. (E, 1964: 44).

[94] dormiam → dormindo (E, 1964: 44).

[95] loucas. → loucas — (E, 1964: 45).

[96] E eu, álcool → ficavam no seu k de álcool (E, 1964: 45).

[98] A → E a (E, 1964: 45).

[106] com os → com (E, 1964: 45).

[111] peixe, → peixe (E, 1964: 45).

[113] martelos, → martelo, (ML [PT, 1981: 348), (ML [PT, 1990: 271), (ML [PT, 1996: 271), (ML [OPC, 2004: 214), (ML [OC, 2009: 214), (ML [PC, 2014: 214).

A PORTA COM PÊLOS ABERTA NA CAL. O DIA RODAVA NO BICO, AS [A porta com pêlos aberta na cal. O dia rodava no bico, as] 3 pub. vs. 2 vers.

Integra: (E, 1964: 45), com o título «A PORTA COM PÊLOS ABERTA NA CAL. O DIA RODAVA».

Integra: (ML [OC, 1967: 245-246; 1.º texto-base).

Integra: (ML [PT, 1973: 45-46), com o título «A PORTA COM PÊLOS ABERTA NA CAL. O DIA RODAVA NO BICO, AS PATAS».

Não integra: (ML [PT, 1981), (ML [PT, 1990), (ML [PT, 1996), (ML [OPC, 2004), (ML [OC, 2009), (ML [PC, 2014).

[16] falo: → falus (E, 1964: 48).

HÚMUS, Poema-montagem [Pátios de lajes soerguidas pelo único] 10 pub. vs. 4 vers.

Publicado pela primeira vez, em volume, em 1967, na Guimarães Editores (H, 1967). Contém dedicatória: «À Memória de Raúl Brandão»; contém a seguinte indicação: «Material: palavras, frases, fragmentos, imagens, metáforas do *Húmus* de Raúl Brandão. Regra: liberdades, liberdade.»; contém citação: «A morte é sempre uma coisa nova. (Provérbio Sessouto)»

Integra: (H [PT, 1973: 55-72; 2.º texto-base); mantém a indicação anterior.

Integra: (H [PT, 1981: 357-374), (H [PT, 1990: 279-292), (H [PT, 1996: 279-292), (H [OPC, 2004: 223-239), (H [OC, 2009: 223-239), (H [PC, 2014: 223-239), com o título «HÚMUS»; mantém a indicação anterior.

Integra: (H [OPC-S, 2001: 34-49), (H [FNCF, 2008: 32-47); mantém as alterações anteriores; desloca o título para o final do poema, grafando-o, da seguinte forma: *(Húmus)*.

[144] pólo a pólo, → polo a polo, (H, 1967: 24).

[184] noites, → noites (H [PT, 1990: 287), (H [PT, 1996: 287), (H [OPC-S, 2001: 42), (H [OPC, 2004: 232), (H [FNCF, 2008: 40), (H [OC, 2009: 232), (H [PC, 2014: 232).

[198] Este verso e os seis versos seguintes pertencem à estrofe anterior: (H, 1967: 27-28), (H [PT, 1990: 287), (H [PT, 1996: 287), (H [OPC-S, 2001: 42), (H [OPC, 2004: 232), (H [FNCF, 2008: 40), (H [OC, 2009: 232), (H [PC, 2014: 232).

[202] negro sol. → sol negro. (H [PT, 1990: 287), (H [PT, 1996: 287), (H [OPC-S, 2001: 42), (H [OPC, 2004: 232), (H [FNCF, 2008: 40), (H [OC, 2009: 232), (H [PC, 2014: 232).

[215] Mora → Moram (H [PT, 1990: 287), (H [PT, 1996: 287), (H [OPC-S, 2001: 43), (H [OPC, 2004: 232), (H [FNCF, 2008: 41), (H [OC, 2009: 233), (H [PC, 2014: 233).

[285] Este verso e os dez versos seguintes constituem uma estrofe: (H [PT, 1981: 370-371), (H [PT, 1990: 290), (H [PT, 1996: 290), (H [OPC-S, 2001: 46), (H [OPC, 2004: 235-236), (H [FNCF, 2008: 44), (H [OC, 2009: 235), (H [PC, 2014: 235-236).

[379] É preciso matar → É preciso matar os mortos, (H [PT, 1981: 374), (H [PT, 1990: 292), (H [PT, 1996: 292), (H [OPC-S, 2001: 49), (H [OPC, 2004: 239), (H [FNCF, 2008: 47), (H [OC, 2009: 239), (H [PC, 2014: 239).

[380] vez → vez, (H [PT, 1981: 374), (H [PT, 1990: 292), (H [PT, 1996: 292), (H [OPC-S, 2001: 49), (H [OPC, 2004: 239), (H [FNCF, 2008: 47), (H [OC, 2009: 239), (H [PC, 2014: 239).

[381] os mortos, os mortos. → os mortos. (H [PT, 1981: 374), (H [PT, 1990: 292), (H [PT, 1996: 292), (H [OPC-S, 2001: 49), (H [OPC, 2004: 239), (H [FNCF, 2008: 47), (H [OC, 2009: 239), (H [PC, 2014: 239).

I [*Dedicatória* — a uma devagarosa mulher de onde surgem os dedos, dez e queimados por uma forte delicadeza.] 4 pub. vs. 2 vers.

> Integra: (PV, 1964: 7); este texto surge como dedicatória precedendo o primeiro texto, «Estilo»; retira o itálico do título, introduz o itálico no texto.
>
> Integra o ciclo de dois textos «Dedicatória», [texto 1]: (VA, 1971: 9-10); retira o itálico do título, introduz o itálico no texto.
>
> Integra o ciclo de quatro textos «As Maneiras», [texto] I: (RM [PT, 1973: 75-76; 2.º texto-base), (RM [PT, 1981: 375-463).
>
> Não integra: (PT, 1990), (PT, 1996), (OPC, 2004), (OC, 2009), (PC, 2014).
>
> [12] ìntimamente: → intimamente: (RM [PT, 1981: 377).

IV [*(Tive uma alucinação: vi abertamente no espaço de uma mão clara e imóvel.*] 3 pub. vs. 3 vers.

> Integra: (RM, 1967: 15-19), com o título «O Escultor».
>
> Integra o ciclo de quatro textos «As Maneiras», [texto] IV: (RM [PT, 1973: 80-82; 2.º texto-base), (RM [PT, 1981: 382-384).
>
> Não integra: (PT, 1990), (PT, 1996), (OPC, 2004), (OC, 2009), (PC, 2014).
>
> [6] *criança.)* → *criança).* (RM, 1967: 17).
>
> [15] extraordiàriamente → extraordinariamente (RM [PT, 1981: 383).
>
> [64] Caíu-me → Caiu-me (RM [PT, 1981: 384).

I [Os jornais chegaram pelo lado onde eu estava mais distraído, com as suas belas folhas negras, brancas, intersticiais.] 3 pub. vs. 3 vers.

Integra o ciclo de sete textos «Artes e Ofícios», [texto] I: (RM, 1967: 23-26).

Integra o ciclo de seis textos «Artes e Ofícios», [texto] I: (RM [PT, 1973: 83-85; 2.º texto-base), (RM [PT, 1981: 385-387).

Não integra: (PT, 1990), (PT, 1996), (OPC, 2004), (OC, 2009), (PC, 2014).

[13] ràpidamente → rapidamente (RM [PT, 1981: 385).

[64] devoram-me. → devoraram-me. (RM, 1967: 26).

VI [Uma criança disse: «Quando eu crescer, vou cortar as flores grandes para não haver vento.»] 3 pub. vs. 2 vers.

Integra o ciclo de doze textos «Estúdio», [texto] I: (RM, 1967: 57-59).

Integra o ciclo de seis textos «Artes e Ofícios», [texto] VI: (RM [PT, 1973: 95-97; 2.º texto-base), (RM [PT, 1981: 397-399).

Não integra (PT, 1990), (PT, 1996), (OPC, 2004), (OC, 2009), (PC, 2014).

[12] Fim de parágrafo: (RM [PT, 1981: 397).

[18] insuportàvelmente → insuportavelmente (RM [PT, 1981: 398).

[29] insuportàvelmente → insuportavelmente (RM [PT, 1981: 398).

A IMAGEM EXPANSIVA, Dafne e Cloé [*Vem das estampas de ouro, o sono encurva-lhe os cabelos, fica branca de andar encostada à noite, e respira, respira,*] 2 pub. vs. 2 vers.; 1.ª parte deste texto, em itálico: 5 pub. vs. 5 vers.; 2.ª parte deste texto, sem itálico: 1 pub. vs. 1 vers. [total de 5 pub. vs. 5 vers.]

Integra: RM [PT, 1973: 98-112; 2.º texto-base).

Integra: (RM, 1967: 39-53), (RM [PT, 1981: 400-415); retira «Dafne e Cloé» do título.

Não integra: (PT, 1990), (PT, 1996), (OPC, 2004), (OC, 2009), (PC, 2014).

A primeira parte deste texto, em itálico, integra «As Imagens»: (AR, 1968: 138-140); o itálico mantém-se.

A primeira parte deste texto, em itálico, integra «Festas do Crime», [texto 2]: (VA, 1971: 47-49); o itálico mantém-se.

[3] *respira* → respira, (AR, 1968: 138).

[4] *aberta* → aberta, (RM [PT, 1981: 400).

[5] *por ti, tubarão crepitando pelo índico, entre* → entre (RM [PT, 1981: 398).

[6] *com uma* → *uma* (RM [PT, 1981: 400).

[7] *uma* → *a* (RM [PT, 1981: 400).

[12] *como* → *com* (VA, 1971: 47).

[17] *maneira cega* → *cega maneira* (RM [PT, 1981: 401).

[34] *conhecimento* → *reconhecimento* (VA, 1971: 49).

[41] Início do texto «Imagem Expansiva»: (RM, 1967: 41-53).

[61] pêras → peras (RM, 1967: 42).

[88] ràpidamente → rapidamente (RM [PT, 1981: 405).

[143] morte, → morte (RM, 1967: 47).

[185] sùbitamente → subitamente (RM [PT, 1981: 411).

[232] ìntimamente → intimamente (RM [PT, 1981: 414).

XI [E maio empregara-se nos jardins com uma velocidade ao pé do esplendor,] 3 pub. vs. 2 vers.

Integra o ciclo de 12 textos «Os Animais Carnívoros», [texto 11]: (VA, 1971: 35-36).

Integra o ciclo de 12 textos «Os Animais Carnívoros», [texto] XI: (RM [PT, 1973: 123; 2.º texto-base), (RM [PT, 1981: 426).

Não integra: (PT, 1990), (PT, 1996), (OPC, 2004), (OC, 2009), (PC, 2014).

[4] muita → minha (VA, 1971: 35)

[16] parêntesis → parênteses (VA, 1971: 36).

VIII [Cão que dá flor por dentro. Do nome, irrompe-lhe a cabeça para o lado da luz.] 3 pub. vs. 2 vers.

Integra o ciclo de 12 textos «Estúdio», [texto] VII: (RM, 1967: 68).

Integra o ciclo de 13 textos «Estúdio», [texto] VIII: (RM [PT, 1973: 132; 2.º texto-base), (RM [PT, 1981: 435).

Não integra: (PT, 1990), (PT, 1996), (OPC, 2004), (OC, 2009), (PC, 2014).

[4] Sírius → Sirius (RM [PT, 1981: 435).

[4] Andrómeda, → Arcturus, (RM [PT, 1981: 435).

[12] Sírius → Sirius (RM [PT, 1981: 435).

I [Leia-se esta paisagem da direita para a esquerda e vice-versa, ou vice-versa e de baixo para cima,] 4 pub. vs. 2 vers.

Integra o ciclo de sete textos «As Palavras», [5.ª parte, texto 1]: (AR, 1968: 183-184).

Integra o ciclo de nove textos «Festas do Crime», [texto 3]: (VA, 1971: 51-53).

Integra o ciclo de sete textos «Vocação Animal», [texto] I: (RM [PT, 1973: 139-140; 2.º texto-base), (RM [PT, 1981: 442-443).

Não integra: (PT, 1990), (PT, 1996), (OPC, 2004), (OC, 2009), (PC, 2014).

[13] saiba → saiba, saiba (AR, 1968: 183).

[26] reptilínea → réptil (AR, 1968: 184), (VA, 1971: 52).

III [Experimentei esta liberdade: a de ver os dias moverem-se de um lado para outro dentro das semanas,] 3 pub. vs. 3 vers.

Integra o ciclo de três textos «Exercício Corporal», [texto] III: (RM, 1967: 85-89), (RM [PT, 1973: 156-160; 2.º texto-base), (RM [PT, 1981: 459-463).

Não integra: (PT, 1990), (PT, 1996), (OPC, 2004), (OC, 2009), (PC, 2014).

[20] embriagavam-se → embriagavam-me (RM, 1967: 86), (RM [PT, 1981: 460).

[21] subrepticiamente → subrepticiamente (RM [PT, 1981: 460).

[52] anos, → anos (RM, 1967: 87).

[72] Este parágrafo pertence ao parágrafo anterior: (RM, 1967: 88).

[75] mim, → mim (RM, 1967: 88).

[92] insòlitamente → insolitamente (RM [PT, 1981: 462).

UM DEUS LISÉRGICO [Ele viu, a muitas noites de distância o Rosto] 7 pub. vs. 3 vers.

Integra: (CCL [PT, 1973: 184-184; 2.º texto-base), (CCL [PT, 1981: 487-488), (CCL [PT, 1990: 303-304), (CCL [PT, 1996: 303-304), (CCL [OPC, 2004: 252-253), (CCL [OC, 2009: 252-253), (CCL [PC, 2014: 252-253).

[35] Aquário → Capricórnio (CCL [PT, 1990: 304), (CCL [PT, 1996: 304), (CCL [OPC, 2004: 253), (CCL [OC, 2009: 253), (CCL [PC, 2014: 253).

[40] centrìpetamente → centripetamente (CCL [PT, 1981: 488), (CCL [PT, 1990: 304), (CCL [PT, 1996: 304), (CCL [OPC, 2004: 253), (CCL [OC, 2009: 253), (CCL [PC, 2014: 253).

OS MORTOS PERIGOSOS, FIM. [Os jardins contorcem-se entre o estio e as trevas.] 7 pub. vs. 2 vers.

Integra: (CCL [PT, 1973: 185-188; 2.º texto-base), (CCL [PT, 1981: 489-492), (CCL [PT, 1990: 305-307), (CCL [PT, 1996:

305-307), (CCL [OPC, 2004: 254-257), (CCL [OC, 2009: 254-257), (CCL [PC, 2014: 254-257).

[25] Arranca-se → Arrancam-se (CCL [PT, 1990: 305), (CCL [PT, 1996: 305), (CCL [OPC, 2004: 255), (CCL [OC, 2009: 255), (CCL [PC, 2014: 255).

[39] semi-luas → semiluas (CCL [PT, 1990: 306), (CCL [PT, 1996: 306), (CCL [OPC, 2004: 255), (CCL [OC, 2009: 255), (CCL [PC, 2014: 255).

[44] novembro → esse mês (CCL [PT, 1990: 306), (CCL [PT, 1996: 306), (CCL [OPC, 2004: 255), (CCL [OC, 2009: 255), (CCL [PC, 2014: 255).

[50] ferozes. → selvagens. (CCL [PT, 1990: 306), (CCL [PT, 1996: 306), (CCL [OPC, 2004: 256), (CCL [OC, 2009: 256), (CCL [PC, 2014: 256).

[63] bordado, → bordado, ou (CCL [PT, 1990: 307), (CCL [PT, 1996: 307), (CCL [OPC, 2004: 256), (CCL [OC, 2009: 256), (CCL [PC, 2014: 256).

TEXTO 3 [Afinal a ideia é sempre a mesma o bailarino a pôr o pé] 9 pub. vs. 3 vers.

Integra o ciclo de 12 poemas *Antropofagias*, [poema] 3: (A [PT, 1973: 207-208; 2.º texto-base), (A [PT, 1981: 511-512), (A [PT, 1990: 325-326), (A [PT, 1996: 325-326), (A [OPC, 2004: 277-278), (A [OC, 2009: 277-278), (A [PC, 2014: 277-278).

Integra o ciclo de dois poemas, «(Antropofagias)», [poema 1]: (A [OPC-S, 2001: 50-51), (A [FNCF, 2008: 59-60); retira o título do poema.

[4] pode-se imaginar → pode imaginar-se (A [PT, 1990: 325), (A [PT, 1996: 325), (A [OPC-S, 2001: 50), (A [OPC, 2004: 277), (A [FNCF, 2008: 59), (A [OC, 2009: 277), (A [PC, 2014: 277).

[4] quer-se → quer (A [PT, 1990: 325), (A [PT, 1996: 325), (A [OPC-S, 2001: 50), (A [OPC, 2004: 277), (A [FNCF, 2008: 59), (A [OC, 2009: 277), (A [PC, 2014: 277).

[7] aí «dentro» → «aí dentro» (A [PT, 1981: 511), (A [PT, 1990: 325), (A [PT, 1996: 325), (A [OPC-S, 2001: 50), (A [OPC, 2004: 277), (A [FNCF, 2008: 59), (A [OC, 2009: 277), (A [PC, 2014: 277).

[18] lá os → os (A [PT, 1981: 512), (A [PT, 1990: 325), (A [PT, 1996: 325), (A [OPC-S, 2001: 50), (A [OPC, 2004: 277), (A [FNCF, 2008: 59), (A [OC, 2009: 277), (A [PC, 2014: 277).

[43] etc → etc. (A [PT, 1981: 512), (A [PT, 1990: 326), (A [PT, 1996: 326), (A [OPC-S, 2001: 51), (A [OPC, 2004: 278), (A [FNCF, 2008: 60), (A [OC, 2009: 278), (A [PC, 2014: 278).

TEXTO 10 [Encontro-me na posição de estar frenèticamente suspenso] 7 pub. vs. 3 vers.

Integra o ciclo de 12 poemas *Antropofagias*, [poema] 10: (A [PT, 1973: 222-223; 2.º texto-base), (A [PT, 1981: 526-527), (A [PT, 1990: 339-340), (A [PT, 1996: 339-340), (A [OPC, 2004: 291-292), (A [OC, 2009: 291-292), (A [PC, 2014: 291-292).

[1] frenèticamente → freneticamente (A [PT, 1981: 526), (A [PT, 1990: 339), (A [PT, 1996: 339), (A [OPC, 2004: 291), (A [OC, 2009: 291), (A [PC, 2014: 291).

[5] pròpriamente → propriamente (A [PT, 1981: 526), (A [PT, 1990: 339), (A [PT, 1996: 339), (A [OPC, 2004: 291), (A [OC, 2009: 291), (A [PC, 2014: 291).

[22] sob luzes que avança? → que avança debaixo das luzes? (A [PT, 1990: 339), (A [PT, 1996: 339), (A [OPC, 2004: 291), (A [OC, 2009: 291), (A [PC, 2014: 291).

[33] como a polpa → polpa (A [PT, 1990: 339), (A [PT, 1996: 339), (A [OPC, 2004: 292), (A [OC, 2009: 292), (A [PC, 2014: 292).

[35] buracos doces → doces buracos (A [PT, 1990: 340), (A [PT, 1996: 340), (A [OPC, 2004: 292), (A [OC, 2009: 292), (A [PC, 2014: 292).

MEMÓRIA, MONTAGEM. [O poema é um animal;] 6 pub. vs. 5 vers.

Integra: (C, 1977: 7-15; 4.º texto-base); [1.ª parte de *Cobra*].

Integra (P&V, 1979: 152-158), (P&V, 1987: 145-151), (P&V, 1995: 145-151), (P&V, 2006: 138-143), (P&V, 2013: 138-144), com o título *(memória, montagem)*.

Não integra: (C [PT, 1981), (C [PT, 1990), (C [PT, 1996), (C [OPC: 2004), (C [OC, 2009), (PC, 2014).

[3] fetiches, → feitiços, (P&V, 1979: 152), (P&V, 1987: 145), (P&V, 1995: 145), (P&V, 2006: 138), (P&V, 2013: 138).

[5] Walter Benjamin, → Benjamin, (P&V, 1995: 146), (P&V, 2006: 138), (P&V, 2013: 139).

[23-24] guerra; partem e voltam; → guerra, partem e voltam, (P&V, 1995: 146), (P&V, 2006: 138), (P&V, 2013: 139).

[25] centro, → centro (P&V, 1995: 146), (P&V, 2006: 138), (P&V, 2013: 139).

[30] vida, → vida (P&V, 1995: 146), (P&V, 2006: 139), (P&V, 2013: 139).

[40] tempo; → tempo, (P&V, 1995: 147), (P&V, 2006: 139), (P&V, 2013: 139).

[46] prosa; a prosa não existe; → prosa, a prosa não existe, (P&V, 1995: 147), (P&V, 2006: 139), (P&V, 2013: 140).

[47] poema; → poema, (P&V, 1995: 147), (P&V, 2006: 139), (P&V, 2013: 140).

[48] execução; especula → execução — especula (P&V, 1995: 147), (P&V, 2006: 139), (P&V, 2013: 140).

[65] cinema, → cinema (P&V, 1995: 148), (P&V, 2006: 140), (P&V, 2013: 140).

[66] Substitui as aspas pelo itálico: (P&V, 1979: 154), (P&V, 1987: 148), (P&V, 1995: 148), (P&V, 2006: 140), (P&V, 2013: 140).

[67] Substitui as aspas pelo itálico: (P&V, 1979: 154), (P&V, 1987: 148), (P&V, 1995: 148), (P&V, 2006: 140), (P&V, 2013: 140).

[77] A intuição vinha de Delaunay, o pintor. → A intuição vinha de Delaunay, o pintor, por sua vez inspirado na palavra

de Marinetti. (P&V, 1979: 154), (P&V, 1987: 148), (P&V, 1995: 148), (P&V, 2006: 140), (P&V, 2013: 141).

[94] Holderlin → Hölderlin (P&V, 1987: 149), (P&V, 1995: 149), (P&V, 2006: 141), (P&V, 2013: 141).

[96] Holderlin → Hölderlin (P&V, 1987: 149), (P&V, 1995: 149), (P&V, 2006: 141), (P&V, 2013: 141).

[120] todo o → o (P&V, 1979: 156), (P&V, 1987: 149), (P&V, 1995: 150), (P&V, 2006: 142).

[133] Início de parágrafo: (P&V, 2006: 142), (P&V, 2013: 142)

[150] e perder: → e a perder-se: (P&V, 1987: 151), (P&V, 1995: 151), (P&V, 2006: 143), (P&V, 2013: 143).

[158] Substitui as aspas pelo itálico: (P&V, 1979: 157), (P&V, 1987: 151), (P&V, 1995: 151), (P&V, 2006: 143), (P&V, 2013: 143).

[E então vinha a baforada do estio como se abrissem uma porta]
5 pub. vs. 3 vers.

Integra o ciclo de 13 poemas «Cobra», [poema 1]: (C, 1977: 25-27), (C [PT, 1981: 535-537; 3.º texto-base).

Integra o ciclo de 13 poemas *Cobra*, [poema 1]: (C [PT, 1990: 353-355), (C [PT, 1996: 353-355), (C [OPC, 2004: 305-307).

Não integra: (OC, 2009), (PC, 2014).

[2] redondo. → exaltado. (C [PT, 1990: 353), (C [PT, 1996: 353), (C [OPC, 2004: 305).

[3] guardava-se o veneno → guardavam-se lentas estrelas (C [PT, 1990: 353), (C [PT, 1996: 353), (C [OPC, 2004: 305).

[5] se trava o brilho. → o brilho se dobra. (C [PT, 1990: 353), (C [PT, 1996: 353), (C [OPC, 2004: 305).

[6] nebulosas → a espuma (C [PT, 1990: 353), (C [PT, 1996: 353), (C [OPC, 2004: 305).

[9-10]   Um dia a primavera era cruel / como um colar de pérolas. → Um dia era redonda a primavera. (C [PT, 1990: 353), (C [PT, 1996: 353), (C [OPC, 2004: 305).

[11] sempre unindo → unia (C [PT, 1990: 353), (C [PT, 1996: 353), (C [OPC, 2004: 305).

[12] fundas e as → fundas, como as (C, 1977: 25), fundas e as → fundas, às (C [PT, 1990: 353), (C [PT, 1996: 353), (C [OPC, 2004: 305).

[13] pelos → desde os (C [PT, 1990: 353), (C [PT, 1996: 353), (C [OPC, 2004: 305)

[14] alvéolos, → alvéolos (C [PT, 1990: 353), (C [PT, 1996: 353), (C [OPC, 2004: 305).

[15] bichos da seda em suas cápsulas, → bichos-da-seda nas cápsulas (C [PT, 1990: 353), (C [PT, 1996: 353), (C [OPC, 2004: 305).

[19] em África → na memória (C [PT, 1990: 353), (C [PT, 1996: 353), (C [OPC, 2004: 305).

[19] oxigénio, → oxigénio (C [PT, 1990: 353), (C [PT, 1996: 353), (C [OPC, 2004: 305).

[20] patas, → patas (C [PT, 1990: 353), (C [PT, 1996: 353), (C [OPC, 2004: 305).

[27] e → desde (C [PT, 1990: 353), (C [PT, 1996: 353), (C [OPC, 2004: 306).

[28] válvulas, e nas crateras → válvulas. Nas crateras, (C [PT, 1990: 353), (C [PT, 1996: 353), (C [OPC, 2004: 306).

[30] — O salto dos sóis no corpo arrancado. → — E é o tempo, o tempo todo: / o salto dos sóis no corpo arrancado. (C [PT, 1990: 354), (C [PT, 1996: 354), (C [OPC, 2004: 306).

[31] Este verso constitui uma só estrofe; Nesta criança aumenta agora → — Nesta criança aumenta (C [PT, 1990: 354), (C [PT, 1996: 354), (C [OPC, 2004: 306).

[37] cabelos, a teia dos ossos, e as coxas implacáveis, → cabelos e a teia dos ossos e as coxas implacáveis (C [PT, 1990: 354), (C [PT, 1996: 354), (C [OPC, 2004: 306).

[40] furnas, → furnas (C [PT, 1990: 354), (C [PT, 1996: 354), (C [OPC, 2004: 306).

[53] dança, → dança (C [PT, 1990: 354), (C [PT, 1996: 354), (C [OPC, 2004: 307).

[59] cravados, → cravados (C [PT, 1990: 354), (C [PT, 1996: 354), (C [OPC, 2004: 307).

[A força do medo verga a constelação do sexo.] 5 pub. vs. 3 vers.

Integra o ciclo de 13 poemas «Cobra», [poema 2]: (C, 1977: 28-29), (C [PT, 1981: 541-542; 3.º texto-base).

Integra o ciclo de 13 poemas *Cobra*, [poema 2]: (C [PT, 1990: 356-357), (C [PT, 1996: 356-357), (C [OPC, 2004: 308-309).

Não integra: (OC, 2009), (PC, 2014).

[2] e sai o mel, → o mel, sai (C [PT, 1990: 356), (C [PT, 1996: 356), (C [OPC, 2004: 308).

[5] solar → lunar (C [PT, 1990: 356), (C [PT, 1996: 356), (C [OPC, 2004: 308).

[13] Este verso, e os sete versos seguintes, constituem uma estrofe: (C [PT, 1990: 356), (C [PT, 1996: 356), (C [OPC, 2004: 308).

[17] A → — A (C [PT, 1990: 356), (C [PT, 1996: 356), (C [OPC, 2004: 308).

[21] Este verso, e os seis versos seguintes, constituem uma estrofe; analfabeto: → analfabeto: o pavor (C [PT, 1990: 356), (C [PT, 1996: 356), (C [OPC, 2004: 308-309).

[22] o pavor que → que (C [PT, 1990: 356), (C [PT, 1996: 356), (C [OPC, 2004: 308).

[28] vivos. → vivos (C, 1977: 29); Oh crianças de negros rostos vivos. → — Oh crianças de negros rostos ressurrectos. (C [PT, 1990: 357), (C [PT, 1996: 357), (C [OPC, 2004: 309).

[29] Candeeiros. → como candeeiros. (C, 1977: 29); Candeeiros. → Elas adivinham. E tombadas as luas, (C [PT, 1990: 357), (C [PT, 1996: 357), (C [OPC, 2004: 309).

[30] No → no (C [PT, 1990: 357), (C [PT, 1996: 357), (C [OPC, 2004: 309).

[Os lençóis brilham como se eu tivesse tomado veneno.] 5 pub. vs. 3 vers.

Integra o ciclo de 13 poemas «Cobra», [poema 3]: (C, 1977: 30-32), (C [PT, 1981: 543-545; 3.º texto-base).

Integra o ciclo de 13 poemas *Cobra*, [poema 3]: (C [PT, 1990: 358-359), (C [PT, 1996: 358-359), (C [OPC, 2004: 310-312).

Não integra: (OC, 2009), (PC, 2014).

[10] ler → gritar (C [PT, 1990: 358), (C [PT, 1996: 358), (C [OPC, 2004: 310).

[13] a → como a (C, 1977: 30).

[14] vidro, → vidro (C [PT, 1990: 358), (C [PT, 1996: 358), (C [OPC, 2004: 310).

[16] escrevo para ninguém, → falo com ninguém (C [PT, 1990: 358), (C [PT, 1996: 358), (C [OPC, 2004: 310).

[17] pela → pelas (C [PT, 1990: 358), (C [PT, 1996: 358), (C [OPC, 2004: 310).

[18] o → como o (C, 1977: 30), lua, às portas, o → luas, à porta, o (C [PT, 1990: 358), (C [PT, 1996: 358), (C [OPC, 2004: 310).

[20] pedras, → como pedras, (C, 1977: 30).

[22] na → com a (C, 1977: 31).

[30] o meu → um (C [PT, 1990: 359), (C [PT, 1996: 359), (C [OPC, 2004: 311).

[30] som → sussurro (C [PT, 1990: 359), (C [PT, 1996: 359), (C [OPC, 2004: 311).

[31] Um pé resplandece sepultado num sapato. → Os meus pés resplandecem sepultados nos sapatos. (C [PT, 1990: 359), (C [PT, 1996: 359), (C [OPC, 2004: 311).

[34] corpo, um → corpo com um (C, 1977: 31).

[36] passar, os → passar como (C, 1977: 31).

[46] clareiras, → clareiras (C [PT, 1990: 359), (C [PT, 1996: 359), (C [OPC, 2004: 311).

[47] escrevo, → falo, (C [PT, 1990: 359), (C [PT, 1996: 359), (C [OPC, 2004: 311).

[49] para → com (C [PT, 1990: 359), (C [PT, 1996: 359), (C [OPC, 2004: 312).

[49] arte → arte de ser (C [PT, 1990: 359), (C [PT, 1996: 359), (C [OPC, 2004: 312).

[A parede contempla a minha brancura no fundo:] 5 pub. vs. 3 vers.

Integra o ciclo de 13 poemas «Cobra», [poema 4]: (C, 1977: 33-34), (C [PT, 1981: 546-547; 3.º texto-base).

Integra o ciclo de 13 poemas *Cobra*, [poema 4]: (C [PT, 1990: 360-361), (C [PT, 1996: 360-361), (C [OPC, 2004: 313-314).

Não integra: (OC, 2009), (PC, 2014).

[13] Um → Como um (C, 1977: 33).

[13] Um tétano. → Um soluço, um tétano. (C [PT, 1990: 360), (C [PT, 1996: 360), (C [OPC, 2004: 313).

[17] luz própria → luz própria / como (C, 1977: 33).

[18] — e os → dos (C, 1977: 33), — e os → — e dos (C [PT, 1990: 360), (C [PT, 1996: 360), (C [OPC, 2004: 313).

[18] exalam-se → se exalam (C, 1977: 33).

[20] o dia → a noite (C [PT, 1990: 360), (C [PT, 1996: 360), (C [OPC, 2004: 313).

[21] pedra que se desloca → deslocado como uma pedra (C, 1977: 34).

[32] ânulo: → ânulo; (C [PT, 1990: 361), (C [PT, 1996: 361), (C [OPC, 2004: 314).

[33] grande → ou grande, (C [PT, 1990: 361), (C [PT, 1996: 361), (C [OPC, 2004: 314).

[33] soprado, → soprado; (C [PT, 1990: 361), (C [PT, 1996: 361), (C [OPC, 2004: 314).

[As folhas ressumam da luz, os cometas escoam-se] 5 pub. vs. 3 vers.

Integra o ciclo de 13 poemas «Cobra», [poema 5]: (C, 1977: 35-36), (C [PT, 1981: 548-549; 3.º texto-base).

Integra o ciclo de 13 poemas *Cobra*, [poema 5]: (C [PT, 1990: 362-363), (C [PT, 1996: 362-363), (C [OPC, 2004: 315-316).

Não integra: (OC, 2009), (PC, 2014).

[3] casas, → casas. E (C [PT, 1990: 362), (C [PT, 1996: 362), (C [OPC, 2004: 315).

[6] É uma bolha forte → E vibra a bolha (C [PT, 1990: 362), (C [PT, 1996: 362), (C [OPC, 2004: 315).

[15] e o → como o (C, 1977: 35).

[19] manso, → manso (C [PT, 1990: 362), (C [PT, 1996: 362), (C [OPC, 2004: 315).

[20] ferozes, e o centrípeto → ferozes: o centrípeto feixe das coisas. (C [PT, 1990: 362), (C [PT, 1996: 362), (C [OPC, 2004: 315).

[21] feixe dos olhos. Tenso → Senti o mundo tenso (C [PT, 1990: 362), (C [PT, 1996: 362), (C [OPC, 2004: 315).

[22] olho → nó (C [PT, 1990: 362), (C [PT, 1996: 362), (C [OPC, 2004: 315).

[23] severo, → severo e (C [PT, 1990: 362), (C [PT, 1996: 362), (C [OPC, 2004: 316).

[24] dentro, e o trabalho. → dentro e o trabalho dos dedos e dos olhos. (C [PT, 1990: 362), (C [PT, 1996: 362), (C [OPC, 2004: 316).

[27] dia, com suas → dia com as (C [PT, 1990: 362), (C [PT, 1996: 362), (C [OPC, 2004: 316).

[30] agravadas das tábuas, a insónia → agravadas, a insónia (C [PT, 1990: 363), (C [PT, 1996: 363), (C [OPC, 2004: 316).

[32] pela → pelas (C [PT, 1990: 363), (C [PT, 1996: 363), (C [OPC, 2004: 316).

[33] lua frontal e veemente e o sol astrológico. → luas frontais e veementes e os sóis astrológicos. (C [PT, 1990: 363), (C [PT, 1996: 363), (C [OPC, 2004: 316).

[O espelho é uma chama cortada, um astro.] 5 pub. vs. 3 vers.

Integra o ciclo de 13 poemas «Cobra», [poema 6]: (C, 1977: 37-39), (C [PT, 1981: 550-552; 3.º texto-base).

Integra o ciclo de 13 poemas *Cobra*, [poema 6]: (C [PT, 1990: 364-365), (C [PT, 1996: 364-365), (C [OPC, 2004: 317-318).

Não integra: (OC, 2009), (PC, 2014).

[1] cortada, um → cortada como um (C, 1977: 37).

[5] as ressacas vivas dos parques. → parques vivos como ressacas. (C, 1977: 37).

[6] espelho, → espelho (C [PT, 1990: 364), (C [PT, 1996: 364), (C [OPC, 2004: 317).

[7] se ata, → ata, (C [PT, 1990: 364), (C [PT, 1996: 364), (C [OPC, 2004: 317).

[18] das → como (C, 1977: 37).

[24] nos → como (C, 1977: 38).

[34] próprios, → próprios (C [PT, 1990: 365), (C [PT, 1996: 365), (C [OPC, 2004: 318).

[37] nessa severa assimetria, → na assimetria severa, (C [PT, 1990: 365), (C [PT, 1996: 365), (C [OPC, 2004: 318).

[38] desaparecer, → transformar-se, (C [PT, 1990: 365), (C [PT, 1996: 365), (C [OPC, 2004: 318).

[39] solar — → solar, como (C, 1977: 38).

[39] solsticialmente → equinocialmente (C [PT, 1990: 365), (C [PT, 1996: 365), (C [OPC, 2004: 318).

[41] sai assim do corpo: os filões → sai do corpo como os filões são (C, 1977: 38).

[44] porcelana. A → porcelana: a (C [PT, 1990: 365), (C [PT, 1996: 365), (C [OPC, 2004: 318).

[45] fornos, → fornos. (C [PT, 1990: 365), (C [PT, 1996: 365), (C [OPC, 2004: 318).

[46] e → E (C [PT, 1990: 365), (C [PT, 1996: 365), (C [OPC, 2004: 318).

[49] tenebrosa → assombrosa (C [PT, 1990: 365), (C [PT, 1996: 365), (C [OPC, 2004: 318).

[50] casas, → casas (C, 1977: 39).

[51] nos → como (C, 1977: 39).

[52] electrões → ciclotrões (C, 1977: 39).

[O rosto espera no seu abismo animal.] 5 pub. vs. 3 vers.

Integra o ciclo de 13 poemas «Cobra», [poema 7]: (C, 1977: 40-41), (C [PT, 1981: 553-554; 3.º texto-base).

Integra o ciclo de 13 poemas *Cobra*, [poema 7]: (C [PT, 1990: 366-367), (C [PT, 1996: 366-367), (C [OPC, 2004: 319-320).

Não integra: (OC, 2009), (PC, 2014).

[9] vivente, → vivente (C [PT, 1990: 366), (C [PT, 1996: 366), (C [OPC, 2004: 319).

[12] com as → de (C [PT, 1990: 366), (C [PT, 1996: 366), (C [OPC, 2004: 319).

[20] descentradas → noites descentradas (C [PT, 1990: 366), (C [PT, 1996: 366), (C [OPC, 2004: 319).

[21] noites estes → estes (C [PT, 1990: 366), (C [PT, 1996: 366), (C [OPC, 2004: 320).

[25] anel, → anel como (C, 1977: 41).

[25] gargantas por onde se arrancam → a garganta por onde o corpo (C [PT, 1990: 366), (C [PT, 1996: 366), (C [OPC, 2004: 320).

[26] os corpos. → se arranca de dentro. (C [PT, 1990: 367), (C [PT, 1996: 367), (C [OPC, 2004: 320).

[Ele queria coar na cabeça da mulher aprofundada] 5 pub. vs. 3 vers.

Integra o ciclo de 13 poemas «Cobra», [poema 8]: (C, 1977: 42-43), (C [PT, 1981: 555-556; 3.º texto-base).

Integra o ciclo de 13 poemas *Cobra*, [poema 8]: (C [PT, 1990: 368-369), (C [PT, 1996: 368-369), (C [OPC, 2004: 321-322).

Não integra: (OC, 2009), (PC, 2014).

[3-5] a nata, / uma estrela manual, os dias ocos fundidos / nas clareiras. → a luz fundida nas clareiras. (C [PT, 1990: 368), (C [PT, 1996: 368), (C [OPC, 2004: 321).

[7] e a → a (C [PT, 1990: 368), (C [PT, 1996: 368), (C [OPC, 2004: 321).

[7] aberto → aberto como uma jóia (C, 1977: 42).

[8] negra → a negra (C, 1977: 42).

[11] membro do corpo inteiro → corpo inteiro como um membro (C, 1977: 42).

[13] por dentro de estrela a estrela, → dentro de estrela a estrela (C [PT, 1990: 368), (C [PT, 1996: 368), (C [OPC, 2004: 321).

[20] as → com as (C, 1977: 43).

[21] num → como um (C, 1977: 43).

[22] heliotrópicos. → giratórios. (C [PT, 1990: 368), (C [PT, 1996: 368), (C [OPC, 2004: 321).

[23] Em → Com as (C, 1977: 43); Em → E que em (C [PT, 1990: 368), (C [PT, 1996: 368), (C [OPC, 2004: 321).

[24] no seu → como um (C, 1977: 43).

[26] as roseiras → estremecessem (C [PT, 1990: 368), (C [PT, 1996: 368), (C [OPC, 2004: 322).

[27] de → as roseiras de (C [PT, 1990: 368), (C [PT, 1996: 368), (C [OPC, 2004: 322).

[30] E as crianças estelares pulsam → — E então a antiga criança estelar pulsava nele (C [PT, 1990: 369), (C [PT, 1996: 369), (C [OPC, 2004: 322).

[31] sopradas → soprada (C [PT, 1990: 369), (C [PT, 1996: 369), (C [OPC, 2004: 322).

[Tomo o poder nas mãos dos animais — quer dizer:] 5 pub. vs. 3 vers.

Integra o ciclo de 13 poemas «Cobra», [poema 10]: (C, 1977: 47-48), (C [PT, 1981: 560-561; 3.º texto-base).

Integra o ciclo de 13 poemas *Cobra*, [poema 10]: (C [PT, 1990: 372-373), (C [PT, 1996: 372-373), (C [OPC, 2004: 325-326).

Não integra: (OC, 2009), (PC, 2014).

[1] quer → como (C, 1977: 47).

[2] força do medo, → força (C [PT, 1990: 372), (C [PT, 1996: 372), (C [OPC, 2004: 325).

[7] lentamente, → lentamente (C [PT, 1990: 372), (C [PT, 1996: 372), (C [OPC, 2004: 325).

[7] maçã quando → maçã (C [PT, 1990: 372), (C [PT, 1996: 372), (C [OPC, 2004: 325).

[8] é a → a (C [PT, 1990: 372), (C [PT, 1996: 372), (C [OPC, 2004: 325).

[12] pique —— → pique, como a (C, 1977: 47).

[12] moldada → moldada, e em baixo (C [PT, 1990: 372), (C [PT, 1996: 372), (C [OPC, 2004: 325).

[13] e as → as (C [PT, 1990: 372), (C [PT, 1996: 372), (C [OPC, 2004: 325).

[17] furioso. → soberano. (C [PT, 1990: 372), (C [PT, 1996: 372), (C [OPC, 2004: 325).

[18] dos cérebros, → do cérebro, (C [PT, 1990: 372), (C [PT, 1996: 372), (C [OPC, 2004: 325).

[19] candelabro: → candelabro, (C, 1977: 47).

[20] o → como o (C, 1977: 48).

[20] de ágata. → sonhada. (C [PT, 1990: 372), (C [PT, 1996: 372), (C [OPC, 2004: 325).

[25] morte, → morte (C, 1977: 48).

[26] uma → como uma (C, 1977: 48).

[Que eu atinja a minha loucura na sua estrela expelida] 5 pub. vs. 3 vers.

Integra o ciclo de 13 poemas «Cobra», [poema 12]: (C, 1977: 51-53), (C [PT, 1981: 564-566; 3.º texto-base).

Integra o ciclo de 13 poemas *Cobra*, [poema 12]: (C [PT, 1990: 375-376), (C [PT, 1996: 375-376), (C [OPC, 2004: 328-330).

Não integra: (OC, 2009), (PC, 2014).

[3] vulva → boca (C [PT, 1990: 375), (C [PT, 1996: 375), (C [OPC, 2004: 328).

[10] irado. → selado. (C [PT, 1990: 375), (C [PT, 1996: 375), (C [OPC, 2004: 328).

[13] Não me turva a mansidão → Encandeia-me a fundura (C [PT, 1990: 375), (C [PT, 1996: 375), (C [OPC, 2004: 328).

[16] nas → como as (C, 1977: 51).

[18] Este verso constitui uma estrofe; não fizeram ainda → fizeram agora (C [PT, 1990: 375), (C [PT, 1996: 375), (C [OPC, 2004: 328).

[19-20] dos escafandristas explodem / nas câmaras de água. → do escafandrista explodem nas câmaras. (C [PT, 1990: 375), (C [PT, 1996: 375), (C [OPC, 2004: 328).

[21] lágrimas → lágrimas, (C, 1977: 52), (C [PT, 1990: 375), (C [PT, 1996: 375), (C [OPC, 2004: 328).

[22] paisagem, ou crianças → paisagem de água, a criança (C [PT, 1990: 375), (C [PT, 1996: 375), (C [OPC, 2004: 329).

[23] auríferas → aurífera (C [PT, 1990: 375), (C [PT, 1996: 375), (C [OPC, 2004: 329).

[24] radial, → radial (C, 1977: 52); direitas nos recantos dos quartos, → direita nos recantos dos quartos (C [PT, 1990: 375), (C [PT, 1996: 375), (C [OPC, 2004: 329)

[25] um → como um (C, 1977: 52).

[27] vulvar, → terrestre (C [PT, 1990: 376), (C [PT, 1996: 376), (C [OPC, 2004: 329).

[28-29] terrestre, com a placenta / assente → com a placenta assente (C [PT, 1990: 376), (C [PT, 1996: 376), (C [OPC, 2004: 329).

[32] criança → como uma criança (C, 1977: 52).

[36] cancro, → sal, (C [PT, 1990: 376), (C [PT, 1996: 376), (C [OPC, 2004: 329).

[36] cancro, os → cancro como (C, 1977: 52).

[39] de África. → memoriais. (C [PT, 1990: 376), (C [PT, 1996: 376), (C [OPC, 2004: 329).

[41] ou as negras → as pálpebras (C [PT, 1990: 376), (C [PT, 1996: 376), (C [OPC, 2004: 329).

[42] pálpebras. → negras. (C [PT, 1990: 376), (C [PT, 1996: 376), (C [OPC, 2004: 329).

[44] Este verso é a continuação do verso anterior: (C, 1977: 53).

[52] uma → como uma (C, 1977: 53).

[52] ligando → que liga (C [PT, 1990: 376), (C [PT, 1996: 376), (C [OPC, 2004: 330).

[54] traspassados nos → trespassando os (C [PT, 1990: 376), (C [PT, 1996: 376), (C [OPC, 2004: 330).

CÓLOFON [Como o centro da frase é o silêncio e o centro deste silêncio] 7 pub. vs. 2 vers.

Integra: (C, 1977: 57-62); [4.ª parte de *Cobra*].

Integra: (C [PT, 1981: 569-572; 3.º texto-base); [3.ª parte de *Cobra*].

Integra: (ETC [PT, 1990: 345-349), deixando de integrar *Cobra*; muda o título «Cólofon» para *ETC*. *ETC*. passa a existir enquanto volume integrado em volumes reunidos.

Integra: (ETC [PT, 1996: 345-349), (ETC [OPC, 2004: 297-302), (ETC [OC, 2009: 297-302), (ETC [PC, 2014: 297-302); mantém as alterações anteriores.

[59] modo → modo a (C, 1977: 51), (ETC, [PT, 1990: 348), (ETC [PT, 1996: 348), (ETC [OPC, 2004: 301), (ETC [OC, 2009: 301), (ETC [PC, 2014: 301).

O CORPO O LUXO A OBRA [Em certas estações obsessivas,] 8 pub. vs. 3 vers.

Publicado pela primeira vez, em volume, em 1978, na editora & etc: (CLO, 1978a). Contém «hors-texte» de Carlos Ferreiro. Contém dedicatória manuscrita: «Para o João Rui de Sousa, cujo talento de poeta e de crítico eu gostaria de ver mais presente na minguada paisagem nossa, com um abraço onde vão admiração e amizade. Do Herberto Helder 14.8.78». Contém citação: «A pedra abre a cauda de ouro incessante, / somos palavras, / peixes repercutidos. / Só a água fala nos buracos. / (...) / Sou os mortos — diz uma árvore / com a flor recalcada. / E assim as árvores / chegam ao céu. HH, "Húmus", 1966/67».

Publicado pela segunda vez, em volume, em 1978, na editora & etc e na editora Contraponto: (CLO, 1978b). Contém excerto de um artigo de Maria Estela Guedes, «Herberto Hélder: a visão do corpo no espaço da obra», publicado no Diário Popular em 28/9/78; mantém o «hors-texte» e a citação da edição anterior.

Integra: (CLO [PT, 1981: 585-596; 3.º texto-base), (CLO [PT, 1990: 391-400), (CLO [PT, 1996: 391-400), (CLO [OPC, 2004: 347-358), (CLO [OC, 2009: 317-328), (CLO [PC, 2014: 317-328).

Integra: (CLO, 1978a: 7-19), (CLO, 1978b: 7-19), (CLO [PT, 1981: 587-596; 3.º texto-base), (CLO [PT, 1990: 393-400), (CLO [PT, 1996: 393-400), (CLO [OPC, 2004: 349-358), (CLO [OC, 2009: 319-328), (CLO [PC, 2014: 319-328).

[16] a massa arterial → os flancos suados (CLO, 1978a: 7), (CLO, 1978b: 7).

[42] dos → nos (CLO, 1978a: 9), (CLO, 1978b: 9).

[96] Estas → Têm (CLO [PT, 1990: 395), (CLO [PT, 1996: 395), (CLO [OPC, 2004: 352), (CLO [OC, 2009: 322), (CLO [PC, 2014: 322).

[97] têm caras → caras (CLO [PT, 1990: 395), (CLO [PT, 1996: 395), (CLO [OPC, 2004: 352), (CLO [OC, 2009: 322), (CLO [PC, 2014: 322).

[103] em torno → à volta (CLO [PT, 1990: 396), (CLO [PT, 1996: 396), (CLO [OPC, 2004: 352), (CLO [OC, 2009: 322), (CLO [PC, 2014: 322).

[104] da estaca → estuante (CLO [PT, 1990: 396), (CLO [PT, 1996: 396), (CLO [OPC, 2004: 352), (CLO [OC, 2009: 322), (CLO [PC, 2014: 322).

[105] viva. → da estaca. (CLO [PT, 1990: 396), (CLO [PT, 1996: 396), (CLO [OPC, 2004: 352), (CLO [OC, 2009: 322), (CLO [PC, 2014: 322).

[128] atirados → minados (CLO [PT, 1990: 396), (CLO [PT, 1996: 396), (CLO [OPC, 2004: 353), (CLO [OC, 2009: 323), (CLO [PC, 2014: 323).

[129] as → das (CLO [PT, 1990: 396), (CLO [PT, 1996: 396), (CLO [OPC, 2004: 353), (CLO [OC, 2009: 323), (CLO [PC, 2014: 323).

[175] vivo → furioso (CLO [PT, 1990: 398), (CLO [PT, 1996: 398), (CLO [OPC, 2004: 355), (CLO [OC, 2009: 325), (CLO [PC, 2014: 325).

[228] meio, → meio (CLO [PT, 1990: 399), (CLO [PT, 1996: 399), (CLO [OPC, 2004: 357), (CLO [OC, 2009: 327), (CLO [PC, 2014: 327).

[235] vasadas → vazadas (CLO, 1978a: 18), (CLO, 1978b: 18), (CLO [PT, 1990: 399), (CLO [PT, 1996: 399), (CLO [OPC, 2004: 357), (CLO [OC, 2009: 327), (CLO [PC, 2014: 327).

(a morte própria) [E estás algures, em ilhas, selada pelo teu próprio brilho,] 13 pub. vs. 2 vers.

Integra: (P&V, 1979: 183-185), (P&V, 1987: 176-178), (P&V, 1995: 176-178), (P&V, 2006: 167-169), (P&V, 2013: 170-172).

Integra o ciclo de seis poemas «De "Photomaton & Vox"», [poema 6]: (P&V [PT, 1981: 613-615; 3.º texto-base), (P&V [PT, 1990: 416-417), (P&V [PT, 1996: 415-416).

Integra o ciclo de seis poemas *Dedicatória*, [poema 6]: (D [OPC, 2004: 375-377), (D [OC, 2009: 345-347), (D [PC, 2014: 345-347).

Integra o ciclo de seis poemas «(Dedicatória)», [poema 6]: (D [OPC-S, 2001: 75-77), (D [FNCF, 2008: 84-86); retira o título do poema.

[25] à → à tua (P&V, 1987: 177), (P&V, 1979: 184), (P&V, 1995: 177), (P&V, 2006: 168), (P&V, 2013: 171).

[46] esgota-se → se esgota (P&V, 1979: 185).

[Tocaram-me na cabeça com um dedo terrificamente] 8 pub. vs. 3 vers.

Integra o ciclo de dois poemas «De Antemão», [poema 1]: (CM, 1982: 9-10), (CM [PT, 1990: 439; 6.º texto-base), (CM [PT, 1996: 439), (CM [OPC, 2004: 401-402), (CM [OC, 2009: 371-372), (CM [PC, 2014: 371-372).

Integra o ciclo de três poemas «(A cabeça entre as mãos)», [poema 1]: (CM [OPC-S, 2001: 83-84), (CM [FNCF, 2008: 92-93); retira o título do poema.

[8] Metia → metia (CM [OPC-S, 2001: 83), (CM [OPC, 2004: 401), (CM [FNCF, 2008: 92), (CM [OC, 2009: 371), (CM [PC, 2014: 371).

[20] alumiam → alumiam: (CM, 1982: 10).

[21] e → que (CM, 1982: 10).

— *Um poema (Iniji) que não é como os outros* — *(J.M.G. Le Clézio)* [Interrogamo-nos acerca da poesia? Desejaríamos saber o que pretende ela, aquilo que pretende de nós.] 5 pub. vs. 3 vers.

Integra: (M, 1987: 9-13), (M, 1988: 9-13), (M [PT, 1990: 465-468; 6.º texto-base), (M [PT, 1996: 465-468), (M, 2010: 9-15).

Não integra: (OPC, 2004), (OC, 2009), (PC, 2014).

[5] Refrões de cançonetas, → Estribilhos de canções, (M, 2010: 9).

[24] nenhuma, → alguma, (M, 1987: 10).

[40] em → à nossa (M, 1987: 10).

[41] à distância, → de longe, (M, 1987: 10).

[46] saber, → sabê-lo, (M, 1987: 10).

[63] nos reencontrar. → reencontrar-nos. (M, 1987: 11).

— *Na cerimónia da puberdade feminina* — *(Índios Cunas, Panamá)* [As mulheres que cortam o cabelo às raparigas vão entrando na casa.] 5 pub. vs. 3 vers.

Integra: (M, 1987: 30), (M, 1988: 37), (M [PT, 1990: 491; 6.º texto-base), (M [PT, 1996: 491), (M, 2010: 41-42).

Não integra: (OPC, 2004), (OC, 2009), (PC, 2014).

[4] nos pentes e nas tesouras. → nas tesouras e nos pentes. (M, 1987: 30), (M, 1988: 37).

[5] põem-se → param (M, 1987: 30).

[6] grandes cabaças → bacias (M, 1987: 30).

[7] cabaças pequenas. → tigelas. (M, 1987: 30).

[8] cabaças pequenas com aguardente. → tigelas com carne. (M, 1987: 30); aguardente. → hidromel. (M, 1988: 37).

[9] pegam nas cabaças pequenas e seguram-nas. → pousam as tigelas e vão buscá-las outra vez. (M, 1987: 30).

[10] bebem a aguardente. → agarram na carne. (M, 1987: 30); a aguardente. → o hidromel. (M, 1988: 37).

[17] As mulheres deixam cair no chão o cabelo das raparigas. → Cai no chão o cabelo das raparigas. (M, 1987: 30).

[18] Cai no chão o cabelo das raparigas. → As mulheres deixam cair no chão o cabelo das raparigas. (M, 1987: 30).

[Duro, o sopro e o sangue tornaram-no duro,] 7 pub. vs. 3 vers.

Integra ciclo de seis poemas [ciclo sem título], [parte] V, [poema 6]: (DM, 1994: 85-87), (DM [PT, 1996: 620-622; 7.º texto-base), (DM [OPC, 2004: 560-561), (DM [OC, 2009: 530-531), (DM [PC, 2014: 530-531).

Integra o ciclo de 10 poemas «(Do mundo)», [poema 10]: (DM [OPC-S, 2001: 122-124), (DM [FNCF, 2008: 131-133).

[3] das gramáticas, → do idioma, (DM, 1994: 85).

[29] o idioma: → a fala: (DM, 1994: 86).

[30] o mais rouco → a mais rouca (DM, 1994: 86).

[45] de → da (DM [OPC-S, 2001: 124), (DM [FNCF, 2008: 133).

[É o tema das visões e das vozes, um pouco ameaçador agora quando se lembra aquilo por que se passou.] 3 pub. vs. 3 vers.

Integra: (ELD, 1985: 7-8), (S, 2013: 9-18), (S [PC, 2014: 621-626; 9.º texto-base); [nota introdutória].

A segunda parte deste texto, que começa por «Eu podia contar gemeamente duas histórias (...)» (S, 2013: 13-16), (S [PC, 2014: 623-625; 9.º texto-base), foi publicada pela primeira vez, em volume, em *Edoi Lelia Doura. Antologia das Vozes Comunicantes da Poesia Moderna Portuguesa*, organizada por Herberto Helder, 1985, na editora Assírio e Alvim: (ELD, 1985: 7-8). Este texto é uma «nota introdutória» ou «prefácio» do autor para a referida antologia.

[8] inteiros → inteiro (S, 2013: 9).

[88] símbolo: → símbolo, como se intelege neste livro: (ELD, 1985: 7).

[114] últimas, → comunicantes, (ELD, 1985: 7).

[115] pessoal, → pessoal, pessoais, (ELD, 1985: 7).

[118] sistema → sistema de vozes (ELD, 1985: 8).

[118-119] outras linhas: é um gnómon → outros veios: é uma clepsidra (ELD, 1985: 8).

[119] horas, → horas, porventura nocturnas, (ELD, 1985: 8).

[120] pessoal. → negro magnificante. (ELD, 1985: 8).

[120] carta → antologia (ELD, 1985: 8).

[121] múltipla e unívoca, e doada, → unívoca na multiplicidade vocal, (ELD, 1985: 8).

[122] poemas, → poetas e poemas, (ELD, 1985: 8).

[123] só inspiração. → inspiração comum, a uma comum arte do fogo e da noite, ao mesmo patrocínio constelar. (ELD, 1985: 8).

[125] apenas → só (ELD, 1985: 8).

[129] «começa a ser real». → começa a ser real. (ELD, 1985: 8).

[nunca mais quero escrever numa língua voraz,] 2 pub. vs. 2 vers.

Integra o ciclo de 73 poemas *Servidões*, [poema 29]: (S, 2013: 56-57), (S [PC, 2014: 659; 9.º texto-base).

[12] amigo, → amigo do amigo, que me disse, (S, 2013: 56).

[18] e merda, não é justo! → e não é justo, merda! (S, 2013: 57).

APÊNDICE E

Mapeamento de poemas com alterações médias e máximas

Fonte: A. Couts (2017).

II [Era uma vez um pintor que tinha um aquário e, dentro do aquário, um peixe encarnado.] 10 pub. vs. 2 vers.

Integra o ciclo de quatro textos «As Maneiras», [texto] II: (RM [PT, 1973: 77-78; 2.º texto-base), (RM [PT, 1981: 379-380).

Integra o ciclo de dois textos «Dedicatória», [texto 2]: (VA, 1971: 11-12).

Integra: (PV, 1994: 21-24), (PV, 2001: 23-24), (PV, 2006: 23-24), (PV, 2009: 21-22), (PV, 2013: 21-22), (PV, 2015: 21-22), com o título «Teoria das Cores».

Não integra (PT, 1990), (PT, 1996), (OPC, 2004), (OC, 2009), (PC, 2014).

[2] aquário e, dentro do aquário, um peixe encarnado. → aquário com um peixe vermelho. (PV, 1994: 23), (PV, 1997: 23), (PV, 2001: 23), (PV, 2006: 23), (PV, 2009: 21), (PV, 2013: 21), (PV, 2015: 21).

[3-7] encarnada, quando a certa altura começou a tornar-se negro a partir — digamos — de dentro. Era um nó negro por detrás da cor vermelha e que, insidioso, se desenvolvia para

fora, alastrando-se e tomando conta de todo o peixe. Por fora do aquário, o pintor assistia surpreendido à chegada do novo peixe. → vermelha até que principiou a tornar-se negro a partir de dentro, um nó preto atrás da cor encarnada. O nó desenvolvia-se alastrando e tomando conta de todo o peixe. Por fora do aquário o pintor assistia surpreendido ao aparecimento do novo peixe. (PV, 1994: 23), (PV, 1997: 23), (PV, 2001: 23), (PV, 2006: 23), (PV, 2009: 21), (PV, 2013: 21), (PV, 2015: 21).

[8-16] este: obrigado a interromper o quadro que pintava e onde estava a aparecer o vermelho do seu peixe, não sabia agora o que fazer da cor preta que o peixe lhe ensinava. Assim, os elementos do problema constituíam-se na própria observação dos factos e punham-se por uma ordem, a saber: 1.º — peixe, cor vermelha, pintor, em que a cor vermelha era o nexo estabelecido entre o peixe e o quadro, através do pintor; 2.º — peixe, cor preta, pintor, em que a cor preta formava a insídia do real e abria um abismo na primitiva fidelidade do pintor. → que, obrigado a interromper o quadro onde estava a chegar o vermelho do peixe, não sabia que fazer da cor preta que ele agora lhe ensinava. Os elementos do problema constituíam-se na observação dos factos e punham-se por esta ordem: peixe, vermelho, pintor — sendo o vermelho o nexo entre o peixe e o quadro através do pintor. O preto formava a insídia do real e abria um abismo na primitiva fidelidade do pintor. (PV, 1994: 23), (PV, 1997: 23), (PV, 2001: 23), (PV, 2006: 23), (PV, 2009: 21), (PV, 2013: 21), (PV, 2015: 21).

[17-23] acerca das razões por que o peixe mudara de cor precisamente na hora em que o pintor assentava na sua fidelidade, ele pensou que, lá de dentro do aquário, o peixe, realizando o seu número de prestidigitação, pretendia fazer notar que existia apenas uma lei que abrange tanto o mundo das coisas como o da imaginação. Essa lei seria a metamorfose. Compreendida a nova espécie de fidelidade, o artista pintou na sua tela um peixe amarelo. → sobre as razões da mudança exactamente quando assentava na sua fidelidade, o pintor supôs que o peixe, efectuando um número de mágica, mostrava que existia apenas uma lei abrangendo tanto o mundo das coisas como o da imaginação. Era a lei da metamorfose.

Compreendida esta espécie de fidelidade, o artista pintou um peixe amarelo. (PV, 1994: 23-24), (PV, 1997: 23-24), (PV, 2001: 23-24), (PV, 2006: 23-24), (PV, 2009: 21-22), (PV, 2013: 21-22), (PV, 2015: 21-22).

1. [Eis como que uma coisa como que nos interessa: destruir os textos.] 9 pub. vs. 3 vers.

Integra o ciclo de cinco poemas «E Outros Exemplos», [poema] 1.: (C, 1977: 65-67).

Integra o ciclo de quatro poemas «E Outros Exemplos», [poema] 1.: (C [PT, 1981: 573-575; 3.º texto-base).

Integra o ciclo de cinco poemas *Exemplos*, [poema] 2.: (EX [PT, 1990: 383-384), (EX [PT, 1996: 383-384), (EX [OPC, 2004: 337-338), (EX [OC, 2009: 307-308), (EX [PC, 2014: 307-308).

Integra o ciclo de quatro poemas «(Exemplos)», [poema 2]: (EX [OPC-S, 2001: 55-57), (EX [FNCF, 2008: 64-66); retira a numeração do poema.

[21] suáveles → suáveis (C, 1977: 66); suaves, suáveles → truculentas (EX [PT, 1990: 383), (EX [PT, 1996: 383), (EX [OPC-S, 2001: 56), (EX [OPC, 2004: 337), (EX [FNCF, 2008: 65), (EX [OC, 2009: 307), (EX [PC, 2014: 307).

[45] Destrói: esta paisagem eternamente em órbita em torno → Destruir diz ela diz / Duras digo / dizemos quero dizer / dizemos. Destrói: /esta paisagem eternamente em órbita em torno (C, 1977: 66-67).

[A uma devagarosa mulher com cinco dedos potentes] 5 pub. vs. 3 vers.

Integra o ciclo de 13 poemas [ciclo sem título], [parte] I, [poema 1]: (DM, 1994: 29-30), (DM [PT, 1996: 589; 7.º texto-base), (DM [OPC, 2004: 515), (DM [OC, 2009: 485), (DM [PC, 2014: 485).

Substitui este poema por: «A uma devagarosa mulher com a boca / do corpo cheia de sangue e a boca / do rosto cheia / de respiração, por cinco dedos meus / esquerdos, na curta duração de tudo, / a curta canção que pulsa / do fundo de si mesma: / a uma devagarosa mulher no mundo.» (DM [OC, 2009: 485), (DM [PC, 2014: 485).

[4-8] e a sobressalta, e os outros cinco dedos contra a respiração, / as canas do corpo / vibrando / com a voz, o alvoroço. / Abre-me todo a força da palavra encharcada, / abre-me através / de abdómen e diafragma, os pulmões, os

brônquios, traqueia, a glote, → e o sobressalta, e os outros cinco dedos / contra / respiração e voz compacta. / O tamanho do ar traz então pelos crivos / de dentro para fora os elementos. / Coando a espessura da palavra, / aferindo-lhe a força através de abdómen e diafragma, / os pulmões, os brônquios, traqueia, a glote, (DM, 1994: 29).

[10-11] o côncavo da boca: um canto, / a ventania do corpo. → o côncavo da boca. / Essa palavra encharcada em baba, que devia ser um canto, / uma ventania do corpo. (DM, 1994: 29).

[12] a risca → o risco (DM, 1994: 29).

[travesti, brasileiro, dote escandaloso, leio, venha ser minha fêmea,] 3 pub. vs. 2 vers.

Integra o ciclo de 89 poemas «(A faca não corta o fogo)», [poema 58]: (FNCF, 2008: 178-180).

Integra o ciclo de 99 poemas *A Faca Não Corta o Fogo*, [poema 64]: (FNCF [OC, 2009: 584-586; 8.º texto-base), (FNCF [PC, 2014: 584-586).

[25] chegava, e a mão queimada, e penso: → chegava de tão / íngremes e / ardentes, / e a mão queimada, e penso: (FNCF, 2008: 179).

[33] avidez mamífera → a sua fúria combustível (FNCF, 2008: 179).

[e depois veio a navalha e cortou-lhes o canto pelo meio da garganta,] 2 pub. vs. 2 vers.

Integra o ciclo de 73 poemas *Servidões*, [poema 51]: (S, 2013: 83-84), (S [PC, 2014: 682; 9.º texto-base).

[1] Introduz o seguinte verso, sendo este o primeiro verso do poema: estavam nus e cantavam, / (S, 2013: 83).

[13-16] sangue: / — e as bandejas de prata e as cabeças decepadas / — gloria in excelsis / iluminura → sangue, / puros nus senhores da música (S, 2013: 84).

APÊNDICE F

Mapeamento de poemas com alterações mínimas, médias e máximas

Fonte: A. Couts (2017).

IV [Mal se empina a cabra com suas patas traseiras] 10 pub. vs. 4 vers.

> Integra o ciclo de seis poemas «Fonte», [poema] IV: (CB, 1961: 68-70), (CB [OC, 1967: 68-69; 1.º texto-base), (CB [PT, 1973: 64-65), (CB [PT, 1981: 66-67), (CB [PT, 1990: 47-48), (CB [PT, 1996: 47-48), (CB [OPC, 2004: 51-52), (CB [OC, 2009: 51-52), (CB [PC, 2014: 51-52).

> Integra o ciclo de seis poemas *Fonte*, [poema] IV: (FO, 1998: 15-17).

> [1] com suas → com as (CB [PT, 1990: 47), (CB [PT, 1996: 47), (FO, 1998: 15), (CB [OPC, 2004: 51).

> [4] astros. E sobre a solidão das casas, → astros, e sobre a solidão das casas (CB, 1961: 68).

> [5] Este verso e os cinco versos seguintes são substituídos por: (que na terra porventura esperam / um sinal, no círculo do sono, entre a cinza / e o vinho derramado) / os cascos de demónio curvam-se — / ágeis, frágeis — / com sua força apertadíssima que o sonâmbulo desejo / de nosso coração /

absorve ao cimo, como uma brisa cheia / de avisos, de prenúncios. (CB, 1961: 68).

[6] curvam-se os cascos de demónio — → curvam-se os ágeis (CB [PT, 1990: 47), (CB [PT, 1996: 47), (FO, 1998: 15), (CB [OPC, 2004: 51), (CB [OC, 2009: 51), (CB [PC, 2014: 51).

[7] ágeis, frágeis. → cascos de demónio. (CB [PT, 1990: 47), (CB [PT, 1996: 47), (FO, 1998: 15), (CB [OPC, 2004: 51), (CB [OC, 2009: 51), (CB [PC, 2014: 51).

[8] nosso coração → coração (CB [PT, 1990: 47), (CB [PT, 1996: 47), (FO, 1998: 15), (CB [OPC, 2004: 51), (CB [OC, 2009: 51), (CB [PC, 2014: 51).

[9] tudo absorve ao alto, como uma tenebrosa → absorve tudo ao alto numa vertigem (CB [PT, 1990: 47), (CB [PT, 1996: 47), (FO, 1998: 15), (CB [OPC, 2004: 51), (CB [OC, 2009: 51), (CB [PC, 2014: 51).

[10] vertigem. → tenebrosa. (CB [PT, 1990: 47), (CB [PT, 1996: 47), (FO, 1998: 15), (CB [OPC, 2004: 51), (CB [OC, 2009: 51), (CB [PC, 2014: 51).

[11] Este verso e os nove versos seguintes são substituídos por: Mal começa a tingir-se de vermelho a baga / venenosa; e o comovido silêncio dos dedos / a procura e toca; / e as veias, suspensas, mudam a conjunção / do sangue que sobe com o sangue que desce; / e apolo perde a fronte criada / em séculos de repouso e de firmeza; / e a mandíbula, os pés, o fogo da invenção, / a loucura de prata, / surgem, não já do sono, mas nas partes / onde cada um vai sendo impaciente e vivo / —

mal a noite propõe sua mesa e seu leito, / nós comemos e bebemos / — nós temos a beleza. (CB, 1961: 68-69).

[12] venenosas — patético, → venenosas, (CB [PT, 1990: 47), (CB [PT, 1996: 47), (FO, 1998: 15), (CB [OPC, 2004: 51), (CB [OC, 2009: 51), (CB [PC, 2014: 51).

[14] Então as veias, suspensas, mudam a conjunção → Então as veias mudam a conjunção / suspensa (CB [PT, 1990: 47), (CB [PT, 1996: 47), (FO, 1998: 16), (CB [OPC, 2004: 51), (CB [OC, 2009: 51), (CB [PC, 2014: 51).

[16] tremenda → feroz (CB [PT, 1990: 47), (CB [PT, 1996: 47), (FO, 1998: 16), (CB [OPC, 2004: 51), (CB [OC, 2009: 51), (CB [PC, 2014: 51).

[17] a mandíbula, → as mandíbulas, (CB [PT, 1990: 47), (CB [PT, 1996: 47), (FO, 1998: 16), (CB [OPC, 2004: 51), (CB [OC, 2009: 51), (CB [PC, 2014: 51).

[17] e o → o (CB [PT, 1990: 47), (CB [PT, 1996: 47), (FO, 1998: 16), (CB [OPC, 2004: 51), (CB [OC, 2009: 51), (CB [PC, 2014: 51).

[18] secreto: → secreto, a beleza terrível (CB [PT, 1990: 47), (CB [PT, 1996: 47), (FO, 1998: 16), (CB [OPC, 2004: 51), (CB [OC, 2009: 51), (CB [PC, 2014: 51).

[19] — Terrível, a beleza espalha sobre nós → espalham sobre nós a branca (CB [PT, 1990: 47), (CB [PT, 1996: 47), (FO, 1998: 16), (CB [OPC, 2004: 51), (CB [OC, 2009: 51), (CB [PC, 2014: 51).

[20] a branca luz violenta. → luz violenta. (CB [PT, 1990: 47), (CB [PT, 1996: 47), (FO, 1998: 16), (CB [OPC, 2004: 51), (CB [OC, 2009: 51), (CB [PC, 2014: 51).

[21] Um dia começa a alma, → Mal começa a nossa alma (CB, 1961: 69).

[22] a cabra ao alto, fremente, no flanco → a cabra fremente no flanco (CB [PT, 1990: 47), (CB [PT, 1996: 47), (FO, 1998: 16), (CB [OPC, 2004: 52), (CB [OC, 2009: 52), (CB [PC, 2014: 52).

[23] casta. → casta — (CB, 1961: 69); casta. → viva. (CB [PT, 1990: 47), (CB [PT, 1996: 47), (FO, 1998: 16), (CB [OPC, 2004: 52), (CB [OC, 2009: 52), (CB [PC, 2014: 52).

[24] Lentamente cantamos → Cantamos devagar (CB [PT, 1990: 47), (CB [PT, 1996: 47), (FO, 1998: 16), (CB [OPC, 2004: 52), (CB [OC, 2009: 52), (CB [PC, 2014: 52).

[24] Lentamente cantamos o espírito dos livros. → baixo cantamos, porque assim vem / nas escrituras. (CB, 1961: 69).

[25] noite, → noite (CB, 1961: 69).

[27] maravilhoso, → maravilhoso (CB, 1961: 69).

[28] dardo do caçador. → dardo puro do caçador, e nós o vemos, (CB, 1961: 69).

[29] Um dia começa o nosso amor — ardente, infeliz, → e o nosso amor se inicia — infeliz, fecundo, (CB, 1961: 69); nosso amor — ardente, infeliz, → o amor louco. (CB [PT, 1990: 48),

(CB [PT, 1996: 48), (FO, 1998: 16), (CB [OPC, 2004: 52), (CB [OC, 2009: 52), (CB [PC, 2014: 52).

[30] misterioso. Porque a cabra → Porque a cabra (CB [PT, 1990: 48), (CB [PT, 1996: 48), (FO, 1998: 16), (CB [OPC, 2004: 52), (CB [OC, 2009: 52), (CB [PC, 2014: 52).

[31] feroz e antigo — → materno, de antigo e próprio, (CB, 1961: 69); feroz e antigo — → materno e antigo — (CB [PT, 1973: 65); é qualquer coisa de feroz e antigo — → é uma coisa materna e antiga. (CB [PT, 1990: 48), (CB [PT, 1996: 48), (FO, 1998: 17), (CB [OPC, 2004: 52), (CB [OC, 2009: 52), (CB [PC, 2014: 52).

[32] rodeia, → rodeia (CB, 1961: 69).

[33] bate. Durante a noite irrompe o trigo. → bate mais do que se nascesse o trigo ou nos lagares (CB, 1961: 69); e o nosso coração a rodeia, / e bate. Durante a noite irrompe o trigo. → À noite o trigo irrompe da terra. (CB [PT, 1990: 48), (CB [PT, 1996: 48), (FO, 1998: 17), (CB [OPC, 2004: 52), (CB [OC, 2009: 52), (CB [PC, 2014: 52).

[34] — Subtil, a sombra das flautas subindo pelas mãos. → as uvas fossem a alma subtil / ou a sombra das flautas subisse em nossas mãos [este último verso continua a estrofe anterior] (CB, 1961: 70); este verso é eliminado: (CB [PT, 1990: 48), (CB [PT, 1996: 48), (FO, 1998: 17), (CB [OPC, 2004: 52), (CB [OC, 2009: 52), (CB [PC, 2014: 52).

[35] Este verso e os cinco versos seguintes são substituídos por nova estrofe: Mal principia a rodar o mundo / com suas plantas, suas águas e imagens, seu fogo / abstracto e

silencioso, / nós é que vamos beijar o livro na tradição / da casa, no espírito que rumoreja / dentro da vida cerrada, no que vamos fazendo / sem descanso / desde o primeiro sono confuso / até ao veemente engano das palavras. (CB, 1961: 70).

[37] quente. → ardente. (CB [PT, 1990: 48), (CB [PT, 1996: 48), (FO, 1998: 17), (CB [OPC, 2004: 52), (CB [OC, 2009: 52), (CB [PC, 2014: 52).

[37] casas, → casas (CB [PT, 1990: 48), (CB [PT, 1996: 48), (FO, 1998: 17), (CB [OPC, 2004: 52), (CB [OC, 2009: 52), (CB [PC, 2014: 52).

[38] cegas e loucas → lentas, cegas (CB [PT, 1990: 48), (CB [PT, 1996: 48), (FO, 1998: 17), (CB [OPC, 2004: 52), (CB [OC, 2009: 52), (CB [PC, 2014: 52).

[39] sono aberto palavras são → no sono as palavras (CB [PT, 1990: 48), (CB [PT, 1996: 48), (FO, 1998: 17), (CB [OPC, 2004: 52), (CB [OC, 2009: 52), (CB [PC, 2014: 52).

[40] mortalmente → são mortalmente (CB [PT, 1990: 48), (CB [PT, 1996: 48), (FO, 1998: 17), (CB [OPC, 2004: 52), (CB [OC, 2009: 52), (CB [PC, 2014: 52).

[41] puras, sobre → castas / do nosso coração, (CB, 1961: 70).

[42] doce e terrível da nossa → árdua e amarga da (CB [PT, 1990: 48), (CB [PT, 1996: 48), (FO, 1998: 17), (CB [OPC, 2004: 52), (CB [OC, 2009: 52), (CB [PC, 2014: 52).

[42] a forma doce e terrível da nossa melancolia. → sobre a forma discreta e horrível da nossa melancolia... (CB, 1961: 70).

A MENSTRUAÇÃO, QUANDO NA CIDADE PASSAVA [A menstruação, quando na cidade passava] 9 pub. vs. 4 vers.

Integra: (E, 1964: 20-24), (ML [OC, 1967: 221-224; 1.º texto-base), (ML [PT, 1973: 21-24), (ML [PT, 1981: 325-328).

Integra: (ML [PT, 1990: 255-257), (ML [PT, 1996: 255-257), (ML [OPC, 2004: 196-198), (ML [OC, 2009: 196-198), (ML [PC, 2014: 196-198), com o título «A MENSTRUAÇÃO QUANDO NA CIDADE PASSAVA».

[1] menstruação, → menstruação (ML [PT, 1990: 255), (ML [PT, 1996: 255), (ML [OPC, 2004: 196), (ML [OC, 2009: 196), (ML [PC, 2014: 196).

[3] menstruação, → menstruação (ML [PT, 1981: 325), (ML [PT, 1990: 255), (ML [PT, 1996: 255), (ML [OPC, 2004: 196), (ML [OC, 2009: 196), (ML [PC, 2014: 196).

[7] os figos, com → com (E, 1964: 20).

[8] branca. → branca os seus figos. (E, 1964: 20).

[12] casa. → casa: o terror / do gato que tombava do telhado e se derretia. (E, 1964: 21).

[16] sangue. → gato. (E, 1964: 21).

[17] casa, → casa (E, 1964: 21).

[19] partia a cabeça → partiam-se as cabeças (ML [PT, 1990: 255), (ML [PT, 1996: 255), (ML [OPC, 2004: 196), (ML [OC, 2009: 196), (ML [PC, 2014: 196).

[25] abatia → abate (E, 1964: 21).

[28] sangue, → menstruação, (E, 1964: 21).

[31] um antigo endecassílabo → uma antiga palavra (ML [PT, 1981: 326), (ML [PT, 1990: 256), (ML [PT, 1996: 256), (ML [OPC, 2004: 197), (ML [OC, 2009: 197), (ML [PC, 2014: 197).

[39] maçãs. → as maçãs. (ML [PT, 1990: 256), (ML [PT, 1996: 256), (ML [OPC, 2004: 197), (ML [OC, 2009: 197), (ML [PC, 2014: 197).

[40] E era → Era (E, 1964: 22).

[41] Este verso é iniciado (e retomado no verso seguinte) com os versos: Alguém falava: ovos. E são verdades / partidas de outras verdades, como ovos de uma / matriz abalada (um dia de agosto parte / a cabeça às estátuas) abalada / pela maturidade. E elas riam no ar, / comendo a noite, (E, 1964: 22).

[54] espreitando, em cujos → espreitando (ML [PT, 1990: 256), (ML [PT, 1996: 256), (ML [OPC, 2004: 198), (ML [OC, 2009: 198), (ML [PC, 2014: 198).

[55] focinhos o lume em silêncio se consumia. → e nos focinhos consumia-se o lume em silêncio. (ML [PT, 1990: 256), (ML [PT, 1996: 256), (ML [OPC, 2004: 198), (ML [OC, 2009: 198), (ML [PC, 2014: 198).

[64] um endecassílabo antigo → uma palavra antiga (ML [PT, 1981: 327), (ML [PT, 1990: 257), (ML [PT, 1996: 257), (ML [OPC, 2004: 198), (ML [OC, 2009: 198), (ML [PC, 2014: 198)

[66] coroado → coroada (ML [PT, 1981: 327), (ML [PT, 1990: 257), (ML [PT, 1996: 257), (ML [OPC, 2004: 198), (ML [OC, 2009: 198), (ML [PC, 2014: 198).

[68] ùnicamente → unicamente (ML [PT, 1981: 327); ùnicamente → apenas (ML [PT, 1990: 257), (ML [PT, 1996: 257), (ML [OPC, 2004: 198), (ML [OC, 2009: 198), (ML [PC, 2014: 198).

[72] lume → lume escorria das esponjas. (ML [PT, 1990: 257), (ML [PT, 1996: 257), (ML [OPC, 2004: 198), (ML [OC, 2009: 198), (ML [PC, 2014: 198).

[73-74] escorria das esponjas. A menstruação / partia a cabeça dos violinos. → Partiam-se as cabeças dos violinos. (ML [PT, 1990: 257), (ML [PT, 1996: 257), (ML [OPC, 2004: 198), (ML [OC, 2009: 198), (ML [PC, 2014: 198).

II [*Porque a imprensa fornece um novo dia e uma noite maior:*] 6 pub. vs. 3 vers.

Integra o ciclo de sete textos «Artes e Ofícios», [texto] II: (RM, 1967: 27-28).

Integra o ciclo de seis textos «Artes e Ofícios», [texto] II: (RM [PT, 1973: 86-87; 2.º texto-base), (RM [PT, 1981: 388-389).

Os parágrafos deste texto, que correspondem a «pequenas histórias», integram as seguintes edições de P&V: (1995, 2006, 2013). Para além das alterações textuais indicadas abaixo, estas «pequenas histórias» surgem, contudo, numa sequência diferente daquela apresentada no texto-base e nas versões posteriores integradas em volumes reunidos.

Não integra: (PT, 1990), (PT, 1996), (OPC, 2004), (OC, 2009), (PC, 2014).

[1.º p.] Este parágrafo integra: (P&V, 1990: 90-91), (P&V, 2006: 86), (P&V, 2013: 86), sequência de «histórias» com o título «(o humor em quotidiano negro»).

[4] altura, → altura (P&V, 1990: 91), (P&V, 2006: 86), (P&V, 2013: 86).

[5] uma madeixa de cabelos → madeixas de cabelo (P&V, 1990: 91), (P&V, 2006: 86), (P&V, 2013: 86).

[6-7] continuavam, entretanto, → entretanto continuavam (P&V, 1990: 91), (P&V, 2006: 86), (P&V, 2013: 86).

[2.º p.] Estes dois parágrafos integram: (P&V, 1990: 90-91), (P&V, 2006: 86-87), (P&V, 2013: 87), sequência de «histórias» com o título «(o humor em quotidiano negro»).

[8] O escultor japonês Tomio Miki anunciou hoje → Um escultor anunciou (P&V, 1990: 91), (P&V, 2006: 86), (P&V, 2013: 87).

[9-11] orelhas. Com efeito, desde 1963 que Miki não trabalha outro tema. Só esculpe orelhas — orelhas esquerdas — → orelhas, orelhas esquerdas (P&V, 1990: 91), (P&V, 2006: 86), (P&V, 2013: 87).

[12] a sua admiração → tal fascínio (P&V, 1990: 91), (P&V, 2006: 87), (P&V, 2013: 87).

[13] Mas os → Os (P&V, 1990: 91), (P&V, 2006: 87), (P&V, 2013: 87).

[3.º p.] Este parágrafo integra: (P&V, 1995: 92), (P&V, 2006: 87), (P&V, 2013: 88). Integra a sequência de «histórias» com o título «(o humor em quotidiano negro»), onde surge escrito desta forma: Cinco crianças deitaram gasolina sobre um homem que dormia numa estação de autocarros, e lançaram-lhe fogo. Ficaram depois a contemplar as chamas. Disseram mais tarde que era «belo», a coisa mais bela que tinham visto em toda a sua vida.

[18-19] Contemplaram em seguida → E ficaram a contemplar (RM [PT, 1981: 389).

[4.ª p.] Estes três parágrafos integram: (P&V, 1995: 91), (P&V, 2006: 86), (P&V, 2013: 86-87), sequência de «histórias» com o título «(o humor em quotidiano negro»).

[20-21] Está a comer-se a si próprio, até acabar por morrer, um polvo de um aquário público de Berlim. → Um polvo de um aquário público está a comer-se a si próprio. (P&V, 1995: 91), (P&V, 2006: 86), (P&V, 2013: 86).

[23-24] estranha há cerca de dez dias, → bizarra há cerca de uma semana, (P&V, 1995: 91), (P&V, 2006: 86).

[25] Espera-se que acabe por morrer, → Acabará por morrer (P&V, 1995: 91), (P&V, 2006: 86), (P&V, 2013: 87).

[26-27] permanece inteiramente → é (P&V, 1995: 91), (P&V, 2006: 86), (P&V, 2013: 87).

[não some, que eu lhe procuro, e lhe boto] 3 pub. vs. 2 vers.

Integra o ciclo de 89 poemas «(A faca não corta o fogo)», [poema 14]: (FNCF, 2008: 141-144).

Integra o ciclo de 99 poemas *A Faca Não Corta o Fogo*, [poema 18]: (FNCF [OC, 2009: 544-548; 8.º texto-base), (FNCF [PC, 2014: 544-548).

[2] garganta, → garganta, ou lhe boto (FNCF, 2008: 141).

[3] ou na → na (FNCF, 2008: 141).

[13] tempo, → tempo / e de minha idéia, (FNCF, 2008: 141-142).

[23] outra → outra, / dá ao elemento ar um alvorôço e uma largura química, / seiva tão môça, / e aturdida ¿que se me faz que seja puta? dizem / por i, de gente (FNCF, 2008: 142).

[24] ¿que → em gente ¿que (FNCF, 2008: 142).

[38] jógo → pônho (FNCF, 2008: 143).

[39] te lavro → toco no pêlo (FNCF, 2008: 143).

[46] giolhos → geolhos (FNCF, 2008: 143).

[56] luminoso, → luminoso no / bicho da terra vil e tão pequeno, (FNCF, 2008: 143).

[65] Este verso e os 37 versos seguintes são eliminados: (FNCF, 2008).

APÊNDICE G

Mapeamento de poemas intactos com alterações exteriores ao corpo do poema e/ou mudanças na estrutura da estrofe

Fonte: A. Couts (2017).

[«*Transforma-se o amador na coisa amada*» *com seu*] 9 pub. vs. 3 vers.

Integra o ciclo de dois poemas «Prefácio», [poema 2]: (CB, 1961: 16-17), (CB [OC, 1967: 19-20; 1.º texto-base), (CB [PT, 1973: 15-16).

Integra: (CB [PT, 1981: 17-18); retira o itálico do texto.

Integra o ciclo de três poemas «Tríptico», [poema] I: (CB [PT, 1990: 12-13), (CB [PT, 1996: 12-13); retira o itálico do texto.

Integra: (CB [OPC, 2004: 13-14), (CB [OC, 2009: 13-14), (CB [PC, 2014: 13-14); mantém as alterações anteriores; retira as aspas e mantém o itálico nas primeiras seis palavras.

CANTO DE ITZPAPALOTL [Ireis à região das piteiras selvagens,] 7 pub. vs. 2 vers.

Integra: (BN, 1968: 90-91), (BN [PT, 1973: 246-247; 2.º texto-base), (BN [PT, 1981: 251-252), (BN [PT, 1990: 192), (BN [PT, 1996: 192), (BN, 2010: 62-63), (BN, 2013: 62-63).

Não integra: (OPC, 2004), (OC, 2009), (PC, 2014).

[16] Este verso pertence à estrofe anterior: (BN [PT, 1981: 252).

HINO A NOSSA MÃE [A divindade posta sobre os cactos sumptuosos:] 7 pub. vs. 2 vers.

Integra: (BN, 1968: 92), (BN [PT, 1973: 247; 2.º texto-base), (BN [PT, 1981: 252-253), (BN [PT, 1990: 193), (BN [PT, 1996: 193), (BN, 2010: 64), (BN, 2013: 64).

Não integra: (OPC, 2004), (OC, 2009), (PC, 2014).

[9] Este verso constituí uma só estrofe: (BN [PT, 1981: 253), (BN [PT, 1990: 193), (BN [PT, 1996: 193), (BN, 2010: 64), (BN, 2013: 64).

ORAÇÃO MÁGICA FINLANDESA PARA ESTANCAR O SANGUE DAS FERIDAS [Pára, sangue, de correr,] 7 pub. vs. 2 vers.

Integra: (BN, 1968: 115-118), (BN [PT, 1973: 256-257; 2.º texto-base), (BN [PT, 1981: 264-265), (BN [PT, 1990: 203), (BN [PT, 1996: 203), (BN, 2010: 89-92), (BN, 2013: 89-92).

Não integra: (OPC, 2004), (OC, 2009), (PC, 2014).

[11] Este verso e os versos seguintes, até ao final do poema, constituem uma estrofe: (BN, 1968: 117).

[Libélula vermelha.] 7 pub. vs. 1 vers.

Integra o ciclo de 15 poemas «Quinze Haikais Japoneses», [poema 4]: (BN, 1968: 161), (BN [PT, 1973: 273; 2.º texto-base), (BN [PT, 1981: 284).

Integra o ciclo de 15 poemas «Quinze Haikus Japoneses», [poema 4]: (BN [PT, 1990: 219), (BN [PT, 1996: 219), (BN, 2010: 136), (BN, 2013: 136).

Não integra: (OPC, 2004), (OC, 2009), (PC, 2014).

[nome do Autor no final do poema] *(Kikaku)* → *(Kikakou)* (BN, 1968: 161).

[Festa das flores.] 7 pub. vs. 1 vers.

Integra o ciclo de 15 poemas «Quinze Haikais Japoneses», [poema 8]: (BN, 1968: 162), (BN [PT, 1973: 274; 2.º texto-base), (BN [PT, 1981: 285).

Integra o ciclo de 15 poemas «Quinze Haikus Japoneses», [poema 8]: (BN [PT, 1990: 220), (BN [PT, 1996: 220), (BN, 2010: 137), (BN, 2013: 137).

Não integra: (OPC, 2004), (OC, 2009), (PC, 2014).

[nome do Autor no final do poema] *(Kikaku)* → *(Kikakou)* (BN, 1968: 162).

[Monte de Higashi.] 7 pub. vs. 1 vers.

Integra o ciclo de 15 poemas «Quinze Haikais Japoneses», [poema 12]: (BN, 1968: 163), (BN [PT, 1973: 275; 2.º texto-base), (BN [PT, 1981: 286).

Integra o ciclo de 15 poemas «Quinze Haikus Japoneses», [poema 12]: (BN [PT, 1990: 221), (BN [PT, 1996: 221), (BN, 2010: 138), (BN, 2013: 138).

Não integra: (OPC, 2004), (OC, 2009), (PC, 2014).

[nome do Autor no final do poema] *(Ransetsu)* → *(Ransetsou)* (BN, 1968: 163).

III [Quando se caminha para a frente ou para trás, ao longo dos dicionários, vai-se desembocar na palavra Terror.] 3 pub. vs. 2 vers.

Integra: (RM, 1967: 13); texto introdutório, em itálico.

Integra o ciclo de quatro textos «As Maneiras», [texto] III: (RM [PT, 1973: 79; 2.º texto-base), (RM [PT, 1981: 381).

Não integra: (PT, 1990), (PT, 1996), (OPC, 2004), (OC, 2009), (PC, 2014).

V [Retratos com sono pelas câmaras carbónicas e frias, e o meu delírio de pés múltiplos cambaleando em letras íngremes e vírgulas terríveis.] 3 pub. vs. 2 vers.

Integra o ciclo de sete textos «Artes e Ofícios», [texto] VII (RM, 1967: 36-38).

Integra o ciclo de seis textos «Artes e Ofícios», [texto] V: (RM [PT, 1973: 92-94; 2.º texto-base), (RM [PT, 1981: 394-396).

Não integra (PT, 1990), (PT, 1996), (OPC, 2004), (OC, 2009), (PC, 2014).

[33-34] Este parágrafo pertence ao parágrafo anterior: (RM, 1967: 37).

[Às vezes, sobre um soneto voraz e abrupto, passa] 7 pub. vs. 2 vers.

Integra o ciclo de quatro poemas «Canção em Quatro Sonetos», [poema 3]: (CCL [PT, 1973: 181; 2.º texto-base), (CCL [PT, 1981: 485), (CCL [PT, 1990: 301), (CCL [PT, 1996:

301), (CCL [OPC, 2004: 250), (CCL [OC, 2009: 250), (CCL [PC, 2014: 250).

[8] Este verso, e os cinco versos seguintes, fazem parte da estrofe anterior: (CCL [PT, 1990: 301), (CCL [PT, 1996: 301), (CCL [OPC, 2004: 250), (CCL [OC, 2009: 250), (CCL [PC, 2014: 250).

EXEMPLO [A teoria era esta: arrasar tudo — mas alguém pegou] 7 pub. vs. 1 vers.

Integra: (C, 1977: 17-21); [2.ª parte de *Cobra*].

Integra: (C [PT, 1981: 535-537; 3.º texto-base); [1.ª parte de *Cobra*].

Integra: (EX [PT, 1990: 381-382), deixando de integrar *Cobra* e passando a pertencer a um ciclo autónomo de cinco poemas, [poema 1]. Muda o título «Exemplo» para *Exemplos*, reunindo o poema «Exemplo» [único poema] com os primeiros quatro poemas de «E Outros Exemplos». «Exemplo» é o primeiro poema deste ciclo, seguido pelos quatro poemas referidos. Nenhum dos poemas tem título.

Integra o ciclo de quatro poemas *Exemplos*, [poema] 1.: (EX [PT, 1996: 381-382), (EX [OPC, 2004: 335-336), (EX [OC, 2009: 305-306), (EX [PC, 2014: 305-306).

Integra o ciclo de cinco poemas «(Exemplos)», [poema 1]: (EX [OPC-S, 2001: 53-55), (EX [FNCF, 2008: 62-64); retira o título do poema.

(lugures, Ásia Central) [Ao negro mar ressoante possas tu chegar.] 5 pub. vs. 1 vers.

Integra: (M, 1987: 25), com o título *(lugures)*.

Integra: (M, 1988: 23), com o título *Iugures, Ásia Central*.

Integra: (M [PT, 1990: 478; 6.º texto-base, (M [PT, 1996: 478), (M, 2010: 26).

Não integra: (OPC, 2004), (OC, 2009), (PC, 2014).

I [O animal corre, e passa, e morre. E é o grande frio.] 5 pub. vs. 1 vers.

Integra o ciclo de poemas «(Pigmeus, África)», [poema] I: (M, 1987: 26).

Integra o ciclo de poemas «(Pigmeus, África Equatorial)», [poema] I: (M, 1988: 24), (M [PT, 1990: 479; 6.º texto-base), (M [PT, 1996: 479), (M, 2010: 27).

Não integra: (OPC, 2004), (OC, 2009), (PC, 2014).

II [O filho foi ver aos pomares] [663] 5 pub. vs. 1 vers.

Integra o ciclo de poemas «(Pigmeus, África)», [poema] II: (M, 1987: 26-27).

Integra o ciclo de poemas «(Pigmeus, África Equatorial)», [poema] II: (M, 1988: 24-25), (M [PT, 1990: 479-480; 6.º texto-base), (M [PT, 1996: 479-480), (M, 2010: 28).

Não integra: (OPC, 2004), (OC, 2009), (PC, 2014).

(Dincas, Sudão) [No tempo em que Deus criou todas as coisas,] 5 pub. vs. 1 vers.

Integra: (M, 1987: 28), com o título *(Dincas, África)*.

Integra: (M, 1988: 26), (M [PT, 1990: 481; 6.º texto-base), (M [PT, 1996: 481), (M, 2010: 29).

Não integra: (OPC, 2004), (OC, 2009), (PC, 2014).

(Índios Comanches, EUA) [Djá i dju nibá u] 5 pub. vs. 1 vers.

Integra: (M, 1987: 29), com o título *(Índios Comanches, USA)*.

Integra: (M, 1988: 36), (M [PT, 1990: 490; 6.º texto-base), (M [PT, 1996: 490), (M, 2010: 40).

Não integra: (OPC, 2004), (OC, 2009), (PC, 2014).

[Os animais vermelhos, ou de ouro peça a peça:] 6 pub. vs. 2 vers.

Integra ciclo de sete poemas [ciclo sem título], [parte] 2, [poema 1]: (UC, 1988: 13), (UC [PT, 1990: 521-522; 6.º texto-base), (UC [PT, 1996: 521-522), (UC [OPC, 2004: 436), (UC [OC, 2009: 406), (UC [PC, 2014: 406).

[17] Este verso é a continuação do verso anterior: (UC, 1988: 13).

[Se mexem as mãos memoriais as mães] 7 pub. vs. 1 vers.

Integra o ciclo de seis poemas *Os Selos, Outros, Últimos*, [poema 1]: (OSOU [DM, 1994: 9-11), (OSOU [PT, 1996: 575-576; 7.º texto-base), (OSOU [OPC, 2004: 501-502), (OSOU [OC, 2009: 471-472), (OSOU [PC, 2014: 471-472).

Integra o ciclo de três poemas, «(Os selos, outros, últimos.)», [poema 1]: (OSOU [OPC-S, 2001: 105-107), (OSOU [FNCF, 2008: 115-116).

[primeira linha, anterior ao poema]: substitui negrito por itálico (OSOU [OPC, 2004: 501), (OSOU [OC, 2009: 471), (OSOU [PC, 2014: 471); retira esta linha: (OSOU [OPC-S, 2001: 105), (OSOU [FNCF, 2008: 115).

[quem é que sobe do deserto com a sua alumiação,] 3 pub. vs. 2 vers.

> Integra o ciclo de 89 poemas «(A faca não corta o fogo)», [poema 62]: (FNCF, 2008: 183-185).
>
> Integra o ciclo de 99 poemas *A Faca Não Corta o Fogo*, [poema 70]: (FNCF [OC, 2009: 592-593; 8.º texto-base), (FNCF [PC, 2014: 592-593).
>
> [5] e me faz nascer numa língua que não é contemporânea, → e me faz nascer numa língua / que não é contemporânea, (FNCF, 2008: 183).

[dias cheios de ar hemisférico e radiação da água,] 3 pub. vs. 2 vers.

> Integra o ciclo de 89 poemas «(A faca não corta o fogo)», [poema 73]: (FNCF, 2008: 193).
>
> Integra o ciclo de 99 poemas *A Faca Não Corta o Fogo*, [poema 81]: (FNCF [OC, 2009: 601-602; 8.º texto-base), (FNCF [PC, 2014: 601-602).
>
> [11-12] ou / outras → ou outras (FNCF, 2008: 193).

Heinrich von Kleist versus Johann Wolfgang von Goethe [¿como distinguir o mau ladrão do bom ladrão? o mau ladrão] 2 pub. vs. 2 vers.

> Integra o ciclo de 73 poemas *Servidões*, [poema 31]: (S, 2013: 59), (S [PC, 2014: 661; 9.º texto-base).
>
> [2] Este verso é a continuação do verso anterior: (S, 2013: 59).

[logo pela manhã é um corrupio funerário nos telefones,] 2 pub. vs. 2 vers.

Integra o ciclo de 73 poemas *Servidões*, [poema 71]: (S, 2013: 115), (S [PC, 2014: 707; 9.º texto-base).

[4] Este verso é a continuação do verso anterior: (S, 2013: 115).

APÊNDICE H

Mapeamento de poemas intactos

Fonte: A. Couts (2017).

AOS AMIGOS [Amo devagar os amigos que são tristes com cinco dedos de cada lado.] 9 pub. vs. 1 vers.

> Integra: (L, 1962: 9); este poema surge como citação.

> Integra: (L [OC, 1967: 151; 1.º texto-base), (L [PT, 1973: 147), (L [PT, 1981: 151), (L [PT, 1990: 113), (L [PT, 1996: 113), (L [OPC, 2004: 127), (L [OC, 2009: 127), (L [PC, 2014: 127).

V [Muitas canções começam no fim, em cidades] 9 pub. vs. 1 vers.

> Integra o ciclo de seis poemas «Teoria Sentada», [poema] V: (L, 1962: 69-70), (L [OC, 1967: 203-204; 1.º texto-base), (L [PT, 1973: 199-200), (L [PT, 1981: 203-204), (L [PT, 1990: 154), (L [PT, 1996: 154), (L [OPC, 2004: 176), (L [OC, 2009: 176), (L [PC, 2014: 176).

ODE DO DESESPERADO [A morte está agora diante de mim] 7 pub. vs. 1 vers.

> Integra: (BN, 1968: 33), (BN [PT, 1973: 211; 2.º texto-base), (BN [PT, 1981: 213), (BN [PT, 1990: 161), (BN [PT, 1996: 161), (BN, 2010: 9), (BN, 2013: 9).

> Não integra: (OPC, 2004), (OC, 2009), (PC, 2014).

EXORCISMO [Oh vai, vai dormir, e vai aonde estão as tuas belas mulheres,] 7 pub. vs. 1 vers.

    Integra: (BN, 1968: 34), (BN [PT, 1973: 212; 2.º texto-base), (BN [PT, 1981: 214), (BN [PT, 1990: 162), (BN [PT, 1996: 162), (BN, 2010: 10), (BN, 2013: 10).

    Não integra: (OPC, 2004), (OC, 2009), (PC, 2014).

[Quando eu a cinjo e ela me abre os braços,] 7 pub. vs. 1 vers.

    Integra o ciclo de quatro poemas «Fragmento do Cairo», [poema 1]: (BN, 1968: 35), (BN [PT, 1973: 212; 2.º texto-base), (BN [PT, 1981: 214), (BN [PT, 1990: 162), (BN [PT, 1996: 162), (BN, 2010: 11), (BN, 2013: 11).

    Não integra: (OPC, 2004), (OC, 2009), (PC, 2014).

[Tanto se alvoroça meu coração, de puro amor,] 7 pub. vs. 1 vers.

    Integra o ciclo de quatro poemas «Fragmento do Cairo», [poema 4]: (BN, 1968: 36), (BN [PT, 1973: 213; 2.º texto-base), (BN [PT, 1981: 215-216), (BN [PT, 1990: 163), (BN [PT, 1996: 163), (BN, 2010: 12), (BN, 2013: 12).

    Não integra: (OPC, 2004), (OC, 2009), (PC, 2014).

[De dia grito e gemo à noite, à tua frente:] 7 pub. vs. 1 vers.

    Integra o ciclo de sete poemas «Salmos», [poema 2]: (BN, 1968: 40-41), (BN [PT, 1973: 215-216; 2.º texto-base), (BN [PT, 1981: 218-219), (BN [PT, 1990: 165), (BN [PT, 1996: 165), (BN, 2010: 16-17), (BN, 2013: 16-17).

    Não integra: (OPC, 2004), (OC, 2009), (PC, 2014).

[Salva-me, ó Deus, sobem-me as águas até à alma.] 7 pub. vs. 1 vers.

> Integra o ciclo de sete poemas «Salmos», [poema 6]: (BN, 1968: 45-46), (BN [PT, 1973: 219-220; 2.º texto-base), (BN [PT, 1981: 222-223), (BN [PT, 1990: 168-169), (BN [PT, 1996: 168-169), (BN, 2010: 21-22), (BN, 2013: 21-22).

> Não integra: (OPC, 2004), (OC, 2009), (PC, 2014).

Sulamite [Beije-me ele com os beijos da sua boca.] 7 pub. vs. 1 vers.

> Integra o ciclo de sete poemas, «Cântico dos Cânticos, de Salomão», [poema introdutório]: (BN, 1968: 51), (BN [PT, 1973: 222; 2.º texto-base), (BN [PT, 1981: 225), (BN [PT, 1990: 171), (BN [PT, 1996: 171), (BN, 2010: 27), (BN, 2013: 27).

> Não integra: (OPC, 2004), (OC, 2009), (PC, 2014).

CONCLUSÃO [Quem é que sobe do deserto apoiada ao seu amado?] 7 pub. vs. 1 vers.

> Integra o ciclo de sete poemas, «Cântico dos Cânticos, de Salomão», [poema conclusão]: (BN, 1968: 70-71), (BN [PT, 1973: 239-240; 2.º texto-base), (BN [PT, 1981: 243-244), (BN [PT, 1990: 185-186), (BN [PT, 1996: 185-186), (BN, 2010: 48), (BN, 2013: 48).

> Não integra: (OPC, 2004), (OC, 2009), (PC, 2014).

[— Filho, quais são as bocas tristes por onde as canas se lamentam?] 7 pub. vs. 1 vers.

Integra o ciclo de sete poemas «Enigmas», [poema 1]: (BN, 1968: 79).

Integra o ciclo de sete poemas «Enigmas Mayas», [poema 1]: (BN [PT, 1973: 241; 2.º texto-base).

Integra o ciclo de sete poemas «Enigmas Maias», [poema 1]: (BN [PT, 1981: 245), (BN [PT, 1990: 187), (BN [PT, 1996: 187), (BN, 2010: 51), (BN, 2013: 51).

Não integra: (OPC, 2004), (OC, 2009), (PC, 2014).

[— Filho, viste acaso duas pedras verdes com uma cruz ao meio?] 7 pub. vs. 1 vers.

Integra o ciclo de sete poemas «Enigmas», [poema 2]: (BN, 1968: 79).

Integra o ciclo de sete poemas «Enigmas Mayas», [poema 2]: (BN [PT, 1973: 241; 2.º texto-base).

Integra o ciclo de sete poemas «Enigmas Maias», [poema 2]: (BN [PT, 1981: 245), (BN [PT, 1990: 187), (BN [PT, 1996: 187), (BN, 2010: 51), (BN, 2013: 51).

Não integra: (OPC, 2004), (OC, 2009), (PC, 2014).

[— Filho, por onde passaste há um riacho.] 7 pub. vs. 1 vers.

Integra o ciclo de sete poemas «Enigmas», [poema 5]: (BN, 1968: 80).

Integra o ciclo de sete poemas «Enigmas Mayas», [poema 5]: (BN [PT, 1973: 241; 2.º texto-base).

Integra o ciclo de sete poemas «Enigmas Maias», [poema 5]: (BN [PT, 1981: 246), (BN [PT, 1990: 187), (BN [PT, 1996: 187), (BN, 2010: 52), (BN, 2013: 52).

Não integra: (OPC, 2004), (OC, 2009), (PC, 2014).

[Ele ganha e, contente, leva consigo a pedra vermelha com que sonhou.] 7 pub. vs. 1 vers.

Integra o ciclo de sete poemas «Enigmas», [poema 7]: (BN, 1968: 80).

Integra o ciclo de sete poemas «Enigmas Mayas», [poema 7]: (BN [PT, 1973: 242; 2.º texto-base)

Integra o ciclo de sete poemas «Enigmas Maias», [poema 7]: (BN [PT, 1981: 246), (BN [PT, 1990: 188), (BN [PT, 1996: 188), (BN, 2010: 52), (BN, 2013: 52).

Não integra: (OPC, 2004), (OC, 2009), (PC, 2014).

[— Um espelho numa casa feita com ramos de pinheiro?] 7 pub. vs. 1 vers.

Integra o ciclo de seis poemas «Enigmas Aztecas», [poema 1]: (BN, 1968: 83), (BN [PT, 1973: 243; 2.º texto-base).

Integra o ciclo de seis poemas «Enigmas Astecas», [poema 1]: (BN [PT, 1981: 247), (BN [PT, 1990: 189), (BN [PT, 1996: 189), (BN, 2010: 55), (BN, 2013: 55), «Enigmas Astecas».

Não integra: (OPC, 2004), (OC, 2009), (PC, 2014).

[— Uma pedra branca de onde saem plumas verdes?] 7 pub. vs. 1 vers.

Integra o ciclo de seis poemas «Enigmas Aztecas», [poema 3]: (BN, 1968: 83), (BN [PT, 1973: 243; 2.º texto-base).

Integra o ciclo de seis poemas «Enigmas Astecas», [poema 3]: (BN [PT, 1981: 247), (BN [PT, 1990: 189), (BN [PT, 1996: 189), (BN, 2010: 55), (BN, 2013: 55).

Não integra: (OPC, 2004), (OC, 2009), (PC, 2014).

[— Uma coisa que vai pelos vales fora, batendo as palmas das mãos como uma mulher que faz tortilhas?] 7 pub. vs. 1 vers.

Integra o ciclo de seis poemas «Enigmas Aztecas», [poema 6]: (BN, 1968: 84), (BN [PT, 1973: 243; 2.º texto-base).

Integra o ciclo de seis poemas «Enigmas Astecas», [poema 6]: (BN [PT, 1981: 248), (BN [PT, 1990: 189), (BN [PT, 1996: 189), (BN, 2010: 56), (BN, 2013: 56), «Enigmas Astecas».

Não integra: (OPC, 2004), (OC, 2009), (PC, 2014).

II [No pórtico de flores, no corredor de flores,] 7 pub. vs. 1 vers.

Integra o ciclo de três poemas «Elogios», [poema] II: (BN, 1968: 87-88), (BN [PT, 1973: 244-215; 2.º texto-base), (BN [PT, 1981: 249-250), (BN [PT, 1990: 190-191), (BN [PT, 1996: 190-191), (BN, 2010: 59-60), (BN, 2013: 59-60).

Não integra: (OPC, 2004), (OC, 2009), (PC, 2014).

NASCEMOS PARA O SONO [Nascemos para o sono,] 7 pub. vs. 1 vers.

Integra: (BN, 1968: 93), (BN [PT, 1973: 248; 2.º texto-base), (BN [PT, 1981: 253), (BN [PT, 1990: 193), (BN [PT, 1996: 193), (BN, 2010: 65), (BN, 2013: 65).

Não integra: (OPC, 2004), (OC, 2009), (PC, 2014).

II [Reina a cidade entre nenúfares de esmeralda,] 4 pub. vs. 1 vers.

> Integra ciclo de dois poemas «Celebração da Cidade do México», [poema] II: (BN [PT, 1990: 194; 6.º texto-base), (BN [PT, 1996: 194-195), (BN, 2010: 67), (BN, 2013: 67); acrescenta este poema, numerando ambos os poemas; passa a ser um ciclo de dois poemas.
>
> Não integra: (OPC, 2004), (OC, 2009), (PC, 2014).
>
> Nota [do Autor, no final de *O Bebedor Nocturno, poemas mudados para português*]: «A parte II do poema "Celebração da Cidade do México" foi traduzida em 1987.», (BN [PT, 1990: 241).

CANÇÃO DA LARANJA VERMELHA [Disseram-me que estás doente, laranja vermelha.] 7 pub. vs. 1 vers.

> Integra o ciclo de três poemas «Três Canções do Épiro», [poema 1]: (BN, 1968: 101), (BN [PT, 1973: 250; 2.º texto-base), (BN [PT, 1981: 256).
>
> Integra o ciclo de três poemas «Três Canções do Épiro», [poema 1]: (BN [PT, 1990: 197), (BN [PT, 1996: 197), (BN, 2010: 75), (BN, 2013: 75).
>
> Não integra: (OPC, 2004), (OC, 2009), (PC, 2014).

O DESEJO [Se houvesse degraus na terra e tivesse anéis o céu,] 7 pub. vs. 1 vers.

> Integra o ciclo de três poemas «Três Canções do Épiro», [poema 3]: (BN, 1968: 103-104), (BN [PT, 1973: 251; 2.º texto-base), (BN [PT, 1981: 257-258).

> Integra o ciclo de três poemas «Três Canções do Epiro», [poema 3]: (BN [PT, 1990: 198), (BN [PT, 1996: 198), (BN, 2010: 77), (BN, 2013: 77).
>
> Não integra: (OPC, 2004), (OC, 2009), (PC, 2014).

[Para poder caminhar através do infinito vazio,] 7 pub. vs. 1 vers.

> Integra o ciclo de 16 poemas «Poemas Zen», [poema 1]: (BN, 1968: 107), (BN [PT, 1973: 252; 2.º texto-base), (BN [PT, 1981: 259), (BN [PT, 1990: 199), (BN [PT, 1996: 199), (BN, 2010: 81), (BN, 2013: 81).
>
> Não integra: (OPC, 2004), (OC, 2009), (PC, 2014).

[A verdade é como um tigre que tivesse muitos cornos,] 7 pub. vs. 1 vers.

> Integra o ciclo de 16 poemas «Poemas Zen», [poema 2]: (BN, 1968: 107), (BN [PT, 1973: 252; 2.º texto-base), (BN [PT, 1981: 259), (BN [PT, 1990: 199), (BN [PT, 1996: 199), (BN, 2010: 81), (BN, 2013: 81).
>
> Não integra: (OPC, 2004), (OC, 2009), (PC, 2014).

[As palavras não fazem o homem compreender,] 7 pub. vs. 1 vers.

> Integra o ciclo de 16 poemas «Poemas Zen», [poema 4]: (BN, 1968: 107), (BN [PT, 1973: 252; 2.º texto-base), (BN [PT, 1981: 259), (BN [PT, 1990: 199), (BN [PT, 1996: 199), (BN, 2010: 81), (BN, 2013: 81).
>
> Não integra: (OPC, 2004), (OC, 2009), (PC, 2014).

[Se tirares água, pensarás que as montanhas se movem;] 7 pub. vs. 1 vers.

Integra o ciclo de 16 poemas «Poemas Zen», [poema 5]: (BN, 1968: 107), (BN [PT, 1973: 252; 2.º texto-base), (BN [PT, 1981: 260), (BN [PT, 1990: 199), (BN [PT, 1996: 199), (BN, 2010: 81), (BN, 2013: 81).

Não integra: (OPC, 2004), (OC, 2009), (PC, 2014).

[Cantam à meia-noite os galos de madeira,] 7 pub. vs. 1 vers.

Integra o ciclo de 16 poemas «Poemas Zen», [poema 6]: (BN, 1968: 108), (BN [PT, 1973: 252; 2.º texto-base), (BN [PT, 1981: 260), (BN [PT, 1990: 199), (BN [PT, 1996: 199), (BN, 2010: 82), (BN, 2013: 82).

Não integra: (OPC, 2004), (OC, 2009), (PC, 2014).

[Se acaso vires na rua um homem iluminado,] 7 pub. vs. 1 vers.

Integra o ciclo de 16 poemas «Poemas Zen», [poema 7]: (BN, 1968: 108), (BN [PT, 1973: 253; 2.º texto-base), (BN [PT, 1981: 260), (BN [PT, 1990: 200), (BN [PT, 1996: 200), (BN, 2010: 82), (BN, 2013: 82).

Não integra: (OPC, 2004), (OC, 2009), (PC, 2014).

[Há tantos anos vive o pássaro na gaiola] 7 pub. vs. 1 vers.

Integra o ciclo de 16 poemas «Poemas Zen», [poema 9]: (BN, 1968: 108), (BN [PT, 1973: 253; 2.º texto-base), (BN [PT, 1981: 260), (BN [PT, 1990: 200), (BN [PT, 1996: 200), (BN, 2010: 82), (BN, 2013: 82).

Não integra (OPC, 2004), (OC, 2009), (PC, 2014).

[Quando o peixe se move, turvam-se as águas;] 7 pub. vs. 1 vers.

Integra o ciclo de 16 poemas «Poemas Zen», [poema 10]: (BN, 1968: 108), (BN [PT, 1973: 253; 2.º texto-base), (BN [PT, 1981: 261), (BN [PT, 1990: 200), (BN [PT, 1996: 200), (BN, 2010: 82), (BN, 2013: 82).

Não integra: (OPC, 2004), (OC, 2009), (PC, 2014).

[No fundo das montanhas está guardado um tesouro] 7 pub. vs. 1 vers.

Integra o ciclo de 16 poemas «Poemas Zen», [poema 11]: (BN, 1968: 108), (BN [PT, 1973: 253; 2.º texto-base), (BN [PT, 1981: 261), (BN [PT, 1990: 200), (BN [PT, 1996: 200), (BN, 2010: 83), (BN, 2013: 83).

Não integra: (OPC, 2004), (OC, 2009), (PC, 2014).

[As colinas são azuis por elas mesmas;] 7 pub. vs. 1 vers.

Integra o ciclo de 16 poemas «Poemas Zen», [poema 12]: (BN, 1968: 109), (BN [PT, 1973: 253; 2.º texto-base), (BN [PT, 1981: 261), (BN [PT, 1990: 200), (BN [PT, 1996: 200), (BN, 2010: 83), (BN, 2013: 83).

Não integra: (OPC, 2004), (OC, 2009), (PC, 2014).

[Sentada calmamente sem coisa alguma fazer,] 7 pub. vs. 1 vers.

Integra o ciclo de 16 poemas «Poemas Zen», [poema 13]: (BN, 1968: 109), (BN [PT, 1973: 253; 2.º texto-base), (BN [PT, 1981: 261), (BN [PT, 1990: 200-201), (BN [PT, 1996: 200-201), (BN, 2010: 83), (BN, 2013: 83).

Não integra: (OPC, 2004), (OC, 2009), (PC, 2014).

[Os rochedos levantam-se no céu,] 7 pub. vs. 1 vers.

Integra o ciclo de 16 poemas «Poemas Zen», [poema 14]: (BN, 1968: 109), (BN [PT, 1973: 254; 2.º texto-base), (BN [PT, 1981: 261), (BN [PT, 1990: 201), (BN [PT, 1996: 201), (BN, 2010: 83), (BN, 2013: 83).

Não integra: (OPC, 2004), (OC, 2009), (PC, 2014).

[Colhe flores, e as tuas vestes ficarão perfumadas;] 7 pub. vs. 1 vers.

Integra o ciclo de 16 poemas «Poemas Zen», [poema 15]: (BN, 1968: 109), (BN [PT, 1973: 254; 2.º texto-base), (BN [PT, 1981: 262), (BN [PT, 1990: 201), (BN [PT, 1996: 201), (BN, 2010: 83), (BN, 2013: 83).

Não integra: (OPC, 2004), (OC, 2009), (PC, 2014).

[O vento pára, as flores caem, um pássaro canta] 7 pub. vs. 1 vers.

Integra o ciclo de 16 poemas «Poemas Zen», [poema 16]: (BN, 1968: 109), (BN [PT, 1973: 254; 2.º texto-base), (BN [PT, 1981: 262), (BN [PT, 1990: 201), (BN [PT, 1996: 201), (BN, 2010: 83), (BN, 2013: 83).

Não integra: (OPC, 2004), (OC, 2009), (PC, 2014).

O MISTÉRIO DE AMEIGEN *(Irlanda)* [Eu sou o vento que sopra à flor do mar,] 7 pub. vs. 1 vers.

Integra: (BN, 1968: 111-113), (BN [PT, 1973: 255; 2.º texto-base), (BN [PT, 1981: 263), (BN [PT, 1990: 202), (BN [PT, 1996: 202), (BN, 2010: 85-87), (BN, 2013: 85-87).

Não integra: (OPC, 2004), (OC, 2009), (PC, 2014).

DIVISA [Conhecem-me os cavalos e a noite e os desertos] 7 pub. vs. 1 vers.

    Integra o ciclo de quatro poemas «Quatro Poemas Árabes», [poema 1]: (BN, 1968: 127), (BN [PT, 1973: 261; 2.º texto-base), (BN [PT, 1981: 269), (BN [PT, 1990: 206), (BN [PT, 1996: 206), (BN, 2010: 101), (BN, 2013: 101).

    Não integra: (OPC, 2004), (OC, 2009), (PC, 2014).

ORNATOS [O vinho cor-de-rosa é bom, ó companheiros.] 7 pub. vs. 1 vers.

    Integra o ciclo de quatro poemas «Quatro Poemas Árabes», [poema 2]: (BN, 1968: 128), (BN [PT, 1973: 261; 2.º texto-base), (BN [PT, 1981: 269), (BN [PT, 1990: 206), (BN [PT, 1996: 206), (BN, 2010: 102), (BN, 2013: 102).

    Não integra: (OPC, 2004), (OC, 2009), (PC, 2014).

TUDO O QUE É NOVO É BELO [De tudo o que é novo nasce um novo prazer,] 7 pub. vs. 1 vers.

    Integra o ciclo de quatro poemas «Quatro Poemas Árabes», [poema 4]: (BN, 1968: 130), (BN [PT, 1973: 262; 2.º texto-base), (BN [PT, 1981: 270), (BN [PT, 1990: 207), (BN [PT, 1996: 207), (BN, 2010: 104), (BN, 2013: 104).

    Não integra: (OPC, 2004), (OC, 2009), (PC, 2014).

A LEITURA [Meus olhos resgatam o que está preso na página:] 7 pub. vs. 1 vers.

    Integra o ciclo de 19 poemas «Poemas Arábico-Andaluzes», [poema 1]: (BN, 1968: 133), (BN [PT, 1973: 263; 2.º texto-base), (BN [PT, 1981: 271), (BN [PT, 1990: 208), (BN [PT, 1996: 208), (BN, 2010: 107), (BN, 2013: 107).

Não integra: (OPC, 2004), (OC, 2009), (PC, 2014).

A NOZ [É uma envoltura formada por duas peças maravilhosamente unidas:] 7 pub. vs. 1 vers.

Integra o ciclo de 19 poemas «Poemas Arábico-Andaluzes», [poema 2]: (BN, 1968: 134), (BN [PT, 1973: 263; 2.º texto-base), (BN [PT, 1981: 271), (BN [PT, 1990: 208), (BN [PT, 1996: 208), (BN, 2010: 108), (BN, 2013: 108).

Não integra: (OPC, 2004), (OC, 2009), (PC, 2014).

A AÇUCENA [As mãos da Primavera edificaram, no cimo dos caules, os castelos da açucena;] 7 pub. vs. 1 vers.

Integra o ciclo de 19 poemas «Poemas Arábico-Andaluzes», [poema 5]: (BN, 1968: 137), (BN [PT, 1973: 264; 2.º texto-base), (BN [PT, 1981: 273), (BN [PT, 1990: 209-210), (BN [PT, 1996: 209-210), (BN, 2010: 111), (BN, 2013: 111).

Não integra: (OPC, 2004), (OC, 2009), (PC, 2014).

A LUA [A lua é um espelho empanado pelo hálito das raparigas.] 7 pub. vs. 1 vers.

Integra o ciclo de 19 poemas «Poemas Arábico-Andaluzes», [poema 6]: (BN, 1968: 138), (BN [PT, 1973: 265; 2.º texto-base), (BN [PT, 1981: 273), (BN [PT, 1990: 210), (BN [PT, 1996: 210), (BN, 2010: 112), (BN, 2013: 112).

Não integra: (OPC, 2004), (OC, 2009), (PC, 2014).

O RIO [Belo deslizava o rio no seu leito,] 7 pub. vs. 1 vers.

Integra o ciclo de 19 poemas «Poemas Arábico-Andaluzes», [poema 7]: (BN, 1968: 139), (BN [PT, 1973: 265; 2.º texto-base), (BN [PT, 1981: 273-274), (BN [PT, 1990: 210-211), (BN [PT, 1996: 210-211), (BN, 2010: 113), (BN, 2013: 113).

Não integra: (OPC, 2004), (OC, 2009), (PC, 2014).

CAVALO ALAZÃO [Era um cavalo alazão,] 7 pub. vs. 1 vers.

Integra o ciclo de 19 poemas «Poemas Arábico-Andaluzes», [poema 9]: (BN, 1968: 141), (BN [PT, 1973: 266; 2.º texto-base), (BN [PT, 1981: 275), (BN [PT, 1990: 211), (BN [PT, 1996: 211), (BN, 2010: 115), (BN, 2013: 115).

Não integra: (OPC, 2004), (OC, 2009), (PC, 2014).

OS JARROS [Pesados eram os jarros, mas quando os encheram de vinho puro,] 7 pub. vs. 1 vers.

Integra o ciclo de 19 poemas «Poemas Arábico-Andaluzes», [poema 10]: (BN, 1968: 142), (BN [PT, 1973: 266-267; 2.º texto-base), (BN [PT, 1981: 275-276), (BN [PT, 1990: 212), (BN [PT, 1996: 212), (BN, 2010: 116), (BN, 2013: 116).

Não integra: (OPC, 2004), (OC, 2009), (PC, 2014).

CAVALO BRANCO [Alvo como luz quando o sol se levanta —] 7 pub. vs. 1 vers.

Integra o ciclo de 19 poemas «Poemas Arábico-Andaluzes», [poema 11]: (BN, 1968: 143), (BN [PT, 1973: 267; 2.º texto-base), (BN [PT, 1981: 276), (BN [PT, 1990: 212), (BN [PT, 1996: 212), (BN, 2010: 117), (BN, 2013: 117).

Não integra: (OPC, 2004), (OC, 2009), (PC, 2014).

BOLHAS [Quando o encheram de vinho, inflamou-se o jarro,] 7 pub. vs. 1 vers.

> Integra o ciclo de 19 poemas «Poemas Arábico-Andaluzes», [poema 12]: (BN, 1968: 144), (BN [PT, 1973: 267; 2.º texto-base), (BN [PT, 1981: 276-277), (BN [PT, 1990: 212-213), (BN [PT, 1996: 212-213), (BN, 2010: 118), (BN, 2013: 118).

> Não integra: (OPC, 2004), (OC, 2009), (PC, 2014).

A BARCA [Lá vem a barca como um nadador de pernas rígidas,] 7 pub. vs. 1 vers.

> Integra o ciclo de 19 poemas «Poemas Arábico-Andaluzes», [poema 13]: (BN, 1968: 145), (BN [PT, 1973: 268; 2.º texto-base), (BN [PT, 1981: 277), (BN [PT, 1990: 213), (BN [PT, 1996: 213), (BN, 2010: 119), (BN, 2013: 119).

> Não integra: (OPC, 2004), (OC, 2009), (PC, 2014).

ROSAS [Desfolharam-se as rosas sobre o rio e, passando, espalharam-nas os ventos,] 7 pub. vs. 1 vers.

> Integra o ciclo de 19 poemas «Poemas Arábico-Andaluzes», [poema 14]: (BN, 1968: 146), (BN [PT, 1973: 268; 2.º texto-base), (BN [PT, 1981: 277-278), (BN [PT, 1990: 213), (BN [PT, 1996: 213), (BN, 2010: 120), (BN, 2013: 120).

> Não integra: (OPC, 2004), (OC, 2009), (PC, 2014).

RIO AZUL [Múrmuro, um rio de pérolas corre transparentemente.] 7 pub. vs. 1 vers.

> Integra o ciclo de 19 poemas «Poemas Arábico-Andaluzes», [poema 15]: (BN, 1968: 147), (BN [PT, 1973: 268-269; 2.º

texto-base), (BN [PT, 1981: 278), (BN [PT, 1990: 214), (BN [PT, 1996: 214), (BN, 2010: 121), (BN, 2013: 121).

Não integra: (OPC, 2004), (OC, 2009), (PC, 2014).

A CEGONHA [Emigrante de outras terras, que anuncia o tempo,] 7 pub. vs. 1 vers.

Integra o ciclo de 19 poemas «Poemas Arábico-Andaluzes», [poema 17]: (BN, 1968: 149), (BN [PT, 1973: 269-270; 2.º texto-base), (BN [PT, 1981: 279), (BN [PT, 1990: 215), (BN [PT, 1996: 215), (BN, 2010: 123), (BN, 2013: 123).

Não integra: (OPC, 2004), (OC, 2009), (PC, 2014).

BOLHAS [Troca-me a prata pelo oiro do vinho — digo eu ao copeiro. — Dá-me vinho novo.] 7 pub. vs. 1 vers.

Integra o ciclo de 19 poemas «Poemas Arábico-Andaluzes», [poema 18]: (BN, 1968: 150), (BN [PT, 1973: 270; 2.º texto-base), (BN [PT, 1981: 280), (BN [PT, 1990: 215), (BN [PT, 1996: 215), (BN, 2010: 124), (BN, 2013: 124).

Não integra: (OPC, 2004), (OC, 2009), (PC, 2014).

VISITA DA MULHER AMADA [Vieste um pouco antes de soarem os sinos cristãos,] 7 pub. vs. 1 vers.

Integra o ciclo de 19 poemas «Poemas Arábico-Andaluzes», [poema 19]: (BN, 1968: 151), (BN [PT, 1973: 270; 2.º texto-base), (BN [PT, 1981: 280), (BN [PT, 1990: 215-216), (BN [PT, 1996: 215-216), (BN, 2010: 125), (BN, 2013: 125).

Não integra: (OPC, 2004), (OC, 2009), (PC, 2014).

ARROZAL DE MADRUGADA [Às quatro da manhã, arranco] 7 pub. vs. 1 vers.

Integra o ciclo de quatro poemas «Canções de Camponeses do Japão», [poema 1]: (BN, 1968: 155), (BN [PT, 1973: 271; 2.º texto-base), (BN [PT, 1981: 281), (BN [PT, 1990: 217), (BN [PT, 1996: 217), (BN, 2010: 129), (BN, 2013: 129).

Não integra: (OPC, 2004), (OC, 2009), (PC, 2014).

LÍRIO [O corpo deitado do meu amante,] 7 pub. vs. 1 vers.

Integra o ciclo de quatro poemas «Canções de Camponeses do Japão», [poema 2]: (BN, 1968: 156), (BN [PT, 1973: 271; 2.º texto-base), (BN [PT, 1981: 281), (BN [PT, 1990: 217), (BN [PT, 1996: 217), (BN, 2010: 130), (BN, 2013: 130).

Não integra: (OPC, 2004), (OC, 2009), (PC, 2014).

AS TRÊS CLARIDADES [A Lua a leste,] 7 pub. vs. 1 vers.

Integra o ciclo de quatro poemas «Canções de Camponeses do Japão», [poema 3]: (BN, 1968: 157), (BN [PT, 1973: 271; 2.º texto-base), (BN [PT, 1981: 281), (BN [PT, 1990: 217), (BN [PT, 1996: 217), (BN, 2010: 131), (BN, 2013: 131).

Não integra: (OPC, 2004), (OC, 2009), (PC, 2014).

AMOR MUDO [Ardendo de amor, as cigarras] 7 pub. vs. 1 vers.

Integra o ciclo de quatro poemas «Canções de Camponeses do Japão», [poema 4]: (BN, 1968: 158), (BN [PT, 1973: 272; 2.º texto-base), (BN [PT, 1981: 282), (BN [PT, 1990: 218), (BN [PT, 1996: 218), (BN, 2010: 132), (BN, 2013: 132).

Não integra: (OPC, 2004), (OC, 2009), (PC, 2014).

[Ervas do estio:] 7 pub. vs. 1 vers.

Integra o ciclo de 15 poemas «Quinze Haikais Japoneses», [poema 1]: (BN, 1968: 161), (BN [PT, 1973: 273; 2.º texto-base), (BN [PT, 1981: 283).

Integra o ciclo de 15 poemas «Quinze Haikus Japoneses», [poema 1]: (BN [PT, 1990: 219), (BN [PT, 1996: 219), (BN, 2010: 135), (BN, 2013: 135).

Não integra: (OPC, 2004), (OC, 2009), (PC, 2014).

[Um cuco] 7 pub. vs. 1 vers.

Integra o ciclo de 15 poemas «Quinze Haikais Japoneses», [poema 2]: (BN, 1968: 161), (BN [PT, 1973: 273; 2.º texto-base), (BN [PT, 1981: 283).

Integra o ciclo de 15 poemas «Quinze Haikus Japoneses», [poema 2]: (BN [PT, 1990: 219), (BN [PT, 1996: 219), (BN, 2010: 135), (BN, 2013: 135).

Não integra: (OPC, 2004), (OC, 2009), (PC, 2014).

[Primeira neve:] 7 pub. vs. 1 vers.

Integra o ciclo de 15 poemas «Quinze Haikais Japoneses», [poema 3]: (BN, 1968: 161), (BN [PT, 1973: 273; 2.º texto-base), (BN [PT, 1981: 283).

Integra o ciclo de 15 poemas «Quinze Haikus Japoneses», [poema 3]: (BN [PT, 1990: 219), (BN [PT, 1996: 219), (BN, 2010: 135), (BN, 2013: 135).

Não integra: (OPC, 2004), (OC, 2009), (PC, 2014).

[Pimentão vermelho.] 7 pub. vs. 1 vers.

Integra o ciclo de 15 poemas «Quinze Haikais Japoneses», [poema 5]: (BN, 1968: 162), (BN [PT, 1973: 273; 2.º texto-base), (BN [PT, 1981: 284),

Integra o ciclo de 15 poemas «Quinze Haikus Japoneses», [poema 5]: (BN [PT, 1990: 220), (BN [PT, 1996: 220), (BN, 2010: 136), (BN, 2013: 136).

Não integra: (OPC, 2004), (OC, 2009), (PC, 2014).

[Pirilampos] 7 pub. vs. 1 vers.

Integra o ciclo de 15 poemas «Quinze Haikais Japoneses», [poema 7]: (BN, 1968: 162), (BN [PT, 1973: 274; 2.º texto-base), (BN [PT, 1981: 284).

Integra o ciclo de 15 poemas «Quinze Haikus Japoneses», [poema 7]: (BN [PT, 1990: 220), (BN [PT, 1996: 220), (BN, 2010: 136), (BN, 2013: 136).

Não integra: (OPC, 2004), (OC, 2009), (PC, 2014).

[Casa sob as flores brancas.] 7 pub. vs. 1 vers.

Integra o ciclo de 15 poemas «Quinze Haikais Japoneses», [poema 9]: (BN, 1968: 162), (BN [PT, 1973: 274; 2.º texto-base), (BN [PT, 1981: 285).

Integra o ciclo de 15 poemas «Quinze Haikus Japoneses», [poema 9]: (BN [PT, 1990: 220), (BN [PT, 1996: 220), (BN, 2010: 137), (BN, 2013: 137).

Não integra: (OPC, 2004), (OC, 2009), (PC, 2014).

[Crescente lunar.] 7 pub. vs. 1 vers.

Integra o ciclo de 15 poemas «Quinze Haikais Japoneses», [poema 10]: (BN, 1968: 163), (BN [PT, 1973: 274; 2.º texto-base), (BN [PT, 1981: 285).

Integra o ciclo de 15 poemas «Quinze Haikus Japoneses», [poema 10]: (BN [PT, 1990: 221), (BN [PT, 1996: 221), (BN, 2010: 137), (BN, 2013: 137).

Não integra: (OPC, 2004), (OC, 2009), (PC, 2014).

[A lua deitou sobre as coisas] 7 pub. vs. 1 vers.

Integra o ciclo de 15 poemas «Quinze Haikais Japoneses», [poema 11]: (BN, 1968: 163), (BN [PT, 1973: 275; 2.º texto-base), (BN [PT, 1981: 285).

Integra o ciclo de 15 poemas «Quinze Haikus Japoneses», [poema 11]: (BN [PT, 1990: 221), (BN [PT, 1996: 221), (BN, 2010: 137), (BN, 2013: 137).

Não integra: (OPC, 2004), (OC, 2009), (PC, 2014).

[Um cuco] 7 pub. vs. 1 vers.

Integra o ciclo de 15 poemas «Quinze Haikais Japoneses», [poema 14]: (BN, 1968: 163), (BN [PT, 1973: 275; 2.º texto-base), (BN [PT, 1981: 286).

Integra o ciclo de 15 poemas «Quinze Haikus Japoneses», [poema 14]: (BN [PT, 1990: 221), (BN [PT, 1996: 221), (BN, 2010: 138), (BN, 2013: 138).

Não integra: (OPC, 2004), (OC, 2009), (PC, 2014).

[Ah, o passado.] 7 pub. vs. 1 vers.

Integra o ciclo de 15 poemas «Quinze Haikais Japoneses», [poema 15]: (BN, 1968: 164), (BN [PT, 1973: 275; 2.º texto-base), (BN [PT, 1981: 286).

Integra o ciclo de 15 poemas «Quinze Haikus Japoneses», [poema 15]: (BN [PT, 1990: 222), (BN [PT, 1996: 222), (BN, 2010: 138), (BN, 2013: 138).

Não integra: (OPC, 2004), (OC, 2009), (PC, 2014).

UMA RAPARIGA RESPONDE A PERGUNTAS [Cresce o bambu ao lado do pagode.] 7 pub. vs. 1 vers.

Integra o ciclo de dois poemas «Poemas Indochineses», [poema 2]: (BN, 1968: 169), (BN [PT, 1973: 277; 2.º texto-base), (BN [PT, 1981: 288), (BN [PT, 1990: 224), (BN [PT, 1996: 224), (BN, 2010: 143), (BN, 2013: 143).

Não integra: (OPC, 2004), (OC, 2009), (PC, 2014).

[Formigas vermelhas no bambu vazio, vaso] 7 pub. vs. 1 vers.

Integra o ciclo de seis poemas «Canções Indonésias», [poema 2]: (BN, 1968: 174), (BN [PT, 1973: 278; 2.º texto-base), (BN [PT, 1981: 289), (BN [PT, 1990: 225), (BN [PT, 1996: 225), (BN, 2010: 147), (BN, 2013: 147).

Não integra: (OPC, 2004), (OC, 2009), (PC, 2014).

[Aos milhares voam os pombos,] 7 pub. vs. 1 vers.

Integra o ciclo de seis poemas «Canções Indonésias», [poema 5]: (BN, 1968: 177), (BN [PT, 1973: 279; 2.º texto-base), (BN [PT, 1981: 290), (BN [PT, 1990: 225-226), (BN [PT, 1996: 225-226), (BN, 2010: 148), (BN, 2013: 148).

Não integra: (OPC, 2004), (OC, 2009), (PC, 2014).

[Se até vós subir o movimento das águas,] 7 pub. vs. 1 vers.

> Integra o ciclo de seis poemas «Canções Indonésias», [poema 6]: (BN, 1968: 178), (BN [PT, 1973: 279; 2.º texto-base), (BN [PT, 1981: 290), (BN [PT, 1990: 226), (BN [PT, 1996: 226), (BN, 2010: 148), (BN, 2013: 148).

> Não integra: (OPC, 2004), (OC, 2009), (PC, 2014).

CANÇÃO DA CABÍLIA [Leve, aparece na dança —] 7 pub. vs. 1 vers.

> Integra: (BN, 1968: 179-182), (BN [PT, 1973: 280-281; 2.º texto-base), (BN [PT, 1981: 291-292), (BN [PT, 1990: 227-228), (BN [PT, 1996: 227-228), (BN, 2010: 149-152), (BN, 2013: 149-152).

> Não integra: (OPC, 2004), (OC, 2009), (PC, 2014).

[A terra é um palácio que olha para cima,] 7 pub. vs. 1 vers.

> Integra o ciclo de nove poemas «Canções Malgaxes», [poema 1]: (BN, 1968: 185), (BN [PT, 1973: 282; 2.º texto-base), (BN [PT, 1981: 293), (BN [PT, 1990: 229), (BN [PT, 1996: 229), (BN, 2010: 155), (BN, 2013: 155).

> Não integra: (OPC, 2004), (OC, 2009), (PC, 2014).

[Tem o irmão primogénito um odor vivo de fruta,] 7 pub. vs. 1 vers.

> Integra o ciclo de nove poemas «Canções Malgaxes», [poema 2]: (BN, 1968: 186), (BN [PT, 1973: 282; 2.º texto-base), (BN [PT, 1981: 293), (BN [PT, 1990: 229), (BN [PT, 1996: 229), (BN, 2010: 155), (BN, 2013: 155).

> Não integra: (OPC, 2004), (OC, 2009), (PC, 2014).

[Rescende a colina à salva,] 7 pub. vs. 1 vers.

> Integra o ciclo de nove poemas «Canções Malgaxes», [poema 4]: (BN, 1968: 188), (BN [PT, 1973: 282-283; 2.º texto-base), (BN [PT, 1981: 294), (BN [PT, 1990: 229-230), (BN [PT, 1996: 229-230), (BN, 2010: 156), (BN, 2013: 156).
>
> Não integra: (OPC, 2004), (OC, 2009), (PC, 2014).

[Se é para ti,] 7 pub. vs. 1 vers.

> Integra o ciclo de nove poemas «Canções Malgaxes», [poema 5]: (BN, 1968: 189), (BN [PT, 1973: 283; 2.º texto-base), (BN [PT, 1981: 294), (BN [PT, 1990: 230), (BN [PT, 1996: 230), (BN, 2010: 156), (BN, 2013: 156).
>
> Não integra: (OPC, 2004), (OC, 2009), (PC, 2014).

[Subiu a rapariga para cima da amoreira,] 7 pub. vs. 1 vers.

> Integra o ciclo de nove poemas «Canções Malgaxes», [poema 7]: (BN, 1968: 191), (BN [PT, 1973: 283; 2.º texto-base), (BN [PT, 1981: 295), (BN [PT, 1990: 230), (BN [PT, 1996: 230), (BN, 2010: 157), (BN, 2013: 157).
>
> Não integra: (OPC, 2004), (OC, 2009), (PC, 2014).

CANÇÃO TÁRTARA [O rosto da minha amada cobriu-se de sangue.] 7 pub. vs. 1 vers.

> Integra: (BN, 1968: 195-198), (BN [PT, 1973: 285; 2.º texto-base), (BN [PT, 1981: 297), (BN [PT, 1990: 232), (BN [PT, 1996: 232), (BN, 2010: 159-161), (BN, 2013: 159-161).
>
> Não integra: (OPC, 2004), (OC, 2009), (PC, 2014).

[Levanto-me da cama com gestos] 7 pub. vs. 1 vers.

Integra o ciclo de seis poemas «Cinco Poemas Esquimós», [poema 1]: (BN, 1968: 201), (BN [PT, 1973: 286; 2.º texto-base), (BN [PT, 1981: 298), (BN [PT, 1990: 233), (BN [PT, 1996: 233), (BN, 2010: 165), (BN, 2013: 165).

Não integra: (OPC, 2004), (OC, 2009), (PC, 2014).

[O grande fluxo do oceano põe-me em movimento,] 7 pub. vs. 1 vers.

Integra o ciclo de seis poemas «Cinco Poemas Esquimós», [poema 2]: (BN, 1968: 202), (BN [PT, 1973: 286; 2.º texto-base), (BN [PT, 1981: 298), (BN [PT, 1990: 233), (BN [PT, 1996: 233), (BN, 2010: 165), (BN, 2013: 165).

Não integra: (OPC, 2004), (OC, 2009), (PC, 2014).

[Os mortos que sobem ao céu] 7 pub. vs. 1 vers.

Integra o ciclo de seis poemas «Cinco Poemas Esquimós», [poema 3]: (BN, 1968: 203), (BN [PT, 1973: 286-287; 2.º texto-base), (BN [PT, 1981: 299), (BN [PT, 1990: 233), (BN [PT, 1996: 233), (BN, 2010: 166), (BN, 2013: 166).

Não integra: (OPC, 2004), (OC, 2009), (PC, 2014).

I [Espírito do ar, vem,] 7 pub. vs. 1 vers.

Integra o ciclo de seis poemas «Cinco Poemas Esquimós», I [poema 5]: (BN, 1968: 205), (BN [PT, 1973: 287; 2.º texto-base), (BN [PT, 1981: 299-300), (BN [PT, 1990: 234), (BN [PT, 1996: 234), (BN, 2010: 166-167), (BN, 2013: 166-167).

Não integra: (OPC, 2004), (OC, 2009), (PC, 2014).

II [Quero visitar uma mulher estrangeira,] 7 pub. vs. 1 vers.

Integra o ciclo de seis poemas «Cinco Poemas Esquimós», II [poema 6]: (BN, 1968: 206), (BN [PT, 1973: 288; 2.º texto-base), (BN [PT, 1981: 300-301), (BN [PT, 1990: 234-235), (BN [PT, 1996: 234-235), (BN, 2010: 167), (BN, 2013: 167).

Não integra: (OPC, 2004), (OC, 2009), (PC, 2014).

CANÇÃO DE AMOR [Esta mulher é formosa] 7 pub. vs. 1 vers.

Integra o ciclo de nove poemas «Poemas dos Peles-Vermelhas», [poema 1]: (BN, 1968: 209), (BN [PT, 1973: 289; 2.º texto-base), (BN [PT, 1981: 302), (BN [PT, 1990: 236), (BN [PT, 1996: 236), (BN, 2010: 171), (BN, 2013: 171).

Não integra: (OPC, 2004), (OC, 2009), (PC, 2014).

A PUBERDADE [Sai depressa, depressa.] 7 pub. vs. 1 vers.

Integra o ciclo de nove poemas «Poemas dos Peles-Vermelhas», [poema 2]: (BN, 1968: 210), (BN [PT, 1973: 289-290; 2.º texto-base), (BN [PT, 1981: 302-303), (BN [PT, 1990: 236-237), (BN [PT, 1996: 236-237), (BN, 2010: 172), (BN, 2013: 172).

Não integra: (OPC, 2004), (OC, 2009), (PC, 2014).

A OBSCURIDADE [Esperamos na obscuridade.] 7 pub. vs. 1 vers.

Integra o ciclo de nove poemas «Poemas dos Peles-Vermelhas», [poema 3]: (BN, 1968: 211), (BN [PT, 1973: 290; 2.º texto-base), (BN [PT, 1981: 303), (BN [PT, 1990: 237), (BN [PT, 1996: 237), (BN, 2010: 173), (BN, 2013: 173).

Não integra: (OPC, 2004), (OC, 2009), (PC, 2014).

RITUAL DA CHUVA [Desde os tempos antigos,] 7 pub. vs. 1 vers.

> Integra o ciclo de nove poemas «Poemas dos Peles-Vermelhas», [poema 4]: (BN, 1968: 212-213), (BN [PT, 1973: 290-291; 2.º texto-base), (BN [PT, 1981: 303-304), (BN [PT, 1990: 237-238), (BN [PT, 1996: 237-238), (BN, 2010: 174-175), (BN, 2013: 174-175).
>
> Não integra: (OPC, 2004), (OC, 2009), (PC, 2014).

AS ESTRELAS [«Somos estrelas que cantam,] 7 pub. vs. 1 vers.

> Integra o ciclo de nove poemas «Poemas dos Peles-Vermelhas», [poema 6]: (BN, 1968: 215), (BN [PT, 1973: 292-293; 2.º texto-base), (BN [PT, 1981: 305-306), (BN [PT, 1990: 239), (BN [PT, 1996: 239), (BN, 2010: 177), (BN, 2013: 177).
>
> Não integra: (OPC, 2004), (OC, 2009), (PC, 2014).

CANÇÃO DE AMOR [Levantei-me cedo, cedo — e era azul] 7 pub. vs. 1 vers.

> Integra o ciclo de nove poemas «Poemas dos Peles-Vermelhas», [poema 7]: (BN, 1968: 216), (BN [PT, 1973: 293; 2.º texto-base), (BN [PT, 1981: 306), (BN [PT, 1990: 239-240), (BN [PT, 1996: 239-240), (BN, 2010: 178), (BN, 2013: 178).
>
> Não integra: (OPC, 2004), (OC, 2009), (PC, 2014).

MULHERES CORRENDO, CORRENDO PELA NOITE. [Mulheres correndo, correndo pela noite.] 11 pub. vs. 1 vers.

> Integra: (E, 1964: 28-30), (ML [OC, 1967: 228-230; 1.º texto-base), (ML [PT, 1973: 28-30), (ML [PT, 1981: 332-334), (ML [PT, 1990: 260-261), (ML [PT, 1996: 260-261), (ML [OPC,

2004: 201-203), (ML [OC, 2009: 201-203), (ML [PC, 2014: 201-203).

Integra «(A máquina lírica)», [único poema]: (ML [OPC-S, 2001: 32-34), (ML [FNCF, 2008: 30-32); retira o título do poema.

TINHA AS MÃOS DE GESSO. AO LADO, OS MAL- [Tinha as mãos de gesso. Ao lado, os mal-] 9 pub. vs. 1 vers.

Integra: (E, 1964: 37-38), (ML [OC, 1967: 237-238; 1.º texto-base), (ML [PT, 1973: 37-38), (ML [PT, 1981: 341-342), (ML [PT, 1990: 266-267), (ML [PT, 1996: 266-267), (ML [OPC, 2004: 208-209), (ML [OC, 2009: 208-209), (ML [PC, 2014: 208-209).

III [Leio no jornal um homem em crime absoluto.] 3 pub. vs. 1 vers.

Integra o ciclo de sete textos «Artes e Ofícios», [texto] III: (RM, 1967: 29-30).

Integra o ciclo de seis textos «Artes e Ofícios», [texto] III: (RM [PT, 1973: 88-89; 2.º texto-base), (RM [PT, 1981: 390-391).

Não integra: (PT, 1990), (PT, 1996), (OPC, 2004), (OC, 2009), (PC, 2014).

I [Dava pelo nome muito estrangeiro de Amor, era preciso chamá-lo sem voz —] 3 pub. vs. 1 vers.

Integra o ciclo de 12 textos «Os Animais Carnívoros», [texto 1]: (VA, 1971: 15-16).

Integra o ciclo de 12 textos «Os Animais Carnívoros», [texto] I: (RM [PT, 1973: 113; 2.º texto-base), (RM [PT, 1981: 416).

Não integra: (PT, 1990), (PT, 1996), (OPC, 2004), (OC, 2009), (PC, 2014).

III [Sempre que penso em ti estás a dançar levemente num clima de canela despenteada,]   3 pub. vs. 1 vers.

Integra o ciclo de 12 textos «Os Animais Carnívoros», [texto 3]: (VA, 1971: 19-20).

Integra o ciclo de 12 textos «Os Animais Carnívoros», [texto] III: (RM [PT, 1973: 115; 2.º texto-base), (RM [PT, 1981: 418).

Não integra: (PT, 1990), (PT, 1996), (OPC, 2004), (OC, 2009), (PC, 2014).

V [O mês de março vem ver como é e toca em tudo, e as montanhas descem pela tarde íngreme,] 3 pub. vs. 1 vers.

Integra o ciclo de 12 textos «Os Animais Carnívoros», [texto 5]: (VA, 1971: 23-24).

Integra o ciclo de 12 textos «Os Animais Carnívoros», [texto] V: (RM [PT, 1973: 117; 2.º texto-base), (RM [PT, 1981: 420).

Não integra: (PT, 1990), (PT, 1996), (OPC, 2004), (OC, 2009), (PC, 2014).

VI [A água anda a uma velocidade branca, porém tu dizes: também sei que o amor é sinistro —] 3 pub. vs. 1 vers.

Integra o ciclo de 12 textos «Os Animais Carnívoros», [texto 6]: (VA, 1971: 25-26).

Integra o ciclo de 12 textos «Os Animais Carnívoros», [texto] VI: (RM [PT, 1973: 118; 2.º texto-base), (RM [PT, 1981: 421).

Não integra: (PT, 1990), (PT, 1996), (OPC, 2004), (OC, 2009), (PC, 2014).

VIII [Eucaliptos em contínuas folhas tumultuam na paisagem onde estás, silêncio feminino:] 3 pub. vs. 1 vers.

Integra o ciclo de 12 textos «Os Animais Carnívoros», [texto 8]: (VA, 1971: 29-30).

Integra o ciclo de 12 textos «Os Animais Carnívoros», [texto] VIII: (RM [PT, 1973: 120; 2.º texto-base), (RM [PT, 1981: 423).

Não integra: (PT, 1990), (PT, 1996), (OPC, 2004), (OC, 2009), (PC, 2014).

IX [A montanha fica pensativa até ao fim da claridade, o vento dá alguns passos com uma braçada de glicínias —] 3 pub. vs. 1 vers.

Integra o ciclo de 12 textos «Os Animais Carnívoros», [texto 9]: (VA, 1971: 31-32).

Integra o ciclo de 12 textos «Os Animais Carnívoros», [texto] IX: (RM [PT, 1973: 121; 2.º texto-base), (RM [PT, 1981: 424).

Não integra: (PT, 1990), (PT, 1996), (OPC, 2004), (OC, 2009), (PC, 2014).

X [E tu reapareces a rir com a cabeleira bêbeda, o ar é uma árvore onde a estação treme com as folhas depressa,] 3 pub. vs. 1 vers.

Integra o ciclo de 12 textos «Os Animais Carnívoros», [texto 10]: (VA, 1971: 33-34).

Integra o ciclo de 12 textos «Os Animais Carnívoros», [texto] X: (RM [PT, 1973: 122; 2.º texto-base), (RM [PT, 1981: 425).

Não integra: (PT, 1990), (PT, 1996), (OPC, 2004), (OC, 2009), (PC, 2014).

XII [Só agora se vê a desordem geográfica, diz alguém, só agora conduz os castiçais frenéticos —] 3 pub. vs. 1 vers.

Integra o ciclo de 12 textos «Os Animais Carnívoros», [texto 12]: (VA, 1971: 37-38).

Integra o ciclo de 12 textos «Os Animais Carnívoros», [texto] XII: (RM [PT, 1973: 124; 2.º texto-base), (RM [PT, 1981: 427).

Não integra: (PT, 1990), (PT, 1996), (OPC, 2004), (OC, 2009), (PC, 2014).

II [Como um pássaro se encosta ao canto.] 3 pub. vs. 1 vers.

Integra o ciclo de 12 textos «Estúdio», [texto] II: (RM, 1967: 60).

Integra o ciclo de 13 textos «Estúdio», [texto] II: (RM [PT, 1973: 126; 2.º texto-base), (RM [PT, 1981: 429).

Não integra: (PT, 1990), (PT, 1996), (OPC, 2004), (OC, 2009), (PC, 2014).

V [Para onde arrasta Deus os dons que me obscurecem?] 3 pub. vs. 1 vers.

Integra o ciclo de 12 textos «Estúdio», [texto] IV: (RM, 1967: 63-64).

Integra o ciclo de 13 textos «Estúdio», [texto] V: (RM [PT, 1973: 129; 2.º texto-base), (RM [PT, 1981: 432).

Não integra: (PT, 1990), (PT, 1996), (OPC, 2004), (OC, 2009), (PC, 2014).

VI [Era assim: ao fundo dos corredores enlouqueciam as rosas, e as portas rodavam.] 3 pub. vs. 1 vers.

Integra o ciclo de 12 textos «Estúdio», [texto] V: (RM, 1967: 65-66).

Integra o ciclo de 13 textos «Estúdio», [texto] VI: (RM [PT, 1973: 130; 2.º texto-base), (RM [PT, 1981: 433).

Não integra: (PT, 1990), (PT, 1996), (OPC, 2004), (OC, 2009), (PC, 2014).

IX [Vinda dos confins da candura com o sol às costas, uma criança atravessa os roseirais.] 3 pub. vs. 1 vers.

Integra o ciclo de 12 textos «Estúdio», [texto] VIII: (RM, 1967: 69-70).

Integra o ciclo de 13 textos «Estúdio», [texto] IX: (RM [PT, 1973: 133; 2.º texto-base), (RM [PT, 1981: 436).

Não integra: (PT, 1990), (PT, 1996), (OPC, 2004), (OC, 2009), (PC, 2014).

XI [Os lençóis rebentavam de brancura. Delicadas, vermelhas —] 3 pub. vs. 1 vers.

Integra o ciclo de 12 textos «Estúdio», [texto] X: (RM, 1967: 72-73).

Integra o ciclo de 13 textos «Estúdio», [texto] XI: (RM [PT, 1973: 135; 2.º texto-base), (RM [PT, 1981: 438).

Não integra: (PT, 1990), (PT, 1996), (OPC, 2004), (OC, 2009), (PC, 2014).

XIII [De uma cega beleza, a cabeça cheia de folhas negras.] 3 pub. vs. 1 vers.

Integra o ciclo de 12 textos «Estúdio», [texto] XII: (RM, 1967: 76-77).

Integra o ciclo de 13 textos «Estúdio», [texto] XIII: (RM [PT, 1973: 138; 2.º texto-base), (RM [PT, 1981: 441).

Não integra: (PT, 1990), (PT, 1996), (OPC, 2004), (OC, 2009), (PC, 2014).

II [A pessoa escolhe a parte mais fria, e dispõe absolutamente a camélia ou a viva madeira da viola.] 4 pub. vs. 1 vers.

Integra o ciclo de sete textos «As Palavras», [5.ª parte, texto 2]: (AR, 1968: 184-186).

Integra o ciclo de nove textos «Festas do Crime», [texto 4]: (VA, 1971: 55-56).

Integra o ciclo de sete textos «Vocação Animal», [texto] II: (RM [PT, 1973: 141-142; 2.º texto-base), (RM [PT, 1981: 444-445).

Não integra: (PT, 1990), (PT, 1996), (OPC, 2004), (OC, 2009), (PC, 2014).

III [Deslocações de ar, de palavras, partes do corpo, deslocações de sentido nas partes do corpo.] 4 pub. vs. 1 vers.

Integra o ciclo de sete textos «As Palavras», [5.ª parte, texto 3]: (AR, 1968: 186-187).

Integra o ciclo de nove textos «Festas do Crime», [texto 5]: (VA, 1971: 57-59).

Integra o ciclo de sete textos «Vocação Animal», [texto] III: (RM [PT, 1973: 143-144; 2.º texto-base), (RM [PT, 1981: 446-447).

Não integra: (PT, 1990), (PT, 1996), (OPC, 2004), (OC, 2009), (PC, 2014).

IV [Durmo.] 4 pub. vs. 1 vers.

Integra o ciclo de sete textos «As Palavras», [5.ª parte, texto 4]: (AR, 1968: 187-189).

Integra o ciclo de nove textos «Festas do Crime», [texto 6]: (VA, 1971: 61-63).

Integra o ciclo de sete textos «Vocação Animal», [texto] IV: (RM [PT, 1973: 145-146; 2.º texto-base), (RM [PT, 1981: 448-449).

Não integra: (PT, 1990), (PT, 1996), (OPC, 2004), (OC, 2009), (PC, 2014).

VII [Ficarão para sempre abertas as minhas salas negras.] 4 pub. vs. 1 vers.

Integra o ciclo de sete textos «As Palavras», [5.ª parte, texto 7]: (AR, 1968: 192-194).

Integra o ciclo de nove textos «Festas do Crime», [texto 9]: (VA, 1971: 73-75).

Integra o ciclo de sete textos «Vocação Animal», [texto] VII: (RM [PT, 1973: 151-152; 2.º texto-base), (RM [PT, 1981: 454-455).

Não integra: (PT, 1990), (PT, 1996), (OPC, 2004), (OC, 2009), (PC, 2014).

I [Há aqui uma história de mãos. Trata-se dos terríveis trabalhadores rimbaldianos que trabalham o pesadelo.] 3 pub. vs. 1 vers.

Integra o ciclo de três textos «Exercício Corporal», [texto] I: (RM, 1967: 81-82), (RM [PT, 1973: 153; 2.º texto-base), (RM [PT, 1981: 456).

Não integra: (PT, 1990), (PT, 1996), (OPC, 2004), (OC, 2009), (PC, 2014).

II [Louco e triste, sento-me de costas para a noite.] 3 pub. vs. 1 vers.

Integra o ciclo de três textos «Exercício Corporal», [texto] II: (RM, 1967: 83-84), (RM [PT, 1973: 154-155; 2.º texto-base), (RM [PT, 1981: 457-458).

Não integra: (PT, 1990), (PT, 1996), (OPC, 2004), (OC, 2009), (PC, 2014).

[A maçã precipitada, os incêndios da noite, a neve forte:] 7 pub. vs. 1 vers.

Integra o ciclo de quatro poemas «Canção em Quatro Sonetos», [poema 1]: (CCL [PT, 1973: 179; 2.º texto-base), (CCL [PT, 1981: 483), (CCL [PT, 1990: 299), (CCL [PT, 1996: 299), (CCL [OPC, 2004: 248), (CCL [OC, 2009: 248), (CCL [PC, 2014: 248).

[Tantos nomes que não há para dizer o silêncio —] 7 pub. vs. 1 vers.

Integra o ciclo de quatro poemas «Canção em Quatro Sonetos», [poema 2]: (CCL [PT, 1973: 180; 2.º texto-base), (CCL [PT, 1981: 484), (CCL [PT, 1990: 300), (CCL [PT, 1996: 300), (CCL [OPC, 2004: 249), (CCL [OC, 2009: 249), (CCL [PC, 2014: 249).

[Sobre os cotovelos a água olha o dia sobre] 7 pub. vs. 1 vers.

Integra o ciclo de quatro poemas «Canção em Quatro Sonetos», [poema 4]: (CCL [PT, 1973: 182; 2.º texto-base), (CCL [PT, 1981: 486), (CCL [PT, 1990: 302), (CCL [PT, 1996: 302), (CCL [OPC, 2004: 251), (CCL [OC, 2009: 251), (CCL [PC, 2014: 251).

[põem-se as salas ordenadas no compasso] 8 pub. vs. 1 vers.

Integra o ciclo de 10 poemas, *Os Brancos Arquipélagos*, [poema 4]: (BA [PT, 1973: 193-194; 2.º texto-base), (BA [PT, 1981: 497-498), (BA [PT, 1990: 313), (BA [PT, 1996: 313), (BA [OPC, 2004: 263-264), (BA [OC, 2009: 263-264), (BA [PC, 2014: 263-264).

Integra o ciclo de 10 poemas «(Os brancos arquipélagos)», [poema 4]: (BA [FNCF, 2008: 52-53); retira os asteriscos que separam os poemas.

[geografia em pólvora, solitária brancura] 8 pub. vs. 1 vers.

Integra o ciclo de 10 poemas, *Os Brancos Arquipélagos*, [poema 5]: (BA [PT, 1973: 194-195; 2.º texto-base), (BA [PT, 1981: 498-499), (BA [PT, 1990: 313-314), (BA [PT, 1996: 313-314), (BA [OPC, 2004: 264-265), (BA [OC, 2009: 264-265), (BA [PC, 2014: 264-265).

Integra o ciclo de 10 poemas «(Os brancos arquipélagos)», [poema 5]: (BA [FNCF, 2008: 53-54); retira os asteriscos que separam os poemas.

[animais rompendo as barreiras do sono,] 8 pub. vs. 1 vers.

Integra o ciclo de 10 poemas, *Os Brancos Arquipélagos*, [poema 6]: (BA [PT, 1973: 195-196; 2.º texto-base), (BA [PT, 1981: 499-500), (BA [PT, 1990: 314), (BA [PT, 1996: 314), (BA [OPC, 2004: 265-266), (BA [OC, 2009: 265-266), (BA [PC, 2014: 265-266).

Integra o ciclo de 10 poemas «(Os brancos arquipélagos)», [poema 6]: (BA [FNCF, 2008: 54-55); retira os asteriscos que separam os poemas.

[nervuras respirantes, agulhas, veios luzindo] 8 pub. vs. 1 vers.

Integra o ciclo de 10 poemas, *Os Brancos Arquipélagos*, [poema 7]: (BA [PT, 1973: 196; 2.º texto-base), (BA [PT, 1981: 500), (BA [PT, 1990: 314-315), (BA [PT, 1996: 314-315), (BA [OPC, 2004: 266), (BA [OC, 2009: 266), (BA [PC, 2014: 266).

Integra o ciclo de 10 poemas «(Os brancos arquipélagos)», [poema 7]: (BA [FNCF, 2008: 55-56); retira os asteriscos que separam os poemas.

[essas vozes que batem no ar, esses parques a ferver,] 8 pub. vs. 1 vers.

Integra o ciclo de 10 poemas, *Os Brancos Arquipélagos*, [poema 8]: (BA [PT, 1973: 196-197; 2.º texto-base), (BA [PT, 1981: 500-501), (BA [PT, 1990: 315-316), (BA [PT, 1996: 315-316), (BA [OPC, 2004: 267), (BA [OC, 2009: 267), (BA [PC, 2014: 267).

Integra o ciclo de 10 poemas «(Os brancos arquipélagos)», [poema 8]: (BA [FNCF, 2008: 56); retira os asteriscos que separam os poemas.

[massas implacáveis, tensas florações químicas, fortemente] 8 pub. vs. 1 vers.

Integra o ciclo de 10 poemas, *Os Brancos Arquipélagos*, [poema 9]: (BA [PT, 1973: 197-198; 2.º texto-base), (BA [PT, 1981: 501-502), (BA [PT, 1990: 316), (BA [PT, 1996: 316), (BA [OPC, 2004: 267-268), (BA [OC, 2009: 267-268), (BA [PC, 2014: 267-268).

Integra o ciclo de 10 poemas «(Os brancos arquipélagos)», [poema 9]: (BA [FNCF, 2008: 56-57); retira os asteriscos que separam os poemas.

[tudo se espalha num impulso curvamente] 8 pub. vs. 1 vers.

Integra o ciclo de 10 poemas, *Os Brancos Arquipélagos*, [poema 10]: (BA [PT, 1973: 198-199; 2.º texto-base), (BA [PT, 1981: 502-503), (BA [PT, 1990: 316-317), (BA [PT, 1996: 316-317), (BA [OPC, 2004: 268-269), (BA [OC, 2009: 268-269), (BA [PC, 2014: 268-269).

Integra o ciclo de 10 poemas «(Os brancos arquipélagos)», [poema 10]: (BA [FNCF, 2008: 58); retira os asteriscos que separam os poemas.

TEXTO 2 [Não se vai entregar aos vários «motores» a fabricação do estio] 7 pub. vs. 1 vers.

Integra o ciclo de 12 poemas *Antropofagias*, [poema] 2: (A [PT, 1973: 205-206; 2.º texto-base), (A [PT, 1981: 509-510), (A [PT,

1990: 323-324), (A [PT, 1996: 323-324), (A [OPC, 2004: 275-276), (A [OC, 2009: 275-276), (A [PC, 2014: 275-276).

TEXTO 12 [Sei de um poeta que passou os anos mais próximos do seu] 7 pub. vs. 1 vers.

Integra o ciclo de 12 poemas *Antropofagias*, [poema] 12: (A [PT, 1973: 226-227; 2.º texto-base), (A [PT, 1981: 530-531), (A [PT, 1990: 343-344), (A [PT, 1996: 343-344), (A [OPC, 2004: 295-296), (A [OC, 2009: 295-296), (A [PC, 2014: 295-296).

2. [Esta ciência selvagem de investigar a força] 9 pub. vs. 1 vers.

Integra o ciclo de cinco poemas «E Outros Exemplos», [poema] 2.: (C, 1977: 68-70).

Integra o ciclo de quatro poemas «E Outros Exemplos», [poema] 2.: (C [PT, 1981: 576-578; 3.º texto-base).

Integra o ciclo de cinco poemas *Exemplos*, [poema] 3.: (EX [PT, 1990: 385-386), (EX [PT, 1996: 385-386), (EX [OPC, 2004: 339-341), (EX [OC, 2009: 309-311), (EX [PC, 2014: 309-311).

Integra o ciclo de quatro poemas «(Exemplos)», [poema 3]: (EX [OPC-S, 2001: 57-59), (EX [FNCF, 2008: 66-68); retira a numeração do poema.

3. [Esta é a mãe central com os dedos luzindo,] 9 pub. vs. 1 vers.

Integra o ciclo de cinco poemas «E Outros Exemplos», [poema] 3.: (C, 1977: 71-73).

Integra o ciclo de quatro poemas «E Outros Exemplos», [poema] 3.: (C [PT, 1981: 579-581; 3.º texto-base).

Integra o ciclo de cinco poemas *Exemplos*, [poema] 4.: (EX [PT, 1990: 387-388), (EX [PT, 1996: 387-388), (EX [OPC, 2004: 342-344), (EX [OC, 2009: 312-314), (EX [PC, 2014: 312-314).

Integra o ciclo de quatro poemas «(Exemplos)», [poema 4]: (EX [OPC-S, 2001: 60-62), (EX [FNCF, 2008: 69-71); retira a numeração do poema.

5. [É que a questão é do movimento; quero dizer: eles põem-se] 1 pub. vs. 1 vers.

Integra o ciclo de cinco poemas «E Outros Exemplos», poema 5.: (C, 1977: 77-79; 4.º texto-base).

Não integra: (C [PT, 1981), (EX [PT, 1990), (EX [PT, 1996), (EX [OPC-S, 2001), (EX [OPC, 2004), (EX [FNCF, 2008), (EX [OC, 2009), (EX [PC, 2014).

(vox) [O que está escrito no mundo está escrito de lado] 13 pub. vs. 1 vers.

Integra: (P&V, 1979: 120-123), (P&V, 1987: 115-118), (P&V, 1995: 116-118), (P&V, 2006: 110-112), (P&V, 2013: 110-113).

Integra o ciclo de seis poemas «De "Photomaton & Vox"», [poema 4]: (P&V [PT, 1981: 607-609; 3.º texto-base), (P&V [PT, 1990: 411-413), (P&V [PT, 1996: 411-413).

Integra o ciclo de seis poemas *Dedicatória*, [poema 4]: (D [OPC, 2004: 369-371), (D [OC, 2009: 339-341), (D [PC, 2014: 339-341).

Integra o ciclo de seis poemas «(Dedicatória)», [poema 4]: (D [OPC-S, 2001: 69-72), (D [FNCF, 2008: 78-81); retira o título do poema.

[Nenhum corpo é como esse, mergulhador, coroado] 7 pub. vs. 1 vers.

    Integra o ciclo de 12 poemas *Flash*, [poema 1, 1.ª parte]: (FL, 1980: 7), (FL [PT, 1981: 619; 3.º texto-base), (FL [PT, 1990: 421), (FL [PT, 1996: 421), (FL [OPC, 2004: 381), (FL [OC, 2009: 351), (FL [PC, 2014: 351).

[Sei às vezes que o corpo é uma severa] 7 pub. vs. 1 vers.

    Integra o ciclo de 12 poemas *Flash*, [poema 3, 1.ª parte]: (FL, 1980: 8-9), (FL [PT, 1981: 620-621; 3.º texto-base), (FL [PT, 1990: 422), (FL [PT, 1996: 422), (FL [OPC, 2004: 382), (FL [OC, 2009: 352), (FL [PC, 2014: 352).

[Boca.] 7 pub. vs. 1 vers.

    Integra o ciclo de 12 poemas *Flash*, [poema 4, 1.ª parte]: (FL, 1980: 9), (FL [PT, 1981: 621; 3.º texto-base), (FL [PT, 1990: 422), (FL [PT, 1996: 422), (FL [OPC, 2004: 383), (FL [OC, 2009: 353), (FL [PC, 2014: 353).

[Queria tocar na cabeça de um leopardo louco, no luxo] 9 pub. vs. 1 vers.

    Integra o ciclo de 12 poemas *Flash*, [poema 3, 2.ª parte]: (FL, 1980: 15-16), (FL [PT, 1981: 627-628; 3.º texto-base), (FL [PT, 1990: 427-428), (FL [PT, 1996: 427-428), (FL [OPC, 2004: 388-389), (FL [OC, 2009: 358-359), (FL [PC, 2014: 358-359).

    Integra o ciclo de quatro poemas «(Flash)», [poema 1]: (FL [OPC-S, 2001: 77-78), (FL [FNCF, 2008: 86-87).

[Adolescentes repentinos, não sabem, apenas o tormento de um excesso] 9 pub. vs. 1 vers.

Integra o ciclo de 12 poemas *Flash*, [poema 4, 2.ª parte]: (FL, 1980: 17-18), (FL [PT, 1981: 629-630; 3.º texto-base), (FL [PT, 1990: 429), (FL [PT, 1996: 429), (FL [OPC, 2004: 390-391), (FL [OC, 2009: 360-361), (FL [PC, 2014: 360-361).

Integra o ciclo de quatro poemas «(Flash)», [poema 2]: (FL [OPC-S, 2001: 78-79), (FL [FNCF, 2008: 87-88).

[Há dias em que basta olhar de frente as gárgulas] 9 pub. vs. 1 vers.

Integra o ciclo de 12 poemas *Flash*, [poema 6, 2.ª parte]: (FL, 1980: 21-22), (FL [PT, 1981: 633-634; 3.º texto-base), (FL [PT, 1990: 432-433), (FL [PT, 1996: 432-433), (FL [OPC, 2004: 394-395), (FL [OC, 2009: 364-365), (FL [PC, 2014: 364-365).

Integra o ciclo de quatro poemas «(Flash)», [poema 4]: (FL [OPC-S, 2001: 81-82), (FL [FNCF, 2008: 90-91).

[Um espelho, uma trama de diamante onde a cabeça] 7 pub. vs. 1 vers.

Integra o ciclo de 12 poemas *Flash*, [poema 1, 3.ª parte]: (FL, 1980: 23-24), (FL [PT, 1981: 635-636; 3.º texto-base), (FL [PT, 1990: 434), (FL [PT, 1996: 434), (FL [OPC, 2004: 396), (FL [OC, 2009: 366), (FL [PC, 2014: 366).

[Lenha — e a extracção de pequenos astros,] 7 pub. vs. 1 vers.

Integra o ciclo de 12 poemas *Flash*, [poema 2, 3.ª parte]: (FL, 1980: 24), (FL [PT, 1981: 636; 3.º texto-base), (FL [PT, 1990: 434-435), (FL [PT, 1996: 434-435), (FL [OPC, 2004: 397), (FL [OC, 2009: 367), (FL [PC, 2014: 367).

[Que lhe estendas os dedos aos dedos: lhe devolvas] 6 pub. vs. 1 vers.

Integra o ciclo de dois poemas «De Antemão», [poema 2]: (CM, 1982: 11-12), (CM [PT, 1990: 440-441; 6.º texto-base), (CM [PT, 1996: 440-441), (CM [OPC, 2004: 403-404), (CM [OC, 2009: 373-374), (CM [PC, 2014: 373-374).

MÃO: A MÃO [O coração em cheio] 8 pub. vs. 1 vers.

Integra: (CM, 1982: 13-17), (CM [PT, 1990: 442-445; 6.º texto-base), (CM [PT, 1996: 442-445), (CM [OPC, 2004: 405-409), (CM [OC, 2009: 375-379), (CM [PC, 2014: 375-379).

Integra o ciclo de três poemas «(A cabeça entre as mãos)», [poema 2]: (CM [OPC-S, 2001: 84-88), (CM [FNCF, 2008: 93-97); retira o título do poema.

[As cabeças de mármore: um raio] 6 pub. vs. 1 vers.

Integra o ciclo de cinco poemas «Todos os Dedos da Mão», [poema 1]: (CM, 1982: 19-21), (CM [PT, 1990: 446-447; 6.º texto-base), (CM [PT, 1996: 446-447), (CM [OPC, 2004: 410-411), (CM [OC, 2009: 380-381), (CM [PC, 2014: 380-381).

[O sangue bombeado na loucura,] 6 pub. vs. 1 vers.

Integra o ciclo de cinco poemas «Todos os Dedos da Mão», [poema 3]: (CM, 1982: 24-26), (CM [PT, 1990: 450-451; 6.º texto-base), (CM [PT, 1996: 450-451), (CM [OPC, 2004: 414-415), (CM [OC, 2009: 384-385), (CM [PC, 2014: 384-385).

[O sangue que treme na cama: a cama] 6 pub. vs. 1 vers.

Integra o ciclo de cinco poemas «Todos os Dedos da Mão», [poema 4]: (CM, 1982: 27-28), (CM [PT, 1990: 452-453; 6.º texto-base), (CM [PT, 1996: 452-453), (CM [OPC, 2004: 416-417), (CM [OC, 2009: 386-387), (CM [PC, 2014: 386-387).

[Estremece-se às vezes desde o chão,] 6 pub. vs. 1 vers.

Integra o ciclo de cinco poemas «Todos os Dedos da Mão», [poema 5]: (CM, 1982: 29-31), (CM [PT, 1990: 454-455; 6.º texto-base), (CM [PT, 1996: 454-455), (CM [OPC, 2004: 418-419), (CM [OC, 2009: 388-389), (CM [PC, 2014: 388-389).

[Como se uma estrela hidráulica arrebatada das poças,] 6 pub. vs. 1 vers.

Integra o ciclo de dois poemas «Onde Não Pode a Mão», [poema 1]: (CM, 1982: 33-34), (CM [PT, 1990: 456; 6.º texto-base), (CM [PT, 1996: 456), (CM [OPC, 2004: 420), (CM [OC, 2009: 390), (CM [PC, 2014: 390).

DEMÃO [Retorna à escuridão] 6 pub. vs. 1 vers.

Integra: (CM, 1982: 39-41), (CM [PT, 1990: 459-460; 6.º texto-base), (CM [PT, 1996: 459-460), (CM [OPC, 2004: 424-426), (CM [OC, 2009: 394-396), (CM [PC, 2014: 394-396).

— *Dança e encantação* — *(Gabão)* [*Solo:* / Pelas cinzas da vítima votiva] 4 pub. vs. 1 vers.

Integra: (M, 1988: 27-28), (M [PT, 1990: 482-483; 6.º texto-base), (M [PT, 1996: 482), (M, 2010: 30-32).

Não integra: (M, 1987), (OPC, 2004), (OC, 2009), (PC, 2014).

— *Noutra margem do inferno* — *(Robert Duncan)* [Ó mortos interditos, também eu sou à deriva.] 4 pub. vs. 1 vers.

Integra: (M, 1988: 29), (M [PT, 1990: 484; 6.º texto-base), (M [PT, 1996: 484), (M, 2010: 33).

Não integra: (M, 1987), (OPC, 2004), (OC, 2009), (PC, 2014).

— *Canto das cerimónias canibais* — *(Huitotos, Colômbia Britânica)*
[Estão em baixo, atrás dos filhos dos homens,] 4 pub. vs. 1 vers.

    Integra: (M, 1988: 30), (M [PT, 1990: 485; 6.º texto-base), (M [PT, 1996: 485), (M, 2010: 34).

    Não integra: (M, 1987), (OPC, 2004), (OC, 2009), (PC, 2014).

— *O coração* — *(Stephen Crane)* [No deserto,] 4 pub. vs. 1 vers.

    Integra: (M, 1988: 31), (M [PT, 1990: 486; 6.º texto-base), (M [PT, 1996: 486), (M, 2010: 35).

    Não integra: (M, 1987), (OPC, 2004), (OC, 2009), (PC, 2014).

— *À Serpente Celeste, contra as mordeduras* — *(Pigmeus, África Equatorial)* [Quando à noite o pé tropeça] 4 pub. vs. 1 vers.

    Integra: (M, 1988: 32), (M [PT, 1990: 487; 6.º texto-base), (M [PT, 1996: 487), (M, 2010: 36).

    Não integra: (M, 1987), (OPC, 2004), (OC, 2009), (PC, 2014).

— *Mulher cobra negra* — *(Gondos, Índia Central)* [Vens tão devagarosa, ó mulher cobra negra,] 4 pub. vs. 1 vers.

    Integra: (M, 1988: 33), (M [PT, 1990: 488; 6.º texto-base), (M [PT, 1996: 488), (M, 2010: 37).

    Não integra: (M, 1987), (OPC, 2004), (OC, 2009), (PC, 2014).

— *Serpente e lenço* — *(José Lezama Lima)* [A serpente] 4 pub. vs. 1 vers.

    Integra: (M, 1988: 34-35), (M [PT, 1990: 489; 6.º texto-base), (M [PT, 1996: 489), (M, 2010: 38-39).

    Não integra: (M, 1987), (OPC, 2004), (OC, 2009), (PC, 2014).

I [Um tosco troço de pau] 5 pub. vs. 1 vers.

> Integra o ciclo de 10 poemas «— Os grandes feitiços — (Blaise Cendrars)», [poema] I: (M, 1987: 32), (M, 1988: 39), (M [PT, 1990: 493; 6.º texto-base), (M [PT, 1996: 493), (M, 2010: 44).

> Não integra: (OPC, 2004), (OC, 2009), (PC, 2014).

II [Quem ameaças] 5 pub. vs. 1 vers.

> Integra o ciclo de 10 poemas «— Os grandes feitiços — (Blaise Cendrars)», [poema] II: (M, 1987: 32), (M, 1988: 39), (M [PT, 1990: 493; 6.º texto-base), (M [PT, 1996: 493), (M, 2010: 44).

> Não integra: (OPC, 2004), (OC, 2009), (PC, 2014).

III [Nó de madeira] 5 pub. vs. 1 vers.

> Integra o ciclo de 10 poemas «— Os grandes feitiços — (Blaise Cendrars)», [poema] III: (M, 1987: 32), (M, 1988: 39), (M [PT, 1990: 493; 6.º texto-base), (M [PT, 1996: 493), (M, 2010: 44-45).

> Não integra: (OPC, 2004), (OC, 2009), (PC, 2014).

IV [A inveja devora-te o queixo] 5 pub. vs. 1 vers.

> Integra o ciclo de 10 poemas «— Os grandes feitiços — (Blaise Cendrars)», [poema] IV: (M, 1987: 33), (M, 1988: 40), (M [PT, 1990: 494; 6.º texto-base), (M [PT, 1996: 494), (M, 2010: 45).

> Não integra: (OPC, 2004), (OC, 2009), (PC, 2014).

V [Ei-los ao homem e à mulher] 5 pub. vs. 1 vers.

Integra o ciclo de 10 poemas «— Os grandes feitiços — (Blaise Cendrars)», [poema] V: (M, 1987: 33), (M, 1988: 40), (M [PT, 1990: 494; 6.º texto-base), (M [PT, 1996: 494), (M, 2010: 45).

Não integra: (OPC, 2004), (OC, 2009), (PC, 2014).

VI [O pão do sexo que ela coze três vezes ao dia] 5 pub. vs. 1 vers.

Integra o ciclo de 10 poemas «— Os grandes feitiços — (Blaise Cendrars)», [poema] VI: (M, 1987: 33), (M, 1988: 40), (M [PT, 1990: 494; 6.º texto-base), (M [PT, 1996: 494), (M, 2010: 45).

Não integra: (OPC, 2004), (OC, 2009), (PC, 2014).

VII [Sou feio!] 5 pub. vs. 1 vers.

Integra o ciclo de 10 poemas «— Os grandes feitiços — (Blaise Cendrars)», [poema] VII: (M, 1987: 34), (M, 1988: 40), (M [PT, 1990: 494; 6.º texto-base), (M [PT, 1996: 494), (M, 2010: 46).

Não integra: (OPC, 2004), (OC, 2009), (PC, 2014).

VIII [Quis fugir às mulheres do chefe] 5 pub. vs. 1 vers.

Integra o ciclo de 10 poemas «— Os grandes feitiços — (Blaise Cendrars)», [poema] VIII: (M, 1987: 34), (M, 1988: 41), (M [PT, 1990: 495; 6.º texto-base), (M [PT, 1996: 495), (M, 2010: 46).

Não integra: (OPC, 2004), (OC, 2009), (PC, 2014).

IX [Ele] 5 pub. vs. 1 vers.

Integra o ciclo de 10 poemas «— Os grandes feitiços — (Blaise Cendrars)», [poema] IX: (M, 1987: 34), (M, 1988: 41), (M [PT, 1990: 495; 6.º texto-base), (M [PT, 1996: 495), (M, 2010: 46).

Não integra: (OPC, 2004), (OC, 2009), (PC, 2014).

X [Ei-la à mulher que mais amo] 5 pub. vs. 1 vers.

Integra o ciclo de 10 poemas «— Os grandes feitiços — (Blaise Cendrars)», [poema] X: (M, 1987: 35), (M, 1988: 41), (M [PT, 1990: 495; 6.º texto-base), (M [PT, 1996: 495), (M, 2010: 46-47).

Não integra: (OPC, 2004), (OC, 2009), (PC, 2014).

— *A Príapo* — *(Tivoli, Roma)* [Salvé, ó santo Príapo, pai geral, salvé!] 4 pub. vs. 1 vers.

Integra: (M, 1988: 46-47), (M [PT, 1990: 500-501; 6.º texto-base), (M [PT, 1996: 500-501), (M, 2010: 54-56).

Não integra: (M, 1987), (OPC, 2004), (OC, 2009), (PC, 2014).

— *Juventude virgem* — *(D.H. Lawrence)* [Às vezes] 4 pub. vs. 1 vers.

Integra: (M, 1988: 48-50), (M [PT, 1990: 502-504; 6.º texto-base), (M [PT, 1996: 502-504), (M, 2010: 57-59).

Não integra: (M, 1987), (OPC, 2004), (OC, 2009), (PC, 2014).

— *A Grande Rena Louca* — *(Colômbia)* [Cacemos a Grande Rena] 5 pub. vs. 1 vers.

Integra: (M, 1987: 40-41), (M, 1988: 51-52), (M [PT, 1990: 505; 6.º texto-base), (M [PT, 1996: 505), (M, 2010: 60-61).

Não integra: (OPC, 2004), (OC, 2009), (PC, 2014).

— *As trompas de Ártemis* — *(Robert Duncan)* — [Lá onde a grande Ártemis cavalga] 4 pub. vs. 1 vers.

Integra: (M, 1988: 53-54), (M [PT, 1990: 506; 6.º texto-base), (M [PT, 1996: 506), (M, 2010: 62-63).

Não integra: (M, 1987), (OPC, 2004), (OC, 2009), (PC, 2014).

— *Encantação* — *(México)* [Eis chegado o tempo,] 5 pub. vs. 1 vers.

Integra: (M, 1987: 36-37), (M, 1988: 55-56), (M [PT, 1990: 507-508; 6.º texto-base), (M [PT, 1996: 507-508), (M, 2010: 64-65).

Não integra: (OPC, 2004), (OC, 2009), (PC, 2014).

— *Canto em honra dos ferreiros* — *(Mongólia)* [Ó nove brancos ferreiros de algures,] 5 pub. vs. 1 vers.

Integra: (M, 1987: 38), (M, 1988: 57), (M [PT, 1990: 509; 6.º texto-base), (M [PT, 1996: 509), (M, 2010: 66).

Não integra: (OPC, 2004), (OC, 2009), (PC, 2014).

— *Os ferreiros* — *(Marie L. de Welch)* [Já não terão carne e sangue.] 5 pub. vs. 1 vers.

Integra: (M, 1987: 39), (M, 1988: 58), (M [PT, 1990: 510; 6.º texto-base), (M [PT, 1996: 510), (M, 2010: 67).

Não integra: (OPC, 2004), (OC, 2009), (PC, 2014).

— *As coisas feitas em ferro* — *(D.H. Lawrence)* [As coisas feitas em aço e trabalhadas em ferro] 4 pub. vs. 1 vers.

Integra: (M, 1988: 59), (M [PT, 1990: 511; 6.º texto-base), (M [PT, 1996: 511), (M, 2010: 68).

Não integra: (M, 1987), (OPC, 2004), (OC, 2009), (PC, 2014).

— *A identidade dos contrários* — *(Edouard Roditi)* [Sonho que sou louco, e na minha loucura] 5 pub. vs. 1 vers.

   Integra: (M, 1987: 42), (M, 1988: 60), (M [PT, 1990: 512; 6.º texto-base), (M [PT, 1996: 512), (M, 2010: 69).

   Não integra: (OPC, 2004), (OC, 2009), (PC, 2014).

(Conde de Saint-Germain) [Da natureza inteira atento escrutador,] 4 pub. vs. 1 vers.

   Integra: (M, 1988: 61), (M [PT, 1990: 513; 6.º texto-base), (M [PT, 1996: 513), (M, 2010: 70).

   Não integra: (M, 1987), (OPC, 2004), (OC, 2009), (PC, 2014).

[Com uma rosa no fundo da cabeça, que maneira obscura] 8 pub. vs. 1 vers.

   Integra ciclo de sete poemas [ciclo sem título], [parte] 1, [poema 1]: (UC, 1988: 7-8), (UC [PT, 1990: 517; 6.º texto-base), (UC [PT, 1996: 517), (UC [OPC, 2004: 429-430), (UC [OC, 2009: 399-400), (UC [PC, 2014: 399-400).

   Integra o ciclo de seis poemas «(Última ciência)», [poema 1]: (UC [OPC-S, 2001: 91), (UC [FNCF, 2008: 100); retira a numeração do poema.

[Criança à beira do ar. Caminha pelas cores prodigiosas, iluminações] 6 pub. vs. 1 vers.

   Integra ciclo de sete poemas [ciclo sem título], [parte] 1, [poema 3]: (UC, 1988: 9), (UC [PT, 1990: 518-519; 6.º texto-base), (UC [PT, 1996: 518-519), (UC [OPC, 2004: 431), (UC [OC, 2009: 401), (UC [PC, 2014: 401).

[Engoli] 8 pub. vs. 1 vers.

Integra ciclo de sete poemas [ciclo sem título], [parte] 1, [poema 4]: (UC, 1988: 9-10), (UC [PT, 1990: 519; 6.º texto-base), (UC [PT, 1996: 519), (UC [OPC, 2004: 431-432), (UC [OC, 2009: 401-402), (UC [PC, 2014: 401-402).

Integra o ciclo de seis poemas «(Última ciência)», [poema 2]: (UC [OPC-S, 2001: 92), (UC [FNCF, 2008: 101); retira a numeração do poema.

[As crianças que há no mundo, vindas de lunações de objectos] 6 pub. vs. 1 vers.

Integra ciclo de sete poemas [ciclo sem título], [parte] 1, [poema 5]: (UC, 1988: 10-11), (UC [PT, 1990: 519-520; 6.º texto-base), (UC [PT, 1996: 519-520), (UC [OPC, 2004: 432-433), (UC [OC, 2009: 402-403), (UC [PC, 2014: 402-403).

[Correm com braços e cabelo, com a luz que espancam,] 6 pub. vs. 1 vers.

Integra ciclo de sete poemas [ciclo sem título], [parte] 1, [poema 6]: (UC, 1988: 11-12), (UC [PT, 1990: 520; 6.º texto-base), (UC [PT, 1996: 520), (UC [OPC, 2004: 433-434), (UC [OC, 2009: 403-404), (UC [PC, 2014: 403-404).

[Cada sítio tem um mapa de luas. Há uma criança radial vista] 6 pub. vs. 1 vers.

Integra ciclo de sete poemas [ciclo sem título], [parte] 1, [poema 7]: (UC, 1988: 12-13), (UC [PT, 1990: 521; 6.º texto-base), (UC [PT, 1996: 521), (UC [OPC, 2004: 434-435), (UC [OC, 2009: 404-405), (UC [PC, 2014: 404-405).

[Ninguém se aproxima de ninguém se não for num murmúrio,] 6 pub. vs. 1 vers.

Integra ciclo de sete poemas [ciclo sem título], [parte] 2, [poema 2]: (UC, 1988: 14), (UC [PT, 1990: 522; 6.º texto--base), (UC [PT, 1996: 522), (UC [OPC, 2004: 436-437), (UC [OC, 2009: 406-407), (UC [PC, 2014: 406-407).

[Transbordas toda em sangue e nome, por motivos] 6 pub. vs. 1 vers.

Integra ciclo de sete poemas [ciclo sem título], [parte] 2, [poema 4]: (UC, 1988: 15), (UC [PT, 1990: 523; 6.º texto--base), (UC [PT, 1996: 523), (UC [OPC, 2004: 438), (UC [OC, 2009: 408), (UC [PC, 2014: 408).

[Toquei num flanco súbito.] 6 pub. vs. 1 vers.

Integra ciclo de sete poemas [ciclo sem título], [parte] 2, [poema 5]: (UC, 1988: 16), (UC [PT, 1990: 523-524; 6.º texto-base), (UC [PT, 1996: 523-524), (UC [OPC, 2004: 439), (UC [OC, 2009: 409), (UC [PC, 2014: 409).

[Onde se escreve mãe e filho] 6 pub. vs. 1 vers.

Integra ciclo de sete poemas [ciclo sem título], [parte] 2, [poema 6]: (UC, 1988: 16-17), (UC [PT, 1990: 524; 6.º texto--base), (UC [PT, 1996: 524), (UC [OPC, 2004: 439-440), (UC [OC, 2009: 409-410), (UC [PC, 2014: 409-410).

[Depois de atravessar altas pedras preciosas,] 6 pub. vs. 1 vers.

Integra ciclo de sete poemas [ciclo sem título], [parte] 2, [poema 7]: (UC, 1988: 17), (UC [PT, 1990: 525; 6.º texto--base), (UC [PT, 1996: 525), (UC [OPC, 2004: 440), (UC [OC, 2009: 410), (UC [PC, 2014: 410).

[Há uma árvore de gotas em todos os paraísos.] 6 pub. vs. 1 vers.

Integra ciclo de 15 poemas [ciclo sem título], [parte] 3, [poema 1]: (UC, 1988: 17-18), (UC [PT, 1990: 525; 6.º texto-base), (UC [PT, 1996: 525), (UC [OPC, 2004: 441), (UC [OC, 2009: 411), (UC [PC, 2014: 411).

[O dia, esse bojo de linfa, uma vertigem de hélio —
arcaicamente] 6 pub. vs. 1 vers.

Integra ciclo de 15 poemas [ciclo sem título], [parte] 3, [poema 2]: (UC, 1988: 18-19), (UC [PT, 1990: 525-526; 6.º texto-base), (UC [PT, 1996: 525-526), (UC [OPC, 2004: 441-442), (UC [OC, 2009: 411-412), (UC [PC, 2014: 411-412).

[Leões de pedra à porta de jardins alerta] 6 pub. vs. 1 vers.

Integra ciclo de 15 poemas [ciclo sem título], [parte] 3, [poema 3]: (UC, 1988: 19), (UC [PT, 1990: 526; 6.º texto-base), (UC [PT, 1996: 526), (UC [OPC, 2004: 442-443), (UC [OC, 2009: 412-413), (UC [PC, 2014: 412-413).

[Uma golfada de ar que me acorda numa imagem larga.] 6 pub. vs. 1 vers.

Integra ciclo de 15 poemas [ciclo sem título], [parte] 3, [poema 4]: (UC, 1988: 19-20), (UC [PT, 1990: 526-527; 6.º texto-base), (UC [PT, 1996: 526-527), (UC [OPC, 2004: 443), (UC [OC, 2009: 413), (UC [PC, 2014: 413).

[Laranjas instantâneas, defronte — e as íris ficam amarelas.] 6 pub. vs. 1 vers.

Integra ciclo de 15 poemas [ciclo sem título], [parte] 3, [poema 5]: (UC, 1988: 20), (UC [PT, 1990: 527; 6.º texto-base), (UC [PT, 1996: 527), (UC [OPC, 2004: 443-444), (UC [OC, 2009: 413-414), (UC [PC, 2014: 413-414).

[Insectos nucleares, cor de púrpura, mortais, saídos reluzindo] 6 pub. vs. 1 vers.

>Integra ciclo de 15 poemas [ciclo sem título], [parte] 3, [poema 6]: (UC, 1988: 20-21), (UC [PT, 1990: 527-528; 6.º texto-base), (UC [PT, 1996: 527-528), (UC [OPC, 2004: 444), (UC [OC, 2009: 414), (UC [PC, 2014: 414).

[Estátuas irrompendo da terra, que tumulto absorvem?] 6 pub. vs. 1 vers.

>Integra ciclo de 15 poemas [ciclo sem título], [parte] 3, [poema 7]: (UC, 1988: 21-22), (UC [PT, 1990: 528; 6.º texto-base), (UC [PT, 1996: 528), (UC [OPC, 2004: 445), (UC [OC, 2009: 415), (UC [PC, 2014: 415).

[Bate na madeira vermelha,] 6 pub. vs. 1 vers.

>Integra ciclo de 15 poemas [ciclo sem título], [parte] 3, [poema 8]: (UC, 1988: 22), (UC [PT, 1990: 528; 6.º texto-base), (UC [PT, 1996: 528), (UC [OPC, 2004: 445-446), (UC [OC, 2009: 415-416), (UC [PC, 2014: 415-416).

[Laranja, peso, potência.] 6 pub. vs. 1 vers.

>Integra ciclo de 15 poemas [ciclo sem título], [parte] 3, [poema 9]: (UC, 1988: 22-23), (UC [PT, 1990: 529; 6.º texto-base), (UC [PT, 1996: 529), (UC [OPC, 2004: 446), (UC [OC, 2009: 416), (UC [PC, 2014: 416).

[Os cometas dão a volta e batem as caudas.] 6 pub. vs. 1 vers.

>Integra ciclo de 15 poemas [ciclo sem título], [parte] 3, [poema 10]: (UC, 1988: 23), (UC [PT, 1990: 529; 6.º texto-base), (UC [PT, 1996: 529), (UC [OPC, 2004: 446-447), (UC [OC, 2009: 416-417), (UC [PC, 2014: 416-417).

[Girassóis percorrem o dia fotosférico,] 6 pub. vs. 1 vers.

> Integra ciclo de 15 poemas [ciclo sem título], [parte] 3, [poema 12]: (UC, 1988: 24-25), (UC [PT, 1990: 530; 6.º texto-base), (UC [PT, 1996: 530), (UC [OPC, 2004: 448), (UC [OC, 2009: 418), (UC [PC, 2014: 418).

[De todos os sítios do parque uma vibração ataca] 6 pub. vs. 1 vers.

> Integra ciclo de 15 poemas [ciclo sem título], [parte] 3, [poema 13]: (UC, 1988: 25), (UC [PT, 1990: 531; 6.º texto--base), (UC [PT, 1996: 531), (UC [OPC, 2004: 448-449), (UC [OC, 2009: 418-419), (UC [PC, 2014: 418-419).

[Sou um lugar carregado de cactos junto à água, lua,] 6 pub. vs. 1 vers.

> Integra ciclo de 15 poemas [ciclo sem título], [parte] 3, [poema 14]: (UC, 1988: 25-26), (UC [PT, 1990: 531-532; 6.º texto-base), (UC [PT, 1996: 531-532), (UC [OPC, 2004: 449-450), (UC [OC, 2009: 419-420), (UC [PC, 2014: 419-420).

[Dias esquecidos um a um, inventa-os a memória.] 6 pub. vs. 1 vers.

> Integra ciclo de 15 poemas [ciclo sem título], [parte] 3, [poema 15]: (UC, 1988: 26-27), (UC [PT, 1990: 532; 6.º texto-base), (UC [PT, 1996: 532), (UC [OPC, 2004: 450), (UC [OC, 2009: 420), (UC [PC, 2014: 420).

[Mulheres geniais pelo excesso da seda, mães] 8 pub. vs. 1 vers.

> Integra ciclo de 23 poemas [ciclo sem título], [parte] 4, [poema 1]: (UC, 1988: 27-28), (UC [PT, 1990: 532-533; 6.º texto-base),

(UC [PT, 1996: 532-533), (UC [OPC, 2004: 451-452), (UC [OC, 2009: 421-422), (UC [PC, 2014: 421-422).

Integra o ciclo de seis poemas «(Última ciência)», [poema 3]: (UC [OPC-S, 2001: 92-93), (UC [FNCF, 2008: 101-102); retira a numeração do poema.

[Não toques nos objectos imediatos.] 6 pub. vs. 1 vers.

Integra ciclo de 23 poemas [ciclo sem título], [parte] 4, [poema 2]: (UC, 1988: 28), (UC [PT, 1990: 533; 6.º texto-base), (UC [PT, 1996: 533), (UC [OPC, 2004: 452), (UC [OC, 2009: 422), (UC [PC, 2014: 422).

[Águas espasmódicas, luas repetidas nas águas.] 6 pub. vs. 1 vers.

Integra ciclo de 23 poemas [ciclo sem título], [parte] 4, [poema 3]: (UC, 1988: 29), (UC [PT, 1990: 533-534; 6.º texto-base), (UC [PT, 1996: 533-534), (UC [OPC, 2004: 452-453), (UC [OC, 2009: 422-423), (UC [PC, 2014: 422-423).

[Paisagem caiada, sangue até ao ramo das vértebras:] 6 pub. vs. 1 vers.

Integra ciclo de 23 poemas [ciclo sem título], [parte] 4, [poema 4]: (UC, 1988: 29), (UC [PT, 1990: 534; 6.º texto-base), (UC [PT, 1996: 534), (UC [OPC, 2004: 453), (UC [OC, 2009: 423), (UC [PC, 2014: 423).

[Que ofício debruçado: polir a jóia extenuante,] 8 pub. vs. 1 vers.

Integra ciclo de 23 poemas [ciclo sem título], [parte] 4, [poema 5]: (UC, 1988: 29-30), (UC [PT, 1990: 534-535; 6.º texto-base), (UC [PT, 1996: 534-535), (UC [OPC, 2004: 453-454), (UC [OC, 2009: 423-424), (UC [PC, 2014: 423-424).

Integra o ciclo de seis poemas «(Última ciência)», [poema 4]: (UC [OPC-S, 2001: 94), (UC [FNCF, 2008: 103); retira a numeração do poema.

[A solidão de uma palavra. Uma colina quando a espuma] 6 pub. vs. 1 vers.

Integra ciclo de 23 poemas [ciclo sem título], [parte] 4, [poema 6]: (UC, 1988: 30-31), (UC [PT, 1990: 535; 6.º texto-base), (UC [PT, 1996: 535), (UC [OPC, 2004: 454), (UC [OC, 2009: 424), (UC [PC, 2014: 424-425).

[Ninguém sabe se o vento arrasta a lua ou se a lua] 6 pub. vs. 1 vers.

Integra ciclo de 23 poemas [ciclo sem título], [parte] 4, [poema 7]: (UC, 1988: 31), (UC [PT, 1990: 535; 6.º texto-base), (UC [PT, 1996: 535), (UC [OPC, 2004: 455), (UC [OC, 2009: 425), (UC [PC, 2014: 425).

[Quem bebe água exposta à lua sazona depressa:] 6 pub. vs. 1 vers.

Integra ciclo de 23 poemas [ciclo sem título], [parte] 4, [poema 8]: (UC, 1988: 31-32), (UC [PT, 1990: 536; 6.º texto-base), (UC [PT, 1996: 536), (UC [OPC, 2004: 455-456), (UC [OC, 2009: 425-426), (UC [PC, 2014: 425-426).

[A arte íngreme que pratico escondido no sono pratica-se] 8 pub. vs. 1 vers.

Integra ciclo de 23 poemas [ciclo sem título], [parte] 4, [poema 9]: (UC, 1988: 32), (UC [PT, 1990: 536; 6.º texto-base), (UC [PT, 1996: 536), (UC [OPC, 2004: 456), (UC [OC, 2009: 426), (UC [PC, 2014: 426).

Integra o ciclo de seis poemas «(Última ciência)», [poema 5]: (UC [OPC-S, 2001: 95), (UC [FNCF, 2008: 103-104); retira a numeração do poema.

[O dia abre a cauda de água, o copo] 6 pub. vs. 1 vers.

Integra ciclo de 23 poemas [ciclo sem título], [parte] 4, [poema 10]: (UC, 1988: 33), (UC [PT, 1990: 537; 6.º texto-base), (UC [PT, 1996: 537), (UC [OPC, 2004: 456-457), (UC [OC, 2009: 426-427), (UC [PC, 2014: 426-427).

[O canteiro cheira à pedra. Da rosa cavada nela cheirará,] 6 pub. vs. 1 vers.

Integra ciclo de 23 poemas [ciclo sem título], [parte] 4, [poema 11]: (UC, 1988: 33), (UC [PT, 1990: 537; 6.º texto-base), (UC [PT, 1996: 537), (UC [OPC, 2004: 457), (UC [OC, 2009: 427), (UC [PC, 2014: 427).

[Abre a fonte no mármore, sob a força dos dedos] 6 pub. vs. 1 vers.

Integra ciclo de 23 poemas [ciclo sem título], [parte] 4, [poema 12]: (UC, 1988: 34), (UC [PT, 1990: 537-538; 6.º texto-base), (UC [PT, 1996: 537-538), (UC [OPC, 2004: 458), (UC [OC, 2009: 428), (UC [PC, 2014: 428).

[O dia ordena os cântaros um a um em filas vivas.] 6 pub. vs. 1 vers.

Integra ciclo de 23 poemas [ciclo sem título], [parte] 4, [poema 13]: (UC, 1988: 34-36), (UC [PT, 1990: 538-539; 6.º texto-base), (UC [PT, 1996: 538-539), (UC [OPC, 2004: 458-460), (UC [OC, 2009: 428-430), (UC [PC, 2014: 428-430).

[O mármore maduro desabrocha, move-o pelo meio] 6 pub. vs.
1 vers.

> Integra ciclo de 23 poemas [ciclo sem título], [parte] 4, [poema
> 14]: (UC, 1988: 36), (UC [PT, 1990: 539; 6.º texto-
> -base), (UC [PT, 1996: 539), (UC [OPC, 2004: 460), (UC [OC,
> 2009: 430), (UC [PC, 2014: 430).

[O espaço do leopardo, enche-o com a magnificência.] 6 pub. vs.
1 vers.

> Integra ciclo de 23 poemas [ciclo sem título], [parte] 4, [poema
> 15]: (UC, 1988: 36-37), (UC [PT, 1990: 539-540; 6.º texto-
> base), (UC [PT, 1996: 539-540), (UC [OPC, 2004: 460-461),
> (UC [OC, 2009: 430-431), (UC [PC, 2014: 430-431).

[A lua leveda o mênstruo, vira o peixe no frio, ilumina] 6 pub. vs.
1 vers.

> Integra ciclo de 23 poemas [ciclo sem título], [parte] 4, [poema
> 17]: (UC, 1988: 38), (UC [PT, 1990: 540-541; 6.º texto-base),
> (UC [PT, 1996: 540-541), (UC [OPC, 2004: 462), (UC [OC,
> 2009: 432), (UC [PC, 2014: 432).

[É amargo o coração do poema.] 6 pub. vs. 1 vers.

> Integra ciclo de 23 poemas [ciclo sem título], [parte] 4, [poema
> 18]: (UC, 1988: 38-39), (UC [PT, 1990: 541; 6.º texto-base),
> (UC [PT, 1996: 541), (UC [OPC, 2004: 462-463), (UC [OC,
> 2009: 432-433), (UC [PC, 2014: 432-433).

[Mergulhador na radiografia de brancura escarpada.] 6 pub. vs. 1
vers.

> Integra ciclo de 23 poemas [ciclo sem título], [parte] 4, [poema
> 19]: (UC, 1988: 39), (UC [PT, 1990: 542; 6.º texto-

-base), (UC [PT, 1996: 542), (UC [OPC, 2004: 463), (UC [OC, 2009: 433), (UC [PC, 2014: 433).

[Levanto as mãos e o vento levanta-se nelas.] 6 pub. vs. 1 vers.

Integra ciclo de 23 poemas [ciclo sem título], [parte] 4, [poema 20]: (UC, 1988: 40), (UC [PT, 1990: 542; 6.º texto-base), (UC [PT, 1996: 542), (UC [OPC, 2004: 464), (UC [OC, 2009: 434), (UC [PC, 2014: 434).

[Se olhas a serpente nos olhos, sentes como a inocência] 6 pub. vs. 1 vers.

Integra ciclo de 23 poemas [ciclo sem título], [parte] 4, [poema 21]: (UC, 1988: 40), (UC [PT, 1990: 542; 6.º texto-base), (UC [PT, 1996: 542), (UC [OPC, 2004: 464), (UC [OC, 2009: 434), (UC [PC, 2014: 434).

[Ninguém tem mais peso que o seu canto.] 6 pub. vs. 1 vers.

Integra ciclo de 23 poemas [ciclo sem título], [parte] 4, [poema 23]: (UC, 1988: 41), (UC [PT, 1990: 543; 6.º texto-base), (UC [PT, 1996: 543), (UC [OPC, 2004: 465), (UC [OC, 2009: 435), (UC [PC, 2014: 435).

[Gárgula.] 8 pub. vs. 1 vers.

Integra ciclo de quatro poemas [ciclo sem título], [parte] 5, [poema 1]: (UC, 1988: 42), (UC [PT, 1990: 543-544; 6.º texto-base), (UC [PT, 1996: 543-544), (UC [OPC, 2004: 466)., (UC [OC, 2009: 436), (UC [PC, 2014: 436).

Integra o ciclo de seis poemas «(Última ciência)», [poema 6]: (UC [OPC-S, 2001: 95-96), (UC [FNCF, 2008: 104-105); retira a numeração do poema.

[As varas frias que batem nos meus lugares levantam] 6 pub. vs. 1 vers.

> Integra ciclo de quatro poemas [ciclo sem título], [parte] 5, [poema 2]: (UC, 1988: 42-43), (UC [PT, 1990: 544-545; 6.º texto-base), (UC [PT, 1996: 544-545), (UC [OPC, 2004: 467), (UC [OC, 2009: 437), (UC [PC, 2014: 437).

[Os tubos de que é feito o corpo,] 6 pub. vs. 1 vers.

> Integra ciclo de quatro poemas [ciclo sem título], [parte] 5, [poema 3]: (UC, 1988: 43-44), (UC [PT, 1990: 545; 6.º texto-base), (UC [PT, 1996: 545), (UC [OPC, 2004: 468), (UC [OC, 2009: 438), (UC [PC, 2014: 438).

[Pratiquei a minha arte de roseira: a fria] 6 pub. vs. 1 vers.

> Integra ciclo de quatro poemas [ciclo sem título], [parte] 5, [poema 4]: (UC, 1988: 44), (UC [PT, 1990: 545-546; 6.º texto-base), (UC [PT, 1996: 545-546), (UC [OPC, 2004: 468), (UC [OC, 2009: 438), (UC [PC, 2014: 438).

[Astralidade, zonas saturadas, a noite suspende um ramo.] 5 pub. vs. 1 vers.

> Integra o ciclo de 12 poemas *Os Selos*, [poema 2]: (OS [PT, 1990: 551; 6.º texto-base), (OS [PT, 1996: 551), (OS [OPC, 2004: 473), (OS [OC, 2009: 443), (OS [PC, 2014: 443).

[Ela disse: porque os vestidos transbordam de vento.] 7 pub. vs. 1 vers.

> Integra o ciclo de 12 poemas *Os Selos*, [poema 3]: (OS [PT, 1990: 552-552; 6.º texto-base), (OS [PT, 1996: 552-553), (OS [OPC, 2004: 474-475), (OS [OC, 2009: 444-445), (OS [PC, 2014: 444-445).

Integra o ciclo de cinco poemas «(Os selos)», [poema 2]: (OS [OPC-S, 2001: 98-100); (OS [FNCF, 2008: 107-109).

[A oferenda pode ser um chifre ou um crânio claro ou] 5 pub. vs. 1 vers.

Integra o ciclo de 12 poemas *Os Selos*, [poema 4]: (OS [PT, 1990: 554-555; 6.º texto-base), (OS [PT, 1996: 554-555), (OS [OPC, 2004: 476-477), (OS [OC, 2009: 446-447), (OS [PC, 2014: 446-447).

[Entre temperatura e visão a frase africana com as colunas de ar] 7 pub. vs. 1 vers.

Integra o ciclo de 12 poemas *Os Selos*, [poema 5]: (OS [PT, 1990: 556-557; 6.º texto-base), (OS [PT, 1996: 556-557), (OS [OPC, 2004: 478-479), (OS [OC, 2009: 448-449), (OS [PC, 2014: 448-449).

Integra o ciclo de cinco poemas «(Os selos)», [poema 3]: (OS [OPC-S, 2001: 100-101), (OS [FNCF, 2008: 109-110).

[São estes — leopardo e leão: carne turva e] 5 pub. vs. 1 vers.

Integra o ciclo de 12 poemas *Os Selos*, [poema 6]: (OS [PT, 1990: 558-559; 6.º texto-base), (OS [PT, 1996: 558-559), (OS [OPC, 2004: 480-482), (OS [OC, 2009: 450-451), (OS [PC, 2014: 450-451).

[Os lugares uns nos outros — e se alguém está lá dentro com grandes nós de carne:] 7 pub. vs. 1 vers.

Integra o ciclo de 12 poemas *Os Selos*, [poema 7]: (OS [PT, 1990: 560-561; 6.º texto-base), (OS [PT, 1996: 560-561), (OS [OPC, 2004: 483-485), (OS [OC, 2009: 453-455), (OS [PC, 2014: 453-455).

Integra o ciclo de cinco poemas «(Os selos)», [poema 4]: (OS [OPC-S, 2001: 101-103), (OS [FNCF, 2008: 110-112).

[Entre porta e porta — a porta que abre à água e a porta aberta] 5 pub. vs. 1 vers.

Integra o ciclo de 12 poemas *Os Selos*, [poema 8]: (OS [PT, 1990: 562-563; 6.º texto-base), (OS [PT, 1996: 562-563), (OS [OPC, 2004: 486-488), (OS [OC, 2009: 456-458), (OS [PC, 2014: 456-458).

[A poesia também pode ser isso:] 7 pub. vs. 1 vers.

Integra o ciclo de 12 poemas *Os Selos*, [poema 9]: (OS [PT, 1990: 564-565; 6.º texto-base), (OS [PT, 1996: 564-565), (OS [OPC, 2004: 489-490), (OS [OC, 2009: 459-460), (OS [PC, 2014: 459-460).

Integra o ciclo de cinco poemas «(Os selos)», [poema 5]: (OS [OPC-S, 2001: 103-105), (OS [FNCF, 2008: 113-114).

[Uma razão e as suas palavras, não sou leve não tenho] 5 pub. vs. 1 vers.

Integra o ciclo de 12 poemas *Os Selos*, [poema 10]: (OS [PT, 1990: 566-567; 6.º texto-base), (OS [PT, 1996: 566-567), (OS [OPC, 2004: 491-492), (OS [OC, 2009: 461-462), (OS [PC, 2014: 461-462).

[Podem mexer dentro da cabeça com a música porque um acerbo clamor porque] 5 pub. vs. 1 vers.

Integra o ciclo de 12 poemas *Os Selos*, [poema 11]: (OS [PT, 1990: 568-569; 6.º texto-base), (OS [PT, 1996: 568-569), (OS [OPC, 2004: 493-494), (OS [OC, 2009: 463-464), (OS [PC, 2014: 463-464).

[Doces criaturas de mãos levantadas, ferozes cabeleiras, centrífugas pelos olhos para] 5 pub. vs. 1 vers.

> Integra o ciclo de 12 poemas *Os Selos*, [poema 12]: (OS [PT, 1990: 570-571; 6.º texto-base), (OS [PT, 1996: 570-571), (OS [OPC, 2004: 495-497), (OS [OC, 2009: 465-467), (OS [PC, 2014: 465-467).

[Um nome simples para nascer por fora dormir comer subir] 5 pub. vs. 1 vers.

> Integra o ciclo de seis poemas *Os Selos, Outros, Últimos*, [poema 3]: (OSOU [DM, 1994: 15-17), (OSOU [PT, 1996: 579-580; 7.º texto-base), (OSOU [OPC, 2004: 505-506), (OSOU [OC, 2009: 475-476), (OSOU [PC, 2014: 475-476).

[Dançam segundo o ouro quer dizer fazem da fieira de estrelas africanas] 5 pub. vs. 1 vers.

> Integra o ciclo de seis poemas *Os Selos, Outros, Últimos*, [poema 4]: (OSOU [DM, 1994: 18-20), (OSOU [PT, 1996: 581-582; 7.º texto-base), (OSOU [OPC, 2004: 507-508), (OSOU [OC, 2009: 477-478), (OSOU [PC, 2014: 477-478).

[Ele disse que] 7 pub. vs. 1 vers.

> Integra o ciclo de seis poemas *Os Selos, Outros, Últimos*, [poema 5]: (OSOU [DM, 1994: 21-23), (OSOU [PT, 1996: 583-584; 7.º texto-base), (OSOU [OPC, 2004: 509-510), (OSOU [OC, 2009: 479-480), (OSOU [PC, 2014: 479-480).

> Integra o ciclo de três poemas, «(Os selos, outros, últimos.)», [poema 3]: (OSOU [OPC-S, 2001: 109-111), (OSOU [FNCF, 2008: 118-120).

[São escórias queimadas tocas ao negro. Com seus anéis de chumbo é a agre] 5 pub. vs. 1 vers.

    Integra o ciclo de seis poemas *Os Selos, Outros, Últimos*, [poema 6]: (OSOU [DM, 1994: 24-26), (OSOU [PT, 1996: 585-586; 7.º texto-base), (OSOU [OPC, 2004: 511-512), (OSOU [OC, 2009: 481-482), (OSOU [PC, 2014: 481-482).

[Nas mãos um ramo de lâminas.] 5 pub. vs. 1 vers.

    Integra ciclo de 13 poemas [ciclo sem título], [parte] I, [poema 2]: (DM, 1994: 30), (DM [PT, 1996: 589; 7.º texto--base), (DM [OPC, 2004: 515), (DM [OC, 2009: 485), (DM [PC, 2014: 485).

[Se é uma criança, diz: eu cá sou cor-de-laranja.] 5 pub. vs. 1 vers.

    Integra ciclo de 13 poemas [ciclo sem título], [parte] I, [poema 4]: (DM, 1994: 31-32), (DM [PT, 1996: 590; 7.º texto-base), (DM [OPC, 2004: 516-517), (DM [OC, 2009: 486-487), (DM [PC, 2014: 486-487).

[Olha a minha sombra natural exactamente amarela, diz,] 5 pub. vs. 1 vers.

    Integra ciclo de 13 poemas [ciclo sem título], [parte] I, [poema 6]: (DM, 1994: 33-34), (DM [PT, 1996: 591; 7.º texto-base), (DM [OPC, 2004: 518), (DM [OC, 2009: 488), (DM [PC, 2014: 488).

[Se te inclinas nos dias inteligentes — entende-se] 5 pub. vs. 1 vers.

    Integra ciclo de 13 poemas [ciclo sem título], [parte] I, [poema 7]: (DM, 1994: 34), (DM [PT, 1996: 591-592; 7.º texto-base),

(DM [OPC, 2004: 519), (DM [OC, 2009: 489), (DM [PC, 2014: 489).

[Beleza ou ciência: uma nova maneira súbita] 5 pub. vs. 1 vers.

Integra ciclo de 13 poemas [ciclo sem título], [parte] I, [poema 8]: (DM, 1994: 35), (DM [PT, 1996: 592; 7.º texto-base), (DM [OPC, 2004: 519-520), (DM [OC, 2009: 489-490), (DM [PC, 2014: 489-490).

[Água sombria fechada num lugar luminoso, noite,] 5 pub. vs. 1 vers.

Integra ciclo de 13 poemas [ciclo sem título], [parte] I, [poema 9]: (DM, 1994: 35-36), (DM [PT, 1996: 592-593; 7.º texto-base), (DM [OPC, 2004: 520), (DM [OC, 2009: 490), (DM [PC, 2014: 490).

[E aparece a criança;] 5 pub. vs. 1 vers.

Integra ciclo de 13 poemas [ciclo sem título], [parte] I, [poema 10]: (DM, 1994: 36), (DM [PT, 1996: 593; 7.º texto--base), (DM [OPC, 2004: 520-521), (DM [OC, 2009: 490-491), (DM [PC, 2014: 490-491).

[Porque ela vai morrer.] 5 pub. vs. 1 vers.

Integra ciclo de 13 poemas [ciclo sem título], [parte] I, [poema 11]: (DM, 1994: 37), (DM [PT, 1996: 593; 7.º texto--base), (DM [OPC, 2004: 521), (DM [OC, 2009: 491), (DM [PC, 2014: 491).

[Rosas divagadas pelas roseiras, as sombras das rosas] 5 pub. vs. 1 vers.

Integra ciclo de 13 poemas [ciclo sem título], [parte] I, [poema 12]: (DM, 1994: 37-38), (DM [PT, 1996: 593-594; 7.º texto-base), (DM [OPC, 2004: 521-522), (DM [OC, 2009: 491-492), (DM [PC, 2014: 491-492).

[Porque abalando as águas côncavas o acordou a lua e empurrou para fora,] 7 pub. vs. 1 vers.

Integra ciclo de 13 poemas [ciclo sem título], [parte] I, [poema 13]: (DM, 1994: 38-39), (DM [PT, 1996: 594; 7.º texto-base), (DM [OPC, 2004: 522-523), (DM [OC, 2009: 492-493), (DM [PC, 2014: 492-493).

Integra o ciclo de 10 poemas «(Do mundo)», [poema 1]: (DM [OPC-S, 2001: 111-112), (DM [FNCF, 2008: 120-121).

[Guelras por onde respira toda a luz desabrochada,] 5 pub. vs. 1 vers.

Integra ciclo de 14 poemas [ciclo sem título], [parte] II, [poema 1]: (DM, 1994: 40), (DM [PT, 1996: 595; 7.º texto-base), (DM [OPC, 2004: 524), (DM [OC, 2009: 494), (DM [PC, 2014: 494).

[Se perguntarem: das artes do mundo?] 5 pub. vs. 1 vers.

Integra ciclo de 14 poemas [ciclo sem título], [parte] II, [poema 2]: (DM, 1994: 40-41), (DM [PT, 1996: 595; 7.º texto-base), (DM [OPC, 2004: 524), (DM [OC, 2009: 494), (DM [PC, 2014: 494).

[Ferro em brasa no flanco de um só dia, um buraco] 5 pub. vs. 1 vers.

Integra ciclo de 14 poemas [ciclo sem título], [parte] II, [poema 3]: (DM, 1994: 41), (DM [PT, 1996: 595; 7.º texto-

-base), (DM [OPC, 2004: 525), (DM [OC, 2009: 495), (DM [PC, 2014: 495).

[Esta coluna de água, bastam-lhe o peso próprio,] 7 pub. vs. 1 vers.

Integra ciclo de 14 poemas [ciclo sem título], [parte] II, [poema 4]: (DM, 1994: 41-43), (DM [PT, 1996: 595-596; 7.º texto-base), (DM [OPC, 2004: 525-526), (DM [OC, 2009: 495-496), (DM [PC, 2014: 495-496).

Integra o ciclo de 10 poemas «(Do mundo)», [poema 2]: (DM [OPC-S, 2001: 112-114), (DM [FNCF, 2008: 121-123).

[Ainda não é a coluna madura de uma árvore, não fabrica] 5 pub. vs. 1 vers.

Integra ciclo de 14 poemas [ciclo sem título], [parte] II, [poema 5]: (DM, 1994: 43-45), (DM [PT, 1996: 597; 7.º texto-base), (DM [OPC, 2004: 526-527), (DM [OC, 2009: 496-497), (DM [PC, 2014: 496-497).

[Pêras maduras ao longe,] 5 pub. vs. 1 vers.

Integra ciclo de 14 poemas [ciclo sem título], [parte] II, [poema 6]: (DM, 1994: 45), (DM [PT, 1996: 598; 7.º texto-base), (DM [OPC, 2004: 528), (DM [OC, 2009: 498), (DM [PC, 2014: 498).

[Pode colher-se na espera da árvore,] 5 pub. vs. 1 vers.

Integra ciclo de 14 poemas [ciclo sem título], [parte] II, [poema 7]: (DM, 1994: 45-46), (DM [PT, 1996: 598; 7.º texto-base), (DM [OPC, 2004: 528), (DM [OC, 2009: 498), (DM [PC, 2014: 498).

[Músculo, tendão, nervo, e o peso da veia que leva,] 5 pub. vs. 1 vers.

Integra ciclo de 14 poemas [ciclo sem título], [parte] II, [poema 9]: (DM, 1994: 46-47), (DM [PT, 1996: 598-599; 7.º texto-base), (DM [OPC, 2004: 529), (DM [OC, 2009: 499), (DM [PC, 2014: 499).

[Dias pensando-se uns aos outros na sua seda estendida,] 5 pub. vs. 1 vers.

Integra ciclo de 14 poemas [ciclo sem título], [parte] II, [poema 10]: (DM, 1994: 47), (DM [PT, 1996: 599; 7.º texto--base), (DM [OPC, 2004: 529), (DM [OC, 2009: 499), (DM [PC, 2014: 499).

[Atravessa a água até ao fundo da estrela.] 5 pub. vs. 1 vers.

Integra ciclo de 14 poemas [ciclo sem título], [parte] II, [poema 11]: (DM, 1994: 47-48), (DM [PT, 1996: 599; 7.º texto-base), (DM [OPC, 2004: 530), (DM [OC, 2009: 500), (DM [PC, 2014: 500).

[Leia-se esta paisagem da direita para a esquerda e vice-versa] 5 pub. vs. 1 vers.

Integra ciclo de 14 poemas [ciclo sem título], [parte] II, [poema 12]: (DM, 1994: 48-49), (DM [PT, 1996: 599-600; 7.º texto, (DM [OPC, 2004: 530-531), (DM [OC, 2009: 500-501), (DM [PC, 2014: 500-501).

[Murmurar num sítio a frase difícil,] 5 pub. vs. 1 vers.

Integra ciclo de 14 poemas [ciclo sem título], [parte] II, [poema 13]: (DM, 1994: 49-50), (DM [PT, 1996: 600; 7.º texto-base),

(DM [OPC, 2004: 531-532), (DM [OC, 2009: 501-502), (DM [PC, 2014: 501-502).

[Ríspido, zoológico,] 5 pub. vs. 1 vers.

Integra ciclo de 14 poemas [ciclo sem título], [parte] II, [poema 14]: (DM, 1994: 50), (DM [PT, 1996: 600; 7.º texto-base), (DM [OPC, 2004: 532), (DM [OC, 2009: 502), (DM [PC, 2014: 502).

[Ninguém sabe de onde pode soprar.] 5 pub. vs. 1 vers.

Integra ciclo de 13 poemas [ciclo sem título], [parte] III, [poema 1]: (DM, 1994: 51-52), (DM [PT, 1996: 601; 7.º texto-base), (DM [OPC, 2004: 533), (DM [OC, 2009: 503), (DM [PC, 2014: 503).

[A água nas torneiras, nos diamantes, nos copos.] 7 pub. vs. 1 vers.

Integra ciclo de 13 poemas [ciclo sem título], [parte] III, [poema 2]: (DM, 1994: 52-53), (DM [PT, 1996: 601-602; 7.º texto-base), (DM [OPC, 2004: 534), (DM [OC, 2009: 504), (DM [PC, 2014: 504).

Integra o ciclo de 10 poemas «(Do mundo)», [poema 3]: (DM [OPC-S, 2001: 114-115), (DM [FNCF, 2008: 123-124).

[Em recessos, com picareta e pá, sem máscara, trabalha] 5 pub. vs. 1 vers.

Integra ciclo de 13 poemas [ciclo sem título], [parte] III, [poema 3]: (DM, 1994: 53), (DM [PT, 1996: 602; 7.º texto-base), (DM [OPC, 2004: 535), (DM [OC, 2009: 505), (DM [PC, 2014: 505).

[Deixa a madeira preparar-se por si mesma até ao oculto da obra.] 5 pub. vs. 1 vers.

> Integra ciclo de 13 poemas [ciclo sem título], [parte] III, [poema 5]: (DM, 1994: 56-57), (DM [PT, 1996: 604; 7.º texto-base), (DM [OPC, 2004: 537), (DM [OC, 2009: 507), (DM [PC, 2014: 507).

[Folheie as mãos nas plainas enquanto desusa a gramática da madeira, obscura] 5 pub. vs. 1 vers.

> Integra ciclo de 13 poemas [ciclo sem título], [parte] III, [poema 6]: (DM, 1994: 57), (DM [PT, 1996: 604; 7.º texto-base), (DM [OPC, 2004: 537-538), (DM [OC, 2009: 507-508), (DM [PC, 2014: 507-508).

[Tanto lavra as madeiras para que seja outro o espaço] 5 pub. vs. 1 vers.

> Integra ciclo de 13 poemas [ciclo sem título], [parte] III, [poema 7]: (DM, 1994: 58), (DM [PT, 1996: 605; 7.º texto-base), (DM [OPC, 2004: 538-539), (DM [OC, 2009: 508-509), (DM [PC, 2014: 508-509).

[Marfim desde o segredo rompendo pela boca,] 5 pub. vs. 1 vers.

> Integra ciclo de 13 poemas [ciclo sem título], [parte] III, [poema 8]: (DM, 1994: 59), (DM [PT, 1996: 605-606; 7.º texto-base), (DM [OPC, 2004: 539-540), (DM [OC, 2009: 509-510), (DM [PC, 2014: 509-510).

[O dia meteu-se para dentro: a água enche o meu sono] 5 pub. vs. 1 vers.

> Integra ciclo de 13 poemas [ciclo sem título], [parte] III, [poema 10]: (DM, 1994: 61-62), (DM [PT, 1996: 606-607; 7.º

texto-base), (DM [OPC, 2004: 541), (DM [OC, 2009: 511), (DM [PC, 2014: 511).

[Nem sempre se tem a voltagem das coisas: mesa aqui, fogão aceso,] 7 pub. vs. 1 vers.

>Integra ciclo de 13 poemas [ciclo sem título], [parte] III, [poema 11]: (DM, 1994: 62-63), (DM [PT, 1996: 607-608; 7.º texto-base), (DM [OPC, 2004: 541-542), (DM [OC, 2009: 511-512), (DM [PC, 2014: 511-512).

>Integra o ciclo de 10 poemas «(Do mundo)», [poema 6]: (DM [OPC-S, 2001: 118-119), (DM [FNCF, 2008: 127-128).

[Num espaço unido a luz sacode] 5 pub. vs. 1 vers.

>Integra ciclo de 13 poemas [ciclo sem título], [parte] III, [poema 12]: (DM, 1994: 63-64), (DM [PT, 1996: 608; 7.º texto-base), (DM [OPC, 2004: 543), (DM [OC, 2009: 513), (DM [PC, 2014: 513).

[A ascensão do aloés: vê-se,] 5 pub. vs. 1 vers.

>Integra ciclo de 13 poemas [ciclo sem título], [parte] III, [poema 13]: (DM, 1994: 64-65), (DM [PT, 1996: 608-609; 7.º texto-base), (DM [OPC, 2004: 543-544), (DM [OC, 2009: 513-514), (DM [PC, 2014: 513-514).

[A alimentação simples da fruta,] 5 pub. vs. 1 vers.

>Integra o ciclo de 16 poemas [ciclo sem título], [parte] IV, [poema 1]: (DM, 1994: 66), (DM [PT, 1996: 610; 7.º texto-base), (DM [OPC, 2004: 545), (DM [OC, 2009: 515), (DM [PC, 2014: 515).

[Sopra na cana até que dê flor.] 5 pub. vs. 1 vers.

Integra o ciclo de 16 poemas [ciclo sem título], [parte] IV, [poema 2]: (DM, 1994: 66-67), (DM [PT, 1996: 610; 7.º texto-base), (DM [OPC, 2004: 545), (DM [OC, 2009: 515), (DM [PC, 2014: 515).

[Folha a folha como se constrói um pássaro] 5 pub. vs. 1 vers.

Integra o ciclo de 16 poemas [ciclo sem título], [parte] IV, [poema 3]: (DM, 1994: 67-68), (DM [PT, 1996: 610-611; 7.º texto-base), (DM [OPC, 2004: 546), (DM [OC, 2009: 516), (DM [PC, 2014: 516).

[Este que chegou ao seu poema pelo mais alto que os poemas têm] 7 pub. vs. 1 vers.

Integra o ciclo de 16 poemas [ciclo sem título], [parte] IV, [poema 5]: (DM, 1994: 70-71), (DM [PT, 1996: 612-613; 7.º texto-base), (DM [OPC, 2004: 548-549), (DM [OC, 2009: 518-519), (DM [PC, 2014: 518-519).

Integra o ciclo de 10 poemas «(Do mundo)», [poema 8]: (DM [OPC-S, 2001: 120-121), (DM [FNCF, 2008: 129-130).

[Se houver ainda para desentranhar da assimetria] 5 pub. vs. 1 vers.

Integra o ciclo de 16 poemas [ciclo sem título], [parte] IV, [poema 6]: (DM, 1994: 71-72), (DM [PT, 1996: 613; 7.º texto-base), (DM [OPC, 2004: 549-550), (DM [OC, 2009: 519-520), (DM [PC, 2014: 519-520).

[Quero um erro de gramática que refaça] 5 pub. vs. 1 vers.

Integra o ciclo de 16 poemas [ciclo sem título], [parte] IV, [poema 8]: (DM, 1994: 74), (DM [PT, 1996: 614; 7.º texto-

-base), (DM [OPC, 2004: 551), (DM [OC, 2009: 521), (DM [PC, 2014: 521).

[Um espelho em frente de um espelho: imagem] 5 pub. vs. 1 vers.

>Integra o ciclo de 16 poemas [ciclo sem título], [parte] IV, [poema 9]: (DM, 1994: 74), (DM [PT, 1996: 614; 7.º texto-base), (DM [OPC, 2004: 551), (DM [OC, 2009: 521), (DM [PC, 2014: 521).

[Trabalha naquilo antigo enquanto o mundo se move] 5 pub. vs. 1 vers.

>Integra o ciclo de 16 poemas [ciclo sem título], [parte] IV, [poema 10]: (DM, 1994: 74), (DM [PT, 1996: 614; 7.º texto-base), (DM [OPC, 2004: 551), (DM [OC, 2009: 521), (DM [PC, 2014: 521).

[Se se pudesse, se um insecto exímio pudesse,] 5 pub. vs. 1 vers.

>Integra o ciclo de 16 poemas [ciclo sem título], [parte] IV, [poema 11]: (DM, 1994: 75), (DM [PT, 1996: 615; 7.º texto-base), (DM [OPC, 2004: 552), (DM [OC, 2009: 522), (DM [PC, 2014: 522).

[Medido de espiga a espiga durante a terra contínua,] 5 pub. vs. 1 vers.

>Integra o ciclo de 16 poemas [ciclo sem título], [parte] IV, [poema 13]: (DM, 1994: 76), (DM [PT, 1996: 615-616; 7.º texto-base), (DM [OPC, 2004: 553), (DM [OC, 2009: 523), (DM [PC, 2014: 523).

[Sou eu, assimétrico, artesão, anterior] 5 pub. vs. 1 vers.

Integra o ciclo de 16 poemas [ciclo sem título], [parte] IV, [poema 14]: (DM, 1994: 77), (DM [PT, 1996: 616; 7.º texto--base), (DM [OPC, 2004: 553-554), (DM [OC, 2009: 523-524), (DM [PC, 2014: 523-524).

[Arquipélago:] 5 pub. vs. 1 vers.

Integra o ciclo de 16 poemas [ciclo sem título], [parte] IV, [poema 15]: (DM, 1994: 77-78), (DM [PT, 1996: 616; 7.º texto-base), (DM [OPC, 2004: 554), (DM [OC, 2009: 524), (DM [PC, 2014: 524).

[Com uma pêra, dou-lhe um nome de erro] 5 pub. vs. 1 vers.

Integra o ciclo de 16 poemas [ciclo sem título], [parte] IV, [poema 16]: (DM, 1994: 78-79), (DM [PT, 1996: 617; 7.º texto-base), (DM [OPC, 2004: 554-555), (DM [OC, 2009: 524-525), (DM [PC, 2014: 524-525).

[Dentro das pedras circula a água, sussurram,] 5 pub. vs. 1 vers.

Integra ciclo de seis poemas [ciclo sem título], [parte] V, [poema 1]: (DM, 1994: 80), (DM [PT, 1996: 618; 7.º texto--base), (DM [OPC, 2004: 556), (DM [OC, 2009: 526), (DM [PC, 2014: 526).

[Não peço que o espaço à minha volta se engrandeça,] 5 pub. vs. 1 vers.

Integra ciclo de seis poemas [ciclo sem título], [parte] V, [poema 2]: (DM, 1994: 80-81), (DM [PT, 1996: 618; 7.º texto-base), (DM [OPC, 2004: 556), (DM [OC, 2009: 526), (DM [PC, 2014: 526).

[O astro peristáltico passado da vagina à boca,] 5 pub. vs. 1 vers.

Integra ciclo de seis poemas [ciclo sem título], [parte] V, [poema 3]: (DM, 1994: 81-82), (DM [PT, 1996: 618-619; 7.º texto-base), (DM [OPC, 2004: 557), (DM [OC, 2009: 527), (DM [PC, 2014: 527).

[Selaram-no com um nó vivo como se faz a um odre,] 7 pub. vs. 1 vers.

Integra ciclo de seis poemas [ciclo sem título], [parte] V, [poema 5]: (DM, 1994: 84), (DM [PT, 1996: 620; 7.º texto-base), (DM [OPC, 2004: 559), (DM [OC, 2009: 529), (DM [PC, 2014: 529).

Integra: (DM [OPC-S, 2001: 122), (DM [FNCF, 2008: 131); [poema 9].

[até que Deus é destruído pelo extremo exercício da beleza] 3 pub. vs. 1 vers.

Integra o ciclo de 89 poemas «(A faca não corta o fogo)», [poema 1]: (FNCF, 2008: 133).

Integra o ciclo de 99 poemas *A Faca Não Corta o Fogo*, [poema 1]: (FNCF [OC, 2009: 535; 8.º texto-base), (FNCF [PC, 2014: 535).

[sobressalto,] 2 pub. vs. 1 vers.

Integra o ciclo de 99 poemas *A Faca Não Corta o Fogo*, [poema 2]: (FNCF [OC, 2009: 535; 8.º texto-base), (FNCF [PC, 2014: 535).

Não integra: (FNCF, 2008).

[do saibro irrompe a flor do cardo,] 2 pub. vs. 1 vers.

Integra o ciclo de 99 poemas *A Faca Não Corta o Fogo*, [poema 3]: (FNCF [OC, 2009: 535; 8.º texto-base), (FNCF [PC, 2014: 535).

Não integra: (FNCF, 2008).

[argutos, um a um, dedos] 3 pub. vs. 1 vers.

Integra o ciclo de 89 poemas «(A faca não corta o fogo)», [poema 2]: (FNCF, 2008: 134).

Integra o ciclo de 99 poemas *A Faca Não Corta o Fogo*, [poema 4]: (FNCF [OC, 2009: 536; 8.º texto-base), (FNCF [PC, 2014: 536).

[o aroma do mundo é o de salsugem no escuro] 2 pub. vs. 1 vers.

Integra o ciclo de 99 poemas *A Faca Não Corta o Fogo*, [poema 5]: (FNCF [OC, 2009: 536-537; 8.º texto-base), (FNCF [PC, 2014: 536-537).

Não integra: (FNCF, 2008).

[pratica-te como contínua abertura,] 3 pub. vs. 1 vers.

Integra o ciclo de 89 poemas «(A faca não corta o fogo)», [poema 3]: (FNCF, 2008: 134-135).

Integra o ciclo de 99 poemas *A Faca Não Corta o Fogo*, [poema 6]: (FNCF [OC, 2009: 537; 8.º texto-base), (FNCF [PC, 2014: 537).

[e tu viras vibrantemente a cabeça] 3 pub. vs. 1 vers.

Integra o ciclo de 89 poemas «(A faca não corta o fogo)», [poema 4]: (FNCF, 2008: 135).

Integra o ciclo de 99 poemas *A Faca Não Corta o Fogo*, [poema 7]: (FNCF [OC, 2009: 538; 8.º texto-base), (FNCF [PC, 2014: 538).

[estende a tua mão contra a minha boca e respira,] 3 pub. vs. 1 vers.

Integra o ciclo de 89 poemas «(A faca não corta o fogo)», [poema 5]: (FNCF, 2008: 135-136).

Integra o ciclo de 99 poemas *A Faca Não Corta o Fogo*, [poema 8]: (FNCF [OC, 2009: 538; 8.º texto-base), (FNCF [PC, 2014: 538).

[que fosses escrita com todas as linhas de todas as coisas numa frase de ensino e] 3 pub. vs. 1 vers.

Integra o ciclo de 89 poemas «(A faca não corta o fogo)», [poema 6]: (FNCF, 2008: 136).

Integra o ciclo de 99 poemas *A Faca Não Corta o Fogo*, [poema 9]: (FNCF [OC, 2009: 538; 8.º texto-base), (FNCF [PC, 2014: 538).

[mordidos por dentes caninos, que substantivos!] 3 pub. vs. 1 vers.

Integra o ciclo de 89 poemas «(A faca não corta o fogo)», [poema 7]: (FNCF, 2008: 136-17).

Integra o ciclo de 99 poemas *A Faca Não Corta o Fogo*, [poema 10]: (FNCF [OC, 2009: 539; 8.º texto-base), (FNCF [PC, 2014: 539).

[cabelos amarrados quentes que se desamarram,] 3 pub. vs. 1 vers.

Integra o ciclo de 89 poemas «(A faca não corta o fogo)», [poema 8]: (FNCF, 2008: 137).

Integra o ciclo de 99 poemas *A Faca Não Corta o Fogo*, [poema 11]: (FNCF [OC, 2009: 539; 8.º texto-base), (FNCF [PC, 2014: 539).

[sou eu que te abro pela boca,] 3 pub. vs. 1 vers.

Integra o ciclo de 89 poemas «(A faca não corta o fogo)», [poema 9]: (FNCF, 2008: 137-138).

Integra o ciclo de 99 poemas *A Faca Não Corta o Fogo*, [poema 12]: (FNCF [OC, 2009: 540; 8.º texto-base), (FNCF [PC, 2014: 540).

[que eu aprenda tudo desde a morte,] 3 pub. vs. 1 vers.

Integra o ciclo de 89 poemas «(A faca não corta o fogo)», [poema 10]: (FNCF, 2008: 138).

Integra o ciclo de 99 poemas *A Faca Não Corta o Fogo*, [poema 13]: (FNCF [OC, 2009: 540; 8.º texto-base), (FNCF [PC, 2014: 540).

[roupa agitada pela força da luz que irrompe dela,] 3 pub. vs. 1 vers.

Integra o ciclo de 89 poemas «(A faca não corta o fogo)», [poema 12]: (FNCF, 2008: 140-141).

Integra o ciclo de 99 poemas *A Faca Não Corta o Fogo*, [poema 15]: (FNCF [OC, 2009: 542; 8.º texto-base), (FNCF [PC, 2014: 542).

[o fundo do cabelo quando o agarras todo para quebrá-la,] 3 pub. vs. 1 vers.

Integra o ciclo de 89 poemas «(A faca não corta o fogo)», [poema 13]: (FNCF, 2008: 141).

Integra o ciclo de 99 poemas *A Faca Não Corta o Fogo*, [poema 16]: (FNCF [OC, 2009: 543; 8.º texto-base), (FNCF [PC, 2014: 543).

[e eu reluzo no fundo de um universo que desconheço,] 2 pub. vs. 1 vers.

Integra o ciclo de 99 poemas *A Faca Não Corta o Fogo*, [poema 17]: (FNCF [OC, 2009: 543-544; 8.º texto-base), (FNCF [PC, 2014: 543-544).

Não integra: (FNCF, 2008).

[aos vinte ou quarenta os poemas de amor têm uma força directa,] 2 pub. vs. 1 vers.

Integra o ciclo de 99 poemas *A Faca Não Corta o Fogo*, [poema 19]: (FNCF [OC, 2009: 548-549; 8.º texto-base), (FNCF [PC, 2014: 548-549).

Não integra: (FNCF, 2008).

[porque estremeço à maravilha da volta com que tiras o vestido por cima da cabeça,] 2 pub. vs. 1 vers.

Integra o ciclo de 99 poemas *A Faca Não Corta o Fogo*, [poema 20]: (FNCF [OC, 2009: 550; 8.º texto-base), (FNCF [PC, 2014: 550).

Não integra: (FNCF, 2008).

[a luz de um só tecido a mover-se sob o vestido] 3 pub. vs. 1 vers.

Integra o ciclo de 89 poemas «(A faca não corta o fogo)», [poema 15]: (FNCF, 2008: 144).

Integra o ciclo de 99 poemas *A Faca Não Corta o Fogo*, [poema 21]: (FNCF [OC, 2009: 550; 8.º texto-base), (FNCF [PC, 2014: 550).

[põem-te a água defronte e a mão aberta dentro da água não se apaga,] 3 pub. vs. 1 vers.

Integra o ciclo de 89 poemas «(A faca não corta o fogo)», [poema 16]: (FNCF, 2008: 144).

Integra o ciclo de 99 poemas *A Faca Não Corta o Fogo*, [poema 22]: (FNCF [OC, 2009: 550; 8.º texto-base), (FNCF [PC, 2014: 550).

[e ele disse: não deixes fechar-se a ferida] 3 pub. vs. 1 vers.

Integra o ciclo de 89 poemas «(A faca não corta o fogo)», [poema 17]: (FNCF, 2008: 145).

Integra o ciclo de 99 poemas *A Faca Não Corta o Fogo*, [poema 23]: (FNCF [OC, 2009: 551; 8.º texto-base), (FNCF [PC, 2014: 551).

[¿mas se basta uma braçada de luz com água,] 3 pub. vs. 1 vers.

Integra o ciclo de 89 poemas «(A faca não corta o fogo)», [poema 18]: (FNCF, 2008: 146).

Integra o ciclo de 99 poemas *A Faca Não Corta o Fogo*, [poema 24]: (FNCF [OC, 2009: 552; 8.º texto-base), (FNCF [PC, 2014: 552).

[frutas, púcaros, ondas, folhas, dedos, tudo] 3 pub. vs. 1 vers.

Integra o ciclo de 89 poemas «(A faca não corta o fogo)», [poema 19]: (FNCF, 2008: 146).

Integra o ciclo de 99 poemas *A Faca Não Corta o Fogo*, [poema 25]: (FNCF [OC, 2009: 552; 8.º texto-base), (FNCF [PC, 2014: 552).

[e regresso ao resplendor,] 3 pub. vs. 1 vers.

Integra o ciclo de 89 poemas «(A faca não corta o fogo)», [poema 20]: (FNCF, 2008: 147).

Integra o ciclo de 99 poemas *A Faca Não Corta o Fogo*, [poema 26]: (FNCF [OC, 2009: 553; 8.º texto-base), (FNCF [PC, 2014: 553).

[cabelo cortado vivo,] 3 pub. vs. 1 vers.

Integra o ciclo de 89 poemas «(A faca não corta o fogo)», [poema 21]: (FNCF, 2008: 148).

Integra o ciclo de 99 poemas *A Faca Não Corta o Fogo*, [poema 27]: (FNCF [OC, 2009: 553-554; 8.º texto-base), (FNCF [PC, 2014: 553-554).

[noite funcionada a furos de ouro fundido,] 3 pub. vs. 1 vers.

Integra o ciclo de 89 poemas «(A faca não corta o fogo)», [poema 22]: (FNCF, 2008: 148-149).

Integra o ciclo de 99 poemas *A Faca Não Corta o Fogo*, [poema 28]: (FNCF [OC, 2009: 554-555; 8.º texto-base), (FNCF [PC, 2014: 554-555).

[perder o dom, mas quem o perde?] 3 pub. vs. 1 vers.

Integra o ciclo de 89 poemas «(A faca não corta o fogo)», [poema 23]: (FNCF, 2008: 150).

Integra o ciclo de 99 poemas *A Faca Não Corta o Fogo*, [poema 29]: (FNCF [OC, 2009: 555-556; 8.º texto-base), (FNCF [PC, 2014: 555-556).

[rosto de osso, cabelo rude, boca agra,] 3 pub. vs. 1 vers.

Integra o ciclo de 89 poemas «(A faca não corta o fogo)», [poema 24]: (FNCF, 2008: 150-151).

Integra o ciclo de 99 poemas *A Faca Não Corta o Fogo*, [poema 30]: (FNCF [OC, 2009: 556; 8.º texto-base), (FNCF [PC, 2014: 556).

[retira-se alguém um pouco atrás na noite] 3 pub. vs. 1 vers.

Integra o ciclo de 89 poemas «(A faca não corta o fogo)», [poema 25]: (FNCF, 2008: 151).

Integra o ciclo de 99 poemas *A Faca Não Corta o Fogo*, [poema 31]: (FNCF [OC, 2009: 557; 8.º texto-base), (FNCF [PC, 2014: 557).

[¿mas como: um pequeno poema com um relâmpago íngreme e instantâneo entre as linhas,] 3 pub. vs. 1 vers.

Integra o ciclo de 89 poemas «(A faca não corta o fogo)», [poema 26]: (FNCF, 2008: 152).

Integra o ciclo de 99 poemas *A Faca Não Corta o Fogo*, [poema 32]: (FNCF [OC, 2009: 557-558; 8.º texto-base), (FNCF [PC, 2014: 557-558).

[a laranja, com que força aparece de dentro para fora,] 3 pub. vs. 1 vers.

Integra o ciclo de 89 poemas «(A faca não corta o fogo)», [poema 27]: (FNCF, 2008: 152).

Integra o ciclo de 99 poemas *A Faca Não Corta o Fogo*, [poema 33]: (FNCF [OC, 2009: 558; 8.º texto-base), (FNCF [PC, 2014: 558)

[madeira por onde o mundo se enche de seiva,] 3 pub. vs. 1 vers.

Integra o ciclo de 89 poemas «(A faca não corta o fogo)», [poema 28]: (FNCF, 2008: 152).

Integra o ciclo de 99 poemas *A Faca Não Corta o Fogo*, [poema 34]: (FNCF [OC, 2009: 558; 8.º texto-base), (FNCF [PC, 2014: 558).

[os animais fazem tremer o chão se passam debaixo dela] 3 pub. vs. 1 vers.

Integra o ciclo de 89 poemas «(A faca não corta o fogo)», [poema 29]: (FNCF, 2008: 153).

Integra o ciclo de 99 poemas *A Faca Não Corta o Fogo*, [poema 35]: (FNCF [OC, 2009: 558-559; 8.º texto-base), (FNCF [PC, 2014: 558-559).

[para que venha alguém no estio e lhe arranque o coração,] 3 pub. vs. 1 vers.

Integra o ciclo de 89 poemas «(A faca não corta o fogo)», [poema 30]: (FNCF, 2008: 153-154).

Integra o ciclo de 99 poemas *A Faca Não Corta o Fogo*, [poema 36]: (FNCF [OC, 2009: 559-560; 8.º texto-base), (FNCF [PC, 2014: 559-560).

[Quem sabe é que é alto para dentro até apanhá-la:] 3 pub. vs. 1 vers.

    Integra o ciclo de 89 poemas «(A faca não corta o fogo)», [poema 31]: (FNCF, 2008: 154-155).

    Integra o ciclo de 99 poemas *A Faca Não Corta o Fogo*, [poema 37]: (FNCF [OC, 2009: 560-561; 8.º texto-base), (FNCF [PC, 2014: 560-561).

[na mão madura a luz imóvel pára a pêra sucessiva,] 3 pub. vs. 1 vers.

    Integra o ciclo de 89 poemas «(A faca não corta o fogo)», [poema 32]: (FNCF, 2008: 155).

    Integra o ciclo de 99 poemas *A Faca Não Corta o Fogo*, [poema 38]: (FNCF [OC, 2009: 561; 8.º texto-base), (FNCF [PC, 2014: 561).

[pêras plenas na luz subida para colhê-las] 3 pub. vs. 1 vers.

    Integra o ciclo de 89 poemas «(A faca não corta o fogo)», [poema 33]: (FNCF, 2008: 156).

    Integra o ciclo de 99 poemas *A Faca Não Corta o Fogo*, [poema 39]: (FNCF [OC, 2009: 561-562; 8.º texto-base), (FNCF [PC, 2014: 561-562).

[já sai para o visível e o conjunto a olaria,] 3 pub. vs. 1 vers.

    Integra o ciclo de 89 poemas «(A faca não corta o fogo)», [poema 35]: (FNCF, 2008: 158).

    Integra o ciclo de 99 poemas *A Faca Não Corta o Fogo*, [poema 41]: (FNCF [OC, 2009: 563-564; 8.º texto-base), (FNCF [PC, 2014: 563-564).

[roupas pesadas de sangue, cabeças] 3 pub. vs. 1 vers.

    Integra o ciclo de 89 poemas «(A faca não corta o fogo)», [poema 36]: (FNCF, 2008: 158-159).

    Integra o ciclo de 99 poemas *A Faca Não Corta o Fogo*, [poema 42]: (FNCF [OC, 2009: 564; 8.º texto-base), (FNCF [PC, 2014: 564).

[aparas gregas de mármore em redor da cabeça,] 3 pub. vs. 1 vers.

    Integra o ciclo de 89 poemas «(A faca não corta o fogo)», [poema 37]: (FNCF, 2008: 159).

    Integra o ciclo de 99 poemas *A Faca Não Corta o Fogo*, [poema 43]: (FNCF [OC, 2009: 565; 8.º texto-base), (FNCF [PC, 2014: 565).

[a madeira trabalhamo-la às escondidas,] 3 pub. vs. 1 vers.

    Integra o ciclo de 89 poemas «(A faca não corta o fogo)», [poema 38]: (FNCF, 2008: 159-160).

    Integra o ciclo de 99 poemas *A Faca Não Corta o Fogo*, [poema 44]: (FNCF [OC, 2009: 565; 8.º texto-base), (FNCF [PC, 2014: 565).

[vem aí o sagrado, e tornam-se radiosas as coisas mínimas,] 3 pub. vs. 1 vers.

    Integra o ciclo de 89 poemas «(A faca não corta o fogo)», [poema 39]: (FNCF, 2008: 160-161).

    Integra o ciclo de 99 poemas *A Faca Não Corta o Fogo*, [poema 45]: (FNCF [OC, 2009: 566-567; 8.º texto-base), (FNCF [PC, 2014: 566-567).

[se procuro entre as roupas, nas gavetas, entre as armas da cozinha,] 3 pub. vs. 1 vers.

    Integra o ciclo de 89 poemas «(A faca não corta o fogo)», [poema 41]: (FNCF, 2008: 163-164).

    Integra o ciclo de 99 poemas *A Faca Não Corta o Fogo*, [poema 47]: (FNCF [OC, 2009: 569; 8.º texto-base), (FNCF [PC, 2014: 569).

[álcool, tabaco, anfetaminas, que alumiação, mijo cor de ouro e esperma grosso,] 3 pub. vs. 1 vers.

    Integra o ciclo de 89 poemas «(A faca não corta o fogo)», [poema 42]: (FNCF, 2008: 164-166).

    Integra o ciclo de 99 poemas *A Faca Não Corta o Fogo*, [poema 48]: (FNCF [OC, 2009: 570-571; 8.º texto-base), (FNCF [PC, 2014: 570-571).

[moço, digo eu ao canteiro de rojo,] 3 pub. vs. 1 vers.

    Integra o ciclo de 89 poemas «(A faca não corta o fogo)», [poema 43]: (FNCF, 2008: 166).

    Integra o ciclo de 99 poemas *A Faca Não Corta o Fogo*, [poema 49]: (FNCF [OC, 2009: 571-572; 8.º texto-base), (FNCF [PC, 2014: 571-572).

[a faca não corta o fogo,] 3 pub. vs. 1 vers.

    Integra o ciclo de 89 poemas «(A faca não corta o fogo)», [poema 44]: (FNCF, 2008: 167).

    Integra o ciclo de 99 poemas *A Faca Não Corta o Fogo*, [poema 50]: (FNCF [OC, 2009: 572-573; 8.º texto-base), (FNCF [PC, 2014: 572-573).

[exultação, fervor,] 3 pub. vs. 1 vers.

>   Integra o ciclo de 89 poemas «(A faca não corta o fogo)», [poema 45]: (FNCF, 2008: 167-168).

>   Integra o ciclo de 99 poemas *A Faca Não Corta o Fogo*, [poema 51]: (FNCF [OC, 2009: 573-574; 8.º texto-base), (FNCF [PC, 2014: 573-574).

[no mundo há poucos fenómenos do fogo,] 3 pub. vs. 1 vers.

>   Integra o ciclo de 89 poemas «(A faca não corta o fogo)», [poema 46]: (FNCF, 2008: 168-169).

>   Integra o ciclo de 99 poemas *A Faca Não Corta o Fogo*, [poema 52]: (FNCF [OC, 2009: 574; 8.º texto-base), (FNCF [PC, 2014: 574).

[do mundo que malmolha ou desolha não me defendo,] 3 pub. vs. 1 vers.

>   Integra o ciclo de 89 poemas «(A faca não corta o fogo)», [poema 47]: (FNCF, 2008: 169).

>   Integra o ciclo de 99 poemas *A Faca Não Corta o Fogo*, [poema 53]: (FNCF [OC, 2009: 575; 8.º texto-base), (FNCF [PC, 2014: 575).

[mas eu, que tenho o dom das línguas, senti] 3 pub. vs. 1 vers.

>   Integra o ciclo de 89 poemas «(A faca não corta o fogo)», [poema 48]: (FNCF, 2008: 169-170).

>   Integra o ciclo de 99 poemas *A Faca Não Corta o Fogo*, [poema 54]: (FNCF [OC, 2009: 575; 8.º texto-base), (FNCF [PC, 2014: 575).

[a acerba, funda língua portuguesa,] 3 pub. vs. 1 vers.

Integra o ciclo de 89 poemas «(A faca não corta o fogo)», [poema 49]: (FNCF, 2008: 170).

Integra o ciclo de 99 poemas *A Faca Não Corta o Fogo*, [poema 55]: (FNCF [OC, 2009: 576; 8.º texto-base), (FNCF [PC, 2014: 576).

[mesmo sem gente nenhuma que te ouça,] 3 pub. vs. 1 vers.

Integra o ciclo de 89 poemas «(A faca não corta o fogo)», [poema 51]: (FNCF, 2008: 171).

Integra o ciclo de 99 poemas *A Faca Não Corta o Fogo*, [poema 57]: (FNCF [OC, 2009: 577; 8.º texto-base), (FNCF [PC, 2014: 577).

[se do fundo da garganta aos dentes a areia do teu nome,] 3 pub. vs. 1 vers.

Integra o ciclo de 89 poemas «(A faca não corta o fogo)», [poema 52]: (FNCF, 2008: 171-172).

Integra o ciclo de 99 poemas *A Faca Não Corta o Fogo*, [poema 58]: (FNCF [OC, 2009: 577-578; 8.º texto-base), (FNCF [PC, 2014: 577-578).

[acima do cabelo radioso,] 3 pub. vs. 1 vers.

Integra o ciclo de 89 poemas «(A faca não corta o fogo)», [poema 54]: (FNCF, 2008: 174-175).

Integra o ciclo de 99 poemas *A Faca Não Corta o Fogo*, [poema 60]: (FNCF [OC, 2009: 580-581; 8.º texto-base), (FNCF [PC, 2014: 580-581).

[se te] 3 pub. vs. 1 vers.

    Integra o ciclo de 89 poemas «(A faca não corta o fogo)», [poema 55]: (FNCF, 2008: 175).

    Integra o ciclo de 99 poemas *A Faca Não Corta o Fogo*, [poema 61]: (FNCF [OC, 2009: 581; 8.º texto-base), (FNCF [PC, 2014: 581).

[colinas aparecidas numa volta de oxigénio, frutas] 3 pub. vs. 1 vers.

    Integra o ciclo de 89 poemas «(A faca não corta o fogo)», [poema 56]: (FNCF, 2008: 176-177).

    Integra o ciclo de 99 poemas *A Faca Não Corta o Fogo*, [poema 62]: (FNCF [OC, 2009: 581-583; 8.º texto-base), (FNCF [PC, 2014: 581-583).

[e eu que sou louco, um pouco, não ao ponto de ser belo ou maravilhoso ou assintáctico ou mágico, mas:] 3 pub. vs. 1 vers.

    Integra o ciclo de 89 poemas «(A faca não corta o fogo)», [poema 57]: (FNCF, 2008: 177-178).

    Integra o ciclo de 99 poemas *A Faca Não Corta o Fogo*, [poema 63]: (FNCF [OC, 2009: 583-584; 8.º texto-base), (FNCF [PC, 2014: 583-584).

[faúlha e o ar à volta dela,] 3 pub. vs. 1 vers.

    Integra o ciclo de 89 poemas «(A faca não corta o fogo)», [poema 59]: (FNCF, 2008: 180-181).

    Integra o ciclo de 99 poemas *A Faca Não Corta o Fogo*, [poema 65]: (FNCF [OC, 2009: 586; 8.º texto-base), (FNCF [PC, 2014: 586).

[o fôlego rouco irrompe nas pronúncias bárbaras] 3 pub. vs. 1 vers.

    Integra o ciclo de 89 poemas «(A faca não corta o fogo)», [poema 60]: (FNCF, 2008: 181-182).

    Integra o ciclo de 99 poemas *A Faca Não Corta o Fogo*, [poema 66]: (FNCF [OC, 2009: 587; 8.º texto-base), (FNCF [PC, 2014: 587).

[limoeiros, riachos, faúlhas, montes levantados ao de cima da cabeça,] 2 pub. vs. 1 vers.

    Integra o ciclo de 99 poemas *A Faca Não Corta o Fogo*, [poema 68]: (FNCF [OC, 2009: 589-590; 8.º texto-base), (FNCF [PC, 2014: 589-590).

    Não integra: (FNCF, 2008).

[o ministério lírico, o mais grave e equívoco, o dom, não o tenho, espreito-o, leitor,] 2 pub. vs. 1 vers.

    Integra o ciclo de 99 poemas *A Faca Não Corta o Fogo*, [poema 69]: (FNCF [OC, 2009: 590-592; 8.º texto-base), (FNCF [PC, 2014: 590-592).

    Não integra: (FNCF, 2008).

[isto que às vezes me confere o sagrado, quero eu] 3 pub. vs. 1 vers.

    Integra o ciclo de 89 poemas «(A faca não corta o fogo)», [poema 63]: (FNCF, 2008: 185-186).

    Integra o ciclo de 99 poemas *A Faca Não Corta o Fogo*, [poema 71]: (FNCF [OC, 2009: 593-594; 8.º texto-base), (FNCF [PC, 2014: 593-594).

[obscuridade, sangue, carne inundada, la beltà?] 3 pub. vs. 1 vers.

    Integra o ciclo de 89 poemas «(A faca não corta o fogo)», [poema 65]: (FNCF, 2008: 188-189).

    Integra o ciclo de 99 poemas *A Faca Não Corta o Fogo*, [poema 73]: (FNCF [OC, 2009: 596-597; 8.º texto-base), (FNCF [PC, 2014: 596-597).

[curva labareda de uma chávena,] 3 pub. vs. 1 vers.

    Integra o ciclo de 89 poemas «(A faca não corta o fogo)», [poema 66]: (FNCF, 2008: 189).

    Integra o ciclo de 99 poemas *A Faca Não Corta o Fogo*, [poema 74]: (FNCF [OC, 2009: 597-598; 8.º texto-base), (FNCF [PC, 2014: 597-598).

[mesmo assim fez grandes mãos, mãos sem anéis, incorruptíveis,] 3 pub. vs. 1 vers.

    Integra o ciclo de 89 poemas «(A faca não corta o fogo)», [poema 67]: (FNCF, 2008: 190).

    Integra o ciclo de 99 poemas *A Faca Não Corta o Fogo*, [poema 75]: (FNCF [OC, 2009: 598; 8.º texto-base), (FNCF [PC, 2014: 598).

[a labareda da estrela oculta a estrela, numa] 3 pub. vs. 1 vers.

    Integra o ciclo de 89 poemas «(A faca não corta o fogo)», [poema 68]: (FNCF, 2008: 190).

    Integra o ciclo de 99 poemas *A Faca Não Corta o Fogo*, [poema 76]: (FNCF [OC, 2009: 598-599; 8.º texto-base), (FNCF [PC, 2014: 598-599).

[ata e desata os nós aos dias meteorológicos, dias orais, manuais,] 3 pub. vs. 1 vers.

Integra o ciclo de 89 poemas «(A faca não corta o fogo)», [poema 69]: (FNCF, 2008: 190-191).

Integra o ciclo de 99 poemas *A Faca Não Corta o Fogo*, [poema 77]: (FNCF [OC, 2009: 599; 8.º texto-base), (FNCF [PC, 2014: 599).

[dúplice] 3 pub. vs. 1 vers.

Integra o ciclo de 89 poemas «(A faca não corta o fogo)», [poema 70]: (FNCF, 2008: 191-192).

Integra o ciclo de 99 poemas *A Faca Não Corta o Fogo*, [poema 78]: (FNCF [OC, 2009: 599-600; 8.º texto-base), (FNCF [PC, 2014: 599-600).

[se alguém respirasse e cantasse uma palavra,] 3 pub. vs. 1 vers.

Integra o ciclo de 89 poemas «(A faca não corta o fogo)», [poema 71]: (FNCF, 2008: 192).

Integra o ciclo de 99 poemas *A Faca Não Corta o Fogo*, [poema 79]: (FNCF [OC, 2009: 600; 8.º texto-base), (FNCF [PC, 2014: 600-601).

[no ar vibram as colinas desse tempo, colinas] 3 pub. vs. 1 vers.

Integra o ciclo de 89 poemas «(A faca não corta o fogo)», [poema 72]: (FNCF, 2008: 192-193).

Integra o ciclo de 99 poemas *A Faca Não Corta o Fogo*, [poema 80]: (FNCF [OC, 2009: 601; 8.º texto-base), (FNCF [PC, 2014: 601).

[e a única técnica é o truque repetido de escrever entre o agraz e o lírico,] 3 pub. vs. 1 vers.

    Integra o ciclo de 89 poemas «(A faca não corta o fogo)», [poema 74]: (FNCF, 2008: 194).

    Integra o ciclo de 99 poemas *A Faca Não Corta o Fogo*, [poema 82]: (FNCF [OC, 2009: 602; 8.º texto-base), (FNCF [PC, 2014: 602).

[basta que te dispas até te doeres todo,] 3 pub. vs. 1 vers.

    Integra o ciclo de 89 poemas «(A faca não corta o fogo)», [poema 75]: (FNCF, 2008: 194-195).

    Integra o ciclo de 99 poemas *A Faca Não Corta o Fogo*, [poema 83]: (FNCF [OC, 2009: 603; 8.º texto-base), (FNCF [PC, 2014: 603).

[ou: o truque cardiovascular, ou:] 3 pub. vs. 1 vers.

    Integra o ciclo de 89 poemas «(A faca não corta o fogo)», [poema 76]: (FNCF, 2008: 195-196).

    Integra o ciclo de 99 poemas *A Faca Não Corta o Fogo*, [poema 84]: (FNCF [OC, 2009: 603-604; 8.º texto-base), (FNCF [PC, 2014: 603-604).

[que não há nenhuma tecnologia paradisíaca,] 3 pub. vs. 1 vers.

    Integra o ciclo de 89 poemas «(A faca não corta o fogo)», [poema 77]: (FNCF, 2008: 197).

    Integra o ciclo de 99 poemas *A Faca Não Corta o Fogo*, [poema 85]: (FNCF [OC, 2009: 605; 8.º texto-base), (FNCF [PC, 2014: 605).

[que poder de ensino o destas coisas quando] 3 pub. vs. 1 vers.

Integra o ciclo de 89 poemas «(A faca não corta o fogo)», [poema 78]: (FNCF, 2008: 197-198).

Integra o ciclo de 99 poemas *A Faca Não Corta o Fogo*, [poema 86]: (FNCF [OC, 2009: 605-606; 8.º texto-base), (FNCF [PC, 2014: 605-606).

[que dos fragmentos arcaicos nos chegam apenas pedaços de ouro] 3 pub. vs. 1 vers.

Integra o ciclo de 89 poemas «(A faca não corta o fogo)», [poema 79]: (FNCF, 2008: 198-199).

Integra o ciclo de 99 poemas *A Faca Não Corta o Fogo*, [poema 87]: (FNCF [OC, 2009: 606-607; 8.º texto-base), (FNCF [PC, 2014: 606-607).

[se me vendam os olhos, eu, o arqueiro! acerto] 3 pub. vs. 1 vers.

Integra o ciclo de 89 poemas «(A faca não corta o fogo)», [poema 80]: (FNCF, 2008: 199).

Integra o ciclo de 99 poemas *A Faca Não Corta o Fogo*, [poema 88]: (FNCF [OC, 2009: 607; 8.º texto-base), (FNCF [PC, 2014: 607).

[bic cristal preta doendo nas falangetas,] 3 pub. vs. 1 vers.

Integra o ciclo de 89 poemas «(A faca não corta o fogo)», [poema 81]: (FNCF, 2008: 199-200).

Integra o ciclo de 99 poemas *A Faca Não Corta o Fogo*, [poema 89]: (FNCF [OC, 2009: 607-608; 8.º texto-base), (FNCF [PC, 2014: 607-608).

um dos módulos da peça caiu e esmagou-o contra um suporte de aço do atelier [arrancara a unhas frias dos testículos à boca,] 3 pub. vs. 1 vers.

    Integra o ciclo de 89 poemas «(A faca não corta o fogo)», [poema 82]: (FNCF, 2008: 200-201).

    Integra o ciclo de 99 poemas *A Faca Não Corta o Fogo*, [poema 90]: (FNCF [OC, 2009: 608-609; 8.º texto-base), (FNCF [PC, 2014: 608-609).

[arranca ao maço de linho o fio enxuto,] 3 pub. vs. 1 vers.

    Integra o ciclo de 89 poemas «(A faca não corta o fogo)», [poema 83]: (FNCF, 2008: 201-202).

    Integra o ciclo de 99 poemas *A Faca Não Corta o Fogo*, [poema 91]: (FNCF [OC, 2009: 609-610; 8.º texto-base), (FNCF [PC, 2014: 609-610).

[a morte está tão atenta à tua força contra ela,] 3 pub. vs. 1 vers.

    Integra o ciclo de 89 poemas «(A faca não corta o fogo)», [poema 84]: (FNCF, 2008: 202-203).

    Integra o ciclo de 99 poemas *A Faca Não Corta o Fogo*, [poema 92]: (FNCF [OC, 2009: 610-611; 8.º texto-base), (FNCF [PC, 2014: 610-611).

[a vida inteira para fundar um poema,] 3 pub. vs. 1 vers.

    Integra o ciclo de 89 poemas «(A faca não corta o fogo)», [poema 85]: (FNCF, 2008: 203-204).

    Integra o ciclo de 99 poemas *A Faca Não Corta o Fogo*, [poema 93]: (FNCF [OC, 2009: 611-612; 8.º texto-base), (FNCF [PC, 2014: 611-612).

[não chamem logo as funerárias,] 2 pub. vs. 1 vers.

    Integra o ciclo de 99 poemas *A Faca Não Corta o Fogo*, [poema 95]: (FNCF [OC, 2009: 614-615; 8.º texto-base), (FNCF [PC, 2014: 614-615).

    Não integra: (FNCF, 2008).

[corpos visíveis,] 3 pub. vs. 1 vers.

    Integra o ciclo de 89 poemas «(A faca não corta o fogo)», [poema 87]: (FNCF, 2008: 206).

    Integra o ciclo de 99 poemas *A Faca Não Corta o Fogo*, [poema 96]: (FNCF [OC, 2009: 615; 8.º texto-base), (FNCF [PC, 2014: 615).

[há muito quem morra precipitadamente,] 2 pub. vs. 1 vers.

    Integra o ciclo de 99 poemas *A Faca Não Corta o Fogo*, [poema 97]: (FNCF [OC, 2009: 616-617; 8.º texto-base), (FNCF [PC, 2014: 616-617).

    Não integra: (FNCF, 2008).

[talha, e as volutas queimam os olhos quando se escuta,] 3 pub. vs. 1 vers.

    Integra o ciclo de 89 poemas «(A faca não corta o fogo)», [poema 88]: (FNCF, 2008: 207).

    Integra o ciclo de 99 poemas *A Faca Não Corta o Fogo*, [poema 98]: (FNCF [OC, 2009: 618; 8.º texto-base), (FNCF [PC, 2014: 618).

[abrupto termo dito último pesado poema do mundo] 3 pub. vs. 1 vers.

Integra o ciclo de 89 poemas «(A faca não corta o fogo)», [poema 89]: (FNCF, 2008: 207).

Integra o ciclo de 99 poemas *A Faca Não Corta o Fogo*, [poema 99]: (FNCF [OC, 2009: 618; 8.º texto-base), (FNCF [PC, 2014: 618).

[dos trabalhos do mundo corrompida] 2 pub. vs. 1 vers.

Integra o ciclo de 73 poemas *Servidões*, [poema 1]: (S, 2013: 19), (S [PC, 2014: 627; 9.º texto-base).

[saio hoje ao mundo,] 2 pub. vs. 1 vers.

Integra o ciclo de 73 poemas *Servidões*, [poema 2]: (S, 2013: 20), (S [PC, 2014: 628; 9.º texto-base).

[do tamanho da mão faço-lhes o poema da minha vida, agudo e espesso,] 2 pub. vs. 1 vers.

Integra o ciclo de 73 poemas *Servidões*, [poema 3]: (S, 2013: 21-22), (S [PC, 2014: 629; 9.º texto-base).

[as manhãs começam logo com a morte das mães,] 2 pub. vs. 1 vers.

Integra o ciclo de 73 poemas *Servidões*, [poema 4]: (S, 2013: 23), (S [PC, 2014: 630; 9.º texto-base).

l'amour la mort [petite pute deitada toda nua sobre a cama à espera,] 2 pub. vs. 1 vers.

Integra o ciclo de 73 poemas *Servidões*, [poema 5]: (S, 2013: 24), (S [PC, 2014: 631; 9.º texto-base).

[*That happy hand, wich hardly did touch*] 2 pub. vs. 1 vers.

> Integra o ciclo de 73 poemas *Servidões*, [poema 6]: (S, 2013: 25), (S [PC, 2014: 632; 9.º texto-base).

[fôsses tu um grande espaço e eu tacteasse] 2 pub. vs. 1 vers.

> Integra o ciclo de 73 poemas *Servidões*, [poema 7]: (S, 2013: 26), (S [PC, 2014: 633; 9.º texto-base).

d'après Issa [no mais carnal das nádegas] 2 pub. vs. 1 vers.

> Integra o ciclo de 73 poemas *Servidões*, [poema 8]: (S, 2013: 27), (S [PC, 2014: 634; 9.º texto-base).

[e eu que sopro e envolvo teu corpo tremulamente intacto com meu corpo de bode coroado] 2 pub. vs. 1 vers.

> Integra o ciclo de 73 poemas *Servidões*, [poema 9]: (S, 2013: 28-29), (S [PC, 2014: 635; 9.º texto-base).

[funda manhã onde fundei o prodígio da minha vida airada,] 2 pub. vs. 1 vers.

> Integra o ciclo de 73 poemas *Servidões*, [poema 10]: (S, 2013: 30-31), (S [PC, 2014: 636; 9.º texto-base).

[não, obrigado, estou bem, nada de novo,] 2 pub. vs. 1 vers.

> Integra o ciclo de 73 poemas *Servidões*, [poema 11]: (S, 2013: 32-34), (S [PC, 2014: 637-638; 9.º texto-base).

[de dentro para fora, dedos inteiros,] 2 pub. vs. 1 vers.

> Integra o ciclo de 73 poemas *Servidões*, [poema 13]: (S, 2013: 37-38), (S [PC, 2014: 640-641; 9.º texto-base).

[e eis súbito ouço num transporte público:] 2 pub. vs. 1 vers.

> Integra o ciclo de 73 poemas *Servidões*, [poema 14]: (S, 2013: 39), (S [PC, 2014: 642; 9.º texto-base).

[a noite que no corpo eu tanto tempo trouxe, setembro, o estio,] 2 pub. vs. 1 vers.

    Integra o ciclo de 73 poemas *Servidões*, [poema 16]: (S, 2013: 41-42), (S [PC, 2014: 644-645; 9.º texto-base).

[que floresce uma só vez na vida, agaué! dez metros, escarpada, branca, brusca, brava, encarnada,] 2 pub. vs. 1 vers.

    Integra o ciclo de 73 poemas *Servidões*, [poema 17]: (S, 2013: 43-44), (S [PC, 2014: 646-647; 9.º texto-base).

[até cada objecto se encher de luz e ser apanhado] 2 pub. vs. 1 vers.

    Integra o ciclo de 73 poemas *Servidões*, [poema 18]: (S, 2013: 45), (S [PC, 2014: 648; 9.º texto-base).

[como se atira o dardo com o corpo todo,] 2 pub. vs. 1 vers.

    Integra o ciclo de 73 poemas *Servidões*, [poema 19]: (S, 2013: 46), (S [PC, 2014: 649; 9.º texto-base).

[a linha de sangue irrompendo neste poema lavrado numa trama de pouco mais que uma dúzia de linhas,] 2 pub. vs. 1 vers.

    Integra o ciclo de 73 poemas *Servidões*, [poema 20]: (S, 2013: 47), (S [PC, 2014: 650; 9.º texto-base).

[*rosa esquerda*, plantei eu num antigo poema virgem,] 2 pub. vs. 1 vers.

    Integra o ciclo de 73 poemas *Servidões*, [poema 21]: (S, 2013: 48), (S [PC, 2014: 651; 9.º texto-base).

[não me amputaram as pernas nem condenaram à fôrca,] 2 pub. vs. 1 vers.

Integra o ciclo de 73 poemas *Servidões*, [poema 22]: (S, 2013: 49), (S [PC, 2014: 652; 9.º texto-base).

[disseram: mande um poema para a revista onde colaboram todos] 2 pub. vs. 1 vers.

Integra o ciclo de 73 poemas *Servidões*, [poema 23]: (S, 2013: 50), (S [PC, 2014: 653; 9.º texto-base).

[pedras quadradas, árvores vermelhas, atmosfera,] 2 pub. vs. 1 vers.

Integra o ciclo de 73 poemas *Servidões*, [poema 24]: (S, 2013: 51), (S [PC, 2014: 654; 9.º texto-base).

[¿mas que sentido faz isto:] 2 pub. vs. 1 vers.

Integra o ciclo de 73 poemas *Servidões*, [poema 25]: (S, 2013: 52), (S [PC, 2014: 655; 9.º texto-base).

[quem fabrica um peixe fabrica duas ondas, uma que rebenta floralmente branca à direita,] 2 pub. vs. 1 vers.

Integra o ciclo de 73 poemas *Servidões*, [poema 26]: (S, 2013: 53), (S [PC, 2014: 656; 9.º texto-base).

[— oh coração escarpado,] 2 pub. vs. 1 vers.

Integra o ciclo de 73 poemas *Servidões*, [poema 27]: (S, 2013: 54), (S [PC, 2014: 657; 9.º texto-base).

[¿e a música, a música, quando, como, em que termos extremos] 2 pub. vs. 1 vers.

Integra o ciclo de 73 poemas *Servidões*, [poema 28]: (S, 2013: 55), (S [PC, 2014: 658; 9.º texto-base).

[um dia destes tenho o dia inteiro para morrer,] 2 pub. vs. 1 vers.

Integra o ciclo de 73 poemas *Servidões*, [poema 30]: (S, 2013: 58), (S [PC, 2014: 660; 9.º texto-base).

[que um punhado de ouro fulgure no escuso do mundo,] 2 pub. vs. 1 vers.

Integra o ciclo de 73 poemas *Servidões*, [poema 32]: (S, 2013: 60-61), (S [PC, 2014: 662; 9.º texto-base).

[nada pode ser mais complexo que um poema,] 2 pub. vs. 1 vers.

Integra o ciclo de 73 poemas *Servidões*, [poema 33]: (S, 2013: 62), (S [PC, 2014: 663; 9.º texto-base).

[nenhuma linha é menos do que outrora] 2 pub. vs. 1 vers.

Integra o ciclo de 73 poemas *Servidões*, [poema 34]: (S, 2013: 63), (S [PC, 2014: 664; 9.º texto-base).

[hoje, que eu estava conforme ao dia fundo,] 2 pub. vs. 1 vers.

Integra o ciclo de 73 poemas *Servidões*, [poema 35]: (S, 2013: 64), (S [PC, 2014: 665; 9.º texto-base).

[agora se tivesses alma tinhas de salvá-la, agora] 2 pub. vs. 1 vers.

Integra o ciclo de 73 poemas *Servidões*, [poema 36]: (S, 2013: 65), (S [PC, 2014: 666; 9.º texto-base).

[a força da faca ou é um jogo,] 2 pub. vs. 1 vers.

Integra o ciclo de 73 poemas *Servidões*, [poema 37]: (S, 2013: 66), (S [PC, 2014: 667; 9.º texto-base).

[nem em mim próprio que ardo, cérebro, cerebelo, bolbo raquidiano,] 2 pub. vs. 1 vers.

Integra o ciclo de 73 poemas *Servidões*, [poema 38]: (S, 2013: 67), (S [PC, 2014: 668; 9.º texto-base).

[os cães gerais ladram às luas que lavram pelos desertos fora,] 2 pub. vs. 1 vers.

    Integra o ciclo de 73 poemas *Servidões*, [poema 39]: (S, 2013: 67), (S [PC, 2014: 668; 9.º texto-base).

[só quanto ladra na garganta, sofreado, curto, cortado,] 2 pub. vs. 1 vers.

    Integra o ciclo de 73 poemas *Servidões*, [poema 40]: (S, 2013: 69), (S [PC, 2014: 670; 9.º texto-base).

[ele que tinha ouvido absoluto para as músicas sumptuosas do verso livre] 2 pub. vs. 1 vers.

    Integra o ciclo de 73 poemas *Servidões*, [poema 41]: (S, 2013: 70), (S [PC, 2014: 671; 9.º texto-base).

[cada lenço de seda que se ata ¡oh desastres das artes! a própria seda do lenço o desata] 2 pub. vs. 1 vers.

    Integra o ciclo de 73 poemas *Servidões*, [poema 42]: (S, 2013: 71), (S [PC, 2014: 672; 9.º texto-base).

[um quarto dos poemas é imitação literária,] 2 pub. vs. 1 vers.

    Integra o ciclo de 73 poemas *Servidões*, [poema 43]: (S, 2013: 72), (S [PC, 2014: 673; 9.º texto-base).

[já não tenho mão com que escreva nem lâmpada,] 2 pub. vs. 1 vers.

    Integra o ciclo de 73 poemas *Servidões*, [poema 44]: (S, 2013: 73), (S [PC, 2014: 674; 9.º texto-base).

[escrevi um curto poema trémulo e severo,] 2 pub. vs. 1 vers.

Integra o ciclo de 73 poemas *Servidões*, [poema 45]: (S, 2013: 74), (S [PC, 2014: 675; 9.º texto-base).

[profano, prático, público, político, presto, profundo, precário,] 2 pub. vs. 1 vers.

Integra o ciclo de 73 poemas *Servidões*, [poema 46]: (S, 2013: 75-76), (S [PC, 2014: 676-677; 9.º texto-base).

[uma espuma de sal bateu-me alto na cabeça,] 2 pub. vs. 1 vers.

Integra o ciclo de 73 poemas *Servidões*, [poema 47]: (S, 2013: 77-78), (S [PC, 2014: 678; 9.º texto-base).

[welwítschia mirabilis no deserto entre as fornalhas:] 2 pub. vs. 1 vers.

Integra o ciclo de 73 poemas *Servidões*, [poema 48]: (S, 2013: 79), (S [PC, 2014: 679; 9.º texto-base).

[releio e não reamo nada,] 2 pub. vs. 1 vers.

Integra o ciclo de 73 poemas *Servidões*, [poema 49]: (S, 2013: 80-81), (S [PC, 2014: 680; 9.º texto-base).

[não quero mais mundo senão a memória trémula,] 2 pub. vs. 1 vers.

Integra o ciclo de 73 poemas *Servidões*, [poema 50]: (S, 2013: 82), (S [PC, 2014: 681; 9.º texto-base).

[esquivar-se à sintaxe e abusar do mundo,] 2 pub. vs. 1 vers.

Integra o ciclo de 73 poemas *Servidões*, [poema 52]: (S, 2013: 85), (S [PC, 2014: 683; 9.º texto-base).

[e ali em baixo com terra na boca e mãos atadas atrás das costas] 2 pub. vs. 1 vers.

Integra o ciclo de 73 poemas *Servidões*, [poema 53]: (S, 2013: 86), (S [PC, 2014: 684; 9.º texto-base).

[olhos ávidos,] 2 pub. vs. 1 vers.

Integra o ciclo de 73 poemas *Servidões*, [poema 54]: (S, 2013: 87), (S [PC, 2014: 685; 9.º texto-base).

[colinas amarelas, árvores vermelhas,] 2 pub. vs. 1 vers.

Integra o ciclo de 73 poemas *Servidões*, [poema 55]: (S, 2013: 88), (S [PC, 2014: 686; 9.º texto-base).

[oh não, por favor não impeçam o cadáver,] 2 pub. vs. 1 vers.

Integra o ciclo de 73 poemas *Servidões*, [poema 56]: (S, 2013: 89), (S [PC, 2014: 687; 9.º texto-base).

[cada vez que adormece é para que a noite tome conta dele desde os pés até à cabeça,] 2 pub. vs. 1 vers.

Integra o ciclo de 73 poemas *Servidões*, [poema 58]: (S, 2013: 92-93), (S [PC, 2014: 690; 9.º texto-base).

[alto dia que me é dedicado,] 2 pub. vs. 1 vers.

Integra o ciclo de 73 poemas *Servidões*, [poema 59]: (S, 2013: 94), (S [PC, 2014: 691; 9.º texto-base).

[presumir não das grandes partes da noite mas entre elas apenas de uma risca de luz] 2 pub. vs. 1 vers.

Integra o ciclo de 73 poemas *Servidões*, [poema 60]: (S, 2013: 95), (S [PC, 2014: 692; 9.º texto-base).

[traças devoram as linhas linha a linha dos livros,] 2 pub. vs. 1 vers.

Integra o ciclo de 73 poemas *Servidões*, [poema 61]: (S, 2013: 96), (S [PC, 2014: 692; 9.º texto-base).

[pensam: é melhor ter o inferno a não ter coisa nenhuma] 2 pub. vs. 1 vers.

Integra o ciclo de 73 poemas *Servidões*, [poema 62]: (S, 2013: 97-100), (S [PC, 2014: 694-696; 9.º texto-base).

[já me custa no chão do inferno,] 2 pub. vs. 1 vers.

Integra o ciclo de 73 poemas *Servidões*, [poema 63]: (S, 2013: 101-103), (S [PC, 2014: 697-698; 9.º texto-base).

[daqui a uns tempos acho que vou arvoar] 2 pub. vs. 1 vers.

Integra o ciclo de 73 poemas *Servidões*, [poema 65]: (S, 2013: 106-108), (S [PC, 2014: 700-701; 9.º texto-base).

[os capítulos maiores da minha vida, suas músicas e palavras,] 2 pub. vs. 1 vers.

Integra o ciclo de 73 poemas *Servidões*, [poema 66]: (S, 2013: 109), (S [PC, 2014: 702; 9.º texto-base).

[vida aguda atenta a tudo] 2 pub. vs. 1 vers.

Integra o ciclo de 73 poemas *Servidões*, [poema 67]: (S, 2013: 110), (S [PC, 2014: 703; 9.º texto-base).

[levanto à vista o que foi a terra magnífica] 2 pub. vs. 1 vers.

Integra o ciclo de 73 poemas *Servidões*, [poema 68]: (S, 2013: 111-112), (S [PC, 2014: 704; 9.º texto-base).

d'après Issa [ao vento deste outono] 2 pub. vs. 1 vers.

Integra o ciclo de 73 poemas *Servidões*, [poema 69]: (S, 2013: 113), (S [PC, 2014: 705; 9.º texto-base).

[a água desceu as escadas,] 2 pub. vs. 1 vers.

>Integra o ciclo de 73 poemas *Servidões*, [poema 70]: (S, 2013: 114), (S [PC, 2014: 706; 9.º texto-base).

[eu que não sei através de que verbo me arranquei ao fundo da placenta até à ferida entre as coxas maternas,] 2 pub. vs. 1 vers.

>Integra o ciclo de 73 poemas *Servidões*, [poema 72]: (S, 2013: 116), (S [PC, 2014: 708; 9.º texto-base).

[talvez certa noite uma grande mão anónima tenha por mim,] 2 pub. vs. 1 vers.

>Integra o ciclo de 73 poemas *Servidões*, [poema 73]: (S, 2013: 117), (S [PC, 2014: 709; 9.º texto-base).

[o teu nome novo, comecei eu a tirá-lo com uma navalha da madeira grossa,] 2 pub. vs. 1 vers.

>Integra o ciclo de 28 poemas *A Morte Sem Mestre*, [poema 2]: (MM, 2014: 8), (MM [PC, 2014: 714; 9.º texto-base).

[tão fortes eram que sobreviveram à língua morta,] 2 pub. vs. 1 vers.

>Integra o ciclo de 28 poemas *A Morte Sem Mestre*, [poema 4]: (MM, 2014: 11-12), (MM [PC, 2014: 716; 9.º texto-base).

[filhos não te são nada, carne da tua carne são os poemas] 2 pub. vs. 1 vers.

>Integra o ciclo de 28 poemas *A Morte Sem Mestre*, [poema 5]: (MM, 2014: 13-14), (MM [PC, 2014: 717; 9.º texto-base).

[¿dentre os nomes mais internos o mais intenso de todos] 2 pub. vs. 1 vers.

Integra o ciclo de 28 poemas *A Morte Sem Mestre*, [poema 6]: (MM, 2014: 15), (MM [PC, 2014: 718; 9.º texto-base).

[e só agora penso.] 2 pub. vs. 1 vers.

Integra o ciclo de 28 poemas *A Morte Sem Mestre*, [poema 7]: (MM, 2014: 16), (MM [PC, 2014: 719; 9.º texto-base).

[um leão atrás da porta, que faz ele?] 2 pub. vs. 1 vers.

Integra o ciclo de 28 poemas *A Morte Sem Mestre*, [poema 8]: (MM, 2014: 17-19), (MM [PC, 2014: 720-721; 9.º texto-base).

[queria ver se chegava por extenso ao contrário:] 2 pub. vs. 1 vers.

Integra o ciclo de 28 poemas *A Morte Sem Mestre*, [poema 10]: (MM, 2014: 22), (MM [PC, 2014: 723; 9.º texto-base).

[¿mal com as — soberbas! — pequenas putas que me ensinaram tudo] 2 pub. vs. 1 vers.

Integra o ciclo de 28 poemas *A Morte Sem Mestre*, [poema 11]: (MM, 2014: 23-25), (MM [PC, 2014: 724-726; 9.º texto-base).

[e eu sensível apenas ao papel e à esferográfica:] 2 pub. vs. 1 vers.

Integra o ciclo de 28 poemas *A Morte Sem Mestre*, [poema 12]: (MM, 2014: 26), (MM [PC, 2014: 727; 9.º texto-base).

[meus veros filhos em que mudei a carne aflita] 2 pub. vs. 1 vers.

Integra o ciclo de 28 poemas *A Morte Sem Mestre*, [poema 13]: (MM, 2014: 27-28), (MM [PC, 2014: 728; 9.º texto-base).

[se um dia destes parar não sei se não morro logo,] 2 pub. vs. 1 vers.

Integra o ciclo de 28 poemas *A Morte Sem Mestre*, [poema 14]: (MM, 2014: 29), (MM [PC, 2014: 729; 9.º texto-base).

[queria fechar-se inteiro num poema] 2 pub. vs. 1 vers.

Integra o ciclo de 28 poemas *A Morte Sem Mestre*, [poema 15]: (MM, 2014: 30), (MM [PC, 2014: 730; 9.º texto-base).

[como de facto dia a dia sinto que morro muito,] 2 pub. vs. 1 vers.

Integra o ciclo de 28 poemas *A Morte Sem Mestre*, [poema 16]: (MM, 2014: 31-33), (MM [PC, 2014: 731-732; 9.º texto-base).

[e eu que me esqueci de cultivar: família, inocência, delicadeza,] 2 pub. vs. 1 vers.

Integra o ciclo de 28 poemas *A Morte Sem Mestre*, [poema 18]: (MM, 2014: 39), (MM [PC, 2014: 737; 9.º texto-base).

[que nenhum outro pensamento me doesse, nenhuma imagem profunda:] 2 pub. vs. 1 vers.

Integra o ciclo de 28 poemas *A Morte Sem Mestre*, [poema 19]: (MM, 2014: 40), (MM [PC, 2014: 738; 9.º texto-base).

[lá está o cabrão do velho no deserto, último piso esquerdo,] 2 pub. vs. 1 vers.

Integra o ciclo de 28 poemas *A Morte Sem Mestre*, [poema 20]: (MM, 2014: 41), (MM [PC, 2014: 739; 9.º texto-base).

[e eu, que em tantos anos não consegui inventar um resquício metafísico,] 2 pub. vs. 1 vers.

Integra o ciclo de 28 poemas *A Morte Sem Mestre*, [poema 21]: (MM, 2014: 42), (MM [PC, 2014: 740; 9.º texto-base).

[botou-se à água do rio,] 2 pub. vs. 1 vers.

Integra o ciclo de 28 poemas *A Morte Sem Mestre*, [poema 23]: (MM, 2014: 48-50), (MM [PC, 2014: 745-746; 9.º texto-base).

[porque já me não lavo,] 2 pub. vs. 1 vers.

Integra o ciclo de 28 poemas *A Morte Sem Mestre*, [poema 24]: (MM, 2014: 51-52), (MM [PC, 2014: 747-748; 9.º texto-base).

[e encerrar-me todo num poema,] 2 pub. vs. 1 vers.

Integra o ciclo de 28 poemas *A Morte Sem Mestre*, [poema 25]: (MM, 2014: 53), (MM [PC, 2014: 749; 9.º texto-base).

[há não sei quantos mil anos um canavial estremeceu na Assíria] 2 pub. vs. 1 vers.

Integra o ciclo de 28 poemas *A Morte Sem Mestre*, [poema 26]: (MM, 2014: 54), (MM [PC, 2014: 750; 9.º texto-base).

[folhas soltas, cadernos, livros, montões inexplicáveis, e cada vez que lhes toco fica tudo mais caótico e não descubro nada,] 2 pub. vs. 1 vers.

Integra o ciclo de 28 poemas *A Morte Sem Mestre*, [poema 27]: (MM, 2014: 55-56), (MM [PC, 2014: 751-752; 9.º texto-base).

[a última bilha de gás durou dois meses e três dias,] 2 pub. vs. 1 vers.

Integra o ciclo de 28 poemas *A Morte Sem Mestre*, [poema 28]: (MM, 2014: 57-58), (MM [PC, 2014: 752; 9.º texto-base).

Made in United States
North Haven, CT
02 April 2023